Administração da Produção e Operações

Dados Internacionais de Catalogação na Publicação (CIP)
(Câmara Brasileira do Livro, SP, Brasil)

Moreira, Daniel Augusto
Administração da produção e operações / Daniel Augusto Moreira. - 2. ed. rev. e ampl. - São Paulo : Cengage Learning, 2024.

13. reimpr. da 2 ed. de 2008.
Bibliografia
ISBN 978-85-221-0587-8

1. Administração da produção 2. Serviços (Indústria) - Administração I. Título.

07-10281 CDD-658.5

Índices para catálogo sistemático:

1. Administração da produção 658.5
2. Produção industrial : Administração de empresas 658.5

Administração da Produção e Operações

2ª edição revista e ampliada

Daniel Augusto Moreira

Cengage

Austrália • Brasil • Canadá • México • Cingapura • Reino Unido • Estados Unidos

Cengage

Administração da Produção e Operações

Daniel Augusto Moreira

Gerente Editorial: Patrícia La Rosa

Editora de Desenvolvimento: Tatiana Pavanelli Valsi

Supervisor de Produção Editorial: Fábio Gonçalves

Supervisora de Produção Gráfica: Fabiana Alencar Albuquerque

Copidesque: Fernanda Izabel Bitazi

Revisão: Mônica Di Giacomo

Diagramação: Segmento & Co. Produções Gráficas Ltda.

Capa: Eduardo Bertolini

ISBN-13: 978-85-221-0587-8
ISBN-10: 85-221-0587-1

Cengage
WeWork
Rua Cerro Corá, 2175 – Alto da Lapa
São Paulo – SP – CEP 05061-450
Tel.: (11) 3665-9900

Para suas soluções de curso e aprendizado, visite
www.cengage.com.br

Impresso no Brasil
Printed in Brazil
13. reimpr. – 2024

Dedicatória

Este livro é dedicado aos professores Valter Pilão e Nivaldo Elias Pilão que, como tantos que representam neste momento, têm lutado para difundir a importância fundamental da Administração da Produção e Operações na empresa moderna.

Agradecimento

Nosso agradecimento muito sincero a Tatiana Valsi, jovem e competente editora da Cengage Learning. Este livro deve muito mais à Tatiana do que é possível explicar em palavras.

Sumário

PARTE III
Operação do Sistema de Produção

Prefácio

A versão original deste livro está completando 15 anos. Tão dilatado prazo nos traz uma alegria sincera, já que reconhecemos que a longa permanência significa tão somente que os objetivos impostos foram atingidos. A obra foi escrita com a firme convicção de que deveria ser útil e clara ao grande público disposto a estudar Administração da Produção e Operações (APO). Tentamos sempre encarar o texto do ponto de vista do leitor: ao mesmo tempo que dispúnhamos os conceitos e aplicações fundamentais da APO, gostaríamos que o livro fosse entendido logo da primeira vez e visto como um fiel companheiro para consultas futuras. Adotamos uma linguagem coloquial, próxima à utilizada pelos professores em sala de aula. Desejávamos, de certa forma, diminuir a distância entre a palavra oral e a escrita, reduzindo esse hiato que tem sido a tortura de nossos estudantes. Talvez tenhamos agora a sinalização de que, pelo menos em parte, o objetivo foi atingido.

Na época da edição original, o volume já era um tanto ou quanto alentado, atingindo pouco mais de 600 páginas. Vários motivos concorriam para este tamanho. Em primeiro lugar, a própria natureza do assunto: a APO é mesmo um campo vastíssimo de conhecimento, não só por ser a área administrativa de mais antiga divulgação – por onde começou Taylor e, de certa forma, Faiol –, mas também por ser a área em que as aplicações matemáticas resultaram particularmente férteis. Grande o campo de conhecimentos, grande a tendência de textos mais longos, como hoje também ocorre com Finanças e Marketing, por exemplo. Dado o amplo espectro de estudantes que tínhamos em vista – alunos de Administração de Empresas, Engenharia, Economia, Contabilidade, e também alunos de pós-graduação *lato sensu* –, isso impactou no tamanho do texto, visto que cada grupo de estudantes irá se interessar por aspectos diferenciados da APO. Finalmente, mas não menos importante, era desejo dos editores originais que o livro fosse não apenas o parceiro eventual de um período específico de estudos, mas também que se transformasse em um amigo fiel por alguns anos, acompanhando o aluno nas disciplinas planejamento e controle da produção, tempos e métodos, qualidade e produtividade e administração de estoques, para citar algumas. O essencial dessas disciplinas deveria estar presente, portanto.

Dada a simplicidade que foi impressa ao livro, e a necessidade de sempre ressaltar os aspectos mais essenciais do campo de estudos, a maior parte do que foi escrito conservou-se válida ao longo do tempo; por outro lado, temáticas novas acabaram se impondo, sinal dos tempos dinâmicos de globalização que passamos a viver. Assim, três novos capítulos foram acrescidos, obrigando a uma reestruturação do volume. Os novos capítulos cuidaram da gestão da cadeia de suprimentos (Capítulo 15), da filosofia Just in Time (Capítulo 18) e da gerência da qualidade total (Capítulo 20).

Por outro lado, foi conservada a divisão original do livro, por facilitar muito a utilização nos cursos a que se destina. A forma de utilização dos capítulos dependerá do tempo do professor na disciplina, sendo que, pelo próprio desenho, o livro pode ser utilizado em mais de uma disciplina ou período letivo.

Nestes anos todos que transcorreram desde o lançamento, temos recebido sugestões e comentários, úteis e pertinentes, tanto de professores como de alunos. Dentro do possível, tais contribuições foram consideradas, pelo que publicamente agradecemos a todos que têm utilizado a obra de uma forma ou outra.

Capítulo 1

Introdução à Administração da Produção e Operações

1.1 Conceito de Administração da Produção e Operações

De uma forma geral, a Administração da Produção e Operações diz respeito àquelas atividades orientadas para a produção de um bem físico ou à prestação de um serviço. Neste sentido, a palavra "produção" liga-se mais de perto às atividades industriais, enquanto a palavra "operações" se refere às atividades desenvolvidas em empresas de serviços. Nas indústrias, as tarefas que são o objeto da Administração da Produção (chamada assim para abreviar) encontram-se concentradas prioritariamente na fábrica ou na planta industrial; se analisarmos o organograma da fábrica, descobriremos que muitos órgãos são denominados como os capítulos deste livro. Nas empresas de serviços, como se verá mais adiante, as atividades ligadas a "operações" são espalhadas, sendo às vezes difícil reconhecê-las.

A grande verdade é que, ao longo do tempo, a designação de Administração da Produção vem sendo confundida com a atividade fabril. Ao ouvi-la, as pessoas logo imaginam um local cheio de máquinas, pessoas andando de um lado para outro, produtos sendo fabricados, vagões ferroviários ou caminhões sendo carregados ou descarregados e assim por diante. Não resta dúvida que tudo isso tem a ver com a Administração da Produção, mas a imagem é incompleta. Bancos, hospitais, escolas, aeroportos, que são todos atividades classificadas como serviços, têm também a ver com os conceitos e técnicas que iremos explorar. Como a extensão desses conceitos e técnicas às atividades de serviços é relativamente recente, nem sempre a adaptação é perfeita, e vem se processando gradativamente. De qualquer maneira, como se fará claro no decorrer do livro, ela é possível e dá geralmente bons resultados.

Até este momento, estivemos utilizando de forma vaga as idéias que o leitor tem sobre o que seja uma empresa industrial – que fabrica produtos físicos – e uma empresa de serviços. É hora de trabalharmos melhor essas idéias.

1.1.1 Distinção entre Produtos e Serviços

A atividade industrial, em sua forma mais característica, implica a fabricação de um produto físico, tangível, tal como uma geladeira, um automóvel, um sabonete ou este livro que o leitor está lendo no momento. Por sua vez, um serviço é *prestado*, e a prestação desse serviço implica em uma *ação*, embora meios físicos possam estar presentes para facilitar ou justificar o serviço.

Quando somos examinados por um médico, a prestação do serviço consiste na ação exame – diagnóstico – prescrição. Quando estudamos em uma universidade, a prestação do serviço consiste em colocar à nossa disposição os conhecimentos dos professores, dos livros, das revistas etc. Nesses dois casos, não há um bem físico envolvido, embora meios físicos sejam usados na prestação do serviço. O médico utiliza-se de instrumentos para o exame, e a escola precisa ter salas de aula, quadro-negro, giz, biblioteca etc. Esses meios físicos são indispensáveis, mas não constituem o serviço em si.

Por outro lado, para que produtos e serviços sejam oferecidos ao público, as atividades correspondentes devem ser planejadas, organizadas e controladas, e é aqui que se justifica que ramos tão diferentes naquilo que colocam à disposição dos clientes possam ser estudados em conjunto. Em ambos os casos, é necessário, por exemplo, determinar o tamanho da fábrica, do hospital ou da escola, ou seja, decisões sobre capacidade devem ser tomadas; em ambos os casos, deve-se decidir onde será localizada a fábrica, o hospital ou a escola e, finalmente, são comuns as atividades de programação da rotina diária e do seu controle. Esses são apenas alguns dos inúmeros exemplos que podem ser citados.

Exploremos com um pouco mais de detalhe algumas das diferenças mais marcantes entre produtos e serviços; as distinções serão de grande utilidade em alguns momentos, quando quisermos aplicar certas técnicas que mais tarde serão desenvolvidas. As diferenças mais relevantes envolvem os seguintes aspectos:

a) a natureza do que se oferece ao cliente e do seu consumo;
b) a uniformidade dos insumos necessários;
c) as possibilidades de mecanização;
d) o grau de padronização daquilo que é oferecido, independentemente do cliente considerado.

Detalhemos um pouco mais essas diferenças.

a) A atividade de serviços, mercê de sua própria natureza, obriga a um contato muito mais estreito com o cliente, se comparada à atividade industrial. A prestação de um serviço freqüentemente se confunde, no mesmo momento, com o seu consumo. Assim, a prestação do serviço médico dá-se no mesmo instante em que é consumido, ou seja, em que a informação é passada ao paciente. Ao longo dos anos, os alunos vão instantaneamente consumindo os serviços de uma universidade, à medida que constantemente adquirem novos conhecimentos e habilidades. No caso da indústria, existe, via de regra, uma separação maior entre a produção de um produto e o seu consumo. A bicicleta que se adquire em uma loja foi fabricada semanas, meses ou mesmo anos atrás. Embora possa ter resultado de extensas pesquisas de mercado e fabricada segundo especificações e utilidades que provavelmente agradem o cliente, este último nada teve a ver com o processo de produção. Repare-se que, em se tratando de serviços, muitas vezes o cliente participa ele próprio da prestação do serviço, como em um restaurante do tipo "self-service", por exemplo.

O contato ou a falta de contato com o cliente não é uma mera curiosidade, entretanto. Há conseqüências importantes. Produtos podem ser estocados, enquanto serviços não podem, embora os meios físicos para sua consecução o possam: sem dúvida, as técnicas de dimensionamento e controle de estoques devem levar essa distinção em conta. Uma facilidade disponível em maior grau para a indústria, que não está em contato com o cliente, diz respeito à sua maior facilidade em programar as tarefas e desenvolver métodos de trabalho e controles sobre as operações. As indústrias podem se programar melhor para absorver os efeitos de uma possível queda ou elevação da demanda, graças à possibilidade de estocar produtos. Em outras palavras, o ritmo de trabalho em uma indústria pode ser mais constante e suave que em uma companhia de serviços.

É difícil evitar filas em um banco em dias de grande movimento e, inversamente, é difícil evitar que os caixas fiquem subocupados em dias mais calmos.

b) Na indústria, cada particular produto tem uma lista de insumos necessários, tais como certas matérias-primas e certas habilidades humanas. É possível à indústria controlar com algum rigor a quantidade e a qualidade desses insumos, o que, evidentemente, leva a uma maior uniformidade dos produtos. Já no caso de serviços, com bastante freqüência é muito variável o que se exige em termos de insumos para a prestação do serviço. No caso da consulta médica, podem variar os instrumentos utilizados no exame do paciente, bem como o que se exige das habilidades do médico. Cada caso deve ser tratado separadamente, dado que tem exigências bem específicas.

c) As possibilidades de mecanização, isto é, a substituição do trabalho humano por máquinas, são em geral bem maiores em uma empresa industrial que em uma companhia prestadora de serviços. Isto ocorre porque na indústria há grande uniformidade dos insumos, e também porque há distância entre a produção e o consumo, facilitando a rotinização. Embora haja exceções, a área de serviços é caracterizadamente "intensiva em mão-de-obra", ou seja, mais dependente do trabalho humano, com tarefas mais difíceis de serem mecanizadas.

d) O próprio fato de as indústrias serem mais passíveis de mecanização faz com que os produtos oferecidos sejam mais padronizáveis que serviços em geral. É possível colocar no mercado produtos praticamente idênticos para todas as finalidades práticas. Por outro lado, rigorosamente falando, não há grande possibilidade de se prestar duas vezes o mesmo serviço exatamente da mesma maneira.

O Quadro 1.1 resume as principais características de empresas industriais e de serviços.

Quadro 1.1 Diferenças entre Empresas Industriais e de Serviços

Característica	Indústrias	Empresas de serviços
Produto	Físico	Intangível
Estoques	Comuns	Impossível
Padronização dos insumos	Comum	Difícil
Influência da mão-de-obra	Média/Pequena	Grande
Padronização dos produtos	Comum	Difícil

Se considerarmos que muitas empresas se constituem de maneira a serem tanto indústrias como prestadoras de serviços, fica patente a necessidade de entender os conceitos e as técnicas tanto quanto aplicados a um como a outro caso. Além disso, não se deve esquecer que qualquer organização industrial executa, em nível interno, uma série de funções ligadas a serviços (e disso a manutenção de máquinas e instalações é um bom exemplo) às quais podem ser aplicadas as idéias que iremos desenvolver.

1.1.2 Uma Definição mais Rigorosa

É tempo de fornecermos uma definição formal da Administração da Produção e Operações: "A Administração da Produção e Operações é o campo de estudo dos conceitos e técnicas aplicáveis à tomada de decisões na função de Produção (empresas industriais) ou Operações (empresas de serviços)".

Como *campo de estudo*, a Administração da Produção e Operações é uma matéria formal nos currículos das escolas superiores, mormente de Engenharia e de Administração de Empresas. No Brasil, o nome mais comum da disciplina ainda é Administração da Produção, enquanto nos Estados Unidos (país que mais diretamente influencia nossas escolas de Administração) o nome mais difundido parece ser Administração de Operações, com ênfase tanto em indústrias como em empresas de serviços. Em alguns cursos superiores, como o de Engenharia de Produção, esse campo de estudo é a base do currículo e se encontra espalhado por várias disciplinas como Estudo de Tempos e Métodos, Programação e Controle da Produção, Arranjo Físico etc.

Os *conceitos e técnicas* que se constituem no objeto da Administração da Produção e Operações dizem respeito, como analisaremos um pouco mais adiante, às funções administrativas clássicas (planejamento, organização, direção e controle) especificamente aplicadas às atividades envolvidas com a produção física de um produto ou à prestação de um serviço. Não se trata de uma disciplina técnica, no sentido mais comum do termo, e isso a distingue de outras disciplinas mais típicas da Engenharia. Não se estudam aqui a natureza e o funcionamento das máquinas, por exemplo, nem como se estrutura uma rede elétrica ou de tubulações industriais. Os conceitos e técnicas aplicam-se à tomada de decisão quanto aos recursos produtivos ou, mais diretamente, às formas de utilizá-los, do ponto de vista administrativo, de forma a conseguir melhores resultados.

Em princípio, também utilizaremos como sinônimos as palavras "atividades", "tarefas" e "operações", embora diferenças sutis possam ser estabelecidas, o que para o momento não é necessário.

O que se entende pela palavra "função" que aparece na definição da Administração da Produção e Operações? De certa maneira, função é um ente abstrato e, no nosso caso, indica um conjunto de atividades, mais especificamente voltado à fabricação do produto ou prestação do serviço. Essas atividades são agrupadas em departamentos ou divisões dentro de uma empresa. Como já dissemos, em uma empresa industrial, esses departamentos e divisões são facilmente encontráveis dentro da fábrica propriamente dita, sob o comando de um Diretor de Produção, Diretor Industrial ou denominação equivalente. Nas empresas de serviços, às vezes elas são reunidas em uma Diretoria de Operações, mas nem sempre é assim, podendo a organização dessas atividades variar caso a caso.

1.2 Evolução da Administração da Produção e Operações

Sem pretender alongar um tema que por si só exigiria um alentado volume, a Administração da Produção e Operações percorreu um longo caminho até chegar ao que é hoje. Se quiséssemos ser muito rigorosos com o que representa esse campo de trabalho, encontraríamos traços comuns entre o que se faz hoje, nas modernas organizações, com a coleta de alimentos do homem pré-histórico, passando pela caça, pela agricultura, pastoreio etc., até a formação das primeiras cidades há cerca de 6.000 anos. E assim por diante. Os precursores das primeiras máquinas usadas em escala quase industrial seriam encontrados na Idade Média, com a sua própria Revolução Industrial, quase nunca comentada, que prossegue até pelo menos o século XIV.

Não há duvida, entretanto, que a Revolução Industrial dos séculos XVIII e XIX transformou a face do mundo. A Revolução marca o início da produção industrial moderna, a utilização intensiva de máquinas, a criação de fábricas, os movimentos de trabalhadores contra as condições desumanas de trabalho, as transformações urbanas e rurais, enfim o começo de uma nova etapa na civilização. A Inglaterra, berço principal dessa Revolução, transformou-se na grande potência econômica do século XIX. Já estava claro que o poderio econômico, e mesmo político, ligava-se à capacidade de produção de produtos manufaturados, trocados por alimentos, minerais e matérias-primas, em geral em condições extremamente vantajosas.

As técnicas de Administração que se tornaram populares durante a maior parte do século XX, entretanto, nasceram ou se desenvolveram nos Estados Unidos. Se a Inglaterra foi hegemônica no século XIX, o XX marcou a predominância industrial, política e econômica dos Estados Unidos, que eram até algum tempo atrás responsáveis por 25% do comércio mundial de produtos manufaturados. Embora essa posição de destaque venha sendo ameaçada há cerca de 20 anos pelo Japão, pela Alemanha, pela França e por outros países em menor grau, a maior parte do século marca a era norte-americana. De lá, as técnicas e instrumentos de gestão da produção se difundiram por inúmeros países. Muitas dessas técnicas e instrumentos, se não a maioria, constituem o objeto deste livro.

A chamada produção em massa, que foi e continua sendo a marca registrada dos Estados Unidos, o símbolo do seu poderio industrial, pode ser encontrada já em 1913, quando começou a linha de montagem dos automóveis Ford. Já em fins do século passado e início do presente, havia sido introduzida a noção de "administração científica" da produção, quando Frederick Taylor, um esforçado engenheiro a serviço da máquina produtiva americana, advogava a aplicação de racionalidade e métodos científicos à administração do trabalho nas fábricas.

Os avanços que se seguiram, em particular após a Segunda Grande Guerra, onde a nação americana firmou-se definitivamente como grande potência, fizeram com que muitos observadores e estudiosos acreditassem que as técnicas produtivas e a posição norte-americanas eram virtualmente definitivas. A Administração da Produção adquiriu um caráter de gerência industrial dentro de uma situação absolutamente sob controle. Aliado a um ambiente concorrencial interno e externo, isso fez com que as atenções se voltassem mais para outras áreas como Marketing e Finanças, que adquiriram um caráter de "nobreza" não mais reservado à área industrial. Esse movimento, de relativo esquecimento da importância da área industrial, fez com que durante a década de 1960 as atenções se voltassem para a área de serviços na economia americana, que havia adquirido uma importância econômica antes não imaginada. Essa foi uma tentativa, relativamente bem-sucedida, de transplantar técnicas e conceitos desenvolvidos no ambiente industrial para outras atividades, às vezes radicalmente diferentes. Introduziu-se o termo "Operações" para designar essas novas aplicações. Ao lado de exemplos e aplicações envolvendo tipicamente as fábricas, começou-se a falar em hospitais, escolas, agências governamentais, aeroportos, restaurantes, bancos etc. A Administração da Produção evoluiu então da prática tradicional de gerência industrial para uma ampla disciplina com aplicações tanto na área industrial como na de serviços. Como prova de que esse movimento chegou tardiamente ao Brasil, ainda hoje os currículos universitários relutam em usar os termos Administração de Operações ou mesmo Administração da Produção e Operações, que indicam uma maior abrangência do campo de estudo.

Posteriormente, durante a década de 1970, a Administração da Produção readquiriu, nos Estados Unidos e a nível mundial, uma posição de destaque na moderna empresa industrial. Os fatos históricos que levaram a esse estado de coisas foram, em particular, o declínio norte-americano em termos de produtividade industrial e no comércio mundial de manufaturas e o crescimento de algumas potências nesses aspectos, notadamente o Japão. Há mais de 30 anos o Japão vem encarando a produção industrial e a geração de novos produtos como os elementos-chave no mercado interno e a nível internacional. Durante a década de 1980, o desequilíbrio comercial entre Estados Unidos e Japão acentuou-se cada vez mais, com vantagem enorme para o Japão, que vem inclusive instalando empresas subsidiárias de companhias japonesas nos Estados Unidos, geralmente com apreciável sucesso. Esses fatos têm motivado intensas negociações entre os dois países, na tentativa norte-americana de pelo menos amenizar a situação como exemplificado pelo recente acordo comercial e de cooperação de fins de 1991.

Em termos mais específicos, alguns analistas argumentam que a principal causa do declínio americano tem sido a ênfase exagerada nos aspectos mercadológicos e financeiros das decisões estratégicas. A produção tem sido caracterizada por longas rodadas, típicas de produção em massa clássica, produtos estáveis, operações repetitivas e custos diretos de mão-de-obra elevados. Essa tendência vem mudando rapidamente nos países centrais: a ênfase atual em Estratégia de Manufatura, sobre a qual falaremos mais adiante, tem levado a área de Produção a se tornar mais envolvida no planejamento a longo prazo. Há pressões para se reduzir significativamente o investimento em estoques e subcontratar componentes em vez de a empresa tentar se tornar especialista em uma grande variedade de tarefas de manufatura.

1.3 Funções Gerenciais na Administração da Produção e Operações

Todas as funções gerenciais, em qualquer empresa, têm como pano de fundo uma série de objetivos, que vão desde declarações genéricas de intenções para o futuro, até a descrição específica de metas que devem rapidamente ser atingidas. Justifica-se, dessa forma, certo detalhamento do conceito, das particularidades e da classificação dos objetivos, antes que adentremos nas funções gerenciais propriamente ditas.

1.3.1 Objetivos Empresariais

Objetivos são destinações pretendidas que indicam a direção para o planejamento da empresa. Por um lado, são os guias básicos que suportam a tomada de decisão e, por outro, são a lógica dos critérios de avaliação dos resultados. Planos e programas operacionais são selecionados com base na sua contribuição aos objetivos. Alguns exemplos de objetivos são crescer, ter lucro, contribuir com a comunidade, fornecer produtos de qualidade, progredir tecnologicamente, prover dividendos aos acionistas, prover o bem-estar dos empregados, ganhar prestígio, desenvolver a organização, satisfazer as necessidades dos consumidores etc.

Um dos aspectos mais importantes a considerar sobre os objetivos é a estrutura de tempo envolvida. Costuma-se distinguir entre *objetivos de longo prazo*, aqueles que devem ser atingidos em 5 anos ou mais, *objetivos de médio prazo*, que cobrem de 1 a 5 anos e, finalmente, *objetivos de curto prazo*, que envolvem de algumas semanas até um ano, geralmente. Esses números não são absolutos, mas nos dão, pelo menos, uma idéia da dupla estruturação dos objetivos: de um lado, uma divisão segundo o tempo coberto e, de outro, uma quebra pelas várias unidades da empresa, como Finanças, Marketing ou Produção. Uma vez estabelecidos, os objetivos gerais devem ser transformados em objetivos específicos a cada unidade.

Quando do estabelecimento dos objetivos, cuidados devem ser dados à sua prioridade, tempo e estrutura. Uma organização tem, em geral, mais de um objetivo, sem contar os interesses particulares dos muitos indivíduos que a compõem. Esses indivíduos – gerentes, empregados, acionistas etc. – ajudam a desenvolver, a cumprir e a alterar os objetivos.

O meio ambiente é outro fator a ponderar. Mesmo que não se queira, ele impõe certo objetivo na organização. O nível de emprego é um bom exemplo de controle externo indireto. Qualquer dirigente pensará algumas vezes antes de desencadear uma demissão em massa, não só pelos danos internos que acarreta no moral, na motivação dos que ficam, no próprio andamento da produção, mas também pela comoção provocada na comunidade e, não raro, nos meios governamentais. No Brasil, temos com freqüência assistido à intervenção do governo, declarada ou sutilmente, nessas ocasiões, numa tentativa de manter um clima de normalidade administrativa. Outros objetivos impostos de fora para dentro são o pagamento de impostos e os controles antipoluição. O pagamento de impostos sempre foi uma obrigação legal. A cada dia que passa, o controle da poluição reveste-se cada vez mais desse caráter de obrigatoriedade, mesmo nos países em vias de desenvolvimento. Finalmente, clientes, fornecedores e competidores deixam também as suas marcas nos objetivos das empresas.

Alguns objetivos podem estar em conflito. Alguns desses conflitos são de percepção relativamente difícil, aparecendo somente depois de uma análise acurada. Outros, pelo contrário, são evidentes, como, por exemplo, pagar melhores salários *versus* minimizar os custos da mão-de-obra, reduzir impostos *versus* aumentar os benefícios sociais (caso do governo), reduzir investimentos *versus* desenvolver novos produtos etc. Além do mais, os recursos são sempre limitados: é difícil, se não mesmo impossível, que todos os objetivos da empresa possam ser atingidos ao mesmo tempo. Deve-se decidir que novos programas serão iniciados e quais programas existentes devem ser incrementados ou desacelerados. Neste ponto, deve-se distinguir que os objetivos se distribuem em cascata: alguns são primários, no sentido de que são fundamentais para a consecução de outros, os secundários. O objetivo maior, embora redundante, é sempre a sobrevivência da empresa. A distinção dos objetivos segundo uma hierarquia ajuda a colocar ênfase nos objetivos prioritários: pode ser o caso, inclusive, de ser necessário promover a troca (total ou parcial) de um objetivo por outro.

1.3.2 As Funções Gerenciais

A Administração da Produção e Operações preocupa-se com o Planejamento, a Organização, a Direção e o Controle das operações produtivas, de forma a se harmonizarem com os objetivos da empresa.

O *Planejamento* dá as bases para todas as atividades gerenciais futuras ao estabelecer linhas de ação que devem ser seguidas para satisfazer objetivos estabelecidos, bem como estipula o momento em que essas ações devem ocorrer.

A *Organização* é o processo de juntar (combinar) os recursos produtivos: pessoal (mão-de-obra), matérias-primas, equipamentos e capital. Os recursos são essenciais à realização das atividades planejadas, mas devem ser organizados coerentemente para um melhor aproveitamento.

A *Direção* é o processo de transformar planos que estão no papel em atividades concretas, designando tarefas e responsabilidades específicas aos empregados, motivando-os e coordenando seus esforços.

O *Controle* envolve a avaliação do desempenho dos empregados, de setores específicos da empresa e dela própria como um bloco, e a conseqüente aplicação de medidas corretivas se necessário.

O Planejamento e as tomadas de decisão que lhes são inerentes podem ser classificados em três grandes níveis, segundo a abrangência que terão dentro da empresa, afetando fatias maiores ou menores da companhia:

a) **Nível Estratégico**

Neste nível, planejamento e tomada de decisões são mais amplos em escopo, envolvendo políticas corporativas (grandes políticas da organização), escolha de linhas de produtos, localização de novas fábricas, armazéns ou unidades de atendimento, projeto de processos de manufatura etc. Os níveis estratégicos envolvem, necessariamente, horizontes de longo prazo e, conseqüentemente, altos graus de riscos e incerteza.

b) **Nível Tático**

Este nível é mais estreito em escopo que o anterior e envolve basicamente a alocação e a utilização de recursos. Em indústrias, o planejamento tático ocorre em nível de fábrica, envolve médio prazo e moderado grau de risco. O chamado Planejamento Agregado da Produção, que será posteriormente estudado, é um bom exemplo de atividades conduzidas no nível gerencial médio da organização.

c) **Nível Operacional**

O planejamento e a tomada de decisões operacionais têm lugar nas operações produtivas, envolvem curtos horizontes de tempo e riscos relativamente menores. Tarefas rotineiras como a alocação de carga aos departamentos produtivos e a programação da produção são exemplos, assim como o controle de estoques.

Em suma, os planos e as decisões dos níveis mais altos dão linhas de ação para os planos táticos que, por sua vez, direcionam a rotina operacional. A alta gerência é responsável pelo estabelecimento dos objetivos da organização, tais como o lucro, a posição de competitividade, entre outros. Ela toma decisões que afetam o futuro da empresa a longo prazo. Para a alta gerência, o planejamento eficaz é crítico. Relativamente, menores esforços de organização e direção deveriam idealmente ocorrer neste nível ao lado de um moderado grau de controle, para assegurar que os planos fossem cumpridos. As decisões e os planos vindos da alta gerência especificam os objetivos que a média gerência (por exemplo, o gerente de fábrica) deve cumprir. O planejamento da média gerência é feito, pois, sobre horizontes de tempos mais curtos, e mais tempo deve ser alocado às atividades de direção, devido ao maior número de funcionários diretos sob esse nível de gerência. Finalmente, em nível de supervisão, a ênfase é decididamente sobre o atendimento de objetivos a curto prazo. A maior parte do tempo do gerente neste nível é gasta com a direção de funcionários. Enquanto o Planejamento e a Organização não chegam a ser atividades críticas nesse patamar de trabalho, grande esforço é despendido em Controle. O Controle é importante para dar notícia do que está ocorrendo e ligar os três níveis básicos de gerência.

1.4 O Sistema de Produção

Definimos "sistema de produção" como o conjunto de atividades e operações inter-relacionadas envolvidas na produção de bens (caso de indústrias) ou serviços. O sistema de produção é uma entidade abstrata, porém extremamente útil para dar uma idéia de totalidade, que é conveniente para a apresentação de inúmeros conceitos que serão discutidos ao longo deste livro.

Distinguem-se no sistema de produção alguns elementos constituintes fundamentais. São eles os insumos, o processo de criação ou conversão, os produtos ou serviços e o subsistema de controle (Vide Figura 1.1).

Os *insumos* são os recursos a serem transformados diretamente em produtos, como as matérias-primas, e mais os recursos que movem o sistema, como a mão-de-obra, o capital, as máquinas e equipamentos, as instalações, o conhecimento técnico dos processos etc.

O *processo de conversão,* em manufatura, muda o formato das matérias-primas ou muda a composição e a forma dos recursos. Em serviços, não há propriamente transformação: o serviço é criado. Em serviços, diferentemente da manufatura, a tecnologia é mais baseada em conhecimento (*know-how*) do que em equipamentos. Comparativamente, dizemos que, em geral, as atividades de serviços são mais intensivas em mão-de-obra (pessoal), enquanto as atividades industriais são mais intensivas em máquinas e equipamentos (capital físico).

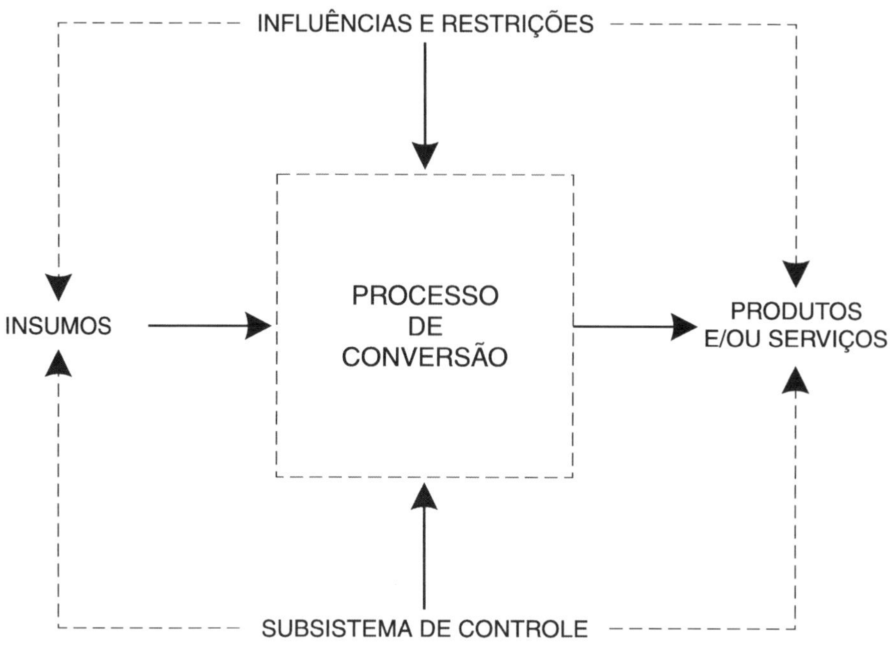

Figura 1.1 Elementos do Sistema de Produção.

O *sistema de controle* é a designação genérica que se dá ao conjunto de atividades que visa assegurar que programações sejam cumpridas, que padrões sejam obedecidos, que os recursos estejam sendo usados de forma eficaz e que a qualidade desejada seja obtida. O sistema de controle, pois, promove a monitoração dos três elementos do sistema de produção.

O sistema de produção não funciona no vazio, isoladamente. Ele sofre influências, de dentro e de fora da empresa, que podem afetar seu desempenho. Em outras palavras, ele sofre a influência de um ambiente externo e de um ambiente interno.

No caso do ambiente interno, o sistema de produção encontra-se na esfera de influência das outras áreas funcionais da empresa (Marketing, Finanças, Recursos Humanos etc.) e tem sobre elas um impacto. A área de Finanças é responsável pela obtenção de recursos financeiros, pelo controle do seu uso e pela análise das oportunidades de investimento, assegurando ou tentando assegurar que a firma opere em uma base eficaz de custos e geralmente com lucro. O lucro é crucial, pois a sua ausência por algum tempo significa a morte da organização, ao menos de organizações não lucrativas (como certos serviços governamentais). Muita coisa é afetada no sistema de produção devido às decisões da área de Finanças: a escolha de equipamentos, o uso de horas extras, as políticas de controle de custos, as decisões preço-volume etc.

A área de Marketing responsabiliza-se pela geração e manutenção da demanda para os produtos da empresa, tentando assegurar satisfação para os consumidores e o desenvolvimento de novos mercados e produtos potenciais. Sua coordenação com o sistema de produção é fundamental para o efetivo uso dos recursos produtivos e para a manutenção de níveis adequados de atendimento ao consumidor, tanto em termos de qualidade como de quantidade.

Finalmente, a área de Recursos Humanos é responsável pelo recrutamento, pela alocação e treinamento da mão-de-obra, pela negociação de salários, pelas negociações sindicais etc. Trata-se de uma função essencial para assegurar o suprimento adequado (quantidade/qualidade) de mão-de-obra para a produção.

Vários fatores exercem influência externa sobre a empresa como um todo e o sistema de produção em particular. Quatro dos mais importantes são: as condições econômicas gerais do país, as políticas e regulações governamentais, a competição e a tecnologia. Os fatores econômicos, por sua vez, incluem taxa de juros, inflação, maior ou menor disponibilidade de crédito e assim por diante. Taxas de juros altas, bem como restrições ao crédito, tendem a inibir os investimentos e brecar o crescimento dos sistemas produtivos. A inflação pode ser benéfica por algum tempo, se conservada em níveis baixos, mas, geralmente, as tentativas para combatê-la trazem efeitos colaterais desagradáveis.

Dentre as políticas do governo, podem estimular ou desestimular a produção, conforme o caso, a política fiscal e a política monetária, além da política cambial. No início da década de 1950, essas três políticas, particularmente a cambial, permitiram o crescimento do parque industrial brasileiro. Atualmente, as leis antipoluição têm tido, em vários países, severos efeitos sobre a produção. Esses efeitos perduram por algum tempo, absorvendo capital (para o controle e o manejo da poluição) que, de outra forma, iria diretamente para a produção. Em qualquer país civilizado, porém, essa legislação é considerada como absolutamente necessária.

A natureza da competição, a fatia de mercado da empresa e como ela reage às estratégias competitivas dos concorrentes têm marcada influência nas linhas de produtos e nos processos afetos ao sistema de produção. Novas tecnologias em processos de manufatura, equipamentos e materiais podem afetar drasticamente projetos de produtos e métodos de produção. Freqüentemente a empresa é obrigada à introdução dessas novas tecnologias (como acontece hoje com os microprocessadores) para continuar em atividade.

1.5 Tipos de Sistemas de Produção

1.5.1 Classificação Tradicional

A classificação dos sistemas de produção, principalmente em função do fluxo do produto, reveste-se de grande utilidade na classificação de uma grande variedade de técnicas de planejamento e gestão da produção. É assim possível discriminar grupos de técnicas e outras ferramentas gerenciais em função do particular tipo de sistema, possibilidade essa que racionaliza a apresentação didática. Tradicionalmente, os sistemas de produção são agrupados em três grandes categorias:

a) sistemas de produção contínua ou de fluxo em linha;
b) sistemas de produção por lotes ou por encomenda (fluxo intermitente);
c) sistemas de produção para grandes projetos sem repetição.

1.5.1.1 *Sistemas de Produção Contínua (fluxo em linha)*

Os sistemas de produção contínua ou fluxo em linha apresentam uma seqüência linear para se fazer o produto ou serviço; os produtos são bastante padronizados e fluem de um posto de trabalho a outro em uma seqüência prevista. As diversas etapas do processamento devem ser balanceadas para que as mais lentas não retardem a velocidade do processo. Às vezes, os sistemas de fluxo em linha aparecem subdivididos em dois tipos:

a) a produção em massa, para linhas de montagem de produtos os mais variados possível;

b) a produção contínua propriamente dita, nome reservado nessa classificação para as chamadas indústrias de processo, como química, papel, aço etc. Esses processos contínuos tendem a ser altamente automatizados e a produzir produtos com elevado grau de padronização, sendo qualquer diferenciação pouco ou nada permitida.

De uma forma geral, os sistemas de fluxo em linha são também caracterizados por uma alta eficiência e acentuada inflexibilidade. Essa eficiência é derivada de uma substituição maciça de trabalho humano por máquinas, bem como à padronização do trabalho restante em tarefas altamente repetitivas. Grandes volumes de produção devem ser mantidos para se recuperar o custo de equipamentos especializados, o que requer um conjunto-padrão de produtos estabilizados ao longo do tempo. Dessa forma, é problemático modificar tanto a linha de produtos como o volume de produção, o que leva à inflexibilidade. É quase certo que, se as condições favoráveis ao alto volume e produção padronizada estiverem presentes, a competição forçará o uso da produção contínua por causa da eficiência.

A produção em massa, nas chamadas linhas de montagem, é caracterizada pela fabricação, em larga escala, de poucos produtos com grau de diferenciação relativamente pequeno: automóveis, geladeiras, fogões, aparelhos de ar condicionado etc. A produção em massa pode ser chamada de pura, quando existe uma linha ou um conjunto de equipamentos específicos para um produto final. E dita produção em massa com diferenciação quando adaptações na linha permitem a fabricação de produtos com algumas diferenças entre si.

Finalmente, alguns fatores devem ser cuidadosamente pesados antes da adoção de um sistema de fluxo em linha. Além da competição, já referida, pode-se citar o risco de obsolescência do produto, a monotonia dos trabalhos para os empregados e os riscos de mudança tecnológica no processo (que custa a se pagar).

1.5.1.2 *Sistemas de Produção por Lotes (fluxo intermitente)*

Nesse caso, a produção é feita em lotes. Ao término da fabricação do lote de um produto, outros tomam o seu lugar nas máquinas. O produto original só voltará a ser feito depois de algum tempo, caracterizando-se assim uma produção intermitente de cada um dos produtos. Quando os clientes apresentam seus próprios projetos de produto, devendo a empresa fabricá-lo segundo essas especificações, temos a chamada produção intermitente por encomenda.

No sistema de produção intermitente, a mão-de-obra e os equipamentos são tradicionalmente organizados em centros de trabalho por tipo de habilidades, operação ou equipamento. Dito de outra forma, os equipamentos e as habilidades dos trabalhadores são agrupados em conjunto, definindo um tipo de arranjo físico conhecido como funcional ou por processo. O produto flui, de forma irregular, de um centro de trabalho a outro. O equipamento utilizado é do tipo genérico, ou seja, equipamentos que permitem adaptações dependendo das particulares características das operações que estejam realizando no produto. A própria adaptabilidade do equipamento exige uma mão-de-obra mais especializada, devido às constantes mudanças em calibragens, ferramentas e acessórios. Embora esses equipamentos permitam uma grande facilidade para mudança no produto ou no volume de produção, o tempo que se perde nos constantes rearranjos de máquina leva a uma relativa ineficiência.

A flexibilidade conseguida com o uso de equipamentos genéricos leva também a outros problemas, principalmente com o controle de estoques, com a programação da produção e com a qualidade; se a fábrica ou o centro de trabalho estiverem operando próximo à capacidade limite, haverá muito estoque de material em processamento, o que fatalmente aumentará o tempo das rodadas de produção, pois vários trabalhos irão requerer as mesmas máquinas ou a mesma mão-de-obra ao mesmo tempo.

Em suma, o que o sistema de produção intermitente ganha em flexibilidade diante da produção contínua, ele perde em volume de produção. Justifica-se portanto a adoção de um sistema intermitente quando o volume de produção for relativamente baixo. São sistemas comuns no estágio inicial de vida de muitos produtos e praticamente obrigatórios para empresas que trabalham com encomenda ou atuam em mercados de reduzidas dimensões.

1.5.1.3 *Sistemas de Produção para Grandes Projetos*

O sistema de produção para grandes projetos diferencia-se bastante dos tipos anteriores. Na verdade, cada projeto é um produto único, não havendo, rigorosamente falando, um fluxo do produto. Nesse caso, tem-se uma seqüência de tarefas ao longo do tempo, geralmente de longa duração, com pouca ou nenhuma repetitividade. Uma característica marcante dos projetos é o seu alto custo e a dificuldade gerencial no planejamento e no controle. Exemplos de projetos incluem a produção de navios, aviões, grandes estruturas etc.

1.5.2 Classificação Cruzada de Schroeder

Este modelo de classificação, devido à Schroeder (1981), torna claro que a tipologia clássica, apresentada anteriormente, leva em conta apenas uma dimensão associada aos sistemas: o tipo de fluxo do produto. Essa dimensão geralmente é suficiente para os sistemas industriais, mas incompleta se aplicada aos serviços. Por isso, a classificação cruzada é mais completa e ajuda a entender um maior número de casos práticos.

A classificação cruzada dá-se ao longo de duas dimensões. De um lado, temos a dimensão "por tipo de fluxo de produto" que coincide com a tipologia clássica já apresentada. De outro, temos a dimensão "por tipo de atendimento ao consumidor". Na dimensão "por tipo de atendimento ao consumidor", existem os seguintes tipos de sistemas:

a) sistemas orientados para estoque;
b) sistemas orientados para a encomenda.

Um sistema orientado para o estoque oferece serviço rápido (atendimento ao consumidor) e a baixo custo; no entanto, a flexibilidade do cliente na escolha do produto é evidentemente menor que no caso de um sistema orientado diretamente para a encomenda do cliente.

Em um processo orientado para a encomenda, as operações são ligadas a um cliente em particular, com o qual se discute o preço e o prazo de entrega da mercadoria em questão. Em uma tal situação, a medida-chave do desempenho é o prazo de entrega, que o cliente deseja saber de antemão. Em nível de acompanhamento interno, a empresa pode usar a porcentagem de pedidos entregues dentro dos prazos como uma medida viável de competência.

No caso ainda de um sistema orientado para estoque, certas atividades, como a previsão da demanda, a gerência de estoques e o efetivo planejamento da capacidade de produção são cruciais. A empresa deve prover o cliente com produtos padronizados, tirados do estoque, com um certo nível de atendimento. O estoque é criado antes da demanda e é usado para atender às necessidades dessa demanda ou para suavizar as necessidades de capacidade segundo o que foi determinado pelo planejamento agregado da produção (geralmente o planejamento anual, levando em conta a demanda de todos os produtos agregados em função da capacidade). O foco dos sistemas que operam orientados para o estoque está, pois, na reposição desses estoques. É difícil identificar o cliente no processo de produção: os pedidos atuais são atendidos pelo estoque e a produção atual vai atender à demanda futura. As medidas de desempenho estão ligadas à utilização dos ativos alocados à produção – basicamente estoques e capacidade – e também à presteza no atendimento ao cliente, ou seja, ao nível de atendimento obtido na prática. As medidas de desempenho podem incluir ainda a rotação (giro) do estoque, o grau de utilização da capacidade, o uso de horas extras para atender às necessidades etc. Em suma, o grande objetivo é o de atender ao cliente ao mínimo custo. Na classificação cruzada, os exemplos devem ao mesmo tempo atender aos requisitos das duas dimensões que são levadas em conta. O Quadro 1.2 fornece alguns casos, tanto na área industrial como no setor de serviços:

Quadro 1.2 Classificação Cruzada de Schroeder: Exemplos

	Orientação para estoque	Orientação para encomenda
Fluxo em linha	Refinaria de petróleo Indústrias químicas de grandes volumes Fábrica de papel	Veículos especiais Companhia telefônica Eletricidade Gás
Fluxo intermitente	Móveis Metalúrgicas Restaurante *fast food*	Móveis sob medida Peças especiais Restaurante
Projeto	Arte para exposição Casas pré-fabricadas Fotografia artística	Edifícios Navios Aviões

Como o leitor pode notar, os exemplos aclaram alguns aspectos da tipologia clássica (por fluxo). A produção contínua ou fluxo em linha leva tipicamente a sistemas orientados para estoque, enquanto a produção ou fluxo intermitente, por sua vez, leva tanto a um como a outro tipo de sistema, tanto que essa distinção, muito clara, foi apresentada logo de início na tipologia clássica. A vantagem da classificação cruzada é exatamente a de mostrar que, embora um sistema seja mais característico de produção para estoque ou para encomenda, ele pode se adaptar a casos especiais.

1.6 Planejamento Estratégico de Manufatura

1.6.1 Conceituação

Vimos anteriormente que se desenvolve cada vez mais uma consciência da importância da Administração da Produção e Operações, devido a um reconhecimento do papel da manufatura para a posição da empresa perante seus concorrentes. Nos últimos anos, essa consciência acabou se cristalizando em um movimento que realça uma atividade vital dentro das organizações industriais: o planejamento racional das atividades de manufatura tendo em vista usá-la como uma arma competitiva. A esse tipo de Planejamento deu-se o nome de Planejamento Estratégico de Manufatura.

Em primeiro lugar, qualquer planejamento que se pretenda estratégico parte da determinação de objetivos, políticas e planos da organização para o longo prazo. O planejamento estratégico define a filosofia básica da organização no que tange às suas atividades, determina os produtos e/ou serviços a serem oferecidos e trata do planejamento para a aquisição e alocação de recursos críticos, como tecnologia e pessoal tanto para implementar os planos, como para avaliar os seus impactos. Falando em termos mais específicos, o Planejamento Estratégico de Manufatura é o conjunto de objetivos e políticas de longo prazo, que dizem respeito à atividade de manufatura dentro da empresa e que servem como um guia a todas as decisões tomadas nesse setor.

Para dar uma idéia mais clara do que seja o Planejamento Estratégico de Manufatura, lancemos mão da classificação de Richardson, Taylor e Gordon (1985). Esses autores tentaram diferenciar as empresas industriais segundo seus objetivos e políticas de manufatura, ou seja, suas estratégias nesse setor. Eles distinguem seis tipos de organização:

a) **Abridores de fronteiras tecnológicas:** são firmas orientadas para a pesquisa e desenvolvimento de produtos de ponta em suas áreas de atuação. São importantes fatores de sucesso para essas companhias o projeto, o desenvolvimento e a qualidade do produto, aliados à habilidade para introduzir novos produtos continuamente no mercado. Sem dúvida alguma, ter preços competitivos não costuma ser um fator de grande importância, dado que os produtos dessas empresas são diferenciados.

b) **Exploradores de tecnologia:** são firmas que introduzem novos produtos e continuam com eles durante o seu ciclo de vida, ou seja, até que se esgotem tecnológica e/ou mercadologicamente e não sejam mais procurados. Para essas empresas, ter preços competitivos é um fator de sucesso dos mais importantes. Elas devem ter habilidade para reduzir o preço para altos volumes de produção, para introduzir novos produtos e ter uma forte orientação para a minimização de custos de produção.

c) **Empresas voltadas para o cliente:** são organizações que inovam pouco e aceitam projetos para produtos fabricados em baixo volume, sob especificações do cliente. Como fatores determinantes de sucesso, contam-se a habilidade e a flexibilidade de adaptação a diferentes projetos e volumes de produção.

d) **Empresas de alta tecnologia voltadas para o cliente:** sua característica principal é a que desenvolvem tecnologia sob encomenda para poucos clientes e mercados. Para o sucesso, contam-se a excelência em projeto do produto, a alta qualidade e a flexibilidade de adaptação às necessidades do cliente.

e) **Empresas voltadas para o cliente a custo mínimo:** trabalham com produtos maduros, com preços competitivos. Entre os fatores de sucesso, contam-se a habilidade de reduzir custos, mesmo com baixos volumes de produção, os prazos de entrega atrativos e alguma flexibilidade para mudanças de projeto e volumes de produção.

f) **Empresas minimizadoras de custos:** são firmas que trabalham com altos volumes de produção a baixo custo. A habilidade de reduzir custos e prazos de entrega é o principal fator de sucesso.

A classificação apresentada não é evidentemente a única possível, mas já permite antever alguns dos componentes fundamentais que devem compor o Planejamento Estratégico de Manufatura. Alguns dos mais significativos componentes são os seguintes:

I) **Tecnologia do produto:** os produtos variam desde os que são fabricados exclusivamente sob encomenda até os que são produzidos em grandes volumes para estoque. Fatores como custo, qualidade, prazo de entrega, capacidade da empresa em se adaptar a novos projetos ou volumes de produção são potencialmente importantes, bem como os próprios ciclos de vida dos produtos, que podem ser renovados através de melhorias tecnológicas. A coordenação entre Marketing e Produção é vital na área de tecnologia do produto.

II) **Tecnologia do processo:** liga-se diretamente à tecnologia do produto. Os movimentos na direção de maior automação costumam complicar as decisões, não só pelo alto custo e risco envolvidos, mas também pelas mudanças que acarretam na estrutura do sistema produtivo, nas necessidades de um novo perfil de mão-de-obra, no atendimento ao cliente etc.

III) **Capacidade das instalações:** as decisões estratégicas sobre capacidade envolvem a escolha inicial da capacidade, as mudanças e as épocas de mudanças posteriores, o tipo de capacidade (como, por exemplo, ter uma grande fábrica *versus* ter diversas fábricas menores) e a descoberta e o aproveitamento de economias de escala (possibilidade de redução de custos, se os produtos forem feitos em maior escala).

IV) **Localização das instalações:** é uma temática ligada bem de perto às decisões sobre capacidade. Envolve decisões como localizar a manufatura perto dos suprimentos ou dos mercados consumidores, a escolha da macrorregião (a grande área geográfica dentro da qual a empresa se instalará), a infra-estrutura necessária etc.

V) **Recursos humanos:** envolve decisões sobre políticas de formação e desenvolvimento de pessoal e suas relações com processos e produtos (assim, por exemplo, maior automação exige menor número de funcionários, mas melhor habilitados), formação de gerentes, políticas de promoção e carreira etc. Todos esses fatores afetam inegavelmente a produção.

VI) **Suprimentos:** envolve decisões estratégicas sobre políticas de compras, desenvolvimento de fornecedores, fabricação interna de peças e componentes etc.

Mais adiante, dar-se-á uma idéia dos principais passos para a implementação do Planejamento Estratégico de Manufatura. Por ora, vamos introduzir o conceito de "fábrica focalizada", que muito tem a ver com a estratégia de manufatura da empresa.

1.6.2 A Fábrica "Focalizada"

Em 1974, o professor Skinner, da Harvard Business School, um dos primeiros autores a perceber a nova importância da manufatura, sugeriu que a estratégia de manufatura devia se guiar por um objetivo claro e consistente. Muitas companhias tentam fazer muitas coisas dentro de uma mesma fábrica: usando como motivos as economias de escala, aumentam e diversificam a produção e vão adicionando produtos, mercados e tecnologias sob um mesmo controle. Dessa forma, perdem o foco das operações da empresa.

Skinner advoga que há muitas formas de competir além de produzir a baixo custo. Argumenta que é impossível a uma empresa trabalhar bem em todas as frentes e que a simplicidade e a repetição trazem a competência. Introduz o conceito de "fábrica focalizada" sobre um conjunto não muito variado de produtos, para um particular mercado. A fábrica pode assim melhor cumprir sua estratégia de manufatura.

A empresa deve, portanto, entender as realidades de sua tecnologia e de seu ambiente econômico e centralizar seu foco na competência relativa, evitar adicionar funções, processos e produtos; deve deixar a fábrica com uma tarefa específica, sem o usual conjunto de objetivos, produtos e tecnologias conflitantes. Tal comportamento pode melhorar a competitividade e o atendimento ao consumidor de forma a cobrir os investimentos necessários para focalizar a fábrica.

Há, pelo menos, duas pesquisas que parecem dar razão a Skinner:

a) em uma pesquisa da McKinsey and Company (*Business Week*, 1980), envolvendo 27 firmas consideradas de sucesso, dois dos maiores atributos comuns eram a ênfase em um ponto-chave de seus respectivos ramos e a concentração naquilo que melhor conheciam, ou seja, o crescimento em torno da própria força;

b) Hall (1980) pesquisou 64 empresas consideradas altamente competitivas. Cada uma delas demonstrava um esforço contínuo em atingir custos menores em comparação com os custos dos competidores, dentro de um nível aceitável de qualidade, e/ou ter um aspecto forte característico (como atendimento ao consumidor, tecnologia mais avançada etc.) que a diferenciasse da concorrência.

1.6.3 Desenvolvimento do Planejamento Estratégico de Manufatura

Não existe uma forma padronizada para se elaborar o Planejamento Estratégico de Manufatura que se adapte a qualquer companhia, com qualquer passado, com quaisquer características e operando em qualquer meio. Dessa forma, qualquer lista de passos se reveste meramente de um caráter sugestivo e deve sofrer modificações competentes, caso a caso. A seqüência abaixo é uma adaptação daquilo que foi proposto por Meredith e Gibbs (1984) como roteiro de desenvolvimento do Planejamento Estratégico de Manufatura:

a) escrever a estratégia de manufatura e as ações correspondentes de forma clara, evidenciando como isso será uma arma competitiva para a empresa;

b) estabelecer necessidades e restrições sobre a produção, derivadas da estratégia da empresa como um todo, das políticas de mercado e de finanças, da tecnologia e do meio econômico onde se insere a empresa;

c) determinar as implicações dessas necessidades e restrições sobre as principais variáveis da produção, tais como nível de investimento, riscos, tempos de espera de matérias-primas e de entrega de produtos, programação e controle da produção, estoques, flexibilidade, qualidade, força de trabalho etc., bem como sobre os principais departamentos e funções;

d) estimar um prazo para a reavaliação da estratégia de manufatura;

e) estabelecer quais operações deverão desempenhar especialmente bem na produção, para suportar a estratégia e como isso difere do usual até o momento;

f) definir os padrões (custo, qualidade, produtividade etc.) pelos quais será julgado o desempenho da produção;

g) identificar as ações mais difíceis de serem cumpridas e seus principais impedimentos;

h) verificar e detalhar se alguma medida de desempenho deverá sofrer temporariamente para que ações necessárias sejam cumpridas;

i) identificar elementos dentro do sistema de produção que apresentem as maiores possibilidades de falhas, de maneira que recebam atenção especial.

O roteiro acima pode ser completado com algumas observações contidas em outro trabalho do professor Skinner, este de 1984. Segundo Skinner, podem aparecer alguns impedimentos maiores à mudança na estratégia de manufatura. Sem a remoção dessas restrições, quaisquer mudanças ficam ameaçadas. Como um primeiro empecilho mais grave cita-se o ponto de vista de curto prazo da área financeira, focalizando em resultados imediatos e restrições aos investimentos em capital. Além disso, muitas vezes a alta gerência vê a área de produção como uma espécie de "máquina de produtividade" em vez de uma arma competitiva e um recurso estratégico potencial. A produção deve deixar de ser um meio de melhorar o desempenho financeiro para tornar-se uma fonte de força diante dos competidores. Finalmente, é preciso consertar a própria casa: os gerentes de produção precisam se tornar melhores em planejamento de longo prazo e desenvolver habilidades para colaborar efetivamente em reuniões de planejamento estratégico.

1.7 A Organização deste Livro

Até o presente momento, o leitor já deve ter adquirido alguma idéia sobre "o que se estuda" em Administração da Produção e Operações. Com "o que se estuda" estamos nos referindo aos grandes tópicos. Cada um desses tópicos encerra um conjunto de funções. Como já chamamos a atenção no início do capítulo, não será portanto de estranhar que o leitor, ao adentrar em uma empresa, encontre alguns departamentos ou divisões designados como os temas que iremos apresentar agora. Para facilidade de exposição, os temas podem, em primeiro lugar, ser agrupados em grandes blocos funcionais, segundo a natureza das decisões envolvidas (estratégicas, táticas ou operacionais):

I. *Funções (Temas) que Envolvem Decisões Estratégicas*

Se o leitor voltar a algumas páginas atrás, verá que as funções que envolvem decisões estratégicas são exatamente aquelas derivadas da Estratégia de Manufatura da empresa, quando esta for do ramo industrial. Evidentemente, as mesmas decisões são necessárias quando a empresa for do ramo de serviços. Essas funções envolvem, pois, algumas questões muito importantes, cuja resposta depende, quase sempre, da aprovação da alta direção da empresa. Essa aprovação é necessária quando algumas decisões tomadas em relação ao planejamento do processo produtivo envolvem grande risco financeiro, pois irão influenciar a empresa por um prazo relativamente longo, às vezes até mesmo de décadas. Em geral, essa longa influência é muito mais marcante no caso de atividades industriais do que em atividades de serviços, mas isso vale apenas como regra geral (ninguém monta ou desmonta rapidamente um grande supermercado ou aeroporto, por exemplo). Veja-se o caso, para uma indústria, da escolha dos produtos que irão compor o complexo de produtos oferecidos pela empresa ou dos processos que deverão fabricar esses produtos. Essas decisões não são isoladas e envolvem muito risco, já que instalar determinados processos de produção pode ser muito caro e não se pode mudá-los da noite para o dia. A escolha deve ser bem feita e não pode prescindir da opinião dos diretores ou donos da empresa.

II. *Funções que Envolvem Decisões Táticas*

Essas funções envolvem decisões consideradas táticas, porque seu alcance é de médio prazo, cobrindo cerca de 1 ano ou pouco mais, pelo menos em grande parte dos casos. São decisões que podem ser tomadas pela média administração e não envolvem usualmente riscos financeiros tão grandes como as decisões estratégicas.

III. *Funções que Envolvem Decisões Operacionais*

São as chamadas decisões "do dia-a-dia" da empresa, o que não quer dizer que sejam irrelevantes. O prazo coberto por essas decisões é em geral de até algumas semanas, e muitas delas são tomadas em nível de supervisão. O risco financeiro incorrido com essas decisões é ainda proporcionalmente menor que nos dois casos anteriores.

Uma outra possível classificação das funções que constituem os grupos temáticos do livro é obtida considerando o papel que essas funções desempenham em relação ao processo produtivo. Assim, teríamos:

a) funções ligadas ao projeto do sistema de produção;
b) funções ligadas à operação do sistema de produção;
c) funções ligadas ao controle do sistema de produção.

Cada um desses grupos de funções liga-se mais de perto a um determinado tipo de decisão. As funções ligadas ao projeto do sistema de produção envolvem decisões estratégicas e táticas; as funções ligadas à operação do sistema envolvem tanto decisões táticas como operacionais e, finalmente, as funções ligadas ao controle do sistema de produção envolvem apenas decisões operacionais. Sob um certo ponto de vista, a natureza de um grupo particular de funções, isto é, se são estratégicas, táticas ou operacionais, não é completamente definida. Qualquer função tem uma mistura de aspectos dessas três naturezas. Entretanto, é possível atribuir a uma função uma natureza prioritária, o que já é o bastante para fins de classificação.

A parte básica deste livro está organizada segundo a classificação temática em função do papel desempenhado no sistema de produção. Tornou-se necessário, por outro lado, inserir o presente capítulo introdutório para dizer o que era a Administração da Produção e Operações e explicar todas essas coisas. Além disso, é preciso que o leitor esteja familiarizado com algumas técnicas matemáticas que, embora não façam parte do corpo temático da Administração da Produção e Operações, são ainda assim muito importantes como ferramentas auxiliares nas tomadas de decisões que são tratadas em vários capítulos. Preferimos colocar esta parte matemática em uma divisão à parte (Parte I: O Processo de Tomada de Decisão) em vez de supor que o aluno já domine tais noções. A constituição dos capítulos da Parte I é a seguinte:

Parte I – O PROCESSO DE TOMADA DE DECISÃO
Capítulo 2 – A Construção de Modelos
Capítulo 3 – Programação Linear
Capítulo 4 – Elementos de Estatística
Capítulo 5 – Elementos de Teoria da Decisão

(Em todo o caso, a leitura e estudo dessa parte é opcional e pode ser feita aos poucos, na medida das necessidades do leitor.)

Em outros capítulos, quando existia alguma técnica e/ou complemento auxiliares mais específicos e orientados para determinado tema, optou-se por colocá-los na forma de Suplemento ao capítulo correspondente.

O Quadro 1.3 apresenta, nas colunas, os capítulos do livro que constituem as Partes II, III e IV. Ao mesmo tempo, esses capítulos são distribuídos, nas linhas, segundo a natureza das decisões que neles são estudadas: estratégicas, táticas e operacionais.

Quadro 1.3 Os Grandes Temas em Administração da Produção e Operações

Natureza das funções cobertas	Parte II	Parte III	Parte IV
	Projeto do Sistema de Produção	Operação do Sistema de Produção	Controle do Sistema de Produção
Funções ligadas a decisões estratégicas	Planejamento da Capacidade (Cap. 6) Localização de Instalações (Cap. 7) Projeto do Produto e do Processo (Cap. 8)		
Funções ligadas a decisões táticas	Arranjo Físico de Instalações (Cap. 9) Projeto e Medida do Trabalho (Cap. 10)	Previsão da Demanda (Cap. 11) Planejamento Agregado (Cap. 12) Gestão da Cadeia de Suprimentos (Cap. 15)	
Funções ligadas a decisões operacionais		Programação e Controle da Produção (Cap. 13) Administração de Projetos (Cap. 14)	Controle de Estoques: O Lote Econômico (Cap. 16) Controle de Estoques: Demanda Independente (Cap. 17) Filosofia de Controle Just in Time (Cap. 18) O Sistema MRP (Cap. 19) Gerência da Qualidade Total (Cap. 20) Controle Estatístico de Qualidade (Cap. 20) Medida da Produtividade (Cap. 22)

PONTOS-CHAVE

1. Embora tradicionalmente a Administração da Produção tivesse como objeto de estudo os setores produtivos das empresas de natureza industrial, atualmente muitas das suas técnicas vêm sendo aplicadas com sucesso em atividades de serviços, como bancos, escolas, hospitais, aeroportos etc.

2. Enquanto um serviço é meramente *prestado*, os produtos constituem-se em *bens físicos* e *tangíveis*. As diferenças entre produtos e serviços dizem respeito principalmente à natureza do que se oferece ao cliente e ao seu consumo, à uniformidade dos insumos necessários e às possibilidades de mecanização.

3. Formalmente, a Administração da Produção e Operações é o campo de estudo das técnicas e conceitos aplicáveis à tomada de decisões nas funções de produção (empresas industriais) e operações (empresas de serviços).

4. A Revolução Industrial dos séculos XVIII e XIX preparou o caminho para a moderna Administração da Produção e Operações, mas os grandes avanços deram-se no século XX, particularmente nos Estados Unidos, que surgiram como a maior potência industrial do mundo, pelo menos até há algumas décadas.

5. As decisões classificam-se como sendo de nível estratégico, tático e operacional. O nível estratégico engloba decisões cujos efeitos perduram pelo longo prazo e envolvem altos graus de risco e incerteza; o nível tático caracteriza aquelas decisões que envolvem a alocação e utilização de recursos, cujos efeitos alcançam o médio prazo e moderados graus de risco e incerteza. Finalmente, as decisões a nível operacional são decisões rotineiras, cujos efeitos são sentidos no curto prazo e que levam a graus de risco e incerteza relativamente pequenos em relação às decisões tanto de nível estratégico, como operacional.

6. O sistema de produção é um ente abstrato, que indica o conjunto de atividades e operações inter-relacionadas, necessárias à produção de bens e/ou serviços. No sistema de produção distinguem-se os insumos (matérias-primas, pessoal, máquinas, capital, *know-how* etc.), o sistema de conversão, as saídas (produtos e/ou serviços) e o subsistema de controle, cuja função é monitorar os outros elementos do sistema de produção.

7. As principais influências internas sobre o sistema de produção derivam-se das outras áreas da empresa. As áreas de Finanças, Marketing e Recursos Humanos são particularmente influentes. Finanças consegue a obtenção de fundos para investimento e controla os fluxos de receita e despesa; Marketing é responsável pela geração e manutenção da demanda, constituindo-se numa ponte de ligação entre a empresa e o consumidor, enquanto Recursos Humanos responsabiliza-se por assuntos envolvendo a seleção, a alocação e o treinamento da mão-de-obra e negociações diversas relativas a pessoal.

8. Entre os principais fatores externos que influenciam o sistema de produção contam-se as taxas de juros, a condição do crédito, as políticas governamentais, a concorrência e a tecnologia. Altas taxas de juros e restrição de crédito tendem a inibir as atividades produtivas, enquanto as políticas governamentais podem agir em um e em outro sentido. A concorrência, por sua vez, aliada às mudanças tecnológicas, força as empresas a uma adaptação constante no sentido do aprimoramento dos produtos, serviços e processos produtivos.

9. Tradicionalmente, os sistemas de produção são classificados em sistemas de produção contínua, intermitente e de produção de grandes projetos sem repetição. A essa classificação, que poderia ser chamada de "classificação por tipo de fluxo", a classificação cruzada de Schroeder acrescenta outra dimensão, por tipo de atendimento ao cliente (fabricação para estoque e por encomenda).

10. O Planejamento Estratégico de Manufatura nasceu do reconhecimento do papel da manufatura para a posição da empresa diante da concorrência. Dessa forma, aceita-se hoje que o planejamento racional das atividades de manufatura permite utilizá-la como arma competitiva. O Planejamento Estratégico de Manufatura é, pois, o conjunto de objetivos e políticas de longo prazo, orientados à atividade de manufatura dentro da empresa, servindo de guia a todas as decisões posteriores tomadas nesse setor.

11. Segundo o professor Skinner, da Harvard Business School, a estratégia de manufatura deve se guiar por objetivos claros e consistentes. É impossível a uma empresa trabalhar bem em várias frentes ao mesmo tempo: a fábrica deve, pois, "focalizar-se" em um certo conjunto não muito diversificado de produtos, para um particular mercado. Deve procurar a eficiência relativa, em vez de acumular funções, processos e produtos.

12. Ainda segundo o professor Skinner, um grande empecilho à mudança na estratégia de manufatura é a visão de curto prazo da área financeira, que muitas vezes busca apenas resultados imediatos, restringindo os investimentos em capital. Além disso, Skinner advoga o aperfeiçoamento dos gerentes de produção em termos de planejamento a longo prazo.

QUESTÕES PARA DISCUSSÃO

1. Explicar as principais diferenças entre produtos e serviços.
2. O que se entende por Administração da Produção e Operações? Explique com suas próprias palavras.
3. Dissertar brevemente sobre a evolução da Administração da Produção e Operações.
4. O que tem sido apontado como causa do declínio da posição industrial dos Estados Unidos?
5. Como se interligam as decisões estratégicas, táticas e operacionais?
6. Conceitue sistema de produção e faça um diagrama mostrando seus elementos básicos.
7. Quais são as principais influências internas e externas sobre o sistema de produção?
8. Conceituar os vários tipos de sistemas de produção segundo a classificação tradicional, ressaltando as principais características de cada tipo.
9. Na sua opinião, qual(is) a(s) vantagem(ns) da classificação cruzada de Schroeder sobre a classificação tradicional dos sistemas de produção?
10. O que se entende por Planejamento Estratégico de Manufatura e qual o seu objetivo primordial?
11. Em que consiste a "fábrica focalizada" de Skinner?
12. Quais são, segundo Skinner, as principais dificuldades na mudança da estratégia de manufatura?

REFERÊNCIAS BIBLIOGRÁFICAS

HALL, W. K. Survival Strategies in a Hostile Environment. *Harvard Business Review*, v. 58, p. 75-85, set./out. 1980.

MEREDITH, J. R.; GIBBS; T. E. *The Management of Operations.* Nova York: John Wiley and Sons, 1984.

_____. Putting Excellence into Management. *Business Week*, p. 196-205, 21 jul. 1980.

RICHARDSON, P. R.; TAYLOR A. J.; GORDON, J. R. M. A Strategic Approach to Evaluating Manufacturing Performance. *Interfaces*, v. 15, n. 6, p. 15-27, nov./dez. 1985.

SCHROEDER, R. G. *Operations Management: Decision Making in the Operations Function.* Nova York: McGraw-Hill, 1981.

SKINNER, W. The Focused Factory. *Harvard Business Review*, v. 52, n. 3, p. 113-121, maio/jun. 1974.

_____. Operations Technology: Blind Spot in Strategic Management. *Interfaces*, v. 14, n. 1, p. 116-125, jan./fev. 1984.

Parte I

O Processo de Tomada de Decisão

Capítulo 2

A Construção de Modelos

2.1 Problemas de Decisão

Pela sua própria natureza, o campo da Administração da Produção e Operações tem se revelado muito fértil e propício para a aplicação de procedimentos formais de análise de problemas de decisão. Como se sabe, a tomada de decisão é a principal característica que distingue os gerentes dos outros funcionários da empresa: tomar decisões é provavelmente a maior tarefa de qualquer gerente.

A tomada de decisão envolve uma situação-problema, em que o gerente se depara com várias alternativas de solução. Na verdade, se apenas uma solução se apresentar como viável, não há em princípio um problema de decisão. Em geral, existe mais de uma solução, e parte da tarefa do tomador de decisão é justamente pesquisar o maior número possível de soluções viáveis. Todo problema de decisão também apresenta aquilo que podemos chamar genericamente de *dados*, que nada mais são do que um conjunto de informações a partir das quais o problema deverá ser analisado. A natureza e a variedade dessas informações dependem de cada caso particular: problemas com poucas informações e muitas dúvidas sem uma resposta precisa são problemas mal estruturados, cuja solução dependerá muito de qualidades pessoais de quem toma a decisão. Por outro lado, problemas com dados bem definidos, geralmente numéricos, onde inexistam indagações sem respostas, são chamados de problemas bem estruturados. Para eles, a aplicação de modelos formais de análise é bastante facilitada. Como sempre, na prática, acaba-se ficando em um ponto intermediário entre os problemas muito bem e muito mal estruturados (algo mais sobre isso será dito mais adiante).

A análise formal de problemas de decisão é geralmente levada a efeito de modelos matemáticos, que são representações simbólicas do problema em questão; o que se faz é procurar enquadrar o problema em um de muitos modelos já disponíveis e de utilidade comprovada. Se a empresa tiver recursos, como analistas de Pesquisa Operacional e computadores à disposição, pode-se inclusive formular novos modelos, específicos aos problemas particulares da organização.

A maioria dos modelos utilizados em Administração da Produção e Operações pertence por convenção ao campo da chamada Ciência da Gerência, embora não todos; alguns modelos são bem simples, aplicáveis a situações muito bem definidas, enquanto outros são muito mais complexos e aplicáveis a uma gama considerável de situações.

O processo de transformar os dados de um problema e organizá-los segundo as necessidades formais de um modelo matemático chama-se *modelagem*. Antes de apresentar os modelos mais comuns, suas utilidades e suas soluções, precisamos preparar o leitor um pouco mais para esse processo de modelagem.

2.2 A Ciência da Gerência

Hoje em dia, quando falamos em "Ciência da Gerência" ou "Ciência da Decisão", estamos nos referindo a um vasto campo de estudo que abrange abordagens racionais a processos de tomada de decisão. Nestas abordagens, são levados em conta as características da situação que se está analisando, os objetivos da organização e os recursos disponíveis. Depois, geralmente por meio de modelos matemáticos e com o auxílio do computador, procura-se por soluções que melhor atendam aos interesses da organização. Os assuntos abordados podem ser muito amplos (como, por exemplo, o estabelecimento de estratégias a longo prazo) ou mais restritos, como a melhor composição de uma linha de produtos em função do lucro que se pretende atingir.

Existem outros nomes, além dos citados, para o corpo de conhecimento e metodologia envolvendo abordagens quantitativas à tomada de decisão. Um dos mais conhecidos é a Pesquisa Operacional, motivo pelo qual consideraremos intercambiáveis, *grosso modo*, os termos Ciência da Gerência e Pesquisa Operacional.

Por outro lado, o uso de técnicas quantitativas na abordagem de problemas de decisão é fato relativamente recente; embora seja possível reconhecer algumas tentativas desse uso já na segunda metade do XIX, as aplicações começaram a se acelerar a partir da virada do XX. Ganharam impulso a partir das idéias de Frederick W. Taylor sobre a utilização de métodos científicos em problemas comuns de decisão. É também verdade que essas aplicações tornaram-se bastante corriqueiras após a Segunda Guerra Mundial. Em muitas ocasiões, entrelaçam-se a história da Administração da Produção e a aplicação de modelos matemáticos, dado que, naquele terreno (hoje também na área de Serviços), foi sempre muito fácil encontrar espaço para a modelagem matemática.

Como disciplina de estudos acadêmicos, a Pesquisa Operacional teve seu primeiro currículo formalmente estabelecido em 1948, quando o Massachusetts Institute of Technology (MIT) iniciou um curso sobre aplicações da Pesquisa Operacional em áreas não militares (campo em que se havia tornado popular durante a guerra). A partir da década de 1950, outras universidades americanas seguiram os passos do MIT e criaram os seus cursos de Pesquisa Operacional. Também no Brasil, em escolas de Engenharia, Administração de Empresas, Contabilidade e Economia, a Pesquisa Operacional ganhou seu próprio espaço, principalmente a partir da década de 1960.

2.3 A Abordagem dos Problemas

Graças aos microcomputadores, a utilização da Pesquisa Operacional, ao menos em relação às técnicas mais comuns, tendeu a crescer na década de 1980. Via de regra, muitos problemas práticos podem ser enfrentados com o microcomputador, de acesso relativamente fácil aos não especialistas. Existem muitos aplicativos no mercado que podem ser utilizados por profissionais apenas relativamente familiarizados com técnicas matemáticas.

Antes de ver quais são as técnicas mais comuns em Pesquisa Operacional ou Ciência da Gerência, vejamos como usualmente um problema de decisão é abordado na prática. Em primeiro lugar, dificilmente se ataca um problema apenas com análises quantitativas, pois os aspectos qualitativos, que não podem entrar em um modelo matemático, são às vezes indispensáveis a uma análise criteriosa. O diagrama mostrado na página 26 (Figura 2.1) dá uma idéia simplificada de como as coisas se passam.

Se o problema for bastante estruturado, ou seja, se os dados são conhecidos e quantificáveis, é possível pensar-se em uma análise quantitativa de forma a se obter uma solução matemática para eles; de qualquer forma, é provável que mesmo nas situações mais favoráveis, antes de implementar a solução, seja necessário levar em conta alguns fatores qualitativos que resistiram à quantificação. Às vezes tais fatores são também chamados de *fatores imponderáveis*.

Se o problema for pouco estruturado, então muitas informações serão não quantificáveis ou até mesmo virão cercadas de alguma indefinição. Neste caso, não haverá muito lugar para a modelagem matemática e o gerente terá que tomar a decisão baseado em sua experiência e em seu poder de avaliação e julgamento da situação. Podem surgir, sem dúvida, casos intermediários, sendo as informações daí derivadas úteis como um apoio ao gerente, que não poderá, entretanto, dispensar uma análise personalizada dos fatores imponderáveis.

Quanto menos comum for o problema para o gerente, e quanto mais complexo, no sentido de envolver muitas variáveis importantes, tanto mais útil se revelará a análise quantitativa. Ao processar variáveis e interligá-las em um modelo, muitos aspectos são ressaltados, os quais não podem ser vistos em uma análise qualitativa. Até mesmo o mais experiente dos gerentes pode lucrar contando com informações numéricas.

O processo de análise quantitativa pode ser descrito como uma seqüência de cinco passos:

a) definição do problema;
b) desenvolvimento do modelo;
c) preparação dos dados;
d) solução do modelo;
e) relatório dos resultados.

Vejamos um pouco mais sobre cada um desses passos.

2.3.1 Definição do Problema

É a fase mais crítica do processo de análise quantitativa, exigindo imaginação, trabalho de equipe e um grande esforço no sentido de transformar descrições genéricas em um problema bem estruturado que possa ser atacado quantitativamente. Tanto os objetivos que se pretende com a solução, como as restrições que cercam o problema têm que ser definidos de uma forma clara e precisa.

2.3.2 Desenvolvimento do Modelo

Os modelos são representações freqüentemente simplificadas (já que é difícil captar a realidade em todos os seus aspectos) de objetos e situações reais. Podem ser de três tipos:

a) *icônicos*: são réplicas físicas de um objeto real (como a maquete de um prédio, por exemplo) em tamanho diferente ou não;
b) *analógicos*: também são modelos físicos, como os icônicos, mas não guardam a forma do objeto que está sendo representado. O velocímetro de um automóvel, onde a posição de ponteiro indica a velocidade, ou um termômetro, onde a altura do líquido indica a temperatura são exemplos típicos de tais modelos;
c) *matemáticos*: são aqueles em que a situação-problema ou as propriedades de um objeto são representadas por um sistema de símbolos e relações matemáticas, como equações e inequações, passíveis de manipulação na busca de uma solução (valores desconhecidos de certas variáveis) ou no estudo do comportamento do objeto sob certas condições.

Inegavelmente, os modelos apresentam algumas vantagens. A primeira delas é que se pode tirar conclusões válidas para a situação real por meio do modelo. Em segundo lugar, a experimentação com o modelo requer menos tempo e custa menos do que trabalhar com o objeto ou situação real. Finalmente, os modelos reduzem o risco associado à experimentação em situações reais.

2.3.3 Preparação dos Dados

Em um modelo matemático, há dois grandes tipos de variáveis:

a) *variáveis não controladas* pelo analista do problema: são variáveis que estão definidas pela situação, pela estrutura do problema, pelas características da organização ou pelas restrições. Assumem valores que não podem ser controlados, mas dos quais se conhece

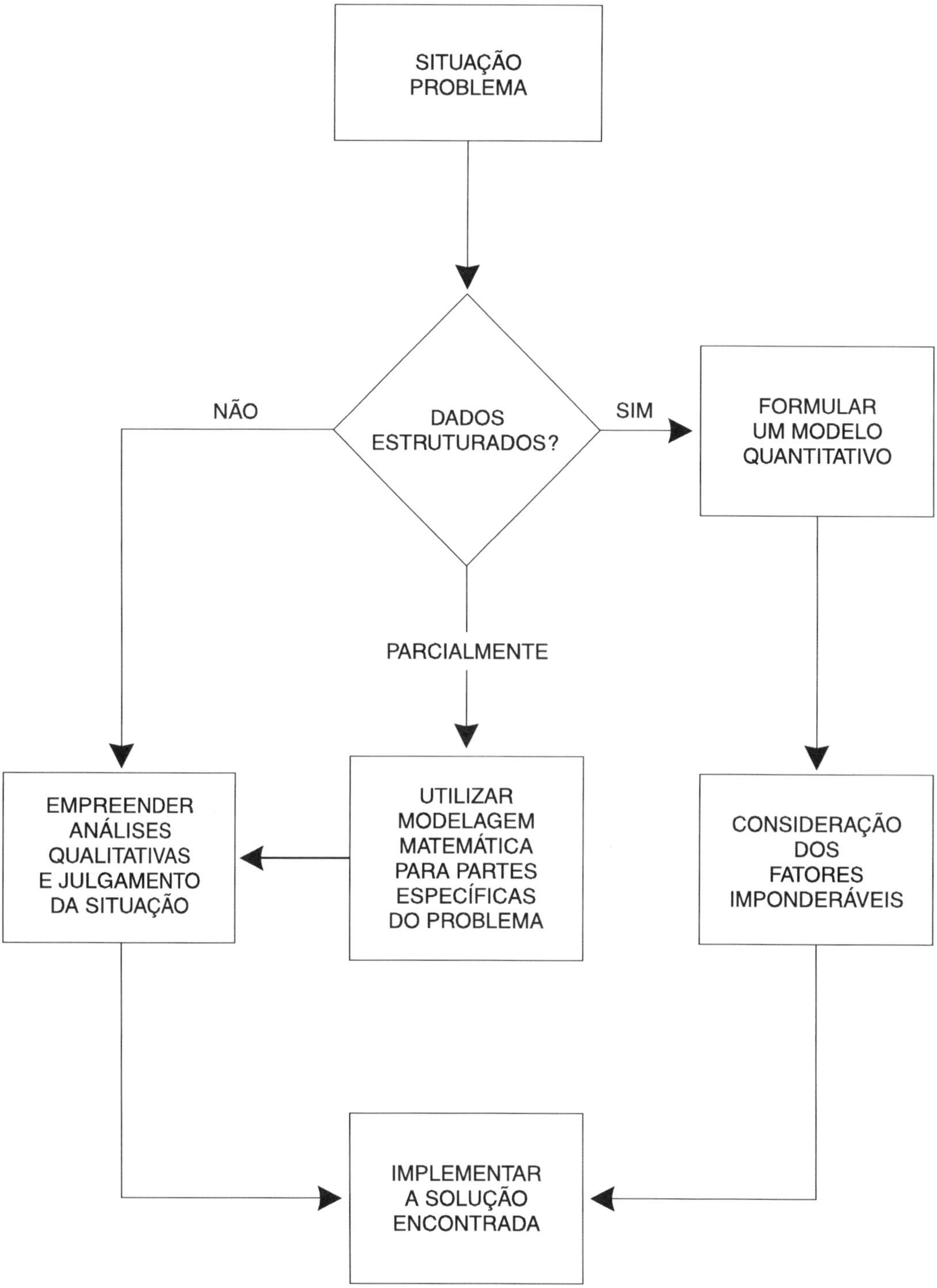

Figura 2.1 Abordagem a um Problema de Decisão.

(ou se pode assumir como hipótese) o valor, conjunto de valores ou distribuição de probabilidades. Alguns exemplos são: o tempo que uma máquina leva para fazer certa operação, o lucro unitário de um produto, a capacidade produtiva de uma empresa ou departamento a curto prazo etc.;

b) *variáveis de decisão*: são aquelas cujo valor deve ser determinado pelo analista, através do modelo, constituindo-se assim em solução ao problema colocado.

Os dados requeridos por um modelo são, portanto, valores das variáveis não controladas pelo analista do problema. Esses dados têm que ser conhecidos antes que se possa analisar o modelo e recomendar uma solução. O que se faz normalmente é representar as variáveis por um sistema de notações, ou seja, letras e símbolos, e desenvolver o modelo. Após isso, podem-se buscar separadamente os dados necessários, o que talvez seja uma tarefa árdua se o problema apresentar muitas variáveis.

2.3.4 Solução do Modelo

Depois de desenvolvido o modelo e colhidos os dados, podemos proceder à solução do problema, tentando especificar os valores das variáveis que forneçam a melhor saída do modelo segundo critérios predefinidos. Esses valores das variáveis de decisão são chamados de *solução ótima*.

Geralmente, a determinação dos valores das variáveis de decisão está sujeita a restrições, que nada mais são do que uma redução do espaço possível das soluções, dado um conjunto de variáveis não controladas. Essas variáveis não controladas, ao impor restrições sobre as soluções, podem até mesmo fazer com que seja impossível de se chegar à solução ótima.

2.3.5 Relatório de Resultados

É o passo final do processo de análise quantitativa. Os resultados obtidos, junto com as considerações de ordem qualitativa (fatores imponderáveis) que não entraram no modelo, serão enviados ao tomador de decisão para a decisão final.

O relatório deve conter a solução recomendada e quaisquer outras informações úteis sobre o modelo (como as restrições que foram observadas, por exemplo) em uma linguagem o menos técnica possível, para tornar-se inteligível a pessoas que não têm contato estreito com as técnicas matemáticas. Futuramente, a implementação da solução na prática pode levar à necessidade de adaptações ou extensões do modelo utilizado.

2.4 Modelos Matemáticos mais Comuns

O campo da Ciência da Gerência, ou Pesquisa Operacional, está sempre em constante expansão, o que torna difícil uma listagem completa dos modelos que utiliza. Existem, entretanto, alguns modelos de uso mais ou menos generalizados, que servem quase como um cartão de visitas para a área. Os principais são:

a) Probabilidade e Distribuições de Probabilidade (Análise Estatística): úteis na análise de problemas envolvendo risco, onde uma ou mais variáveis não têm um valor fixo, determinado, mas sim podem assumir muitos valores, de acordo com uma dada (ou assumida) distribuição de probabilidades. Esses modelos estatísticos podem ser usados por si ou como complemento a outros modelos.

b) Programação Linear Simples: um dos modelos mais largamente usado na prática; é muito útil para se escolher entre alternativas sujeitas à restrição de recursos, atendendo a um objeto prefixado. Como hipótese fundamental, assume-se que as relações entre as variáveis são lineares.

c) Programação Linear Inteira: usada para os mesmos tipos de problemas que a Programação Linear Simples; a diferença está em que, na Programação Inteira, pelo menos uma das variáveis deve, obrigatoriamente, assumir valores inteiros.

d) PERT (*Program Evaluation and Review Technique*) e CPM (*Critical Path Method*): são modelos semelhantes, usados na programação e no controle da execução de projetos grandes e complexos.

e) Previsão: é fundamental para o planejamento de vários níveis e naturezas dentro da organização. Na verdade, não há aqui um modelo, mas uma série deles. Ocorrências futuras (demanda, geralmente) são estimadas com base em comportamentos passados.

f) Teoria da Decisão: também um conjunto de modelos, aplicáveis a problemas de decisão com variados graus de estruturação, segundo as informações disponíveis para o tomador de decisão.

g) Modelos de Rede: aplicáveis ao estudo de sistemas de transporte, metrô, rodovias etc., para obtenção e processamento da informação, bem como no planejamento de projetos de Pesquisa e Desenvolvimento. Podem ser usados para encontrar a rota mais curta ou maximizar o fluxo por meio de uma rede, ou ainda encontrar o caminho mínimo ligando pontos dados em uma rede.

h) Modelos de Linhas de Espera (Filas): usados para melhorar a eficiência de instalações onde a demanda do consumidor, a hora em que ela acontece, a duração do atendimento e o comportamento do consumidor quando chega para ser atendido ou esperar na fila são todas variáveis caracterizadas pela incerteza.

i) Simulação: envolve a construção de um modelo e o seu teste, ou seja, a sua operação e o seu comportamento sob variadas condições. A idéia básica é estudar tentativamente o comportamento do modelo, visando obter soluções ou conhecer melhor as condições de operação da realidade que se está representando pelo modelo. Usualmente, exceto em casos muito simples, a simulação é levada a efeito com o auxílio de computadores.

j) Teoria dos Jogos: utilizados para desenvolver estratégias competitivas em situações de tomada de decisões envolvendo dois ou mais oponentes considerados racionais.

l) Análise de Regressão: modelo usado para determinar a relação entre um conjunto de variáveis independentes e uma variável dependente. As regressões mais comuns são: a linear simples (uma variável dependente e uma independente) e a linear múltipla (uma variável dependente e várias independentes).

A lista anterior, embora reconhecidamente incompleta, já serve para dar uma idéia da riqueza de modelos atualmente disponíveis. Evidências existem de que esses modelos têm sido realmente usados na prática, como veremos em seguida.

2.5 Evidências de Utilização dos Modelos

Ocasionalmente são publicados resultados de pesquisas que reportam o uso de análise quantitativa em empresas; no Brasil, infelizmente, essas pesquisas inexistem (ou não são devidamente divulgadas) até o presente momento. Os resultados que se seguem são referentes aos Estados Unidos e devem ser encarados como uma possibilidade para os países em desenvolvimento.

Gaiter (1975) pesquisou o uso de técnicas de Pesquisa Operacional em indústrias de transformação; a pesquisa revelou o uso disseminado de Análise Estatística, Programação Linear e Simulação, sendo que a técnica mais freqüentemente usada era o PERT/CPM.

A pesquisa empreendida por Fabozzi e Valente (1976) encontrou que a área mais importante de aplicação da programação matemática era a de Produção e Operações (composição de produtos, programação da produção etc.) seguida pela área de Finanças (orçamento de capital, análise de fluxo de caixa, análise de carteira de títulos, gerência de caixa etc.). A Programação Linear era a mais popular das técnicas, usada por 76% das firmas respondentes.

Corroborando as duas pesquisas anteriores, Ledbetter e Cox (1977) listaram as técnicas seguintes (Tabela 2.1) e o grau de uso respectivo, em que uma técnica estatística (Análise de Regressão) juntamente com a Programação Linear e a Simulação eram técnicas bastante difundidas:

Tabela 2.1 Grau de Uso (% de respondentes) de Técnicas Diversas

TÉCNICA	Nunca Usada				Uso Freqüente
	1	2	3	4	5
Análise de Regressão	9,5	2,7	17,6	21,6	48,6
Programação Linear	15,4	14,1	21,8	16,7	32,0
Simulação	11,4	15,7	25,7	24,3	22,9
Modelos de Rede	39,1	29,0	15,9	10,1	5,8
Teoria das Filas	36,6	39,4	16,9	5,6	1,4
Teoria dos Jogos	69,7	25,4	8,9	6,0	0,0

Fonte: adaptado de Ledbetter e Cox 1977, p. 19-21.

A pesquisa de Shannon, Long e Buckles (1980) procurava verificar a situação de uso da Pesquisa Operacional em Engenharia Industrial; indagava do respondente a sua familiaridade com determinada técnica, bem como se ele a tinha usado na prática. Foi obtido o quadro seguinte (Tabela 2.2), onde mais uma vez se constata a popularidade da Programação Linear e da Simulação:

Tabela 2.2 Uso e Familiaridade com Técnicas de Pesquisa Operacional

TÉCNICA	Ordem de Familiaridade	Uso (% de respondentes)
Programação Linear	1	83,8
Simulação	2	80,3
Modelos de Rede	3	58,1
Teoria das Filas	4	54,7
Teoria da Decisão	5	54,7

Fonte: adaptado de Shannon, Long e Buckles, 1980, p. 364-367.

Por último, o trabalho de Forgionne (1983) nada mais é do que, em linhas gerais, uma confirmação das pesquisas citadas até aqui; analisando a freqüência de uso de técnicas matemáticas em 125 grandes corporações, Forgionne obteve o quadro seguinte (Tabela 2.3):

Tabela 2.3 Uso de Técnicas Matemáticas (% de respondentes)

TÉCNICA	Nunca Usada	Uso Moderado	Uso Freqüente
Análise Estatística	1,6	38,7	59,7
Simulação	12,9	53,2	33,9
PERT/CPM	25,8	53,2	21,0
Programação Linear	25,8	59,7	14,5
Teoria das Filas	40,3	50,0	9,7
Teoria dos Jogos	69,4	27,4	3,2

Fonte: adaptado de Forgionne, 1983, p. 20.

Fica claro ao leitor que diferenças encontradas quanto ao uso mais freqüente de uma particular técnica ou modelo são devidas principalmente às amostras tomadas nos trabalhos apresentados e à composição de atividades que compõem essas amostras. De qualquer maneira, em um apanhado geral, sem a preocupação com a ordem de importância, as técnicas e modelos mais usados parecem ser: Análise Estatística (incluindo Regressão e outras técnicas estatísticas), Programação Linear, Simulação, Modelos de Rede, PERT/CPM, Teoria das Filas e Teoria da Decisão.

Parte dessas técnicas mais utilizadas será vista nesta Parte II; mais especificamente, algumas noções básicas de Análise Estatística serão apresentadas (Distribuições de Probabilidade e algumas aplicações), bem como a Programação Linear e a Teoria da Decisão. Todas essas técnicas serão úteis em capítulos posteriores. Quando da apresentação da Parte IV (Controle de Sistema de Produção), serão vistos alguns outros conceitos importantes de Análise Estatística. Na Parte III (Operação do Sistema de Produção), será apresentada a técnica PERT para o controle de projetos.

PROBLEMAS RESOLVIDOS

1. Suponha que você seja o gerente do Armazém ABC, que todo mês envia o produto X para ser vendido a varejo em três cidades: Americana, Sorocaba e Jaú. Assuma que as quantidades enviadas para essas cidades são as seguintes:

Americana: x_1 unidades
Sorocaba: x_2 unidades
Jaú: x_3 unidades

a) Desenvolva um modelo para determinar o total mensal de unidades do produto enviadas para o conjunto das três cidades.

b) Suponha que a demanda de Americana nunca é superior a 5.000 unidades: incorpore essa restrição no modelo.

c) Suponha que a demanda de Sorocaba é sempre maior que o dobro da demanda de Jaú: incorpore mais essa restrição.

d) Suponha ainda que o Armazém ABC jamais terá mais que 20.000 unidades do produto para enviar ao conjunto das três cidades: como se expressa essa restrição?

Solução

a) O total mensal enviado às três cidades é imediato, bastando tomar-se a soma total enviado = $x_1 + x_2 + x_3$

b) A restrição de que a quantidade enviada para Americana não pode ser superior a 5.000 é expressa pela inequação:

$x_1 \leq 5.000$

O sinal de (=) é importante porque a restrição admite que a quantidade pode ser igual a 5.000, embora não possa ser superior a esse número.

c) A restrição de que a demanda de Sorocaba (x_2) deva ser maior que o dobro da demanda de Jaú (x_3) é expressa pela relação:

$x_2 > 2\,x_3$

O leitor deve reparar que agora não tem sentido o sinal (=), pois a restrição não deixa margem para isso, o que é visto pelas palavras "sempre maior do que o dobro".

d) A última restrição, que diz respeito à quantidade máxima que pode ser enviada às três cidades, pode ser assim expressa:

$x_1 + x_2 + x_3 \leq 20.000$

O leitor deve notar que, mais uma vez, o sinal (=) é necessário.

2. No problema anterior, suponha que o Armazém ABC, por acordo com seus varejistas, tenha sobre si todos os encargos com custos de transporte; o Armazém quer enviar quantidades de produto tais que esse custo total de transporte seja mínimo, respeitadas as seguintes condições adicionais:

a) Americana não pode receber menos que 4.000 unidades do produto;
b) Sorocaba não pode receber menos que 10.000 unidades do produto;
c) Os custos de transporte por unidade do produto são os seguintes:

para Americana: R$ 10,00
para Sorocaba: R$ 12,00
para Jaú: R$ 8,00

Montar as restrições adicionais e a expressão do custo total que se quer minimizar.

Solução

As novas restrições podem ser assim escritas:

$x_1 \geq 4.000$
$x_2 \geq 10.000$

enquanto a formulação dos custos totais, dados os custos de transporte por unidade de produto para cada cidade, é a seguinte:

$$\text{Custo total} = 10\, x_1 + 12\, x_2 + 8\, x_3$$

De um ponto de vista exclusivamente dos custos, se não existisse restrição alguma, seria melhor que todo o produto fosse enviado para Jaú, o que equivaleria a $x_1 = 0$ e $x_2 = 0$. A solução do modelo deverá fornecer os valores de x_1, x_2 e x_3 de forma que, simultaneamente, o custo total seja o mínimo possível e, além disso, todas as restrições sejam obedecidas.

3. O chamado "método do inventário perpétuo" para a apropriação do capital investido em máquinas, veículos, equipamentos e instalações, em um período t qualquer, considera esse capital como igual ao do período imediatamente anterior, a menos da parcela baixada por depreciação, e acrescido dos investimentos feitos no período corrente (período t). Elaborar a formulação correspondente.

Solução

Sejam:

K_t = capital no período t
K_{t-1} = capital no período $t - 1$
d = taxa de depreciação, ou seja, fração do capital que é baixada a cada período; a taxa d será suposta constante.
I_t = total de investimentos no período t

O capital baixado por depreciação no final do período t-1 é igual a ($d\ K_{t-1}$); o capital remanescente ao final desse período será então:

$$\text{Capital remanescente} = K_{t-1} - d\, K_{t-1} = K_{t-1}\,(1 - d)$$

Acrescendo esse capital remanescente ao total de investimentos no período t, temos a formulação correspondente ao método do inventário perpétuo:

$K_t = K_{t-1}\,(1 - d) + I_t$ concorde com o enunciado inicial.

4. A revendedora de veículos BeloCar S.A. lançou há poucas semanas uma promoção especial para aumentar as vendas de carros novos. A promoção consiste em, obrigatoriamente, comprar o carro usado do cliente, que pode então reverter esse pagamento como parte do valor do carro novo. Outro atrativo está no fato de que a BeloCar vem pagando preços de mercado

pelos carros usados, sendo que a prática usual é colocar preços de compra um pouco abaixo desses valores de mercado, justamente para permitir maiores margens de lucro quando da revenda do carro usado.

Embora a promoção esteja aumentando as vendas de carros novos, ela também está gerando um problema com relação aos usados, principalmente devido à imobilização de capital. Quando o carro usado é aceito pela BeloCar, ele passa por uma revisão e por consertos antes de ser ofertado a outros clientes; essas operações, evidentemente, têm um certo custo, que se acresce ao preço pago pelo veículo. Considerando-se juros diários, se o carro usado não for vendido com alguma urgência, ele passa a ser uma fonte potencial de prejuízo para a empresa. Dado que um carro foi comprado por um valor P, gastou-se uma quantia R com reparos e ele será vendido por V, a BeloCar quer afixar no carro uma tarja especificando a data máxima até a qual ele deve ser vendido. Para tanto, devem-se calcular quantos dias o carro poderá ficar em estoque, supondo que o tempo para reparos seja desprezível. O carro poderá ficar em estoque por um tempo tal que o lucro líquido resultante de sua venda, diminuído dos juros pagos pelo capital empatado, seja igual a zero. A idéia é alertar os vendedores sobre a maior ou a menor urgência nas vendas. Admitindo que os juros pagos por uma quantia Q, disponível por t dias, a uma taxa diária de juros a, sejam dados por

$$\text{Juros} = Q(1 + a)^t - Q$$

pede-se para que seja formulado o modelo que dê o valor de t em função de P, R, V e a.

Solução

Sendo V o preço de venda do carro usado, e montando as despesas com o mesmo em $(P + R)$, ou seja, preço de compra mais os reparos, o lucro derivado da venda será:

$$\text{Lucro da Venda} = V - P - R$$

Por outro lado, sendo t o tempo máximo que o carro pode ficar em estoque, os juros derivados serão

$$(P + R)\ (1 + a)^t - (P + R)$$

Igualando os juros com o lucro da venda, teremos uma expressão onde só comparecem P, R, V, a, e a incógnita t:

$V - P - R = (P + R)\ (1 + a)^t - (P + R)$, ou seja, fazendo os cancelamentos possíveis:

$V = (P + R)(1 + a)^t$ ou ainda

$V/(P + R) = (1 + a)^t$; aplicando logaritmos a ambos os lados, vem que:

$\log((V/(P + R)) = t((\log(1 + a))$ ou, finalmente,

$t = \log((V/(P + R))/\log((1 + a))$ que é a expressão que fornece o valor de t em função dos dados originalmente admitidos como conhecidos.

QUESTÕES PARA DISCUSSÃO

1) O que são os dados de um problema de decisão?
2) Conceitue modelagem de um problema.
3) O que se entende por um problema bem ou mal estruturado?
4) Descreva o processo de análise quantitativa.
5) Tendo por base os resultados das pesquisas apresentadas no texto do capítulo, selecione as quatro técnicas mais utilizadas na sua opinião. Descreva, sucintamente, a utilidade de cada uma delas.

PROBLEMAS PROPOSTOS

1. Em Microeconomia, admite-se que existe uma relação inversa entre a demanda de um produto e o seu preço, ou seja, quanto maior o preço, menor será a demanda e vice-versa. Admitamos que para certo produto seja válida a expressão:

$Q = 6.000 - 5p$, onde Q é a demanda em unidades do produto e p, o seu preço unitário. Sabe-se também que o preço pode variar entre R$ 50,00 e R$ 100,00. Pede-se:

a) Desenvolva uma equação para a receita.

b) Desenvolva uma equação para o lucro (admitir custo de fabricação de R$ 30,00).

c) Se a empresa considerar apenas os preços alternativos de R$ 80,00 e R$ 100,00, qual deles conduzirá ao máximo lucro?

2. Uma companhia que manufatura despertadores está considerando quais dos vários pedidos para despertadores especiais, a serem distribuídos como brinde, ela deverá considerar, já que dificilmente todos os pedidos poderão ser atendidos. Para cada encomenda os custos fixos são de R$ 20.000,00 para ajustar as máquinas. O custo variável de cada despertador especial é de R$ 40,00; o preço de venda para o cliente é de R$ 60,00. Chamando de x o número total de despertadores fabricados para cada cliente, de L o lucro quando são produzidos e vendidos x despertadores, pede-se:

a) Desenvolva um modelo para o custo total de produzir os x despertadores.

b) Desenvolva um modelo para calcular o lucro L.

c) Se a companhia aceitar fabricar os despertadores para dado cliente apenas se o lucro L foi de pelo menos 20% do custo total, qual é o número mínimo de encomendas que a companhia aceitará?

3. Deve-se decidir quanto será fabricado de cada um de dois produtos A e B que utilizam os mesmos recursos de produção. Ambos os produtos passam por duas operações: fabricação e montagem. O produto A requer duas horas de máquina para a fabricação, contra três horas para o produto B. Em compensação, a montagem de A requer uma hora e meia, enquanto a montagem de B requer apenas uma hora. Para o próximo período de produção, estão disponíveis para os dois produtos em conjunto um total de 500 horas para a fabricação e 150 horas para a montagem. O produto A proporcionará um lucro líquido de R$ 100,00 por unidade, contra R$ 80,00 para o produto B. Com base em uma maximização do lucro na venda total dos dois produtos, elabore um modelo para determinar o número de unidades de A (x) e o número de unidades de B (y) que devem ser produzidas. Estabelecer as expressões correspondentes às restrições anunciadas.

4. Uma corretora deve aplicar R$ 60.000,00 de um cliente na compra das seguintes ações:

Mel S.A. preço/ação: R$ 2,50
Fel S.A. preço/ação: R$ 1,20
Gel S.A. preço/ação: R$ 5,00

Os retornos esperados são de 20%, 30% e 15% respectivamente para as ações da Mel, da Fel e da Gel. Por outro lado, o cliente não deseja investir mais de R$ 20.000,00 em ações da Gel S.A. e prefere investir pelo menos duas vezes mais na Fel que na Mel. Elaborar um modelo assumindo que o cliente deseja maximizar o retorno sobre seu investimento, levando em conta as restrições descritas. Designar por m, f e g o número de ações que devem ser compradas da Mel, da Fel e da Gel respectivamente.

REFERÊNCIAS BIBLIOGRÁFICAS

AHIRE, S. L. Role of Management Science Techniques in Operations Improvement in Small Firms. *Production and Inventory Management Journal*, v. 42, n. 2, p. 14-21, 2001.

ANDERSON, D. R.; SWEENEY, D. J.; WILLIAMS, T. A. *An Introduction to Management Science: Quantitative Approaches to Decision Making*. 11. ed. Cincinnati: South Western College Publishing, 2004.

FABOZZI, F. J.; VALENTE, J. Mathematical Programming in American Companies: A Sample Survey. *Interfaces*, v. 7, n. 1, p. 93-98, nov. 1976.

FORGIONNE, G. A. Corporate Management Science Activities: An Update. *Interfaces*, v. 13, n. 3, p. 20, jun. 1983.

GAITER, N. The Adoption of Operations Research Techniques by Manufacturing Organizations. *Decision Sciences*, v. 6, n. 4, p. 797-813, out. 1975.

HILLIER, F. S.; HILLIER, M. S. *Introduction to Management Science*. 2. ed. Nova York: McGraw Hill, 2002.

LEDBETTER, W.; COX, J. Are OR Techniques Being Used? *Industrial Engineering*, v. 9, n. 2, p. 19-21, fev. 1977.

SHANNON, R. E.; LONG, S. S.; BUCKLES, B. P. Operations Research Methodologies in Industrial Engineering: A Survey. *AIIE Transactions*, v. 12, n. 4, p. 364-367, 1980.

TAYLOR, B. W. *Introduction to Management Science*. 9. ed. Upper Saddle River, NJ: Prentice Hall, 2006.

Capítulo 3

Programação Linear

A Programação Linear é um modelo matemático desenvolvido para resolver determinados tipos de problemas onde as relações entre as variáveis relevantes possam ser expressas por equações e inequações lineares. Dada a relativa abundância de problemas com tais características, em muitas áreas profissionais e de pesquisa, não é de espantar que a Programação Linear tenha se tornado o mais popular modelo em Ciência da Gerência.

De forma geral, um modelo de Programação Linear apresenta as seguintes características:

a) quer-se maximizar ou minimizar o resultado de alguma combinação de variáveis, como, por exemplo, o lucro na venda de dois ou mais produtos ou o custo envolvido na sua fabricação. Essa combinação de variáveis é colocada na forma de uma expressão matemática, que recebe o nome de *função objetivo*. Problemas envolvendo lucros, receitas ou custos (enfim, resultados financeiros) estão entre os mais comuns em termos de aplicações gerenciais, embora muitos outros (como problemas de minimização de tempo, por exemplo) também sejam encontrados;

b) existe uma certa necessidade de recursos, inerente à própria estrutura do problema. No caso de produtos, os recursos podem ser horas de máquina, pessoal ou matérias-primas. Os recursos podem ser simplesmente dinheiro, no caso de um investimento onde se queira maximizar o retorno esperado com determinadas aplicações;

c) os recursos são limitados, no sentido de que suas quantidades são restritas a certos valores. Podem existir também restrições derivadas de normas legais, políticas da companhia ou mesmo do próprio cliente.

Em suma, do ponto de vista formal, o problema típico de Programação Linear contém:

a) uma expressão matemática (contendo as variáveis de decisão) que se quer maximizar ou minimizar;

b) um conjunto de restrições, expressas por equações ou inequações matemáticas, que devem ser obrigatoriamente obedecidas, ao mesmo tempo em que se maximiza ou minimiza a função objetivo.

3.1 Algumas Aplicações da Programação Linear

Uma lista exaustiva de aplicações particulares da Programação Linear seria difícil de conseguir, dado que a todo momento novas aplicações são relatadas na literatura profissional. Entretanto, existem aplicações muito conhecidas e utilizadas, que dão uma excelente idéia da riqueza prática do modelo. Aplicações em áreas como planejamento urbano, controle da poluição ambiental, planejamento de serviços etc., que correspondem a casos não industriais, têm se tornado cada vez mais comuns. Restringir-nos-emos aos seguintes exemplos clássicos:

3.1.1 Composição de Produtos

É um problema típico da Administração da Produção e Operações. Os recursos produtivos (máquinas, equipamentos, mão-de-obra, matérias-primas, espaço disponível etc.) podem ser alocados a um conjunto conhecido de produtos. O problema consiste em descobrir quanto fazer de cada produto para, ao mesmo tempo, atender a demanda de cada um deles e atingir o máximo lucro ou, alternativamente, o mínimo custo. Cada um dos recursos é limitado, e essas limitações correspondem, juntamente com as necessidades da demanda, às restrições do problema.

Uma das grandes razões do sucesso desta aplicação da Programação Linear reside no fato de que o problema da composição de produtos se repete a cada vez que se faz o planejamento da produção, por semanas, meses etc. Isso permite que se construa um modelo sob encomenda para a empresa, levando em conta seus recursos e produtos específicos. A cada vez que o problema surge, trata-se de substituir novos valores em uma estrutura do modelo já montada. A aplicação não se restringe, portanto, a uma única vez, como acontece com freqüência em outros casos.

3.1.2 Planejamento Agregado

Embora seja um problema industrial bem conhecido, o Planejamento Agregado é um enfoque que vem sendo estendido a outras áreas nos últimos anos (planejamento em hospitais, escolas, clubes etc.). Parte-se de uma previsão da demanda de um conjunto de produtos para um determinado prazo futuro – o horizonte da previsão – que é normalmente de um ano. Em alguns meses (supondo que o mês seja o menor período com que estamos trabalhando), os recursos produtivos da empresa poderão estar ociosos, devido à baixa demanda, enquanto em outras ocasiões eles podem ser insuficientes porque a demanda é muito alta. Os problemas fundamentais são os de suavizar a produção (ou seja, manter um ritmo constante de uso dos recursos produtivos), atender a demanda prevista mensalmente para cada produto e determinar se os recursos produtivos são suficientes ou não. Nos meses de baixa demanda, pode-se fabricar para estoque, que será utilizado em épocas de alta demanda; se em um período a capacidade produtiva mesmo assim for insuficiente, pode-se subcontratar a outros fabricantes uma parte da produção, podem-se admitir mais pessoas, e assim por diante. Existe um leque de possibilidades à disposição da empresa.

Pois bem: dadas as necessidades previstas da demanda, os recursos existentes e as possibilidades de ampliação, contratação de pessoal, subcontratação, fabricação para estoques etc., o problema é atender a demanda ao mínimo custo anual de produção. Cada recurso tem seus limites e seus custos. Admitida a hipótese de que todas as relações são lineares, e a disponibilidade de recursos computacionais, a Programação Linear é uma poderosíssima ferramenta para a solução do Planejamento Agregado.

3.1.3 O Problema de Transporte

O Problema de Transporte envolve o planejamento na distribuição de bens e serviços a partir de diversas fontes para diversos destinos. As fontes de suprimento (fábricas, por exemplo) podem enviar produtos a um ou mais destinos (como armazéns, por exemplo), por meio de rotas de transporte conhecidas. Trata-se de descobrir a quantidade com que cada fonte suprirá cada destino; cada fonte possui geralmente uma capacidade limitada, bem como cada destino possui uma demanda conhecida. A função objetivo visa à minimização dos custos de transporte. A solução fornece automaticamente as rotas de transporte. Para que todas as demandas sejam atendidas é preciso que a capacidade total das fontes seja pelo menos igual à demanda total de todas as destinações.

O Problema de Transporte pode ser formulado e resolvido seguindo padrões gerais da Programação Linear, mas há certas técnicas específicas de solução que facilitam os cálculos. Como há uma aplicação particularmente importante do Problema de Transporte na Teoria da Localização, no Capítulo 7, será apresentado um algoritmo de solução conhecido como Método da Aproximação de Vogel.

3.1.4 O Problema da Designação

O Problema da Designação encontra aplicações em várias áreas gerenciais, como na alocação de pessoas ou equipes a projetos, máquinas a trabalhos, auditores a empresas clientes etc. Generalizando, trata-se de alocar recursos a trabalhos; cada particular recurso possui certa eficiência quando aplicado a particular trabalho, e cada recurso será aplicado a um trabalho apenas. A função objetivo envolve normalmente a minimização dos recursos utilizados, tendo em vista que todos os trabalhos devem ser cumpridos. Para fixar idéias, imagine-se que temos diversos auditores a serem alocados em diversas empresas clientes. Cada auditor poderá, em função de sua experiência e habilidade, concluir o trabalho em cada empresa em determinado tempo. Neste caso, a função objetivo expressaria o tempo total gasto pelos auditores nas empresas, que teria então de ser minimizado.

O Problema de Designação tem um espaço reservado no Capítulo 13, sobre Programação e Controle da Produção. Embora possa ser formulado como um problema comum de Programação Linear, possui um algoritmo especial de Solução (conhecido como Método da Designação ou Algoritmo Húngaro) que será apresentado no Capítulo 13.

3.1.5 O Problema do Portfólio

É um problema comum para gerentes financeiros e consiste em compor uma carteira de investimentos que podem, em princípio, consistir de ações de uma ou mais empresas, títulos, papéis de renda fixa etc. Cada um dos papéis em consideração possui uma rentabilidade conhecida ou estimada. Dada uma restrição quanto ao total disponível, o problema procura determinar quanto se deve investir em cada alternativa, de modo a maximizar a rentabilidade. As restrições, além do total disponível, freqüentemente dizem respeito ao máximo ou mínimo que pode ser investido em cada papel, à mercê de políticas de risco da companhia ou do tomador de decisão.

3.1.6 Seleção de Mídia

O problema de seleção de mídia é característico de gerentes de Marketing, aos quais a Programação Linear ajuda a alocar uma quantia prefixada para promoção a vários meios de divulgação como jornais, rádio, TV, mala-direta etc. Cada veículo de divulgação possui uma certa cobertura da audiência pretendida e um certo custo. Em geral, o objetivo é maximizar a audiência a partir de uma quantia fixa a ser despendida. O problema pode envolver restrições contratuais, disponibilidade de mídia etc.

3.1.7 O Problema da Mistura

Esta é uma das aplicações mais antigas da Programação Linear e interessa particularmente a indústrias químicas e de produtos alimentícios. Devem-se misturar dois ou mais componentes para se obter um ou mais produtos. Os componentes tem um dado custo e contêm ingredientes específicos que devem estar presentes no produto final, em uma certa proporção. Geralmente, o objetivo é determinar quanto se deve usar de cada componente para que a proporção dos ingredientes no produto final seja cumprida ao mínimo custo possível.

Como ressaltado ao início, as aplicações apresentadas nem de longe cobrem todas as possibilidades. Servem, entretanto, para dar uma primeira idéia do largo espectro de utilidades da Programação Linear. Algumas das aplicações descritas serão exemplificadas por meio de problemas resolvidos, enquanto outras comporão os problemas propostos ao leitor ao final do capítulo.

3.2 Formulação de Modelos de Programação Linear

Quando da análise de um problema, tentando enquadrá-lo em um modelo de Programação Linear, é fundamental que se consiga distinguir, de um lado, quais são as variáveis fora do controle do analista, ou parâmetros, cujos valores já estão fixados, e, de outro, quais são as variáveis de decisão, ou seja, aquelas cujo valor se quer conhecer. A solução do modelo dará exatamente o valor dessas variáveis de decisão. As variáveis de decisão compõem tanto a função objetivo como as restrições e são em geral designadas por letras como x, y, z etc., ou por uma letra indexada como x_1, x_2, x_3 etc. A função objetivo é uma expressão onde cada variável de decisão é ponderada por algum parâmetro (como, por exemplo, lucro unitário).

O fato de que a função objetivo e as restrições são lineares implica em que é possível combinar linearmente as variáveis de decisão; assim, por exemplo, se cada unidade da variável 1 contribui com R$ 10,00 para o lucro e cada unidade da variável 2 contribui com R$ 8,00, a função objetivo, que expressaria o lucro derivado de x_1 unidades da variável 1 e x_2 unidades da variável 2 é escrita como $10x_1 + 8x_2$. Outra conseqüência da linearidade é que, se uma unidade da variável 1 requer, digamos, 5 unidades de um insumo, então x_1 unidades dessa variável exigirão $5\ x_1$ unidades do insumo.

Pode-se ou não exigir que a solução de um problema de Programação Linear (os valores $x_1, x_2, x_3, \ldots$ das variáveis de decisão) seja dada, pelo menos para algumas variáveis, por números inteiros. Costuma-se chamar de Programação Linear Inteira aquela onde pelo menos uma das variáveis de decisão obrigatoriamente deva assumir valores inteiros. Caso contrário, usa-se o termo Programação Linear Simples ou apenas Programação Linear. Infelizmente, como se observa muitas vezes, não basta resolver o problema como sendo de Programação Linear Simples e depois simplesmente arredondar os resultados, caso exista a exigência de valores inteiros. A solução obtida desta forma talvez não seja mais a melhor possível.

A análise de um problema e a sua formulação dentro dos moldes de um problema de Programação Linear é um exercício mais estimulante do que a própria busca da solução, que nada mais é do que uma rotina de cálculos que podem ser efetuados por computadores mesmo com centenas e até milhares de variáveis. Veremos a seguir dois exemplos completos de formulação de problemas simples, um deles envolvendo uma função objetivo de maximização e outro envolvendo minimização. Mais adiante, seguir-se-á um procedimento de solução gráfica para problemas com duas variáveis. Finalmente, na última seção teórica do presente capítulo, será apresentado o método Simplex, conhecida rotina de cálculos matemáticos para a solução de problemas de Programação Linear.

3.2.1 Exemplo de Formulação: Maximização

Consideremos o caso da Indústria de Móveis Fresão, que ilustra um problema de Composição de Produtos. A Fresão produz, entre outros artigos, dois tipos de conjunto para sala de jantar: o conjunto Beatrice e o conjunto Annamaria. A Fresão está preparando sua programação semanal de produção para os dois conjuntos. Sabe-se que, embora não haja restrições no tocante à demanda do conjunto Beatrice (dentro das limitações de produção atuais), para o conjunto Annamaria dificilmente a demanda semanal ultrapassará 8 unidades. A fabricação dos dois conjuntos é dividida em dois grandes blocos de operações: Preparação (consistindo no corte da madeira e na preparação para montagem) e Acabamento (consistindo na montagem dos conjuntos e no acabamento final). Em face dos outros produtos existentes, a Fresão não poderá alocar mais de 100 horas para a Preparação e 108 horas para o Acabamento durante a semana. O conjunto Beatrice exige 5 horas para a preparação e 9 horas para o acabamento, enquanto, para o conjunto Annamaria, esses números são de 10 e 6 horas respectivamente. A Fresão deve decidir quantas unidades de cada conjunto devem ser fabricadas, levando em conta que o conjunto Beatrice fornece um lucro unitário de R$ 4.000,00, enquanto, para o conjunto Annamaria, o lucro unitário é de R$ 5.000,00.

Solução

Na formulação de modelos de Programação Linear, é bastante útil reunirmos os dados em uma tabela, de modo a evitar que se recorra a todo momento ao enunciado do problema. No caso da Fresão, a maioria dos dados relevantes está na Tabela 3.1 a seguir.

Tabela 3.1 Indústria de Móveis Fresão

Conjunto	Horas (Preparação)	Horas (Acabamento)	Demanda Máxima	Lucro Unitário
Beatrice	5	9	não há	R$ 4.000
Annamaria	10	6	8	R$ 5.000

As variáveis de decisão estão claras no enunciado: deseja-se saber quantas unidades de cada conjunto devem ser produzidas. Chamemos de

x = número de unidades do conjunto Beatrice
y = número de unidades do conjunto Annamaria

O estabelecimento da função objetivo vem a seguir. Como cada unidade do conjunto Beatrice contribui com R$ 4.000,00 de lucro, contra R$ 5.000,00 de cada unidade do conjunto Annamaria, o lucro total derivado de x unidades do primeiro conjunto e y unidades do segundo será dado por:

$$4.000\,x + 5.000\,y$$

expressão essa que desejamos maximizar.

Seguindo raciocínio semelhante, podemos montar as restrições. O número total de horas de Preparação que se gastará para os dois conjuntos é

$$5\,x + 10\,y$$

que não pode ser maior que o máximo de 100 horas que estão disponíveis para a Preparação. Logo, a primeira restrição fica

$$5\,x + 10\,y \leq 100$$

Para o Acabamento, o leitor pode concluir que a segunda restrição será escrita como

$$9\,x + 6\,y \leq 108$$

A última restrição diz respeito à demanda máxima dos conjuntos Annamaria, que não pode ultrapassar 8 unidades semanais:

$$y \leq 8$$

Finalmente, todo problema de Programação Linear ostenta as chamadas "condições de não negatividade", segundo as quais as variáveis de decisão só podem assumir valores positivos ou nulos:

$$x \leq 0 \qquad y \leq 0$$

Repare o leitor que não teria sentido algum pensar em um número negativo de qualquer um dos dois conjuntos em questão. Aliás, a maioria dos programas de computador disponíveis para a Programação Linear assume automaticamente as condições de não negatividade, não havendo necessidade de incorporá-las aos dados de entrada na máquina.

Resumindo, o problema da Indústria de Móveis Fresão, formulado completamente segundo um modelo de Programação Linear, é o seguinte:

Maximizar $4.000\,x + 5.000\,y$

Sujeito a

$$\begin{aligned} 5\,x + 10\,y &\leq 100 \quad \text{(Preparação)} \\ 9\,x + 6\,y &\leq 108 \quad \text{(Acabamento)} \\ 1\,y &\leq 8 \quad \text{(Demanda de conjuntos)} \\ x \geq 0 \qquad y &\geq 0 \end{aligned}$$

Apenas para não aguçar a curiosidade do leitor, adiantamos que o problema da Indústria de Móveis Fresão admite como solução $x = 8$ e $y = 6$, levando a um valor máximo da função objetivo de

$$4.000\ (8) + 5.000\ (6) = \text{R\$ } 62.000{,}00$$

Se os valores $x - 8$ e $y = 6$ forem substituídos nas restrições, veremos que as horas de Preparação e Acabamento são totalmente esgotadas pela produção. O leitor pode tentar outros valores de x e y e verificar que sempre conduzem a um valor da função objetivo menor que R$ 62.000,00.

Embora pareça desnecessário escrever $1\,y \leq 8$ e não simplesmente $y \leq 8$, que também está correto, é conveniente que o leitor se acostume a colocar os coeficientes 1 ou mesmo 0 (zero, correspondente a uma variável que não compareça em uma expressão), dado que isso será de muita utilidade quando da solução dos problemas pelo algoritmo Simplex, que será visto mais adiante.

3.2.2 Exemplo de Formulação: Minimização

A abordagem é essencialmente a mesma que em problemas de maximização, pelo que aproveitaremos a oportunidade para apresentar um problema de formulação um pouco mais complexo. Consideremos o caso do Senferro A e do Senferro Extra, que são os nomes comerciais de dois produtos antiferruginosos produzidos pela ABC Química Industrial Ltda. Os dois líquidos são obtidos pela adição, em proporções diferentes, de dois líquidos denominados de HPO 33 e B 45, que são adquiridos de outros fornecedores pela ABC. As proporções, todas em volume, são as seguintes:

Senferro A: 7 partes do HPO 33 para 5 partes do B 45
Senferro Extra: 4 partes do HPO 33 para 8 partes do B 45

A ABC deseja programar a sua produção para o próximo mês. Como os dois produtos, Senferro A e Senferro Extra, têm encontrado uma excelente aceitação no mercado servido pela ABC, esta espera que deverá vender pelo menos 7.000 litros do Senferro A e 3.200 litros do Senferro Extra. Como esses produtos são colocados no mercado juntamente com outros da ABC, considera-se importante para a imagem da empresa que a demanda seja atendida tão bem quanto possível. Por outro lado, a aquisição dos componentes HPO 33 e B 45 costuma gerar alguns problemas de caixa para a ABC, dado que os fornecedores exigem pagamento à vista, enquanto a ABC costuma dar 10 dias a seus clientes. A alternativa para a ABC é então a de minimizar o investimento feito na compra do HPO 33 e do B 45, que custam, respectivamente, R$ 4,00 e R$ 2,00 o litro. Existe uma cláusula adicional com o fornecedor do HPO 33, segundo a qual a ABC não pode adquirir menos que 200 litros desse componente a cada compra.

Solução

A organização dos dados do problema está na Tabela 3.2.

Tabela 3.2 ABC Química Industrial Ltda.

Componente	Proporções		Compra Mínima	Custo Unitário
	Senferro A	Senferro Extra		
HPO 33	7	4	200 litros	R$ 4,00
B 45	5	8	não há	R$ 2,00

É claro que o leitor percebeu que as quantidades a serem adquiridas dos componentes HPO 33 e B 45 são as variáveis de decisão; não menos importante, também, é reparar que, como esses componentes entram com proporções diferentes nos dois produtos Senferro A e Senferro Extra, teremos que trabalhar com 4 variáveis para efeito de elaboração do modelo, quais sejam:

x_1 = quantidade de HPO 33 a ser usada no Senferro A
x_2 = quantidade de HPO 33 a ser usada no Senferro Extra
y_1 = quantidade de B 45 a ser usada no Senferro A
y_2 = quantidade de B 45 a ser usada no Senferro Extra

Fica claro que, se determinados os valores das variáveis apresentadas, basta tomar $(x_1 + x_2)$ como a quantidade de HPO 33 a ser comprada, enquanto $(y_1 + y_2)$ será a quantidade de B 45. Como cada unidade do HPO 33 contribui com R$ 4,00 para o custo, enquanto cada unidade do B 45 contribui com R$ 2,00, independentemente de serem usadas em um ou outro produto, a função objetivo fica:

Minimizar $4\,x_1 + 4\,x_2 + 2\,y_1 + 2\,y_2$

A primeira restrição a se considerar é o atendimento da demanda mínima do Senferro A, que é de 7.000 litros. Supondo que as condições de linearidade prevaleçam, quando se misturam os dois componentes a quantidade final de Senferro A é simplesmente a soma das quantidades isoladas dos componentes. A restrição fica, portanto:

$x_1 + y_1 \geq 7.000$

O mesmo raciocínio vale para a restrição referente ao Senferro Extra, cuja demanda mínima é de 3.200 litros:

$x_2 + y_2 \geq 3.200$

A terceira restrição diz respeito à compra mínima do componente HPO 33, que deve ser de 200 litros. Temos:

$x_1 + x_2 \geq 200$

Há ainda duas outras restrições, que dizem respeito às proporções que devem manter entre si os dois componentes na composição dos dois produtos. Na mistura para obtenção do Senferro A, a proporção entre o HPO 33 e o B 45 deve ser de 7:5, ou seja:

$$\frac{x_1}{y_1} = \frac{7}{5}$$

Como é costume que todas as variáveis estejam alinhadas e que o lado direito das restrições seja sempre um número, pode-se reescrever a restrição como:

$$5\,x_1 - 7\,y_1 = 0$$

Na obtenção do Senferro Extra, as proporções são de 4:8 para HPO 33 e B 45, o que leva a $\frac{x_2}{y_2} = \frac{4}{8}$ ou, reagrupando

$$8\,x_2 - 4\,y_2 = 0$$

Sem esquecer as condições de não negatividade, finalmente:

$$x_1 \geq 0, \quad x_2 \geq 0, \quad y_1 \geq 0, \quad y_2 \geq 0$$

Resumindo, o modelo completo (colocando os coeficientes iguais a 1 e zero para que todas as restrições contenham todas as variáveis) fica:

Minimizar $4\,x_1 + 4\,x_2 + 2\,y_1 + 2\,y_2$

Sujeito a

$$1\,x_1 + 0\,x_2 + 1\,y_1 + 0\,y_2 \geq 7.000$$
$$0\,x_1 + 1\,x_2 + 0\,y_1 + 1\,y_2 \geq 3.200$$
$$1\,x_1 + 1\,x_2 + 0\,y_1 + 0\,y_2 \geq 200$$
$$5\,x_1 + 0\,x_2 - 7\,y_1 + 0\,y_2 = 0$$
$$0\,x_1 + 8\,x_2 + 0\,y_1 - 4\,y_2 = 0$$
$$x_1 \geq 0 \quad x_2 \geq 0$$
$$y_1 \geq 0 \quad y_2 \geq 0$$

O problema completo tem, portanto, 4 variáveis e 5 restrições. Não há necessidade de se colocar os coeficientes das variáveis nas condições de não negatividade, pois não comporão no algoritmo de solução, embora sejam condição obrigatória.

Novamente para não deixar em aberto quaisquer curiosidades insatisfeitas do leitor, informamos a solução:

$x_1 = 4.083{,}3$ litros

$x_2 = 1.066{,}7$ litros Total HPO 33 $= x_1 + x_2 = 5.150$ litros

$y_1 = 2.916{,}7$ litros

$y_2 = 2.133{,}3$ litros Total B 45 $= y_1 + y_2 = 5.050$ litros

O investimento mínimo será nesse caso de R$ 30.700,00. O leitor poderá verificar por si mesmo como todas as restrições são rigorosamente obedecidas.

3.3 Solução Gráfica de Problemas Simples

Um problema de Programação Linear que possua apenas duas incógnitas (variáveis de decisão) pode ser resolvido graficamente usando-se um sistema de dois eixos ortogonais. O número de restrições não é relevante, a menos que seja tão grande que provoque uma poluição visual no gráfico. A rigor, também problemas com três incógnitas poderiam ser resolvidos caso se dispusesse de um sistema de eixos triortogonais.

Na prática, a solução gráfica tem utilidade limitada, pois há muitos problemas reais com mais de duas variáveis – aliás, encontram-se problemas com centenas e até mesmo milhares de variáveis, que só podem ser resolvidos por computador. Qual é, então, a utilidade de se aprender a solução gráfica? A resposta reside no fato de que ela permite uma boa visualização dos problemas, facilita a introdução de certos conceitos e também permite entender intuitivamente a base da rotina de cálculo do algoritmo Simplex.

O tratamento da solução gráfica é muito semelhante para problema de maximização e de minimização. Vejamos inicialmente um problema de maximização.

3.3.1 Solução Gráfica: Problema de Maximização

Retomemos o problema da Indústria de Móveis Fresão, que consistia em determinar quantas unidades dos conjuntos Beatrice e Annamaria deveriam ser programadas de forma a maximizar o lucro. Como se recorda, a formulação completa do problema era a seguinte:

Maximizar $4.000\,x + 5.000\,y$

Sujeito a

$$5\,x + 10\,y \leq 100$$
$$9\,x + 6\,y \leq 108$$
$$1y \leq 8$$
$$x \geq 0,\ y \geq 0$$

A solução gráfica exige que tomemos dois eixos ortogonais, cada um dos quais irá representar os valores de uma das variáveis; no caso tomaremos o eixo horizontal para a variável x e o eixo vertical para a variável y. A seguir, todas as restrições devem ser representadas no plano xy.

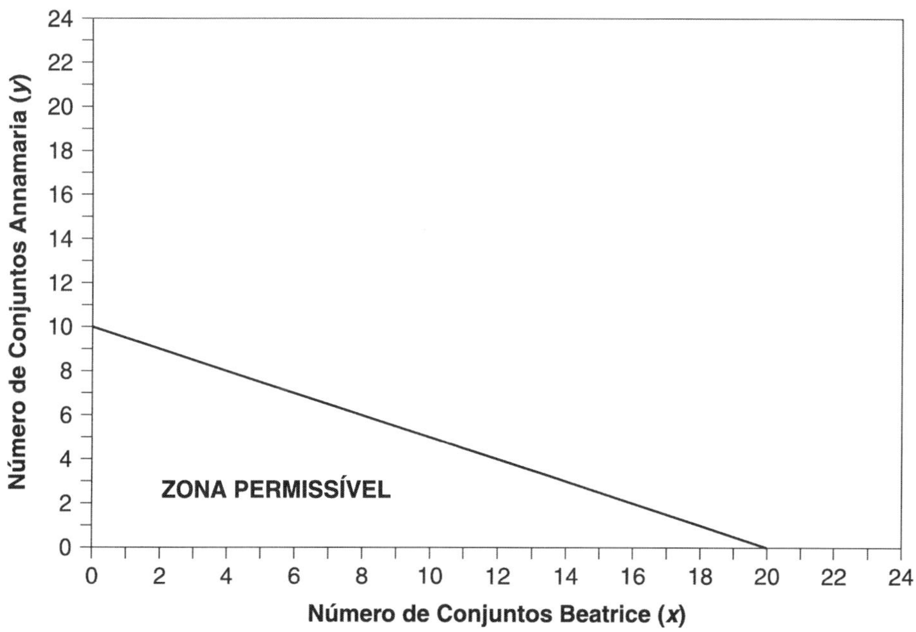

Figura 3.1 Restrição: Horas de Preparação.

Vejamos a primeira restrição. A expressão $5x + 10y$ representa o número total de horas de Preparação que os dois conjuntos irão ocupar. É obrigatório que essa soma não ultrapasse 100 horas, que é o máximo disponível. Suponha, por um momento, que a soma $5x + 10y$ ocupasse exatamente as 100 horas disponíveis, ou seja:

$$5x + 10y = 100$$

Essa igualdade é apenas a equação de uma reta, que pode ser determinada no plano se soubermos as coordenadas de dois dos seus pontos. Tradicionalmente, escolhem-se os pontos $(0, y)$ e $(x, 0)$, ou seja, os pontos onde a reta encontra os eixos x e y. Se $x = 0$, então $5(0) + 10y = 100$ e $y = 10$ e, ainda, se $y = 0$, então $5x + 10(0) = 100$ seguindo-se que $x = 20$. A reta resultante encontra-se na Figura 3.1.

Ao longo da reta, teremos todas as combinações possíveis de valores de x e de y, tal que $5x + 10y = 100$; assim, por exemplo, se $x = 6$, teremos $5(6) + 10y = 100$ ou $y = 7$. A região compreendida entre a reta e os eixos também obedece à restrição $5x + 10y < 100$. Logo, a restrição pode ser representada pela área compreendida entre a reta e os eixos, incluída a própria reta para o caso da igualdade $5x + 10y = 100$. A essa área, que aparece destacada na Figura 3.1, denominamos de zona permissível pela restrição do número de horas disponíveis de Preparação. A área é limitada pelos eixos porque valem as condições de não negatividade. Qualquer ponto fora da zona permissível (como, por exemplo, o ponto onde $x = 10$ e $y = 14$) não será uma solução possível para o problema.

A restrição seguinte diz respeito ao número máximo disponível de horas para Acabamento:

$$9x + 6y \leq 108$$

Tomando novamente a igualdade, a reta resultante cortará os eixos nos pontos (0, 18) e (12, 0) como mostrado na Figura 3.2. A região admissível novamente está compreendida entre a reta e os dois eixos, sendo a própria reta o limite, valendo pela igualdade citada.

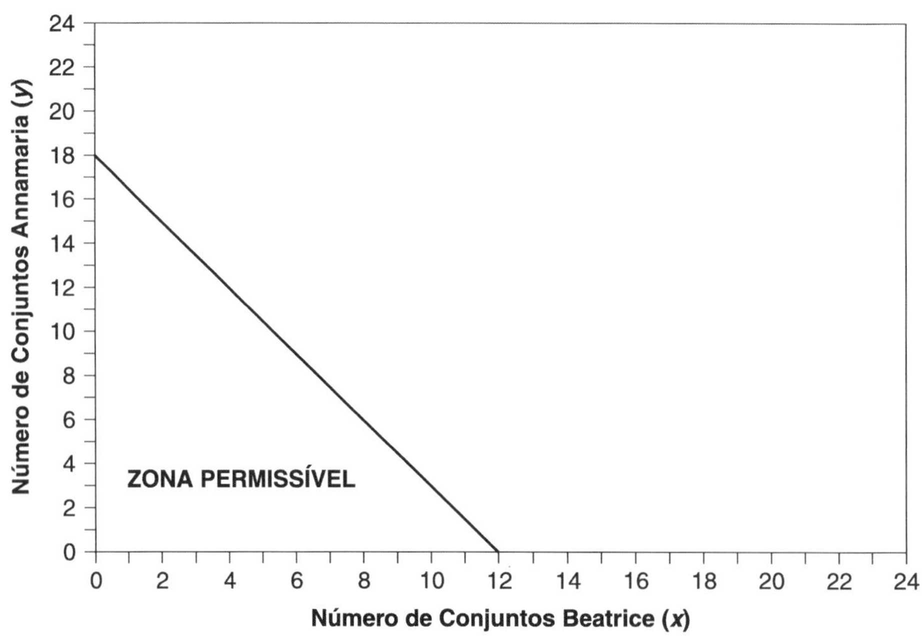

Figura 3.2 Restrição: Horas de Acabamento.

Finalmente, a última restrição estabelece que o número máximo de conjuntos Annamaria que podem ser fabricados é igual a 8, ou seja:

$$1\,y \leq 8$$

A Figura 3.3 mostra a reta que responde pela igualdade. Ela é paralela ao eixo x, delimitando uma região permissível que não tem limites para a direita, indicando que para qualquer número de conjuntos Beatrice que se queira, o número de conjuntos Annamaria jamais ultrapassa 8.

As representações gráficas das três restrições do problema podem ser colocadas no mesmo gráfico, como mostrado na Figura 3.4. A combinação de todas as regiões permissíveis resulta na região final delimitada pelo polígono *ABCDE*. Qualquer ponto que se situe internamente ao polígono ou ao longo de suas arestas obedecerá a todas as restrições simultaneamente.

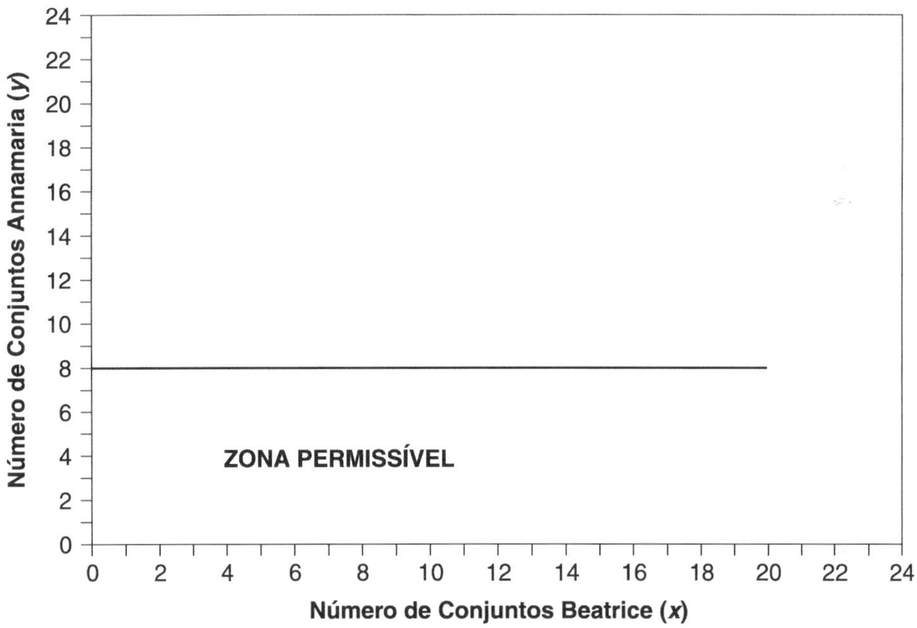

Figura 3.3 Restrição: Conjuntos Annamaria.

Os pontos *A*, *B*, *C*, *D* e *E* são chamados *pontos extremos* da região possível, que nesse caso é finita e delimitada pelas arestas do polígono *ABCDE*. Não é difícil determinar as coordenadas desses pontos extremos. Os pontos *A*, *B* e *E*, por sua localização especial, têm coordenadas imediatas:

A ($x = 0$, $y = 0$) (origem dos eixos)

B ($x = 12$, $y = 0$)

E ($x = 0$, $y = 8$)

Os pontos *C* e *D* podem ser determinados diretamente por inspeção visual do gráfico, se ele estiver suficientemente claro; no caso em pauta, distingue-se que as coordenadas desses pontos são:

C ($x = 8$, $y = 6$)

D ($x = 4$, $y = 8$)

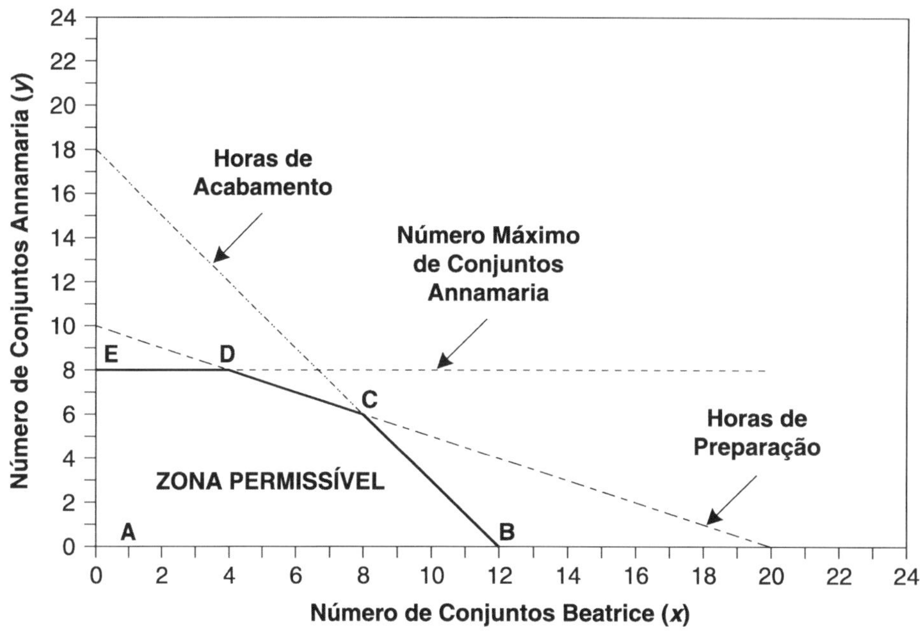

Figura 3.4 Gráfico das Restrições.

Se o gráfico não estiver traçado em perfeita escala ou se a leitura direta indica números fracionários, é conveniente determinar as coordenadas por meios analíticos. Vejamos como isso é feito com os pontos *C* e *D*.

Para o ponto *C*, nota-se que ele é o ponto de intersecção das retas limite das restrições referentes às horas de Preparação e de Acabamento, ou seja, é a intersecção de:

$5\,x + 10\,y = 100$ (I)

$9\,x + 6\,y = 108$ (II)

Uma combinação linear adequada entre as duas equações permitirá obter uma das variáveis, cujo valor poderá ser então substituído em qualquer uma das equações originais para dar o valor da outra variável restante. Multiplicando a equação (I) por 3, a equação (II) por 5 e subtraindo a (II) da (I) vem que

$$\begin{array}{rcl} 15\,x + 30\,y & = & 300 \\ 45\,x + 30\,y & = & 540 \quad (-) \\ \hline -\,30\,x + 0 & = & -240 \end{array}$$

de onde se conclui que $x = 8$, que substituído na equação (I) fornece

$5\,(8) + 10\,y = 100 \qquad 10\,y = 100 - 40 = 60$

$y = 6$

Semelhantemente, o ponto *D* é o encontro das retas limite das restrições do número máximo de horas disponíveis de Preparação e do número máximo de conjuntos Annamaria:

$5\,x + 10\,y = 100$

$1\,y = 8$

o que fornece imediatamente $x = 4$.

Embora tenhamos no momento uma região permissível para a solução do problema e conheçamos as coordenadas dos pontos limite dessa região, ainda não temos a solução propriamente dita. Acontece que os pontos extremos da região permissível guardam uma importantíssima propriedade:

"A solução ótima encontra-se em um dos pontos extremos."

Para descobrir qual é o ponto que dá a solução ótima, basta substituirmos as coordenadas de todos os pontos extremos na função objetivo, como é mostrado a seguir:

PONTO	*x*	*y*	4.000 *x*	5.000 *y*	Função objetivo (4.000 *x* + 5.000 *y*)
A	0	0	0	0	0
B	12	0	48.000	0	48.000
C	8	6	32.000	30.000	62.000
D	4	8	16.000	40.000	56.000
E	0	8	0	40.000	40.000

A solução ótima encontra-se portanto no ponto *C*, fornecendo um valor de R$ 62.000,00 para a função objetivo. Corresponde a fabricar 8 conjuntos Beatrice e 6 conjuntos Annamaria.

Há uma outra forma de se determinar o ponto *C* como solução ótima. Notemos que a função objetivo $4.000\,x + 5.000\,y$ define uma família de retas no plano xy. Atribuindo um valor arbitrário à função poderemos encontrar a reta correspondente, analogamente ao que fizemos com as restrições. Atribuindo a $4.000\,x + 5.000\,y$, por exemplo, o valor 20.000 (múltiplo de 4.000 e 5.000, para facilitar os cálculos), define-se a reta que passa pelos pontos (0, 4) e (5, 0), como se mostra na Figura 3.5.

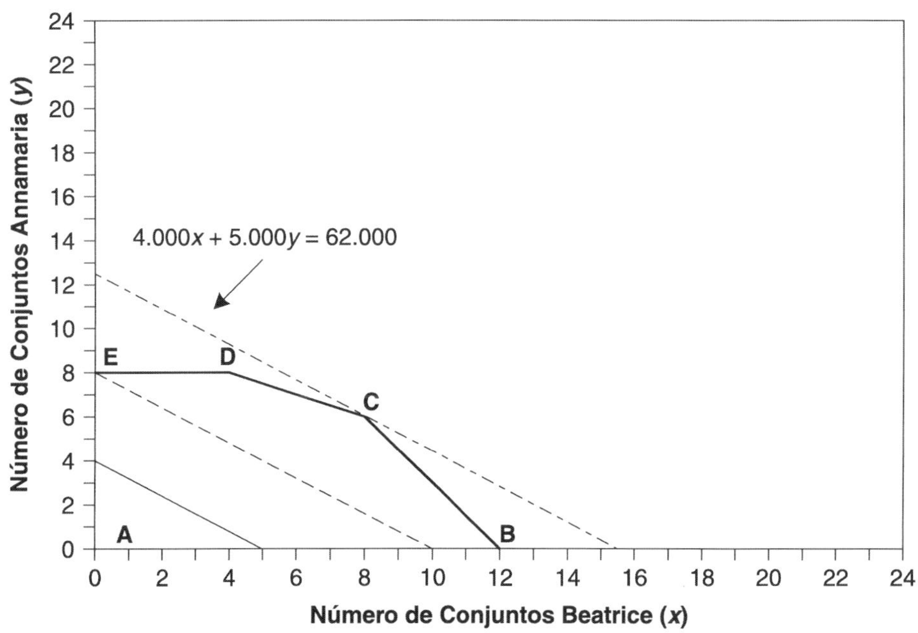

Figura 3.5 Movimentos da Função Objetivo.

Se a reta for movida paralelamente a si mesma, para a direita, o último ponto da região permissível que ela tangenciará será o ponto *C*. A Figura 3.5 mostra também um movimento intermediário, correspondente a um valor de 40.000 para a função objetivo. O leitor deve notar que mover a reta para a direita, paralelamente a si mesma, significa atribuir valores cada vez maiores à função objetivo. Como o ponto *C* é o último ponto de tangência da região possível, a ele corresponderá a solução ($x = 8$ e $y = 6$) que maximiza a função objetivo.

3.3.2 Solução Gráfica: Problema de Minimização

O tratamento é análogo ao caso de problemas de maximização: as restrições são delimitadas por retas, definindo-se as regiões permissíveis. A combinação dessas regiões dará a região final, comum a todas as restrições. A solução estará então em um dos pontos extremos.

Como se recorda, o problema da ABC Química Industrial Ltda. tinha 4 variáveis, de forma que não podemos torná-lo como exemplo. Consideremos então o modelo a seguir:

Minimizar $4\,x + 4\,y$

Sujeito a

$$2\,x + 1\,y \geq 10$$
$$1\,x + 2\,y \geq 8$$
$$1\,y \leq 6$$

Transformando as desigualdades em igualdades, delimita-se a região comum mostrada na Figura 3.6 a seguir:

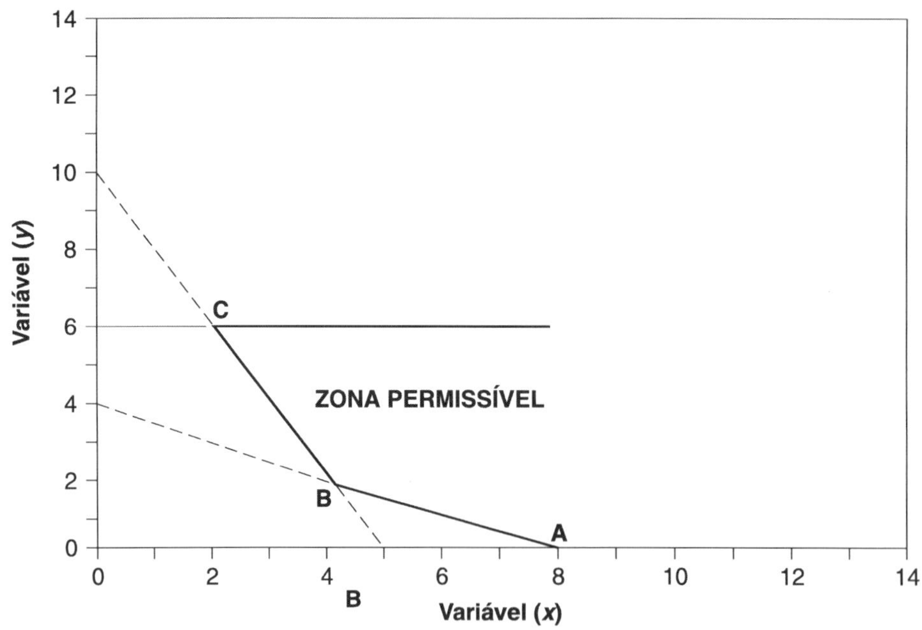

Figura 3.6 Gráfico das Restrições.

As regiões permissíveis ficam agora à direita das retas limite traçadas para as restrições $2\,x + 1\,y \geq 10$ e $1\,x + 2\,y \geq 8$, enquanto a região permissível para a restrição $1\,y \leq 6$ localiza-se entre a reta $1\,y = 6$ e o eixo da variável x, limitando-se à esquerda pelo eixo da variável y.

A região comum permissível é ilimitada à direita e os pontos extremos resumem-se a A, B e C, cujas coordenadas, como o leitor pode facilmente verificar, são as seguintes:

A ($x = 8$ $y = 0$)

B ($x = 4$ $y = 2$)

C ($x = 2$ $y = 6$)

A tabela abaixo, semelhante à que construímos para o problema de maximização, mostra que a solução ótima encontra-se no ponto B, com a função objetivo assumindo seu valor mínimo de 24.

PONTO	x	y	$4x$	$4y$	Função Objetivo ($4x + 4y$)
A	8	0	32	0	32
B	4	2	16	8	24
C	2	6	8	24	32

Podemos também determinar a solução ótima construindo as retas derivadas da função objetivo dando valores à expressão $4x + 4y$, como mostra a Figura 3.7:

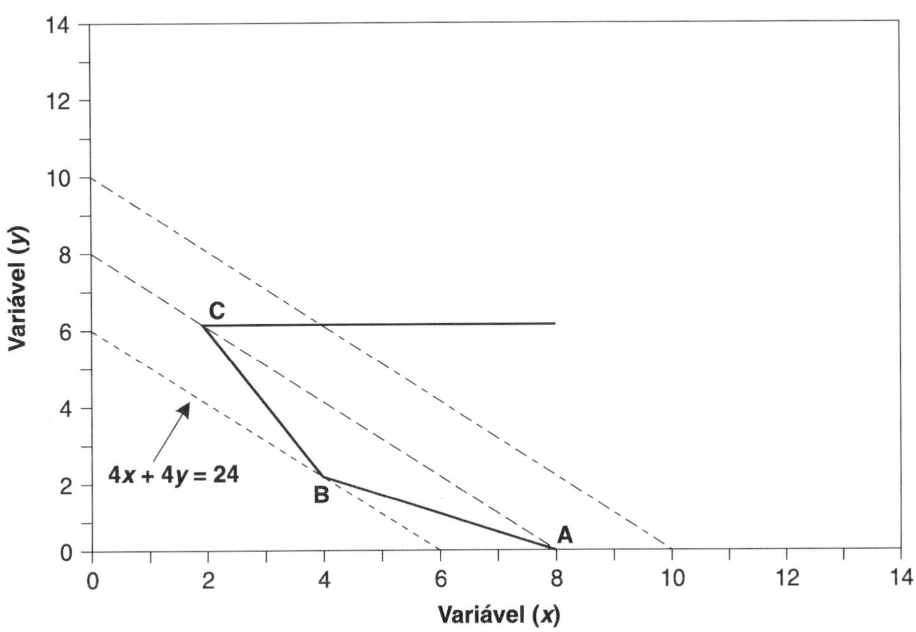

Figura 3.7 Movimento da Função Objetivo.

Na Figura 3.7 foram dados os valores 40, 32 e 24, este último correspondendo ao valor mínimo da função objetivo e portanto tangenciando o ponto B. Repare que agora devemos mover as retas derivadas da função objetivo para a esquerda, até encontrar o ponto extremo.

3.4 Soluções Básicas e Soluções Básicas Possíveis

Retomando por ora o problema de maximização da Indústria de Móveis Fresão, vamos transformar as inequações (que representam as restrições) em equações, por meio da adição de *variáveis de folga* às mesmas:

$$\begin{aligned} 5x + 10y + s_1 &= 100 \\ 9x + 6y + s_2 &= 108 \\ 1y + s_3 &= 8 \end{aligned}$$

Acrescentamos, pois, três variáveis s_1, s_2, s_3, uma para cada restrição. Note que, como x e y só assumem valores positivos ou nulos, tem-se obrigatoriamente $s_1 \geq 0$, $s_2 \geq 0$ e $s_3 \geq 0$. As variáveis s_1 s_2 e s_3 são chamadas de variáveis de folga, porque podem ser identificadas com quantidades não utilizadas de recursos naquelas restrições originais que se referiam a recursos. Assim, por exemplo, se $x = 2$ e $y = 5$, temos, substituindo nas restrições anteriores:

$$\begin{aligned} 5(2) + 10(5) + s_1 &= 100 \quad \text{logo } s_1 = 40 \\ 9(2) + 6(5) + s_2 &= 108 \quad \text{logo } s_2 = 60 \end{aligned}$$

O fato de que $s_1 = 40$ indica que existem (para os valores de x e y adotados) 40 horas disponíveis (ou seja, de folga) na Preparação; o fato de que $s_2 = 60$ indica, por sua vez, que existem 60 horas de folga na Montagem.

A função objetivo precisa ser também ligeiramente modificada, a fim de comportar as novas variáveis. Como na verdade elas não entram na composição da função objetivo, elas comparecem com coeficientes iguais a zero:

Função objetivo:

Maximizar $4.000\,x + 5.000\,y + 0\,s_1 + 0\,s_2 + 0\,s_3$

É interessante notar que dispomos agora de um sistema de equações lineares indeterminado, com 5 incógnitas e apenas 3 equações. Se as incógnitas assumissem, duas a duas, algum valor, por exemplo zero, obteríamos 3 equações com 3 incógnitas e, na maioria dos casos, o sistema admitiria solução. Genericamente falando, se tivermos m equações e p incógnitas, se fixarmos $(p - m)$ variáveis iguais a zero e obtermos os valores das outras m variáveis (resolvendo o sistema de equações), teremos as seguintes designações: as $(p - m)$ variáveis feitas iguais a zero chamam-se uma *solução não básica* e as m variáveis cujo valor é então calculado chamam-se uma *solução básica* ao problema de Programação Linear. Por sua vez, uma solução básica pode ser possível ou não, segundo os valores das variáveis componentes satisfaçam ou não às restrições originais.

Como se comportam os pontos extremos da região permissível em um problema de Programação Linear? Sabemos, sem dúvida, que esses pontos extremos são todos eles soluções possíveis para o problema da Programação Linear. A elucidação dessa questão é importante na explicação posterior do algoritmo Simplex. Façamos o teste, tomando os pontos A, B, C, D e E do problema de maximização da Indústria de Móveis Fresão, cujas equações estão reescritas a seguir:

$$\begin{aligned} 5x + 10y + s_1 &= 100 \\ 9x + 6y + s_2 &= 108 \\ 1y + s_3 &= 8 \end{aligned}$$

Cada um dos pontos define valores para as variáveis x e y, que nada mais são do que as coordenadas desses pontos. Por mera substituição das coordenadas dos pontos A, B, C, D e E nas equações anteriores determinam-se os valores das variáveis s_1, s_2 e s_3 em cada caso. A Tabela 3.3 apresenta um resumo dos cálculos.

Tabela 3.3 Valores das Variáveis de Folga

PONTO	*x*	*y*	s_1	s_2	s_3
A	0	0	100	108	8
B	12	0	40	0	8
C	8	6	0	0	2
D	4	8	0	24	0
E	0	8	20	60	0

A Tabela 3.3 mostra que, para todos os pontos, há sempre duas variáveis com valor igual a zero. Isso confirma o que já sabíamos, ou seja, que os pontos extremos são soluções básicas possíveis. A propriedade pode ser generalizada da seguinte forma:

"Dado um problema de Programação Linear com p incógnitas e m equações (após a introdução das variáveis de folga), nos pontos extremos da região possível haverá sempre $(p - m)$ incógnitas com valor zero".

Essa propriedade fornece um caminho analítico para a solução de problemas de Programação Linear, já que essa solução encontra-se em um dos pontos extremos. Por tentativas, fazendo-se conjuntos diferentes de $(p - m)$ incógnitas iguais a zero, podem ser determinadas soluções básicas e, dentre estas, as soluções básicas possíveis. Por substituição dos valores das variáveis (tomados nas soluções básicas possíveis) na função objetivo, pode-se escolher a solução ótima. Esse procedimento é justamente a base para o método Simplex para a solução analítica de problemas de Programação Linear.

3.5 Formulação Geral do Problema da Programação Linear

Vejamos agora uma formulação genérica do problema da Programação Linear, na qual se enquadrem os exemplos específicos estudados até aqui. Suponhamos que existam m restrições e n incógnitas (variáveis de decisão). A função objetivo pode ser escrita como

Maximizar (ou minimizar)

$$c_1x_1 + c_2x_2 + ... + c_nx_n$$

onde $c_1, c_2, ... c_n$ são as contribuições à função objetivo, das variáveis $x_1, x_2, ... x_n$ respectivamente. Por sua vez, as restrições podem ser escritas como

$$a_{11}x_1 + a_{12}x_2 + ... + a_{1n}x_n \leq \text{ ou } \geq \text{ ou } = b_1$$
$$a_{21}x_1 + a_{22}x_2 + ... + a_{2n}x_n \leq \text{ ou } \geq \text{ ou } = b_2$$
- -
- -
$$a_{m1}x_1 + a_{m2}x_2 + ... + a_{mn}x_n \leq \text{ ou } \geq \text{ ou } = b_m$$

Ordinariamente, os lados direitos das restrições, ou seja, as quantidades $b_1, b_2, ... b_m$ são assumidas como quantidades referentes a recursos escassos, mas nem sempre esse é o caso. Podem representar também valores máximos ou mínimos de alguma variável, uma quantidade mínima de recurso que deve ser utilizada etc. Dessa forma, não é conveniente se pensar em $b_1, b_2, ... b_m$ como sendo representativos de recursos escassos sem antes examinar a estrutura do problema. Todos os exemplos vistos até o momento enquadram-se no modelo genérico exposto. Sugerimos ao leitor que faça essa verificação a título de exercício, procurando identificar cada um dos parâmetros apresentados.

3.6 Solução de Problemas através do Simplex

O Simplex é um algoritmo para a solução de problemas de Programação Linear. Embora existam algoritmos específicos para problemas especiais, como os de Transporte e Designação, o Simplex pode sempre ser usado para resolver problemas com qualquer número de variáveis.

A técnica envolve uma seqüência de interações, contendo cada uma delas a mesma série de cálculos, até que se chegue à solução ótima. Como freqüentemente acontece com muitos algoritmos, os cálculos efetuados são muito simples, abrangendo apenas as operações fundamentais de adição, subtração, multiplicação e divisão. Para problemas com muitas restrições e/ou muitas variáveis de decisão, entretanto, esses cálculos podem se tornar tediosos, e o menor erro leva a frustrações. Felizmente, para esses casos, existe o recurso do computador; hoje em dia, encontra-se em uso uma variedade muito grande de programas com o Simplex. No caso do microcomputador, esses programas podem ser extraordinariamente fáceis de ser trabalhados. Quando dispõe de um computador, o usuário pode se dedicar mais ao entendimento e à formulação dos problemas, bem como à interpretação da solução obtida.

3.6.1 Uma Interpretação Intuitiva de como Opera o Simplex

Essa interpretação é útil para que o leitor não veja o Simplex como uma seqüência de cálculos desordenados e sem sentido. Tomemos novamente a solução gráfica do problema de maximização da Indústria de Móveis Fresão. Se ele fosse resolvido analiticamente, por meio do Simplex, qual seria a organização dos cálculos?

A Figura 3.8 destaca a solução gráfica já encontrada anteriormente para a região possível. Como se recorda, os pontos *A*, *B*, *C*, *D* e *E* são os pontos extremos da região possível. O Simplex fará várias interações, cada qual correspondendo a um dos pontos extremos da região permissível. Ele sempre começa testando a origem (ponto *A*) como solução. Este é o ponto onde $x = 0$ e $y = 0$. Sabemos que nos pontos extremos, que são soluções básicas possíveis, as variáveis, duas a duas, são iguais a zero (incluindo as variáveis de folga). No caso da origem, o valor da função objetivo é zero e ela serve apenas como um ponto de partida para o Simplex.

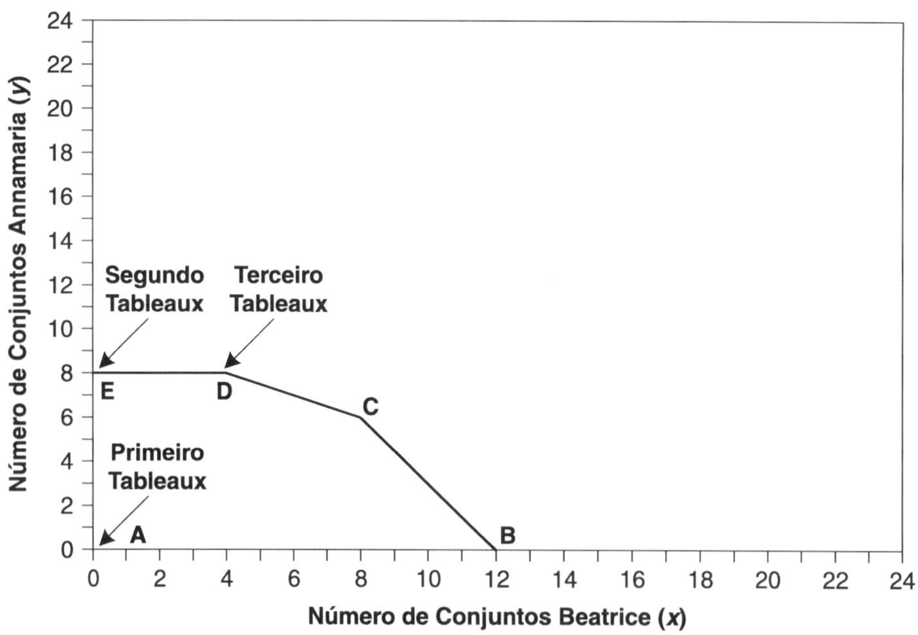

Figura 3.8 Interação do Método Simplex.

Em seguida, o Simplex passa ao ponto *D*, porque a variável *y*, sozinha, dá a maior contribuição isolada ao lucro; seu coeficiente quando sozinho na função objetivo é 5.000, enquanto o coeficiente de *x* é apenas 4.000. No ponto *E*, o valor da função objetivo é calculado novamente.

Prosseguindo, vai-se automaticamente ao ponto *C*, pois ele melhora ainda mais a solução, levando a um valor ainda maior da função objetivo. Como o ponto *C* apresenta os valores de *x* e de *y* que constituem a solução ótima, o método termina aí. Em cada um dos pontos examinados, existe um critério para se testar se a solução é ótima ou não.

A técnica envolve a geração de uma série de soluções em forma tabular. A forma tabular chama-se *tableau*. Cada interação do Simplex ou, ainda, cada ponto extremo da região permissível corresponde, pois, à criação de um tableau. Ele é feito de tal forma que, inspecionando-se a sua linha mais baixa, podemos dizer se a solução que ele está representando é a melhor possível ou não.

O primeiro tableau corresponde à origem (função objetivo igual a zero). A solução dada pelo primeiro tableau é então melhorada, passando-se para outro ponto extremo da região permissível. Em seguida, se houver outro ponto extremo onde a solução seja ainda melhor, o Simplex se moverá até ele e assim por diante, até que a solução ótima seja encontrada.

Resumindo, a rotina do Simplex é a seguinte:

a) gera-se um tableau inicial que corresponde à origem;

b) por meio de uma série de cálculos (interação) transforma-se esse tableau inicial em um segundo tableau, que apresenta uma solução melhorada;

c) a mesma série de cálculos é reiniciada se o segundo tableau não conduziu à solução ótima e assim por diante, até que ela seja encontrada;

d) em cada interação (tableau) aplica-se um critério para se verificar se a solução atingida é a ótima ou não.

3.6.2 Desenvolvimento de um Exemplo: Maximização

Vamos ilustrar os cálculos do Simplex com um exemplo simplificado, que envolve a criação de dois tableaux apenas, sendo um deles o tableau inicial, correspondente à origem. Trabalharemos com um problema de maximização, com restrições do tipo (≤). Posteriormente, veremos como se manejam as restrições do tipo (≥) ou simplesmente (=), bem como o procedimento para problemas de minimização. Por ora, fiquemos com o seguinte problema:

Maximizar $x + 3y$

Sujeito a

$5x + 6y \leq 60$

$x + 2y \leq 16$

$x \geq 0, y \geq 0$

Passemos à geração do tableau inicial, que deriva diretamente do problema colocado na sua forma genérica.

3.6.2.1 *O tableau inicial*

Para se colocar o problema na sua forma genérica, devemos transformar as inequações em igualdades, acrescentando variáveis de folga. Ficamos pois com:

$5x + 6y + 1s_1 + 0s_2 = 60$

$1x + 2y + 0s_1 + 1s_2 = 16$

Embora s_2 e s_1 não compareçam, respectivamente, na primeira e na segunda restrições, é conveniente que marquem presença com o coeficiente zero, já que este fará parte do tableau inicial. A função objetivo é agora ampliada, de modo a conter também as variáveis de folga. Como se recorda, dado que estas na verdade em nada contribuem para a função objetivo, devem nela comparecer com coeficientes iguais a zero. O problema completo, na forma genérica, fica sendo:

$$\begin{aligned} &\text{Maximizar} && 1\,x + 3\,y + 0\,s_1 + 0\,s_2 \\ &\text{Sujeito a} && 5\,x + 6\,y + 1\,s_1 + 0\,s_2 = 60 \\ &&& 1\,x + 2\,y + 0\,s_1 + 1\,s_2 = 16 \end{aligned}$$

Escrever o problema da forma mostrada, com os coeficientes de uma mesma variável todos na mesma coluna, facilita bastante a criação do tableau inicial. O aspecto, ainda parcial, do tableau inicial encontra-se na Tabela 3.4 seguinte.

Tabela 3.4 Tableau Inicial (parcial)

		Variáveis de Decisão					
		1	3	0	0	(Linha Objetivo)	
c_i	Variáveis na Solução	x	y	s_1	s_2	b_j	b_j/a_{ij}
0	s_1	5	6	1	0	60	
0	s_2	1	2	0	1	16	

O corpo central do tableau possui uma primeira linha (linha objetivo) onde estão ordenadas as contribuições de cada variável à função objetivo. Essas contribuições são dadas pelos coeficientes dessas variáveis na função objetivo. Ainda no corpo central, a linha seguinte lista ordenadamente as variáveis. As duas próximas linhas contêm os coeficientes dessas variáveis nas restrições.

À direita, a coluna b_j representa os lados direitos das restrições. A coluna b_j/a_{ij} será usada como parte dos cálculos para se passar de um tableau para outro.

No tableau inicial, as "Variáveis na Solução", que em princípio tomam valores diferentes de zero, são exatamente as variáveis de folga. Lembre que o tableau inicial corresponde à origem dos eixos na solução gráfica, onde $x = y = 0$. Nesse caso, as variáveis de folga correspondem aos recursos existentes, evidentemente não utilizados. Assim, $s_1 = 60$ e $s_2 = 16$. Esses valores são lidos diretamente na coluna b_j. Finalmente, a coluna c_i mostra os coeficientes das "Variáveis na solução" na função objetivo. No tableau inicial, essa é uma coluna de zeros.

O tableau inicial não está ainda completo. Existem duas linhas a serem colocadas, a linha Z e a linha $C - Z$. A linha Z terá seus valores sob as colunas x, y, s_1 e s_2. Dada uma particular coluna de uma variável, o valor da linha Z nessa coluna indica a redução na função objetivo que ocorreria se uma unidade da variável fosse acrescentada à solução. Por sua vez, a linha $C - Z$, sob uma particular coluna, indica o acréscimo potencial à função objetivo se uma unidade da variável fosse acrescentada à solução.

O cômputo dos valores da linha Z é muito simples: multiplicam-se os coeficientes e os lados direitos das restrições, em cada coluna, pelos valores c_1 correspondentes (à esquerda) e somam-se os produtos. Veja a seguir:

c_i	x	y	s_1	s_2	b_j	
0	5 (0)	6 (0)	1 (0)	0 (0)	60 (0)	
0	1 (0)	2 (0)	0 (0)	1 (0)	16 (0)	(+)
z	0	0	0	0	0	

A soma correspondente à última coluna (b_j) indica sempre o valor da função objetivo associado com um dado tableau. No caso do primeiro tableau, esse valor é zero, pois $x = y = 0$.

Os valores da linha $C - Z$, em cada coluna, são simplesmente a diferença entre os coeficientes da variável (que está na coluna) na função objetivo e o valor Z correspondente:

Variável	x	y	s_1	s_2	
Coeficiente	1	3	0	0	
Linha Z	0	0	0	0	(–)
Linha $C - Z$	1	3	0	0	

As duas linhas Z e $C - Z$ completam agora o tableau inicial, que aparece na Tabela 3.5:

Tabela 3.5 Tableau Inicial (completo)

		Variáveis de Decisão					
		1	3	0	0	(Linha Objetivo)	
c_i	Variáveis na Solução	x	y	s_1	s_2	b_j	b_j/a_{ij}
0	s_1	5	6	1	0	60	
0	s_2	1	2	0	1	16	
	Z	0	0	0	0	0	
	$C - Z$	1	3	0	0		

O primeiro tableau está terminado.

Como saber se a solução apresentada é ótima?

O teste é fácil: se na coluna $C - Z$ todos os calores são negativos ou nulos, a solução ótima foi encontrada. Como no nosso tableau inicial ainda existem dois valores positivos, nas colunas das variáveis x e y, isso significa que a solução pode ser melhorada. É tempo de passarmos ao segundo tableau.

3.6.2.2 *O segundo tableau*

Parte-se agora do maior valor que aparece na linha $C - Z$, que corresponde à maior contribuição possível que uma variável isolada pode trazer à função objetivo. No nosso tableau, esse valor é 3, que corresponde à variável y. Dizemos que y é a variável que "entra" no tableau. Para que isso aconteça, alguma variável deve "sair". Para se descobrir que variável deve sair, divide-se cada valor b_j pelo valor correspondente da coluna de y. A linha onde aparecer o menor coeficiente indica a variável a sair (Tabela 3.6).

Tabela 3.6 Variável que Entra e Variável que Sai

		Variáveis de Decisão					
		1	3	0	0	(Linha Objetivo)	
c_i	Variáveis na Solução	x	y	s_1	s_2	b_j	b_j/a_{ij}
0	s_1	5	6	1	0	60	60/6 = 10
0	s_2	1	2	0	1	16	16/2 = 8
	Z	0	0	0	0	0	
	$C - Z$	1	3	0	0		

Quem sai, portanto, é a variável s_2 (quociente $b_j/a_{ij} = 8$).

A linha da variável que sai é chamada de *linha principal*. Precisamos determinar novos valores para essa linha principal, bem como para todas as demais linhas que representem as restrições. No nosso caso, isso se reduz a apenas uma outra linha, onde está s_1.

Notemos o número que aparece na intersecção da coluna da variável que entra com a linha da variável que sai. Esse número é 2. Ele recebe o nome de elemento pivô. Para obter os novos valores da linha principal, todos os valores da antiga linha são divididos pelo elemento pivô:

Variável	x	y	s_1	s_j	b_j
Antiga linha principal	1	2	0	1	16
Nova linha principal	1/2	2/2	0/2	1/2	16/2
=	1/2	1	0	1/2	8

Passemos à nova linha s_1. Na intersecção dessa linha com a coluna da variável que entra (y), está o número 6. O procedimento é o seguinte:

a) em cada linha que não a principal, determina-se o número que está no cruzamento da linha com a coluna da variável que entra. Já vimos que, em nosso caso, esse número é 6. Se tivéssemos outras linhas, o procedimento seria sempre semelhante.

b) multiplica-se cada valor da nova linha principal pelo número determinado anteriormente:

Variável	x	y	s_1	s_2	b_j
s_1	1/2 (6)	1 (6)	0 (6)	1/2 (6)	8 (6)
=	3	6	0	3	48

c) os valores resultantes são agora subtraídos da linha antiga:

Variável	x	y	s_1	s_2	b_j	
Linha antiga de s_1	5	6	1	0	60	
	3	6	0	3	48	(–)
Linha nova de s_1	2	0	1	–3	12	

Por enquanto, o segundo tableau tem o aspecto apresentado na Tabela 3.7:

Tabela 3.7 Segundo Tableau (parcial)

		Variáveis de Decisão					
		1	3	0	0	(Linha Objetivo)	
c_i	Variáveis na Solução	x	y	s_1	s_2	b_j	b_j/a_{ij}
0	s_1	2	0	1	–3	12	
3	y	1/2	1	0	1/2	8	

Passemos ao cálculo dos valores da linha Z:

c_i	x	y	s_1	s_2	b_j	
0	2 (0)	0 (0)	1 (0)	–3 (0)	12 (0)	
3	1/2 (3)	1 (3)	0 (3)	1/2 (3)	8 (3)	(+)
Z	3/2	3	0	3/2	24	

Em seguida, aos valores da linha $C - Z$:

Variável	x	y	s_1	s_2	
Coeficiente	1	3	0	0	
Linha Z	3/2	3	0	3/2	(–)
Linha $C - Z$	–1/2	0	0	–3/2	

O segundo tableau, agora completo, está na Tabela 3.8:

Tabela 3.8 Segundo Tableau (completo)

		Variáveis de Decisão					
		1	3	0	0	(Linha Objetivo)	
c_i	Variáveis na Solução	x	y	s_1	s_2	b_j	b_j/a_{ij}
0	s_1	2	0	1	–3	12	
3	y	1/2	1	0	1/2	8	
	Z	3/2	3	0	3/2	24	
	$C - Z$	–1/2	0	0	–3/2		

Inspecionando a linha $C - Z$, verificamos que todos os valores são negativos ou nulos, o que nos garante que encontramos a solução ótima. Os dados interessantes da solução estão na coluna b_j:

$x = 0$ (não comparece em b_j)

$y = 8$

O valor máximo da função objetivo é igual a 24. Repare-se que, substituindo o valor de y encontrado na primeira restrição, tem-se:

$5x + 6y = 5(0) + 6(8) = 48$

Como a restrição estabelecia que o valor da expressão devia ser menor ou igual a 60, sobraram 12 unidades de recursos sem utilização, apropriados por s_1. Como s_2 não comparece na solução, segue-se que $s_2 = 0$, o que pode ser comprovado substituindo-se o valor de y na segunda restrição.

3.7 Como Trabalhar com Problemas de Minimização

Uma maneira simples de se trabalhar com um problema de minimização é transformá-lo em um problema de maximização. Para tanto, basta multiplicar todos os coeficientes da função objetivo por (–1). Os valores finais das variáveis de decisão estarão corretos e o valor final da função objetivo é o da linha Z, coluna b_j, mas com sinal trocado.

Exemplo:

Minimizar $3x + 4y$ torna-se
Maximizar $-3x - 4y$

ou

Minimizar $2x - 8y$ torna-se
Maximizar $-2x + 8y$

(Em todos os casos, as restrições seriam conservadas como estavam originalmente.)

3.8 Como Trabalhar com Restrições do Tipo (=) e (>)

Suponhamos apenas problemas de maximização, pois, se forem de minimização, basta antes de mais nada mudarmos os sinais dos coeficientes da função objetivo.

Se a restrição for do tipo (=), adiciona-se uma variável artificial. Assim, por exemplo, se tivermos

$$7\,x + 3\,y = 13$$
$$2\,x - 1\,y = 2$$

adicionaremos uma variável artificial para cada equação:

$$7\,x + 3\,y + 1\,a_1 = 13$$
$$2\,x - 1\,y + 1\,a_2 = 2$$

ou, mais propriamente,

$$7\,x + 3\,y + 1\,a_1 + 0\,a_2 = 13$$
$$2\,x - 1\,y + 0\,a_1 + 1\,a_2 = 2$$

Na função objetivo, essas variáveis artificiais entram com um coeficiente negativo de grande valor absoluto em relação aos demais, geralmente indicado apenas por ($-M$). Esse procedimento assegura que as variáveis artificiais não entrarão na solução. O objetivo das variáveis artificiais é simplesmente prover uma primeira solução e, por isso, elas compõem exatamente no primeiro tableau, antes de quaisquer outras variáveis, mesmo as de folga.

Exemplo:

Se as restrições anteriores correspondessem à função objetivo

Maximizar $12\,x + 5\,y$, teríamos como forma final

Maximizar $12\,x + 5\,y - M\,a_1 - M\,a_2$

Se a restrição for do tipo (>), adiciona-se tanto uma variável artificial como uma variável de folga, esta com sinal negativo.

Exemplo:

$3\,x + 2\,y > 18$ fica sendo

$3\,x + 2\,y - 1\,s_1 + 1\,a_1 = 18$

Lembrar que todas as variáveis de folga e todas as variáveis artificiais devem comparecer em todas as restrições e na função objetivo, ainda que com coeficiente zero. Isso é absolutamente necessário para a definição do tableau inicial.

PROBLEMAS RESOLVIDOS

1. Colocar o problema seguinte na forma generalizada (completa), acrescentando variáveis de folga e/ou fictícias se necessário:

Minimizar $4\,x + 3\,y$

Sujeito a

$$6\,x + 3\,y > 180$$
$$4\,x + 6\,y > 240$$
$$2\,x + 2\,y > 100$$
$$x \geq 0, \quad y \geq 0$$

Solução

Trabalhemos inicialmente com as restrições. Como são todas do tipo >, devemos acrescentar uma variável de folga (com sinal negativo) e uma variável fictícia a cada uma delas. Dessa forma, são transformadas em igualdades. É conveniente que todas as variáveis entrem em todas as restrições, ainda que com coeficiente igual a zero, onde originalmente não comparecem:

$$6x + 3y - 1 s_1 + 0 s_2 + 0 s_3 + 1 a_1 + 0 a_2 + 0 a_3 = 180$$
$$4x + 6y + 0 s_1 - 1 s_2 + 0 s_3 + 0 a_1 + 1 a_2 + 0 a_3 = 240$$
$$2x + 2y + 0 s_1 + 0 s_2 - 1 s_3 + 0 a_1 + 0 a_2 + 1 a_3 = 100$$

Como o problema é de minimização, devemos transformá-lo em um problema de maximização se quisermos aplicar os procedimentos do Simplex exatamente como descrito. Basta mudarmos os sinais dos coeficientes da função objetivo:

Minimizar $4x + 3y$ fica sendo
Maximizar $-4x - 3y$

Por outro lado, cada variável fictícia deve entrar com coeficientes iguais a $-M$, onde M é um número de grande valor absoluto. A expressão final da função objetivo fica sendo:

Maximizar
$$-4x - 3y - 1 s_1 - 1 s_2 - 1 s_3 - M a_1 - M a_2 - M a_3$$

2. Resolver pelo Simplex:

Maximizar $2x + 5y$
Sujeito a

$$12x + 40y \leq 2.400$$
$$5x + 10y \leq 810$$
$$x \geq 0, \quad y \geq 0$$

Solução

Coloquemos inicialmente o problema na forma generalizada. Como as restrições são do tipo $\leq$ basta acrescentarmos a cada uma delas uma variável de folga com sinal positivo:

$$12x + 40y + 1 s_1 = 2.400$$
$$5x + 10y + 1 s_2 = 810$$

Adicionando todas as variáveis tanto à função objetivo como às restrições, com coeficiente zero, onde as variáveis não comparecem originalmente, temos o problema na forma generalizada:

Maximizar $2x + 5y + 0 s_1 + 0 s_2$
Sujeito a

$$12x + 40y + 1 s_1 + 0 s_2 = 2.400$$
$$5x + 10y + 0 s_1 + 1 s_2 = 810$$

O problema formulado na forma generalizada nos fornece o tableau inicial, mostrado a seguir:

Primeiro Tableau

		Variáveis de Decisão					
		2	5	0	0	(Linha Objetivo)	
c_i	Variáveis na Solução	x	y	s_1	s_2	b_j	b_j/a_{ij}
0	s_1	12	40	1	0	2.400	2.400/40 = 60
0	s_2	5	10	0	1	810	810/10 = 81
	Z	0	0	0	0	0	
	$C - Z$	3	4	0	0		

Observando a linha $C - Z$, verifica-se que a variável que entra é y, por trazer a maior contribuição isolada à função objetivo; a coluna b_j/a_{ij} mostra que a variável que sai (menor quociente) é s_1.

O elemento pivô é 40 e a nova linha principal será:

	x	y	s_1	s_2	b_j
	12/40	40/40	1/40	0/40	2.400/40
=	3/10	1	1/40	0	60

A nova linha de s_2, por sua vez, será:

	x	y	s_1	s_2	b_j	
Linha antiga	5	10	0	1	810	
	10(3/10)	10(1)	10(1/40)	10(0)	10(60)	(–)
	2	0	–1/4	1	210	

O segundo tableau, ainda parcial, tem o seguinte aspecto:

Segundo Tableau (parcial)

	Variáveis de Decisão						
		2	5	0	0	(Linha Objetivo)	
c_i	Variáveis na Solução	x	y	s_1	s_2	b_j	b_j/a_{ij}
5	y	3/10	1	1/40	0	60	
0	s_2	2	0	–1/4	1	210	

Pode-se construir agora a linha Z, fazendo a soma dos produtos de cada coluna pelo c_1 correspondente:

	x	y	s_1	s_2	b_j	
	5(3/10)	5(1)	5(1/40)	5(0)	5(60)	
	0(2)	0(0)	0(–1/4)	0(1)	0(210)	(+)
Linha Z	3/2	5	1/8	0	300	

Segue-se, imediatamente, a linha $C - Z$, subtraindo-se dos coeficientes da função objetivo a linha Z:

	x	y	s_1	s_2	
Coeficiente	2	5	0	0	
Linha Z	3/2	5	1/8	0	(–)
Linha $C - Z$	1/2	0	–1/8	0	

Segue-se então o segundo tableau completo:

Segundo Tableau

	Variáveis de Decisão						
		2	5	0	0	(Linha Objetivo)	
c_i	Variáveis na Solução	x	y	s_1	s_2	b_j	b_j/a_{ij}
5	y	3/10	1	1/40	0	60	60/(3/10) = 200
0	s_2	2	0	–1/4	1	210	210/2 = 105
	Z	3/2	5	1/8	0	300	
	$C - Z$	1/2	0	–1/8	0		

A variável a entrar é agora x, com a maior contribuição à função objetivo; a variável a sair é s_2, com o menor valor do quociente b_j/a_{ij}. O elemento pivô é 2 e a nova linha principal é:

	x	y	s_1	s_2	b_j
	2/2	0/2	(−1/4)/2	1/2	210/2
=	1	0	−1/8	1/2	105

A nova linha y será:

	x	y	s_1	s_2	b_j	
Linha antiga	3/10	1	1/40	0	60	
	(3/10)1	(3/10)0	(3/10)(−1/8)	(3/10)1/2	(3/10)105	(−)
	0	1	5/80	−3/40	57/2	

O terceiro tableau, ainda com aspecto parcial, é o seguinte:

Terceiro Tableau (parcial)

		Variáveis de Decisão					
		2	5	0	0	(Linha Objetivo)	
c_i	Variáveis na Solução	x	y	s_1	s_2	b_j	b_j/a_{ij}
5	y	0	1	5/80	−3/40	57/2	
2	x	1	0	−1/8	1/2	105	

A linha Z será:

	x	y	s_1	s_2	b_j	
	5(0)	5(1)	5(5/80)	5(−3/40	5(57/2)	
	2(1)	2(0)	2(−1/8)	2(1/2)	2(105)	(+)
Linha Z	2	5	5/80	25/40	625/2	

Por sua vez, a linha $C - Z$ será:

	x	y	s_1	s_2	
Coeficientes	2	5	0	0	
Linha Z	2	5	5/80	25/40	(−)
Linha $C - Z$	0	0	−5/80	−25/40	

O terceiro tableau completo será o seguinte:

Terceiro Tableau

		Variáveis de Decisão					
		2	5	0	0	(Linha Objetivo)	
c_i	Variáveis na Solução	x	y	s_1	s_2	b_j	b_j/a_{ij}
5	y	0	1	5/80	−3/40	57/2	
2	x	1	0	−1/8	1/2	105	
	Z	2	5	5/80	25/40	625/2	
	$C - Z$	0	0	−5/80	−25/40		

Pelo exame da linha $C - Z$, verifica-se que ela só apresenta números nulos ou negativos, o que indica que a solução ótima foi alcançada. Os valores das variáveis de decisão são, pois

$x = 105$
$y = 57/2$

tendo a função objetivo o valor (máximo) de 625/2.

3. A Distribuidora J. J. Carlitos possui dois armazéns A e B que devem suprir a demanda de certos produtos para três destinações. Como a distribuidora possui um bom sistema de previsão, pode dispor para essas cidades da quantia exata de que precisam. Devido a restrições de capacidade, o conjunto dos armazéns não costuma reservar às destinações mais do que a demanda prevista para elas. O quadro a seguir contém as necessidades das três destinações, as quantias reservadas em cada armazém (o total iguala a demanda das destinações) e os custos de transporte por unidade de produto entre os armazéns e as destinações.

	Destinações			
Armazém	I	II	III	Capacidade
A	R$ 20	10	20	3.000
B	10	5	30	4.000
Demanda	1.000	3.000	3.000	

Formular um modelo de Programação Linear para determinar quanto enviar de cada armazém para cada destinação, com base em uma minimização de custos de transporte.

Solução

Vamos inicialmente construir uma tabela onde compareçam as variáveis de decisão, que são as quantidades que cada armazém deve enviar a cada destinação.

	Destinações			
Armazém	I	II	III	Capacidade
A	x_1	x_2	x_3	3.000
B	x_4	x_5	x_6	4.000
Demanda	1.000	3.000	3.000	

Lançando mão dos custos de transporte de cada armazém a cada cidade, fica claro que a função objetivo é:

Minimizar $20\,x_1 + 10\,x_2 + 20\,x_3 + 10\,x_4 + 5\,x_5 + 30\,x_6$

Há restrições de duas naturezas, no tocante à capacidade dos armazéns e no tocante à demanda. No tocante à capacidade, temos:

$x_1 + x_2 + x_3 = 3.000$ (número de unidades do armazém A)
$x_4 + x_5 + x_6 = 4.000$ (número de unidades do armazém B)

Há três restrições para a demanda:

$x_1 + x_4 = 1.000$ (demanda da destinação I)

$x_2 + x_5 = 3.000$ (demanda da destinação II)

$x_3 + x_6 = 3.000$ (demanda da destinação III)

Finalmente, temos as condições de não negatividade, que se aplicam a todas as variáveis:

$x_1, x_2, x_3, x_4, x_5, x_6 \geq 0$

(Repare o leitor nas mudanças que existiriam no sinal de (=) que aparece em todas as restrições se o enunciado falasse em *demandas mínimas* e/ou *capacidades máximas*.)

4. Uma companhia de engenharia deve alocar 3 projetos de instalações industriais a suas equipes. É tradição da companhia que uma dada equipe trabalhe apenas em um projeto de cada vez. Existem em princípio 4 equipes às quais os projetos podem ser atribuídos, sendo que uma delas deverá obrigatoriamente ficar de fora nessa atribuição. O tempo estimado em que uma dada equipe pode concluir um dado projeto varia em função tanto da complexidade do mesmo quanto do número e a qualificação dos membros da equipe. O gerente de projetos industriais preparou a matriz seguinte, com os tempos estimados (em dias) de conclusão dos projetos:

	Equipe			
Projeto	1	2	3	4
I	60	80	60	70
II	100	80	120	80
III	90	60	100	80

Elaborar um modelo de Programação Linear para minimizar o tempo total de conclusão dos projetos.

Solução

Este problema (chamado de Problema de Designação) pode ser formulado se atribuirmos a cada par (Projeto, Equipe) uma variável que indique a designação do particular projeto à particular equipe. Se x_i for essa variável, isso pode ser feito da seguinte maneira:

$x_i = 1$ se o projeto foi atribuído à equipe

$x_i = 0$ se o projeto não foi atribuído à equipe

Teremos, pois, um conjunto de variáveis do tipo (0, 1), ou seja, variáveis que só podem assumir valores iguais a zero ou a 1. A tabela a seguir apresenta as variáveis adotadas:

	Equipe			
Projeto	1	2	3	4
I	x_1	x_2	x_3	x_4
II	x_5	x_6	x_7	x_8
III	x_9	x_{10}	x_{11}	x_{12}

Se o projeto I, digamos, for atribuído à Equipe 3, a contribuição ao tempo total de término será simplesmente 60 x_3, pois, nesse caso, x_3 seria igual a 1. De maneira semelhante, se o Projeto I não fosse atribuído à Equipe 3, também a contribuição ao tempo total de término seria 60 x_3, nesse caso igual a zero, pois x_3 seria igual a zero. Generalizando, temos a função objetivo a seguir:

Minimizar

$$60\,x_1 + 80\,x_2 + 60\,x_3 + 70\,x_4 + 100\,x_5 + 80\,x_6 + 120\,x_7 + 80\,x_8 + 90\,x_9 + 60\,x_{10} + 100\,x_{11} + 80\,x_{12}$$

As restrições são dadas pelas características de atribuição que podem ser vistas nas linhas horizontais e verticais da tabela das variáveis. Na horizontal, devemos ter cada projeto obrigatoriamente atribuído a uma só equipe, o que nos fornece:

$$x_1 + x_2 + x_3 + x_4 = 1$$

$$x_5 + x_6 + x_7 + x_8 = 1$$

$$x_9 + x_{10} + x_{11} + x_{12} = 1$$

Na vertical, dada uma equipe, não há certeza de que a ela será necessariamente atribuído um projeto, ou seja:

$$x_1 + x_5 + x_9 \leq 1$$

$$x_2 + x_6 + x_{10} \leq 1$$

$$x_3 + x_7 + x_{11} \leq 1$$

$$x_4 + x_8 + x_{12} \leq 1$$

Finalmente, temos as condições de não negatividade; para qualquer uma das variáveis x_i, deve vigorar $x_1 \geq 0$.

QUESTÕES PARA DISCUSSÃO

1. O que se entende por *região permissível* em um modelo de Programação Linear?
2. Na solução gráfica de um problema de Programação Linear, qual é o limite para o número de variáveis que podem ser manejadas? E o número limite de restrições?
3. Em que pontos da região permissível deve-se procurar pela solução de um problema de Programação Linear?
4. O que representa atribuir valores diferentes à função objetivo para se encontrar o ponto que é a solução de um problema?
5. A que ponto da solução gráfica corresponde o tableau inicial do método Simplex?
6. Como é escolhida a variável que entrará no segundo tableau?
7. Como se sabe que um dado tableau representa a solução ótima?
8. Como converter um problema de minimização em um problema de maximização? O que acontece com as restrições?
9. Que tipos de variáveis (folga e/ou fictícias) devem ser acrescentadas a restrições do tipo (<), (>) e (=)?
10. Se um problema na forma generalizada possui tanto variáveis de folga como fictícias, quais figuram na solução inicial?
11. Há limites teóricos para o número de variáveis que o método Simplex pode manejar?

PROBLEMAS PROPOSTOS

1. Colocar na forma generalizada (completa) o problema de Programação Linear a seguir acrescentando variáveis de folga e/ou fictícias:

Maximizar $5\,x + 2\,y$

Sujeito a

$$3\,x + y \leq 21$$

$$2\,x + 5\,y \leq 40$$

$$x \geq 0,\ y \geq 0$$

2. Colocar na forma generalizada:

Minimizar $6x + 4y$

Sujeito a

$$
\begin{aligned}
3x + 10y &\geq 24 \\
x + y &\geq 16 \\
2x + 6y &= 48 \\
x \geq 0, y &\geq 0
\end{aligned}
$$

3. Colocar na forma generalizada:

Minimizar $12x + 5y$

Sujeito a

$$
\begin{aligned}
4x + 7y &\geq 16 \\
120x - 10y &\leq 150 \\
20x + 80y &= 68 \\
x \geq 0, y &\geq 0
\end{aligned}
$$

4. Resolver graficamente:

Maximizar $3x + 4y$

Sujeito a

$$
\begin{aligned}
3x + 4y &\leq 48 \\
x &\leq 18 \\
y &\leq 15 \\
x \geq 0, y &\geq 0
\end{aligned}
$$

5. Resolver graficamente:

Minimizar $8x + 5y$

Sujeito a

$$
\begin{aligned}
3x + 6y &\geq 18 \\
6x + 2y &\geq 24 \\
x \geq 0, y &\geq 0
\end{aligned}
$$

6. A Própolis Utilidades Elétricas fabrica dois modelos simples de secador para cabelo, que designa por HX 20 e HX 30. Dois dos departamentos que participam da produção dos secadores, o Departamento *A* e o Departamento *B*, têm restrições quanto ao total de homens-hora semanais disponíveis para aqueles produtos. O Departamento *A* possui um máximo de 100 homens-hora, contra 80 homens-hora do Departamento *B*. Embora a demanda pelos secadores esteja muito acima da capacidade produtiva da Própolis, e portanto possa ser considerada ilimitada, as restrições correm por conta dos departamentos *A* e *B*. O secador HX 20 requer 0,4 homens-hora por unidade no Departamento *A* e 0,2 homens-hora no Departamento *B*; para o secador HX 30 as necessidades são de 0,2 e 0,4 homens-hora respectivamente para os Departamentos *A* e *B*. O lucro unitário derivado da venda dos secadores é de R$ 15,00 e de R$ 20,00 respectivamente para os secadores HX 20 e HX 30. Formular o problema como um modelo de Programação Linear e determinar graficamente as quantidades ótimas dos secadores HX 20 e HX 30 a serem produzidos.

7. Três armazéns *A*, *B* e *C* distribuem produtos para as Cidades C_1, C_2, C_3, C_4 e C_5. Os custos médios de transporte (em R$) por unidade de produto dos armazéns para cada uma das cidades,

bem como a capacidade dos armazéns e a demanda das cidades (ambos em unidades de produto), são dados abaixo:

De	Para					Capacidade Máxima
	C_1	C_2	C_3	C_4	C_5	
Armazém *A*	10	10	15	10	20	10.000
Armazém *B*	20	30	5	5	10	15.000
Armazém *C*	5	10	5	5	5	10.000
Demanda	5.000	10.000	5.000	2.000	13.000	35.000

Formular o problema como um modelo de Programação Linear. Sugestão: assinalar uma variável a cada combinação armazém e cidade, representando a quantidade que vai do armazém para a cidade (o problema terá ao todo 15 variáveis).

8. Resolver pelo método Simplex:

Maximizar $x + 1{,}5\,y$

Sujeito a

$$2x + 4y \leq 12$$
$$6x + 2y \leq 16$$
$$x \geq 0, y \geq 0$$

9. Resolver o Problema Proposto 5 utilizando o método Simplex, transformando o problema de minimização em maximização e subtraindo variáveis de folga nas restrições.

10. Motores Alfa pode encomendar três componentes que utiliza de quatro diferentes fornecedores. De acordo com a experiência do passado, a empresa estima que os tempos de entrega das encomendas (em dias) são os seguintes, para cada componente e fornecedor:

Componente	Fornecedores			
	1	2	3	4
X	10	14	7	20
Y	15	12	5	10
Z	8	15	7	15

Sabendo que Motores Alfa não deve encomendar mais de um componente por fornecedor, colocar o problema como um modelo de Programação Linear para decidir qual componente será encomendado de cada fornecedor. Colocar como objetivo a minimização do tempo total das entregas. O problema irá se alterar se fosse permitida a encomenda de no máximo dois componentes a um mesmo fornecedor? Haveria necessidade de um modelo se fosse permitida a encomenda dos três componentes a um mesmo fornecedor?

11. A tabela a seguir apresenta a porcentagem em peso de proteínas e ferro, bem como o conteúdo calórico (em calorias/quilograma) para quatro diferentes cereais. Deseja-se misturar os cereais para fazer uma ração para animais que deve ter no mínimo 12% de proteínas e 9% de ferro em peso.

Nutriente	Cereal I	Cereal II	Cereal III	Cereal IV
Proteína	15	8	10	12
Ferro	5	10	8	6
Calorias/kg	1.600	2.000	1.700	1.800

A mistura pode ser constituída de qualquer combinação que assegure o mínimo preço final, podendo no limite conter apenas um cereal. A proporção entre os preços dos cereais é a seguinte:

Cereal	I		II		III		IV
Proporção	1	:	1,2	:	0,8	:	1,2

Sabe-se ainda que é necessário que a ração contenha no mínimo 1.800 calorias/kg. Formule o problema como um modelo de Programação Linear.

12. É dada a seqüência a seguir de quatro tableaux correspondentes à solução de um problema de Programação Linear (Maximização) pelo método Simplex. Determinar:

a) qual era a função objetivo original?
b) quais eram as restrições originais?
c) quais são, para cada tableau, os valores das variáveis de decisão, incluindo as variáveis de folga?
d) qual o valor final da função objetivo?

Primeiro Tableau

		Variáveis de Decisão						
		3	4	0	0	0	(Linha Objetivo)	
c_i	Variáveis na Solução	x	y	s_1	s_2	s_3	b_j	b_j/a_{ij}
0	s_1	−1	2	1	0	0	8	
0	s_2	1	2	0	1	0	12	
0	s_3	2	1	0	0	1	16	
	Z	0	0	0	0	0	0	
	$C - Z$	3	4	0	0	0		

Segundo Tableau

		Variáveis de Decisão						
		3	4	0	0	0	(Linha Objetivo)	
c_i	Variáveis na Solução	x	y	s_1	s_2	s_3	b_j	b_j/a_{ij}
4	y	−0,5	1	0,5	0	0	4	
0	s_2	2	0	−1	1	0	4	
0	s_3	2,5	0	−0,5	0	1	12	
	Z	−2	4	2	0	0	16	
	$C - Z$	5	0	−2	0	0		

Terceiro Tableau

		Variáveis de Decisão						
		3	4	0	0	0	(Linha Objetivo)	
c_i	Variáveis na Solução	x	y	s_1	s_2	s_3	b_j	b_j/a_{ij}
4	y	0	1	0,25	0,25	0	5	
3	x	1	0	–0,5	0,5	0	2	
0	s_3	0	0	–0,75	–0,25	1	7	
	Z	3	4	–0,5	2,5	0	26	
	$C - Z$	0	0	0,5	–2,5	0		

Quarto Tableau

		Variáveis de Decisão						
		3	4	0	0	0	(Linha Objetivo)	
c_i	Variáveis na Solução	x	y	s_1	s_2	s_3	b_j	b_j/a_{ij}
4	y	0	1	0	0,667	–0,333	2,667	
3	x	1	0	0	–0,333	0,667	6,667	
0	s_1	0	0	1	–1,67	1,333	9,333	
	Z	3	4	0	1,67	0,667	30,67	
	$C - Z$	0	0	0	–1,67	–0,667		

13. Uma empresa fabrica dois tipos de óleo para motor (Extra 30 e Extra 40) e um aditivo especial (Super T). Os três produtos são obtidos pela mistura de dois componentes, denominados TP e TH. Uma particular propriedade dos produtos é a viscosidade, que deve ser acertada pela adição correta dos dois componentes. Supõe-se que a viscosidade final é uma combinação linear das viscosidade dos componentes. A seguir são dadas as informações pertinentes tanto aos produtos como aos componentes.

Componente	Viscosidade	Disponibilidade semanal (barris)
TP	30	10.000
TH	55	4.000

Produto	Viscosidade	Demanda semanal máxima (barris)	Lucro por Barril
Extra 30	30	8.000	50
Extra 40	40	3.000	60
Super T	50	1.000	90

Formular o problema como um modelo de Programação Linear de modo a maximizar o lucro.

14. A Corretora Notrambik, de Brasília, possui uma grande quantia em caixa depositada por um cliente que deseja adquirir determinadas ações. Foi feita uma seleção prévia que, submetida

ao cliente, permitiu que ele focalizasse o investimento em apenas cinco ações, cujos retornos esperados sobre o investimento são os seguintes:

Transportes Rapidinho	7,5%
Cia. de Transportes Rodó	10,2
Siderúrgica Simon	6,5
Siderúrgica Estrela	7,5
Química Carijó	4,5

O cliente impôs ainda as seguintes condições:

a) nenhuma ação deve receber mais de 50% do investimento;
b) o investimento na indústria química deve ser pelo menos 30% do investimento em siderúrgicas;
c) o investimento na Cia. de Transportes Rodó não pode ser maior que 40% do investimento total em transportadoras.

Formular o problema de maneira a maximizar o retorno médio.

REFERÊNCIAS BIBLIOGRÁFICAS

AL-SHAMMARI, M.; DAWOOD, I. Linear Programming Applied to a Production Blending Problem: a Spreadsheet Modeling Approach. *Production and Inventory Journal Management*, v. 38, n. 1, p. 1-7, 1997.

BLAKE, J. T.; DONALD, J. Mount Sinai Hospital Uses Integer Programming to Allocate Operating Room Time. *Interfaces*, v. 32, n. 2, p. 63-73, 2002.

CARTER, M. W.; PRICE, C. C. *Operations Research*: A Practical Introduction. Cincinnati: CRC, 2002.

CHARLES, A.; COOPER, W. W. *Management Models and Industrial Applications of Linear Programming*. Nova York: John Wiley and Sons, 1961.

GOUTIER, A. et al. The Québec Ministry of Natural Resources Uses Linear Programming to Understand the Wood-Fiber Market. *Interfaces*, v. 30, n. 6, p. 32-48, 2000.

WAGNER, H. *Principles of Operations Research with Applications to Managerial Decisions*. 2. ed. Englewood Cliffs, NJ: Prentice Hall, 1975.

Capítulo 4

Elementos de Estatística

4.1 Introdução

Atualmente, quase sem perceber, usamos a palavra "estatística" em três sentidos diferentes. Um desses usos é técnico por excelência, e sobre ele falaremos mais adiante. Os outros dois são os seguintes:

a) "estatística" no sentido de "coleção de dados": nesse sentido, a palavra pode tanto ser usada no singular como no plural. Quando dizemos, por exemplo, que "as estatísticas demonstram que a proporção de acidentes com vítimas vem aumentando ano a ano nas estradas brasileiras", queremos na verdade dizer que:

– durante alguns anos pelo menos, contou-se o número de acidentes com e sem vítimas nas estradas;
– para cada ano, calculou-se a proporção de acidentes com vítimas em relação ao total;
– esse cálculo mostrou proporções crescentes.

Por outro lado, poderíamos deparar com uma afirmação do tipo: "na empresa X, uma estatística mostrou que o absenteísmo é maior às segundas-feiras". Independentemente da palavra ter sido agora usada no singular, tal como no primeiro caso ela se refere a uma coleção de dados: a porcentagem de funcionários ausentes (em relação ao total de funcionários) em cada dia da semana de trabalho.

b) em um outro sentido bastante conhecido, a Estatística (agora sempre no singular e com letra maiúscula) indica um campo de estudo e de profissionalização. Para sermos mais precisos:

"Estatística é o campo de estudo que diz respeito ao desenvolvimento e aplicação de técnicas para coletar, organizar e interpretar dados, bem como tirar conclusões baseadas nesses dados".

Como disciplina de estudo, a Estatística divide-se em dois grandes ramos: *Estatística Descritiva* e *Estatística Inferencial*. A coleta, a organização e a interpretação dos dados ficam por conta da Estatística Descritiva, enquanto a retirada de conclusões – cujo alcance vai geralmente além dos dados que foram coletados – é a função básica da Estatística Inferencial. Dizemos que as conclusões transcendem os dados porque, via de regra, são uma amostra de uma população maior. Por *população* (ou universo) entendemos toda a coleção de pessoas, objetos, situações ou dados de nosso interesse. Se essa população for muito grande, é mais conveniente retirarmos uma parte dela para estudo: essa parte é a amostra. A partir da análise da amostra, a Estatística Inferencial tira conclusões sobre a população.

A Estatística Descritiva – na qual estamos mais interessados – trabalha tanto quanto possível, com modelos, que nada mais são do que formas teóricas de organização dos dados, às quais se procura adaptar os dados reais. Esses modelos são chamados de *distribuições teóricas de probabilidade*. Alguns dos modelos mais importantes que estaremos usando ao longo deste livro serão mais adiante apresentados. Iniciaremos por ora com algumas técnicas para a organização dos dados, sem a preocupação de adaptá-los a qualquer modelo. Em seguida, veremos alguns conceitos fundamentais de probabilidade, para finalmente chegarmos às distribuições de probabilidade.

4.2 Distribuições de Freqüência

4.2.1 Distribuições Quantitativas e Qualitativas

Dentro de um trabalho de levantamento de informações, a obtenção de dados em número muito elevado é fato dos mais corriqueiros. Para fixar idéias, suponhamos que a prefeitura de uma cidade deseja fazer um levantamento da renda anual das famílias do município. Talvez o número de famílias seja muito grande, forçando a que seja tomada uma amostra. Para tanto, são entrevistadas, digamos, 2.000 famílias. Cada uma dessas famílias terá sua própria renda. Alguns valores da renda poderão coincidir, mas provavelmente o número de rendas diferentes será ainda assim elevado demais para sujeitar-se facilmente a alguma interpretação. Uma situação como essa praticamente exigiria que os dados fossem objeto de algum tipo de simplificação. O procedimento mais óbvio seria o de dividir as rendas das 2.000 famílias em *faixas* ou *classes de renda*, contando-se então o número de famílias que se enquadrassem em cada uma dessas classes. Assim fazendo, teríamos uma *distribuição de freqüências* das rendas. De uma maneira geral, uma distribuição de freqüências de certa grandeza consiste em um conjunto de valores (ou faixas de valores) da grandeza associado ao número de ocorrências de cada valor (ou de cada faixa de valores). No caso em pauta, a grandeza da qual se quer a distribuição é a renda das famílias da cidade e o número de ocorrências é o número de famílias que existe em cada uma das faixas definidas. Ao número de ocorrências para cada valor ou faixa de valores da grandeza dá-se o nome de *freqüência absoluta*. Se cada freqüência absoluta for dividida pelo total das freqüências absolutas, o resultado será a *freqüência relativa*, que pode ser deixada na forma de fração ou colocada na forma de porcentagem.

Exemplo 4.1

A Tabela 4.1 representa o resultado do levantamento das rendas do qual estamos falando. Por ora, não nos importemos com o critério utilizado para definir as classes de renda.

Tabela 4.1 Distribuição de Freqüência: Renda Familiar

Renda anual (R$ 1.000)	Freqüência Absoluta (nº de famílias)	Freqüência Relativa (fração)	Freqüência Relativa (porcentagem)
Abaixo de 1.000	173	0,087	8,7
1.000 – 1.999	219	0,110	11,0
2.000 – 2.999	239	0,119	11,9
3.000 – 3.999	256	0,128	12,8
4.000 – 4.999	271	0,135	13,5
5.000 – 5.999	468	0,234	23,4
6.000 – 6.999	184	0,092	9,2
7.000 e acima	190	0,095	9,5
	2.000	1,000	100,0

Deve-se notar logo de princípio na Tabela 4.1 que, embora a unidade monetária seja o real, para efeito de classificação das rendas ou estas foram tomadas diretamente em milhares de reais ou foram arredondadas para tal. Não parece necessário, por outro lado, alongar comentários sobre os cálculos. Originalmente, tínhamos apenas as freqüências absolutas; cada uma delas dividida pelo total (2.000) forneceu as freqüências relativas em forma de fração e estas, por sua vez, multiplicadas por 100, forneceram as freqüências relativas em porcentagem.

Uma distribuição como a mostrada anteriormente é chamada de *quantitativa*, porque a grandeza de interesse (renda) é numérica. Não há necessidade, em uma distribuição quantitativa, de que a grandeza compareça na forma de classes: ela pode apresentar-se com valores isolados.

Exemplo 4.2

Um lote de 400 peças foi recebido e inspecionado, contando-se o número de defeitos (segundo critérios preestabelecidos) em cada peça. Foi obtida a distribuição de freqüência mostrada na Tabela 4.2:

Tabela 4.2 Distribuição de Freqüências: Número de Defeitos por Peça

Número de Defeitos	Freqüência Absoluta (nº de peças)	Freqüência Relativa (fração)	Freqüência Relativa (porcentagem)
0	156	0,390	39,0
1	102	0,255	25,5
2	74	0,185	18,5
3	40	0,100	10,0
4	21	0,053	5,3
5	7	0,017	1,7
	400	1,000	100,0

Na distribuição anterior, não existe a formação de classes de valores. Quando a grandeza de interesse (no caso era o número de defeitos por peça) assume alguns poucos valores, não há necessidade e pouco sentido teria a divisão em classes.

Por outro lado, existem distribuições onde a grandeza é apresentada em categorias, quando então a distribuição de freqüências é dita *qualitativa* ou *categórica*.

Exemplo 4.3

Se os diversos cursos de formação que uma universidade oferece fossem divididos em grandes áreas, a freqüência de alunos formados em cada área, em um determinado ano, poderia ter o seguinte aspecto (Tabela 4.3):

Tabela 4.3 Distribuição de Freqüências: Formandos

Área de Formação	Freqüência Absoluta (nº de formados)	Freqüência Relativa (fração)	Freqüência Relativa (porcentagem)
Humanas	2.113	0,502	50,2
Exatas	1.292	0,307	30,7
Biológicas	509	0,121	12,1
Outras	295	0,070	7,0
	4.209	1,000	100,0

4.2.2 Montagem de uma Distribuição de Freqüências

Se a grandeza de interesse vier na forma categórica ou com valores numéricos isolados, a montagem da distribuição não apresenta maiores dificuldades. Basta contar o número de casos (ocorrências) em cada categoria ou valor numérico da grandeza. As dificuldades maiores acontecem quando dispomos de um conjunto numérico de muitos valores que devem ser transformados em classes. Devemos determinar quantas classes serão usadas e também a sua amplitude. Como não há uma solução única para este problema, algumas regras empíricas são às vezes sugeridas Julgamos particularmente úteis as seguintes:

I) As classes têm que conter *todos* os dados.

II) Cada valor da grandeza só pode pertencer a uma *única classe*.

III) Tanto quanto possível, os intervalos de classe devem ter a *mesma amplitude*.

IV) Tentar fazer com que o número de classes seja maior ou igual a seis e menor ou igual a 15.

As regras I e II são evidentes por si mesmas, enquanto a regra III se justifica pelo fato de que, tendo as classes igual amplitude, a interpretação dos dados é facilitada. Quando a distribuição é aberta em uma ou nas duas extremidades, sempre se perde alguma informação, principalmente se a freqüência associada às extremidades for relativamente elevada. No caso do Exemplo 4.1, se a freqüência associada à classe "7.000 ou mais" fosse digamos 20% ou 30%, ficaríamos sem saber se a maior parte das famílias nessa classe tinha renda mais próxima ou mais distante de R$ 7.000.000 anuais, informação essa que talvez fosse relevante.

A regra IV é a mais polêmica, havendo alguma argumentação a favor de um limite máximo não de 15, mas sim de 30 classes. Existe ainda uma regra mais precisa sobre o número de classes, que costuma ajudar bastante. Podemos chamá-la de *regra da raiz quadrada*. Segundo essa regra, o número de classes deve ser próximo à raiz quadrada do número de observações coletadas para a grandeza. Se a grandeza tiver, digamos, 200 observações, a divisão poderia ser feita em 14 classes.

Exemplo 4.4

Foram feitas 98 observações diárias sobre o tempo de parada de um equipamento, seja por manutenção, seja por troca de ferramentas. Os resultados obtidos estão fornecidos em minutos. Elabore a distribuição de freqüências dos tempos de parada do equipamento.

Tempos de parada (min)

13	56	35	48	19	57	24	29	13	18	34	30	31	46
60	53	27	41	36	30	31	45	12	33	41	27	35	16
39	24	9	21	12	25	63	38	53	27	20	6	82	23
72	25	48	21	24	31	25	18	35	17	14	27	52	19
46	33	5	21	35	38	24	46	29	25	23	39	41	21
17	86	28	58	24	37	16	25	43	51	42	25	20	44
57	63	37	31	72	35	25	62	51	28	26	49	18	52

Solução

Pela regra da raiz quadrada, o número de classes deverá estar próximo da raiz quadrada de 98 (número de observações). Tanto podemos ficar com 10 como com 9 classes. Observando que o maior número da tabela é 86 e o menor é 5, percebe-se que 9 classes contendo 10 valores em cada uma cobrem o conjunto dado. A primeira classe poderia abranger tempos de parada de

0 (zero) a 9 minutos, a segunda de 10 a 19 minutos, e assim por diante. Após a contagem do número de ocorrências em cada classe, a distribuição resultante está na Tabela 4.4, que mostra inclusive o *perfil* da distribuição. O perfil é uma disposição visual, obtida com o auxílio de traços, tantos quanto seja o valor da freqüência absoluta.

Tabela 4.4 Distribuição de Freqüências: Tempos de Parada (min)

Tempos de Parada	Freqüência Absoluta	Perfil	Freqüência Relativa (fração)	Freqüência Relativa (porcentagem)
0 – 9	3	|||	0,031	3,1
10 – 19	14	𝍸 𝍸 ||||	0,143	14,3
20 – 29	29	𝍸 𝍸 𝍸 𝍸 𝍸 ||||	0,296	29,6
30 – 39	21	𝍸 𝍸 𝍸 𝍸 |	0,214	21,4
40 – 49	13	𝍸 𝍸 |||	0,133	13,3
50 – 59	10	𝍸 𝍸	0,102	10,2
60 – 69	4	||||	0,041	4,1
70 – 79	2	||	0,020	2,0
80 – 89	2	||	0,020	2,0
	98		1,000	100,0

4.2.3 Histograma de Freqüências

De maneira semelhante ao perfil, o histograma é uma representação gráfica da distribuição de freqüências. Para apresentá-lo, precisamos preliminarmente introduzir algumas definições. Chamamos de *limites de uma classe* os valores que iniciam e encerram a classe. O valor de início é o limite inferior e o valor de término é o limite superior. Na Tabela 4.4, os valores 0, 10, 20, ... 80 são os limites inferiores, enquanto os valores 9, 19, 29, ... 89 são os limites superiores. O *ponto médio* de uma classe é a média aritmética entre os limites superior e inferior da classe. Assim, ainda para a distribuição da Tabela 4.4, os pontos médios das classes são 4,5 14,5 24,5 ... 84,5. Se as classes forem todas iguais, o *intervalo de uma classe* pode ser obtido como a diferença entre os pontos médios de duas classes consecutivas. Nas classes da Tabela 4.4 o intervalo é igual para todas e vale 10.

O histograma é construído começando-se por marcar em abscissas os limites inferiores e superiores das classes. Para uma dada classe, os limites definem o lado de um retângulo cuja altura será proporcional à freqüência absoluta ou relativa da classe. O histograma é o conjunto de retângulos assim construídos. A disposição visual, que lembra o perfil, facilita o imediato reconhecimento das classes com freqüências particularmente altas ou baixas, mostrando eventuais concentrações de valores. A Figura 4.1 apresenta o histograma de freqüência para a distribuição da Tabela 4.4.

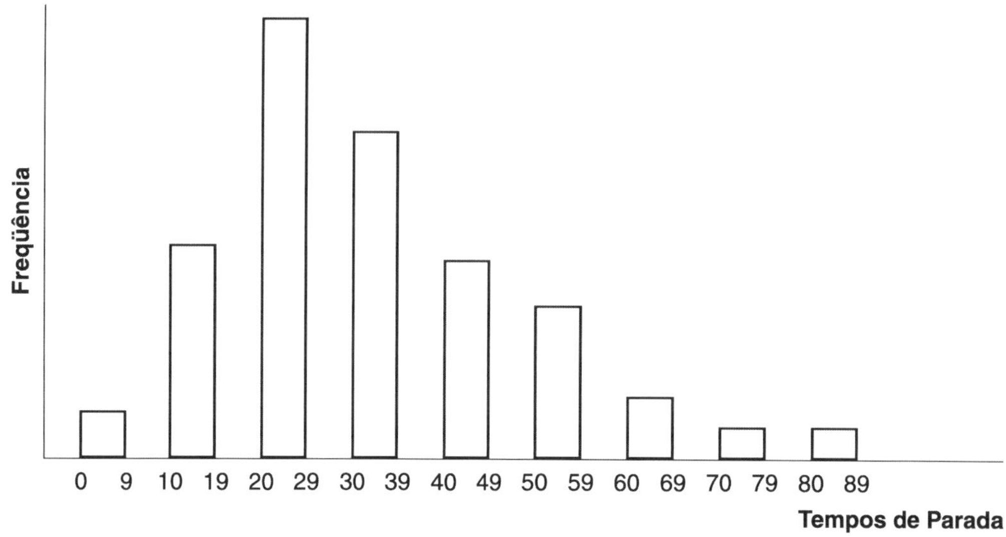

Figura 4.1 Histograma de Freqüências: Tempos de Parada.

Em vez do histograma, a representação gráfica da distribuição pode ser feita por meio do *polígono de freqüência,* embora seu uso não seja tão comum. Ele é obtido ligando-se os pontos médios das classes por meio de segmentos de reta, tal como mostra a Figura 4.2, para a distribuição da Tabela 4.4.

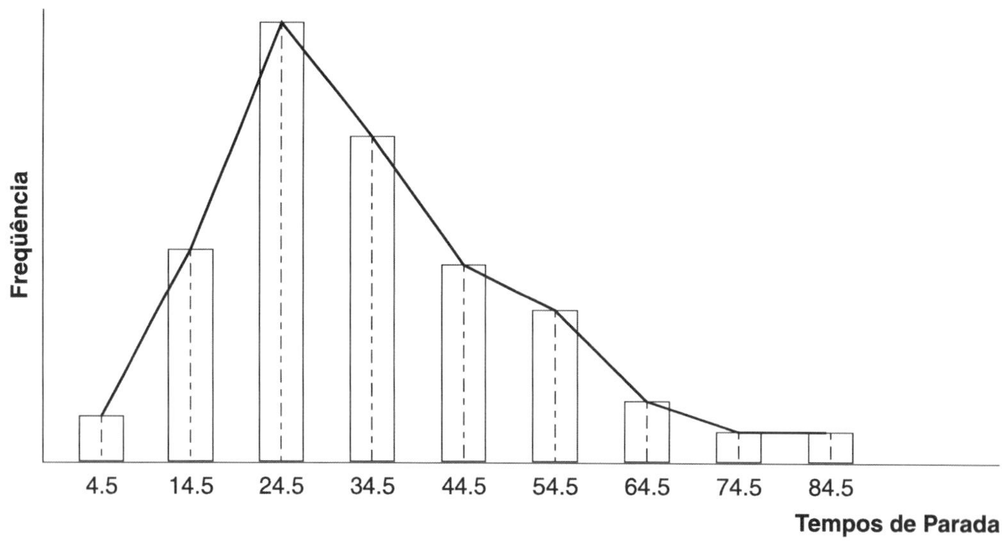

Figura 4.2 Polígono de Freqüências: Tempos de Parada.

Caso se trate de uma distribuição onde a grandeza assuma valores isolados, em vez de ser colocada em classes, o polígono de freqüências acaba por se transformar no *gráfico de barras*. Para sua construção, os valores da grandeza são marcados em abscissas e sobre cada valor é erguido um segmento de reta vertical, com altura proporcional ao valor da freqüência respectiva. Exibido na Figura 4.3 está o gráfico de barras para a distribuição do número de defeitos por peça apresentada no Exemplo 4.2.

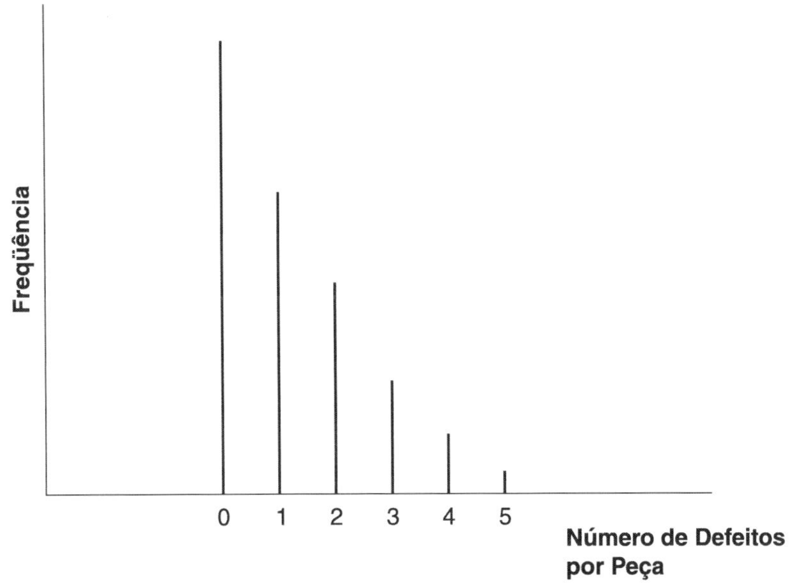

Figura 4.3 Gráfico de Barras: Número de Defeitos por Peça.

4.2.4 Freqüências Acumuladas

Para muitos propósitos práticos, é mais conveniente trabalhar com uma distribuição de freqüências acumuladas por classe do que com as freqüências absolutas ou relativas de cada classe isolada. Conforme sejam obtidas a partir das freqüências absolutas ou relativas, as freqüências acumuladas recebem o nome de *freqüências acumuladas absolutas* ou *freqüências acumuladas relativas*. Existem dois tipos fundamentais de freqüências acumuladas quando a distribuição original de freqüências vem dada por classes de valores da grandeza de interesse:

a) freqüências acumuladas do tipo "ou menos": para o limite superior de cada classe, somam-se, à freqüência da classe, as freqüências absolutas ou relativas de todas as classes anteriores;

b) freqüências acumuladas do tipo "ou mais": para o limite inferior de cada classe, somam-se, à freqüência da classe, as freqüências absolutas ou relativas de todas as classes posteriores.

Exemplo 4.5

Utilizemos a distribuição de tempos de parada de equipamento dada na Tabela 4.4 para demonstrar como é construída uma distribuição de freqüências acumuladas absolutas (Tabela 4.5):

Tabela 4.5 Freqüências Acumuladas: Tempos de Parada

		Tipo "ou menos"		Tipo "ou mais"	
Tempos de Parada	Freqüência Absoluta	Tempos de Parada	Freqüência Acumulada	Tempos de Parada	Freqüência Acumulada
0 – 9	3	9 ou menos	3	0 ou mais	98
10 – 19	14	19 ou menos	17	10 ou mais	95
20 – 29	29	29 ou menos	46	20 ou mais	81
30 – 39	21	39 ou menos	67	30 ou mais	52
40 – 49	13	49 ou menos	80	40 ou mais	31
50 – 59	10	59 ou menos	90	50 ou mais	18
60 – 69	4	69 ou menos	94	60 ou mais	8
70 – 79	2	79 ou menos	96	70 ou mais	4
80 – 89	2	89 ou menos	98	80 ou mais	2

A construção das duas distribuições não é difícil. Reparar primeiramente que, no caso da distribuição do tipo "ou menos", as classes transformam-se em intervalos que vão aumentando: 9 ou menos, 19 ou menos etc. Já no caso da distribuição do tipo "ou mais", as classes também se transformam em intervalos, que vão diminuindo: 0 ou mais, 10 ou mais etc.

Para construir a distribuição do tipo "ou menos", começa-se com o primeiro intervalo (9 ou menos), que será o menor de todos e conterá apenas a freqüência absoluta da primeira classe (3). O segundo intervalo (19 ou menos) conterá a freqüência da segunda classe somada à da primeira (14 + 3). O terceiro intervalo (29 ou menos) conterá a freqüência da terceira classe e mais as freqüências das duas classes anteriores (29 + 14 + 3) e assim por diante. O último intervalo (89 ou menos) conterá as freqüências de todas as classes (98).

A distribuição do tipo "ou mais" é construída de modo inverso. Começando com o primeiro intervalo (0 ou mais), que é o maior de todos, ele conterá todas as freqüências (98). O segundo intervalo (10 ou mais) conterá o total das freqüências diminuído da freqüência da primeira classe (98 – 3). Já o terceiro intervalo (20 ou mais) conterá o total das freqüências diminuído das freqüências das duas primeiras classes e assim por diante (98 – 3 – 14). O último intervalo (80 ou mais) conterá apenas a freqüência da última classe (2).

Se as freqüências originais forem relativas – na forma de fração ou porcentagem, tanto faz – o procedimento para determinar a distribuição de freqüências acumuladas relativas é exatamente o mesmo descrito. O último intervalo da distribuição do tipo "ou menos" (89 ou menos) conterá as freqüências relativas de todas as classes anteriores (1,00 ou 100,0%, conforme o caso). O último intervalo da distribuição do tipo "ou mais" (80 ou mais) conterá a freqüência da última classe (0,02 ou 2,0%, conforme o caso).

Por outro lado, os mesmos dois tipos de distribuição de freqüências acumuladas – "ou menos" e "ou mais" – comparecem quando a grandeza se apresenta com valores isolados em vez de classes, mas a determinação das freqüências acumuladas é um pouco diferente, já que não existem os limites inferiores e superiores. Trabalha-se então com cada valor isolado da grandeza, tanto para as freqüências do tipo "ou menos" como do tipo "ou mais".

Exemplo 4.6

Tomemos agora a distribuição do número de defeitos por peça, apresentada originalmente na Tabela 4.2 e determinemos a distribuição de freqüências acumuladas correspondente, usando agora as freqüências relativas dadas em porcentagem, apenas para ilustração. O procedimento seria o mesmo se desejássemos utilizar as freqüências absolutas. O resultado está na Tabela 4.6 a seguir:

Tabela 4.6 Freqüências Acumuladas: Número de Defeitos por Peça

		Tipo "ou menos"		Tipo "ou mais"	
Números de Defeitos	Freqüência Relativa (%)	Números de Defeitos	Freqüência Acumulada	Número de Defeitos	Freqüência Acumulada
0	39,0	0 ou menos	39,0	0 ou mais	100,0
1	25,5	1 ou menos	64,5	1 ou mais	61,0
2	18,5	2 ou menos	83,0	2 ou mais	35,5
3	10,0	3 ou menos	93,0	3 ou mais	17,0
4	5,3	4 ou menos	98,3	4 ou mais	7,0
5	1,7	5 ou menos	100,0	5 ou mais	1,7

A representação gráfica de uma distribuição de freqüências acumuladas pode ser útil às vezes, dado que condensa visualmente todo um conjunto de informações. Para construí-la, os valores da grandeza são colocados em abscissas e as correspondentes freqüências acumuladas em ordenadas. Se a grandeza estiver dividida originalmente em classes, marcam-se em abscissas os pontos que definem os intervalos. As representações das distribuições da Tabela 4.5 ("ou menos" e "ou mais") estão na Figura 4.4:

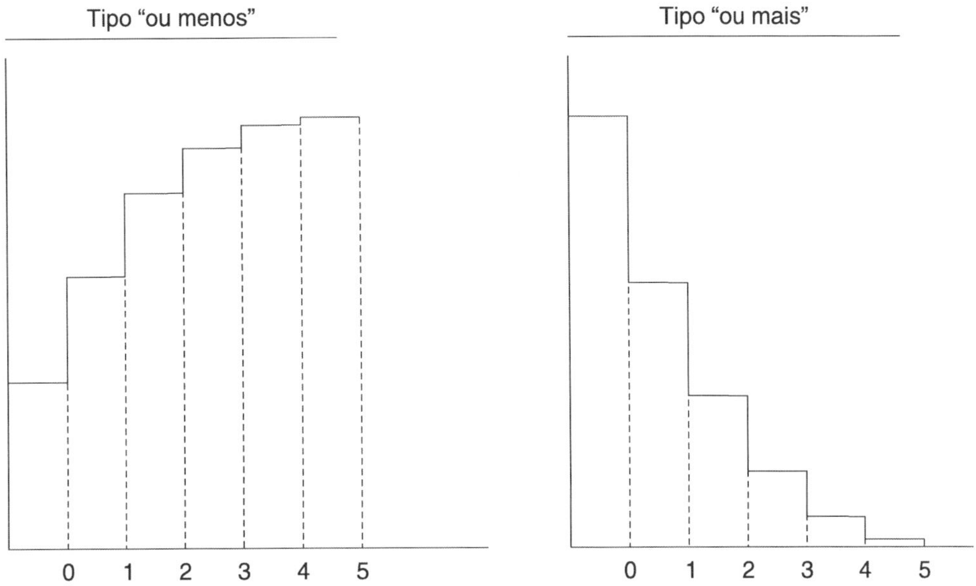

Figura 4.4 Freqüências Acumuladas: Tempos de Parada.

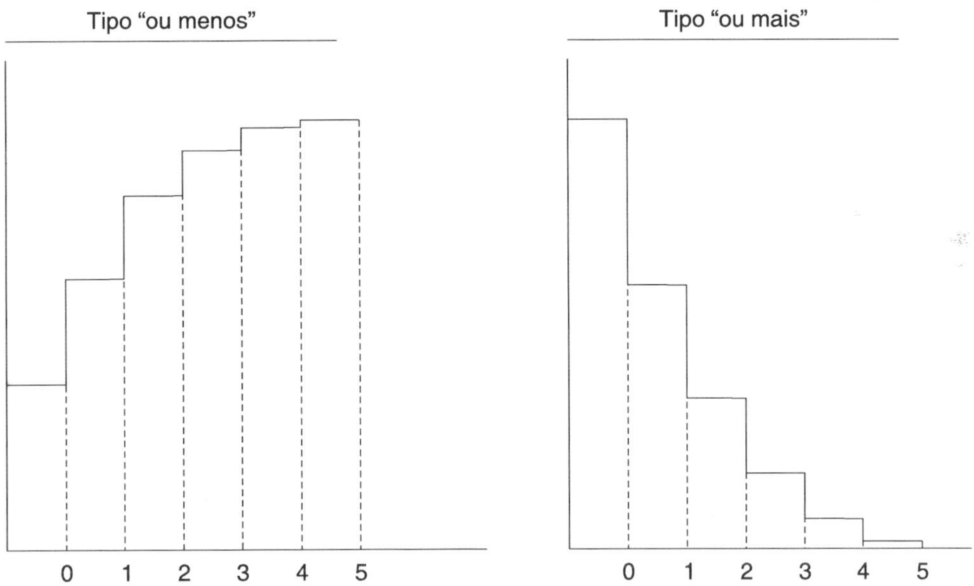

Figura 4.5 Freqüências Acumuladas: Número de Defeitos por Peça.

(O leitor deve reparar que unir os pontos resultantes por uma linha representa uma simplificação, já que a grandeza assume na verdade um número finito de valores dentro de cada classe ou intervalo.)

Quando a grandeza assumir valores isolados, em vez de classes, alguns autores recomendam que a representação gráfica seja do tipo "em escada", justamente para ressaltar o caráter discreto da grandeza. Claro está que, se esta assumir muitos valores diferentes, o resultado será que a "escada" tomará cada vez mais o aspecto de uma linha contínua. A Figura 4.5 mostra o aspecto gráfico da distribuição acumulada do número de defeitos por peça montada na Tabela 4.6.

4.2.5 Medidas Descritivas

Para melhor interpretar uma distribuição de freqüências, vamos agora definir algumas propriedades de ordem geral e a forma de medi-las. Essas propriedades se enquadram no que chamamos de *medidas descritivas*. Existem duas categorias de medidas descritivas:

a) *Medidas de tendência central*: servem para dar uma idéia acerca dos valores médios da grandeza. Veremos três medidas de tendência central: média aritmética, ou simplesmente média, mediana e moda.

b) *Medidas de dispersão*: servem para dar uma idéia acerca da maior ou menor concentração dos valores da grandeza. Serão vistos, por ora, o desvio padrão e a variância.

Quando as medidas de tendência central e as de dispersão são calculadas sobre toda a população, ou seja, sobre todos os valores possíveis da grandeza, elas são chamadas de *parâmetros*. De forma geral, um parâmetro de uma população é qualquer medida característica dessa população, obtida considerando-se todos os seus elementos. Por outro lado, quando as medidas são obtidas considerando-se amostras retiradas de uma população, elas são chamadas de *estatísticas*. Uma estatística é, pois, o valor de uma medida tomada sobre uma amostra. As estatísticas, na prática, são tomadas como estimativas dos parâmetros, quando não for possível trabalhar com as populações. É este o terceiro sentido da palavra *estatística*, ao qual nos referimos ao início desse capítulo.

4.2.5.1 *Média Aritmética*

Dado um conjunto de observações dos valores de uma grandeza, a média aritmética é definida como a soma desses valores dividida pelo número de observações. Chamado de x_i a cada um dos n números do conjunto, temos:

$$\bar{x} = \frac{\sum x_i}{n} \quad \text{(Equação 4.1)}$$

onde o símbolo $\bar{x}$ indica a média aritmética.

(No caso do conjunto de observações abranger toda a população, a média é indicada pela letra grega μ.)

Daqui por diante, a média aritmética será referida simplesmente como média, dado não haver possibilidade de confusão com outros tipos de médias com os quais não trabalharemos (como, por exemplo, a média harmônica e a média geométrica).

Se cada valor x_i estiver associado a uma freqüência dada f_i, então a média será:

$$\bar{x} = \frac{\sum f_i m_i}{n} \quad \text{(Equação 4.2)}$$

onde n, neste caso, é a soma das freqüências, sejam elas absolutas ou relativas.

Exemplo 4.7

O leitor deve recordar da distribuição do número de defeitos por peça apresentada na Tabela 4.2 e reproduzida a seguir com as freqüências absolutas. Calculemos a média do número de defeitos:

Tabela 4.7 Média: Número de Defeitos por Peça

Número de Defeitos x_i	Freqüência absoluta (nº de peças) f_i	$f_i x_i$
0	156	0
1	102	102
2	74	148
3	40	120
4	21	84
5	7	35
	400	489

Logo:

$$\bar{x} = \frac{489}{400} = 1{,}22 \text{ defeitos por peça}$$

(O leitor pode verificar por si mesmo que a média seria a mesma se calculada com as freqüências relativas na forma de fração ou porcentagem.)

Como último caso de cálculo, se os valores da grandeza estão agrupados em classes, a média será obtida com o auxílio dos pontos médios m_i de cada classe. Sendo pois m_i o ponto médio da classe, f_i a sua freqüência e n a soma das freqüências, a média será:

$$\bar{x} = \frac{\sum f_i m_i}{n} \quad \text{(Equação 4.3)}$$

Exemplo 4.8

A seguir são retomados os dados da Tabela 4.4, referentes à distribuição de freqüências dos tempos de parada de um equipamento. Vamos proceder ao cálculo da média com os valores agrupados em classes.

Tabela 4.8 Média: Tempos de Parada de um Equipamento

Tempos de Parada	Freqüência Absoluta f_i	Ponto Médio m_i	$f_i\, m_i$
0 – 9	3	4,5	13,5
10 – 19	14	14,5	203,5
20 – 29	29	24,5	710,5
30 – 39	21	34,5	724,5
40 – 49	13	44,5	578,5
50 – 59	10	54,5	545,5
60 – 69	4	64,5	258,5
70 – 79	2	74,5	149,5
80 – 89	2	84,5	169,5
	98		3.351,0

Logo,

$$\bar{x} = \frac{3.351{,}0}{98} = 34{,}19 \text{ ou } 34{,}2 \text{ minutos}$$

Neste caso, como conhecemos os números originais (antes da divisão em classes) teria sido possível calcular a média diretamente. O resultado (34,27) teria sido bem próximo ao que obtivemos com os pontos médios.

4.2.5.2 *Mediana*

Dado um conjunto de números colocados em ordem crescente, define-se a mediana como o valor central do conjunto. Em outras palavras, a mediana é o valor tal que 50% dos valores caem abaixo e 50% caem acima da mediana. Por exemplo, se tivermos os números 6, 5, 4, 17, 12, 6 e 14, a mediana será 6, conforme mostra a ordenação a seguir:

4 5 6 6 12 14 17

(o segundo 6 indicado como Mediana)

Mediana

Se o conjunto tiver um número par de valores, existirão dois valores em posição média, como no caso a seguir:

13 15 21 24 25 25

No caso, os pontos médios são 21 e 24 e qualquer número entre esses dois satisfaz a definição da mediana. Por convenção, adota-se como mediana o ponto médio entre os dois valores centrais. Chamando de *Md* à mediana, temos:

$$Md = \frac{21 + 24}{2} = 22{,}5$$

Quando a grandeza assume valores discretos aos quais estão associadas as freqüências respectivas, não há problema algum na determinação da mediana. Com os números em ordem crescente, somamos as freqüências respectivas. Chamando de n o total das freqüências, a mediana será o número tal que contenha a freqüência acumulada $(n + 1)/2$.

Exemplo 4.9

Considere o leitor o seguinte conjunto de números e suas freqüências absolutas dados abaixo:

Valor	Freqüência
10	27
8	15
12	3
22	2
3	25
	72

Reorganizando os números em ordem crescente e calculando as freqüências acumuladas, temos:

Valor	Freqüência	Freqüência Acumulada
3	25	25
8	15	40
10	27	67
12	3	70
22	2	72
	72	

Como a soma das freqüências é 72, temos:

$$\frac{n + 1}{2} = \frac{72 + 1}{2} = 36{,}5$$

O valor 36,5 está contido na freqüência acumulada 40, que corresponde ao valor 8 que é, portanto, a mediana. Na verdade, como a soma das freqüências e, portanto, o número de observações são pares, deveríamos considerar o ponto médio entre a 36ª e a 37ª observação. No presente caso, tanto uma como outra correspondem ao valor 8. Caso isso não acontecesse, bastaria tirar a média entre a 36ª e a 37ª observação.

Quando os valores da grandeza são colocados em classes, não será possível conhecer o valor real da mediana, mas uma estimativa pode ser calculada. Novamente denotando por n a soma das freqüências, a classe onde cair a observação de número $(n + 1)/2$ é chamada de *classe mediana*. A estimativa da mediana será um valor da grandeza dentro da classe mediana, dado por:

$$Md = L_{inf} + \frac{i}{f_{Md}} \left(\frac{n}{2} - F_{ac} \right) \qquad \text{(Equação 4.4)}$$

onde

L_{inf} = o limite inferior da classe mediana

i = o intervalo da classe mediana

F_{Md} = o número de observações (freqüências) da classe mediana

n = soma total das freqüências

F_{ac} = a freqüência acumulada até a classe que precede imediatamente a classe mediana

Exemplo 4.10

A Tabela 4.9 a seguir dá a distribuição de idades de um grupo de 100 alunos tomados como amostra em uma escola noturna. Calcular a mediana.

Tabela 4.9 Mediana: Idade (anos) dos Alunos de uma Escola

Idade	Número de Alunos	Freqüência Acumulada
18 – 20	22	22
21 – 23	26	48
24 – 26	28	76
27 – 29	16	92
30 – 32	8	100

A classe mediana estará na observação de número $(n + 1)/2$:

$$\frac{100 + 1}{2} = 50{,}5$$

Essa observação corresponde à classe de alunos de 24 a 26 anos. Para aplicação da Equação 4.4, temos:

$L_{inf} = 24$

$i = 3$

$F_{Md} = 28$

$n = 100$

$F_{ac} = 48$

$$Md = L_{inf} + \frac{i}{F_{Md}} \left(\frac{n}{2} - F_{ac} \right)$$

$$Md = 24 + \frac{3}{28} \left(\frac{100}{2} - 48 \right) = 24{,}2 \text{ anos}$$

4.2.5.3 *Moda*

A moda é o valor da grandeza que ocorre mais freqüentemente. Por exemplo, se a grandeza assumir os valores 2, 3, 3, 4, 3, 2, 3 e 5, a moda será 3, que comparece quatro vezes. É possível que vários valores da grandeza satisfaçam a definição de moda, como na seqüência 2, 3, 2, 4, 2, 2, 3, 3, 5, 3 onde os valores 2 e 3 comparecem ambos quatro vezes.

Quando os valores da grandeza estão agrupados em classes com freqüências determinadas, define-se *classe modal* como aquela que apresenta a maior freqüência. A moda é adotada então como o ponto médio da classe modal.

Exemplo 4.11

Foi tomada uma amostra de 200 esferas de aço resultantes de um processo e determinados os seus pesos, como mostrado na Tabela 4.10 a seguir. Determinar a moda.

Tabela 4.10 Distribuição de Pesos (em Gramas) de Esferas de Aço

Peso	Freqüência
18,5 – 19,4	13
19,5 – 20,4	20
20,5 – 21,4	52
21,5 – 22,4	87
22,5 – 23,4	28

A classe modal tem freqüência 87 e compreende esferas com peso variando entre 21,5 e 22,4 gramas. A moda estará no ponto médio da classe modal. Chamando-a de *Mo*, temos:

$$Mo = \frac{21{,}5 + 22{,}4}{2} = 21{,}95 \text{ ou } 22 \text{ gramas}$$

4.2.5.4 *Variância e Desvio Padrão*

Define-se a variância de uma população de medidas como sendo a soma dos quadrados das diferenças entre cada medida e a sua média, dividida pelo tamanho da população. Por convenção, o símbolo σ^2 representa a variância (a letra grega sigma elevada ao quadrado). Sendo x_i cada uma das medidas, μ a sua média e N o tamanho da população (número de medidas) temos:

$$\sigma^2 = \frac{\Sigma\,(x_i - \mu)^2}{N} \qquad \text{(Equação 4.5)}$$

Imaginemos que uma empresa tenha 5 diretores, com idades de 56, 60, 74, 45 e 50 anos. A média dessas idades é $\mu = 57$ anos. As diferenças entre cada idade e a média são

$(56 - 57) = -1$

$(60 - 57) = 3$

$(74 - 57) = 17$

$(45 - 57) = -12$

$(50 - 57) = -7$

(Reparar como a soma dos desvios é nula. Essa é uma conclusão de caráter geral: a soma dos desvios das medidas em relação à sua média é sempre nula.)

A variância das idades será:

$$\sigma^2 = \frac{(-1)^2 + (3)^2 + (17)^2 + (-12)^2 + (-7)^2}{5} = 98{,}4 \text{ (anos)}^2$$

(Como se vê, a unidade da variância é a unidade original das medidas elevada ao quadrado.)

Embora a variância seja muito útil na teoria estatística, no mais das vezes costuma-se usar o desvio padrão em seu lugar. O desvio padrão de uma população de medidas é definido simplesmente como a raiz quadrada positiva da variância e é indicado pela letra grega σ. No exemplo das idades dos diretores, o desvio padrão é de $\sqrt{98{,}4} = 9{,}9$ anos. Sua unidade é a mesma das medidas originais.

No caso de uma situação de amostragem, não conhecemos a média real μ e somos obrigados a lançar mão da média da amostra $\bar{x}$. A variância da amostra é indicada por s^2 e o desvio padrão por s. A fórmula da variância é agora a seguinte

$$s^2 = \frac{\sum (m_i - \bar{x})^2}{n - 1} \qquad \text{(Equação 4.6)}$$

onde os símbolos retêm significados já conhecidos e n é o tamanho da amostra. Voltando ao exemplo das idades dos diretores, supondo que as 5 idades obtidas constituem-se tão-somente em uma amostra, dado que existem mais diretores, a média da amostra seria ainda $\bar{x} = 57$ anos e os desvios seriam os mesmos. A variância ficaria:

$$s^2 = \frac{(-1)^2 + (3)^2 + (17)^2 + (-12)^2 + (-7)^2}{4} = 123 \text{ (anos)}^2$$

O desvio padrão, por sua vez, seria $s = \sqrt{123} = 11{,}1$ anos.

Temos a considerar, por último, o caso em que os dados estão agrupados por classes, quer representem esses dados a própria população quer uma sua amostra. Os pontos médios m_i das classes substituem os valores individuais x_i. As fórmulas ficam:

Variância da população

$$\sigma^2 = \frac{\sum f_i(m_i - \mu)^2}{N} \qquad \text{(Equação 4.7)}$$

f_i = freqüência de cada classe

m_i = ponto médio de cada classe

μ = média da distribuição

N = soma das freqüências

Lembrar que a própria média da distribuição é obtida com o auxílio dos pontos médios das classes.

Variância da amostra

$$s^2 = \frac{\sum f_i (m_i - \bar{x})^2}{n - 1} \qquad \text{(Equação 4.8)}$$

(x é a média da amostra e n é a soma das freqüências.)

Os desvios padrão, em ambos os casos, são imediatos como a raiz quadrada das variâncias respectivas.

Exemplo 4.12

Vamos retomar o exemplo dos tempos de parada de um equipamento, apresentado originalmente na Tabela 4.4 e calcular agora a variância e o desvio padrão. A média da distribuição era de 34,2 minutos e foi calculada na Tabela 4.8. Os valores principais estão reproduzidos a seguir.

Tabela 4.11 Variância: Tempos de Parada de um Equipamento

Tempos de Parada	Freqüência Absoluta f_i	Ponto Médio m_i	$(m_i - x)$	$f_i\,(m_i - x)^2$
0 – 9	3	4,5	–29,7	2.646,27
10 – 19	14	14,5	–19,7	5.433,26
20 – 29	29	24,5	–9,7	2.728,61
30 – 39	21	34,5	0,3	1,89
40 – 49	13	44,5	10,3	1.379,17
50 – 59	10	54,5	20,3	4.120,90
60 – 69	4	64,5	30,3	3.672,36
70 – 79	2	74,5	40,3	3.248,18
80 – 89	2	84,5	50,3	5.060,18
	98			28.290,82

$$s^2 = \frac{\Sigma f_i\,(m_i - \bar{x})^2}{n-1} = \frac{28.290{,}82}{98-1} = 291{,}7 \text{ (minutos)}^2$$

$$s = \sqrt{291{,}7} = 17{,}1 \text{ minutos}$$

Quando o número de observações é relativamente grande, como no exemplo (98 observações), não há muita diferença entre dividir por n ou por n–1, e a variância (ou o desvio padrão) da amostra pode substituir a variância (ou o desvio padrão) da população.

4.3 Conceitos Fundamentais em Probabilidade

Esta seção tem por objetivo apresentar algumas poucas definições e operações relacionadas com a probabilidade. Como se tem em mente a utilização prática desses conceitos ao longo do livro, sempre que necessário, eles serão apresentados de uma forma condensada, sacrificando-se qualquer rigor na exposição em prol de um entendimento mais facilitado.

4.3.1 Eventos e Espaço Amostral

4.3.1.1 *Algumas Definições Iniciais*

a) **Experimento**

Chamamos de *experimento* qualquer processo de observação, como:

- lançar um dado ou uma moeda;
- medir certa dimensão de uma amostra de peças;
- verificar o número de acidentes semanais em um cruzamento;
- contar o número de leitos ocupados diariamente em um hospital etc.

b) **Resultados**

Os *resultados* são os dados obtidos com um experimento. Assim, no lançamento de um dado, podemos obter como resultados os números 1, 2, 3, 4, 5 e 6; no lançamento de uma moeda podemos obter os resultados "cara" e "coroa". Como se vê, os resultados podem ser numéricos ou não.

c) **Espaço amostral** ou **universo S**

É o conjunto de todos os resultados de um experimento. No caso do lançamento de dados, os resultados possíveis são apenas os números de 1 a 6, que constituem então o espaço amostral. No caso do lançamento da moeda, o espaço amostral é constituído pelos resultados "cara" ou "coroa".

Algumas vezes, por analogia, o espaço amostral pode ser pensado como sendo constituído de pontos em um plano. Essa analogia pode ser bastante útil para ajudar a entender várias idéias. Para exemplificar, digamos que alguém está interessado em acompanhar diariamente os preços do aço e do cimento. O objetivo é verificar se os preços caem, permanecem constantes ou sobem em relação ao dia anterior. Designemos, para facilitar, os resultados por letras:

A = cai o preço

B = o preço permanece constante

C = sobe o preço

Como estamos observando ao mesmo tempo o aço e o cimento, fica claro que os resultados serão combinações do comportamento dos preços dos dois produtos. Ambos os preços podem cair ou subir no mesmo dia, ou o preço de um dos produtos pode cair enquanto sobe o preço do outro. Os pontos marcados na Figura 4.6 definem o espaço amostral desse experimento.

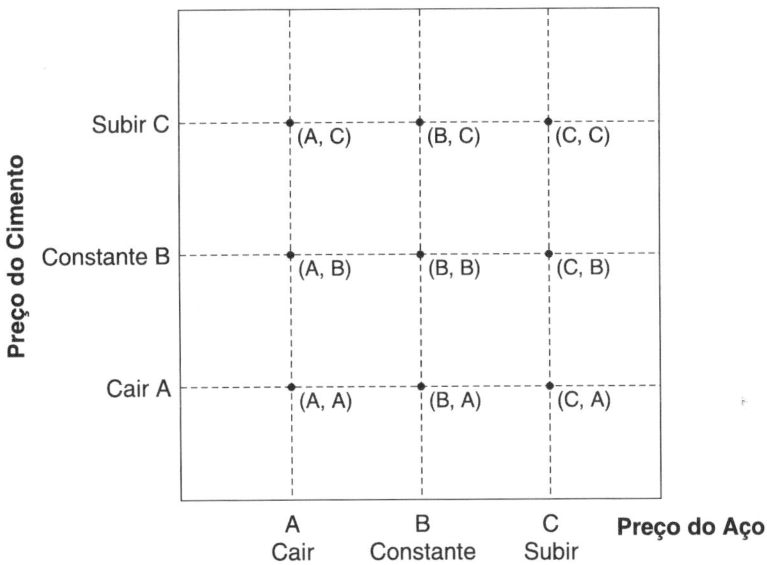

Figura 4.6 Espaço Amostral: Comportamento dos Preços do Aço e do Cimento.

d) **Eventos**

Evento é qualquer conjunto (combinação) de resultados tomados de um espaço amostral. Digamos que em relação ao espaço amostral que mostra as variações de preços do aço e do cimento, queiramos separar os seguintes eventos:

1º) Evento X: cai o preço do aço

Enquanto cai o preço do aço, o preço do cimento pode assumir qualquer um dos três comportamentos possíveis: cair, permanecer constante ou subir. O evento X é, pois, constituído de três resultados do espaço amostral. Simbolicamente, podemos representar cada resultado pelas letras que indicam o comportamento dos produtos. A representação (A, C) poderia indicar o comportamento do aço (primeira letra) e o do cimento (segunda letra). No caso, essa representação estaria dizendo: "o preço do aço cai, enquanto o do cimento sobe". O evento X pode ser assim simbolizado:

$X = (A, A), (A, B), (A, C)$

2º) Evento Z: sobe o preço do aço

O leitor pode encontrar facilmente que

$Z = (C, A), (C, B), (C, C)$

3º) Evento Y: permanece constante o preço do cimento

Também não acreditamos que o leitor tenha dificuldade em estabelecer:

$Y = (A, B), (B, B) (C, B)$

Como dissemos, o evento é qualquer combinação de resultados. O evento pode, em um caso limite, conter apenas um só resultado, como no caso: "os preços dos dois produtos permanecem constantes" que, simbolicamente, seria indicado por (B, B). Em outro caso limite, o evento pode englobar todos os resultados do espaço amostral. Seria aqui o caso de se dizer: "os preços dos dois produtos comportam-se de todas as formas combinadas possíveis".

4.3.1.2 *Eventos Mutuamente Exclusivos*

Dois eventos são mutuamente exclusivos quando não têm resultado comum. De forma diferente, dado um resultado, se ele pertencer a um dos conjuntos mutuamente exclusivos, seguramente não pertencerá ao outro. Observe o leitor a Figura 4.7, onde destacamos os conjuntos X, Y e Z.

Com o auxílio visual, percebe-se claramente que os eventos X e Z são mutuamente exclusivos, pois nenhum dos pontos de X pertence simultaneamente a Z. Já os eventos X e Y, bem como os eventos Z e Y, não são mutuamente exclusivos. No caso dos eventos X e Y, eles possuem em comum o resultado (A, B) (cai o preço do aço enquanto permanece constante o preço do cimento). No caso dos eventos Z e Y, o resultado comum é (C, B) (sobe o preço do aço enquanto permanece constante o preço do cimento).

4.3.1.3 *Intersecção de dois Eventos*

A intersecção de dois eventos é um terceiro evento que possua resultados que pertençam simultaneamente aos dois eventos que se interseccionam. A intersecção de dois eventos X e Y é indicada por $X \cap Y$, que se lê "X intersecção Y" ou simplesmente "X inter Y". Na Figura 4.7:

$X \cap Y = (A, B)$

$Z \cap Y = (C, B)$

Quando dois eventos (como X e Z) são mutuamente exclusivos, e, portanto, não têm resultado comum, a sua intersecção é o chamado *evento* ou *conjunto vazio* e indicada por

$X \cap Y = \varnothing$

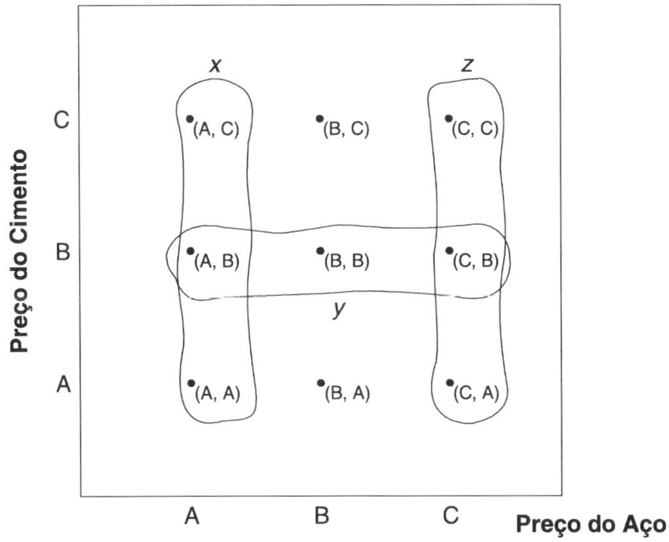

Figura 4.7 Eventos Mutuamente e não Mutuamente Exclusivos.

4.3.1.4 *União de dois Eventos*

A união de dois eventos é um terceiro evento que contém simultaneamente todos os resultados dos dois que se unem. A união de dois eventos X e Y é indicada por $(X \cap Y)$ (lê-se X união Z). Usando a Figura 4.7, o leitor pode verificar que:

$$(X \cap Y) = (A, A), (A, B), (A, C), (B, B), (C, B)$$

$$(Z \cap Y) = (A, B), (B, B), (C, A), (C, B), (C, C)$$

$$(X \cap Z) = (A, A), (A, B), (A, C), (C, A), (C, B), (C, C)$$

A união de dois eventos mutuamente exclusivos *não é* um evento vazio, a menos que os dois eventos originais sejam ambos vazios.

4.3.1.5 *Complemento de um Evento X*

O complemento de um evento X consiste de todos os resultados do espaço amostral que não estão contidos em X. O complemento de um evento X é indicado por X' (vide representação na Figura 4.8).

4.3.1.6 *Diagramas de Venn*

A analogia do espaço amostral com pontos em um plano permite a utilização dos diagramas de Venn para ilustrar todas as relações que definimos anteriormente. O diagrama de Venn é um auxílio gráfico onde o espaço amostral é representado por um retângulo e os eventos são representados por círculos. A Figura 4.8 apresenta algumas relações já comentadas.

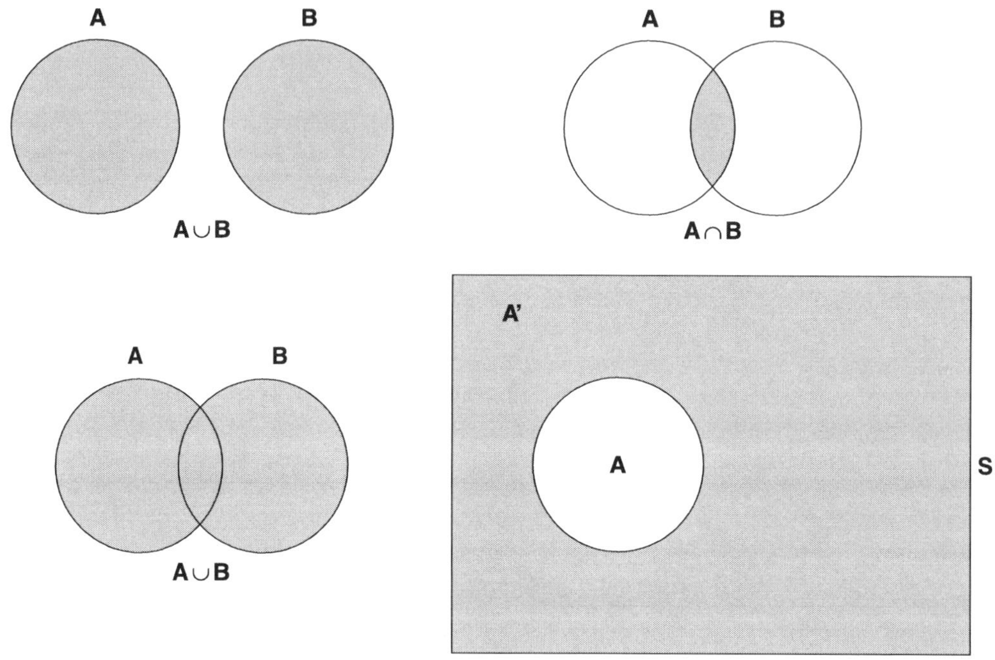

Figura 4.8 Os Diagramas de Venn.

4.3.2 Conceito de Probabilidade de um Evento

Existem duas concepções úteis sobre o que seja a probabilidade de um evento: a visão freqüencialista e a visão subjetivista.

4.3.2.1 *Visão Freqüencialista*

Probabilidade de um evento é a proporção do tempo (ou freqüência relativa) com a qual o evento ocorre ao longo do tempo. Esta definição pressupõe que houve oportunidade para que o evento ocorresse muitas vezes no passado. Em algumas dessas oportunidades, o evento realmente ocorreu. Dividindo-se o número de vezes em que ele ocorreu pelo número total de oportunidades em que poderia ter ocorrido, temos a sua freqüência relativa de ocorrência. Esta freqüência relativa é então tomada como uma estimativa da probabilidade do evento *ocorrer no futuro*, desde que o número de observações tenha sido suficientemente elevado. Para exemplificar, imaginemos que medimos as últimas 1.000 peças produzidas em um processo industrial e encontramos que em 830 dessas peças uma certa dimensão situou-se entre 2,30 cm e 2,35 cm. É lícito dizer que há uma probabilidade de 0,83 que essa dimensão, para as próximas peças, se situe entre 2,30 cm e 2,35 cm.

4.3.2.2 *Visão Subjetivista*

Muitos eventos não ocorrem com a freqüência desejada para que seja possível determinar a sua probabilidade segundo a visão freqüencialista. Uma boa parte deles poderá ocorrer apenas uma vez e, no entanto, para muitos propósitos, necessita-se de uma estimativa da sua probabilidade de ocorrência. Neste caso, lança-se mão da visão subjetivista da produtividade, onde esta é estimada baseada no julgamento de alguma pessoa com o conhecimento e a experiência para tal. Assim, um administrador pode estimar em 0,30 (ou 30%) a probabilidade de que um dado produto seja um sucesso comercial no seu lançamento. Não houve nenhum apelo à freqüência, pois o produto está sendo lançado pela primeira vez. O administrador baseou-se em sua experiência de lançamentos anteriores de outros produtos, em sua análise das condições de mercado, em seus conhecimentos sobre o gosto dos consumidores e assim por diante. Pode acontecer que vários administradores chegassem a estimativas diferentes sobre o sucesso do produto, já que a probabilidade subjetiva é inerente a quem a estimou. Essa divergência de opiniões não poderia acontecer com a probabilidade freqüencialista, já que ela é derivada de operações bem esclarecidas e aceitas por todos.

Existem ocasiões em que, através do raciocínio, podemos chegar à probabilidade de um evento de forma indireta, sem o auxílio de experiências ou observações. Por exemplo, se colocamos 6 bolas azuis e 4 bolas brancas em uma urna, sendo as bolas idênticas em todos os detalhes, exceto na cor, sabemos de antemão que a probabilidade de extrair uma bola branca é de 0,4 e a probabilidade de extrair uma bola azul é de 0,6. Idêntica situação ocorre no lançamento de uma moeda: a probabilidade de sair cara é de 0,5 desde que a moeda não seja viciada. Com um dado não viciado, a probabilidade de sair um 4 no lançamento é de 1/6, a qual é aliás a probabilidade de sair qualquer outro número de 1 a 6.

4.3.3 Postulados sobre a Probabilidade

Indiquemos a probabilidade de ocorrência de um evento A por $P(A)$. As seguintes declarações são postulados fundamentais sobre $P(A)$:

Postulado nº 1

A probabilidade de ocorrência de qualquer evento se situa sempre entre 0 e 1, ou seja:

$$0 \leq P(A) \leq 1 \qquad (\forall A)$$

Isso não impede que a probabilidade seja expressa em porcentagem. Quando isso acontecer, $P(A)$ deverá sempre estar entre 0 e 100%.

Postulado nº 2

$P(S) = 1$ (Onde S é o espaço amostral.)

Esse postulado equivale a afirmar que a probabilidade de ocorrência de *algum* evento (qualquer que seja ele) do espaço amostral (que contém *todos* os eventos) é igual a 1.

Postulado nº 3

Se A e B são eventos mutuamente exclusivos, então:

$$P(A \cap B) = P(A) + P(B)$$

Este postulado pode ser estendido a um número qualquer de eventos, desde que sejam todos mutuamente exclusivos entre si. Como exemplo, tomemos:

A = atender no máximo 30 clientes por dia em uma loja

B = atender de 30 a 50 clientes na mesma loja

$P(A) = 0{,}6P(B) = 0{,}3$

É evidente que os eventos A e B são mutuamente exclusivos. O evento $(A \cap B)$ poderia ser enunciado simplesmente como "atender até 50 clientes por dia em uma loja". Sua probabilidade é:

$$P(A \cap B) = P(A) + P(B) = 0{,}6 + 0{,}3 = 0{,}9$$

Veja-se um contra-exemplo. Digamos que:

A = comprar uma gravata em uma loja

B = comprar uma camisa na mesma loja

Nesse caso, não se pode dizer que $P(A \cap B) = P(A) + P(B)$, pois não há certeza de que A e B sejam eventos mutuamente exclusivos. Pode muito bem acontecer de se comprar uma gravata e uma camisa ao mesmo tempo.

4.3.4 Algumas Regras de Cálculo de Probabilidades

Selecionamos as seguintes:

Regra I

$P(A') = 1 - P(A)$ (Equação 4.9)

(Onde A' é o complemento de A.)

A Regra I segue-se da própria definição de complemento de um evento. Como A' é complemento de A, tem-se que são mutuamente exclusivos e pode-se escrever:

$P(A' \cup A) = P(A') + P(A) = P(S) = 1$

logo $P(A') = 1 - P(A)$

Regra II

A probabilidade de um evento A é a soma das probabilidades dos resultados individuais compreendendo A. Essa regra é também de fácil comprovação, bastando lembrar que os resultados individuais do evento A são, eles próprios, eventos mutuamente exclusivos e a sua união forma exatamente o evento A.

Exemplo 4.13

Voltando ao caso dos preços do aço e do cimento, apresentado logo que introduzimos o conceito de evento, admitamos que foram levantadas as probabilidades associadas a cada um dos resultados individuais de comportamento dos preços. Estas probabilidades estão marcadas ao lado de cada ponto representativo dos resultados na Figura 4.9.

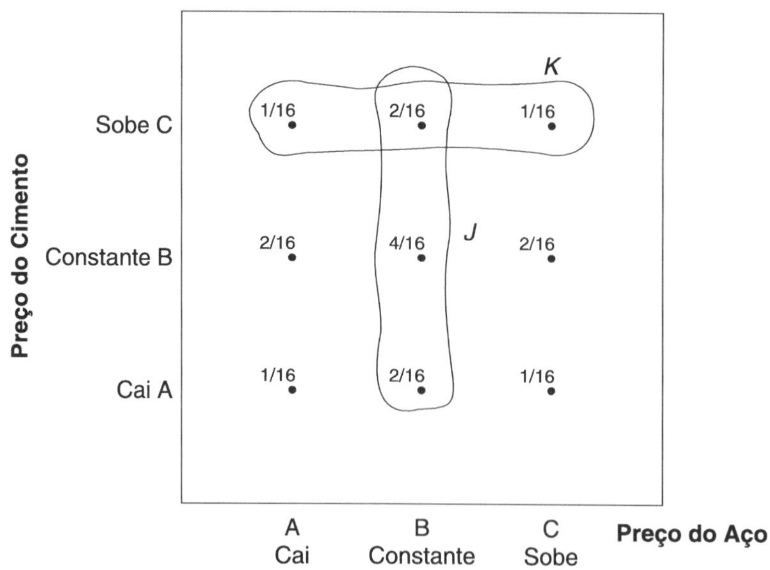

Figura 4.9 Preços do Aço e do Cimento: Probabilidade dos Resultados.

Em primeiro lugar, repare o leitor que a soma das probabilidades tem de igualar 1, dado que a Figura 4.9 mostra todo o espaço amostral. Algumas das probabilidades que podem ser calculadas pela Regra II e que podem ser deduzidas da Figura 4.9 são:

$P(K) = P$ (o preço do cimento subir) $= 1/16 + 2/16 + 1/16 = 4/16 = 1/4$

$P(J) = P$ (o preço do aço permanecer constante) $= 2/16 + 4/16 + 2/16 = 8/16 = 1/2$

$P(K \cup J) = P$ (o preço do cimento subir ou o preço do aço permanecer constante) =
$= 1/16 + 2/16 + 1/16 + 4/16 + 2/16 = 10/16 = 5/8$

Notar que, no cálculo de $P(K \cup J)$, o resultado "preço do aço permanece constante enquanto preço do cimento sobe", cuja probabilidade é de 2/16, comparece nos dois eventos, K e J. A probabilidade é contada então apenas uma vez.

Regra III

Se um experimento tem n resultados equiprováveis e se m desses resultados constituem o evento A, então $P(A) = m/n$. Um baralho tem 52 cartas, distribuídas 13 em cada naipe. Se quisermos a probabilidade de "sair uma carta de um dado naipe", ela será de 13/52, ou seja, de 1/4 qualquer que seja o naipe previamente escolhido.

Regra IV

Se dois eventos A e B *não são* mutuamente exclusivos, então

$P(A \cup B) = P(A) + P(B) - P(A \cap B)$ (Equação 4.10)

Esta regra é facilmente comprovável. Quando A e B não são mutuamente exclusivos, ao somarmos $P(A) + P(B)$ simplesmente, estaremos contando em dobro as probabilidades dos resultados que pertencem simultaneamente à A e à B, ou seja, estaremos contando em dobro $P(A \cap B)$, que deve então ser diminuído uma vez. Veja o leitor o exemplo dado na Regra III para $P(K \cup J)$.

4.3.5 Probabilidade Condicional

A probabilidade condicional liga dois eventos entre si. Se, ao ocorrer um evento 5, cogitamos da possibilidade de ter ocorrido também o evento A, estamos falando da probabilidade de A "condicionada" à ocorrência de B ou, de maneira diferente, da probabilidade de ocorrer A dado que se sabe que B ocorreu. A probabilidade de A condicionada à ocorrência de B é indicada por $P(A/B)$.

Exemplo 4.14

Para uma oferta de emprego, estão concorrendo 100 indivíduos do sexo masculino. Todos têm igual chance (probabilidade) de serem selecionados. Essa probabilidade é, portanto, igual a 1/100. Os candidatos foram divididos segundo seu estado civil e segundo seu grau de escolaridade. Alguns são casados e outros são solteiros; alguns têm pós-graduação e outros não. O resultado desta classificação é mostrado logo a seguir:

	Casados	Solteiros	Totais
Têm pós-graduação	52	26	78
Não têm pós-graduação	15	7	22
Totais	67	33	100

Chamemos de

M = evento que a pessoa seja casada

C = evento que a pessoa tenha pós-graduação

Fica simples verificar que:

$P(M') = (52 + 15)/100 = 0{,}67$ (Regra III, item 3.4)

$P(C') = (52 + 26)/100 = 0{,}78$

As probabilidades dos complementos desses eventos são:

$P(M') = 1 - 0{,}67 = 0{,}33$ (Regra I, item 3.4)

$P(C') = 1 - 0{,}78 = 0{,}22$

Indaguemos agora: qual é a probabilidade de que um candidato seja casado, dado que se sabe que ele tem pós-graduação? Em outras palavras, qual é $P(M/C)$?

Da tabela que foi fornecida, verificamos que existe um universo de 78 pessoas com pós-graduação; destas, 52 são casadas. Logo:

$$P(M/C) = \frac{\text{52 homens casados com pós}}{\text{78 homens com pós}} = \frac{2}{3}$$

Podemos também escrever:

$$P(M/C) = \frac{52/100}{78/100} = \frac{2}{3}$$

Ora, 52/100 é exatamente a probabilidade de que uma pessoa seja casada e, ao mesmo tempo, tenha pós-graduação, ou seja, $P(M \cap C)$. Por seu turno, 78/100 é a probabilidade que uma pessoa tenha feito pós-graduação, ou seja, $P(C)$. Conclui-se, pois, que:

$$P(M/C) = \frac{P(M \cap C)}{P(C)} \qquad \text{(Equação 4.11)}$$

A Equação 4.11 serve para conceituar a probabilidade condicional. Dizemos: dados dois eventos A e B do espaço amostral S, sendo $P(B) \neq 0$ a probabilidade condicional de A em relação à B é dada por

$$P(A/B) = \frac{P(A \cap B)}{P(B)}$$

Nota importante

Pode acontecer que A e B sejam eventos independentes. Dois eventos são independentes quando a ocorrência de um não interfere na ocorrência de outro. Neste caso, nitidamente:

$P(A/B) = P(A)$ ou $P(B/A) = P(B)$

A Equação 4.11 transforma-se em

$$P(A/B) = \frac{P(A \cap B)}{P(B)} = P(A)$$

ou, ainda,

$$P(A \cap B) = P(A)\,P(B) \qquad \text{(Equação 4.12)}$$

A Equação 4.12 nos dá a probabilidade de ocorrência dos eventos A e B simultaneamente quando ambos são independentes entre si. Ela pode ser estendida a qualquer número de eventos, desde que sejam todos independentes entre si.

Exemplo 4.15

Um conjunto é formado por três componentes, cujas probabilidades individuais de falha são as seguintes:

P (falha no 1º componente) – 1/500

P (falha no 2º componente) = 1/1.000

P (falha no 3º componente) = 1/200

Supondo-se que a falha de qualquer um dos componentes seja independente das falhas nos outros dois, qual é a probabilidade de que falhem os três componentes ao mesmo tempo?

Como todas as falhas são independentes entre si:

P (todos os componentes falharem) = (1/500) (1/1.000) (1/200) = 10^{-8}

4.3.6 Um Resultado Importante

Existe uma igualdade muito útil envolvendo as probabilidades condicionais. Suponhamos um evento A cuja ocorrência esteja condicionada às ocorrências dos eventos B_1 e B_2, sendo B_1 e B_2 mutuamente exclusivos e $P(B_1) + P(B_2) = 1$. A igualdade é a seguinte:

$$P(A) = P(B_1)\ P(A/B_1) + P(B_2)\ P(A/B_2) \qquad \text{(Equação 4.13)}$$

Exemplo 4.16

Para exemplificar a Equação 4.13, imaginemos que dois generais Q e R estejam disputando o poder em um certo país. Considera-se *como certo* que um dos dois certamente sairá vencedor. Para qualquer um dos dois que tome o poder, existe uma certa probabilidade de que o Congresso seja fechado. Sejam:

A = evento "fechar o Congresso"

B_1 = evento "general Q tomar o poder"

B_2 = evento "general R tomar o poder"

$P(B_1) = 0{,}7$

$P(B_2) = 0{,}3$

Vamos dizer que analistas políticos estimam que, se o general Q tomar o poder, haverá uma probabilidade de 0,9 de que o Congresso seja fechado, o que quer dizer que $P(A/B_1)$ é 0,9. Se o poder ficar para o general R, as estimativas são de que a probabilidade de fechar o Congresso reduz-se a 0,4, ou seja, $P(A/B_2)$ é 0,4.

A pergunta fundamental é: qual é a probabilidade de que o Congresso seja fechado, ou seja, qual é $P(A)$, independentemente de quem irá ganhar a disputa?

Solução

Aplicando a Equação 4.13, temos:

$$P(A) = P(B_1)\ P(A/B_1) + P(B_2)\ P(A/B_2) = (0{,}7)\ (0{,}9) + (0{,}3)\ (0{,}4) = 0{,}63 + 0{,}12 = 0{,}75$$

É claro que se $P(A) = 0{,}75$, então $P(A')$ será forçosamente igual a 0,25, pois os eventos são complementares.

A Figura 4.10 ilustra a situação. Foi construída uma *árvore de possibilidades*, também chamada *árvore de decisão*, cujos primeiros ramos, da esquerda para a direita, mostram os dois eventos básicos, de que um ou outro general tome o poder. Ao longo de cada ramo, marca-se a probabilidade do evento que ele representa. Para cada um desses eventos primários, existem duas conseqüências possíveis: o evento A (fechar o Congresso) e o seu complemento A' (não fechar o Congresso). Para esses novos ramos, escrevemos também as suas probabilidades, nesse caso condicionadas ao evento primário de onde partem.

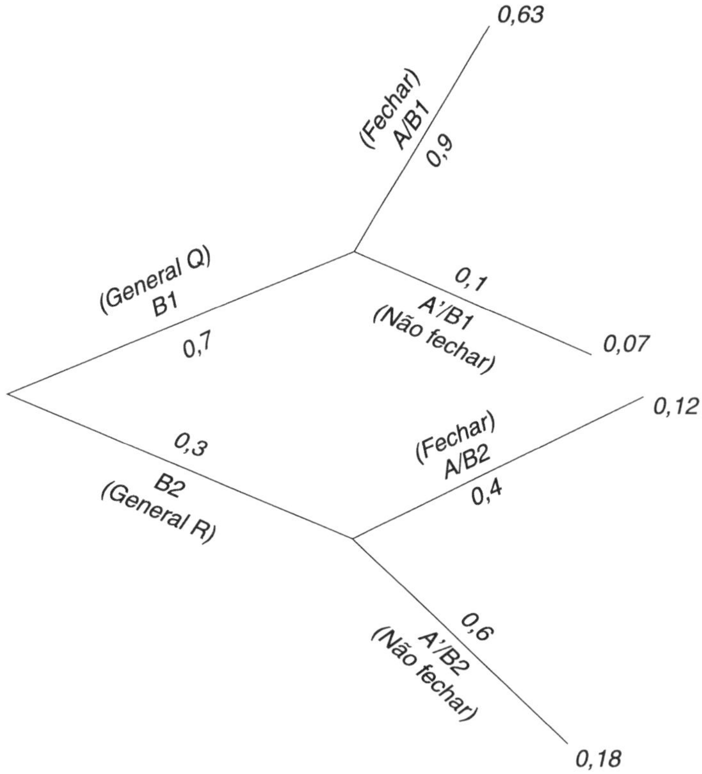

Figura 4.10 Exemplo de uma Árvore de Decisão Simples.

A aplicação da Equação 4.13 é intuitiva com o auxílio da árvore de decisão. Basta irmos multiplicando as probabilidades que aparecem em uma seqüência de ramos e somarmos depois todas as probabilidades referentes ao ramo "fechar o Congresso". Essa soma dará a probabilidade total de que o Congresso seja fechado. Analogamente, conforme a Figura 4.10, determinaríamos que $P(A')$, ou seja, a chance de que o Congresso não seja fechado, é de 0,07 + 0,18 = 0,25.

4.4 Distribuições de Probabilidade

4.4.1 Variáveis Aleatórias

Em Estatística, as grandezas nas quais estamos interessados porque assumem diversos valores recebem o nome particular de *variáveis aleatórias*. Existem dois tipos de variáveis aleatórias:

a) *Discreta*: uma variável aleatória é discreta, se puder assumir apenas alguns valores determinados dentro de um intervalo. É o caso, por exemplo, do número de peças defeituosas que podem ser encontradas em um lote de 100 peças. Não há dúvida de que essa variável só pode assumir os valores 0, 1, 2, ... 100;

b) *Contínua*: variáveis aleatórias contínuas são aquelas que podem assumir um número qualquer de valores dentro de um intervalo dado, por menor que seja esse intervalo. Isso equivale a dizer que são possíveis infinitos valores para a variável.

Ao efetuarmos a medida do comprimento de uma dada peça, estamos, rigorosamente falando, em presença de uma variável contínua. Este caráter de continuidade só não aparece porque não temos instrumentos de medida sensíveis o suficiente. Dizer que a medida de uma dimensão é 14,35 cm equivale a não considerar as demais casas após os centésimos de centímetro, ou porque não nos interessam, ou porque temos dificuldades de medi-las. Na prática, para efeito de medidas, qualquer variável contínua assumirá apenas alguns valores possíveis.

4.4.2 Distribuições de Probabilidade

Já vimos que a visão freqüencialista associa a probabilidade com a freqüência de ocorrência. Na medida em que vamos aumentando o número de observações, mais e mais a freqüência relativa aproxima-se da probabilidade. Como iremos mostrar, a visão freqüencialista adapta-se bem às variáveis discretas, mas leva a uma curiosa situação teórica no caso das variáveis contínuas.

Imaginemos agora que X é uma variável discreta, medida por muitas vezes durante repetidas observações. Pensando em um valor específico de X, digamos X_i, a tendência é que; ao longo do tempo, conforme aumenta o número de observações, também aumente o número de vezes em que a variável assume o valor X_i. Depois de um número suficientemente grande de medidas, a freqüência relativa com que X_i ocorre vai se estabilizando e tendendo a um valor bem determinado – que é a probabilidade de ocorrência de X_i. Indicamos essa probabilidade por $P(X = X_i)$ ou, para simplificar, $P(X_i)$. Se considerarmos o conjunto formado pelos diversos valores X_i que a variável X pode assumir, e suas respectivas probabilidades, temos uma *distribuição de probabilidades*, muito semelhante à distribuição de freqüências – a diferença é mais conceitual do que formal (freqüências são estimativas de probabilidade se o número de observações foi *muito grande*, pelo menos em teoria).

Se X for uma variável contínua, o que acontece com $P(X = X_i)$, isto é, com a probabilidade de X assumir um valor particular X_i? A resposta é: à medida que aumenta o número de observações, $P(X = X_i)$ tenderá a zero. Por que isso acontece? Simplesmente porque, como X pode assumir infinitos valores, quando aumenta o número de observações, será muito difícil obtermos aquele particular valor X_i.

Há uma diferença fundamental na representação gráfica de distribuições de probabilidade de variáveis discretas e contínuas, exatamente pelo fato de que a probabilidade de um valor particular de uma variável contínua tende a zero. Observe o leitor a Figura 4.11.

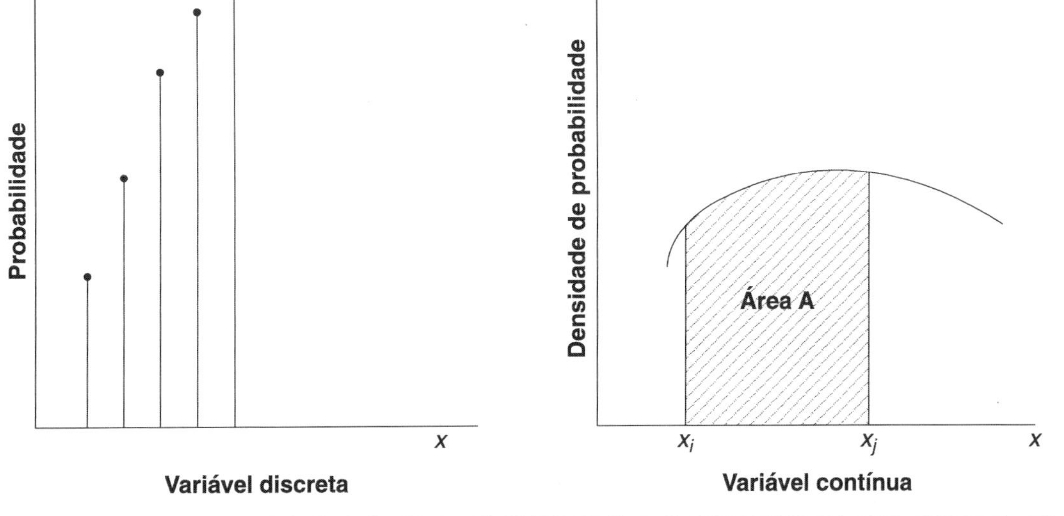

Figura 4.11 Representação Gráfica de uma Distribuição de Probabilidade.

Como se vê, a representação gráfica, para a distribuição de probabilidade de uma variável discreta, nada apresenta de novidade. Marcamos na horizontal os valores da variável e na vertical as probabilidades respectivas. Para as distribuições contínuas, é impossível marcar em ordenadas os valores das probabilidades, porque tendem a zero. Marcamos em ordenadas a entidade chamada densidade de probabilidade sobre a qual não precisamos nos alongar. Basta dizer o seguinte: nas representações gráficas de distribuições contínuas, a área sob a curva definida pela distribuição, entre dois pontos X_i e X_j mede a probabilidade de que a variável X assuma valores entre X_i e X_j, ou seja, conforme marcado na Figura 4.11:

Área $A = (X_i \leq X \leq X_j)$

Esta é uma característica importante das distribuições contínuas, da qual o leitor deve sempre se lembrar. Quando estudarmos a distribuição normal, teremos chance de usá-la.

4.4.3 Distribuições Teóricas de Probabilidade

As distribuições teóricas são *modelos* ideais, aos quais procuramos adaptar as variáveis reais. Existem distribuições teóricas para variáveis discretas e contínuas. Alguns desses modelos são tão úteis para descrever os fenômenos reais que sua apresentação é obrigatória e o leitor irá encontrá-los algumas vezes no decorrer do texto. A grande vantagem de adaptar um fenômeno real a uma distribuição teórica é o conhecimento que temos, *a priori*, das propriedades de tal distribuição.

Podemos, assim, tirar importantes conclusões sobre o fenômeno real. Dentre as discretas, estudaremos brevemente as distribuições binomial e de Poisson e, dentre as contínuas, a distribuição normal.

4.4.4 A Distribuição Binomial

4.4.4.1 *O Processo de Bernoulli*

Para entender melhor a distribuição binomial é preciso que apresentemos antes o *processo de Bernoulli*, do qual nasce a distribuição e com o qual ela guarda uma ligação muito profunda. Vamos supor um processo de observação (experimento) que leve a apenas dois resultados possíveis. Por questões de convenção, podemos chamar um desses resultados de *sucesso* e o outro de *fracasso*. Estas palavras não têm a sua conotação habitual, mas querem somente dizer que, no processo de observação, algo acontece (sucesso) ou não acontece (fracasso). O lançamento de uma moeda é um típico processo de Bernoulli, onde os resultados podem ser cara (que podemos chamar de sucesso) ou coroa (fracasso), sempre com probabilidades individuais de 0,5. No lançamento de um dado, podemos definir dois resultados (entre muitos outros): sair o número 1 (sucesso) e não sair o número 1 (fracasso). Novamente temos um processo de Bernoulli, onde P(sucesso) = 1/6 e P(fracasso) = 5/6. Finalmente, podemos examinar cada produto que sai de uma linha para verificar se é defeituoso (sucesso) ou não (fracasso). Se sabemos que a nossa fabricação leva 10% de produtos defeituosos, então P (sucesso) = 0,10 e P (fracasso) = 0,90. De uma forma geral, um experimento é um processo de Bernoulli quando:

a) existem apenas dois resultados mutuamente exclusivos cada vez que o experimento tenha lugar (sucesso ou fracasso):

P(sucesso) = 1 – P(fracasso)

b) a probabilidade de sucesso (ou de fracasso) não se altera de um experimento para outro. Essa alteração aconteceria se, por exemplo, na fabricação do produto referida anteriormente as máquinas fossem constantemente ajustadas, visando diminuir o número de produtos defeituosos.

c) as tentativas, ou seja, os vários experimentos, são independentes entre si: o resultado de um não influi no próximo.

4.4.4.2 *Conceito da Distribuição Binomial*

Vamos dizer agora que tomamos uma amostra de três unidades de um produto e queremos determinar quantas são defeituosas. Vamos admitir também que o nosso processo de fabricação produza em média uma fração p de defeituosos. Podemos dizer que essa é a fração de defeituosos (ou de sucessos) na *população*. Para fixar idéias, suponhamos que $p = 0{,}10$, ou seja, 10% dos produtos fabricados ao longo do tempo apresentarão defeitos. Quando tomamos três unidades de produto, o número de defeituosos só pode ser de 0, 1, 2 ou 3. O leitor já pode imaginar que será muito difícil (mas não impossível) encontrar 2 ou 3 unidades defeituosas, já que apenas 10% da população é defeituosa. Podemos fazer o cálculo das probabilidades de encontrarmos 0, 1, 2 ou 3 defeituosos com a ajuda da árvore de decisão da Figura 4.12.

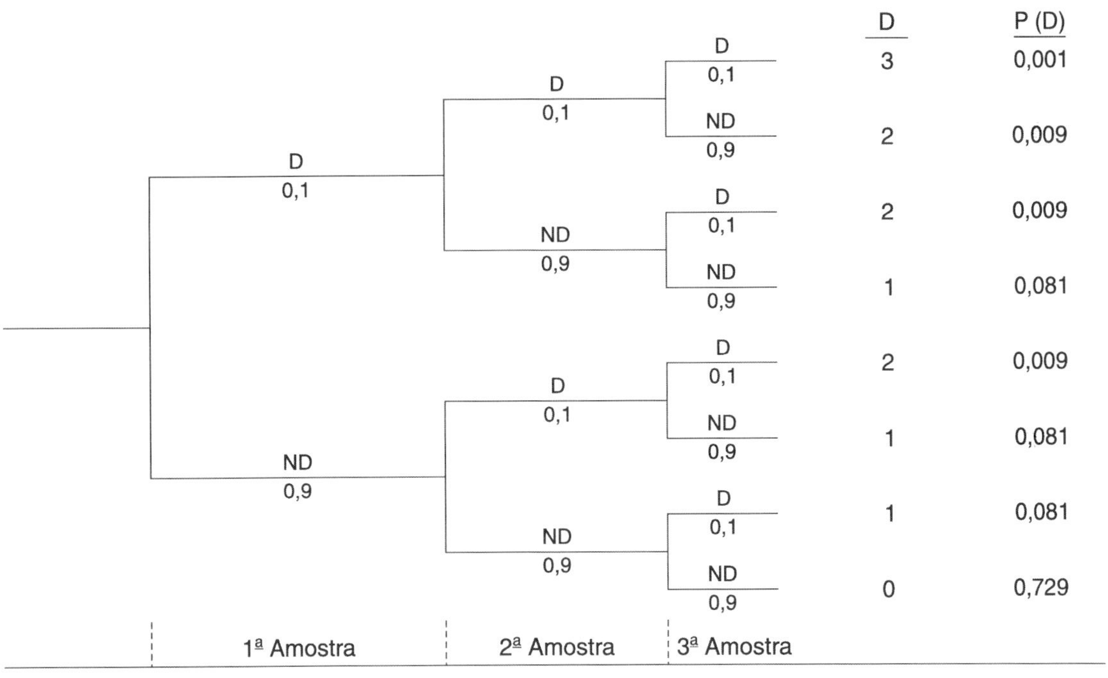

Figura 4.12 Número de defeituosos em uma amostra de 3 unidades.

Podemos imaginar a análise como uma seqüência de três processos de Bernoulli consecutivos. A cada vez, a probabilidade do produto ser defeituoso é de 0,10. O exame da primeira unidade pode revelá-la como defeituosa ou não; qualquer que tenha sido o resultado, o exame da segunda unidade também pode revelá-la defeituosa ou não. Vale a mesma consideração para a terceira unidade. Cada um dos ramos da Figura 4.11 conduz a uma possibilidade para o número de defeituosos nas três análises consecutivas. Indicamos por D o produto defeituoso e por ND o produto não defeituoso. O produto das probabilidades ao longo dos diversos ramos nos dá as probabilidades finais de encontrarmos 0, 1, 2 ou 3 defeituosos na análise, conforme a seguir:

Número de Defeituosos	Probabilidade
3	(0,1) (0,1) (0,1) = 0,001
2	(0,1) (0,1) (0,9) = 0,009
2	(0,1) (0,9) (0,1) = 0,009
1	(0,1) (0,9) (0,9) = 0,081
2	(0,9) (0,1) (0,1) = 0,009
1	(0,9) (0,1) (0,9) = 0,081
1	(0,9) (0,9) (0,1) = 0,081
0	(0,9) (0,9) (0,9) = 0,729

A consolidação dos resultados nos leva à Tabela 4.12 a seguir:

Tabela 4.12 Distribuição do número de defeituosos em três unidades do produto

Número de Defeituosos	Probabilidade
0	0,729
1	0,243
2	0,027
3	0,001

Como era fácil de prever, dada a porcentagem original de produtos defeituosos no universo de produtos, são muito pequenas as probabilidades de se encontrar 2 e 3 unidades defeituosas. Uma distribuição como a da Tabela 4.12 é chamada de *binomial*. Em termos gerais:

"Distribuição binomial é aquela que resulta do cálculo da probabilidade de obter x sucessos em n tentativas ($x = 0, 1, 2, \dots n$), sendo cada tentativa isolada um processo de Bernoulli."

No exemplo anterior, x tomava os valores 0, 1, 2 e 3, e o número de tentativas era n = 3 (três unidades na amostra). Podemos calcular diretamente $P(x)$ através da seguinte fórmula:

$$P(x) = \frac{n!}{x!\,(n-x)}\, p^x(1-p)^{n-x} \qquad \text{(Equação 4.14)}$$

onde

n = número de tentativas

x = número de sucessos em n tentativas

p = fração de sucessos na população

Na Equação 4.14, o símbolo ! (fatorial) após um número indica que deve ser tomado o produto dos números naturais de 1 até o número. Por exemplo, $n!$ indica o produtório: (1) (2) (3) ... (n).

4.4.4.3 *Média e Desvio Padrão da Distribuição Binomial*

Seja p a probabilidade de se obter um particular resultado (sucesso) para uma dada população e n o número de tentativas (processos de Bernoulli), configurando-se uma distribuição binomial onde os valores da variável aleatória são 0, 1, 2,... n. Pode-se mostrar que a média e o desvio padrão são assim calculados:

$$\mu = n\,p \qquad \text{(Equação 4.15)}$$

$$\sigma = \sqrt{n\,p(1-p)} \qquad \text{(Equação 4.16)}$$

No exemplo anterior, a fração de defeituosos na população era $p = 0{,}10$, enquanto o número n de tentativas era 3. Portanto:

$$\mu = n\,p = 3\,(0{,}1) = 0{,}3$$

$$\sigma = \sqrt{n\,p(1-p)} = \sqrt{3\,(0{,}1)\,(1-0{,}1)} = 0{,}52$$

O leitor pode verificar esses resultados utilizando-se da Tabela 4.9. A média de uma variável aleatória distribuída discretamente é dada, de forma semelhante à média para uma distribuição de freqüências, pela soma dos produtos dos valores da variável aleatória pelas suas probabilidades. Uma vez calculada a média, o desvio padrão pode ser obtido usando-se a Equação 4.5 (para a variância) e extraindo-se a raiz quadrada do resultado.

Exemplo 4.17

Supondo que de todos os automóveis em circulação 20% são brancos, determinar a distribuição de probabilidades quando se observa em uma estrada 4 carros em seqüência. Determinar também a média e o desvio padrão da distribuição resultante.

Solução

Temos:

$p = 0{,}20$

$n = 4$

Podemos ter 0, 1, 2, 3 ou 4 carros brancos na seqüência das quatro observações. A Tabela 4.13 mostra o cálculo das probabilidades:

Tabela 4.13 Cálculo das Probabilidades: Número de Carros Brancos em Quatro Observações Quando $p = 0{,}20$

Número de Carros Brancos (x)	$P(x)$
0	$\frac{4!}{0!\,(4-0)!}\,0{,}2^0\,(1-0{,}2)^{4-0} = 0{,}4096$
1	$\frac{4!}{1!\,(4-1)!}\,0{,}2^1\,(1-0{,}2)^{4-1} = 0{,}4096$
2	$\frac{4!}{2!\,(4-2)!}\,0{,}2^2\,(1-0{,}2)^{4-2} = 0{,}1536$
3	$\frac{4!}{3!\,(4-3)!}\,0{,}2^3\,(1-0{,}2)^{4-3} = 0{,}0256$
4	$\frac{4!}{4!\,(4-4)!}\,0{,}2^4\,(1-0{,}2)^{4-4} = 0{,}0016$

A média será:

$$\mu = n\,p = 4\,(0{,}2) = 0{,}8$$

O desvio padrão:

$$\sigma = \sqrt{n\,p(1-p)} = \sqrt{4\,(0{,}2)\,(1-0{,}2)} = 0{,}8$$

4.4.5 A Distribuição de Poisson

A distribuição de Poisson encontra aplicações principalmente no planejamento da capacidade de postos de serviço (Capítulo 8) e no Controle Estatístico de Qualidade (Capítulo 21). Para melhor entendê-la, iniciemos com um exemplo. Vamos supor que um grande prédio destinado a escritórios de empresas tenha um balcão de informações, logo à entrada. Depois de extensivas medidas, chegou-se à conclusão de que a cada minuto ocorrem em média 2 pedidos de informações mais detalhadas. A partir apenas desse resultado, queremos saber qual é a probabilidade de ocorrer um número qualquer dado (inteiro e positivo) de pedidos de informação no intervalo de um minuto. Qual é a probabilidade, por exemplo, de nenhum pedido? De 2 pedidos? De 15 pedidos? A resposta pode ser dada se admitirmos que a distribuição de probabilidades do número de pedidos de informação por minuto obedece a distribuição de Poisson (veja o leitor a utilidade de um modelo).

Um outro exemplo: examinando a produção de um certo carpete, definimos o que pode ser considerado como um defeito de fabricação. Sabemos que as características do processo produtivo são tais que, em média, existem dois defeitos por metro quadrado produzido. Qual é a probabilidade, por exemplo, de encontrarmos um dado número de defeitos (inteiro e positivo) por metro quadrado? Novamente, a resposta está na distribuição de Poisson. Algumas semelhanças entre os dois exemplos nos ajudarão a definir essa distribuição.

No primeiro exemplo, a variável aleatória que nos interessava era o número de pedidos de informação por minuto; no segundo, era o número de defeitos por metro quadrado de carpete. Em ambos os casos, a variável aleatória está referida a uma certa *unidade de exposição*, o minuto no primeiro exemplo e o metro, no segundo. Ainda em ambos os casos, a variável podia assumir qualquer valor inteiro e positivo e admitia-se conhecido o valor médio da variável por unidade de exposição. Geralmente, nas aplicações que nos interessam, a unidade de exposição é alguma unidade de tempo ou de superfície, embora outras unidades sejam possíveis. Adicionalmente poderíamos admitir que:

a) na unidade de exposição, a probabilidade de a variável tomar um dado valor é constante;

b) a probabilidade de a variável tomar um dado valor independe dos valores que ela assumiu anteriormente, ou seja, cada observação é independente das demais.

Com essas características, tem-se uma boa idéia do que é a distribuição de Poisson. Formalizando um pouco mais, a probabilidade de a variável assumir um dado valor x é dada por:

$$P(x) = \frac{\mu^x e^{-\mu}}{x!} \qquad \text{(Equação 4.17)}$$

onde

μ = valor médio da variável por unidade de exposição

e = base do sistema de logaritmos naturais (e = 2,7183)

Por outro lado, na distribuição de Poisson, a média e o desvio padrão estão ligados por uma relação muito simples:

$$\sigma = \sqrt{\mu} \qquad \text{(Equação 4.18)}$$

Exemplo 4.18

Calculemos as probabilidades de que em um balcão de informações de um prédio comercial, o número de pedidos por minuto seja 0, 1, 2, ... etc. Admitamos que o número médio de pedidos de informação por minuto seja 2. Os cálculos, que foram feitos utilizando a Equação 4.18 estão na Tabela 4.14.

Tabela 4.14 Probabilidades em uma distribuição de Poisson (μ = 2)

Número de pedidos (x)	$P(x)$
0	0,135
1	0,271
2	0,271
3	0,180
4	0,090
5	0,036
6	0,012
7	0,003
8	0,001
	0,999

A partir de $x = 8$ as probabilidades tornam-se muito pequenas, fora da precisão de cálculo da Tabela 4.14. O leitor pode notar que, por causa desse fato, a soma das probabilidades não é exatamente 1. Da mesma forma, a média que poderia ser calculada da tabela ($\mu = 1{,}98$) também diferiria ligeiramente de 2.

4.4.6 A Distribuição Normal

4.4.6.1 *Apresentação*

A distribuição normal é uma das mais importantes distribuições de probabilidade, dadas suas aplicações em virtualmente todos os campos da ciência, da técnica, dos negócios etc. As variáveis de muitos processos industriais se distribuem de acordo com ela, pelo menos aproximadamente. A mesma coisa se dá com as variáveis encontradas em sistemas de serviços. Como já vimos, a distribuição normal é um modelo teórico para variáveis contínuas. Embora na prática a limitação das medidas faça com que só tenhamos um número de valores limitado para as variáveis, suas distribuições de probabilidade, desde que o número de medidas seja suficiente, podem ser aproximadas pela normal.

A distribuição normal tem o aspecto apresentado na Figura 4.13. Como as distribuições contínuas geram uma curva, é usual falar-se em *curva normal* ou simplesmente *normal* para designar a distribuição. A curva correspondente é em forma de sino, simétrica em relação à média μ e assintótica ao eixo da variável. Embora a curva apenas *tenda* a tocar o eixo da variável, para efeitos práticos isso pode ser admitido para valores da variável situados quatro desvios padrão abaixo e acima da média. A partir desses pontos, a área entre a curva e o eixo horizontal é desprezível.

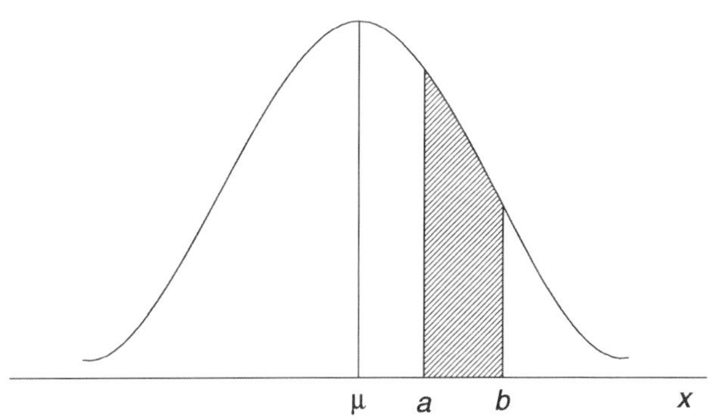

Figura 4.13 A curva normal.

O leitor deve recordar que o eixo vertical na Figura 4.13 *não é* o eixo das freqüências relativas, simplesmente porque as freqüências tendem a zero para qualquer valor da variável, se esta for contínua. Explicamos que no eixo vertical é marcada uma grandeza chamada *densidade de probabilidade*. O que se pode calcular é a área sob um determinado trecho da curva, por exemplo entre os pontos *a* e *b* da Figura 4.13. Essa área dará a probabilidade da variável assumir valores entre *a* e *b*, ou seja $P(a \leq x \leq b)$. Podemos acrescentar agora que $P(-\infty \leq x +\infty) = 1$, ou seja, a área total sob a curva normal é igual à unidade.

Quando estamos aproximando a distribuição de uma variável discreta (na prática) pela curva normal, trabalhando com um número grande de classes ou de valores isolados, muitas vezes assumimos que o eixo vertical contém as freqüências relativas. Isso é permitido, desde que o leitor lembre de tratar-se apenas de uma simplificação, válida apenas porque toda variável é sempre medida de forma discreta. Muitas vezes o eixo vertical é até mesmo omitido na representação gráfica.

Na medida em que cresce o desvio padrão, os valores da variável vão se distanciar mais e mais da média μ, fazendo com que a curva vá se "deitando" cada vez mais.

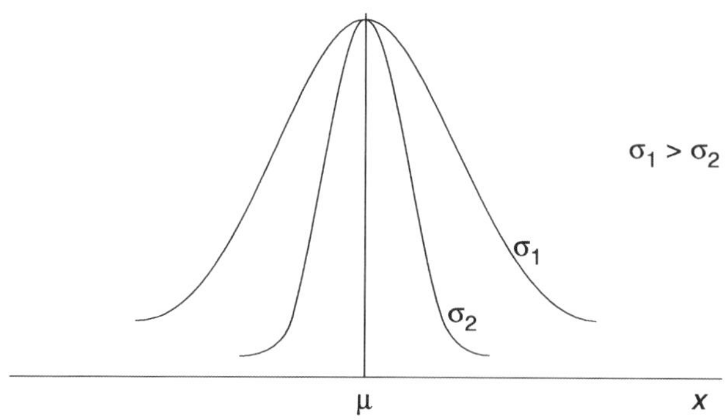

Figura 4.14 A Influência do Desvio Padrão na Curva Normal.

4.4.6.2 *Áreas sob a Curva Normal*

Se quisermos saber a probabilidade de a variável assumir valores dentro de um intervalo dado, ou seja, se quisermos saber a área delimitada pela curva e por dois pontos quaisquer *a* e *b*, como na Figura 4.13, teremos que proceder ao cálculo da *integral* entre os pontos *a* e *b*, conhecendo a função que define a densidade de probabilidade. Esse cálculo é complicado e tem de ser feito caso a caso, conforme variem a média μ e o desvio padrão. Essa complicação levou ao desenvolvimento da chamada *curva normal reduzida* ou *padronizada*, que resolve facilmente o problema da determinação de áreas sob a curva normal. Observe o leitor a Figura 4.15:

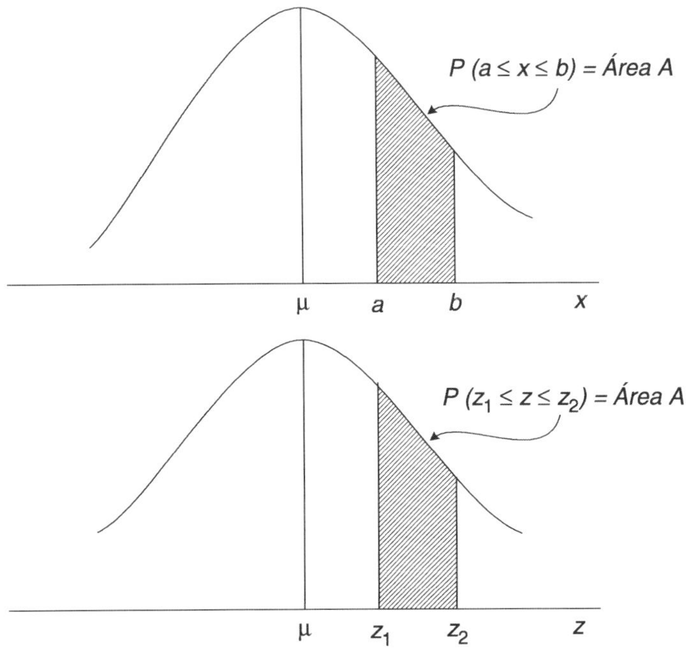

Figura 4.15 A Curva Normal Reduzida ou Padronizada.

A curva normal inferior representa a distribuição de uma variável cujos valores são tradicionalmente indicados pela letra z. Os valores de z são chamados de *valores padronizados*. A cada valor de z corresponde um e um só valor de x na curva superior. Os valores z resultam de uma transformação em x, assim obtida:

$$z = \frac{x - \mu}{\sigma}$$

Graças à essa transformação, a média da distribuição z é igual a zero e o seu desvio padrão é 1. O que é de fundamental importância é que, dados dois pontos a e b, na curva superior, a eles corresponderão dois pontos z_1 e z_2 na normal reduzida. A área delimitada por a e b, na curva superior, será a mesma delimitada por z_1 e z_2, na normal reduzida. É possível, portanto, transformar (reduzir) qualquer normal dada na normal padronizada. Basta assim tabelarmos as áreas sob a curva normal reduzida e poderemos calcular as áreas para qualquer curva normal que seja dada.

A tabela de áreas sob a curva normal reduzida está apresentada na Tabela 4.15. Na tabela, lemos diretamente o valor da área para valores de z entre 0 até 3. A área entre 0 e infinito é igual a 0,5 pela simetria da curva normal, mas para propósitos práticos ela fica muito pequena para z acima de 3, tornando-se totalmente desprezível para z acima de 4. O valor de z na tabela é lido na vertical, até a primeira casa decimal e na horizontal, para a segunda casa. Na intersecção das leituras encontra-se a área entre 0 e z. Assim, por exemplo, para $z = 1{,}47$ a parte correspondente a 1,4 é lida na vertical e a parte correspondente a 0,07 na horizontal. A intersecção nos dá uma área de 0,4292, que é $P(0 \leq z \leq 1{,}47)$. Uma pergunta interessante que pode ser feita é a seguinte: e se quiséssemos determinar $P(0 \leq z \leq 1{,}47)$? Em outras palavras, queremos que z seja, à direita, um infinitésimo menor que 1,47. A resposta prática é a de que a solução seria ainda a mesma, ou seja, a área seria ainda de 0,4992. Podemos assumir isso porque a probabilidade de z ser *exatamente* 1,47 é zero. Idêntica presunção é feita quando se considera que z está apenas um infinitésimo acima de um dado valor. Uma última observação importante: como a curva é simétrica em relação à média (zero), segue-se que a área entre 0 e z é a mesma que entre 0 e $-z$.

Exemplo 4.19

Certa máquina empacotadora de café em pó conduz a sacos com média de 500 g e desvio padrão de 10 gramas. Assumindo que a quantidade de café nos sacos distribua-se normalmente, determinar as seguintes probabilidades:

a) $P(500 \leq x \leq 520)$

b) $P(470 \leq x \leq 500)$

c) $P(x \geq 515)$

d) $P(x \leq 490)$

e) $P(485 \leq x \leq 525)$

Solução

Em todos os casos, os valores x transformam-se nos valores z pela equação de transformação:

$$z = \frac{x - \mu}{\sigma} \qquad \text{onde } \mu = 500 \text{ g e } \sigma = 10 \text{ g}$$

A partir dos valores z, com o auxílio das áreas tabeladas na Tabela 4.15, todas as probabilidades pedidas são determinadas. É bom lembrar que as áreas podem ser somadas ou subtraídas, de modo que qualquer problema de cálculo conduza aos valores tabelados. É também útil lembrar que cada metade da curva normal tem área de 0,5. Dessa forma, as soluções apresentada a seguir são auto-explicadas.

a) $P(500 \leq x \leq 520)$

Esse é exatamente o caso tabelado:

$P(500 \leq x \leq 520) = P(0 \leq z \leq 2) = 0,4772$

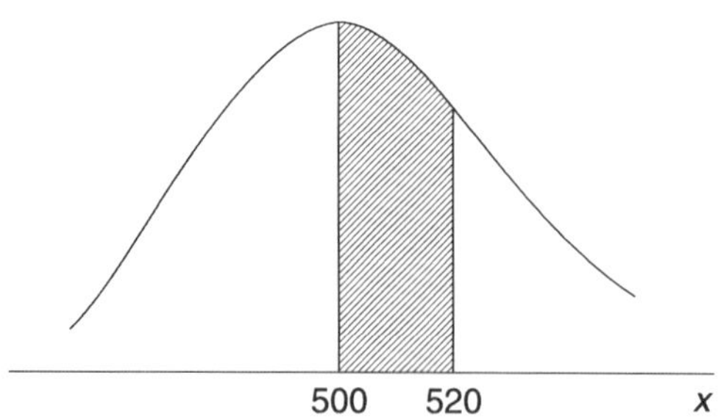

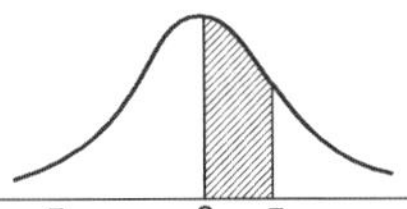

Tabela 4.15 Áreas sob a Curva Normal (0 a z)

z	0,00	0,01	0,02	0,03	0,04	0,05	0,06	0,07	0,08	0,09
0,0	0,0000	0,0040	0,0080	0,0120	0,0160	0,0199	0,0239	0,0279	0,0319	0,0359
0,1	0,0398	0,0438	0,0478	0,0517	0,0557	0,0596	0,0636	0,0675	0,0714	0,0753
0,2	0,0793	0,0832	0,0871	0,0910	0,0948	0,0987	0,1026	0,1064	0,1103	0,1141
0,3	0,1179	0,1217	0,1255	0,1293	0,1331	0,1368	0,1406	0,1443	0,1480	0,1517
0,4	0,1554	0,1591	0,1628	0,1664	0,1700	0,1736	0,1772	0,1808	0,1844	0,1879
0,5	0,1915	0,1950	0,1985	0,2019	0,2054	0,2088	0,2123	0,2157	0,2190	0,2224
0,6	0,2257	0,2291	0,2324	0,2357	0,2389	0,2422	0,2454	0,2486	0,2517	0,2549
0,7	0,2580	0,2611	0,2642	0,2673	0,2703	0,2734	0,2764	0,2794	0,2823	0,2852
0,8	0,2881	0,2910	0,2939	0,2967	0,2995	0,3023	0,3051	0,3078	0,3106	0,3133
0,9	0,3159	0,3186	0,3212	0,3238	0,3264	0,3289	0,3315	0,3340	0,3365	0,3389
1,0	0,3413	0,3438	0,3461	0,3485	0,3508	0,3531	0,3554	0,3577	0,3599	0,3621
1,1	0,3643	0,3665	0,3686	0,3708	0,3729	0,3749	0,3770	0,3790	0,3810	0,3830
1,2	0,3849	0,3869	0,3888	0,3907	0,3925	0,3944	0,3962	0,3980	0,3997	0,4015
1,3	0,4032	0,4049	0,4066	0,4082	0,4099	0,4115	0,4131	0,4147	0,4162	0,4177
1,4	0,4192	0,4207	0,4222	0,4236	0,4251	0,4265	0,4279	0,4292	0,4306	0,4319
1,5	0,4332	0,4345	0,4357	0,4370	0,4382	0,4394	0,4406	0,4418	0,4429	0,4441
1,6	0,4452	0,4463	0,4474	0,4484	0,4495	0,4505	0,4515	0,4525	0,4535	0,4545
1,7	0,4554	0,4564	0,4573	0,4582	0,4591	0,4599	0,4608	0,4616	0,4625	0,4633
1,8	0,4641	0,4649	0,4656	0,4664	0,4671	0,4678	0,4686	0,4693	0,4699	0,4706
1,9	0,4713	0,4719	0,4726	0,4732	0,4738	0,4744	0,4750	0,4756	0,4761	0,4767
2,0	0,4772	0,4778	0,4783	0,4788	0,4793	0,4798	0,4803	0,4808	0,4812	0,4817
2,1	0,4821	0,4826	0,4830	0,4834	0,4838	0,4842	0,4846	0,4850	0,4854	0,4857
2,2	0,4861	0,4864	0,4868	0,4871	0,4875	0,4878	0,4881	0,4884	0,4887	0,4890
2,3	0,4893	0,4896	0,4898	0,4901	0,4904	0,4906	0,4909	0,4911	0,4913	0,4916
2,4	0,4918	0,4920	0,4922	0,4925	0,4927	0,4929	0,4931	0,4932	0,4934	0,4936
2,5	0,4938	0,4940	0,4941	0,4943	0,4945	0,4946	0,4948	0,4949	0,4951	0,4952
2,6	0,4953	0,4955	0,4956	0,4957	0,4959	0,4960	0,4961	0,4962	0,4963	0,4964
2,7	0,4965	0,4966	0,4967	0,4968	0,4969	0,4970	0,4971	0,4972	0,4973	0,4974
2,8	0,4974	0,4975	0,4976	0,4977	0,4977	0,4978	0,4979	0,4979	0,4980	0,4981
2,9	0,4981	0,4982	0,4982	0,4983	0,4984	0,4984	0,4985	0,4985	0,4986	0,4986
3,0	0,4987	0,4987	0,4987	0,4988	0,4988	0,4989	0,4989	0,4989	0,4990	0,4990

b) $P(470 \leq x \leq 500)$

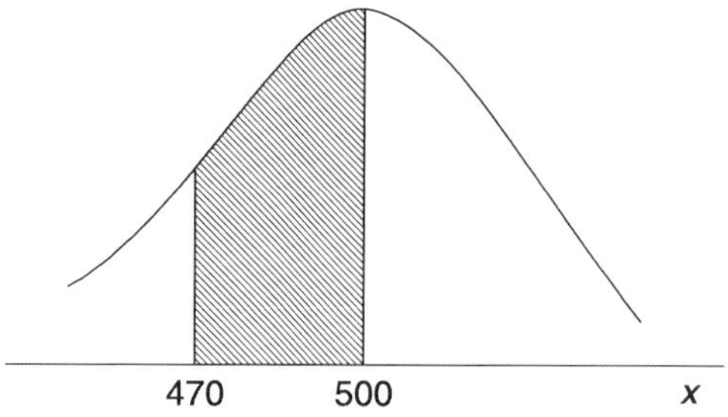

$$P(470 \leq x \leq 500) = P(-3 \leq z \leq 0) = \\ = P(0 \leq z \leq 3) = \\ = 0{,}4987$$

c) $P(x \geq 515)$

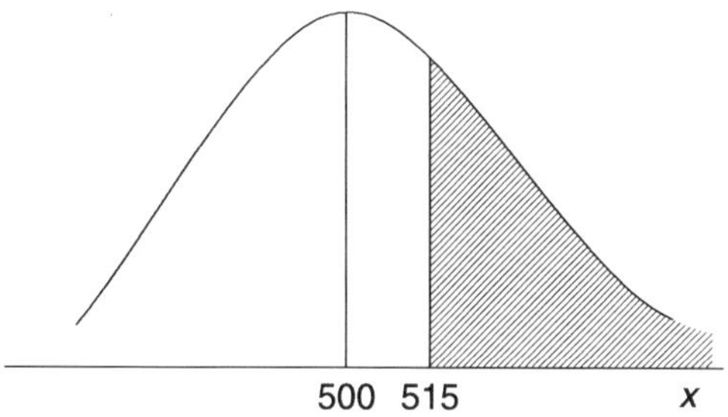

$$P(x \geq 515) = 0{,}5 - P(500 \leq x \leq 515) = \\ = 0{,}5 - P(0 \leq z \leq 1{,}5) = \\ = 0{,}5 - 0{,}4332 = 0{,}0668$$

d) $P(x \leq 490)$

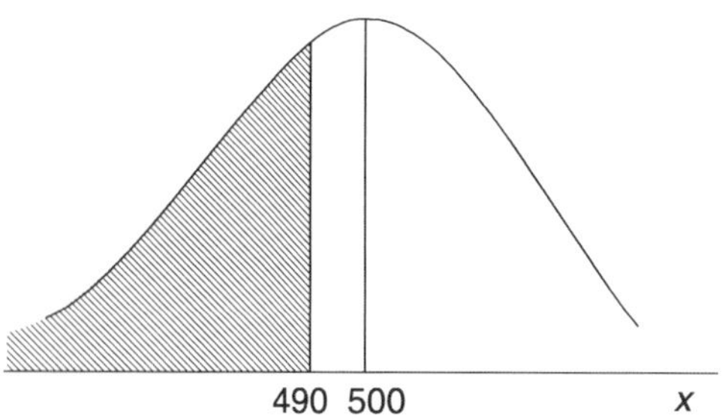

$$P(x \leq 490) = 0{,}5 - P(490 \leq x \leq 500) = \\ = 0{,}5 - P(-1 \leq z \leq 0) = \\ = 0{,}5 - P(0 \leq z \leq 1) = \\ = 0{,}5 - 0{,}3413 = 0{,}1587$$

e) $P(485 \leq x \leq 525)$

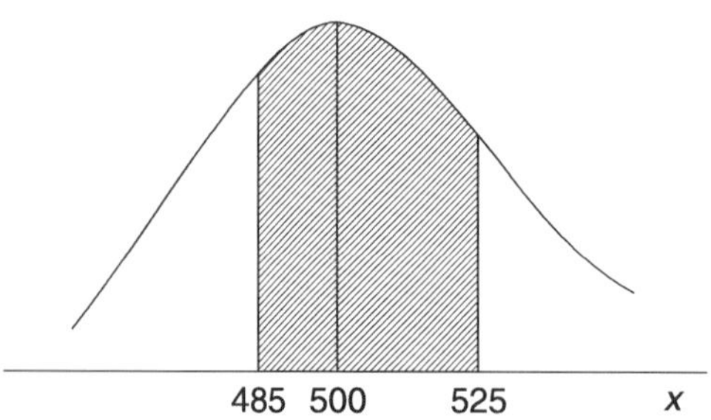

$$P(485 \leq x \leq 525) = P(-1{,}5 \leq z \leq 2{,}5) = \\ = P(-1{,}5 \leq z \leq 0) + P(0 \leq z \leq 2{,}5) = \\ = P(0 < z \leq 1{,}5) + P(0 \leq z \leq 2{,}5) = \\ = 0{,}4332 + 0{,}4938 = 0{,}9270$$

PONTOS-CHAVE

1. Como campo de estudo e profissão, a palavra Estatística refere-se a um conjunto de técnicas para a coleta, organização e interpretação de dados, bem como a retirada de conclusões baseadas nesses dados.

2. Uma distribuição de freqüências absolutas consiste de um conjunto de valores (ou de classes de valores) associado ao número de suas ocorrências. Se, para cada valor ou classe de valores, dividirmos a sua freqüência absoluta pelo total de observações, obteremos as freqüências relativas em forma de fração, as quais podem ser transformadas em porcentagens.

3. Uma distribuição de freqüências pode ser quantitativa, quando a grandeza de interesse é numérica, ou qualitativa, quando ela é categórica. A montagem de uma distribuição de freqüências categórica, ou mesmo numérica com poucos valores assumidos pela variável, não apresenta maiores problemas. Quando a grandeza possui muitos valores diferentes, será necessário agrupá-los em classes de valores.

4. Em uma distribuição de freqüências quantitativas, os limites de uma classe são os valores que iniciam (limite inferior) e terminam (limite superior) a classe. O ponto médio da classe é a média aritmética entre os limites superior e inferior da classe. Intervalo de uma classe é a diferença entre os pontos médios de duas classes consecutivas, desde que tenham a mesma diferença entre os limites superior e inferior.

5. As medidas de tendência central dão uma idéia acerca dos valores médios da grandeza. As mais comuns são a média, a mediana e a moda, cujos valores podem ser calculados para grandezas cujos valores estão agrupados em classes ou não.

6. Embora existam outras medidas de dispersão, a variância e o desvio padrão estão entre as mais usadas. A variância, inclusive, é importante em diversos desenvolvimentos teóricos da Estatística.

7. São postulados fundamentais da probabilidade:

a) A probabilidade de ocorrência de qualquer evento se situa sempre entre 0 (zero) e 1.

b) A probabilidade de ocorrer o espaço amostral (ou seja, algum evento qualquer do espaço amostral) é sempre igual a 1.

c) Se A e B são eventos mutuamente exclusivos, então a probabilidade de ocorrência de um ou de outro será a soma de suas probabilidades individuais de ocorrência.

8. Uma variável aleatória é discreta se assume apenas alguns valores dentro de um intervalo; é dita contínua se assume sempre um número infinito de valores dentro de um intervalo dado.

9. Há duas visões de probabilidade: a freqüencialista, segundo a qual a probabilidade tende a assumir o valor da freqüência relativa, dado um número suficientemente grande de observações, e a subjetivista, segundo a qual a probabilidade de um evento não repetitivo pode ser atribuída com base na experiência, conhecimento e julgamento.

10. Um experimento é um processo de Bernoulli quando se cumprem as seguintes condições: existem apenas dois resultados possíveis, mutuamente exclusivos, a cada vez que o experimento tenha lugar; a probabilidade de um ou outro resultado não se altera de um experimento para outro; os vários experimentos são independentes entre si.

11. A distribuição binomial resulta de uma seqüência de processos de Bernoulli, quando são calculadas as probabilidades de se obter x sucessos em n tentativas ($x = 1, 2, 3, ..., n$).

12. A distribuição de Poisson permite calcular as probabilidades de ocorrência de 0, 1, 2 ... eventos em uma unidade de reposição, desde que se conheça o número médio de ocorrências por unidade de exposição.

13. A grande utilidade da curva normal reduzida ou padronizada consiste em permitir o cálculo de áreas sob qualquer curva normal, por meio da transformação de qualquer variável na variável padronizada z.

PROBLEMAS RESOLVIDOS

1. Analisando a ação de uma certa companhia, três diferentes analistas fazem as seguintes afirmativas:

- o primeiro analista diz que as probabilidades de o preço da ação subir, permanecer constante ou baixar são de 0,57; 0,26 e 0,14 respectivamente;
- o segundo analista afirma que essas probabilidades são de 0,49; 0,33 e 0,18;
- o terceiro analista afirma que as probabilidades são de 0,51; 0,38 e 0,13.

Comentar essas afirmativas do ponto de vista dos conceitos fundamentais de probabilidade.

Solução

O primeiro comentário a ser feito é sobre o fato de que as probabilidades foram estimadas de forma subjetiva, não sendo portanto necessário que os valores coincidam para os três analistas. Não obstante, existe um erro nos enunciados do primeiro e do terceiro analistas. O primeiro analista apresentou probabilidades cuja soma é inferior a 1 (0,97), o que é impossível dado que os eventos em pauta são mutuamente exclusivos e esgotam o espaço amostral. No caso do terceiro analista, ao contrário, a soma das probabilidades é maior que 1 (1,02), o que contraria o postulado fundamental de $P(S) = 1$.

2. Dado $P(A) = 0{,}60$; $P(B) = 0{,}30$ e $P(A \cap B) = 0{,}15$, determinar:

a) $P(A')$
b) $P(B')$
c) $P(A \cup B)$
d) $P(A \cap B')$
e) $P(A' \cap B)$
f) $P(A' \cap B')$

Solução

a) $P(A')$

Como A' é o complemento de A, segue-se imediatamente que:

$P(A') = 1 - P(A) = 1 - 0{,}60 = 0{,}40$

b) $P(B')$

$P(B') = 1 - P(B) = 1 - 0{,}30 = 0{,}70$

c) $P(A \cup B)$

$P(A \cup B) = P(A) + P(B) - P(A \cap B) = 0{,}60 + 0{,}30 - 0{,}15 = 0{,}75$

d) $P(A \cap B')$

O diagrama de Venn a seguir ajuda a compreender a solução:

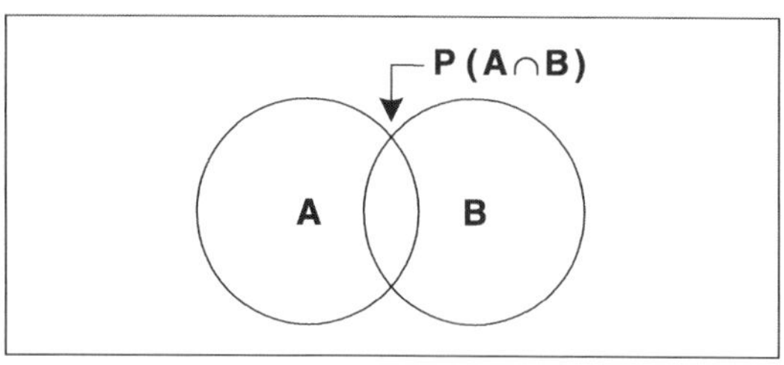

Repare que o evento B' é obtido desconsiderando o espaço correspondente a B, o que implica em desconsiderar também $A \cap B$; o que resulta é claramente o espaço correspondente ao evento A, a menos da parte correspondente a $A \cap B$. Logo:

$P(A \cap B') = P(A) - P(A \cap B) = 0{,}60 - 0{,}15 = 0{,}45$

e) $P(A' \cap B)$

A situação agora se inverte em relação ao caso *d*, ou seja:

$P(A' \cap B) = P(B) - P(A \cap B) = 0{,}30 - 0{,}15 = 0{,}15$

f) $P(A' \cap B')$

A intersecção de A' e B' compreende todo o espaço amostral a menos do que pertença a A ou a B. Logo:

$P(A' \cap B') = 1 - P(A \cup B) = 1 - 0{,}75 = 0{,}25$

3. A tabela a seguir mostra, para uma amostra de 100 operários, a relação entre o conhecimento teórico mínimo para desempenhar o seu trabalho e a habilidade manual. O conhecimento teórico foi medido por meio de um teste escrito.

	Habilidade Manual			
	Baixa	Média	Alta	
Passa	11	25	35	71
Não passa	15	7	7	29
	26	32	42	100

Admitindo-se que a amostra representa bem os futuros operários que se submeterão ao teste e os seus graus de habilidade, são pedidas as seguintes probabilidades:

a) Um operário ser de baixa habilidade manual, dado que passou no teste.
b) Um operário ser de alta habilidade, dado que não passou no teste.
c) Um operário qualquer passe no teste.
d) Um operário tenha habilidade não baixa, dado que se sabe que não passou no teste.

Solução

a) Como existem 71 operários que passam no teste, dos quais 11 têm baixa habilidade, segue-se que a probabilidade de que um operário nessas condições passe no teste é de 11/71.

b) 29 operários não passam no teste; destes, 7 têm alta habilidade. Logo, a probabilidade de que um operário tenha alta habilidade, não havendo passado no teste, é de 7/29.

c) De cada 100 operários, 71 passam no teste, o que dá uma probabilidade de 71/100 ou 0,71.

d) Dos 29 operários que não passam no teste, 7 têm habilidade média e 7 têm habilidade alta. Logo, 14 operários entre os 29 que não passam no teste têm habilidade não baixa. Segue-se que a probabilidade de "um operário tenha habilidade não baixa, dado que não passou no teste", é de 14/29.

4. O tempo requerido para o término de um certo trabalho T_1 é de 80 minutos em média com desvio padrão de 30 minutos, enquanto o tempo para o término de outro trabalho T_2 tem média de 100 minutos e desvio padrão de 10 minutos. Supondo que ambas as distribuições de tempo possam ser aproximadas por uma curva normal, indaga-se:

a) que porcentagem de trabalhos tipo T_1 leva-se mais tempo para realizar do que a média de tempo de trabalhos tipo T_2?

b) que porcentagem de trabalhos tipo T_2 toma-se menos tempo para realizar do que a média de tempo de trabalhos do tipo T_1?

Solução

Na figura abaixo, a área A representa a probabilidade de que trabalhos do tipo T_1 demorem mais que 100 minutos para o término (mais que a média dos trabalhos tipo T_2). Por outro lado, a área B representa a probabilidade de que trabalhos do tipo T_2 demorem menos que 80 minutos para sua conclusão (menos que a média dos trabalhos tipo T_1).

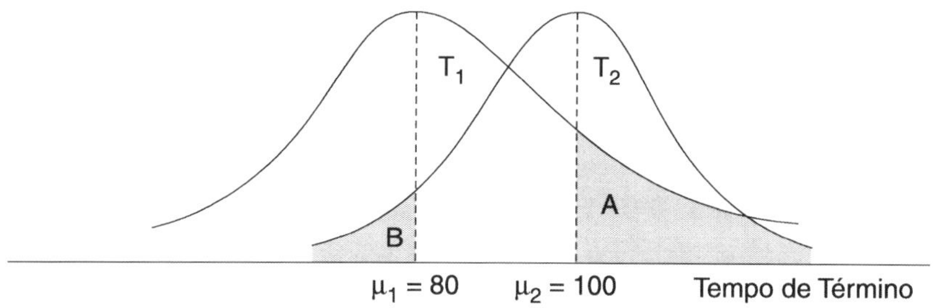

a) $\mu_1 = 80 \quad \sigma_1 = 30$

$$z_1 = \frac{100 - 80}{30} = 0{,}67$$

Da tabela da curva normal reduzida (página 105), retira-se o valor da área entre 0 e 0,67, que é 0,2486.

$P(z > z_1) = 0{,}5 - 0{,}2486 = 0{,}2514$

A porcentagem pedida é, pois, de 25,14%.

b) $\mu_2 = 100 \quad \sigma_2 = 10$

$$z_2 = \frac{80 - 100}{10} = -2$$

Da tabela da curva normal reduzida, retira-se o valor da área entre 0 e –2 (ou entre 0 e 2), que é de 0,4772.

$P(z < z_2) = 0{,}5 - 0{,}4772 = 0{,}0228\%$.

A porcentagem pedida é, pois, de 2,28%

QUESTÕES PARA DISCUSSÃO

1. Quais são os três sentidos usuais da palavra "estatística"?
2. Como a Estatística se divide e do que trata cada uma dessas divisões?
3. O que é uma distribuição de freqüências? O que é freqüência absoluta e freqüência relativa?
4. Cite algumas regras básicas na divisão dos valores de uma grandeza em classes.
5. Definir limites, ponto médio e intervalo de classe.
6. Como é obtido o histograma? E o polígono de freqüências? Quando se usa o gráfico de barras?
7. O que são distribuições de freqüências acumuladas do tipo "ou menos" e "ou mais"?
8. Quais são as mais importantes medidas de tendência central? Dê uma rápida idéia de como são calculadas para o caso de uma distribuição de freqüências onde a variável é dividida em classes.
9. Explique como são calculados a variância e o desvio padrão.

10. Conceitue experimento, espaço amostral e evento.
11. Conceitue:
    a) eventos mutuamente exclusivos
    b) intersecção de dois ou mais eventos
    c) união de dois ou mais eventos
    d) complemento de um evento X em relação ao espaço amostral
    e) diagrama de Venn
12. Conceitue probabilidade sob os pontos de vista freqüencialista e subjetivista.
13. Enuncie e comente os três postulados sobre probabilidade apresentados no texto.
14. Releia as regras de I a IV apresentadas no texto e enuncie-as com suas próprias palavras.
15. Defina probabilidade condicional de um evento A em relação a um evento B.
16. Explique a ligação entre a distribuição binomial e o processo de Bernoulli.
17. Explique com suas próprias palavras o que é uma distribuição binomial.
18. Dê um exemplo de um fenômeno que possa ser descrito por uma distribuição de Poisson.
19. Qual é a utilidade da curva normal reduzida ou padronizada?

PROBLEMAS PROPOSTOS

1. É dada a seguir a distribuição de renda (em 1955) para uma amostra de unidades familiares dos Estados Unidos:

Renda (US$)	Número de Unidades (famílias)
Abaixo de 1.000	261
1.000 – 1.999	331
2.000 – 2.999	359
3.000 – 3.999	384
4.000 – 4.999	407
5.000 – 7.499	703
7.500 – 9.999	277
10.000 e acima	292
	3.014

Decidir (e dar a resposta) quais das quantidades a seguir podem ser determinadas com base na distribuição fornecida. Deseja-se saber o número de famílias com renda de:

a) pelo menos $ 5.000.
b) mais de $ 5.000.
c) acima de $ 20.000.
d) pelo menos $ 3.000.
e) no máximo $ 3.000.
f) no mínimo $ 6.000.

2. Um analista de negócios recolheu as informações a seguir sobre os resultados de doze companhias pertencentes ao mesmo ramo empresarial:

Taxa de retorno sobre o capital total (%)
8,4; 9,1; 8,5; 8,5; 8,9; 8,3; 8,2; 6,8; 7,1; 6,7; 8,4; 9,9

Salários como porcentagem do faturamento
31,0; 29,2; 25,5; 26,3; 27,4; 30,5; 30,3; 30,1; 29,9; 34,5; 34,7 e 31,4.

Encontrar a média, a mediana e (se possível) as modas desses dois conjuntos de porcentagens.

3. A seguir é dado o número de unidades vendidas de um certo produto, para 50 semanas consecutivas:

49	41	45	52	47	46	48	42	43	46
45	36	56	44	61	68	54	58	51	44
47	49	42	48	53	48	41	65	45	52
58	50	55	45	43	72	63	45	38	43
42	47	43	49	46	57	49	44	47	48

a) Agrupar esses números em uma tabela, tendo as classes:
35 – 39; 40 – 44; 45 – 49; ...; 70 – 74

b) Determinar a média, a mediana e a moda.

c) Construir a distribuição acumulada "ou mais".

d) Determinar qual a porcentagem de semanas em que são vendidas 50 ou mais unidades do produto.

4. Explicar por que deve haver um erro em cada uma das seguintes afirmações:

a) As probabilidades de que o número de peças defeituosas em um lote sejam 0, 1, 2, 3, 4 e 5 ou mais são, respectivamente, de 0,11; 0,24; 0,37; 0,16; 0,09 e 0,05.

b) As probabilidades de que o número de acidentes em um certo cruzamento e num dado mês sejam 0, 1, 2 e 3 ou mais são, respectivamente, 0,47; 0,25; 0,13 e 0,05.

c) A probabilidade de que um indivíduo passe um cheque sem fundos durante o ano é de 0,17 e a probabilidade de que ele passe 1 ou mais cheques sem fundo é de 0,11.

d) A probabilidade de que a declaração de Imposto de Renda do Sr. *X* caia na malha fina é de 0,25 e a probabilidade de que ou a declaração do Sr. *X* ou a do Sr. *Y* ou ambas caiam na malha fina é de 0,20.

5. As probabilidades de que uma empresa de manutenção de computadores receba, 1, 2, 3, 4, 5, 6, 7, 8, 9 e 10 chamadas em um dia são, respectivamente, 0,01; 0,03; 0,08; 0,14; 0,18; 0,18; 0,15; 0,10; 0,08 e 0,05.

a) Qual é a probabilidade de ocorrer menos que 5 chamadas?

b) Qual é a probabilidade de ocorrer pelo menos 7 chamadas?

c) Qual é a probabilidade de se ter entre 3 e 7 chamadas, inclusive esses extremos?

6. Um estudante é escolhido ao acaso, de uma classe de 30 estudantes, 15 dos quais estão se graduando em Comércio Exterior e 5 dos quais são excelentes alunos. Daqueles que são excelentes alunos, 3 estão, inclusive, se graduando em Comércio Exterior.

a) Qual é a probabilidade de um aluno escolhido ao acaso ser um graduando em Comércio Exterior ou ser um excelente aluno?

b) Qual a probabilidade de que o aluno escolhido não seja graduando de Comércio Exterior e nem excelente aluno?

c) Qual a probabilidade de o aluno escolhido ser graduando em Comércio Exterior, mas não ser um excelente aluno?

7. Se *K* é o evento de que o Sr. Ferreira aceitará um trabalho em Campinas, *L* é o evento de que ele trabalhará em uma indústria química e *M* o evento de que ele estará satisfeito com o seu salário, estabeleça em palavras a probabilidade que é expressa em cada um dos seguintes casos:

a) $P(L/K)$

b) $P(M/K')$

c) $P(M/L)$

d) $P(L \cup M/K)$

e) $P(M/K \cap L)$

f) $P(M' \cap K/L')$

8. O proprietário de um grande magazine está oferecendo um prêmio a um entre cada 1.000 clientes. Em cada compra, o cliente preenche um cartão numerado e conserva o canhoto. No cartão, pergunta-se se o cliente é regular ou não e se pagou a compra com dinheiro ou com cartão de crédito. A probabilidade de que qualquer cartão seja sorteado é de 1/1.000. Para as últimas 1.000 compras, a situação está sumariada na tabela a seguir:

	Clientes com cartão de crédito	Clientes que pagam à vista
Clientes regulares	130	270
Clientes não regulares	120	480

Fazendo R representar o evento de que o prêmio seja ganho por um cliente regular e C o evento de que o prêmio seja ganho por um cliente com cartão de crédito, determinar:

a) $P(R)$
b) $P(C)$
c) $P(R \cup C)$
d) $P(R \cap C)$
e) $P(R' \cap C')$
f) $P(R/C)$
g) $P(C/R)$
h) $P(C/R')$
i) $P(R'/C')$

9. Dados os eventos A e B, mutuamente exclusivos, para os quais $P(A) = 0{,}30$ e $P(B) = 0{,}45$, determine:

a) $P(A')$
b) $P(B')$
c) $P(A \cap B)$
d) $P(A \cap B')$
e) $P(A' \cap B')$

10. A probabilidade de que o Sr. Ferreira vá trabalhar com seu próprio carro é 0,21; a probabilidade de que ele tome carona com seu vizinho é 0,14; a probabilidade de que ele tome um ônibus é 0,48 e a probabilidade que ele vá trabalhar a pé é de 0,05. As últimas possibilidades são de que ele vá trabalhar tomando um táxi (probabilidade de 0,09) ou que simplesmente não vá trabalhar.

a) Qual a probabilidade de que ele irá de carro ou de carona ou de táxi?
b) Qual a probabilidade de que ele tomará um táxi ou irá de ônibus?
c) Qual a probabilidade de que ele não vá trabalhar?

11. Se A e B são eventos independentes, $P(A) = 0{,}25$ e $P(B) = 0{,}40$ e $P(A \cap B) = 0{,}10$, determine:

a) $P(A/B)$
b) $P(A \cup B)$
c) $P(A' \cap B')$

12. Foi feita uma pesquisa entre médicos, engenheiros e advogados, para saber suas preferências musicais (tabela a seguir):

	Música			
	Popular Brasileira	Clássica	Popular Americana	Popular Italiana
Médicos	20	30	5	12
Engenheiros	40	20	15	20
Advogados	35	30	3	18

Nomeando os eventos a seguir:

M = o entrevistado é médico

E = o entrevistado é engenheiro

A = o entrevistado é advogado

P = o entrevistado gosta de música popular brasileira

C = o entrevistado gosta de música clássica

PA = o entrevistado gosta de música popular americana

I = o entrevistado gosta de música popular italiana

Encontre:

a) $P(E/P)$

b) $P(A \cup E)/P)$

c) $P(C/A)$

d) $P(P \cup C/E)$

13. Um componente usado na montagem de certo modelo de rádio AM/FM é adquirido de um fabricante de outro estado e entregue em embalagens com 20 unidades. Na inspeção de qualidade feita quando da recepção do componente, uma embalagem é tomada ao acaso e são examinadas todas as unidades que ela contém. Todo o lote do produto é rejeitado se for encontrado mais que 1 componente defeituoso na embalagem. Sabendo-se que 10% dos componentes são defeituosos, qual é a probabilidade de rejeitar-se o lote?

14. Em uma estrada interestadual, são encontrados em média 3 caminhões por quilômetro. Admitindo-se que o número de caminhões por quilômetro se distribua segundo uma Poisson, determinar:

a) A probabilidade de que nenhum caminhão seja encontrado em um dado quilômetro.

b) A probabilidade de se encontrar 2 ou menos caminhões.

c) A probabilidade de se encontrar mais que 4 caminhões.

d) A probabilidade de se encontrar 2 ou 3 caminhões.

15. Encontre a área da curva normal que fica:

a) à direita de $z = 1{,}98$

b) à esquerda de $z = 1{,}65$

c) à direita de $z = -0{,}88$

d) à esquerda de $z = -1{,}32$

e) entre $z = 1{,}15$ e $z = 1{,}55$

f) entre $z = -0{,}68$ e $z = -0{,}35$

g) entre $z = -1{,}45$ e $z = 0{,}45$

16. Um componente pode suportar uma voltagem de até 120 volts. Submetendo-o a uma fonte de tensão variável segundo uma normal, com média de 118 e desvio padrão de 3 volts, qual a probabilidade de que ele se queime?

17. Para uma companhia, sabe-se que seus operários possuem certo atributo intelectual variando segundo uma distribuição normal com média 108 e desvio padrão 10. Para uma particular função, experiências anteriores mostram que somente operários com medida mínima de 95 naquele atributo eram competentes para o serviço, enquanto operários com medida acima de 120 tornavam-se aborrecidos com o trabalho. Tomando por base apenas o atributo em questão, qual a porcentagem de operários adaptada àquele trabalho?

18. Assumindo que a despesa mensal com alimentação, para um grupo de 100 famílias pertencente a certo grupo de renda e tamanho, seja distribuída segundo uma normal de média R$ 1.300,00 e desvio padrão de R$ 200,00:

a) qual a proporção do tempo em que as despesas são menores que R$ 700,00?

b) que porcentagem do tempo as despesas caem entre R$ 1.000,00 e R$ 1.200,00?

c) que porcentagem do tempo as despesas são menores que R$ 1.200,00 ou maiores que R$ 1.500,00?

19. O fabricante de certo produto engarrafado deseja regular suas máquinas de modo que apenas uma garrafa em cada 100 contenha mais que o peso máximo desejado, que é de 120 gramas. Assumindo que o peso possa ser aproximado por uma curva normal com desvio padrão de 10 gramas, qual deve ser o peso médio do produto nas garrafas para que se cumpra a ordem do fabricante?

REFERÊNCIAS BIBLIOGRÁFICAS

BULMER, M. G. *Principles of Statistics.* Mineola, NY. Dover Publications, 1979.

DOWNIE, N. M.; HEATH, R. W. *Basic Statistical Methods.* Nova York: Harper and Row, 1974.

FREEDMAN, D.; PISANI, R.; PURVES, R. *Statistics.* 3. ed. Nova York: W. W. Norton & Company, 1997.

MARTINS, G. A.; FONSECA, J. S. *Curso de Estatística.* 4. ed. São Paulo: Editora Atlas, 1986.

TRIOLA, M. F. *Elementary Statistics.* Englewood Cliffs: Prentice Hall. College Division, Student Edition, 2005.

WILLIAMS, F. *Reasoning with Statistics.* Nova York: Holt, Rinehart and Winston, 1986.

Capítulo 5

Elementos da Teoria da Decisão

5.1 O que é a Teoria da Decisão?

Todo problema de decisão, seja individual, seja de uma organização, envolve o julgamento sobre um conjunto conhecido de alternativas. Supõe-se que a decisão deva ser tomada no presente, mas os seus efeitos serão sentidos ao longo do tempo. As informações disponíveis são freqüentemente constituídas de dados de diversos graus de precisão: alguns são conhecidos com certeza, outros são estimados com certo cuidado e, finalmente, poderão existir dados cuja precisão deixa muito a desejar. São cercados de incertezas e referem-se, normalmente, a eventos de um período futuro sobre os quais o tomador de decisão tem pouca ou nenhuma influência. A diferente composição de informações, algumas precisas e outras próximas do mero palpite, faz que não existam dois problemas de decisão idênticos. Sempre existirão particularidades que nenhum aprendizado formal pode prever, fazendo que se abra um amplo espaço para o raciocínio, o julgamento e, não raras vezes, o bom senso do tomador de decisão.

Apesar da constatação de que cada problema de decisão tem seu caráter de especificidade, é possível reunir elementos comuns a todos os problemas de decisão. A análise desses elementos comuns não pode fornecer soluções prontas, mas indica uma forma sistemática de se pensar sobre os problemas de decisão. O mínimo que se pode ganhar é a identificação de certos elementos-chave que permitem formar um primeiro quadro do problema de decisão, classificando-o segundo alguns critérios.

A Teoria da Decisão pode ser conceituada como um conjunto específico de técnicas que auxiliam o tomador de decisão a reconhecer as particularidades do seu problema e a estruturá-lo. Além disso, a Teoria da Decisão sugere soluções segundo alguns critérios preestabelecidos. O tomador de decisão pode ser uma pessoa ou, mais abstratamente, uma instituição. O ponto de partida para a Teoria da Decisão é a identificação dos elementos comuns que existem nos problemas de decisão. Esta será a base a partir da qual problemas diferentes serão classificados dentro de um esquema comum, após o que poderão ser solucionados por um conjunto de critérios cuja apresentação e discussão também são objetivos da Teoria da Decisão. Esses elementos comuns serão vistos a seguir.

5.2 Estrutura de um Problema de Decisão

Problemas de decisão abrangem desde situações simples, que devem ser resolvidas por pessoas comuns trabalhando individualmente, até cenários altamente complexos, onde até mesmo nações ou grupos de nações podem estar envolvidos. Em termos de conseqüências, também existe um hiato enorme entre as decisões. Os resultados da decisão podem atingir uma só pessoa, de forma passageira, ou milhões de seres humanos, de forma mais ou menos permanente. Em termos de recursos, pouco ou nada pode estar envolvido, ou então trata-se de considerar somas fantásticas, quase inimagináveis para o homem comum.

Não obstante uma tal escala de diferenças, ainda assim é possível estabelecer elementos comuns entre quaisquer problemas de decisão.

5.2.1 Elementos Comuns a qualquer Problema de Decisão

Três elementos estão presentes quando se deve solucionar um problema de decisão:

a) **Estratégias alternativas:** as estratégias são as possíveis soluções para o problema. Um problema só pode ser resolvido se sairmos do estágio de "achar uma solução" para o estágio de "escolher entre várias alternativas de solução". Torna-se necessário possuir uma lista, tão completa quanto possível, de todos os cursos de ação que possam levar ao desaparecimento do problema. Eis alguns exemplos de problemas encontrados em Administração da Produção e Operações, bem como prováveis alternativas de solução para cada um deles:

   Problema 1: escolher um processo de produção para uma nova fábrica ou instalação de serviço.
   Alternativas: vários processos disponíveis, cada qual levando a diferentes custos, volumes de produção, qualidade, atendimento ao cliente etc.

   Problema 2: onde localizar uma nova unidade produtiva.
   Alternativas: várias localizações, em função de mercados de matérias-primas, consumidores, posição geográfica de concorrentes, custos de transportes etc.

   Problema 3: como controlar um dado conjunto de atividades.
   Alternativas: diversos sistemas de controle, com suas rotinas, formulários, relatórios etc.

   Problema 4: escolher entre sistemas de pagamentos a empregados.
   Alternativas: sistemas diferentes – horistas, mensalistas, pagamento por peça – e seus condicionantes de ordem legal e administrativa.

   Problema 5: escolher entre vários equipamentos diferentes, porém com a mesma função.
   Alternativas: equipamentos diferindo em custo inicial, facilidade e custo de manutenção, volume de produção que proporcionam, tempo em que poderão estar em operação etc.

   Como já foi sugerido, um problema começa a ser solucionado quando vislumbramos a relação das possíveis soluções, ou seja, as alternativas de solução, o que nos leva ao elemento comum seguinte.

b) **Resultados:** cada alternativa de solução leva a um ou mais resultados, que são as *conseqüências* da alternativa. É preciso tomar algum cuidado neste ponto, já que muitos podem acreditar que uma dada alternativa deve fatalmente levar a um só resultado. Isso pode ser verdade ou não. Veja-se o exemplo muito simples de uma pessoa que queira decidir se vai ou não a uma sessão de cinema. Pode-se pensar em vários resultados possíveis, segundo ângulos de visão diferentes, a partir da mera decisão de se assistir à sessão. A pessoa pode gostar ou não gostar do filme; pode dormir ou não dormir durante a sessão; comer ou não pipoca e tomar refrigerantes etc. Fica muito claro que, além de admitirmos que uma alternativa possa ter mais que um resultado, é preciso selecionar os *resultados relevantes* para o problema em questão.

   De outro lado, os resultados relevantes podem ser expressos qualitativa ou quantitativamente. A expressão meramente qualitativa envolverá descrições de estados favoráveis ou desfavoráveis ao tomador de decisão, como, por exemplo: "a empresa terá boas condições de expansão", "os investimentos exigidos serão grandes demais", "poderá haver inquietação entre os funcionários", "estaremos um passo à frente dos concorrentes" etc.

Os resultados quantitativos, por sua vez, são números que medem lucro, prejuízo, receita, despesa, tempo, distância etc. Métodos matemáticos exigem que as informações sejam quantitativas, ou então passíveis de ser transformadas quantitativamente, de forma que, daqui para diante, consideraremos que os resultados sempre serão numéricos.

Uma pergunta se impõe: por que existem (ou podem existir) diversos resultados relevantes para uma certa alternativa? A resposta está nos *estados da natureza*, que são o elemento seguinte.

c) **Estados da natureza:** são as ocorrências futuras que podem influir sobre as alternativas, fazendo com que elas possam apresentar mais de um resultado. Uma companhia que deseja lançar um novo produto, pode ver-se a braços com as alternativas de construir uma nova fábrica, especialmente para o produto, ou aproveitar as instalações existentes. Uma nova fábrica possibilitará maior flexibilidade para acomodar alterações na demanda e no projeto do produto, mas levará também a maiores custos de implantação. Por outro lado, a companhia pode considerar três estados futuros da demanda: alta, média e baixa. Cada um desses estados terá a sua influência sobre as alternativas cotejadas, em termos de custos e mesmo do sucesso do empreendimento. O mesmo problema que tínhamos para encontrar as alternativas de solução se aplica agora aos estados da natureza, até de forma um pouco mais complicada: quantos são e quais são os estados da natureza a considerar? Qual a sua influência potencial sobre cada uma das alternativas? Não há respostas prontas ou métodos de busca que permitam solucionar tais questões. Respondê-las é uma questão específica de cada problema de decisão, questão essa que se deve considerar com cuidado antes de passar à solução.

5.2.2 A Matriz de Decisão

A matriz de decisão é um auxílio visual a um problema de decisão, que permite juntar os três elementos comuns vistos anteriormente. A matriz é geralmente assim constituída:

- nas linhas listam-se as alternativas possíveis;
- nas colunas listam-se os estados da natureza;
- em cada cruzamento linha/coluna coloca-se o resultado correspondente.

A tabela a seguir mostra o aspecto de qualquer matriz de decisão com p alternativas e k estados da natureza:

Tabela 5.1 A Matriz de Decisão

	Estados da Natureza				
Alternativas	EN_1	EN_2	EN_3	...	EN_k
A_1	R_{11}	R_{12}	R_{13}	...	R_{1k}
A_2	R_{21}	R_{22}	R_{23}	...	R_{2k}
A_3	R_{31}	R_{32}	R_{33}	...	R_{3k}
A_p	R_{p1}	R_{p2}	R_{p3}	...	R_{pk}

Observação: A_i representa a i-ésima alternativa, EN_j o j-ésimo estado da natureza e R_{ij} o resultado associado a eles.

5.2.3 Classificação dos Problemas de Decisão

A classificação dos problemas de decisão é feita de acordo com os estados da natureza:

a) Problemas de decisão tomada sob certeza (*DTSC*): são aqueles em que existe um só estado da natureza ou, alternativamente, todos os estados da natureza levam a um só resultado para cada alternativa. A solução de um problema de DTSC resume-se em listar os resultados de cada alternativa e compará-los segundo algum critério preestabelecido. Do ponto de vista teórico, a solução é simples, desde que tenhamos o critério de comparação, as alternativas e seus resultados. Do ponto de vista prático, pode ser muito difícil chegar até esse ponto. De qualquer forma, interessa-nos mais os problemas que não são imediatos do ponto de vista teórico, motivo pelo qual restringiremos nossa atenção aos outros dois tipos vistos a seguir.

b) Problemas de decisão tomada sob risco (*DTSR*): são aqueles em que podemos, objetiva ou subjetivamente, atribuir probabilidades de ocorrência aos estados da natureza. (Sobre as probabilidades subjetivas, consultar o Capítulo 4.)

c) Problemas de decisão tomada sob incerteza (*DTSI*): são aqueles em que desconhecemos e não podemos, por qualquer motivo, atribuir probabilidades aos estados da natureza. Repare o leitor que em todo o caso conhecemos os estados possíveis: apenas não temos para eles probabilidades estabelecidas.

Para os problemas do tipo *DTSR* existe um critério racional de solução, com base no resultado médio de cada alternativa. Já no caso dos problemas do tipo *DTSI*, os critérios estão em aberto para a racionalidade do tomador de decisão. Apresentaremos, no entanto, alguns critérios oferecidos na literatura, mesmo porque podem contribuir para que o leitor possa formular seus próprios critérios de decisão, se necessário e conveniente.

5.3 Decisão Tomada sob Risco

Nos problemas de decisão tomada sob risco, conhecemos as probabilidades de ocorrência de cada um dos estados da natureza. A decisão é tomada com base no resultado médio ou resultado esperado de cada alternativa.

5.3.1 Valor Esperado da Alternativa

Definimos:

"Valor esperado da alternativa (*VEA*) é a soma dos produtos dos resultados da alternativa pelas respectivas probabilidades dos estados da natureza a eles associados."

Como se vê, o *VEA* nada mais é do que a média ponderada dos resultados possíveis para a alternativa, tomando as probabilidades dos estados da natureza com pesos de ponderação. Uma vez calculado o *VEA* para cada alternativa, a sua comparação pura e simples permite escolher a melhor delas.

Exemplo 5.1

Retomemos o caso do lançamento do novo produto ao qual nos referimos anteriormente. A matriz de decisão, já com as probabilidades associadas aos estados da natureza, está dada na Tabela 5.2. Os resultados são expressos em milhares de reais de lucro anual sob cada alternativa e estado da natureza.

Tabela 5.2 Matriz de Decisão para o Lançamento de um Produto

Alternativas	Estados da Natureza		
	Baixa demanda $p = 0{,}2$	Média demanda $p = 0{,}3$	Alta demanda $p = 0{,}5$
Usar instalações existentes	–100	100	200
Construir novas instalações	–300	0	400

Solução

A matriz nos mostra que, se forem usadas as instalações existentes, as perdas serão menores se a demanda for baixa; em compensação, os lucros serão maiores se forem construídas novas instalações e a demanda for alta (haverá maior capacidade de produção para aproveitar a alta demanda). As probabilidades de 0,2; 0,3 e 0,5 representam as expectativas adotadas pelo tomador de decisão sobre a ocorrência futura dos estados da natureza, ou seja, neste caso, das características da demanda.

Cálculo dos valores esperados

Alternativa: *usar instalações existentes.*
$VEA = (-100)\ (0{,}2) + (100)\ (0{,}3) + (200)\ (0{,}5) = 110$

Alternativa: *construir novas instalações.*
$VEA = (-300)\ (0{,}2) + (0)\ (0{,}3) + (400)\ (0{,}5) = 140$

Espera-se, portanto, que a construção de novas instalações para a fabricação do produto possa levar a um lucro maior, de R$ 140 mil, contra R$ 110 mil caso sejam aproveitadas as instalações existentes. Logo, opta-se pela construção dessas novas instalações.

5.3.2 Valor Esperado da Informação Perfeita

Até que ponto devemos empenhar esforços e consumir recursos para obter melhores informações sobre o futuro?

Essa pergunta é pertinente. Melhor qualidade da informação disponível para a decisão leva geralmente a um melhor resultado, digamos, em termos de lucro. Em contrapartida, a informação mais apurada também custa mais caro. Para fixar idéias, vamos raciocinar com a melhor das informações: a informação perfeita sobre o futuro. Admitamos que seja possível, sempre que se queira, saber exatamente o que vai acontecer no futuro. Essa informação perfeita traz um benefício e custa alguma coisa. Dessas considerações nos vem a resposta à pergunta que foi formulada: devemos buscar a informação perfeita (supondo que isso é possível) até o ponto em que custe a mesma coisa que o que estamos perdendo por não tê-la. Se estamos ganhando a quantia excedente *X* com a informação perfeita, em relação ao que ganharíamos sem ela, fica claro que não podemos pagar mais do que *X* pela informação. Essa quantia *X* é aquilo que chamamos de valor esperado da informação perfeita (*VEIP*):

"Valor esperado da informação perfeita (*VEIP*) é o ganho excedente sobre a decisão tomada com o mero conhecimento das probabilidades de ocorrência dos estados da natureza futuros."

Exemplo 5.2

Suponhamos um feirante que trabalha com melões. Estes são comprados no sábado e revendidos na feira de domingo. O feirante paga R$ 2,00 por melão que compra e revende-os a R$ 4,00 a unidade. Para facilitar o exemplo, vamos admitir que a demanda para os melões só assuma os valores de 50, 100 ou 150 unidades. O feirante poderá comprar qualquer uma dessas mesmas quantidades, mas não sabe de antemão qual será a sua demanda, conhecendo tão somente suas probabilidades. Vamos também admitir para simplificar que, se por acaso o feirante comprar mais melões do que vende no domingo, ele perde completamente os melões não vendidos. Sabe-se que o feirante estima em 0,35; 0,45 e 0,20, respectivamente, a probabilidade de que a demanda seja de 50, 100 ou 150 unidades. Dentro dessa situação, pede-se:

a) a melhor decisão a tomar sob risco.
b) o valor esperado da informação perfeita.

Solução

a) A melhor decisão a tomar sob risco:

A primeira providência é montar a matriz de decisão. Vamos reparar que o feirante ganha (4 – 2) = R$ 2,00 a cada melão que vende e perde o que pagou (também R$ 2,00) a cada melão que não vende. Se ele comprar 50 melões, nada perderá, pois esta é a menor demanda possível. Ele estará agindo de forma bastante conservadora e ganhará sempre (50) (2) = R$ 100,00, pois, mesmo que a demanda seja maior que 50 unidades, ele não tem melões para vender. Se ele comprar 100 melões, poderá vender 50 e perder 50, no caso da demanda mínima. Seu lucro líquido será então:

(50) (2) = R$ 100,00 (na venda dos 50 melões)
(–)
(50) (2) = R$ 100,00 (na perda dos 50 melões restantes)

Lucro líquido = 0

É claro que, ainda nesse caso, se a demanda for de 100 ou 150 melões, ele ganhará (100) (2) = R$ 200,00. Acreditamos que o leitor pode completar sozinho a matriz de decisão, tal como a mostramos a seguir (Tabela 5.3), para o caso de o feirante comprar 150 melões.

Tabela 5.3 Matriz de Decisão para o Problema dos Melões

	Estados da Natureza		
Alternativas	Vender 50 melões p = 0,35	Vender 100 melões p = 0,45	Vender 150 melões p = 0,20
Comprar 50 melões	100	100	100
Comprar 100 melões	0	200	200
Comprar 150 melões	–100	100	300

Para encontrar a melhor opção de compra sob risco, basta calcularmos os valores de lucro esperados de cada opção:

Comprar 50 melões
VEA = (100) (0,35) + (100) (0,45) + (100) (0,20) = R$ 100,00

Comprar 100 melões
VEA = (0) (0,35) + (200) (0,45) + (200) (0,20) = R$ 130,00

Comprar 150 melões
VEA = (–100) (0,35) + (100) (0,45) + (300) (0,20) = R$ 105,00

A melhor opção para o feirante é, pois, comprar permanentemente 100 melões, o que conduzirá ao lucro médio de R$ 130,00.

b) O valor esperado da informação perfeita:

Vamos admitir agora que alguém ofereça ao feirante a informação perfeita de antemão. Todo sábado, esse alguém diz ao feirante qual será a demanda por melões no domingo. O feirante não pode alterar a demanda, mas pode tirar o melhor proveito possível da situação. Por exemplo, se ele sabe que em um particular domingo a demanda será de apenas 50 melões, essa é a quantia que ele irá comprar. Aliás, ele sempre comprará exatamente o que irá vender. Repare o leitor que quando a demanda for de 50 melões, o feirante lucrará R$ 100,00, quando a demanda for de 100 melões, ele lucrará R$ 200,00 (ele comprou 100 melões, lembre-se o leitor) e, finalmente, quando a demanda for de 150 melões, ele lucrará R$ 300,00. Ocorre que:

- o feirante lucrará R$ 100,00 em 35% das oportunidades;
- lucrará R$ 200,00 em 45% das oportunidades;
- lucrará R$ 300,00 em 20% das oportunidades;

pois estas são as chances de ocorrerem as demandas de 50, 100 e 150 melões. O feirante, já dissemos, não pode interferir nos estados da natureza, ele apenas os conhece de antemão.

De posse da informação perfeita, o lucro médio do feirante será:

$$(100)\ (0{,}35) + (200)\ (0{,}45) + (300)\ (0{,}20) = \text{R\$ } 185{,}00$$

O feirante ganha agora R$ 185,00 contra R$ 130,00 que ganhava quando não tinha a informação perfeita. Pela definição, o valor esperado da informação perfeita é:

$$VEIP = 185 - 130 = \text{R\$ } 55{,}00$$

O leitor mais atento terá percebido que todos esses valores são semanais, já que o feirante participa da feira aos domingos. Fica claro que o feirante não poderá pagar pela informação perfeita mais que R$ 55,00 por semana – exatamente o que irá ganhar com ela.

5.4 Decisão Tomada sob Incerteza

Na decisão tomada sob incerteza, não são conhecidas as probabilidades de ocorrência dos estados da natureza. Existem diversos critérios disponíveis para a tomada de decisão, cada qual com sua lógica subjacente. A seguir apresentamos quatro dos critérios mais conhecidos.

5.4.1 O Critério Minimax

A palavra "minimax" quer dizer "o máximo entre os mínimos". Para cada alternativa, anotamos o pior resultado; comparando todas as alternativas entre si, escolhemos aquela que conduz ao "menos ruim" dos piores. É preciso tomar algum cuidado, pois o que é "mínimo" ou "máximo" depende de como foi construída a matriz de decisão. Se os resultados estão expressos em lucro ou ganho de qualquer espécie, então o pior resultado será o de menor valor numérico. O contrário acontecerá se os resultados expressarem despesa ou perda de qualquer espécie.

Exemplo 5.3

Retomar o exemplo do feirante vendedor de melões do Exemplo 5.2. Assumir que não são conhecidas as probabilidades dos estados da natureza e aplicar o critério minimax.

Solução

A Tabela 5.4 a seguir transcreve a matriz de decisão do problema do feirante, com uma coluna adicional que aponta, para cada alternativa, o pior resultado de cada alternativa.

Tabela 5.4 Aplicação do Critério Minimax

Alternativas	Estados da Natureza			Piores Resultados
	Vender 50 melões	Vender 100 melões	Vender 150 melões	
Comprar 50 melões	100	100	100	100
Comprar 100 melões	0	200	200	0
Comprar 150 melões	–100	100	300	–100

Como a matriz de decisão é expressa em termos de lucro associado a cada opção de compra de certa quantidade de melões, os piores resultados são expressos pelos números mais baixos de cada alternativa. A alternativa escolhida é a de comprar 50 melões de cada vez, que conduz ao lucro de R$ 100,00. O critério envolve um comportamento pessimista ou, pelo menos, bastante conservador.

5.4.2 O Critério Maximax

Neste critério, identifica-se em cada alternativa o seu melhor resultado. A palavra "maximax" indica "o máximo dos máximos". Dados os melhores resultados de cada alternativa, escolhe-se aquela com o melhor entre os melhores.

Exemplo 5.4

Novamente vamos retomar o problema dos melões. A matriz de decisão aparece na Tabela 5.5, agora com uma coluna apontando os melhores resultados (os de maior valor, neste caso) de cada alternativa. Vamos tomar a decisão usando o critério maximax.

Solução

Tabela 5.5 Aplicação do Critério Maximax

Alternativas	Estados da Natureza			Melhores Resultados
	Vender 50 melões	Vender 100 melões	Vender 150 melões	
Comprar 50 melões	100	100	100	100
Comprar 100 melões	0	200	200	200
Comprar 150 melões	–100	100	300	300

A melhor alternativa é agora a opção de comprar 150 melões, conduzindo ao máximo lucro possível, de R$ 300,00. Este método é claramente a maneira de pensar de um otimista incorrigível, que encara o futuro como totalmente favorável a seus planos.

5.4.3 O Critério de Laplace

O critério de Laplace usa todos os dados da matriz de decisão. Como não são conhecidas as probabilidades dos estados da natureza, elas são supostas iguais, por falta de razão para supô-las diferentes.

Por esse motivo, o critério de Laplace é algumas vezes referido como "critério ou método da razão insuficiente". A probabilidade associada a cada estado da natureza é sempre igual à unidade dividida pelo número de estados da natureza. Após assumir probabilidades iguais, calcula-se o valor esperado para cada alternativa, escolhendo-se a que conduzir ao melhor valor esperado.

Exemplo 5.5

No caso do feirante com seus melões, a probabilidade que o critério de Laplace atribui a cada estado da natureza é de 1/3, já que existem 3 estados da natureza. Os valores esperados são:

Comprar 50 melões
VEA = (100) (1/3) + (100) (1/3) + (100) (1/3) = R$ 100,00

Comprar 100 melões
VEA = (0) (1/3) + (200) (1/3) + (200) (1/3) = R$ 133,33

Comprar 150 melões
VEA = (–100) (1/3) + (100) (1/3) + (300) (1/3) = R$ 100,00

A melhor alternativa é aquela com o maior VEA, ou seja, a alternativa de se comprar 100 melões, conduzindo a um lucro esperado de R$ 133,33.

5.4.4 O Critério do Mínimo Arrependimento

Esse critério, mais sofisticado que os anteriores, procura minimizar o arrependimento por se escolher uma alternativa errada. É conveniente antes de tudo definir o que se entende por arrependimento:

"Dado um estado da natureza, chama-se arrependimento associado a uma certa alternativa aquilo que se perde, em termos relativos, por não se ter escolhido a melhor alternativa, quando considerado esse estado da natureza."

Explica-se: dado um estado da natureza, haverá uma melhor alternativa que lhe é associada. No problema dos melões, por exemplo, se considerarmos o estado da natureza "Vender 100 melões", os resultados são:

Alternativas	Resultado
Comprar 50 melões	100
Comprar 100 melões	200
Comprar 150 melões	100

A melhor alternativa, nesse caso, teria sido que o feirante tivesse comprado 100 melões, o que lhe daria o lucro de R$ 200,00. Se ele tivesse escolhido justamente essa alternativa, fica claro que não há arrependimento algum ou, em outras palavras, o arrependimento é zero. Se, porém, ele escolheu comprar 50 melões, o lucro será de apenas R$ 100,00; ele terá deixado de ganhar (R$ 200,00 – R$ 100,00), ou seja, terá deixado de ganhar R$ 100,00. É este o seu arrependimento por não ter escolhido a melhor alternativa quando o estado da natureza for "Vender 100 melões". O leitor pode verificar que se o feirante tivesse escolhido a alternativa de comprar 150 melões, o seu arrependimento teria sido também de R$ 100,00. Para calcular os arrependimentos sob um dado estado da natureza, basta portanto:

a) identificar a alternativa com o melhor resultado.

b) para cada alternativa, o arrependimento é calculado subtraindo-se o seu resultado do melhor resultado identificado em *a*.

A matriz de decisão original transforma-se em uma matriz de arrependimentos, com o mesmo número de linhas e colunas da matriz original. Vamos calcular os arrependimentos, no problema dos melões, para os dois estados da natureza que ainda não consideramos.

Estado da Natureza: Vender 50 melões

Alternativas	Resultado	Arrependimento
Comprar 50 melões	100 (o melhor)	100 – 100 = 0
Comprar 100 melões	0	100 – 0 = 100
Comprar 150 melões	–100	100 – (–100) = 200

Estado da Natureza: Vender 150 melões

Alternativas	Resultado	Arrependimento
Comprar 50 melões	100	300 – 100 – 200
Comprar 100 melões	200	300 – 200 = 100
Comprar 150 melões	300 (o melhor)	300 – 300 = 0

A matriz de arrependimento está mostrada na Tabela 5.6:

Tabela 5.6 Matriz de Arrependimento para o Problema dos Melões

	Estados da Natureza		
Alternativas	Vender 50 melões	Vender 100 melões	Vender 150 melões
Comprar 50 melões	0	100	200
Comprar 100 melões	100	0	100
Comprar 150 melões	200	100	0

Note o leitor que os arrependimentos são sempre positivos, o que é possível devido à forma como são definidos, sempre pela diferença entre o melhor resultado e os demais. Se os resultados forem expressos como despesas, bastará tomar-se essa diferença (que é originalmente negativa, já que o melhor resultado é o menor número) em valor absoluto. Ainda nesse caso, de forma equivalente, pode-se subtrair o melhor resultado (menor número) de todos os demais.

Voltemos ao critério de decisão do mínimo arrependimento. Uma vez transformada a matriz de decisão em matriz de arrependimentos, procede-se como no critério minimax:

- aponta-se em cada alternativa o seu pior arrependimento.
- escolhe-se a alternativa com o "menos ruim" dos arrependimentos, ou seja, com o mínimo entre os arrependimentos.

No caso dos melões, temos:

Alternativas	Pior Arrependimento
Comprar 50 melões	200
Comprar 100 melões	100
Comprar 150 melões	200

O mínimo entre os piores arrependimentos fica com a opção de comprar 100 melões, que é então a alternativa escolhida.

(Desafio ao leitor: monte uma matriz de decisão qualquer, mas assuma que os resultados estão expressos em *despesas*. Monte então a matriz de arrependimentos.)

PONTOS-CHAVE

1. Embora não existam dois problemas de decisão totalmente idênticos, a Teoria da Decisão vale-se de um conjunto de técnicas que auxiliam o tomador de decisão a reconhecer as particularidades do seu problema e a estruturá-lo. Além disso, a Teoria da Decisão possui certos critérios de solução que podem ser aplicados pelo tomador de decisão a seu problema específico.

2. Apesar das especificidades, certos elementos são comuns a qualquer problema. Assim as *estratégias* são as alternativas de solução disponíveis, uma das quais deverá ser escolhida; os *resultados* são as conseqüências de cada alternativa. Uma alternativa pode levar a mais de um resultado, dependendo dos *estados da natureza*, que são ocorrências futuras que influem sobre as alternativas.

3. Há três grandes classes de problemas de decisão:

a) Problemas de Decisão Tomada sob Certeza (*DTSC*): são problemas onde existe apenas um resultado associado a cada alternativa.
b) Problemas de Decisão Tomada sob Risco (*DTSR*): são problemas onde se conhecem as probabilidades associadas aos estados da natureza.
c) Problemas de Decisão Tomada sob Incerteza (*DTSI*): são problemas onde desconhecemos até mesmo as probabilidades dos estados da natureza.

4. Os problemas do tipo *DTSR* são solucionados comparando-se os valores esperados de cada alternativa. O valor esperado de uma alternativa (*VEA*) é a média ponderada de seus resultados, usando as probabilidades dos estados da natureza respectivos como pesos de ponderação.

5. Valor esperado da informação perfeita (*VEIP*) é o ganho excedente sobre a decisão tomada sob risco, ou seja, sobre a decisão tomada com base nos valores esperados das alternativas. A informação perfeita consiste em saber, de antemão, qual o estado da natureza que irá ocorrer.

6. Não há critério único para problemas de decisão tomada sob incerteza. O critério minimax, bastante conservador, escolhe a alternativa com o "menos ruim" dos resultados. O critério maximax, fundamentalmente otimista, escolhe a alternativa com o melhor possível dos resultados; o critério de Laplace atribui probabilidades idênticas aos estados da natureza e toma a decisão como se agora o problema fosse do tipo *DTSR*. Finalmente, o critério do mínimo arrependimento baseia-se em uma matriz de arrependimentos, sobre a qual se aplica o critério minimax.

PROBLEMAS RESOLVIDOS

1. Você é um tomador de decisão, que está diante de quatro alternativas e três estados da natureza. Analisando o seu problema, você consegue montar a matriz de decisão a seguir, onde os resultados indicam as *despesas* estimadas (em milhões de reais anuais) sob cada alternativa e estado da natureza.

	Estados da Natureza		
Alternativas	EN_1	EN_2	EN_3
A_1	25	12	18
A_2	8	20	34
A_3	14	30	16
A_4	20	15	25

Por outro lado, você acredita que seja possível atribuir probabilidades aos estados da natureza, da seguinte forma:

$P(EN_1) = 0{,}30$
$P(EN_2) = 0{,}25$
$P(EN_3) = 0{,}45$

a) Escolher a melhor alternativa sob risco.
b) Qual é o valor esperado da informação perfeita?

Solução

a) *Escolha sob risco*

O valor esperado de cada alternativa será:

Alternativa A_1
$VEA = 25(0{,}30) + 12(0{,}25) + 18(0{,}45) = 18{,}6$

Alternativa A_2
$VEA = 8(0{,}30) + 20(0{,}25) + 34(0{,}45) = 22{,}7$

Alternativa A_3
$VEA = 14(0{,}30) + 30(0{,}25) + 16(0{,}45) = 18{,}9$

Alternativa A_4
$VEA = 20(0{,}30) + 15(0{,}25) + 25(0{,}45) = 21{,}0$

Como a matriz de decisão contém os resultados expressos em despesas, será mais atraente a alternativa que conduzir à menor despesa média, ou seja, A_1.

b) *Valor esperado da informação perfeita*

A despesa média obtida com a informação perfeita é calculada considerando-se, sob cada estado da natureza, a melhor das alternativas; os melhores valores são então ponderados com as probabilidades dos estados da natureza respectivos. Lembrar que como os resultados representam despesas, sempre a melhor alternativa sob dado estado da natureza será dada pelo menor número da coluna respectiva. A soma dessas ponderações dará a despesa média com a informação perfeita:

Estado da Natureza	Melhor Alternativa	Valor	Probabilidade	Ponderação
EN_1	A_2	8	0,30	8 (0,30) = 2,4
EN_2	A_1	12	0,25	12 (0,25) = 3,0
EN_3	A_3	16	0,45	16 (0,45) = 7,2
				Soma = 12,6

Com o conhecimento *a priori* da informação perfeita, a despesa média é de 12,6; quando a decisão é tomada sob risco, como vimos, a melhor alternativa conduzia à despesa média de 18,6 (valores sempre em milhões de reais). Logo, o valor esperado da informação perfeita será:

$VEIP = 18{,}6 - 12{,}6 = 6$ (milhões de reais), que representa a economia máxima que se pode fazer em relação à decisão sob risco, caso se conhecesse de antemão o próximo estado da natureza.

2. Retome o problema anterior e suponha agora que são desconhecidas as probabilidades de ocorrência dos estados da natureza. Que decisão você tomaria, baseado no critério do mínimo arrependimento?

Solução

Antes de mais nada, precisamos montar a matriz de arrependimentos. Uma vez de posse da matriz, aplicaremos sobre ela o critério minimax. A seqüência a seguir é auto-ilustrativa:

Estado da natureza EN_1

Alternativas	Resultado	Arrependimento
A_1	25	25 – 8 = 17
A_2	8 (o melhor)	8 – 8 = 0
A_3	14	14 – 8 = 6
A_4	20	20 – 8 = 12

Estado da natureza EN_1

Alternativas	Resultado	Arrependimento
A_1	12 (o melhor)	12 – 12 = 0
A_2	20	20 – 12 = 8
A_3	30	30 – 12 = 18
A_4	15	15 – 12 = 3

Estado da Natureza EN_3

Alternativas	Resultado	Arrependimento
A_1	18	18 – 16 = 2
A_2	34	34 – 16 = 18
A_3	16 (o melhor)	16 – 16 = 0
A_4	25	25 – 16 = 9

Matriz de Arrependimentos

	Estados da Natureza			Piores Arrependimentos
Alternativa	EN_1	EN_2	EN_3	
A_1	17	0	2	17
A_2	0	8	18	18
A_3	6	18	0	18
A_4	12	3	9	12

A alternativa escolhida, que conduz ao mínimo arrependimento, é, pois, A_4 (12).

QUESTÕES PARA DISCUSSÃO

1. Qual é a utilidade da Teoria da Decisão?

2. Conceitue cada um dos seguintes elementos comuns a qualquer problema de decisão:
a) estratégias
b) resultados
c) estados da natureza

3. Faça um esboço mostrando uma matriz de decisão, onde compareçam as alternativas, seus resultados e os estados da natureza.

4. Explique o que significa cada uma das siglas seguintes e a natureza do problema a que se referem: *DTSC*, *DTSR* e *DTSI*.

5. Conceituar:
a) valor esperado da alternativa
b) valor esperado da informação perfeita

6. Analise os critérios apresentados no texto para problemas do tipo *DTSI* e proponha seu próprio critério.

PROBLEMAS PROPOSTOS

1. Um problema de decisão conduziu à seleção de quatro alternativas e quatro estados da natureza, segundo a matriz de decisão dada a seguir:

	Estados da Natureza			
Alternativas	EN_2	EN_2	EN_3	EN_4
A_1	2	2	8	4
A_2	5	0	3	9
A_3	4	3	1	6
A_4	2	5	2	1

a) Encontre a decisão pelo critério maximax e pelo critério minimax, supondo:
a.1.) que a matriz é de lucros
a.2.) que a matriz é de despesas

2. No problema anterior, supõe-se que a matriz seja de lucros. Qual é a decisão pelo critério do mínimo arrependimento?

3. Ainda com relação ao Problema 1, qual é a decisão pelo critério do mínimo arrependimento, se a matriz contiver resultados que exprimam despesas?

4. Um investidor encontra-se em dúvida diante da compra de ações de duas companhias, que lhe assegurarão rendimentos diferentes, os quais dependem de futuras condições econômicas. O investidor acredita poder reduzir essas condições futuras a dois estados da natureza apenas, o que lhe permite montar a seguinte matriz de decisão, com os lucros esperados na compra das duas ações:

Alternativas	Estados da Natureza	
	EN_1	EN_2
Ação A	15	5
Ação B	11	13

Ao efetuar uma análise do problema sob risco, o investidor encontra que é indiferente comprar uma ou outra ação. Determinar quais foram as probabilidades dos estados da natureza que o investidor assumiu.

5. A Construtora Base Firme comprou um grande lote de terrenos em uma cidade do interior do estado, onde deseja construir um condomínio fechado. A cada etapa de construção, ela deve escolher entre construir 100, 50 ou apenas 20 casas. O sucesso, porém, dependerá da demanda, incerta nos dias de hoje. O prejuízo devido a casas não vendidas é considerado irrecuperável a curto prazo, dado que a companhia pode ir à bancarrota antes que elas possam ser vendidas. Foi construída a matriz de decisão a seguir, contendo os lucros possíveis, em milhões de reais:

	Demanda		
Condomínio	Baixa	Média	Alta
100 casas	–1,5	1,5	4,5
50	0,5	3,0	3,0
20	2,0	2,0	2,0

a) Supondo que nada se conheça sobre a demanda, encontre a solução pelo critério do mínimo arrependimento.

b) Se as probabilidades para a demanda forem de 0,20 (Baixa), 0,35 (Média) e 0,45 (Alta), qual será a decisão?

c) Uma empresa da cidade oferece uma pesquisa de mercado para se conhecer a demanda com antecedência. Supondo que seja possível por meio da pesquisa obter uma certeza absoluta sobre a demanda, a cada etapa de construção, qual o valor máximo que se deve pagar pela pesquisa?

6. Para poupar gasolina, dois amigos resolvem ir com o mesmo carro para o trabalho. Limitam o caminho a seguir a duas alternativas: a Avenida Marginal e a Avenida Estrela, mas não chegam a um acordo sobre qual das duas tomar. A Avenida Estrela possui um trânsito mais ou menos regular, que lhes assegura que atingirão o trabalho após 30 minutos de percurso. Por outro lado, se não houver acidentes na Avenida Marginal, o trânsito é mais rápido que pela Avenida Estrela. Em compensação, caso haja algum acidente, o trânsito pela Avenida Marginal torna-se muito lento.

Resolvem então fazer um teste com a Avenida Marginal por um mês (20 dias úteis), encontrando três vezes um trânsito pesado devido a acidentes na pista. Sem acidentes, o percurso é feito em média em 25 minutos, mas com acidentes esse tempo sobe para 45 minutos.

a) Estruturar a matriz de decisão para o problema.

b) Qual a melhor decisão a tomar sob risco?

c) Supondo que os dois amigos, antes de tomar uma ou outra avenida, possam saber pelo noticiário se existe ou não algum acidente na Avenida Marginal, podendo assim optar por uma ou outra avenida, qual é em média o tempo que eles pouparão em relação à decisão tomada em *b*?

7. A Mercearia do Joca vende um certo produto perecível que é comprado a R$ 5,00 o quilo e vendido por R$ 8,00 o quilo. A compra é feita uma vez por semana e, após o prazo de dois dias, a mercadoria não vendida vai para a banca de oportunidades, onde é totalmente vendida por R$ 3,00 o quilo. Foram colhidos dados de venda para as últimas 100 semanas, obtendo-se os resultados abaixo:

Quilos Vendidos	Freqüência
10	0,20
11	0,25
12	0,25
13	0,15
14	0,10
15	0,05

a) Montar a matriz de decisão para o problema.

b) Escolher as melhor decisão sob risco.

8. No problema anterior, supôs-se que, uma vez colocada a mercadoria excedente na banca de oportunidades, exista a probabilidade de 50% de que ela será totalmente vendida, a probabilidade de 30% de que será vendido apenas 70% do excedente, e a probabilidade de 20% de que apenas metade da mercadoria excedente será vendida. A mercadoria excedente não vendida na banca de oportunidades é então totalmente perdida. Com base nesses dados, seria alterada a solução encontrada no problema anterior? (Dica: calcular o valor médio ao qual é vendida a mercadoria excedente e refazer o Problema 7, utilizando esse novo valor.)

REFERÊNCIAS BIBLIOGRÁFICAS

ANDERSON, D. R.; SWEENEY, D. J.; WILLIAMS, T. A. *An introduction to Management Science: Quantitative Approaches to Decision Making*. 11. ed. Cincinnati: South Western College Publishing, 2004.

BLACK, K. *Business Statistics for Contemporary Decision Making*. Nova York: John Wiley and Sons, 2005.

BROWN, K. S.; REVELLE, J. B. *Quantitative Methods for Managenal Decisions*. Reading, Mass. Nova York: Addison Wesley Publishing Company, 1978.

KAUFFMANN, P. J.; JACOBS, D. A.; FERNANDEZ, A. A. Use of Bayesian Probabilities to Identify and Improve Center Error Dates. *Production and Inventory Management Journal*, v. 43, n. 1/2, p. 1-5, 2002.

ZANAKIS, S. H. et al. Ancient Greeks' Practices and Contributions in Public and Entrepreneurship Decision. *Interfaces*, v. 33, n. 6, p. 72-88, 2003.

Parte II

Projeto do Sistema de Produção

Capítulo 6

Planejamento da Capacidade

6.1 Introdução

Chamamos de *capacidade* a quantidade máxima de produtos e serviços que podem ser produzidos em uma unidade produtiva, em um dado intervalo de tempo. Por unidade produtiva entendemos tanto uma fábrica como um departamento, um armazém, uma loja, um posto de atendimento médico, uma simples máquina ou posto de trabalho etc. Assim, por exemplo, se em um determinado departamento de montagem de uma empresa tivermos 5 empregados, cada qual trabalhando 8 horas diárias, realizando a montagem de um componente à razão de 20 montagens por hora e por empregado, a capacidade do departamento, expressa em número de montagens do componente por dia, será:

$$5 \text{ empregados} \times 8 \ \frac{\text{horas}}{\text{dia}} \times 20 \ \frac{\text{montagens}}{\text{hora} \times \text{empregado}} = 800 \ \frac{\text{montagens}}{\text{dia}}$$

Algumas vezes a unidade produtiva trabalha com a capacidade total. Por exemplo, uma loja pode estar dimensionada para atender 200 clientes em média por dia, mas, presentemente, estar atendendo apenas 120. Neste caso, dizemos que o uso da capacidade é de 120/200 × 100 – 60% ou, ainda, que a loja está operando com 60% de sua capacidade. Outras vezes podemos encontrar que "certa unidade está operando com 110% de sua capacidade". Isto só tem sentido se a referência básica de capacidade, ou seja, as condições nas quais ela foi definida, estiver sendo violada. No nosso exemplo da loja, digamos que a capacidade de atendimento de 200 clientes por dia foi definida levando-se em conta 8 horas diárias de trabalho, com 10 atendentes e supondo-se um certo tempo médio de atendimento por cliente. Se essa quantidade de horas, atendentes e tempo médio de atendimento foi a referência básica para o cálculo dos 200 clientes por dia, e alguém alegar que a loja está trabalhando com 110% de sua capacidade, saberemos imediatamente que essa referência básica foi alterada: ou se aumentou o número de atendentes ou o número diário de horas de atendimento, ou, finalmente, por algum motivo, reduziu se o tempo médio de atendimento de cada cliente. Sem violar as referências básicas da definição da capacidade, não é possível ter uma capacidade maior que 100%.

Como se pode facilmente perceber, há muitos fatores dos quais depende a capacidade de uma unidade produtiva. Se quisermos aumentar a capacidade de uma unidade, deveremos alterar pelo menos um dos fatores determinantes dessa capacidade. Alguns deles não impõem grandes dificuldades para isso, enquanto outros dependem de mudanças mais custosas ou que tomam tempo ou ambas as coisas simultaneamente. Voltando ao caso da loja, pode ser fácil contratar um funcionário a mais ou trabalhar em horas extras, mas seguramente será mais complicado aumentar a área construída da loja. Alguns dos fatores mais importantes influentes na capacidade são os seguintes:

I) *Instalações*

O tamanho da unidade produtiva é obviamente importante. Sempre que possível, ao projetar a unidade, tenta-se deixar um espaço vago para expansões futuras, de forma a adiar a mudança de local para novas instalações. Dadas as dimensões gerais das instalações, o arranjo físico de local ou dos locais de trabalho pode restringir a capacidade ou favorecê-la. Um bom arranjo pode muitas vezes resolver um problema imediato de capacidade. Certos fatores como aquecimento, iluminação e ruído também exercem influência positiva ou negativa, dependendo de como atuam sobre os funcionários, de forma apropriada ou não. Quando a empresa se encontra diante das opções de contar com uma grande unidade *versus* algumas unidades menores, alguns comentários são úteis. Em primeiro lugar, as unidades maiores, em geral, custam proporcionalmente menos do que as unidades menores. Será provavelmente mais barato construir uma unidade grande do que duas ou três unidades menores, com a mesma capacidade total. Em segundo lugar, unidades maiores apresentam, até certo ponto, o que se chama de *economias de escala*. Se chamarmos de CF o custo fixo da unidade (custos que não dependem da quantidade produzida ou do volume de serviços prestados) e de CV_u o custo variável unitário, ou seja, o custo de cada unidade de produto produzida ou cada serviço prestado, o custo total CT associado a uma dada unidade produtiva será:

$$CT = CF + q\ CV_u$$

onde Q = quantidade produzida ou volume de serviços prestados. Se essa expressão for dividida por q, temos:

$$CT/q = CF/q + CV_u$$

CT/q é o custo total por unidade produzida ou serviço prestado. Vemos que ele será igual a uma parcela fixa CV_u, somada a uma parcela variável, CF/q, que será tanto menor quanto maior for a quantidade produzida ou o volume de serviços prestados. O custo total por unidade tenderá a diminuir à medida que aumenta o tamanho da instalação e, conseqüentemente, a capacidade produtiva. Unidades maiores proporcionam então economias de escala, ou seja, custos menores devido à escala maior de operação.

Por outro lado, as unidades maiores também apresentam desvantagens. As duas mais importantes são:

– unidades maiores tendem a tornar-se "não focalizadas" no sentido que lhes dá o professor Skinner (veja o Capítulo 1), envolvendo-se com muitas operações, tarefas, produtos e/ou serviços diferentes, perdendo assim eficiência relativa;

– unidades maiores podem levar a maiores custos de controle e administrativos, revertendo as economias de escala, entrando em uma faixa de operações onde os custos unitários totais, em vez de diminuir, aumentam com a quantidade. Dizemos que, nesse caso, a unidade está proporcionando *deseconomias de escala*.

II) *Composição dos Produtos ou Serviços*

Em geral, a diversidade reduz a capacidade. Produtos uniformes (relativamente padronizados) dão oportunidade para padronização de métodos e materiais, reduzindo tempos de operação e aumentando a capacidade. Produtos diferentes podem exigir, e em geral o fazem, constantes preparações das máquinas quando se passa de um produto a outro. Tais preparações, evidentemente, deixam as máquinas paradas por algum tempo e assim reduzem a capacidade, sendo que esse efeito pode ser substancial, dependendo dos tempos de preparação e da quantidade de diferentes produtos. Esse é um dos motivos principais por que os técnicos estão sempre tentando diminuir os tempos de preparação de máquinas: o aproveitamento do capital é muito melhor. A situação com serviços não é diferente, com a agravante de que os serviços em geral se prestam menos à padronização do que produtos físicos, sendo este um dos principais motivos pelos quais a produtividade é menor nas atividades de serviços. Existem, todavia, tentativas bem-sucedidas de padronização de serviços, por meios computadorizados ou não. Os restaurantes tipo *fast-food* são um bom exemplo de uniformização de produtos (na verdade, de meios físicos para a prestação dos serviços); a automação bancária é outro exemplo conhecido, só possível na medida em que os serviços bancários se tornam padronizados.

III) *O Projeto do Processo*

Os processos de produção, em teoria, variam desde aqueles totalmente manuais até os totalmente automatizados. É claro que, na prática, existem graus de "manualização" ou de "automação" que se situam em uma dimensão contínua, sendo às vezes difícil distinguir o grau em que um processo é mais fortemente manual que outro, por exemplo. Desta maneira, a distinção entre dois processos é mais fácil se eles estiverem situados em lados distintos dessa dimensão. Para facilitar, suponhamos que os processos possam ser classificados em manuais, semi-automáticos e automáticos. Dentro dessa ótica simples, cada tipo de processo leva a uma quantidade ótima de produção e conseqüentemente a uma capacidade ótima, aumentando do processo manual para o automático (Figura 6.1).

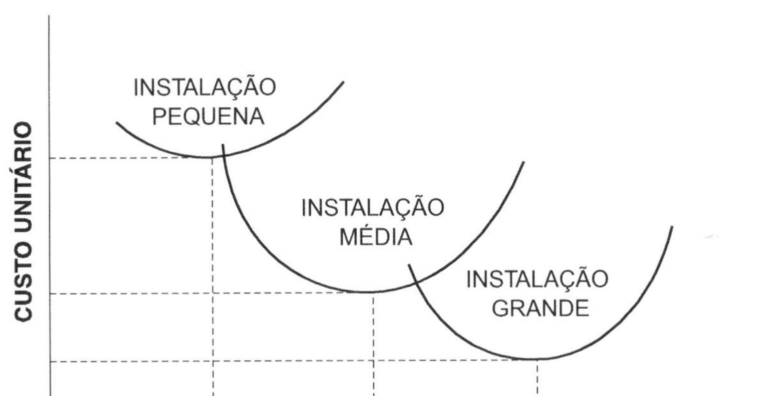

Figura 6.1 Os Diferentes Tipos de Processo e Custos Associados.

A partir de certa quantidade produzida e supondo uma instalação produtiva única, o processo manual força a deseconomias de escala, exigindo o processo semi-automático que, por sua vez, atingirá as deseconomias de escala com produções maiores, e assim por diante. É claro que um aumento de produção, impraticável para uma instalação com processo manual, poderá ser satisfeito com a abertura de outras instalações suplementares.

IV) *Fatores Humanos*

Dada uma certa quantidade e composição de recursos técnicos, o quadro e a habilidade dos funcionários pode aumentar a capacidade. O corpo de funcionários é o que se costuma chamar de "capital humano" da organização. O capital humano pode ser melhorado por meio de treinamento, aumento da habilidade dos funcionários e experiência. Em geral, programas continuados de treinamento, com aplicações imediatas ao trabalho do empregado, costumam ter uma influência mais decisiva do que programas esporádicos, ainda que custosos. Além das habilidades, do conhecimento e da experiência, é preciso não se esquecer da motivação do trabalhador, que é ligada à sua satisfação com a companhia, com o ambiente de trabalho, com a variedade e os desafios impostos pelas tarefas, com o nível salarial e a tantos outros fatores. Embora a motivação não seja tão diretamente relacionada à produtividade como se pensa, ela é necessária como uma espécie de quadro de fundo, contra o qual as mudanças, o treinamento, os programas de qualidade e produtividade, a organização do trabalho etc. têm maiores probabilidades de conduzir a bons resultados.

V) *Fatores Operacionais*

Os fatores operacionais, ou seja, aqueles ligados mais de perto à rotina de trabalho dos setores produtivos da empresa, podem ser organizados de forma a conduzir a capacidades maiores ou menores, ou pelo menos de maneira a facilitar ou dificultar o aproveitamento da capacidade existente em potencial. Um exemplo de tais fatores operacionais se encontra nas capacidades dos próprios equipamentos. Havendo diferenças sensíveis na capacidade de processamento de um equipamento para outro, será observado que os equipamentos ou setores mais lentos acabarão por determinar a velocidade dos demais. Outros fatores relevantes são os ligados a problemas na importação de máquinas e de insumos, à qualidade desses insumos ou dos produtos acabados, às necessidades de inspeção de qualidade tanto sobre as matérias-primas como sobre os produtos da companhia, à adequação dos programas de manutenção de máquinas, equipamentos e instalações, e assim por diante.

VI) *Fatores Externos*

Algumas vezes a capacidade pode se ver afetada por fatores que nascem fora das fronteiras da própria empresa, mas que nem por isso deixam de exercer sua influência, às vezes até de forma mais marcante que os fatores internos. Um bom exemplo são os padrões de qualidade e desempenho exigidos dos produtos por parte dos clientes. Tais exigências podem acabar se constituindo em uma barreira ao aumento da capacidade ou mesmo ao uso da capacidade atual. A legislação antipoluição, sobre cuja necessidade não há discussão possível, pode entretanto provocar alguns problemas a curto prazo, até que haja a adaptação da companhia. Assim, a legislação pode agir negativamente de três formas: diretamente restringindo a produção até que a empresa se conforme às regras, desviando investimento de setores produtivos para o combate à poluição, e, por fim, deslocando temporariamente a atenção dos executivos dos problemas de produção para os problemas de atendimento à legislação.

6.2 Importância das Decisões sobre Capacidade

Os estudos de mercado e a previsão da demanda a longo prazo alimentam as decisões sobre a capacidade necessária no futuro para a unidade de produção. Essas decisões sobre capacidade influenciam diretamente no planejamento das instalações produtivas e, conseqüentemente, no planejamento das necessidades de mão-de-obra e equipamentos. Desta forma, o efeito das decisões tomadas no presente sobre a capacidade acabam por se fazer sentir por muito tempo no futuro, ou seja, no longo prazo. Derivamos daí uma primeira razão para a importância das decisões sobre a capacidade: elas têm um impacto potencial sobre a habilidade da empresa em atender a demanda futura, pois a capacidade planejada dá o limite de atendimento possível. Além disso, existe o compromisso dos recursos a longo prazo: modificações drásticas na capacidade dificilmente são viáveis sem que se incorra em novos custos, forçosamente substanciais.

Uma segunda razão diz respeito à relação entre capacidade e custos operacionais. Se, a cada momento, a capacidade igualar a demanda, não haverá excesso de custos. Esse excesso acontece quando a capacidade supera ou fica abaixo da demanda, que varia a curto prazo devido aos fatores sazonais (veja o Capítulo 11) e, a longo prazo, devido às condições gerais dos negócios, às quais se dá a designação genérica de ciclos de negócios. Essas necessidades de adaptação são inevitáveis sem dúvida, mas existem limites ditados por decisões adequadas sobre a capacidade. Operar muito tempo com uma capacidade muito acima ou abaixo das necessidades do mercado irá aumentar inutilmente os custos operacionais, o que poderia em alguns momentos ter sido evitado por meio de uma análise mais criteriosa das necessidades de capacidade das instalações e de um plano racional de expansão.

Uma terceira razão – o alto custo inicial que se segue às decisões sobre a capacidade – também justifica a importância de um estudo bem feito da capacidade. Essa razão se interliga às demais, sendo que uma acaba reforçando a outra. Em síntese, as decisões sobre capacidade merecem muita atenção pelo seu caráter essencialmente estratégico, que se reflete no envolvimento de grandes somas de dinheiro, na imobilização forçada de recursos, nas dificuldades posteriores de mudança e no grande impacto sobre os custos de operação.

6.3 Medida da Capacidade

Existem duas formas de se medir a capacidade de uma unidade produtiva:

- por meio da produção;
- por meio dos insumos.

6.3.1 Medida por meio da Produção

Nesse caso, as unidades de medida devem ser comuns ao tipo de produto produzido. Em outras palavras, é impraticável misturar medidas, tais como metros com toneladas, e assim por diante. Pode-se perceber que, se existe um só produto ou produtos semelhantes, não há problema algum em se medir a capacidade pela produção. É o caso, por exemplo, de uma usina de álcool, cuja capacidade pode ser medida em litros por mês (ou por dia, semana etc.). Se existirem vários produtos, as necessidades e recursos produtivos são diferentes para as diversas combinações desses produtos. Para exemplificar, imagine que as capacidades de montagem de rádios e televisores em uma companhia sejam expressas individualmente por 1.000 rádios ou 600 televisores por dia. Se trabalharmos apenas com as unidades, e supondo que os recursos possam se distribuir linearmente entre rádios e televisores, então a capacidade de montagem pode ser, por exemplo, de 800 unidades (500 rádios e 300 televisores) ou então 900 unidades, formadas por 750 rádios e 150 televisores, e por aí afora. Mudando a composição dos produtos, muda então a capacidade em termos de unidades. No caso de se possuir vários produtos, uma forma alternativa de se expressar a capacidade pode ser por meio dos insumos utilizados para a produção dos bens ou prestação dos serviços.

6.3.2 Medida por meio dos Insumos

Em organizações de serviços, freqüentemente a maneira mais viável de se medir a capacidade é por meio dos insumos utilizados, já que existe dificuldade, em muitos casos, de se identificar o que seja a produção e conseqüentemente de medi-la. E fácil de entender o que queremos dizer, considerando a medida da capacidade de um hospital, por exemplo. Dada a variedade de serviços médicos que aí são prestados e a dificuldade de se medir esses serviços de forma isolada da qualidade que os acompanha, há mais sentido em se referir a capacidade ao número de leitos disponíveis. Em geral, quando se trata de serviços puros, prescinde-se, na medida da capacidade, da referência a um determinado período. Voltando ao hospital, teria pouco sentido falar em 500 leitos/mês, digamos, dada a variabilidade do tempo de permanência de cada paciente.

O Quadro 6.1 apresenta alguns exemplos de medidas de capacidade, utilizando tanto a produção como os insumos.

Quadro 6.1 Algumas Medidas de Capacidade

Usando Medidas de Produção	
Instituição	Medida da Capacidade
Siderúrgica	Toneladas de aço/mês
Refinaria de petróleo	Litros de gasolina/dia
Montadora de automóveis	Número de carros/mês
Companhia de papel	Toneladas de papel/semana
Companhia de eletricidade	Megawatts/hora
Fazenda	Toneladas de grãos/ano
Usando Medidas de Insumos	
Companhia aérea	Número de assentos/vôo
Restaurante	Número de refeições/dia
Teatro (ou cinema)	Número de assentos
Hotel	Número de quartos (hóspedes)
Hospital	Número de leitos
Escola	Número de vagas

6.4 Expansão da Capacidade

Ao longo do tempo, na medida em que a demanda apresenta um padrão de crescimento, a empresa provavelmente necessitará acrescentar alguma capacidade àquela já existente. Em geral, esse acréscimo de capacidade não se dá de forma contínua, mas sim "aos saltos", que podem ser maiores ou menores, dependendo de fatores específicos do momento. Claro está que esses saltos de capacidade podem ter um limite muito definido, obrigando finalmente a empresa a procurar instalações completamente novas ou acomodar a necessidade extra de capacidade em outro local. Mesmo no projeto inicial da capacidade, quando as instalações irão ser construídas ou adquiridas, já se deve pensar em formas possíveis de se expandir a capacidade no futuro. Em projetos de plantas industriais, é comum deixar-se uma área destinada a expansões. Assim fazendo, o custo de se obter capacidade extra é provavelmente menor do que remodelar toda uma estrutura sem essa provisão.

Outra forma de se obter alguma capacidade a mais é por meio de uma reorganização do arranjo físico de equipamentos, escritórios, áreas de circulação etc. Como já foi dito, um bom arranjo físico influencia de perto a capacidade. Ainda outras maneiras de se aumentar a capacidade seriam as seguintes:

a) utilizar a capacidade ociosa dos equipamentos ou substituí-los por outros mais modernos e de maior capacidade, embora sem ocupar proporcionalmente maior espaço;

b) utilizar técnicas de programação e controle da produção ou das operações que possam, sem grandes alterações nos equipamentos e no arranjo físico, aumentar a produção;

c) aproveitar melhor os espaços por meio da redução de estoques de produtos, matérias-primas ou materiais semiprocessados.

Em geral, é relativamente difícil promover mudanças radicais da capacidade a curto e a médio prazo. Na indústria, determinadas necessidades de capacidade, principalmente devidas à sazonalidade (aumento ou queda da demanda em épocas bem definidas), podem ser acomodadas por meio de certos recursos, tais como manter a fábrica funcionando normalmente nas épocas de baixa demanda e estocar o excedente, contratar mão-de-obra temporária, operar em horas extras, subcontratar operações etc. Comentários mais detalhados sobre essas possibilidades serão vistos no Capítulo 12, dedicado ao Planejamento Agregado. Em atividades de serviços, a estocagem não é possível, mas alguns outros recursos podem ser usados. Assim, por exemplo, para acomodar a elevação da demanda, as lojas contratam funcionários temporários na época do Natal, acontecendo o mesmo com as livrarias ao início das aulas. De maneira geral, porém, nem sempre isso é possível, o que acaba respondendo por cenas comuns em serviços, como as filas nos bancos ou os restaurantes lotados em dias de grande movimento.

6.5 Avaliação Econômica de Alternativas de Capacidade

Das técnicas disponíveis para o estudo de alternativas de capacidade, iremos nos restringir à chamada análise *custo-volume* ou *análise do ponto de equilíbrio*. Em alguns casos, a Teoria da Decisão, vista no Capítulo 5, também é de utilidade.

A análise do ponto de equilíbrio estabelece uma relação entre receitas, custos e volume de produção (quantidade produzida). O objetivo fundamental da análise é verificar como se comportam os custos e a receita (e conseqüentemente os lucros) sob diferentes alternativas de volume de produção (ou de capacidade produtiva). Dado um produto, para que se proceda à análise, é preciso identificar os custos e as receitas. Costuma-se dividir os custos em:

– *custos fixos*: são aqueles que permanecem constantes (na prática, apenas aproximadamente constantes) qualquer que seja a quantidade produzida. São exemplos: aluguel, impostos prediais, custos de depreciação de máquinas e instalações (salvo sob condições especiais de depreciação acelerada), despesas administrativas, mão-de-obra indireta de fábrica (ou seja, mão-de-obra não envolvida diretamente na produção de bens ou serviços), manutenção das instalações etc.

– *custos variáveis*: são aqueles que variam diretamente com o volume de produção, tais como matérias-primas, mão-de-obra direta (ou seja, alocada diretamente na produção de bens ou serviços) etc. Os custos variáveis podem ser chamados de *custos diretos* sobre o produto, podendo-se definir o custo direto unitário, que é o custo direto associado a uma unidade do produto ou do serviço. Pode-se adicionalmente assumir que os custos variáveis aumentam linearmente com o volume de produção. Embora tal suposição não seja fundamental para a análise do ponto de equilíbrio, ela simplifica os cálculos e as fórmulas, motivo pelo qual a adotaremos.

Sejam:

CT = custo total associado à produção de q unidades do produto

CF = custo fixo total (independente de q)

CV_u = custo variável (direto) unitário, ou seja, o custo para se fazer uma unidade, levando em conta apenas os custos diretos sobre o produto

Tendo em conta as definições anteriores, pode-se escrever que:

$$CT = CF + q\,CV_u \qquad \text{(Equação 6.1)}$$

Por outro lado, seja R a receita total associada à produção e venda de q unidades do produto ou do serviço. Supondo que PV designe o preço de venda unitário, pode-se escrever que:

$$R = q\,PV \qquad \text{(Equação 6.2)}$$

Chamamos de *ponto de equilíbrio* ao valor q da produção tal que exista a igualdade entre custos totais e receita total, ou seja, a produção para a qual o lucro é zero. Para se determinar quanto vale essa produção q em função dos custos e do preço unitário de venda, basta igualar as Equações 6.1 e 6.2:

$$CT = CF + qCV_u = R = q\,PV$$

ou

$$CF = q\,PV - q\,CV_u$$

$$CF = q\,(PV - CV_u)$$

E, finalmente:

$$q = \frac{CF}{PV - CV_u} \qquad \text{(Equação 6.3)}$$

A Equação 6.3 fornece então o ponto de equilíbrio, ou seja, a quantidade produzida que corresponde ao lucro zero. Abaixo de q unidades haverá prejuízo, enquanto acima o lucro será positivo. A Figura 6.2 ilustra graficamente os custos, a receita e o ponto de equilíbrio.

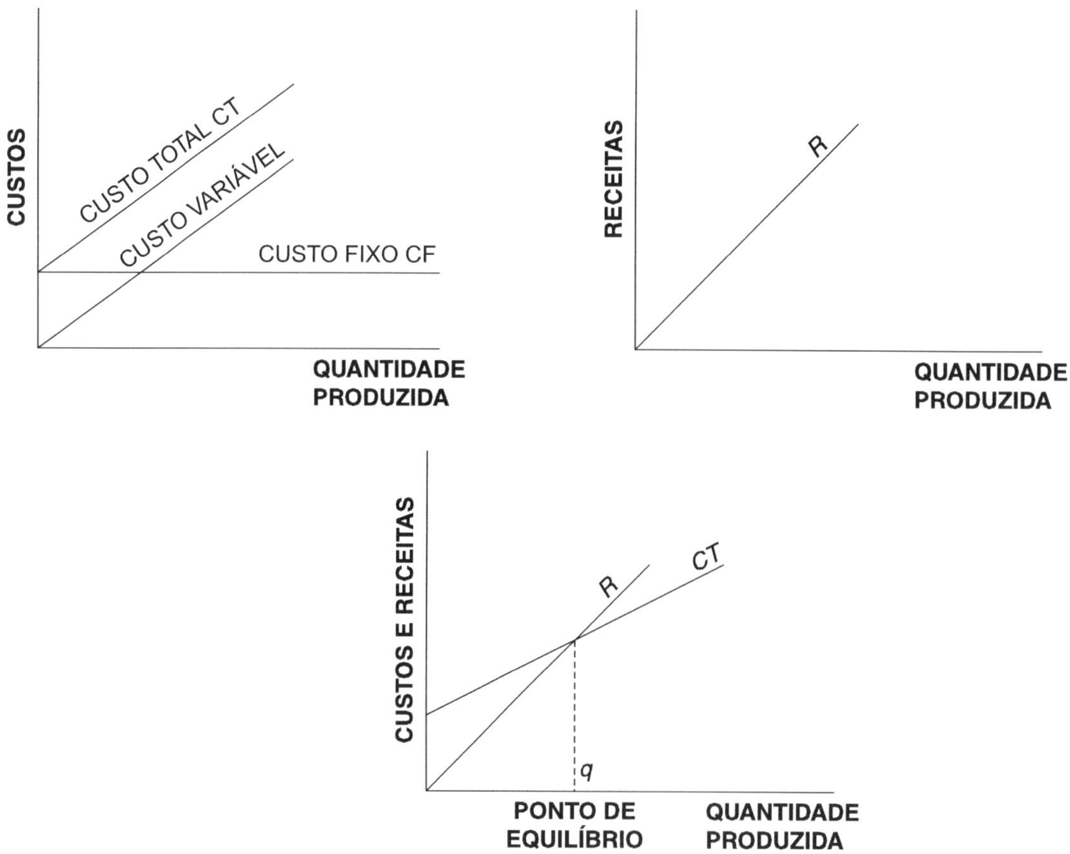

Figura 6.2 Custos, Receitas e Ponto de Equilíbrio.

Em certos momentos, podemos estar interessados na quantidade produzida que corresponde a um certo valor prefixado L do lucro. Neste caso, pode-se demonstrar facilmente que a quantidade q será dada por:

$$q = \frac{L + CF}{PV - CV_u} \qquad \text{(Equação 6.4)}$$

Exemplo 6.1

Uma planta industrial apresenta custos fixos de R$ 1 milhão mensais e custos diretos médios de produção da ordem de R$ 150,00 por unidade produzida. O custo médio refere-se a uma linha de produtos semelhantes, cuja composição deverá permanecer aproximadamente constante. O preço médio de venda do produto pode ser assumido como R$ 190,00 a unidade. Determinar:

a) o ponto de equilíbrio para a planta.
b) a produção necessária para proporcionar um lucro mensal de R$ 160 mil.

Solução

a) Ponto de equilíbrio

Temos:

$CF = 1.000.000$

$CV_u = 150$

$PV = 190$

Aplicando a Equação 6.3, vem que:

$$q = \frac{CF}{PV - CV_u} = \frac{1.000.000}{190 - 150} = 25.000 \text{ unidades}$$

b) Produção para o lucro de R$ 160 mil

Aplicando a Equação 6.4, sendo $L = 160.000{,}00$, vem que:

$$q = \frac{L + CF}{PV - CV_u} = \frac{160.000 + 1.000.000}{190 - 150} = 29.000 \text{ unidades}$$

Algumas cautelas devem ser tomadas antes de se usar a análise do ponto de equilíbrio, dadas as hipóteses que são implicitamente assumidas para a dedução das Equações 6.3 e 6.4:

a) A análise do ponto de equilíbrio vale quando se trata de um só produto (serviço) ou de produtos (serviços) semelhantes para os quais tenha sentido falar de um custo unitário médio e de um preço médio de venda. É preciso que a particular combinação desses diferentes produtos ou serviços seja mais ou menos fixa, pois, de outra forma, os valores médios estariam constantemente mudando.

b) Assume-se que tanto o custo fixo como o custo direto unitário e o preço de venda são invariáveis com o volume. Deve-se tomar cuidado para se usar a análise nos casos em que isso realmente acontece, pelo menos de forma aproximada. Não há dúvida de que é possível trabalhar com valores não constantes, mas as Equações 6.3 e 6.4 não mais seriam válidas. Além disso, seria preciso que se soubesse as regras de variação dos custos e do preço de venda com a quantidade, para que as equações básicas pudessem ser reescritas.

c) Finalmente, existe implicitamente a hipótese de que toda a quantidade produzida será vendida, ou seja, não há a formação de estoques.

6.6 Planejamento de Equipamento e de Mão-de-Obra

Como já dito em outra oportunidade, a estimativa inicial da capacidade leva a especificações mais detalhadas de espaço, equipamentos e mão-de-obra. O espaço deve ser provido para acomodar as máquinas, permitir a movimentação dos equipamentos de manuseio e transporte de materiais, acomodar os estoques (de produtos, materiais diversos, matérias-primas e material em processamento), para os pátios de carga e descarga, para instalações de utilidade, como restaurantes e lanchonetes, áreas de lazer, escritórios etc. As necessidades de espaço para cada um desses itens são essenciais ao estudo posterior do arranjo físico, que será visto no Capítulo 9.

6.6.1 Necessidades de Equipamentos: Produtos Manufaturados

Para se fazer uma estimativa de equipamentos necessários, é preciso que se analise cada um dos itens que serão produzidos e as operações envolvidas. Estima-se então o tempo de processamento t (em minutos, por exemplo) para cada operação. Como os equipamentos não operam durante todo o tempo, devido a paradas inevitáveis para preparação para as operações, a manutenção e as provisões para falhas, deve-se estimar a eficiência e da operação, ou seja, a fração do tempo em que se espera que o equipamento esteja operando.

Suponhamos que uma dada operação que faça parte do processamento de um certo produto deva ser repetida N vezes ao dia, durante o qual a máquina estará em princípio disponível por h horas, tempo esse que depende diretamente do número de turnos de trabalho. Estando o tempo t de cada operação expresso em minutos, o número m de máquinas necessárias para acomodar todas as operações será:

$$m = \frac{t\,N}{60\,h\,e} = \frac{t\text{ (min/operações) } N \text{ (nº operações)}}{60\text{ (min/hora) } h \text{ (horas/máquina) } e \text{ (eficiência)}} \qquad \text{(Equação 6.5)}$$

A Equação 6.5 nos dá o número de máquinas necessárias para cumprir certa operação associada a um produto bem definido. Se essa mesma operação estiver presente no processamento (feito ao mesmo tempo) de um outro produto qualquer, a Equação 6.5 pode ser novamente aplicada, sendo provável que variem o tempo de operação t e o número N de operações. Desta forma, para cada produto i calcula-se o número de máquinas necessárias; o número final de máquinas que se precisa para cobrir a mesma operação para todos os produtos processados ao mesmo tempo será então a soma dos resultados dos cálculos isolados.

Exemplo 6.2

Uma peça deve passar por três diferentes operações O_1, O_2 e O_3, a serem processadas em três máquinas M_1, M_2 e M_3, com os seguintes tempos:

Operação	Máquina	Duração (min)
O_1	M_1	0,48
O_2	M_2	0,10
O_3	M_3	0,24

As máquinas estão disponíveis para utilização durante um turno diário de 8 horas. Existe, por outro lado, a necessidade de se processar 5.000 peças por dia. Determine o número de máquinas de cada tipo que deve ser alocado às operações, assumindo que essas máquinas estarão paradas 10% do tempo para reparos e manutenção.

Solução

A Equação 6.5 deverá ser aplicada separadamente para cada uma das máquinas M_1, M_2 e M_3. São valores comuns a cada cálculo:

N = número de operações = número de peças = 5.000

e = eficiência = 0,90 (já que 10% do tempo é de paradas)

Número de máquinas M_1

Chamando de m_1 o número de máquinas M_1 e de t_1 o tempo de processamento da operação O_1, a aplicação da Equação 6.5 conduz a:

$$m_1 = \frac{t_1\,N}{60\,h\,e} = \frac{(0{,}48)\,(5.000)}{60\,(8)\,(0{,}90)} = 5{,}6$$

Logo, serão necessárias 6 máquinas M_1, embora com alguma ociosidade.

Número de máquinas M_2

Sendo m_2 o número de máquinas M_2 e t_2 o tempo de processamento da operação O_2, vem que:

$$m_2 = \frac{t_2 N}{60\ h\ e} = \frac{(0{,}10)\ (5.000)}{60\ (8)\ (0{,}90)} = 1{,}2$$

Serão necessárias 2 máquinas M_2 para cumprir a produção, embora ocupadas apenas durante 60% do tempo (1,2/2 × 100).

Número de máquinas M_3

Se m_3 for o número de máquinas M_3 e t_3 for o tempo de processamento da operação O_3, temos:

$$m_3 = \frac{t_3 N}{60\ h\ e} = \frac{(0{,}24)\ (5.000)}{60\ (8)\ (0{,}90)} = 2{,}8$$

Serão necessárias 3 máquinas M_3 (novamente com alguma ociosidade).

6.6.2 Planejamento de Pessoal em Postos de Atendimento

Como as atividades de serviços são normalmente intensivas no uso da mão-de-obra, o planejamento de pessoal acaba sendo um dos principais aspectos do planejamento da capacidade. Vamos exemplificar esse planejamento para o caso de postos de atendimento ao público, com as seguintes características:

– existem k atividades, cada uma das quais pode ser feita por qualquer atendente (essa hipótese pode ser relaxada mais tarde).

– N_i é a demanda diária para a atividade i, ou seja, o número de vezes que a atividade é cumprida.

– t_i é a duração média da atividade i (em minutos).

– e é a eficiência média do pessoal, ou seja, a fração de tempo útil dedicada às atividades.

– T é a duração do dia de trabalho (em horas).

Considerando-se então todas as k atividades, o número total n de atendentes necessários será:

$$n = \frac{\sum t_i N_i}{60\ T\ e} \quad (i = 1, 2, ..., k) \qquad \text{(Equação 6.6)}$$

Por outro lado, se cada diferente atividade requerer seus próprios atendentes, que não podem então por qualquer motivo se deslocar para outras atividades, o número de atendentes n_i que se precisa para a atividade i será:

$$n_i = \frac{t_i N_i}{60\ T\ e} \qquad \text{(Equação 6.7)}$$

Formalmente, se somarmos os números de funcionários nas diversas atividades, dados pela Equação 6.7, chegaríamos ao número total de funcionários dado pela Equação 6.6. Na realidade, existe aqui o problema de arredondamento dos números, que deve sempre ser feito para maior, a fim de que a demanda seja integralmente satisfeita. Na Equação 6.6, como os funcionários são intercambiáveis em relação às atividades, o arredondamento pode ser feito ao final da somatória. No caso da Equação 6.7, cada arredondamento deve ser feito separadamente. Isso conduz ao fato óbvio de que o número total de funcionários calculado pelas aplicações da Equação 6.7 a cada atividade será sempre maior ou igual ao número de funcionários calculado diretamente pela Equação 6.6.

Exemplo 6.3

Um posto de atendimento médico apresenta três diferentes atividades ligadas ao pré-exame de mulheres em estado de gravidez: o preenchimento de uma ficha (atividade A_1), que demora em média 8 minutos; uma entrevista (atividade A_2), que toma cerca de 10 minutos; e, por último, a pesagem e a medida da pressão arterial que, juntas (como atividade A_3), consomem aproximadamente 5 minutos. O posto atende cerca de 100 mulheres por dia em 6 horas de trabalho. Supondo que 20% do tempo de trabalho dos atendentes será dedicado a momentos de descanso, a necessidades pessoais e a outras atividades menores, determine o número de atendentes supondo que cada um deles possa desempenhar as três atividades. Haverá alguma alteração nesse número se for feita a restrição de que cada um dos atendentes deve ligar-se a apenas uma das atividades?

Solução

Calculemos o número de atendentes, supondo-os intercambiáveis em relação às três atividades. Temos:

$$n = \frac{\sum t_i N_i}{60\,T\,e} = \frac{t_1\,\mathrm{N}}{60\,T\,e} + \frac{t_2\,\mathrm{N}}{60\,T\,e} + \frac{t_3\,\mathrm{N}}{60\,T\,e}$$

onde t_1, t_2 e t_3 são os tempos de cada atividade A_1, A_2 e A_3 respectivamente, T é a duração em horas do dia de trabalho, e é a eficiência (1 – 0,2 = 0,8) e N é o número de mulheres que devem ser atendidas a cada dia. Logo:

$$n = \frac{(8)\,(100)}{60\,(6)\,(0{,}8)} + \frac{(10)\,(100)}{60\,(6)\,(0{,}8)} + \frac{(5)\,(100)}{60\,(6)\,(0{,}8)} =$$

$$= n = 2{,}78 + 3{,}47 + 1{,}74 = 7{,}99 \text{ (8 atendentes, portanto)}$$

Considerando agora que cada grupo de atendentes só deverá ser alocado a uma atividade, os arredondamentos devem ser feitos separadamente, embora isso conduza a uma ociosidade maior (a ociosidade praticamente não existe se todos os atendentes puderem assistir às três atividades). Ficaremos, portanto, com:

- 3 atendentes para a atividade A_1
- 4 atendentes para a atividade A_2
- 2 atendentes para a atividade A_3

dando um total de 9 atendentes. A restrição de se ter funcionários exclusivos para cada atividade leva, portanto, a um aproveitamento do tempo de 8/9 × 100 = 89%.

6.6.3 Curvas de Aprendizagem

Uma observação de ordem prática, que todos reconhecem, é a de que quanto mais vezes repetimos uma certa atividade, mais nos aperfeiçoamos; conseqüentemente, dentro de certos limites, torna-se cada vez menor o tempo gasto para cumprir a atividade. Em outras palavras, nós aprendemos com a repetição. Além disso, aprendemos proporcionalmente mais (ou seja, obtemos melhorias mais sensíveis no tempo) se a atividade for complexa e longa do que se for simples e breve. Transpostas essas observações para atividades que desenvolvemos profissionalmente, o que se conclui é que a mera repetição de certas atividades conduz por si só a um aumento de produtividade. Embora esse aumento não seja importante para ser levado em conta no planejamento de atividades muito simples, sem dúvida merece atenção se a atividade for complexa, longa e repetitiva.

O fato de que a produtividade no desempenho de uma atividade aumenta com o número de repetições foi notado já na década de 1920, na base aérea de Wright Patterson, no caso específico da montagem de aeroplanos. O número de horas requerido para montar o segundo aeroplano era cerca de 80% do tempo para montar o primeiro; por sua vez, o número de horas para montar o quarto aeroplano era de 80% do tempo de montagem do segundo, e assim por diante. Resumindo, quando dobrava a produção de x para $2x$, o tempo necessário para montar a unidade $2x$ era de 80% do tempo para montar a unidade x. Dizemos, em um caso como este, que *os empregados aprendem a tarefa segundo uma curva de aprendizagem de 80%*. O aspecto de uma curva de aprendizagem está mostrado na Figura 6.3 a seguir. Em abscissas marca-se o número de unidades produzidas (ou o número de repetições da tarefa), enquanto em ordenadas marca-se o tempo gasto para a $n^{ésima}$ unidade (ou repetição), como uma porcentagem do tempo gasto para a primeira unidade (ou a primeira execução).

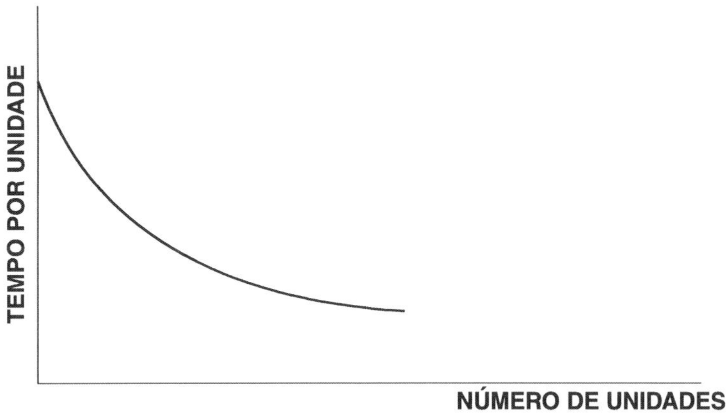

Figura 6.3 A Curva de Aprendizagem.

6.6.3.1 *Expressão Matemática da Curva*

A expressão matemática da curva de aprendizagem é a seguinte

$$y = a\, n^{-b} \qquad \text{(Equação 6.8)}$$

onde:

y = tempo para fazer a $n^{ésima}$ unidade (ou repetição)

a = tempo para fazer a primeira unidade (ou execução)

$b = \text{constante} = \dfrac{-ln\, p}{ln\, 2}$ (para uma curva de aprendizagem de 100 p)

(Como o leitor deve recordar-se, *ln* representa o logaritmo neperiano, ou seja, o logaritmo de base 2,718...)

Assim, por exemplo, para uma curva de aprendizagem de 80%, o valor de p é 0,8 e o de b será:

$$b = \frac{-ln\, 0{,}8}{ln\, 2} = \frac{-(-0{,}223)}{0{,}693} = 0{,}322$$

Para uma curva de aprendizagem de 90%:

$$b = \frac{-ln\, 0{,}9}{ln\, 2} = \frac{-(-0{,}105)}{0{,}693} = 0{,}152$$

Exemplo 6.4

Uma atividade leva 20 horas para ser completada da primeira vez. Assumindo que a aprendizagem se faz segundo uma curva de 80%, determine:

a) o tempo para fazer a 2ª, a 4ª e a 8ª unidade.

b) o tempo para fazer a 3ª, a 6ª e a 12ª unidade.

Solução

a) No caso das 2ª, 4ª e 8ª unidades, basta multiplicar o tempo da primeira unidade por 0,8, o da segunda assim obtido por 0,8 e assim sucessivamente:

2ª unidade ________ 20 (0,8) = 16 horas

4ª unidade ________ 16 (0,8) = 12,8 horas

8ª unidade ________ 12,8 (0,8) = 10,24 horas

b) O tempo gasto para fazer a 3ª unidade (que será indicado por y_3) pode ser obtido aplicando-se a Equação 6.8 (lembrando que $b = 0{,}322$):

$$y_3 = 20\,(3)^{-0{,}322} = 14{,}04$$

O tempo para a 6ª unidade será o tempo para a terceira multiplicado por 0,8, e assim por diante:

6ª unidade ________ 14,04 (0,8) = 11,232 horas

12ª unidade ________ 11,232 (0,8) = 8,986 horas

Em geral, quanto maior a participação da mão-de-obra em uma tarefa, maior será o efeito da aprendizagem, o que leva ao uso de curvas com menores porcentagens. Como uma regra empírica, costuma-se usar a curva de 80% quando a tarefa envolve tempo de mão-de-obra igual ou superior a três vezes o tempo de máquina. Se esses tempos forem aproximadamente iguais, pode-se usar a curva de 85%; se o tempo de máquina for muito maior que o da mão-de-obra (3 para 1, por exemplo), a curva mais adequada é a de 90%.

6.6.3.2 *Usos da Curva de Aprendizagem*

Alguns dos principais usos da curva de aprendizagem são os seguintes:

a) *no planejamento das necessidades de mão-de-obra*:

Conhecendo-se a demanda para uma dada operação (ou conjunto de operações) e a curva de aprendizagem aplicável, é possível determinar as necessidades futuras de mão-de-obra para atender à demanda.

b) *no planejamento de custos*:

Os custos podem ser inicialmente altos, quando a produção está se fazendo em baixos volumes. À medida que aumenta a produtividade do trabalhador juntamente com os volumes de produção, os custos diretos de mão-de-obra tornam-se menores. Além disso, existem implicações para o planejamento da matéria-prima e dos materiais necessários, para cuja contratação devem ser levados em conta os efeitos da aprendizagem da atividade sobre a alteração no volume de produção.

c) *em negociações*:

Esta aplicação é praticamente um caso especial do planejamento de custos. O conceito de curva de aprendizagem pode fazer parte integrante de contratos sob encomenda para a fabricação de itens complexos como aviões, computadores, máquinas especiais etc. Como o custo direto de mão-de-obra cai à medida que aumenta o tamanho do pedido, uma vez fixado o número de unidades e o custo inicial, pode-se calcular o custo associado a todas as unidades. Esse custo passa então a fazer parte integrante do contrato. Esse uso é muito comum em contratos com agências governamentais nos Estados Unidos.

6.6.3.3 *Uso de Tabelas*

Os valores de n^{-b} podem ser tabelados para diferentes curvas e valores de n, facilitando-se assim os cálculos. Para saber o tempo que irá ser gasto na $n^{\text{ésima}}$ operação, dada a curva que se aplica, toma-se o valor de n^{-b} na tabela correspondente e multiplica-se pelo valor do tempo da primeira unidade. A Tabela 6.1 fornece também um coeficiente (na coluna *Total*) pelo qual deve-se multiplicar o tempo da primeira unidade para se saber o *tempo acumulado* até a unidade n.

Exemplo 6.5

A montagem e a regulagem de um equipamento complexo requerem, para a primeira unidade, um total de 80 horas. Assumindo uma curva de aprendizagem de 80% e utilizando a Tabela 6.1, determinar:

a) o tempo para fazer a 10ª unidade.

b) o tempo total para fazer as 10 primeiras unidades.

c) o tempo médio por unidade para as 10 primeiras unidades.

Solução

a) Da Tabela 6.1, para $n = 10$ e curva de 80%: $n^{-b} = 0{,}477$

Logo, o tempo para a 10ª unidade será:

80 (0,477) = 38,16 horas

b) Novamente utilizando a Tabela 6.1, o coeficiente do tempo total para as 10 primeiras unidades é 6,315; logo, o tempo total será:

80 (6,315) = 505,2 horas

c) O tempo médio por unidade será simplesmente o quociente do tempo total pelas 10 unidades:

Tempo médio = 505,2/10 = 50,52 horas/unidade

PONTOS-CHAVE

1. Conceitua-se capacidade de uma unidade produtiva como a quantidade máxima de produtos ou serviços que essa unidade pode produzir em um dado intervalo de tempo. A capacidade produtiva depende de diversos fatores, entre os quais o porte das instalações, a composição dos produtos e/ou serviços, o projeto do processo, fatores operacionais como as diferenças nas capacidades dos equipamentos e fatores humanos, particularmente a experiência, a habilidade e a motivação dos funcionários.

2. Entre as principais razões para a importância das decisões sobre capacidade, contam-se:

a) são decisões cujo efeito se prolonga pelo longo prazo.

b) são decisões que têm grande impacto sobre a habilidade da empresa em atender à demanda futura.

c) modificações drásticas na capacidade são difíceis de se conseguir a curto e médio prazos, além de incorrer em altos custos.

d) a capacidade tem relação estreita com os custos operacionais, que se elevam à medida que a capacidade se distancia da demanda (para maior ou menor).

Tabela 6.1 Coeficientes da Curva de Aprendizagem

Número da Unidade (n)	80%		85%		90%	
	n^{-b}	Total	n^{-b}	Total	n^{-b}	Total
1	1,000	1,000	1,000	1,000	1,000	1,000
2	0,800	1,800	0,850	1,850	0,900	1,900
3	0,702	2,502	0,773	2,623	0,846	2,746
4	0,640	3,142	0,723	3,345	0,810	3,556
5	0,596	3,738	0,686	4,031	0,783	4,339
6	0,562	4,299	0,657	4,688	0,762	5,101
7	0,534	4,834	0,634	5,322	0,744	5,845
8	0,512	5,346	0,614	5,936	0,729	6,574
9	0,493	5,839	0,597	6,533	0,716	7,290
10	0,477	6,315	0,583	7,116	0,705	7,994
11	0,462	6,777	0,570	7,686	0,695	8,689
12	0,449	7,227	0,558	8,244	0,685	9,374
13	0,438	7,665	0,548	8,792	0,677	10,052
14	0,428	8,092	0,539	9,331	0,670	10,721
15	0,418	8,511	0,530	9,861	0,663	11,384
16	0,410	8,920	0,522	10,383	0,656	12,040
17	0,402	9,322	0,515	10,898	0,650	12,690
18	0,394	9,716	0,508	11,405	0,644	13,334
19	0,388	10,104	0,501	11,907	0,639	13,974
20	0,381	10,485	0,495	12,402	0,634	14,608
21	0,375	10,860	0,490	12,892	0,630	15,237
22	0,370	11,230	0,484	13,376	0,625	15,862
23	0,364	11,594	0,479	13,856	0,621	16,483
24	0,359	11,954	0,475	14,331	0,617	17,100
25	0,355	12,309	0,470	14,801	0,613	17,713
26	0,350	12,659	0,466	15,267	0,609	18,323
27	0,346	13,005	0,462	15,728	0,606	18,929
28	0,342	13,347	0,458	16,186	0,603	19,531
29	0,338	13,685	0,454	16,640	0,599	20,131
30	0,335	14,020	0,450	17,091	0,596	20,727
31	0,331	14,351	0,447	17,538	0,593	21,320
32	0,328	14,679	0,444	17,981	0,590	21,911
33	0,324	15,003	0,441	18,422	0,588	22,498
34	0,321	15,324	0,437	18,859	0,585	23,084
35	0,318	15,643	0,434	19,294	0,583	23,666
36	0,315	15,958	0,432	19,725	0,580	24,246
37	0,313	16,271	0,429	20,154	0,578	24,824
38	0,310	16,581	0,426	20,580	0,575	25,399
39	0,307	16,888	0,424	21,004	0,573	25,972
40	0,305	17,193	0,421	21,425	0,571	26,543

3. A capacidade pode ser medida tanto por meio da produção como dos insumos. Essa última forma de medida (via insumos) é útil particularmente no caso das atividades de serviços ou atividades industriais com diferenciação acentuada nos produtos.

4. A técnica do ponto de equilíbrio parte da comparação entre custos e receitas totais associados a um dado produto. Os custos totais são formados pelos custos fixos (que não variam com o volume de produção) e os custos variáveis (diretos), que aumentam com a produção. A quantidade produzida (e vendida) que iguala os custos e as receitas é o ponto de equilíbrio; para o ponto de equilíbrio, o lucro é nulo.

5. Quanto mais vezes uma tarefa longa e complexa é repelida, menor será o tempo para realizá-la; em geral, o tempo necessário para processar a unidade de número $2x$ é uma fração constante do tempo usado para processar a unidade de número x.

6. A curva de aprendizagem representa a lei que regula o decréscimo de tempo à medida que se "aprende" a tarefa. Uma curva de 80%, por exemplo, indica que o tempo de processamento da unidade $2x$ será de 80% do tempo de processamento da unidade x.

7. Entre os usos potenciais mais importantes da curva de aprendizagem está o planejamento de custos de mão-de-obra, os quais diminuem à medida que aumenta o número de unidades processadas. Uma aplicação específica encontra-se nos contratos de encomenda de itens complexos, onde esse decréscimo de custo é parte integrante do orçamento.

PROBLEMAS RESOLVIDOS

1. Na manufatura de dois produtos *A* e *B* existe certa operação de prensagem. Para o produto *A*, a operação toma 8 minutos, enquanto para o produto *B* toma apenas 2 minutos. Estima-se que a demanda mensal seja de 500 unidades para o produto *A* e 1.000 unidades para o produto *B*. Determinar a capacidade produtiva (da prensa) que está sendo usada, supondo um mês de 22 dias úteis de 8 horas diárias. Supor que a prensa é usada apenas com os dois produtos *A* e *B* e descontar do tempo disponível uma folga para manutenção e reparos no valor de 10% desse tempo disponível.

Solução

A capacidade produtiva bruta da prensa, sem descontar o tempo parado para manutenção e reparos, é de:

22 (dias/mês) × 8 (horas/dia) = 176 horas/mês

Descontando 10% desse tempo para manutenção e reparos, a capacidade líquida será:

176 – 176 (0,1) = 158,4 horas/mês (transformando em minutos)
158,4 horas/mês × 60 minutos/hora = 9.504 minutos/mês

Devemos calcular agora qual o tempo exigido para a prensagem dos dois produtos *A* e *B*, o que pode ser feito com o auxílio da tabela seguinte:

Produto	Tempo de Prensagem	Demanda Mensal	Tempo Total para o Produto
A	8 min	500 unidades	4.000 min/mês
B	2 min	1.000 unidades	2.000 min/mês
			Total geral 6.000 min/mês

Logo, a capacidade da prensa que está sendo utilizada para os dois produtos é de:

$$\text{Capacidade usada (\%) } m \frac{6.000}{9.504} \times 100 = 63{,}13\%$$

2. Um supermercado deseja determinar o número de atendentes de máquina registradora (caixas) que deve ser dimensionado para atender à demanda prevista de 800 clientes por dia de 8 horas. Estima-se que cada cliente demora, em média, 5 minutos para passar pelo caixa. Considerar que 20% do tempo dos caixas é dedicado a descanso e refeições.

Solução

Para o cálculo do número n_i de atendentes em uma dada atividade i aplica-se a Equação 6.7:

$$n_i = \frac{t_i N_i}{60\, T\, e}$$

t_i = duração média do atendimento = 5 minutos
N_i = demanda diária da atividade = 800 clientes
T = duração do dia de trabalho = 8 horas
e = eficiência média do pessoal = 1 – fração de tempo parado = 1 – 0,2 = 0,8

Aplicando então a Equação 6.7 aos dados do problema, vem que:

$$n_i = \frac{(5)\,(800)}{60\,(8)\,(0{,}8)} = 10{,}4 \text{ caixas}$$

Portanto, 11 caixas serão necessárias com alguma ociosidade. Na verdade, o tempo de trabalho útil será 10,4/11 = 95%.

3. Uma metalúrgica produz apenas três produtos, com os seguintes custos diretos de fabricação:

Produto	Quantidade Produzida por Ano	Custo Direto por Unidade
I	10.000 unidades	R$ 6,00
II	5.000	20,00
III	20.000	15,00

Os custos fixos sobem a R$ 200 mil por ano. Supondo que seja invariável a proporção na qual a demanda ocorra (dada pela tabela acima), pede-se:

a) Definir um custo variável (direto) médio, usando as quantidades produzidas e os custos diretos unitários.

b) Definir um preço médio de venda, sabendo-se que, para cada produto, esse preço é o dobro do custo direto por unidade.

c) Se a empresa estivesse operando com um lucro anual de R$ 150 mil, qual seria a demanda agregada? E a demanda de cada produto individualmente? (Nota: trabalhar com o custo direto e o preço médios.)

Solução

a) Custo variável médio:

Seja CV_u esse custo. Ele pode ser calculado fazendo-se a média ponderada dos custos variáveis unitários de cada produto, usando, como pesos de ponderação, as respectivas demandas. Temos então:

$$CV_u = \frac{6\,(10.000) + 20\,(5.000) + 15\,(20.000)}{10.000 + 5.000 + 20.000} =$$

$$= \text{R\$ } 13{,}14 \text{ por unidade agregada}$$

(O termo "unidade agregada" refere-se sempre a valores médios.)

b) Preço médio de venda:

Seja PV esse preço. Podemos encontrá-lo de maneira idêntica ao que fizemos para CV_u por meio da média ponderada dos preços de venda dos três produtos. Entretanto, como para todos eles o preço de venda é o dobro do custo unitário, o cálculo resume-se em multiplicar o custo unitário CV_u por 2:

$PV = 2\ CV_u = 2\ (13.143) =$ R$ 26,28 por unidade agregada

c) Demanda agregada e individual para um lucro de 150 mil reais:

A Equação 6.4 é agora aplicável para a demanda agregada:

$$q = \frac{L + CF}{PV - CV_u} = \frac{150.000 + 200.000}{26,28 - 13,14} = 26.636 \text{ unidades agregadas}$$

Devemos agora repartir essas 26.636 unidades agregadas em unidades individuais para os três produtos. Lembrando que as demandas estão em uma proporção invariável, temos que a fração de cada produto na demanda agregada será o quociente da sua demanda pela demanda dos três produtos:

Produto I: 10.000/35.000 = 0,286

Produto II: 5.000/35.000 = 0,143

Produto III: 20.000/35.000 = 0,571

A demanda individual de cada produto é então obtida multiplicando a sua fração na demanda total pelas 26.636 unidades agregadas, que correspondem ao lucro de R$ 150 mil:

Produto	Demanda Individual	
I	26.636 (0,286) =	7.618
II	26.636 (0,143) =	3.809
III	26.636 (0,571) =	15.209
	Total	26.636

4. Na montagem de um novo item, pode-se assumir uma curva de aprendizagem de 85%. A unidade inicial requereu 30 horas para a montagem. Determinar o tempo necessário:

a) para completar a 10ª unidade.
b) para completar as 20 primeiras unidades.
c) para completar as unidades 15 a 20.

Solução

a) Tempo de término para a 10ª unidade:

Da Tabela 6.1, para $n = 10$ e curva de 85%, retira-se:

$n^{-b} = 0,583$

Logo, o tempo para o término da 10ª unidade (y_{10}) será:

$y_{10} = 30\ (0,583) = 17,49$ horas

b) Tempo total para as 20 primeiras unidades:

Da Tabela 6.1, o tempo total para as 20 primeiras unidades será o produto do coeficiente "Total" retirado para $n = 20$, multiplicando pelo tempo da 1ª unidade:

Tempo total (20 unidades) = 30 (12,402) = 372,06 horas

c) Tempo decorrido entre as unidades 15 a 20:

O cálculo pode ser feito por diferença entre os tempos totais de término das primeiras 20 e das primeiras 15 unidades. Para as primeiras 20 unidades, o valor obtido em b foi de 372,06 horas; para as primeiras 15 unidades, ele será (recorrendo à Tabela 6.1 para $n = 15$):

Tempo total (15 unidades) = 30 (9,861) = 295,83 horas

Por diferença, o tempo decorrido entre a 15ª e a 20ª unidades, ou seja, o tempo total para terminar as unidades de números 16, 17, 18, 19 e 20 será:

Tempo entre a 15ª e a 20ª unidades = 372,06 – 295,83 = 76,23 horas

5. Para se determinar a curva de aprendizagem mais adequada a uma operação, foram tomados os tempos a seguir para as 4 primeiras unidades:

Unidade	Tempo de Término
1	40 horas
2	31
3	28
4	25,2

Solução

Pelo conceito de curva de aprendizagem, dobrando-se o número de unidades, o tempo de término deverá cair de uma porcentagem constante que dirá qual é a curva operacional mais adequada:

$$\frac{\text{Tempo (unidade 2)}}{\text{Tempo (unidade 1)}} = \frac{31}{40} = 0{,}798$$

$$\frac{\text{Tempo (unidade 4)}}{\text{Tempo (unidade 2)}} = \frac{25{,}2}{31} = 0{,}813$$

Por aproximação, uma curva de 80% parece ser a mais indicada. Veja-se também que a relação entre os tempos da 3ª unidade e da 1ª é de 28/40 = 0,7; na curva de aprendizagem de 80%, a relação teórica entre a 3ª e a 1ª unidades (retirada da Tabela 6.1) seria de 0,702. Esse último cálculo confirma a curva de 80% como a mais indicada.

QUESTÕES PARA DISCUSSÃO

1. Conceituar capacidade de uma unidade produtiva e dar alguns exemplos.
2. Quais são as principais razões pelas quais são importantes as decisões sobre capacidade?
3. Comentar sobre algumas alternativas viáveis para se aumentar a capacidade instalada de uma unidade produtiva.
4. Quando é mais fácil (ou mais conveniente) medir a capacidade instalada por meio dos insumos?
5. O que se entende por curva de aprendizagem?
6. Uma curva de aprendizagem de 90% indica um aprendizado mais rápido ou mais lento que uma curva de 80%? Explicar.
7. Citar alguns usos potenciais das curvas de aprendizagem.

PROBLEMAS PROPOSTOS

1. Uma fábrica de montagem de caixas de transmissão para automóveis opera durante 8 horas por dia. A capacidade de produção da fábrica é de 80 caixas de transmissão por hora. A programação das próximas semanas de montagem é a seguinte:

Semana	1	2	3	4
Nº de montagens	2.500	3.200	2.800	2.500

Determinar a capacidade normal da fábrica em número de montagens semanais (semana de 5 dias úteis). Determinar também a porcentagem média de capacidade que a fábrica estará utilizando, com base na programação das próximas quatro semanas.

2. Um escritório de contabilidade deseja estabelecer para os próximos 3 dias úteis, se preciso, um horário extra de atendimento, além das 8 horas normais, para clientes que o procuram para preparar a declaração de Imposto de Renda. O escritório espera que nos 3 dias úteis cerca de 30 clientes irão procurá-lo. Existem dois funcionários para fazer as declarações, sendo estimado que cada uma delas demorará aproximadamente duas horas. Haverá necessidade de horas extras? Em caso afirmativo, quantas?

3. Comparar as duas instalações a seguir, em função dos custos totais, quando a demanda for de 3.000, 9.000 e 18.000 unidades respectivamente.

Instalação	Custo Fixo Anual R$ mil	Custo Direto R$ unidade	Capacidade unidades/ano
1	130	3	30.000
2	80	5	20.000

4. Uma empresa opera atualmente com duas fábricas, as quais produzem a quantidade suficiente para abastecer todos os mercados da empresa. Os dados referentes às fábricas são os seguintes:

Fábrica	Custo Fixo Anual R$ mil	Custo Direto R$ unidade	Capacidade unidades/ano
A	40	14	15.000
B	60	10	10.000

A empresa está considerando a possibilidade de reunir toda a produção em uma terceira fábrica, fechando as duas primeiras. Considera-se que assim as facilidades de controle resultantes compensarão os custos de fechamento e de abertura. A decisão final deve ser dada com base nos custos totais de operação. Para a nova fábrica, esses custos são os seguintes:

Custo fixo: R$ 800 mil/mês

Custo direto: R$ 7/unidade

Supondo que a demanda permaneça a mesma, será conveniente a instalação de uma fábrica única? Qual o excedente de lucro ou prejuízo sobre a situação atual?

5. Duas máquinas estão sendo consideradas opcionalmente para aquisição, sendo que ambas estão destinadas à mesma finalidade. A máquina *A* é um modelo mais antigo que a máquina *B*, com um preço menor, mas exigindo maiores despesas em manutenção. A estrutura de custos fixos anuais (manutenção + depreciação) e custos diretos por unidade processada é a seguinte (em reais):

Máquina	Depreciação	Manutenção	Total Custos Fixos	Custo Direto (por unidade)	Capacidade (unidades/ano)
A	4 mil	2 mil	6 mil	R$ 8	10.000
B	15 mil	1 mil	16 mil	R$ 7	20.000

Supondo que a qualidade do desempenho das duas máquinas seja a mesma, determinar qual delas deve ser adquirida nos casos de uma demanda anual igual a 5.000, 10.000 e 15.000 unidades processadas. Se preciso, supor que a máquina *A* seja adquirida no número de unidades suficiente para cumprir a demanda, computando proporcionalmente os custos quando necessário.

6. Uma companhia aérea operando na linha São Paulo–Rio vai iniciar um programa de reforma das 25 aeronaves que fazem a linha. Em trabalhos desse tipo, a companhia acha razoável adotar uma curva de aprendizagem de 80%, estimando em 600 horas o tempo necessário para reformar a primeira aeronave. Determinar o tempo de reforma:

a) da 8ª aeronave.

b) das primeiras 8 aeronaves.

c) de todas as 25 aeronaves.

7. No problema anterior, suponha que a companhia tenha verificado que a reforma das duas primeiras aeronaves foi complicada por alguns problemas não previstos, de forma que é mais prudente calcular os tempos a partir da reforma da 3ª aeronave. Sabendo que a reforma das duas primeiras aeronaves tomou 1.400 horas e a reforma da 3ª levou 370 horas, determinar o tempo total de reforma de todas as 25 aeronaves, incluindo as duas primeiras.

8. Deseja-se determinar uma curva de aprendizagem adequada à montagem de certo equipamento. Para tanto, são tomados os tempos de conclusão das 8 primeiras unidades:

Unidade	Tempo de Conclusão
1	23,4 horas
2	20,8
3	19,6
4	18,9
5	18,3
6	17,6
7	17,4
8	16,6

Determine a curva de aprendizagem que corresponde mais de perto aos tempos.

REFERÊNCIAS BIBLIOGRÁFICAS

CHAMBERS, S.; JOHNSTON, R. *Experience Curves in Services*: Macro and Micro Level Approaches. *International Journal of Operations and Production Management*, v. 20, n. 7, p. 842, 2000.

EVANS, J. R. et al. *Applied Production and Operations Management*. 2. ed. St. Paul, MN: West Publishing Company, 1997.

JONSSON, P.; MATTSSON, S.-A. Use and Applicability of Capacity Planning Methods. *Production and Inventory Management Journal*, v. 43, n. 3/4, p. 89-95, 2002.

SCHROEDER, R. G. Operations Management: Contemporary Concepts and Cases. 3. ed. Nova York: McGraw-Hill/Irwin, 2005.

STEVENSON, W. J. *Administração das Operações de Produção*. 6. ed. Rio de Janeiro: LTC, 2002.

Capítulo 7

Localização de Instalações

7.1 Importância das Decisões sobre Localização

Qualquer que seja o tipo de negócio em que esteja envolvida a empresa considerada, mas principalmente se ela for uma indústria, as decisões sobre localização são estratégicas e fazem parte integral do processo de planejamento. Localizar significa determinar o local onde será a base de operações, onde serão fabricados os produtos ou prestados os serviços e/ou onde se fará a administração do empreendimento. Em matéria de localização, nada pode ser negligenciado – às vezes, detalhes aparentemente pequenos, quando não levados em conta, podem trazer desvantagens sérias. Aspectos negativos da localização devem provavelmente receber tanta atenção quanto os aspectos positivos. Cada empresa tem suas particularidades, fazendo que o problema de localização seja específico de cada situação. Algumas companhias ou empreendimentos considerarão mais importante ficar próximas aos clientes (como um supermercado, uma delegacia ou um hospital), enquanto outras serão atraídas pela proximidade das matérias-primas e/ou dos componentes (como uma olaria ou uma fábrica de cimento). Outras, ainda, irão se dirigir para locais onde a mão-de-obra seja abundante e/ou bem treinada.

À primeira vista, as decisões de localização parecem aplicar-se prioritariamente a novos empreendimentos, como é o caso de se desejar localizar uma fábrica que está sendo aberta agora e deve ser construída das raízes. Entretanto, sem negar a importância desses casos, empresas já existentes e operando normalmente também enfrentam problemas de localização. Isto acontece, por exemplo, quando os insumos básicos à operação da empresa se esgotam, tornam-se insuficientes ou muito caros. O esgotamento de uma mina, a necessidade cada vez maior de água ou energia que não podem ser obtidas a curto prazo são alguns exemplos. Às vezes, o crescimento da demanda não pode ser satisfeito com a mera expansão da capacidade da localização existente, tornando necessária a busca de um novo local de operações. Em outros momentos, por estratégias de mercado, a empresa ver-se-á compelida a selecionar locais para adicionar novas instalações (lojas ou depósitos, por exemplo). De qualquer forma, tanto para empresas novas como para as já existentes, as decisões sobre localização levam a um compromisso de longo prazo, especialmente no caso de indústrias, que exigem grandes esforços de projeto e implantação, que podem durar vários anos. Desnecessário dizer que o impacto sobre os custos e as receitas é bastante significativo.

Como em princípio existem muitas opções para a localização, torna-se sempre necessário selecionar um número limitado entre essas opções. Essa pré-seleção deve levar a escolhas potencialmente aceitáveis, sem o que não haverá o problema de localização.

7.2 Opções Básicas para Empresas em Operação

Quando se tratar de uma empresa já em atividade, existem três opções básicas para se localizar uma unidade operativa:

a) *Expandir a instalação já existente*: essa alternativa será viável se houver espaço disponível para tanto. A expansão local das instalações, além de levar a menores custos, propicia um melhor controle das ações por parte da administração. Dependendo do espaço disponível, os novos prédios podem ser térreos ou em andares. Entre outras vantagens, os prédios térreos ensejam maior flexibilidade para a disposição física de máquinas e equipamentos e conduzem a menores custos de manuseio, por não haver movimento entre andares.

b) *Adicionar nova unidade, retendo as demais que já estão em operação*: neste caso, torna-se importante verificar o impacto sobre o sistema total em termos de custo/benefício com a abertura.

c) *Fechar uma unidade e abrir outra*: nesta alternativa, importa balancear os custos de abrir e fechar. O fechamento de uma unidade pode se dar por mudanças de mercado, exaustão de matérias-primas, dificuldades de expansão no próprio local, aumento exagerado dos custos operacionais etc.

7.3 Fatores Determinantes nas Decisões de Localização

A rigor, existe uma lista muito grande de fatores que podem, de uma forma ou de outra, influenciar nas decisões sobre localização. Nem todos são igualmente importantes em quaisquer circunstâncias porque, como já dissemos, a localização é um problema específico para cada companhia. Assim, por exemplo, as atividades industriais são, de modo geral, fortemente orientadas para o local onde estão os recursos: matérias-primas, água, energia e mão-de-obra. As atividades de serviços, sejam públicas ou particulares, irão orientar-se mais para fatores como proximidade do mercado (clientes), tráfego (facilidade de acesso) e localização dos competidores.

Vejamos alguns dos principais fatores separadamente.

7.3.1 Localização das Matérias-Primas

Um primeiro motivo para que as firmas procurem se localizar junto às fontes de matéria-prima é a relativa perecibilidade da mesma. Se a matéria-prima, uma vez obtida, não puder ser transportada por distâncias razoáveis, ou se demandar condições muito especiais e custosas para esse transporte, isso tenderá a atrair a empresa para perto do depósito ou fonte dessas matérias-primas. Uma fábrica de processamento de alimentos, via de regra, localiza-se pelo menos nas cercanias da região de onde provêm as matérias-primas. É o caso de fábricas de pescado (região litorânea) ou de processamento de legumes e vegetais.

Outra razão que justifica a localização próxima às matérias-primas é o custo de transporte, sempre um dos principais itens de custo a se considerar, principalmente no caso de instalações industriais. Matérias-primas volumosas e de pequeno valor (relativamente aos produtos delas derivados) atraem as empresas para as proximidades. Empresas de processamento de matérias-primas obtidas por extração mineral, como as de cimento, serão orientadas para a localização dos depósitos de matéria-prima.

Há casos, finalmente, em que a empresa utiliza-se de muitos fornecedores, milhares às vezes. Fica claro que é impossível então, à empresa, localizar-se perto de todos eles ou mesmo de todos os mais importantes. Nestas circunstâncias, uma solução possível seria buscar a minimização do custo total de transporte de matérias-primas e de produtos acabados, por meio de uma das técnicas que mais adiante serão apresentadas.

7.3.2 Mão-de-Obra

Sempre é importante para uma companhia verificar se os locais pré-selecionados para a localização possuem oferta de mão-de-obra em quantidade e qualidade suficientes. Algumas não desejam se onerar com altos custos de treinamento de pessoal, embora para outras isso seja relativamente comum, dadas as atividades muito específicas em que estão engajadas.

De uma maneira geral, a força dos sindicatos opera contra uma determinada localização. Em certas regiões, onde por quaisquer motivos históricos as agências locais dos sindicatos influenciam fortemente os trabalhadores, dando-lhes uma consciência de classe e um poder de demanda significativo junto aos empregadores, muitas empresas pensarão duas vezes antes de se localizar temendo problemas futuros. Atitudes da mão-de-obra que dependem da cultura da região, tais como exagerados absenteísmo e rotação de pessoal, também têm a sua influência, pois as empresas podem não estar dispostas a investir na educação para o trabalho, principalmente se contam com outras opções igualmente satisfatórias onde o problema não se manifesta.

Em algumas oportunidades, notadamente quando se está desativando um local em favor de outro, surge a questão da transferência de empregados. Além do custo que isso representa, em termos de pagamento extra pela legislação vigente no Brasil, muitos funcionários valorizam o local onde moram e o estilo de vida que levam e, portanto, não desejarão se transferir. Sempre é temida, também, a mudança para uma localidade onde o custo de vida é sabiamente mais caro. É claro que, no final, o problema depende em grande parte de onde se está e para onde se vai.

Uma última consideração que faremos diz respeito à relativa dominação que a empresa exercerá sobre a comunidade. Quanto maior essa dominação, ou seja, quanto mais a cidade depender da empresa em questão de emprego, mais dificuldades serão criadas para a redução da produção e demissão de empregados, se necessário, gerando problemas sociais que qualquer companhia gostaria de evitar. Moure e Hendrick (1980) atestam que a General Electric, nos Estados Unidos, evita instalar fábricas onde será responsável pela contratação de mais de um oitavo da população ativa das redondezas. Outro caso citado por esses autores é o da cidade de Seattle, dominada pela Boeing Aircraft. Na década de 1970, quando os negócios iam mal, a Boeing demitiu milhares de funcionários, gerando uma dupla recessão atingindo Seattle: a recessão do país em geral e a recessão da própria cidade em particular.

7.3.3 Água e Energia Elétrica

Como em geral a água e a eletricidade não têm preços muito diferenciados por todo o país, as principais considerações dizem respeito principalmente à disponibilidade desses insumos na quantidade suficiente para a atividade das empresas. Muitas companhias – de papel, refinarias de açúcar, indústrias químicas em geral e alumínio, apenas para citar algumas – precisam de um grande e constante suprimento de água. No caso das indústrias de alumínio, a extração eletrolítica do metal a partir do minério exige também gigantescas quantidades de energia elétrica.

7.3.4 Localização dos Mercados Consumidores

Freqüentemente é muito difícil, no caso de atividades industriais, estar ao mesmo tempo próximas dos mercados fornecedores e dos mercados consumidores. Os custos de transporte de matérias-primas em relação aos produtos acabados e à estratégia competitiva estarão entre os fatores decisórios.

As organizações de serviço sem fins declaradamente lucrativos, freqüentemente mantidas pelas autoridades governamentais, serão de uma maneira geral orientadas pelas necessidades dos clientes. Hospitais, postos de correio, delegacias e agências para atendimento de cidadãos, por exemplo, irão se localizar onde esses serviços não existam ou sejam insuficientes para atender uma dada população. Também as atividades privadas de serviços se localizam perto dos mercados a que servem, tanto quanto possível onde existam facilidades de acesso e estacionamento, ao mesmo tempo buscando atingir a uma grande parcela da população visada. Note-se que as dimensões do mercado servido são diferentes para serviços de natureza diferente: bares e barbearias servem a uma área geográfica muito mais restrita que um supermercado ou uma universidade, por exemplo.

7.3.5 As Atitudes da Comunidade e o Local Definitivo

Uma vez escolhidas as alternativas possíveis para a localização, a busca será então pelo local definitivo. Neste momento, além dos fatores apresentados anteriormente, será relevante também considerar as atitudes da comunidade quanto à instalação de novas empresas. Existem comunidades que procuram atrair empresas, inclusive oferecendo incentivos, tais como cessão gratuita do terreno, isenção de impostos por um certo tempo, construção imediata da infra-estrutura, e assim por diante. A presença das empresas é vista como desejável, pela geração de empregos, pelos impostos que serão arrecadados e pelos efeitos em cadeia no sentido da pujança econômica da comunidade. De outro lado, existem comunidades que colocam restrições à entrada de novas empresas, principalmente se estiverem associadas à poluição ambiental.

Do ponto de vista da empresa que vai se instalar, é importante que a comunidade tenha, no melhor grau possível, facilidades educacionais, serviços médicos, de transporte e de recreação, comércio, igrejas, segurança policial, bombeiros, serviço de saneamento básico, moradias, disponibilidade de terrenos, rodovias de acesso etc. A presença de água no subsolo também pode ser importante para a construção de poços artesianos. Mesmo que esses itens sejam cumpridos de forma satisfatória, a empresa poderá descartar a comunidade se o seu impacto, em termos de dominação do mercado de mão-de-obra, for muito acentuado, conforme já comentamos.

Deve-se considerar ainda que fábricas e residências não se dão muito bem. As fábricas precisam de facilidades especiais, como ferrovias e grandes rodovias, criando sempre um tráfego muito intenso de caminhões e muito barulho. Precisam, além disso, de redes elétricas de alta tensão. Por esses motivos, uma opção a considerar é a de se instalarem em parques ou distritos industriais relativamente distantes dos bairros residenciais. Nestes locais, em geral, já existem terrenos pré-preparados, o que leva a menores custos de construção. Do lado negativo, às vezes os terrenos dão poucas possibilidades para expansão e podem existir problemas com a arquitetura dos prédios, quando os projetos devem seguir normalizações locais. Além disso, existe a possibilidade de congestionamento do tráfego interno e, por último, a própria proximidade dos empregados de diversas empresas, podendo espalhar com facilidade os movimentos reivindicatórios gerados em qualquer instalação do parque.

7.4 Avaliação de Alternativas de Localização

Dadas várias localizações alternativas, muitos modelos têm sido desenvolvidos para auxiliar na escolha final. Alguns desses modelos consideram como problema a localização de uma só unidade, enquanto outros trabalham com diversas unidades ao mesmo tempo. Por outro lado, os modelos também variam em relação aos dados que exigem, indo desde os que usam apenas informações qualitativas até os que partem para apurações numéricas rigorosas. No entanto, mesmo com dados puramente qualitativos é comum usar-se algum sistema de quantificação e ponderação.

Veremos os seguintes métodos, todos eles dedicados ao problema de localizar uma só unidade:

- ponderação qualitativa;
- comparação de custos fixos e variáveis;
- análise dimensional;
- método do centro de gravidade;
- método da mediana.

Além disso, apresentaremos também dois modelos simples aplicáveis à localização de instalações de serviços. No Suplemento ao presente capítulo, será ainda apresentado o Modelo de Transporte, utilizável quando se tratar da localização de múltiplas instalações.

7.4.1 Ponderação Qualitativa

A ponderação qualitativa pode ser usada quando não se conseguir apropriar uma estrutura de custos a cada localidade considerada. Consiste em determinar uma série de fatores julgados relevantes para a decisão, nos quais cada localidade alternativa recebe um julgamento. Esse julgamento é convertido em uma nota, por uma escala numérica arbitrária. A cada fator, segundo sua importância relativa, é então atribuído um peso. A soma ponderada das notas pelos pesos dos fatores dará a pontuação final para cada localidade. Será escolhida a localidade que ostentar a maior pontuação final.

Sejam k fatores, indicados por F_{ij}, onde i se refere à localidade e j ao fator particular. Assim, F_{23} indica o valor do fator 3 para a localidade 2. Chamando de p_j o peso relativo do fator j, a ponderação final para a localidade i (N_i) pode ser expressa como:

$$N_i = \sum_{j=1}^{k} F_{ij}P_j \qquad \text{(Equação 7.1)}$$

Exemplo 7.1

Consideremos os fatores a seguir, que estão sendo ponderados em uma escala de 5 (muito favorável) a 1 (muito desfavorável). Estão sendo julgadas duas localidades A e B, para as quais os fatores receberam os julgamentos que comparecem na Tabela 7.1. Os pesos relativos dos fatores (sua importância) variam de 1 (os menos importantes) até 4 (os mais importantes).

Tabela 7.1 Ponderação de Fatores Qualitativos

		LOCALIDADE A		LOCALIDADE B	
FATOR	PESO (p_j)	F_{Aj}	$p_j\,F_{Aj}$	F_{Bj}	$p_j\,F_{Bj}$
Mão-de-obra	3	3	9	2	6
Clima	1	1	1	2	2
Condição de vida	2	3	6	2	4
Transportes	3	3	9	5	15
Assistência médica	4	2	8	1	4
Escolas	2	3	6	5	10
Atitudes da comunidade	2	1	2	3	6
Água	4	5	20	2	8
Energia	3	5	15	4	12
		SOMA	76		67

Em nosso exemplo, a localidade *A* será preferida à localidade *B*, pois somou 76 pontos contra apenas 67. Esse método, embora simples, apresenta alguns problemas. O mais evidente deles é o fato de que a escala utilizada pode não ser hábil para captar diferenças reais de custos entre os fatores. Em outras palavras, a diferença entre dois graus consecutivos da escala pode, em um caso, representar pouco e, em outro, representar muito em termos de conseqüências medidas em valores monetários.

7.4.2 Comparação entre Custos Fixos e Variáveis

Rigorosamente falando, mesmo que as empresas ou instituições à procura de uma localidade não visem ao lucro, o ideal seria conhecer em detalhes os custos nos quais se irá incorrer. Para cada localidade, seriam levantados os custos distribuídos por categorias preestabelecidas. Pensando de forma simples, os custos poderiam ser divididos em fixos e variáveis, conforme sua independência ou não da quantidade produzida. Esse conhecimento propiciaria uma análise do ponto de equilíbrio, conforme foi apresentada no Capítulo 6. A análise do ponto de equilíbrio pode ser usada para a decisão sobre localização em uma das seguintes formas:

a) dispondo-se de uma estimativa da quantidade que se irá produzir, pode-se calcular o lucro associado a cada localidade alternativa, escolhendo-se a que propiciar o maior lucro. Caso a receita seja a mesma, independentemente da localidade considerada, basta calcular o custo total em cada localidade, optando por aquela de menor custo total (fixos + variáveis para a quantidade a produzir).

b) calcula-se, para cada localidade, o ponto de equilíbrio, ou seja, a quantidade a produzir que iguala os custos e as receitas. Escolhe-se então a localidade com o menor ponto de equilíbrio, na qual se espera mais rapidamente recuperar os investimentos efetuados.

Exemplo 7.2

A Mercúrio Industrial S.A. é uma fábrica de baterias para veículos que deseja construir uma nova fábrica para atender certa parte do mercado. Duas localidades foram previamente selecionadas (Serra Brava e Monjolinho), sendo levantados em cada uma os custos fixos anuais e os custos variáveis por bateria padrão fabricada. O custo variável da bateria padrão resulta dos custos unitários de cada tipo de bateria, ponderados pela estimativa de suas participações nas vendas. Os custos obtidos são os seguintes:

	Serra Brava	Monjolinho
Custos fixos anuais em R$ mil	320	280
Custo variável unitário em R$	40	42

Espera-se vender 100.000 baterias por ano, ao preço médio de R$ 80 cada.

a) Qual a melhor localização para a Mercúrio Industrial considerando-se o lucro esperado em cada localidade?

b) Haveria alguma diferença se a escolha da localidade fosse feita com base no menor ponto de equilíbrio?

Solução

a) Melhor localização com base no lucro:

Para ambas as localidades, a receita total será:
$R = (100.000) \times (80) = 8.000.000 =$ R$ 8 milhões

Os custos variáveis totais serão:

Serra Brava
$(100.000) \times (40) = 4.000.000 =$ R$ 4 milhões

Monjolinho
$(100.000) \times (42) = 4.200.000 =$ R$ 4,2 milhões

Sumariando os resultados, temos então (valores em R$ mil):

	Serra Brava	Monjolinho
Receita total anual	8.000	8.000
(–)		
Custos fixos	320	280
Custos variáveis totais	4.000	4.200
= Lucro total anual	3.680	3.520

Pelo critério do lucro máximo, a escolha recairia então sobre a cidade de Serra Brava, com um lucro de R$ 3,68 milhões para a produção esperada de 100.000 baterias anuais.

b) Melhor localização com base no ponto de equilíbrio:

Como se recorda do Capítulo 6, o ponto de equilíbrio é calculado pela fórmula:

$$q = \frac{CF}{PV - CV_u} \qquad \text{(Equação 6.3)}$$

onde CF representa o custo fixo, PV é o preço unitário de venda e CV_u o custo variável unitário. Aplicando a equação às duas localidades, temos:

Serra Brava

$$q = \frac{320.000}{80 - 40} = 8.000 \text{ baterias}$$

Monjolinho

$$q = \frac{280.000}{80 - 42} = 7.368 \text{ baterias}$$

Como se vê, por esse critério, a escolha recairia sobre Monjolinho, invertendo-se, portanto, em relação ao resultado obtido em *a*. Não é difícil ver por que isso acontece. Para tanto, calculemos inicialmente a produção para a qual os custos totais em Serra Brava e Monjolinho seriam iguais. Chamando de x essa produção e expressando todos os valores em R$ mil, vem que:

$$\underset{\text{(Custos totais em Serra Brava)}}{320 + 0{,}04\,x} = \underset{\text{(Custos totais em Monjolinho)}}{280 + 0{,}042\,x}$$

Da igualdade anterior conclui-se que $x = 20.000$, ou seja, para a produção de 20.000 os custos totais nas duas cidades serão exatamente iguais. A Figura 7.1 apresenta as retas da receita e dos custos totais para as duas localidades, ressaltando os pontos de interesse:

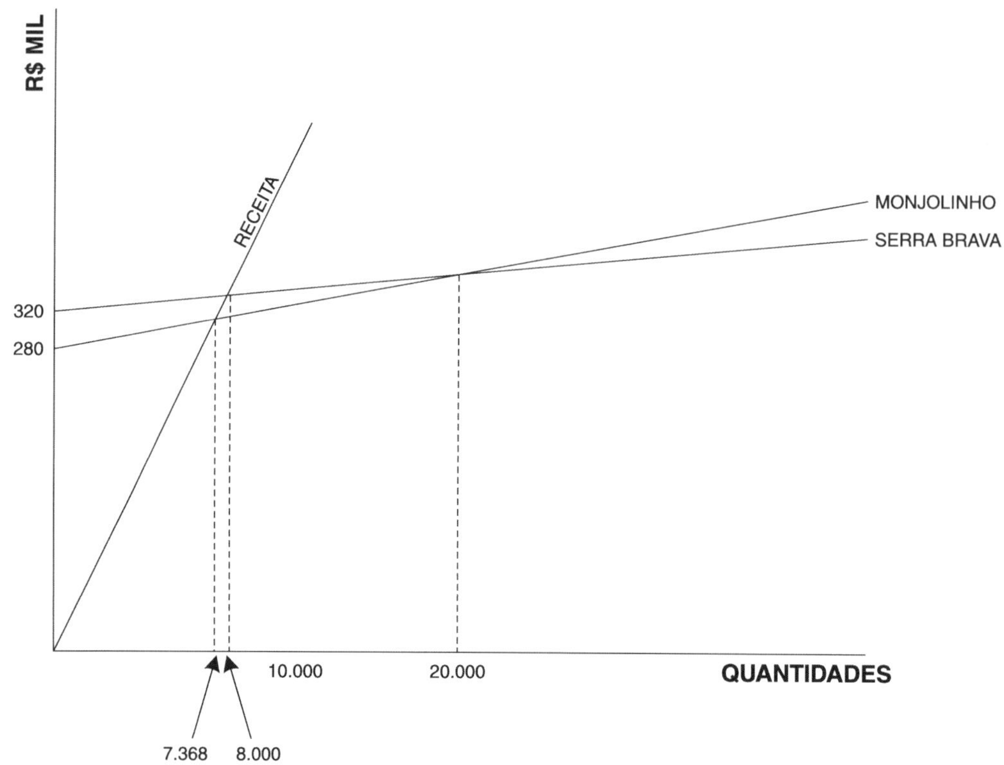

Figura 7.1 Comparação de Custos e Receitas: Serra Brava e Monjolinho.

Nota-se que a decisão tomada com base no lucro é variável, conforme seja o valor da produção esperada. Assim, para os valores da produção até imediatamente menos que 7.368 baterias (ponto de equilíbrio de Monjolinho), o lucro seria negativo para ambas as localidades; para valores de produção a partir de 7.368 até imediatamente menos que 20.000 baterias, a cidade de Monjolinho seria a escolhida e, finalmente, qualquer produção acima de 20.000 baterias levaria à escolha de Serra Brava.

7.4.3 Análise Dimensional

A análise dimensional é uma técnica útil quando se deseja comparar alternativas para as quais alguns custos puderam ser qualificados, mas coexistem com fatores qualitativos. Possuindo fatores quantitativos e qualitativos ao mesmo tempo (ainda que estes últimos estejam transformados em números relativos), torna-se necessária uma técnica, como a análise dimensional, que consegue combinar os fatores de uma forma coerente. Os passos para a aplicação da análise dimensional são os seguintes:

a) estabelecem-se os valores numéricos para todos os custos onde isso for possível.

b) ponderam-se os fatores qualitativos segundo uma escala de valores relativos.

c) a cada fator, qualitativo ou quantitativo, atribui-se um peso que indique a sua importância relativa para a decisão.

d) calcula-se, para cada localidade em relação às outras, um coeficiente de mérito *CM*. Sejam:

F_{ij} = valor do fator j na localidade i
p_j = peso relativo (importância) do fator j

Dados k fatores diferentes, o coeficiente de mérito $CM_{1,2}$ da localidade 1 em relação à localidade 2 é definido como:

$$CM_{1,2} = \left(\frac{F_{1,1}}{F_{2,1}}\right)^{p_1} \left(\frac{F_{1,2}}{F_{2,2}}\right)^{p_2} \cdots\cdots \left(\frac{F_{1,k}}{F_{2,k}}\right)^{p_k}$$

e) se $CM_{1,2}$ for maior que 1, a localidade 2 será a preferida, pois isso indica que seus custos são relativamente menos significativos.

Exemplo 7.3

Considerar os fatores da Tabela 7.2, cujos valores foram levantados para duas localidades 1 e 2:

Tabela 7.2 Análise Dimensional para Duas Localidades 1 e 2

Fator	Localidade 1	Localidade 2	Peso
Preço do terreno (R$)	16.000.000	24.000.000	2
Preço da construção (R$)	40.000.000	48.000.000	3
Custos de treinamento	240.000	160.000	1
Clima	5	2	3
Reação da comunidade	4	3	4
Rede hospitalar	6	4	3

Na Tabela 7.2 os valores dos fatores qualitativos (Clima, Reação da comunidade e Rede hospitalar) foram obtidos em uma escala de 1 (excelente) a 10 (muito ruim). Segue-se que, quanto menor o valor atribuído ao fator, mais desejável se torna a localidade. Esta forma de construir a escala é coerente com os custos, de forma que, de um modo geral, quanto menores os números da Tabela 7.2, melhor a localidade.

Para a obtenção do coeficiente de mérito, os custos podem ser tomados já divididos por 1.000.000, o que em nada alterará os cálculos. O coeficiente de mérito da localidade 1 em relação à localidade 2 será:

$$CM_{1,2} = \left(\frac{16}{24}\right)^2 \left(\frac{40}{48}\right)^3 \left(\frac{24}{16}\right)^1 \left(\frac{5}{2}\right)^3 \left(\frac{4}{3}\right)^4 \left(\frac{6}{4}\right)^3 = (0{,}44)\ (0{,}58)\ (1{,}5)\ (15{,}63)\ (3{,}16)\ (3{,}38) = 63{,}90$$

Como $CM_{1,2}$ é maior do que 1, segue-se que a localidade 2 é preferível à localidade 1, pois esta tem desvantagens maiores.

Se a escala dos fatores qualitativos for tomada com números maiores correspondendo a benefícios maiores, o coeficiente de mérito é calculado da mesma forma, bastando inverter-se a potência (ou seja, considerar potência negativa). Essa regra vale em geral: se a um fator qualquer um número maior corresponder a um benefício maior, basta considerar esse fator com potência negativa no cálculo de CM. Assim, por exemplo, suponhamos que os fatores Clima, Reação da comunidade e Rede hospitalar conservem os mesmos números que na Tabela 7.2, mas a escala tenha sido invertida, ou seja, ao valor 10 corresponde a avaliação excelente e ao número 1 corresponda a avaliação muito ruim. O coeficiente de mérito seria agora:

$$CM_{1,2} = (0{,}44)\ (0{,}58)\ (1{,}5) \left(\frac{5}{2}\right)^{-3} \left(\frac{4}{3}\right)^{-4} \left(\frac{6}{4}\right)^{-3} =$$

$$= (0{,}44)\ (0{,}58)\ (1{,}5)\ (0{,}06)\ (0{,}32)\ (0{,}30) = 0{,}002$$

Como se vê, sendo o resultado menor que 1, a escolha se inverteria em relação ao que foi encontrado anteriormente. É importante, pois, observar com cuidado qual foi a convenção estabelecida para a escala ou escalas usadas na atribuição de valores aos fatores qualitativos.

7.4.4 O Modelo do Centro de Gravidade

O modelo do centro de gravidade é usado quando se quer localizar uma nova instalação dentro de uma rede de instalações e/ou mercados já existentes. Essa rede, em alguns casos, pode se constituir tão-somente de mercados consumidores ou fornecedores, enquanto em outros pode englobar mercados e outras instalações.

O método leva em consideração a localização das instalações e mercados já existentes, o volume de bens ou serviços movidos entre eles e o custo de transporte. A essência do método está justamente em encontrar uma localização tal que os custos de transporte sejam levados a um valor mínimo aproximado. Define-se o centro de gravidade como:

"Dada uma configuração de instalações e mercados, pela qual circulam certos volumes de mercadoria ou intensidade de serviços, o centro de gravidade é a localização tal que é mínima a distância total ponderada entre a localização procurada e as outras instalações e mercados."

Repare que a distância não é simplesmente considerada em termos de milhas ou quilômetros a percorrer; cada distância, entre a localização procurada e um ponto de contato qualquer, deve ser ponderada pelo volume de carga entre a instalação e o ponto de contato. Para exemplificar, suponhamos que se queira encontrar a melhor localização para um armazém de distribuição que recebe mercadorias de uma fábrica e serve a certos mercados consumidores. O armazém deverá estar em um ponto tal que seja mínima a distância (ponderada pelas cargas) entre ele, a fábrica e os mercados clientes.

No caso de circulação de mercadorias, o modelo do centro de gravidade pondera as distâncias pelas quantidades ou volumes das mercadorias que circulam. Ele pode, no entanto, ser usado para localizar instalações de serviço, desde que se considere os pesos adequados. Assim, por exemplo, para localizar uma instalação de tratamento de lixo, pode-se usar como pesos de ponderação das distâncias as quantidades de lixo vindas das residências e indústrias da vizinhança; para uma instalação geradora de energia, os pesos podem ser as demandas relativas das regiões que serão servidas. Em muitos casos, os pesos são simplesmente as populações relativas das regiões que serão atendidas pela nova instalação.

A aplicação do modelo se dá por meio dos passos seguintes:

a) Para cada instalação ou mercado existente, assinalar uma coordenada horizontal e outra vertical. Isso pode ser feito construindo-se um sistema de eixos ortogonais sobre um mapa da região global contendo as instalações e os mercados. No caso de uma cidade e/ou redondezas, assumir o ponto médio como representativo. As coordenadas podem então ser medidas com uma régua e transformadas da forma como se queira, desde que sejam todas elas multiplicadas por um mesmo número. Na verdade, são apenas coordenadas relativas, definidas em relação ao sistema de eixos previamente traçados. Uma vez encontrada a localização, recorre-se novamente ao sistema de eixos para encontrar a posição real.

b) O centro de gravidade da localização procurada terá duas coordenadas (horizontal G_x e vertical G_y) assim determinadas:

$$G_x = \frac{\sum d_{ix}\, p_i\, C_i}{\sum p_i\, C_i} \qquad \text{(Equação 7.3.a)}$$

$$G_y = \frac{\sum d_{iy}\, p_i\, C_i}{\sum p_i\, C_i} \qquad \text{(Equação 7.3.b)}$$

onde:

d_{ix} = coordenada horizontal da instalação ou mercado i

d_{iy} = coordenada vertical da instalação ou mercado i

p_I = custo de transporte na direção da instalação ou do mercado i

C_i = volume transportado de/para a instalação ou mercado i

Se os custos de transporte forem iguais em todas as direções, as Equações 7.3.a e 7.3.b podem prescindir do termo p_i e transformarem-se em:

$$G_x = \frac{\Sigma\, d_{ix}\, C_i}{\Sigma\, C_i} \qquad \text{(Equação 7.3.c)}$$

$$G_y = \frac{\Sigma\, d_{iy}\, C_i}{\Sigma\, C_i} \qquad \text{(Equação 7.3.b)}$$

Exemplo 7.4

A Farcou (Fábrica de Artigos de Couro S.A.) está planejando construir um armazém de distribuição para atender a parcela principal de seu mercado, que toma parte dos estados de São Paulo, Paraná e Minas Gerais. As orientações desses mercados podem ser bem caracterizadas pelas cidades de São José do Rio Preto, São Paulo, Ribeirão Preto, Curitiba e Belo Horizonte, cujas coordenadas relativas estão mostradas na Figura 7.2. Há fábricas em duas cidades: Bauru (São Paulo) e Londrina (Paraná), as quais também comparecem com suas coordenadas na Figura 7.2.

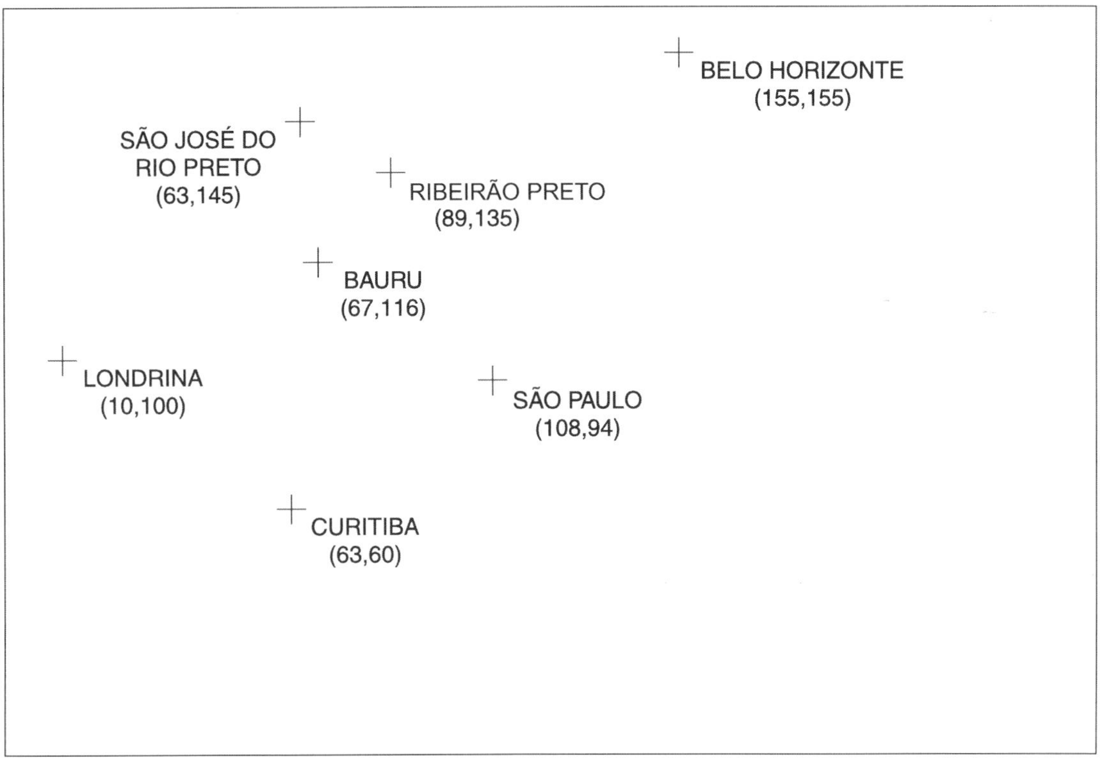

Figura 7.2 Sistema de Coordenadas para a Instalação da Farcou S.A.

A Farcou define uma unidade padrão de seus produtos, que nada mais é do que o quociente do faturamento previsto dividido pelo preço médio dos produtos, sendo este último uma média entre os preços dos diferentes produtos, ponderados pelas quantidades vendidas no ano anterior. Preve-se para 1993 uma demanda total de 220.000 unidades para os citados mercados, sendo que a fábrica de Bauru será responsável por 120.000 unidades e a de Londrina por 100.000. As demandas específicas de cada mercado são as seguintes:

MERCADO	DEMANDA	FORNECIMENTO
São José do Rio Preto	10.000	Bauru 120.000
São Paulo	100.000	Londrina 100.000
Ribeirão Preto	30.000	
Curitiba	30.000	
Belo Horizonte	50.000	

Determinar a localização do armazém de distribuição pelo método do centro de gravidade.

Solução

Adotando os custos de transporte como iguais em qualquer direção, e considerando primeiramente os mercados e em seguida as fábricas, na ordem em que comparecem anteriormente, devemos aplicar as Equações 7.3.c e 7.3.d. A coordenada horizontal do centro de gravidade é:

$$G_x = \frac{10.000(63) + 100.000(108) + 30.000(89) + 30.000(63) + 50.000(155) + 120.000(67) + 100.000(10)}{(10.000 + 100.000 + 30.000 + 30.000 + 50.000 + 120.000 + 100.000)}$$

$$G_x = 75$$

Por sua vez, a coordenada vertical é:

$$G_y = \frac{10.000(145) + 100.000(94) + 30.000(60) + 30.000(135) + 50.000(155) + 120.000(116) + 100.000(100)}{(10.000 + 100.000 + 30.000 + 30.000 + 50.000 + 120.000 + 100.000)}$$

$$G_y = 110$$

Repara-se que as coordenadas obtidas para o centro de gravidade estão muito próximas à cidade de Bauru. Na verdade, ele cai à pequena distância de São Manuel (a sudeste dessa cidade). Neste ponto, como a fábrica de Bauru se encontra nas proximidades, a Farcou poderia ponderar sobre a possibilidade de aproveitá-la também como depósito, deixando de incorrer em custos de terreno e construção em São Manuel. Outra possibilidade seria a de aumentar a capacidade de Bauru para atender aos mercados paulistas, deixando Londrina atendendo aos demais. Mesmo que esse aumento de capacidade fosse possível, teríamos que verificar se a nova soma de cargas x distâncias é menor que a que seria obtida considerando-se um depósito localizado no centro de gravidade.

7.4.5 O Modelo da Mediana

O modelo da mediana serve ao mesmo propósito do modelo do centro de gravidade, ou seja, procura localizar uma nova instalação dentro de uma malha já existente, por meio da minimização dos custos de transporte. São dados básicos do modelo:

- as coordenadas horizontais e verticais das instalações ou mercados já existentes.
- as cargas que devem ser movidas de/para cada uma dessas instalações ou mercados.

Por outro lado, a hipótese fundamental do modelo é a de que as cargas se movem apenas por caminhos horizontais e verticais. Na Figura 7.3 a seguir, mostra-se como se efetua o cálculo de distâncias entre duas localidades *A* e *B* nos três casos possíveis.

CASO 1		CASO 2		CASO 3	
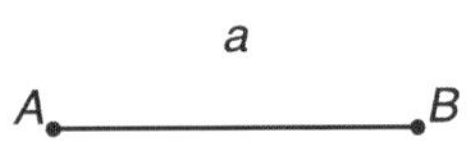		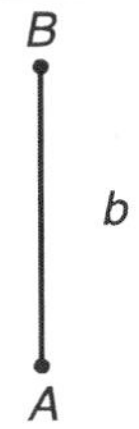		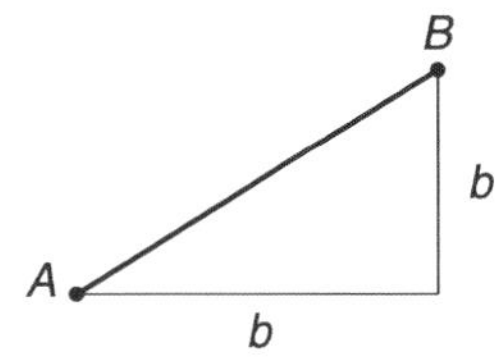	
DISTÂNCIAS		DISTÂNCIAS		DISTÂNCIAS	
HORIZ.	VERT.	HORIZ.	VERT.	HORIZ.	VERT.
a	0	0	*b*	*a*	*b*
DIST. TOTAL = *a*		DIST. TOTAL = *b*		DIST. TOTAL = *a* + *b*	

Figura 7.3 Cálculo das Distâncias entre Duas Localidades *A* e *B*.

Os passos para a aplicação do modelo são, então, os seguintes:

a) Efetua-se a soma das cargas que devem ser deslocadas e determina-se sua mediana. Se a soma for ímpar, digamos 1.201 como exemplo, a mediana será exatamente a metade da soma, ou seja, 1.201/2 = 600,5; se a soma for par, digamos 1.200, teremos duas medianas correspondentes à metade (600) e à metade mais 1 (601);

b) Para encontrar a coordenada horizontal da nova instalação, adota-se o seguinte procedimento: com as instalações e os mercados devidamente localizados em um sistema de eixos ortogonais, caminha-se na direção horizontal (da esquerda para a direita ou vice-versa, é indiferente), somando as cargas das localidades à medida que vão sendo encontradas. Quando se chega a uma localidade tal que essa soma iguale ou ultrapasse a mediana, a coordenada horizontal da localidade será a coordenada horizontal procurada.

c) Para encontrar a coordenada vertical, o procedimento é idêntico, caminhando-se agora de cima para baixo ou vice-versa. A coordenada vertical procurada será aquela da localidade onde a soma das cargas igualar ou exceder a mediana.

Como se vê, tanto a coordenada horizontal como a vertical procuradas coincidem com as coordenadas (horizontal e vertical) de alguma das localidades e mercados já instalados, mas não ao mesmo tempo. Em outras palavras, o método não conduz obrigatoriamente a que se escolha uma localidade que já pertença à malha.

Após a determinação do local procurado, é fácil calcular-se o custo total de transporte associado. Sejam:

n = número de instalações e mercados originais na malha

C_i = carga movida de/para a localidade ou mercado i

p_i = custo de transporte (direção da localidade/mercado i)

d_{ix} = distância horizontal da localidade/mercado i em relação ao local encontrado

d_{iy} = distância vertical da localidade/mercado i em relação ao local encontrado

O custo total CT será:

$$CT = \sum C_i \, p_i \, (d_{ix} + d_{iy}) \qquad \text{(Equação 7.4)}$$

Tal como acontecia no modelo do centro de gravidade, se os custos p_i forem idênticos em todas as direções, eles podem cair fora da Equação 7.4, que se transforma em:

$$CT = \sum C_i (d_{ix} + d_{iy}) \qquad \text{(Equação 7.4.a)}$$

Exemplo 7.5

Consideremos uma cooperativa avícola que deseja construir uma fábrica de ração, cuja localização deve ser determinada, para atender a depósitos distribuidores situados em quatro regiões R_1, R_2, R_3 e R_4, conforme mostrado na Figura 7.4.

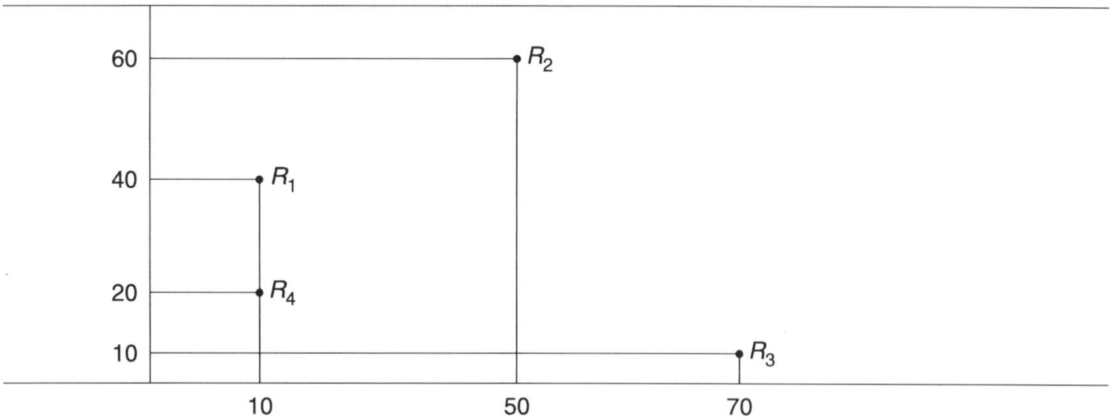

Figura 7.4 Localização de Quatro Depósitos Distribuidores.

As cargas mensais previstas que serão enviadas da fábrica a cada um dos armazéns e os custos associados são os seguintes:

Para	Fornecimento Mensal Previsto	Custo por Unidade de Carga e Distância (R$)
R_1	80	10
R_2	50	10
R_3	20	10
R_4	130	10

Solução

O primeiro passo consiste em determinar a mediana das cargas. Temos:

Soma das cargas = 80 + 50 + 20 + 130 = 280

Como a soma é par, teremos dois valores para a mediana, que são:

Mediana = 280/2 = 140 e Mediana = 280/2 + 1 = 141

Caminhando na direção horizontal, da direita para a esquerda (leste para oeste), o primeiro armazém a ser encontrado é o correspondente a R_3, cuja carga é 20; continuando nessa direção, vem em seguida R_2, cuja carga é 50. Em termos acumulados, temos uma carga até o momento de 20 + 50 = 70, inferior portanto à mediana. Caminhando ainda na direção leste-oeste, chega-se, simultaneamente, aos armazéns em R_1 e R_4, e a carga acumulada total será de 20 + 50 + 80 + 130

= 280, superior à mediana. A coordenada horizontal de R_1 ou R_4 será a coordenada horizontal da fábrica, ou seja, 10. Repare que, se houvéssemos caminhado em sentido contrário (oeste para leste), já de início encontraríamos os armazéns de R_1 e R_4, simultaneamente, com carga acumulada de 80 + 130 = 210, superior à mediana. A solução seria a mesma, portanto.

Caminhando agora no sentido sul para norte (ou de baixo para cima), encontramos inicialmente o armazém em R_3 (carga de 20) e, em seguida, o armazém localizado em R_4 (carga de 130) o que fornece uma carga acumulada de 150, superior à mediana. A coordenada vertical da fábrica será então de 20.

A fábrica, portanto, ficará localizada em R_4, junto ao armazém aí estabelecido. Repare o leitor a lógica da solução, já que é exatamente R_4 a região de maior demanda, substancialmente maior que em R_2 e R_3. Além disso, R_4 é a mais próxima das regiões em relação à R_1, que apresenta a segunda maior demanda. Lembre-se o leitor de que tentamos tornar mínimos os custos de transporte.

O cálculo dos custos de transporte pode ser feito com auxílio da Tabela 7.3 na qual comparecem em detalhe todos os elementos necessários.

Tabela 7.3 Cálculo dos Custos de Transporte: Fábrica para Armazéns

Região	Distância para a fábrica		Distância Total	Custo × Distância (1)	Carga (2)	Custo Total (1) × (2)
	Horizontal	Vertical				
R_1	0	20	20	200	80	16.000
R_2	40	40	80	800	50	40.000
R_3	10	60	70	700	20	14.000
R_4	0	0	0	0	130	0
					CT	70.000

Localizando-se a fábrica junto à região R_4, portanto, o custo total mensal de transporte será igual a R$ 70.000,00. Dada a facilidade do cálculo de distâncias, já que se supõe toda movimentação como sendo nos sentidos horizontal e vertical, o leitor pode tentar por si mesmo outra localização qualquer (coincidente ou não com as regiões) e calcular o custo associado, verificando como é mais vantajosa a localização da fábrica em R_4.

7.5 Localização de Instalações de Serviços

Como já vimos, instalações de serviços tendem a se localizar perto dos mercados e, eventualmente, também perto da concorrência. Na verdade, considerações sobre recursos é uma abordagem mais típica da instalação de indústrias. No caso de organizações de serviços, em geral o custo de abrir e fechar instalações é substancialmente menor que no caso de indústrias. De qualquer maneira, os modelos vistos até aqui também se aplicam a instalações de serviços, o que não tem impedido que se tenham desenvolvido diversos modelos especiais para esse tipo de organizações. Alguns desses modelos são fortemente restritivos, no sentido de se aplicarem a situações muito particulares, enquanto outros são mais genéricos e abstraem do tipo particular de serviço que se está considerando.

Como ilustração, apresentaremos dois desses modelos. Em ambos os casos, os cálculos matemáticos são simples, sendo que os modelos não pretendem conduzir, necessariamente, à melhor solução possível.

7.5.1 O Modelo de Ardalan

O modelo de Ardalan é apresentado em Chase e Aquilano, um famoso texto norte-americano sobre Administração da Produção e Operações, que está citado na bibliografia ao final do capítulo. O modelo aplica-se à seguinte situação:

a) É dado um conjunto de comunidades (bairros, por exemplo), das quais se conhecem as populações; supõe-se também que essas populações estejam distribuídas de modo uniforme dentro das fronteiras de cada comunidade. Também são conhecidas as distâncias de uma a outra comunidade, tomando por base os pontos específicos dentro de cada uma, onde se supõe mais apropriado instalar a unidade de serviço (o centro comercial do bairro, por exemplo).

b) Deseja-se instalar um certo número de unidades de serviço (não importa o tipo de serviço), uma em cada comunidade. O número de unidades de serviço a instalar é menor ou igual ao número de comunidades.

c) Assume-se que, por algum critério, as populações das comunidades não são igualmente importantes. Via de regra, esse critério pode ser o poder aquisitivo da comunidade, no sentido de que comunidades mais ricas terão maiores chances de utilizar os serviços. Pode se dar até mesmo o caso em que as unidades de serviço sejam criadas justamente para servir a populações mais carentes, quando então a importância seria obtida pelo inverso do próprio poder aquisitivo. Se apenas o número de habitantes for importante, então pode-se adotar pesos iguais para todas as comunidades, deixando a localização das unidades de serviço dependerem apenas da população. Como caso mais geral, entretanto, suporemos que a cada população é atribuído um peso, característico de sua importância.

Dadas as informações anteriores, o modelo distribui as unidades de serviço em ordem de prioridade, ou seja, ele determina qual é a comunidade a receber a primeira instalação de serviço. Caso exista uma segunda unidade a ser instalada, o modelo escolhe uma segunda melhor localidade e assim por diante, em uma ordem prioritária, até que todas as unidades de serviço tenham sido alocadas às respectivas comunidades. No final das contas, o modelo procurará alocar as unidades de forma que populações maiores e mais importantes percorram distâncias menores até a unidade. O exemplo a seguir esclarece os cálculos necessários.

Exemplo 7.6

Um grupo dedicado ao ensino de línguas pretende abrir duas novas escolas, mas está em dúvida quanto à localização. Foram selecionados quatro bairros em condições potenciais para receber as escolas, cada um deles contando com um forte centro comercial. O grupo determinou as distâncias entre os bairros, levando em conta os centros comerciais, onde se acredita que as escolas deverão se instalar. Levantou também as populações e suas importâncias relativas, tomadas com base no movimento bancário, obtendo então a Tabela 7.4 a seguir. Como as escolas serão abertas com um intervalo de 6 meses entre si, o grupo deseja determinar qual o primeiro bairro a atender e qual o bairro que lhe segue em ordem de prioridade.

Tabela 7.4 Dados para Aplicação do Modelo de Ardalan

Do Bairro	Distância (km) para a Escola Localizada no Bairro				População	Peso Relativo da População
	B_1	B_2	B_3	B_4		
B_1	0	6	3,5	3	30.000	0,8
B_2	6	0	3,5	3	20.000	1,0
B_3	3,5	3,5	0	2	25.000	1,2
B_4	3	3	2	0	10.000	1,4

Solução

Em primeiro lugar, devemos nos assegurar de que a Tabela 7.4 foi bem entendida, principalmente quanto ao seu corpo central, que representa as distâncias que unem os bairros. Note o leitor que a diagonal contém apenas zeros, que são as distâncias de cada bairro a ele mesmo. A distância do bairro B_1 ao bairro B_3 é de 3,5 km; a distância do bairro B_4 ao bairro B_2 é de 3 km, e assim por diante.

Admitamos que queremos localizar a primeira escola. Qual é o melhor bairro para isso? Essa primeira escola servirá, em princípio, a todos os bairros, com o menor custo da distância percorrida, ponderada pelo peso relativo da população. Em outras palavras, quanto maiores a população e seu peso relativo em determinado bairro, maior a tendência de aí se localizar a primeira escola.

Há dois passos básicos na aplicação do modelo. O primeiro deles servirá para localizar a primeira escola; por sua vez, o segundo passo pode ser repetido quantas vezes se queira, para localizar quantas unidades de serviço existam.

1º Passo

Transforma-se a tabela original de forma a condensar, em uma única medida, todos os dados relevantes para cada bairro. Isso é feito construindo-se uma nova matriz contendo os produtos das distâncias pelas populações e pelos pesos relativos, ou seja, produtos tomados na horizontal. Exemplificando:

– para ir de B_2 até B_1 a distância é de 6 km; a população de B_2 é de 20.000 pessoas; o peso relativo da população de B_2 é 1,0. O produto será:

(6) × (20.000) × (1,0) = 120.000

– para ir de B_2 até B_3 a distância é de 3,5 km; conservando os dados relativos à população de B_2 e à sua importância, o produto será:

(3,5) × (20.000) × (1,0) = 70.000

– analogamente, para o cruzamento de B_2 com B_4, o produto será 60.000.

Da mesma forma como foram calculados os produtos para a linha de B_2 serão calculados os produtos para as outras linhas correspondentes aos outros bairros, como mostrado na Tabela 7.5.

Tabela 7.5 Matriz de Produtos: Modelo de Ardalan

Do Bairro	Para o Bairro			
	B_1	B_2	B_3	B_4
B_1	0	144.000	84.000	72.000
B_2	120.000	0	70.000	60.000
B_3	105.000	105.000	0	60.000
B_4	42.000	42.000	28.000	0
SOMAS	267.000	291.000	182.000	192.000

Os produtos, somados na vertical, podem ser interpretados como custos associados à localização em cada um dos bairros. A localização da primeira escola recai, então, em B_3, onde esse custo é menor.

2º Passo

Dado que a primeira escola irá se localizar em B_3, qual é o melhor bairro para a segunda escola? Exatamente porque B_3 receberá a primeira escola, não é possível tomar-se simplesmente o segundo menor custo da tabela auxiliar. Tome-se, por exemplo, o caso dos moradores de B_1. É claro que iriam preferir ficar no próprio bairro, onde seu custo é zero. Em caso de opção, prefeririam ir para B_4 (custo de 72.000) em vez de B_3 (custo de 84.000); no entanto, prefeririam ir para B_3 do que para B_2 (custo de 144.000). Por outro lado, se considerarmos os residentes em B_4, se não puderem ficar em seu próprio bairro e tiverem que escolher entre os três bairros restantes, irão se dirigir à B_3, onde o custo é menor (28.000).

Uma maneira automática de levar em conta tais considerações é a seguinte:

– considerar separadamente a escolha localizada em cada bairro (ou seja, cada coluna) e comparar o custo de se ir de cada bairro à escola já localizada em B_3.

– se o custo for < que o custo de ir até B_3, deixá-lo sem alteração (o residente preferirá ir para este bairro a ir à B_3).

– se o custo for > que o custo de ir à B_3, trocá-lo por esse último, ou seja, o residente preferirá ir à B_3.

Exemplificando:

– para ir de B_4 à B_1 o custo é 42.000; trocar por 28.000, que é o custo de ir de B_4 à B_3.
– para ir de B_4 à B_4 o custo é zero; deixar como está, já que o custo de ir de B_4 à B_3 é 28.000.
– para ir de B_1 à B_4 o custo é 72.000; deixar como está, já que o custo de ir de B_1 à B_3 é de 84.000.

Monta-se assim uma nova tabela, onde não mais é preciso colocar o bairro B_3, onde estará a primeira escola. A soma dos números nas colunas da nova tabela dará os novos custos, que devem ser comparados para se localizar, então, a segunda escola.

Tabela 7.6 Decisão sobre a Segunda Escola a Localizar

Do Bairro	Para o Bairro		
	B_1	B_2	B_4
B_1	0	84.000	72.000
B_2	70.000	0	60.000
B_4	28.000	28.000	0
SOMAS	98.000	112.000	132.000

O menor custo corresponde agora a B_1, onde deverá se localizar a segunda escola. O passo nº 2 pode ser repetido para se alocarem outras escolas, se existirem, até que todas as vagas (bairros) sejam preenchidas. O procedimento para se alocar a terceira escola seria idêntico ao que acabamos de seguir, ou seja, para cada bairro, os custos teriam que ser comparados agora ao custo de ir até B_1.

7.5.2 Localização de Unidades de Emergência

Evans e outros (ver bibliografia) apresentam um procedimento interessante e muito simples para se determinar a localização de unidades de emergência, tais como corpo de bombeiros, postos de ambulância e postos policiais de atendimento externo de ocorrências. Em todos esses casos, supõe-se que a rapidez no atendimento é fundamental, o que dá a base ao modelo. Os passos do modelo, que não pretende atingir uma solução ótima, são os seguintes:

a) Definem-se quais as comunidades que serão servidas, geralmente bairros relativamente próximos entre si.

b) Definem-se quais as localizações possíveis para o posto de atendimento, geralmente um dos bairros ou regiões que serão atendidos.

c) Dada uma configuração espacial dos bairros ou regiões, determinam-se as várias rotas de ligação entre eles, bem como os tempos de acesso correspondentes, ou seja, o tempo para ir de um bairro a outro pelas vias de acesso definidas.

d) Supondo a unidade de atendimento localizada em uma dada região *X*, entre as possíveis, determina-se o mínimo tempo para atingir cada uma das outras regiões. Anotar quais desses tempos mínimos é o maior. Esse tempo representará o máximo tempo de acesso da região *X* (onde supomos localizada a unidade de atendimento) a qualquer uma outra.

e) O procedimento seguido para a região *X* é seguido para todas as outras onde haja possibilidade de se instalar a unidade de atendimento.

f) A unidade localizar-se-á na região que assegura o mínimo entre os máximos tempos de atendimento.

Exemplo 7.7

Pretende-se instalar um posto de atendimento policial em uma das regiões representadas esquematicamente na Figura 7.5, numeradas de 1 a 7. O diagrama mostra as principais rotas de acesso de uma região à outra, sendo marcado, sobre cada rota, o tempo médio para, partindo de uma região, atingir outra imediatamente próxima. Em vários casos, não há ligação direta entre duas regiões, devendo-se passar pelo menos por uma região intermediária. É o caso, por exemplo, para ir-se até a região 7 partindo-se da região 1: o caminho mais curto passa obrigatoriamente pela região 2.

Deve-se determinar qual a região mais conveniente para a instalação do posto policial, com base no menor dos máximos tempos de acesso de uma região às demais.

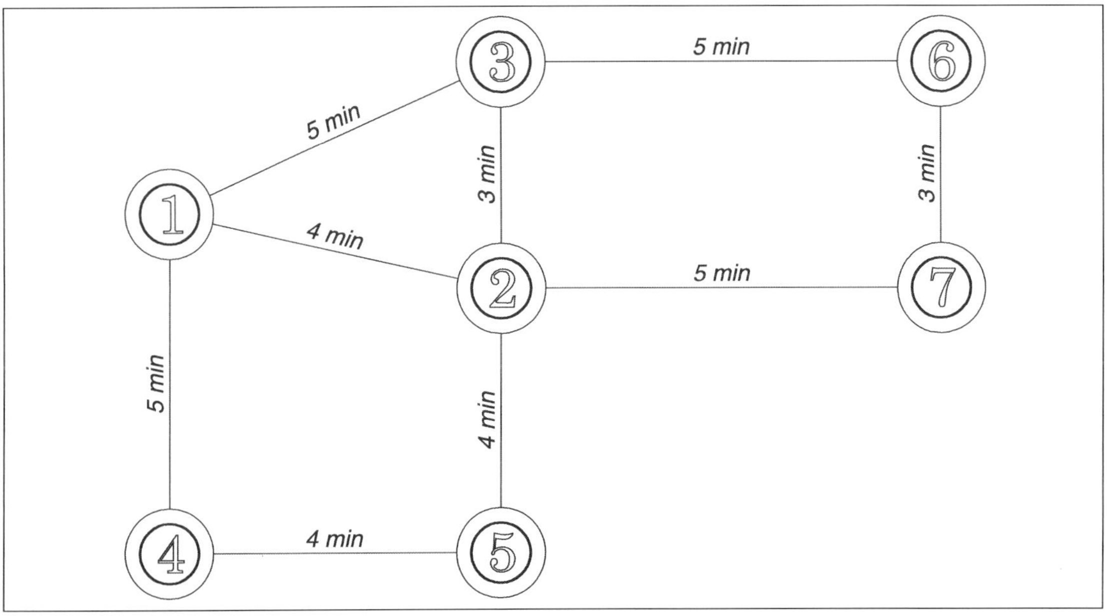

Figura 7.5 Rotas de Acesso: Instalação de um Posto Policial.

Solução

Devemos imaginar o posto policial fixado em cada uma das regiões e, a partir daí, determinar o tempo mínimo, pelas rotas adequadas, para se atingir cada uma das regiões restantes. Exemplificando, suponhamos o posto situado na região 1. Há diversas rotas para se atingir a região 2, mas a mais favorável é a que consome apenas 4 minutos em uma ligação direta. Para se ir da região 1 até a região 3, também existe a ligação direta, mais favorável, consumindo apenas 5 minutos. Também para se atingir a região 4, a ligação direta é preferível (5 minutos). Já para se ir até a região 5, todas as opções imediatamente disponíveis exigem que se passe pelo menos por uma região intermediária. As alternativas mais interessantes são:

- região 1, região 2, região 5 (4 + 4 = 8 min)
- região 1, região 4, região 5 (5 + 4 = 9 min)

Escolhe-se, portanto, a opção de se atingir a região 5 passando pela região 2. Dessa forma, vão sendo escolhidos os menores tempos para se atingir cada uma das regiões: a região 6 seria atingida em 10 minutos, enquanto a região 7 o seria em 9 minutos. Em seguida, deveríamos localizar o posto policial na região 2 e determinar os tempos de acesso às outras regiões. Não é agora necessário determinar o tempo para se atingir a região 1, pois as rotas são supostas de mão-dupla: o tempo para se ir da região 1 para a região 2 é o mesmo que se gasta no percurso inverso (4 min).

A Tabela 7.7 apresenta todos os tempos mínimos para se ir de uma região até outra qualquer.

Tabela 7.7 Tempos Mínimos de Acesso

De	Para (tempo mínimo de acesso em minutos)						
	1	2	3	4	5	6	7
1	0	4	5	5	8	10	9
2	4	0	3	8	4	8	5
3	5	3	0	10	7	5	8
4	5	8	10	0	4	15	13
5	8	4	7	4	0	12	9
6	10	8	5	15	12	0	3
7	9	5	8	13	9	3	0

Da Tabela 7.7 é simples retirar o tempo máximo de acesso de cada região a outra qualquer. Assim, temos:

Região	Tempo máximo (min)
1	10
2	8
3	10
4	15
5	12
6	15
7	13

Escolhe-se, portanto, a região 2 para sediar o posto policial, por apresentar o menor tempo de acesso entre todas as regiões.

PONTOS-CHAVE

1. As decisões de localização aplicam-se não apenas a novos empreendimentos, mas também a empresas já existentes e em operação normal. Isso acontece, entre outras circunstâncias, quando os insumos básicos se esgotam ou se tornam muito caros, ou, ainda, quando a capacidade instalada já é insuficiente para o atendimento da demanda.

2. Para uma empresa já existente, são opções básicas para a localização de novas unidades operacionais: expandir a localização já existente, adicionar uma nova unidade retendo as demais e, por último, fechar uma unidade, abrindo outra em seu lugar.

3. A empresa pode, se desejar, se localizar junto a fontes de matérias-primas por causa da relativa perecebilidade destas ou, ainda, quando as matérias-primas forem volumosas, acarretando maiores custos de transporte.

4. Na escolha de uma localização, o fator mão-de-obra deve ser focalizado de vários ângulos: quantidade e qualidade da oferta de mão-de-obra na região, presença de sindicatos e sua linha de atuação, atitudes da mão-de-obra quanto ao trabalho e ao absenteísmo, e assim por diante.

5. O local definitivo (comunidade) para a instalação de uma empresa deve satisfazer a alguns requisitos fundamentais relativos a infra-estrutura de transporte, saúde, educação, recreação e saneamento básico. Muitas localidades procuram atrair empresas por meio de vantagens fiscais ou cessão de terrenos. Outras, ao contrário, exercem forte pressão negativa, principalmente contra empresas potencialmente poluidoras, a despeito da oferta de emprego que possam introduzir na comunidade.

6. Existem diversos métodos para a avaliação de alternativas de localização; em geral, são métodos quantitativos ou semiquantitativos. Dentre eles destacam-se: a ponderação qualitativa, a comparação de custos, a análise dimensional, o método do centro de gravidade e o método da mediana.

7. Atualmente existem muitos modelos disponíveis também para a localização de instalações de serviços. O modelo de Ardalan, por exemplo, diz respeito à instalação de unidades de serviços em bairros ou regiões, seguindo uma regra de prioridade, ou seja, determinando antes a melhor região para a instalação da primeira unidade, em seguida a segunda melhor, e assim por diante.

PROBLEMAS RESOLVIDOS

1. Uma fábrica deseja estabelecer-se em uma das três localidades previamente selecionadas, das quais são sabidas as informações a seguir:

Fator	Localidade			Peso Relativo do Fator
	A	*B*	*C*	
Custos fixos	7.000	8.200	6.000	4
Custo variável	0,36	0,23	0,42	4
Moradias	1	2	1	2
Atitude da comunidade	1	1	2	1
Serviços e infra-estrutura	2	1	1	1

Na tabela anterior, os custos fixos são dados em milhões de reais e os custos variáveis em milhões de reais por tonelada de produto produzido. Os fatores qualitativos foram avaliados em uma escala de 4 divisões: Excelente = 1; Bom = 2; Razoável = 3 e Inadequado = 4.

Determinar a melhor localização por meio de uma análise dimensional.

Solução

Como existem três localidades a comparar, é necessário comparar inicialmente duas delas entre si. A localidade que resultar mais favorável nesta primeira comparação será então comparada com a localidade restante para se obter a decisão final.

Comparando a localidade *A* com a localidade *B*, temos:

$$CM_{A,B} = \left(\frac{7.000}{8.200}\right)^4 \left(\frac{0,36}{0,23}\right)^4 \left(\frac{1}{2}\right)^2 \left(\frac{1}{1}\right)^1 \left(\frac{2}{1}\right)^1 =$$

$$= (0,53)\ (6,00)\ (0,25)\ (1)\ (2) = 1,59$$

Como $CM_{A,B}$ é maior que 1, isso significa que a localidade *B* é mais vantajosa que a localidade *A*. Vamos então comparar a localidade *B* com a localidade *C*. Temos:

$$CM_{B,C} = \left(\frac{8.200}{6.000}\right)^4 \left(\frac{0,23}{0,42}\right)^4 \left(\frac{2}{1}\right)^2 \left(\frac{1}{2}\right)^1 \left(\frac{1}{1}\right)^1 =$$

$$= (3,49)\ (0,09)\ (4)\ (0,5)\ (1) = 0,63$$

Como $CM_{B,C}$ resultou menor que 1, segue-se que a localidade *B* é também preferível à localidade *C*, sendo que lá deve instalar-se a fábrica.

2. O diagrama a seguir apresenta as coordenadas de quatro cidades que representam regiões a serem servidas por uma nova filial da Transportes Rapidinho S.A. Dado o número de carregamentos semanais estimados para cada uma das cidades, determinar a melhor localização para a filial pelo método do centro de gravidade.

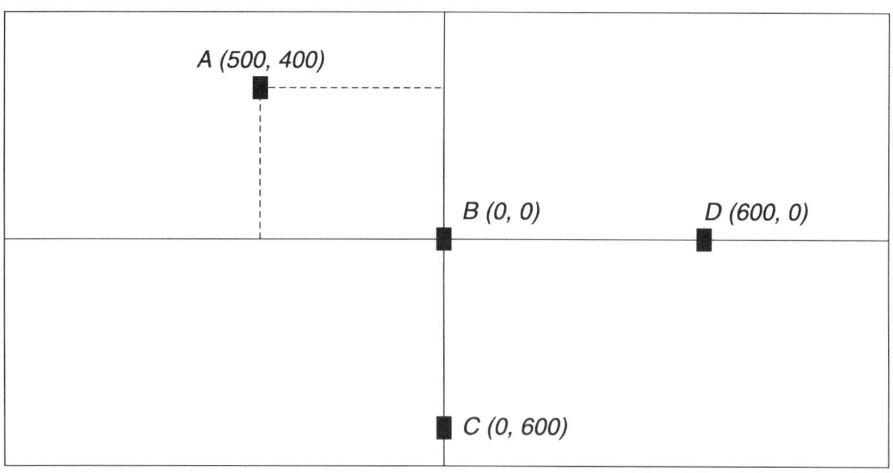

Cidade	Carregamentos Semanais
A	10
B	10
C	30
D	20

Solução

Antes de aplicarmos as Equações 7.3.c e 7.3.d, que permitem calcular respectivamente as coordenadas horizontal e vertical do centro de gravidade, é conveniente notar que a coordenada horizontal da localidade *A* (500) deve ser tomada como negativa, por se encontrar à esquerda da origem dos eixos. Vale consideração parecida com a coordenada vertical da localidade *C* (600) por se encontrar abaixo da origem.

Temos:

$$G_x = \frac{10(-500) + 10(0) + 30(0) + 20(600)}{10 + 10 + 30 + 20} = 100$$

$$G_y = \frac{10(400) + 10(0) + 30(-600) + 20(0)}{10 + 10 + 30 + 20} = -171$$

O valor negativo encontrado para G_y, ou seja, para a coordenada vertical do centro de gravidade, nada mais indica do que o fato de que ele está localizado abaixo da origem dos eixos.

3. Um armazém geral de distribuição deve ser construído em uma rodovia, com a finalidade de abastecer dois outros armazéns *A* e *B* já localizados na mesma rodovia. O armazém *A*, locado no km 50, receberá por ano 60 toneladas de produtos, enquanto o armazém *B* (locado no km 320) receberá 100 toneladas anuais de produtos. Determinar onde deverá ficar o armazém de distribuição, com base no método da mediana. Resolver o problema também por via algébrica.

Solução

a) *Solução com base no método da mediana*:

A representação a seguir ilustra a situação descrita no problema. Estamos supondo, em princípio, que o armazém de distribuição irá se localizar em um ponto *C*, distante *x* km do armazém *A*; conseqüentemente, como os armazéns *A* e *B* distam entre si 270 km (ou seja, 320–50), o ponto *C* distará (270–*x*) do armazém *B*:

A ←— *x* —→ *C* ←— (270 – *x*) —→ *B*

km 50 (60 t) — km 320 (100 t)

Como a soma das cargas é 160, a mediana tomará os valores 80 e 81; qualquer que seja o caso, a localização final do armazém de distribuição estará coincidindo com o armazém *B*.

b) *Solução algébrica*:

Chamando de *c* o custo de transportar uma unidade de carga por unidade de distância, e observando a representação anterior, pode-se escrever que o custo total de distribuição C_d é:

$$C_d = 60\,x\,c + 100\,(270 - x)\,c = 27.000\,c - 40\,x\,c$$

Como o custo unitário *c* é constante, para que o custo de distribuição C_d seja mínimo, é preciso que *x* tenha o maior valor possível. Note-se que *x* só pode aumentar até o valor de 270, quando então a localização procurada coincidirá com o armazém *B*.

4. Generalizar o resultado do problema anterior, ou seja, provar que, dados dois armazéns na mesma rodovia, o armazém de distribuição intermediário a eles localizar-se-á sempre junto ao armazém já existente que tenha a maior demanda.

Solução

Na representação a seguir, os armazéns A e B guardam entre si a distância y e recebem, respectivamente, as cargas P_A e P_B.

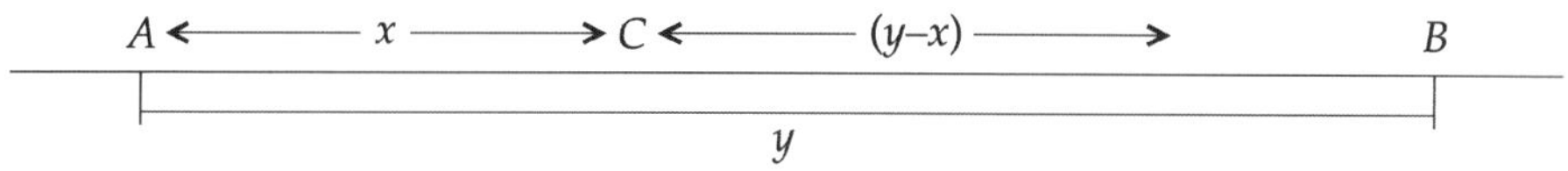

Chamando x a distância entre o armazém de distribuição e o armazém A, e c o custo unitário de transporte, o custo total de distribuição C_d será:

$$C_d = x\,c\,P_A + (y - x)\,c\,P_B = x\,c\,P_A + y\,c\,P_B - x\,c\,P_B =$$

$$C_d = x\,c\,(P_A - P_B) + y\,c\,P_B$$

A única variável na expressão de C_d é x; se a carga P_A for menor que a carga P_B, o produto $x\,c\,(P_A - P_B)$ será negativo e seguir-se-á que, quanto maior o valor de x, menor será o custo de distribuição C_d. O máximo valor que x pode assumir é exatamente y, o que levará o armazém de distribuição a se localizar junto ao armazém B, de maior carga ($P_B > P_A$). Se, ao contrário, a carga P_A for maior que a carga P_B, a quantidade $x\,c\,(P_A - P_B)$ será positiva e o custo de distribuição C_d será tanto menor quanto menor for o valor de x. Ora, o menor valor que x pode assumir é justamente zero, onde o armazém de distribuição coincidirá com o armazém A, desta vez suposto com carga maior.

5. Uma rede de supermercados planeja abrir quatro novos estabelecimentos em uma cidade ainda não servida pela rede. Para tanto, a cidade foi dividida em quatro grandes áreas A, B, C e D. Embora seja desejável abrir de imediato os quatro supermercados, isso não será possível devido à insuficiência de recursos. Decide-se, então, abrir o primeiro deles e estabelecer uma ordem seqüencial para a abertura dos outros três. Prepara-se a matriz que dará os produtos distância x população x peso relativo para cada uma das áreas A, B, C e D, como mostrado a seguir. Os números foram divididos por um divisor comum, que não altera os valores relativos.

Da Área	Para a Área			
	A	*B*	*C*	*D*
A	0	35	150	80
B	100	0	30	100
C	120	90	0	90
D	100	90	80	0

Solução

O problema será resolvido com o auxílio do modelo de Ardalan, no qual a determinação do local da primeira instalação é imediata, bastando somar os números em cada coluna dada. Como os números podem ser assimilados a custos, a coluna com a menor soma apontará a primeira localização.

Retomando a tabela de produtos e somando ao longo das colunas, temos:

Da Área	Para a Área			
	A	*B*	*C*	*D*
A	0	35	150	80
B	100	0	30	100
C	120	90	0	90
D	100	90	80	0
SOMAS	320	215	260	270

A área *B*, com o menor custo (215), deve, portanto, receber o primeiro estabelecimento. Para se chegar à segunda localização, devemos comparar os custos em cada coluna com os custos associados à coluna da área *B*. Se forem menores ou iguais a esses, permanecem; se forem maiores, são substituídos. Chegamos assim à tabela seguinte, que já não contém a coluna da área *B*:

Da Área	Para a Área		
	A	*C*	*D*
A	0	35	35
C	90	0	90
D	90	80	0
SOMAS	180	115	125

A área *C* é agora a escolhida (custo de 115) para o segundo estabelecimento a se instalar. A escolha da terceira área segue exatamente os mesmos passos, ou seja, comparamos os custos em cada coluna com os custos da coluna da área *C*. Chegamos à tabela a seguir, onde já não comparece a coluna da área *C*:

Da Área	Para a Área	
	A	*D*
A	0	35
D	80	0
SOMAS	80	35

O terceiro estabelecimento irá, pois, se localizar na área *D* e, finalmente, o último estabelecimento estará na área *A*. A ordem preferencial em que devem ser abertos os estabelecimentos é, então, *B*, *C*, *D* e *A*.

QUESTÕES PARA DISCUSSÃO

1. Quais são as opções básicas para a localização de nova unidade operacional de uma empresa já existente?

2. Comente sobre a possível influência da localização das fontes de matérias-primas sobre a localização da unidade operacional.

3. De que forma os sindicatos podem influenciar na escolha de uma localização?

4. Quais os problemas potenciais associados à dominação de uma cidade por uma empresa?

5. Cite algumas das condições de infra-estrutura a que deve satisfazer uma localidade para ser escolhida para a instalação de uma empresa.

6. Enumere os principais métodos para a avaliação de alternativas de localização.

7. Qual é a aplicação do modelo de Ardalan?

8. Qual é o critério básico na localização de unidades de emergência, segundo o modelo apresentado no texto?

PROBLEMAS PROPOSTOS

1. Decidir entre as três localizações mostradas a seguir, utilizando o critério do menor ponto de equilíbrio:

Localização	Custos Fixos Anuais	Custos Variáveis Unitários
I	R$ 640 mil	R$ 7
II	R$ 460 mil	R$ 8
III	R$ 550 mil	R$ 7,5

Em todos os casos, o preço unitário de venda será de R$ 15.

2. Comparar as localizações propostas a seguir:

	Localidade *A*	Localidade *B*
Custos fixos (R$)	200.000	180.000
Custo unitário (R$)	10	15
Venda prevista (unidade)	50.000	50.000
Receita unitária (R$)	20	20

3. A Companhia Sudeste de Brinquedos irá construir uma nova fábrica para atender um mercado crescente de exportação. Embora em princípio existam inúmeras localidades onde seja possível construir a nova fábrica, o fato de a empresa não desejar que ela fique a mais de 200 km de distância dos escritórios centrais e nem que o número de empregados represente mais de

12% da população ativa da cidade onde se localizar, restringiu a escolha a três localidades: Veredas, Macunaíma e Grande Sertão. Essas três localidades foram avaliadas nos fatores que comparecem na tabela a seguir. A avaliação dos fatores Reação da Comunidade, Clima, Rede Educacional e Incentivos Fiscais teve de ser feita de forma comparada, dando-se a esses fatores um número de 0 (zero) a 100 (cem), em que quanto mais baixo o número, melhores as condições. Finalmente, o peso relativo foi estabelecido de forma a refletir a importância de cada fator na decisão. Efetuar uma análise dimensional para determinar a melhor alternativa.

	Veredas	Macunaína	Grande Sertão	Peso Relativo
Custos (R$ milhões)				
Terreno	20	40	15	3
Construção	40	60	40	3
Transportes anuais	20	10	30	4
Outros fatores				
Reação da comunidade	80	100	70	4
Clima	30	50	10	1
Rede educacional	40	60	50	3
Incentivos fiscais	60	80	30	2

4. Deseja-se escolher entre três localidades para a construção de uma nova fábrica para a Cia. Industrial e Comercial Mantiqueira. Uma série de informações foi coletada sobre as possíveis localizações. Considerando os dados a seguir e supondo idênticas todas as outras condições para os três locais, qual deles deve ser escolhido?

Fator	Localidades		
	I	II	III
Custo do terreno (R$)	750.000	600.000	400.000
Custo da construção (R$)	2.000.000	1.500.000	1.000.000
Mão-de-obra (1)	5	7	8
Infra-estrutura urbana (2)	2	3	3
Serviços de saúde (3)	4	6	7
Serviços de recreação (4)	5	6	6

(1) avaliação levando em conta o suprimento de mão-de-obra e as necessidades de treinamento, em uma escala indo de:
- 1 (ótimo): mão-de-obra farta e relativamente bem treinada; a
- 10 (pobre): mão-de-obra escassa e mal treinada.

(2) avaliação em uma escala indo de 1 (excelente) a 10 (muito ruim).
(3) e (4): avaliação em uma escala indo de 1 (abundante) a 10 (insuficiente).

Estima-se também que os custos de construção e do terreno são igualmente importantes entre si e duas vezes mais importantes que o fator infra-estrutura urbana; este, por sua vez, é duas vezes mais relevante que qualquer um dos fatores restantes.

5. A Nutriente S.A. é uma empresa de produtos alimentícios que opera presentemente com três pequenas fábricas nas localidades *A*, *B* e *C*, distribuídas geograficamente como mostrado a seguir:

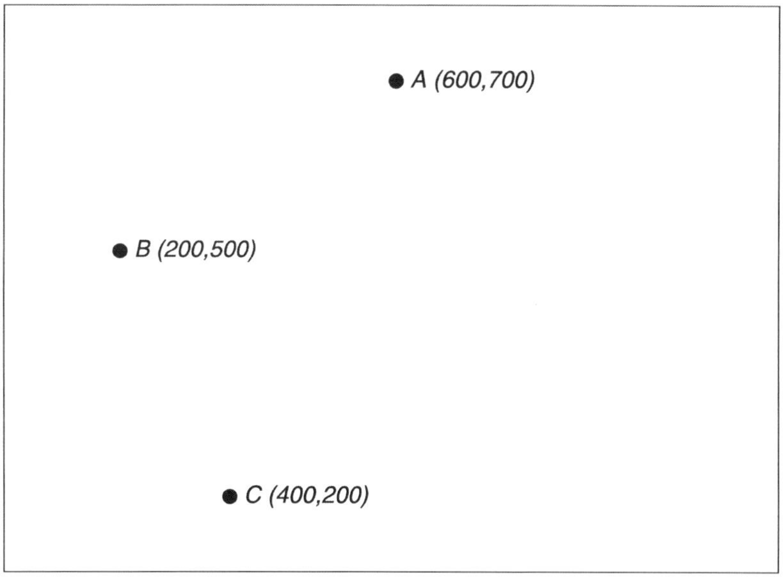

A Nutriente deseja conservar as fábricas atuais como pontos de distribuição para mercados adjacentes e construir uma nova fábrica com a responsabilidade pela produção total. As produções atuais, em toneladas de alimento processadas por ano, são as seguintes:

A: 500, *B*: 1.200, *C*: 800

Supondo que os custos unitários de transporte sejam os mesmos para se despachar de qualquer local para as três fábricas *A*, *B* e *C*, determinar a melhor localização utilizando o método do centro de gravidade.

6. Considerando o problema anterior, a Nutriente acredita que o mercado servido pela atual fábrica *B* tende a crescer muito nos próximos 5 anos. Para efeito de raciocínio, pode-se supor que as demandas nos mercados servidos por *A* e *C* irão permanecer constantes. O grande crescimento do mercado para *B* pode fazer com que seja mais atrativo simplesmente ampliar as instalações em *B* para atender à nova demanda, desativando as fábricas *A* e *C*. A Nutriente decide que a nova fábrica será construída em *B* se a sua coordenada vertical for maior ou igual a 450 ou, alternativamente, se a sua coordenada horizontal for menor ou igual a 220. Uma das duas condições carregará a nova fábrica para *B*, não sendo necessário a ocorrência conjunta. Qual é a mínima demanda em *B* que fará com que a fábrica aí se localize?

7. Deseja-se estabelecer a localização de uma usina de processamento de leite, a ser servida com matéria-prima vinda de duas regiões R_1 e R_2. Os produtos, por sua vez, serão distribuídos para os mercados M_1, M_2 e M_3. Mostra-se a seguir o diagrama de coordenadas dos centros das regiões fornecedoras e dos mercados consumidores, bem como as cargas de matérias-primas e produtos que serão movimentadas.

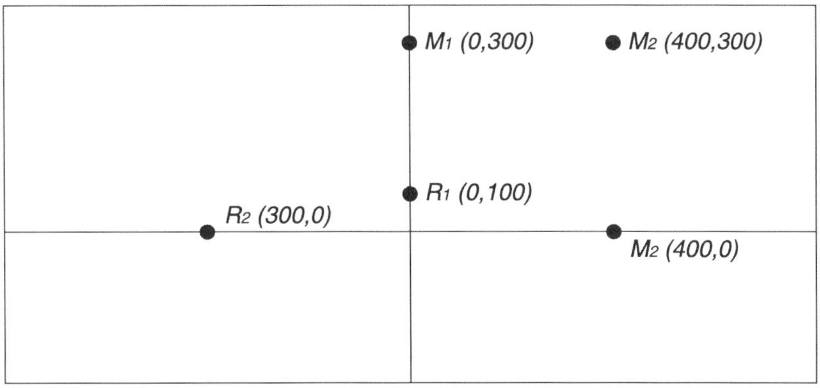

Região/Mercado	Carga (t)
R_1	50
R_2	120
M_1	40
M_2	70
M_3	60

Supondo que os custos unitários de transporte não variem qualquer que seja o tipo de carga e a direção da movimentação, encontre a localização para a usina de processamento pelo método da mediana.

8. Deseja-se saber onde localizar um novo posto de assistência técnica da Paulistânia Refrigeração Ltda. Embora esse posto deva ter uma demanda própria, em termos de contratos de manutenção específicos que deva atender, na verdade ele está sendo planejado mais para fornecer apoio logístico aos outros postos já instalados, cedendo materiais e mão-de-obra proporcionalmente aos contratos de manutenção que eles mantêm atualmente. Os postos atuais que receberão esse apoio estão mostrados no diagrama a seguir.

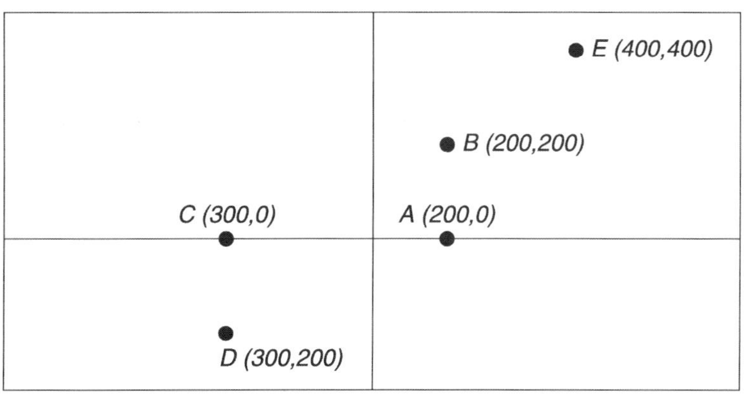

Atualmente, o número de contratos de manutenção alocados aos postos existentes é de 110, assim distribuídos:

A: 10; *B*: 20; *C*: 10; *D*: 40 e *E*: 30

Utilizando o método da mediana, encontre a melhor localização para o novo posto.

9. Um grupo empresarial que opera com clínicas dentárias selecionou quatro bairros (Colina, Japi, Mombassa e Santa Clara), em cada um dos quais deseja abrir uma clínica. Haverá um intervalo de cerca de seis meses entre uma abertura e outra, motivo pelo qual se deseja abrir, inicialmente, a clínica no bairro com a posição mais vantajosa, em seguida a segunda clínica no segundo bairro mais vantajoso, e assim por diante. Foi então preparada uma matriz mostrando as distâncias médias entre os locais, em cada bairro, onde serão abertas as clínicas. Com base no poder aquisitivo médio dos bairros, foi atribuído a cada um deles um peso relativo. Os dados estão na matriz a seguir.

Do Bairro	Distância Para o Bairro (km)				População	Peso Relativo
	Colina	Japi	Mombassa	Santa Clara		
Colina	0	5	5	7	30.000	0,8
Japi	5	0	7	5	100.000	1,0
Mombassa	5	7	0	5	15.000	1,0
Santa Clara	7	5	5	0	50.000	1,2

Determinar:

a) o primeiro bairro a receber uma clínica.

b) a seqüência preferencial dos bairros onde serão abertas as demais clínicas.

10. Na malha abaixo, *A*, *B*, *C*, *D*, *E*, *F* e *G* representam seis locações potenciais para um posto da polícia metropolitana. Onde quer que se localize, o posto servirá a todas as seis regiões. Supondo que o número de chamadas é aproximadamente o mesmo nas várias regiões, deseja-se instalar o posto de forma a minimizar o tempo máximo de acesso a cada uma das áreas servidas. A malha mostra os caminhos mais convenientes de acesso, onde se estima que o trânsito não seja substancialmente mais pesado em qualquer direção. Onde deve se instalar o posto?

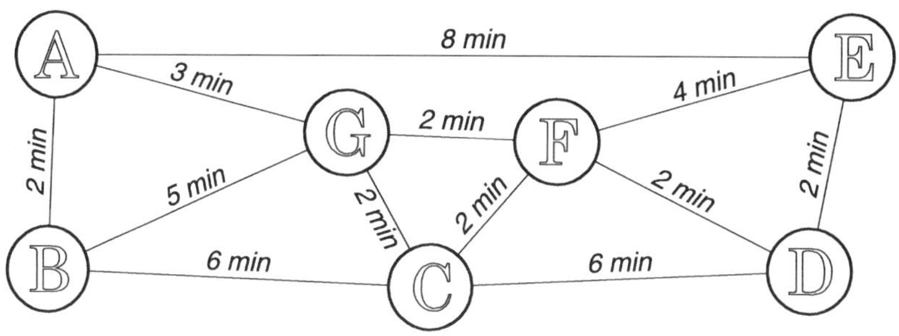

11. Um serviço de ambulâncias deve estabelecer-se em uma de três localizações *A*, *B* e *C*, para servir a cinco áreas, I, II, III, IV e V. Foi preparada uma matriz mostrando a distância máxima a percorrer (em km), partindo de cada localização para se atingir cada uma das áreas, bem como a distribuição percentual estimada do número mensal de chamadas vindo de cada uma delas.

Localização	Área				
	I	II	III	IV	V
A	4	4	4	8	5
B	4	7	4	6	2
C	8	10	2	3	2
Distribuição de Chamadas (%)	15	4	25	30	26

a) Qual será a localização com base na minimização do tempo máximo de resposta?
b) Qual será a localização com base na distância mensal percorrida?

REFERÊNCIAS BIBLIOGRÁFICAS

BADRI, M. A.; DAVIS, D. L. Decision Support Models for the Location of Firms in Industrial Sites. *International Journal of Operations and Production Management*, v. 15, n. 1, p. 50-62, 1995.

CHASE, R. B.; AQUILANO, N. J. *Production and Operations Management: A Life Cycle Approach*, 5. ed. Homewood, Ill.: Richard D. Irwin, 1989.

CHASE, R. B.; DAVIS, M.; AQUILANO, N. J. *Fundamentos da Administração da Produção*. 3. ed. Porto Alegre: Bookman, 2000.

EVANS, J. R.; ANDERSON, D. R.; SWEENEY, D. I.; WILLIAMS, T. A. *Applied Production and Operations Management*. 2. ed. St Paul, MN: West Publishing Company, 1997.

MOORE, F. G.; HENDRICK, T. E. *Production/Operations Management*, 8. ed. Homewood, Ill.: Richard D. Irwin, 1980.

Suplemento ao Capítulo 7

O Modelo de Transporte

7.1 Introdução

Já falamos no Problema de Transporte quando tratamos da Programação Linear. Como se recorda, ele se constituía em uma situação especial onde era possível, por meio do algoritmo Simplex, chegar-se a uma solução ótima. Além do algoritmo Simplex, entretanto, existe outra técnica para se resolver o Problema de Transporte. Essa técnica, formada de vários passos e opções, é chamada de Modelo de Transporte. Devido à importância que o Problema de Transporte tem para a localização de instalações, como mais adiante veremos, é útil recordarmos os seus elementos fundamentais, antes de apresentarmos a sua solução particular (ou seja, antes do Modelo de Transporte).

A situação problema é a seguinte:

– existem n fontes das quais será possível despachar mercadorias (por exemplo, as fontes podem ser fábricas produtoras).

– existem m destinações para as mercadorias (que podem ser armazéns de distribuição, por exemplo).

– são conhecidas tanto a capacidade das fontes como as necessidades (demanda) das destinações.

– é conhecido também cada um dos custos $C_{i,j}$ de se enviar uma unidade de mercadorias da fonte i para a destinação j.

Deseja-se saber quanto será enviado de cada fonte para cada destinação, de forma que o custo total de transporte de mercadorias seja o mínimo possível.

O Problema de Transporte é normalmente apresentado na forma de uma matriz, conhecida como Matriz de Transporte, reproduzida no Quadro S7.1 abaixo:

Quadro S7.1 A Matriz de Transporte

DESTINAÇÕES

		D_1	D_2	D_3	...	D_m	Capacidade
FONTES	F_1	$C_{1,1}$	$C_{1,2}$	$C_{1,3}$	...	$C_{1,m}$	c_1
	F_2	$C_{2,1}$	$C_{2,2}$	$C_{2,3}$	...	$C_{2,m}$	c_2
	F_3	$C_{3,1}$	$C_{3,2}$	$C_{3,3}$	...	$C_{3,m}$	c_3
	...	...	...	...	...	...	...
	F_n	$C_{n,1}$	$C_{n,2}$	$C_{n,3}$	...	$C_{n,m}$	c_n
	Demanda	d_1	d_2	d_3	...	d_m	

Na matriz, temos as seguintes convenções:

F_i = designação da fonte i (i = 1, 2, ... n)

D_j = designação da destinação j (j = 1, 2, ... m)

$C_{i,j}$ = custo de enviar uma unidade de mercadoria da fonte i à destinação j

c_i = capacidade da fonte i

d_j = demanda da destinação j

Chamamos de células os cruzamentos de uma fonte i com uma destinação j. Resolvido o Problema de Transporte, cada célula ostentará uma certa quantidade, que representa o que é enviado da fonte para a destinação que lhe corresponde. Se chamarmos essa quantidadede $X_{i,j}$, ou seja, o total de mercadorias enviada da fonte i para a destinação j, o que se busca é determinar esses valores $X_{i,j}$ tal que o custo total de transporte seja mínimo ou, simbolicamente, o que se deseja é minimizar:

$$\sum_i \sum_j C_{i,j} X_{i,j}$$

Há restrições que devem ser obedecidas, ao mesmo tempo em que se procura a minimização dos custos. Assim, por exemplo, a soma dos envios de uma fonte qualquer deve igualar a sua capacidade, ou seja:

$$\sum_{j=1}^{m} X_{i,j} = c_i$$

Em outras palavras, a soma horizontal das quantidades existentes nas células é igual aos valores da última coluna, o que indica as capacidades das fontes.

Ao mesmo tempo, os recebimentos em cada destinação devem igualar a demanda nas destinações ou, de outra forma, a soma vertical das quantidades deve igualar os valores da última linha:

$$\sum_{i=1}^{n} X_{i,j} = d_j$$

Finalmente, exige-se também que $X_{i,j} \geq 0$, ou seja, que os envios de mercadorias sejam positivos ou nulos.

Consideraremos, por ora, a hipótese de que a capacidade total das fontes iguala a demanda total das destinações, ou seja, o sistema está balanceado. Ao final, veremos como essa condição pode ser relaxada.

7.2 Obtenção de uma Solução Inicial ao Problema de Transporte

Em linhas gerais, o Modelo de Transporte apresenta duas etapas bem definidas. Em uma primeira delas, a que nos interessa nesse presente momento, é determinada uma solução inicial ao Problema de Transporte, ou seja, um dado conjunto de valores $X_{i,j}$. Esse conjunto de valores pode ou não ser ótimo (levar ao custo total de transporte mínimo), mas não há nenhuma segurança de que o seja. Há necessidade então de uma segunda etapa, que consiste em verificar se a solução é ótima e, caso contrário, melhorá-la até que o seja.

Tanto uma como outra etapa apresentam opções de método. Existem formas diferentes para se chegar à solução inicial, bem como para testá-la e melhorá-la. As alternativas mais comuns podem ser consultadas pelo leitor junto à bibliografia sugerida ao final do Suplemento.

Iremos nos limitar aqui em expor uma das opções para a primeira etapa e outra para a segunda etapa, sendo desnecessário dizer que, qualquer que seja o caminho, chegaremos sempre à solução ótima (ou uma das soluções, caso o problema admita várias diferentes).

7.2.1 O Método de Aproximação de Vogel

O Método de Aproximação de Vogel, que indicaremos apenas por VAM (do inglês – *Vogel Aproximation Method*), é apenas um dentre alguns outros métodos disponíveis para se chegar à primeira solução de um problema de transporte. Possui, entretanto, a vantagem de proporcionar diretamente, na maioria das vezes, uma solução ótima ou próxima da ótima.

Consideremos a matriz de transporte a seguir, que usaremos para apresentar progressivamente o método. Em síntese, desejamos saber quantas unidades de mercadoria devem ser enviadas das fontes *A*, *B* e *C* para as destinações I, II, III e IV de forma que o custo total de transporte seja mínimo. Cada célula contém os custos em reais associados ao envio de uma unidade de mercadoria da fonte para a destinação correspondente.

Tabela S7.1

DESTINAÇÕES

		I	II	III	IV	Capacidade
FONTES	*A*	9	6	7	8	200
	B	12	12	14	16	400
	C	21	17	16	13	650
	Demanda	450	400	150	250	

O VAM usa informações sobre os custos para fazer as designações, porém de forma indireta. Ele considera a penalidade, em termos de custo, em que se incorre, se a segunda melhor célula de cada linha e cada coluna for escolhida, em detrimento da primeira melhor. Na matriz da Tabela S7.1, por exemplo, considerando a linha referente à fonte *C*, o menor custo é R$ 13 (célula *C*/IV) e o segundo menor R$ 16 (célula *C*/III). A penalidade em que se incorreria, usando a célula *C*/III em vez da célula *C*/IV seria, portanto, de R$ 16 – R$ 13 = R$ 3. Para cada linha e coluna podem assim ser determinadas as penalidades. A linha ou coluna que apresentar o maior valor para a penalidade é escolhida para a designação de carga, que irá, na máxima quantidade possível, para a célula de menor custo. Esse procedimento irá exaurir a demanda de uma destinação, a capacidade de uma fonte ou as duas coisas ao mesmo tempo. Se a demanda de uma destinação for satisfeita, a coluna correspondente é eliminada e o processo recomeça até que toda a carga tenha sido designada. Se, ao contrário, for esgotada a capacidade de uma fonte, a linha correspondente é que é eliminada para se continuar com o processo. Resumindo, os passos do VAM são os seguintes:

1º Passo: calcular a diferença entre os dois menores custos em cada linha e em cada coluna (penalidades).

2º Passo: identificar a linha ou coluna com a maior penalidade e, nessa linha ou coluna, a célula de menor custo; atribuir a essa célula a maior quantidade possível, que esgote a demanda da destinação ou a capacidade da fonte correspondente.

3º Passo: eliminar a linha ou coluna assim exaurida e recomeçar do 1º Passo até que todas as demandas tenham sido satisfeitas e, automaticamente, todas as capacidades tenham sido utilizadas.

A Tabela S7.2 mostra as penalidades iniciais, com todas as linhas e colunas sendo consideradas:

Tabela S7.2

		DESTINAÇÕES					
		I	II	III	IV	Capacidade	Penalidade
FONTES	*A*	9	6	7	8	200	1
	B	12	12	14	16	400	2
	C	21	17	16	13	650	3
	Demanda	450	400	150	250		
	Penalidade	3	6	7	5		

A maior penalidade encontra-se na coluna 3 (R$ 7); o menor custo da coluna é R$ 7 e está na célula *A*/III. A máxima quantidade que pode ser alocada a esta célula é 150, que esgota a demanda da destinação III, mas deixa ainda 50 unidades da fonte *A* para serem posteriormente alocadas. A coluna é então eliminada de cálculos posteriores, o que é indicado por pontos colocados dentro das células. Daqui por diante, não existirá mais a penalidade associada a essa coluna. A Tabela S7.3 mostra a nova configuração e o cálculo das novas penalidades. A alocação de 150 na célula *A*/III está colocada entre parênteses, para distingui-la dos custos que ainda estão sendo usados para calcular as penalidades.

Tabela S7.3

		DESTINAÇÕES					
		I	II	III	IV	Capacidade	Penalidade
FONTES	*A*	9	6	(150)	8	200	2
	B	12	12	...	16	400	4
	C	21	17	...	13	650	4
	Demanda	450	400	150	250		
	Penalidade	3	6	---	5		

Desta vez é a coluna II que apresenta a maior penalidade (R$ 6), sendo o menor custo o da célula *A*/II, também (só por coincidência) igual a R$ 6. Como essa célula corresponde à fonte *A*, só podemos alocar a ela 50 unidades, quantidade essa ainda remanescente na fonte *A*. Não se esgota a demanda da destinação II, que é de 400, mas esgota-se a capacidade da fonte *A*. A linha correspondente deve ser eliminada dos cálculos posteriores. A Tabela S7.4 mostra a nova configuração e também as novas penalidades.

Tabela S7.4

DESTINAÇÕES

		I	II	III	IV	Capacidade	Penalidade
	A	...	(50)	(150)	...	200	---
FONTES	*B*	12	12	...	16	400	4
	C	21	17	...	13	650	4
	Demanda	450	400	150	250		
	Penalidade	9	5	---	5		

A coluna I apresenta a maior penalidade (R$ 9), e o menor custo está na célula *B*/I; essa célula pode receber 400 unidades, o que esgota a capacidade da fonte *B*, eliminando-se então a linha correspondente. As novas penalidades seguem-se na Tabela S7.5:

Tabela S7.5

DESTINAÇÕES

		I	II	III	IV	Capacidade	Penalidade
	A	...	(50)	(150)	...	200	---
FONTES	*B*	(400)	...	...	...	400	---
	C	21	17	...	13	650	4
	Demanda	450	400	150	250		
	Penalidade	---	---	---	---		

Reparar que não é mais possível calcular as penalidades para as colunas I, II e IV, por apresentarem apenas uma célula com os custos. É fácil ver que a alocação aparecerá na linha da fonte *C*, nas quantidades necessárias para esgotar a demanda das destinações I (50 unidades na célula *C*/I), II (350 unidades na célula *C*/II) e IV (250 unidades na célula *C*/IV). Essas alocações esgotam tanto as demandas das destinações como as capacidades das fontes. A Tabela S7.6 apresenta a solução inicial completa pelo método VAM.

Tabela S7.6

DESTINAÇÕES

		I	II	III	IV	Capacidade
	A	...	(50)	(150)	...	200
FONTES	*B*	(400)	...	...	...	400
	C	(50)	(350)	...	(250)	650
	Demanda	450	400	150	250	

É simples calcular o custo associado a essa solução inicial:

Célula	Quantidade	Custo	Custo na célula
A/II	50	6	300
A/III	150	7	1.050
B/I	400	12	4.800
C/I	50	21	1.050
C/II	350	17	5.950
C/IV	250	13	3.250
		Custo total	16.400

Precisamos agora testar se essa solução é ou não ótima, ou seja, se o custo total obtido pode ser diminuído com algumas mudanças nas alocações. É o que veremos a seguir.

7.3 Teste da Solução

Também para se testar a solução inicial obtida existe mais de um procedimento disponível. Usaremos o chamado Método da Distribuição Modificada, que será indicado pela sigla MODI, do inglês *Mo*dified *Di*stribuition Method. A aplicação do MODI exige entretanto certos conhecimentos, notadamente sobre a formação de *anéis* dentro da matriz de transporte. Julgamos conveniente que o conceito e a operação dos anéis sejam apresentados preliminarmente, para facilitar ao leitor quando de seu uso posterior.

7.3.1 Anéis de Realocação de Carga

Consideremos a matriz seguinte, com três fontes e quatro destinações, onde já foi feita uma alocação preliminar das cargas. Existem, pois, células ocupadas e células vazias. O nosso problema fundamental é promover a redistribuição de cargas, ou seja, transformar células vazias em células ocupadas, com o máximo de carga possível, alterando o mínimo possível a estrutura da matriz.

Tabela S7.7

DESTINAÇÕES

		D_1	D_2	D_3	D_4	Capacidade
	F_1		70	130		200
FONTES	F_2	140	110			250
	F_3			60	100	160
	Demanda	140	180	190	100	

Fixemos a nossa atenção na célula F_1/D_1, que se encontra vazia. O máximo em princípio que se pode alocar a essa célula são 140 unidades, que é a demanda da coluna D_1. Se isso for feito, repare que será necessário alterar as linhas F_1 e F_2 logo de início. A célula F_1/D_2 será alterada, caso contrário a carga total na linha ultrapassará a capacidade da fonte (200); ao mesmo tempo, a célula F_2/D_1 deverá ficar vazia, por causa da demanda da coluna D_1. Nesse caso, é obrigatório que sejam alteradas as cargas na célula F_2/D_3 ou F_2/D_4, por causa da capacidade da fonte F_2. É fácil perceber que esses movimentos acabam fatalmente afetando a linha F_3. Devido ao fato de que há restrições aos movimentos, representadas pelas capacidades das fontes e demandas das destinações, que devem ser respeitadas, há limites para a quantidade máxima que pode ser destinada a uma célula vazia. Sem a determinação desse limite, acabaremos por alterar toda a estrutura da matriz, o que nos afastará cada vez mais da solução ótima. O problema pode ser resolvido da seguinte forma:

a) A partir da célula vazia à qual se quer alocar carga, formar um circuito fechado (anel) formado por células que têm carga presentemente.

b) Cada célula do anel será considerada positiva ou negativa, conforme deva receber ou ceder carga respectivamente. Células positivas e negativas alternam-se, começando pela célula vazia que iniciou o anel e é positiva.

c) Considerando apenas as células negativas, transferir para a célula vazia a menor das cargas e promover o balanceamento dentro do anel.

A primeira particularidade com respeito à formação dos anéis é que cada movimento deve ser sempre feito perpendicularmente ao movimento anterior. Considerando a célula vazia F_1/D_1 do nosso exemplo e indicando apenas por sinais de (+) ou de (–) as células com carga, o anel respectivo está na Tabela S7.8:

Tabela S7.8 Anel para a Célula F_1/D_1

		DESTINAÇÕES				
		D_1	D_2	D_3	D_4	Capacidade
FONTES	F_1	(+)	(–)			200
	F_2	(–)	(+)			250
	F_3					160
	Demanda	140	180	190	100	

As células negativas são F_1/D_2 (carga de 70 unidades) e F_2/D_1 (carga de 140 unidades). A carga menor, de 70 unidades, será, portanto, retirada das células negativas e acrescentada às células positivas. A situação é retratada na Tabela S7.9. Notar como todas as outras células não foram afetadas e como foram respeitadas as restrições de capacidades e demandas.

Tabela S7.9 Configuração após a Realocação do Anel da Célula F_1/D_1

		DESTINAÇÕES				
		D_1	D_2	D_3	D_4	Capacidade
FONTES	F_1	70		130		200
	F_2	70	180			250
	F_3			60	100	160
	Demanda	140	180	190	100	

Afortunadamente, existe apenas um anel para cada célula vazia. Embora a sua forma seja variável, o anel é sempre composto por uma célula vazia, que o inicia, e por um número ímpar de células já preenchidas. O anel tem, portanto, um número par de células, começando com um mínimo de 4, por causa da exigência de movimentos perpendiculares entre si. A Tabela S7.10 mostra os anéis para as outras cinco células vazias.

Tabela S7.10 Anéis para as Células Vazias da Matriz de Transporte

(a) Célula F_1/D_4

		DESTINAÇÕES				
		D_1	D_2	D_3	D_4	Capacidade
	F_1			(–)	(+)	200
FONTES	F_2					250
	F_3			(+)	(–)	160
	Demanda	140	180	190	100	

(b) Célula F_2/D_3

		DESTINAÇÕES				
		D_1	D_2	D_3	D_4	Capacidade
	F_1		(+)	(–)		200
FONTES	F_2		(–)	(+)		250
	F_3					160
	Demanda	140	180	190	100	

(c) Célula F_2/D_4

		DESTINAÇÕES				
		D_1	D_2	D_3	D_4	Capacidade
	F_1		(+)	(–)		200
FONTES	F_2		(–)		(+)	250
	F_3			(+)	(–)	160
	Demanda	140	180	190	100	

(d) Célula F_3/D_1

		DESTINAÇÕES				
		D_1	D_2	D_3	D_4	Capacidade
	F_1		(–)	(+)		200
FONTES	F_2	(–)	(+)			250
	F_3	(+)		(–)		160
	Demanda	140	180	190	100	

(e) Célula F_3/D_2

DESTINAÇÕES

FONTES		D_1	D_2	D_3	D_4	Capacidade
	F_1		(−)	(+)		200
	F_2					250
	F_3		(+)	(−)		160
	Demanda	140	180	190	100	

Repare que:

– os anéis só contêm uma única célula vazia, exatamente aquela na qual se quer alocar carga. Todas as outras células componentes têm, originalmente, carga atribuída.

– no caso do anel da célula F_2/D_4, o anel apresenta um cruzamento interno, que é permitido desde que os movimentos consecutivos sejam perpendiculares entre si.

– o anel da célula F_3/D_2 passa pela célula F_2/D_2, que não faz parte dele; o movimento de "passar por cima" de uma célula é permitido, esteja ela vazia ou com carga atribuída.

Visto como, operacionalmente, pode-se redistribuir a carga, é preciso saber como se escolhe uma determinada célula vazia para promover essa redistribuição. Esse é exatamente o objetivo do MODI.

7.4 O Método da Distribuição Modificada (MODI)

O MODI trabalha com valores relativos para cada linha e cada coluna. Esses valores são calculados segundo uma rotina operacional e podem ser interpretados como custos de oportunidade. Linhas ou colunas que apresentem valores negativos são candidatas potenciais a uma realocação. Será escolhida a linha ou coluna com o valor negativo, porém de maior valor absoluto, que representa, então, a melhor oportunidade para uma queda no custo total.

A rotina completa do MODI é a seguinte:

a) Obtém-se uma solução inicial para o Problema de Transporte, não importa de que forma (pode ser até uma solução empírica, com base no bom senso).

b) Atribui-se, arbitrariamente, à primeira linha o valor de custo igual a zero.

c) Cada célula preenchida com carga, na primeira linha, permite calcular o valor de custo para a coluna respectiva, a partir da seguinte igualdade:

Valor de custo (linha) + Valor de custo (coluna) = Custo associado à célula

d) Após o passo anterior, pelo menos uma das colunas terá também o seu valor de custo, que pode ser usado (por meio da igualdade anterior) para fazer a avaliação do valor de custo de outras células preenchidas que não pertençam à primeira linha. É possível, dessa forma, calcular valores de custo para todas as linhas e colunas da matriz.

e) Faz-se a avaliação de cada célula vazia, pela fórmula:

Avaliação = Custo associado à célula – [Valor de custo (linha) + Valor de custo (coluna)].

A célula com a maior avaliação negativa será escolhida para a realocação de carga, por meio da construção do seu anel, como visto anteriormente. Se todas as avaliações forem positivas, a solução já é ótima e não necessita de melhoria.

f) Após a realocação de carga em uma célula vazia, repetem-se os passos de *b* a *e* até que todas as avaliações das células vazias sejam positivas.

Exemplifiquemos a rotina dos passos do MODI, usando a solução inicial obtida quando da aplicação do método VAM. A Tabela S7.11 mostra a matriz de transporte com os custos associados a cada célula, bem como os valores de custo calculados para cada linha e cada coluna. As células marcadas com um asterisco são as que contêm carga determinada pela solução inicial.

Tabela S7.11 MODI: Valores de Custo para Linhas e Colunas

Valores de custo		10	6	7	2	
		I	II	III	IV	Capacidade
0	*A*	9	6	7	8	200
2	*B*	12	12	14	16	400
11	*C*	21	17	16	13	650
	Demanda	450	400	150	250	

Convencionado como zero o valor de custo para a linha *A*, calcula-se imediatamente em seguida o valor de custo para a coluna II, cuja célula *A*/II tem carga atribuída. Tem-se:

0 + Valor de custo (coluna II) = 6
Valor de custo (coluna II) = 6

O valor de custo para a coluna III, que possui a célula *A*/III, é calculado de forma idêntica:

0 + Valor de custo (coluna III) = 7
Valor de custo (coluna III) = 7

Tendo o valor de custo da coluna II, é fácil calculá-lo para a linha *C*, onde a célula *C*/II tem carga atribuída:

Valor de custo (linha *C*) + 6 = 17
Valor de custo (linha *C*) = 11

Tendo o valor de custo da linha *C*, é fácil calcular o valor de custo da coluna I e da coluna IV, sempre usando as células com carga atribuída; finalmente, com o valor de custo da coluna I, calcula-se o valor de custo para a linha *B*. Dessa maneira, a partir da convenção inicial de se tomar o valor de custo da primeira linha (*A*) igual a zero, pode-se calcular todos os outros valores de custo para quaisquer linhas ou colunas.

Em seguida, procede-se à avaliação das células vazias:

Célula	Avaliação
A/I	9 – (0 + 10) = –1
A/IV	8 – (0 + 2) = 6
B/II	12 – (2 + 6) = 4
B/III	14 – (2 + 7) = 5
B/IV	16 – (2 + 2) = 12
C/III	16 – (11 + 7) = –2

Há oportunidade de realocação nas células *A*/I e *C*/III; escolhe-se *C*/III para receber carga porque apresenta o maior valor negativo (–2); a Tabela S7.12 mostra o anel correspondente à célula *C*/III e as quantidades originalmente atribuídas às células do anel:

Tabela S7.12 Anel para Redistribuição de Carga na Célula *C*/III

DESTINAÇÕES

		I	II	III	IV	Capacidade
FONTES	*A*		50 (+)	150 (–)		200
	B					400
	C		350 (–)	(+)		650
	Demanda	450	400	150	250	

As células *A*/III e *C*/II podem ceder carga; escolhe-se a menor carga (150), correspondente à célula *A*/III; o balanceamento está na Tabela S7.13, mostrando entre parênteses apenas as cargas para as células que sofreram alteração, ou seja, células do anel. A mesma tabela apresenta também a segunda rodada de cálculo de valores de custo para as linhas e colunas:

Tabela S7.13 Segunda Rodada de Cálculo de Valores de Custos

Valores de custo		10	6	7	2	
		I	II	III	IV	Capacidade
0	*A*	9	(200)	7	8	200
2	*B*	12	12	14	16	400
11	*C*	21	(200)	(150)	13	650
	Demanda	450	400	150	250	

As novas avaliações das células atualmente vazias são as seguintes:

Célula	Avaliação
A/I	9 – (0 + 10) = –1
A/III	7 – (0 + 5) = 2
A/IV	8 – (0 + 2) = 6
B/II	12 – (2 + 6) = 4
B/III	14 – (2 + 5) = 7
B/IV	16 – (2 + 2) = 12

Existe oportunidade de realocação apenas na célula *A*/I, cujo anel (com as quantidades originalmente atribuídas a suas células) está mostrado na Tabela S7.14:

Tabela S7.14 Anel para Redistribuição de Carga na Célula *A*/I

		DESTINAÇÕES				
		I	II	III	IV	Capacidade
FONTES	*A*	(+)	200 (−)			200
	B					400
	C	50 (−)	200 (+)			650
	Demanda	450	400	150	250	

É possível a transferência de apenas 50 unidades desta vez; o balanceamento está na Tabela S7.15 (cargas alteradas entre parênteses), que apresenta também a terceira rodada de cálculo de valores de custo para as linhas e colunas:

Tabela S7.15 Terceira Rodada de Cálculo de Valores de Custo

Valores de custo		9	6	5	2	
		I	II	III	IV	Capacidade
0	*A*	(50)	(150)	7	8	200
3	*B*	12	12	14	16	400
11	*C*	21	(250)	(150)	13	650
	Demanda	450	400	150	250	

As novas avaliações das células vazias são as seguintes:

Célula	Avaliação
A/III	7 – (0 + 5) = 2
A/IV	8 – (0 + 2) = 6
B/II	12 – (3 + 6) = 3
B/III	14 – (3 + 5) = 6
B/IV	16 – (3 + 2) = 11
C/I	21 – (11 + 9) = 1

Como todas as avaliações são agora positivas, a solução alcançada, que está completa na Tabela S7.16, é a solução ótima:

Tabela S7.16 A Solução Ótima

		DESTINAÇÕES				
		I	II	III	IV	Capacidade
FONTES	*A*	50	150			200
	B	400				400
	C		250	150	250	650
	Demanda	450	400	150	250	

Apenas como ilustração, podemos calcular o custo total de transporte associado à solução ótima e compará-lo com o que havíamos calculado para a solução inicial dada pelo método VAM:

Célula	Quantidade	Custo	Custo na Célula
A/I	50	9	450
A/II	150	6	900
B/I	400	12	4.800
C/II	250	17	4.250
C/III	150	16	2.400
C/IV	250	13	3.250
		Custo total	16.050

Houve uma queda no custo de transporte de 16.400 – 16.050 = 350, que representa uma economia proporcionada pela solução ótima em relação à solução inicial; a diferença é, entretanto, relativamente pequena, atestando aquilo que se dizia sobre o método VAM, ou seja, que conduzia geralmente a uma solução ótima ou próxima da ótima.

7.5 Casos Especiais

Até aqui, tratamos dos casos mais comuns de problemas que se enquadram no chamado Modelo de Transporte. As mesmas rotinas de solução adaptam-se a dois casos especiais, que serão comentados brevemente.

7.5.1 Demanda Total Diferente da Capacidade Total

Um caso especial importante do Modelo de Transporte ocorre quando a demanda total das destinações e a capacidade total das fontes são diferentes. São possíveis duas situações:

a) a capacidade das fontes é superior à demanda.

b) a capacidade das fontes é inferior à demanda.

Na primeira situação, há um excesso de capacidade, ou seja, pelo menos uma das fontes não terá a sua capacidade totalmente alocada, enquanto na segunda situação, pelo menos uma das destinações não terá sua demanda plenamente atendida.

É fácil adaptar essas situações à mecânica de solução da matriz de transporte. No caso de um excesso de capacidade, basta adicionar uma coluna extra contendo uma destinação fictícia, com demanda exatamente igual ao excesso de capacidade. Atribui-se custo de transporte zero a todas as células dessa coluna fictícia, assegurando-se assim que a destinação "receberá" todas as unidades excedentes.

Se houver um excesso de demanda, é inevitável que não se atenda completamente a pelo menos uma das destinações; formalmente, o problema se resolve assumindo-se uma fonte fictícia (ou seja, uma linha a mais), com capacidade exatamente igual ao déficit de capacidade (ou excesso de demanda). Assume-se custo zero em todas as células da fonte fictícia, o que faz que ela aloque toda a sua capacidade. Em termos práticos, tudo aquilo que uma destinação receber da fonte fictícia não é, evidentemente, uma carga real.

7.5.2 Degeneração

Dada uma solução inicial ao Problema de Transporte, obtida pelo Método de Aproximação de Vogel ou por outro qualquer, é fundamental, para a melhoria da solução, que seja possível a construção de anéis correspondentes às células vazias da matriz. Essa possibilidade depende, basicamente, do número de células preenchidas com carga que a matriz apresenta. Em situações corriqueiras, o número de células preenchidas na solução inicial é sempre igual a (número de linhas + número de colunas − 1). Nos exemplos que usamos até aqui, as matrizes continham sempre 3 linhas e 4 colunas; o leitor pode verificar que existiam sempre 3 + 4 − 1 = 6 células preenchidas com carga. Se o número de células preenchidas, após a solução inicial ou durante a sua melhoria, for inferior a (número de linhas + número de colunas − 1), dizemos que houve *degeneração*. Não será possível, neste caso, obter os anéis de avaliação para algumas das células vazias, o que não impede em absoluto que o problema tenha solução.

A situação pode ser resolvida colocando-se quantidades muito pequenas nas células vazias, indicadas por ε, tantas quantas sejam necessárias para cumprir a condição de igualdade mencionada anteriormente. Essas quantidades são irrelevantes para os cálculos, já que, supostamente, valem zero na prática, mas são importantes para a formação dos anéis de avaliação. O leitor pode encontrar exemplos desse procedimento nas obras sugeridas ao final do presente suplemento.

7.6 Como Usar o Modelo de Transporte na Localização

A grande utilidade do Modelo de Transporte em problemas de localização centra-se em particular naqueles casos onde é muito importante a minimização dos custos totais de transporte.

Suponhamos um sistema já existente de fontes e destinações, ao qual se deseja adicionar uma nova fonte para atender ao crescimento de demanda das destinações. Se tivermos duas ou mais opções de localização para essa nova fonte, o Modelo de Transporte auxiliará na decisão, da seguinte forma:

a) Determinando os custos unitários de transporte em relação às localizações possíveis da nova fonte e cada destinação existente.

b) Montando tantas matrizes de transporte quantas sejam as diferentes localizações possíveis.

c) Resolvendo cada matriz separadamente, ou seja, para cada localização proposta, determinar o custo total mínimo de transporte do sistema.

d) Escolhendo a localização que conduz ao menor dos custos totais mínimos.

Cada proposta de localização gera, pois, um Problema de Transporte diferente e é a comparação das soluções (custos mínimos) que ditará a escolha final da localização. O problema pode ser estendido à escolha de mais de uma localização simultaneamente. Exemplificando, se desejamos instalar duas novas fontes e temos três locais disponíveis, haverá necessidade de se testarem as localizações duas a duas; três matrizes contendo as combinações possíveis deverão ser construídas e resolvidas. Com duas fontes e quatro localidades possíveis, o número de combinações sobe para seis, e assim por diante.

PROBLEMAS PROPOSTOS

1. É dada a matriz de transporte a seguir, com os custos unitários de transporte ocupando cada uma das células respectivas:

a) Determinar a solução inicial alocando a máxima carga possível na célula de menor custo, em seguida o máximo possível na célula com o segundo menor custo, e assim por diante.

b) Determinar a solução inicial por meio do Método de Aproximação de Vogel (VAM).

c) Partindo de cada uma das duas soluções iniciais, melhorar a solução (se possível) pelo Método da Distribuição Modificada (MODI).

d) Calcular o custo total de transporte associado à solução ótima.

DESTINAÇÕES

		I	II	III	IV	Capacidade
FONTES	*A*	25	20	20	25	4.000
	B	25	30	10	30	10.000
	C	15	15	15	20	4.000
	Demanda	5.000	2.000	3.000	8.000	

2. Uma empresa deve programar o roteiro de embarques de seus produtos, os quais são enviados a partir de três fábricas para quatro armazéns localizados em pontos estratégicos do mercado. Levando em conta o tipo de transporte que pode ser utilizado em cada caso, bem como as distâncias entre as fábricas e os armazéns, os custos são diferenciados para cada combinação fábrica/armazém, como mostrado na matriz a seguir:

ARMAZÉNS

		A	*B*	*C*	*D*	Capacidade
FÁBRICA	1	8	14	14	2	200
	2	24	6	16	16	400
	3	16	20	32	10	300
	Demanda	160	180	240	320	

Determinar as quantias que devem ser enviadas de cada fábrica a cada armazém, de modo a tornar mínimo o custo total de transporte.

3. A J.J. Industrial S.A. está planejando abrir um novo depósito para distribuir seus produtos a três regiões *A*, *B* e *C*. A abertura do novo depósito é fundamental, dado que a demanda total nas regiões citadas não está sendo convenientemente atendida pelos três depósitos ora em operação. A matriz de transporte para o sistema atual é a seguinte:

		REGIÕES			
		A	*B*	*C*	Capacidade
DEPÓSITOS	1	20	28	20	4.200
	2	24	34	40	280
	3	22	22	24	300
	Demanda	440	440	440	

Prevê-se que, em uma primeira fase, o novo depósito será construído com capacidade de 320 unidades, exatamente o excesso de demanda sobre a capacidade total do momento. Duas cidades estão sendo cotejadas para abrigar o depósito: Bartira e Diacuí. Os custos unitários de transporte de cada uma dessas cidades até as regiões a serem atendidas são dados a seguir.

De Bartira para	De Diacuí para
Região *A* R$ 36	R$ 14
Região *B* R$ 16	R$ 34
Região *C* R$ 26	R$ 26

Determinar onde deve ser localizado o novo depósito usando o Modelo de Transporte.

REFERÊNCIAS BIBLIOGRÁFICAS

EPPEN, G. D.; GOULD, F. J. *Introductory Management Science.* Englewood Cliffs, NY: Prentice Hall, 1984.

LEVIN, R. I.; KIRKPATRICK, C. A.; RUBIN, D. *Quantitative Approaches to Management.* Nova York: McGraw-Hill, 1982.

WATTS, C. A. Using Personal Computer Solve a Warehouse Location/Consolidation Problem. *Production and Inventory Management Journal*, v. 41, n. 4, p. 23-38, 2000.

WINSTON, W. L.; ALBRIGHT, S. C. *Practical Management Science.* 3. ed. Cincinnati: South Western College Pub, 2006.

Capítulo 8

Projeto do Produto e do Processo

Quando definimos e apresentamos os conceitos básicos referentes à Estratégia de Manufatura, no Capítulo 1, ficou claro que, para muitas empresas, uma das forças fundamentais reside na contínua revisão e introdução de novos produtos. Essa introdução ou revisão é importante porque assim é possível aumentar, ou pelo menos manter, os níveis da demanda dos produtos, diferenciando a empresa de sua concorrência.

É bom que se diga que a área de Administração da Produção e Operações geralmente não é a única responsável pela introdução de novos produtos, mas afeta e é afetada por esse movimento. Ela deve se preparar para os novos produtos, criando ou revendo os métodos de trabalho onde for necessário, definindo as especificações de novos equipamentos e participando do processo de seleção e escolha, definindo seqüências de novas operações, treinando os funcionários para as novas situações etc. Fica claro que, se as modificações forem muito drásticas, ultrapassando muito a competência técnica e/ou administrativa da área, a Administração da Produção e Operações pode mesmo desaconselhar um dado projeto para um novo produto. A ligação entre o cliente (no sentido de que as necessidades foram devidamente detectadas), a área de Marketing e a de Produção é fundamental para o sucesso do novo produto. Essa ligação é representada, de forma jocosa, na Figura 8.1.

O projeto de um novo bem ou serviço começa com a geração de uma idéia, que envolve uma necessidade do cliente e uma forma de resolvê-la, e vai em frente por várias fases de teste e desenvolvimento. Finalmente, chega-se ao ponto de se ter especificações detalhadas para a produção, que começa a introduzir o produto no mercado. Aparentemente, o projeto de um produto ou serviço é uma tarefa única para novos itens e depois nenhuma alteração é necessária. Em geral, porém, o ambiente em que as empresas operam é dinâmico: existem pressões constantes para mudanças de projeto, vindas do mercado (clientes e competidores), da legislação ou de dentro da própria empresa. Dessa maneira, o projeto original está freqüentemente sujeito a constantes alterações ao longo do tempo.

8.1 O Ciclo de Vida de um Produto

A demanda de muitos produtos – talvez da maioria deles – passa por muitas fases; o conjunto dessas fases constitui o que se chama de *ciclo de vida do produto*. Alguns autores preferem distinguir cinco fases, enquanto outros reconhecem apenas quatro. Na verdade, o ciclo de vida é apenas um modelo, útil, porém impreciso, como acontece talvez com a maioria deles. Por meio desse modelo, podemos associar a um dado produto cada uma das fases da demanda e estudar as implicações da fase para os esforços de Marketing e de Produção.

Fonte: Schroeder, 1981, p. 56.

Figura 8.1 A Ligação entre Marketing, Produção e o Cliente.

Adotando aqui a convenção de cinco fases, a Figura 8.2 representa o ciclo de vida de um produto.

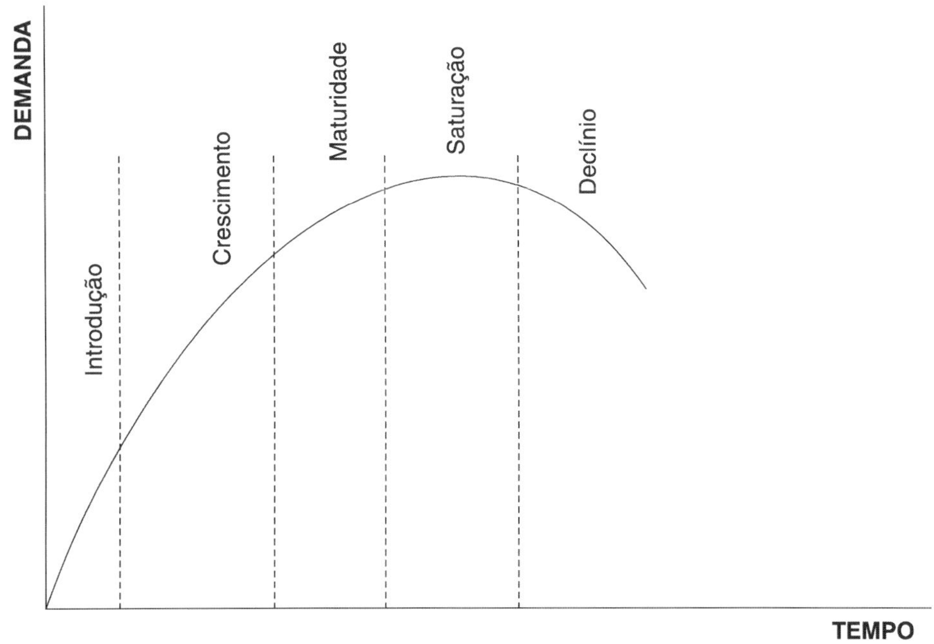

Figura 8.2 O Ciclo de Vida de um Produto.

Distinguimos, portanto:

Fase I: Introdução

O produto começa a ser fabricado e colocado no mercado. A demanda ainda não é alta, pois o mercado não está familiarizado com o produto, enquanto muitos consumidores podem estar esperando pela queda do preço e/ou aperfeiçoamentos posteriores do produto.

Fase II: Crescimento

O produto começa a se tornar competitivo e a publicidade ajuda o mercado a conhecê-lo melhor.

Fase III: Maturidade

O produto já está bem integrado no mercado e as vendas começam a se estabilizar.

Fase IV: Saturação

Após a estabilização das vendas, começa um eventual declínio; daqui por diante, tendem a diminuir as mudanças no projeto e as estratégias centram-se em preços competitivos.

Fase V: Declínio

O produto começa a perder terreno para outros produtos. É chegada a hora de descontinuá-lo (tirá-lo do mercado), substituí-lo ou modificar radicalmente o projeto.

O próprio leitor pode facilmente reconhecer muitos produtos que já saíram do mercado ou estão em fase de nítido declínio: é o caso de chapéus, TVs preto-e-branco, modelos desmontáveis de aparelhos de barbear, modelos de computadores e máquinas de calcular, filmes (séries para TV) etc. Por sua vez, certos produtos como lápis de madeira, sabão, alimentos enlatados, pregos, garfos, facas e colheres, parecem ter uma fase intermediária muito longa, enquanto outros têm um ciclo de vida muito curto, tais como novidades (cartas de biorritmo, por exemplo), brinquedos, móveis e roupas de estilo etc. Fica então claro que o modelo apresentado para o ciclo de vida não necessariamente se adapta bem a qualquer produto, embora pareça fazê-lo em relação à maioria dos produtos industrializados. Por outro lado, pode-se intervir no ciclo de vida no sentido de prolongá-lo. Isso pode ser feito por meio da promoção do produto para novos usos, da diversificação de modelos, da diminuição de falhas do produto no uso corrente (aumentando o que se chama de *confiabilidade do produto*), reduzindo os custos de produção e conseqüentemente os preços de venda, e assim por diante.

Existem algumas implicações importantes do ciclo de vida do produto para a área de Produção e Operações. Assim, na fase de introdução do produto, são freqüentes as mudanças de projeto para corrigir e/ou adaptar o produto em relação a detalhes (às vezes em relação a aspectos fundamentais) que não puderam ser previstos anteriormente ao uso constante. Nessa fase, portanto, torna-se vital que a empresa tenha capacidade de inovar o projeto e responder às necessidades dos consumidores. Não obstante, produtividade e preço não necessariamente são fatores críticos nesse momento. Conforme o produto torna-se maduro, os problemas de qualidade devem ser resolvidos por completo. Para os produtos maduros, a busca de alta produtividade e conseqüentemente baixos custos de produção tornam-se objetivos primordiais.

8.2 Desenvolvimento do Projeto do Produto

A despeito de todas as diferenças que possam existir entre empresas e seus produtos, existem algumas etapas bem definidas no desenvolvimento do projeto de um novo produto. Uma idéia simplificada dessas etapas é dada na Figura 8.3. Tal como acontecia com o ciclo do produto, as etapas da Figura 8.3 não necessariamente são as mesmas para todos os produtos possíveis, havendo casos em que algumas etapas podem simplesmente desaparecer ou então desdobrar-se em outras. Além disso, a Figura 8.3 não dá idéia alguma sobre a duração de cada uma das etapas:

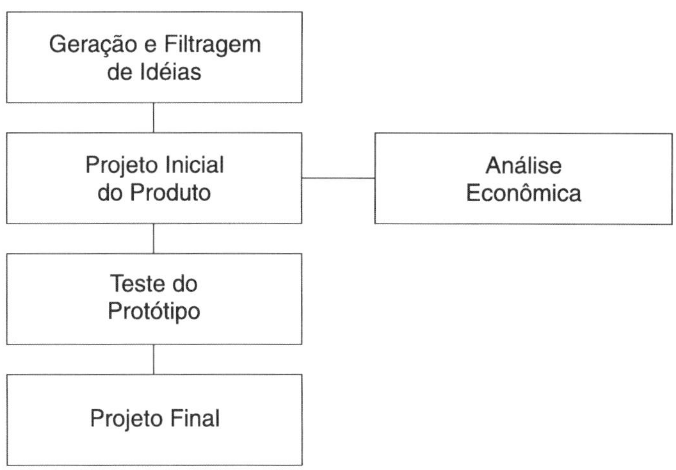

Figura 8.3 As Etapas no Desenvolvimento de um Novo Produto.

8.2.1 Geração e Filtragem de Idéias

Novas idéias para produtos vêm geralmente de duas fontes: do mercado (ou seja, das necessidades do consumidor) e da tecnologia existente e seus desenvolvimentos. Um bom exemplo de necessidade gerada pelo mercado aconteceu com a alta dos preços do petróleo após 1974. O custo de operar máquinas movidas diretamente com derivados do petróleo, os custos de aquecimento de instalações no inverno e os custos da eletricidade gerada pela queima do petróleo subiram a tal ponto que forçaram muitos países a procurar desenvolver máquinas com baixo consumo de energia. O mercado demandou também carros menores e mais econômicos em relação ao combustível. No caso do Brasil, o carro movido a álcool representou um produto inédito no mercado, estimulado também pelo problema do petróleo.

Um outro exemplo, desta vez ligado à tecnologia: o desenvolvimento, na década de 1970, de microprocessadores e semicondutores revolucionou a indústria eletrônica. O mercado viu aparecerem microcomputadores cada vez mais rápidos e poderosos, as indústrias puderam contar com máquinas e ferramentas cada vez mais precisas e sofisticadas e os aparelhos de vídeo de desempenho superior e dimensões reduzidas inundaram o mercado.

A seleção das idéias para novos produtos faz-se por três critérios:

- possibilidade e facilidade de desenvolvimento do produto;
- aceitação e possível sucesso no mercado;
- grau financeiro de sucesso esperado.

Esses critérios podem ser combinados de forma a proporcionar uma avaliação quantitativa da idéia do novo produto. Evans et al. (1987) exemplificam um sistema de pontos atribuídos a uma lista de fatores resultantes do fracionamento de cada critério. Os pesos para a soma final podem ser diferentes ou não, e o esquema pode ser usado para listar idéias de novos produtos em ordem de preferência. A seguir mostramos a pontuação máxima possível em cada critério, bem como o peso final com que entra na soma, no sistema de fatores proposto pelos autores.

Critério	Máximo de Pontos	Mínimo de Pontos	Peso do Critério
Desenvolvimento do produto	+10	–10	1
Mercado	+12	–12	1
Financeiro	+4	–4	1

Cada um dos critérios divide-se em certo número de fatores a ponderar: cinco para o Desenvolvimento do Produto, seis para o Mercado e dois para o critério Financeiro. Os fatores podem receber um máximo de dois pontos positivos (+2) ou um mínimo de dois pontos negativos (–2), dos quais vem o máximo de pontos para cada critério. Os fatores são os seguintes:

DESENVOLVIMENTO DO PRODUTO

	Pontuação
1. *Tempo de desenvolvimento*	
Menos que 6 meses	+2
6 meses a 1 ano	+1
1 – 2 anos	–1
Mais que 2 anos	–2
2. *Experiência prévia com o tipo de produto*	
Considerável	+2
Alguma	+1
Pouca	–1
Nenhuma	–2
3. *Vida útil do produto*	
Mais que 8 anos	+2
5 – 8 anos	+1
3 – 5 anos	–1
3 anos ou menos	–2

	Pontuação
4. *Materiais necessários*	
Disponíveis dentro da empresa	+2
Disponíveis fora da empresa	+1
Disponibilidade interna limitada	–1
Disponibilidade externa limitada	–2
5. *Equipamento*	
Equipamento atual é apropriado	+2
Necessidade de algum equipamento novo	+1
Principalmente equipamento novo	–1
Novas instalações de produção	–2
MERCADO	
6. *Consumidores potenciais*	
Atuais consumidores	+2
Principalmente atuais consumidores	+1
Alguns consumidores atuais	–1
Todos novos consumidores	–2
7. *Estabilidade do mercado*	
Altamente estável	+2
Moderadamente estável	+1
Instável	–1
Altamente volátil	–2
8. *Tendência do mercado*	
Mercado totalmente novo	+2
Mercado em crescimento	+1
Mercado estacionário	–1
Mercado em queda	–2
9. *Esforços promocionais*	
Necessidade pequena	+2
Necessidade moderada	+1
Alta necessidade	–1
Sempre indispensáveis	–2
10. *Competição*	
Nenhuma	+2
Um ou dois competidores	+1
Vários competidores	–1
Ambiente altamente competitivo	–2
11. *Demanda*	
Estável sempre	+2
Sujeita a ciclos de negócios	+1
Sazonal	–1
Sazonal e sujeita a ciclos de negócios	–2
FINANCEIRO	
12. *Retorno real sobre o investimento*	
30% ou mais	+2
25% a 30%	+1
20% a 25%	–1
Menos que 20%	–2

13. *Gastos de capital*	*Pontuação*
Pequenos	+2
Moderados	+1
Altos	–1
Muito altos	–2

Muitas das novas idéias geradas para produtos vão sendo abandonadas ao longo das várias fases de desenvolvimento destes, por não satisfazerem devidamente um ou outro dos critérios enunciados. A mortalidade das idéias pode ser simbolicamente representada pela Figura 8.4.

Sobre a mortalidade de novas idéias de produtos existe um estudo de David Uman, de 1969, mostrando que em 51 companhias pesquisadas a imensa maioria das idéias era rejeitada durante a filtragem e o projeto iniciais. Apenas uma em cada 60 idéias acabaria se transformando em um sucesso comercial.

Cumpre citar, finalmente, o papel desempenhado na geração de produtos pela moderna área de Pesquisa e Desenvolvimento, nome dado ao conjunto de atividades de pesquisa voltado à geração e ao desenvolvimento de produtos. Costumam-se dividir as atividades de pesquisa em:

– *pesquisa pura*: orientada para descobertas e desenvolvimentos sem objetivos comerciais imediatos.

– *pesquisa aplicada*: atividades com fins específicos, voltadas para problemas práticos de pesquisa, visando resolver problemas técnicos já conhecidos.

– *desenvolvimento de produtos*: atividades que visam mais diretamente à geração e ao desenvolvimento de produtos bem definidos e orientados para o mercado.

Vale destacar que, no mundo empresarial de hoje, existe um espaço cada vez menor para as idéias que nascem isoladamente, por esforços individuais de inventores ou por acaso. Novos produtos são buscados conscientemente, por meio de esforços organizados de equipes de pesquisadores, engenheiros e cientistas, trabalhando nas universidades, nos institutos de pesquisa e nas empresas particulares. Como uma média razoável, estima-se que cerca de 70% dos recursos despendidos em pesquisa dentro das nações mais adiantadas vão para as atividades de pesquisa aplicada e desenvolvimento.

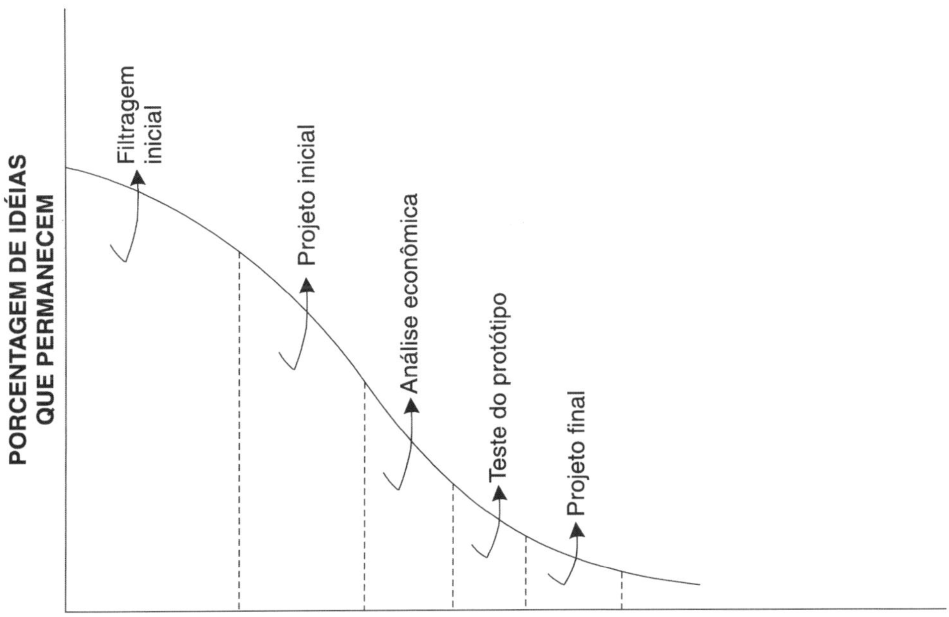

Figura 8.4 Mortalidade das Novas Idéias sobre Produtos.

8.2.2 Projeto Inicial do Produto

O projeto preliminar deve resultar em um produto que seja, ao mesmo tempo, competitivo no mercado e possível de ser fabricado, ou seja, compatível com as capacidades operacionais da empresa. Mais especificamente, três fatores são levados em conta no projeto inicial:

– *Detalhes funcionais do produto*: incluindo a parte física (peso, tamanho e aparência), detalhes de segurança, qualidade e necessidades de manutenção. Tanto os materiais a serem usados como o método de produção influem na qualidade e confiabilidade do produto, cujo mal funcionamento, em alguns casos, pode causar danos irreparáveis, tanto à propriedade como à vida humana. A vida útil do produto (isto é, sua durabilidade), os custos e a freqüência de manutenção são vistos como qualidades fundamentais que ele deve apresentar do ponto de vista do consumidor.

– *Necessidades técnicas*: incluindo a seleção de materiais e/ou peças, bem como os métodos de manufatura. As necessidades técnicas são basicamente uma função daquilo que se pretende com os detalhes funcionais.

– *Considerações de ordem econômica*: para não elevar desnecessariamente o preço final do produto para o mercado, deve-se evitar qualquer custo supérfluo que não contribua para o desempenho previsto do produto. A técnica usada por especialistas nessa área recebe o nome de *análise de valor*, que pode ser aplicada tanto a novos produtos em estudo como a produtos já existentes, para melhorá-los ou barateá-los. Cada componente tem sua função analisada no tocante à necessidade e às opções de ser construído de forma diferente. São muito importantes também, do ponto de vista custo/desempenho, as possibilidades de substituição de um determinado material por outro. O próprio projeto é revisto, de forma que conduza às menores perdas possíveis de material durante o processo de fabricação.

8.2.3 Análise Econômica

Neste ponto, concomitantemente ao projeto inicial, deve-se obter uma estimativa da demanda e do seu crescimento potencial. Para uma análise mais detalhada das possibilidades do produto (uma primeira análise já foi feita com a ponderação dos fatores referentes aos critérios de desenvolvimento do projeto, mercado e possibilidades financeiras), estimativas de custo devem agora ser obtidas tanto para os custos fixos como para os variáveis. A análise do ponto de equilíbrio pode ser usada para verificar se a demanda prevista inicialmente está longe ou perto do ponto de equilíbrio e quando o alcançará, ou seja, em quanto tempo os custos e os investimentos começarão a se pagar. Essas informações são então comparadas com os padrões de desempenho da empresa, decidindo-se, do ponto de vista econômico, pela continuidade ou não do projeto.

8.2.4 Testes do Protótipo

O protótipo serve para testar o produto sob condições reais de operação, levando em conta o desempenho técnico e o desempenho de mercado (aceitação do produto pelo consumidor). Muitos problemas podem então acontecer e ser resolvidos antes da produção em escala normal. Às vezes, torna-se necessária a construção de verdadeiras fábricas piloto, principalmente se há intenção de se testar a interação entre o produto e o processo. É comum o uso de protótipos para testes de carros, pneus, produtos alimentícios junto a consumidores potenciais etc.

8.2.5 Projeto Final

Cumpridas as etapas anteriores, são elaborados os desenhos e as especificações finais detalhadas para o produto, incorporando-se as eventuais mudanças devidas aos testes com protótipos. O produto está pronto para o início da produção em escala comercial.

8.3 Adaptação do Produto ao Processo

No Capítulo 1 apresentamos uma classificação tradicional dos sistemas de produção, que nada mais era do que uma classificação baseada no fluxo do material que se processava:

– *Sistemas de produção contínua*: seqüência linear de operações, (poucos) produtos padronizados fluindo de um posto de trabalho a outro em uma seqüência prevista. Costumam ser divididos em dois subtipos: sistemas de produção em massa (tipo linhas de montagem) e sistemas de processamento contínuo (indústrias de processo).

– *Sistema de produção intermitente*: subdividido em sistemas de produção sob encomenda (produtos individualizados feitos sob especificação do cliente) e sistemas de produção em lotes (pequenas ou médias quantidades de um número relativamente grande de produtos, com algum grau de padronização).

– *Sistema de produção para grandes projetos*: cada projeto se constituindo em um produto único, não havendo, rigorosamente falando, um fluxo de produção.

Na própria conceituação dos tipos de sistema de produção é quase que necessário definir algumas características dos produtos a que se destinam, configurando-se assim uma ligação muito forte entre produto e processo. A adaptação produto/processo dá-se de forma dinâmica: mudanças no produto acabam por exigir mudanças no processo, sob pena de se perder cada vez mais a eficiência produtiva.

Essa sólida ligação entre produto e processo foi representada simbolicamente por Hayes e Wheelwright (1979): para eles, produtos e processos podem ser colocados como os dois lados de uma matriz para se estudar o seu inter-relacionamento. Essa matriz recebe o nome de *matriz produto/processo* e está representada no Quadro 8.1, de forma simplificada e com algumas adaptações de terminologia em relação à original de Hayes e Wheelwright.

Quadro 8.1 A Matriz Produto/Processo

ESTRUTURA DO PRODUTO

PROCESSO	Baixo volume, sob encomenda	Vários produtos, volumes médios	Alguns poucos produtos em maior volume	Alto volume e alta padronização
Produção sob encomenda	Gráfica comercial			
Fabricação intermitente		Máquinas pesadas		
Linha de montagem			Montagem de automóveis	
Processos contínuos				Refinaria de açúcar

As empresas estão freqüentemente procurando uma posição ao longo da diagonal da matriz, onde existe a adequação entre o produto e o processo. Existe aqui um perigo eminente de se pensar apenas nos produtos: as mudanças ocorrem em degraus na horizontal e na vertical, ou seja, a tendência é a de se mudar de início apenas o produto ou o processo. Assim, por exemplo, mudando-se o produto, mas não o processo, vai-se para a direita da diagonal. Os custos tendem então a aumentar, pois o processo não está adequado ao produto e isso força uma mudança na tecnologia do processo para baixo, de volta à diagonal. Por sua vez, mudanças no processo para baixo podem forçar mudanças no produto para aproveitar e tornar rentável a nova tecnologia.

8.4 Fundamentos de Confiabilidade de Produtos

A *confiabilidade* de um componente (ou peça, produto, equipamento ou sistema) diz respeito à probabilidade de que esse componente desempenhe corretamente as suas funções, *pelo menos* por um determinado tempo, dentro de um conjunto de circunstâncias operacionais, chamado de *condições normais de operação*. A maior ou menor confiabilidade tem influência no preço e na escolha do consumidor.

Consideramos *falha* a impossibilidade de o produto ou componente continuar desempenhando suas funções habituais. A maneira de falhar depende das características do componente e da operação, podendo variar desde a falha súbita ou instantânea até a falha gradativa, com longo período de maturação até a danificação total do componente em termos de sua função.

As condições normais de operação são muito importantes e indissociáveis do conceito de confiabilidade. As condições normais dizem como o componente deve ser usado, que esforços pode suportar, como deve ser sua manutenção, e assim por diante. Em suma, envolvem um conjunto de instruções de operação, fora das quais a confiabilidade perde o seu sentido.

A confiabilidade só pode ser definida estatisticamente: componentes fabricados sob idênticas condições e trabalhando sob idênticos esforços dificilmente falharão em um mesmo momento. Se a confiabilidade de um componente for de, digamos, 0,80 dentro de um certo tempo t, isso pode ser interpretado alternativamente como:

– o componente terá 80% de chances de não falhar dentro do tempo especificado t, ou

– de cada 5 componentes instalados e em operação, 1 irá falhar dentro do tempo t (ou, mais genericamente: dado um certo número de componentes em operação, 20% deles irão falhar dentro do tempo t).

8.4.1 A Curva de Falhas de um Componente

Uma definição fundamental é a de *taxa de falhas* ou *proporção de falhas* F. Admitamos que colocamos em operação N componentes iguais. Após decorrido um intervalo de tempo Δt, constatamos que n componentes falharam. A proporção de falhas, no tempo Δt, foi de n/N; a proporção de falhas por unidade de tempo será então:

$$F = \frac{n}{N\,\Delta t} \qquad \text{(Equação 8.1)}$$

A taxa de falhas F é medida em número relativo de falhas por unidade de tempo. Assim, por exemplo, se $F = 0{,}002$ falhas por hora, isso significa que uma fração relativa de componentes da ordem de 0,002 estará falhando a cada hora; alternativamente, poderíamos dizer que 0,2% dos componentes falham a cada hora (interpretação provavelmente mais clara para a maioria das pessoas).

Outra importante definição é a de *vida média* V de um componente:

$$V = \frac{1}{F} \qquad \text{(Equação 8.2)}$$

A interpretação da vida média V é imediata. Pela forma como definimos a taxa de falhas F, supomos muitos componentes idênticos em operação, os quais falhavam em instantes diferentes e imprevisíveis. A vida média de um componente padrão pode ser entendida como sendo a média desses tempos de falha. Outra interpretação, também útil, é a seguinte: suponhamos que um componente possa falhar (e voltar à operação) um grande número de vezes. Note que essa condição, de que o componente falha mas volta a operar, equivale à condição de se ter um grande número de componentes em operação, os quais falham em momentos diferentes e não voltam a operar. Ora, o intervalo de tempo entre as falhas desse componente único irá variar, devido à natureza estatística do processo de falhas. Pode-se definir, no entanto, um intervalo médio entre falhas, o qual nada mais é do que a vida média do componente.

Em princípio, a taxa de falhas F apresenta valores variáveis com o tempo. Em determinado instante da operação, a taxa de falhas pode ser, digamos, de 0,002 falhas por hora, enquanto em outro pode ter subido a 0,003 falhas por hora. Chama-se de *curva de falhas de um componente* a curva que representa a taxa de falhas F em função do tempo decorrido de operação, ou seja, a curva $F = f(t)$. Vejamos, por meio de um exemplo, como esta curva é construída.

Exemplo 8.1

Certo componente foi submetido a um teste de operação por 1.000 horas consecutivas. A amostra inicial continha 1.000 unidades do componente, as quais foram colocadas para operar ao mesmo tempo em um instante assumido arbitrariamente como zero. A seguir, de 100 em 100 horas, verificou-se quantos componentes haviam falhado e saído de operação, sendo os resultados reportados no quadro abaixo. Verificar como foi determinada, para cada momento da contagem (100, 200, ... 1.000 horas), a taxa de falhas correspondente.

Coluna 1	Coluna 2	Coluna 3	Coluna 4	Coluna 5
Tempo decorrido (horas)	Número inicial de componentes em operação	Número final de componentes em operação	Número de falhas nas últimas 100 horas	Taxa de falhas F
100	1.000	990	10	0,0100
200	990	981	9	0,0091
300	981	974	7	0,0071
400	974	969	5	0,0051
500	969	964	5	0,0052
600	964	959	5	0,0052
700	959	954	5	0,0052
800	954	949	5	0,0052
900	949	940	9	0,0090
1.000	940	926	14	0,0150

Solução

Em primeiro lugar, notemos que a taxa de falhas F será dada em função do intervalo de 100 horas, ou seja, será dada em fração de falhas por 100 horas. Para o seu cálculo, precisamos saber quantos componentes existiam ao início do intervalo de tempo e quantos falharam durante esse intervalo. O número de falhas dividido, então, pelo número inicial de componentes dará a taxa de falhas para o particular intervalo considerado. No caso do exemplo, isso equivale a dividir o número da Coluna 4 pelo número da Coluna 2.

Repare no comportamento da taxa de falhas F ao longo do tempo: inicialmente, a taxa de falhas é relativamente alta e decrescente (fase chamada de *Falhas Precoces*); a seguir, por um grande intervalo de tempo, a taxa de falhas é aproximadamente constante (fase da *Vida Útil*) e, finalmente, a taxa de falhas recomeça a crescer (fase do *Desgaste Acentuado*). Essas três fases caracterizam as três regiões fundamentais nas quais é dividida a curva de falhas de um componente, como mostrado na Figura 8.5.

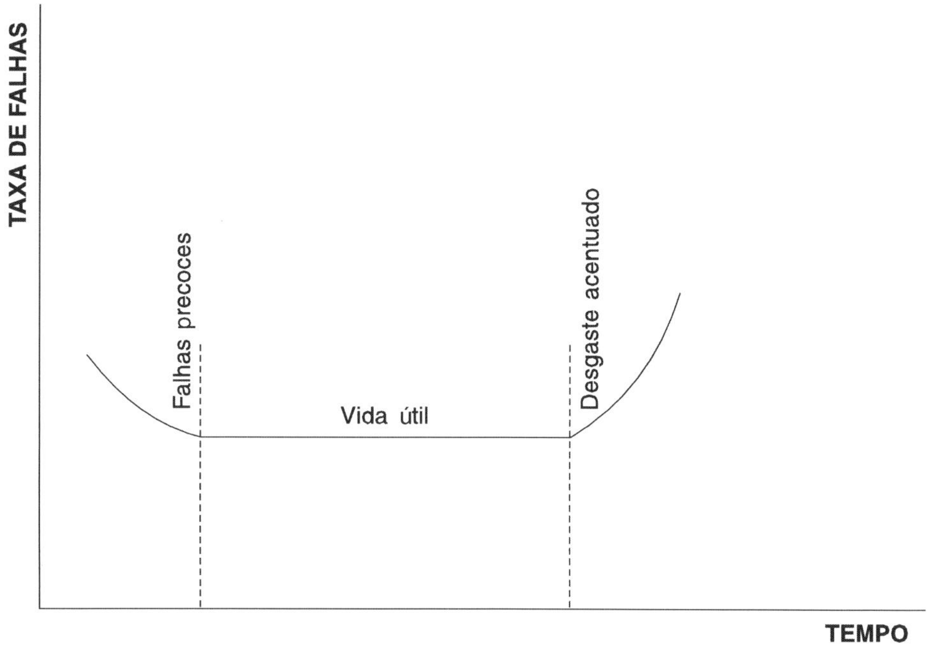

Figura 8.5 Curva de Falhas de um Componente.

Na fase das Falhas Precoces, os componentes mais fracos resultantes de falhas na produção ou no controle de qualidade levam a uma alta taxa de falhas, que tende a diminuir à medida que esses componentes são eliminados, iniciando-se a fase da Vida Útil propriamente dita. Entramos então no padrão normal de falhas ao acaso, com uma taxa de falhas relativamente pequena e constante, devido a causas imponderáveis. É bastante difícil, e mesmo normalmente impossível, prever tais falhas numa base individual, ou seja, dizer quando este ou aquele componente vai falhar. Quando o componente envelhece, entra em um período de desgaste acentuado e a taxa de falhas aumenta. É a fase final, do Desgaste Acentuado.

8.4.2 A Lei de Falhas Exponencial

Como vimos, a confiabilidade de um componente, que iremos a partir de agora indicar por R, é definida em função das condições de operação do componente e de um determinado tempo. De uma forma geral, conservando-se as condições operacionais, a confiabilidade será uma função do tempo; essa relação da confiabilidade com o tempo é uma relação inversa, pois, à medida que passa o tempo, a tendência de que o componente falhe é maior . Como a confiabilidade é justamente a probabilidade de que o componente *não falhe*, segue-se automaticamente a relação inversa entre ela e o tempo.

É possível fazer testes experimentais com um componente para determinar a relação expressa entre a confiabilidade e o tempo, ou seja, a função $R = f(l)$. É possível também tentar enquadrar essa relação em um modelo teórico, para o que existe mais de uma opção de função a ser usada. Entre os modelos usados, destacaremos apenas um, a chamada *exponencial negativa*. A confiabilidade R pode ser expressa como:

$$R = e^{-Ft} \qquad \text{(Equação 8.3)}$$

onde e é a base dos logaritmos neperianos, F é a taxa de falhas do componente e t representa a variável tempo. A função exponencial negativa satisfaz claramente a condição de que a relação entre confiabilidade e tempo deve ser inversa. Essa função está representada na Figura 8.6; na Tabela 8.1 apresentamos valores de e^{-Ft} em função de Ft.

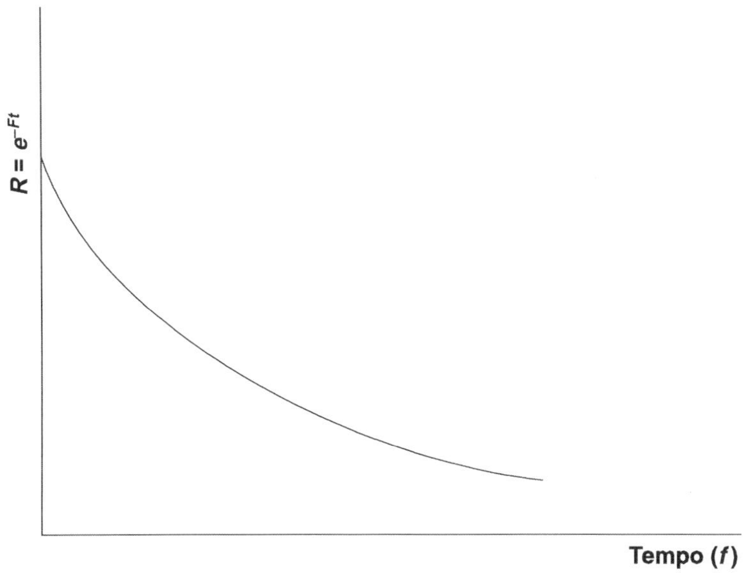

Figura 8.6 A Função Exponencial Negativa.

Exemplo 8.2

A confiabilidade de um componente pode ser representada pela equação:

$R = e^{-0,005t}$, sendo a variável tempo medida em horas.

Determinar:

a) a taxa de falhas e a vida média do componente.

b) a probabilidade de que o componente falhe após 20, 100 e 1.000 horas.

Solução

a) *Taxa de falhas e vida média*

O valor da taxa de falhas F é imediato, bastando comparar a equação dada com a Equação 8.3, resultando, então, F = 0,005 falhas por hora. A vida média será:

$$V = \frac{1}{F} = \frac{1}{0{,}005} = 200 \text{ horas/falha (ou simplesmente } \textit{horas}\text{)}$$

b) *Confiabilidade para 20, 100 e 2.000 horas*

Fazendo os produtos Ft e retirando-se os valores de e^{-Ft} da Tabela 8.1, temos as confiabilidades pedidas:

para t = 20 horas, $e^{-0,10} = 0,9048$

para t = 100 horas, $e^{-0,50} = 0,6065$

para t = 1.000 horas, $e^{-5} = 0,0067$

Tabela 8.1 Valores de e^{-Ft}

Ft	e^{-Ft}	*Ft*	e^{-Ft}	*Ft*	e^{-Ft}
0,10	0,9048	2,60	0,0743	5,10	0,0061
0,20	0,8187	2,70	0,0672	5,20	0,0055
0,30	0,7408	2,80	0,0608	5,30	0,0050
0,40	0,6703	2,90	0,0550	5,40	0,0045
0,50	0,6065	3,00	0,0498	5,50	0,0041
0,60	0,5488	3,10	0,0450	5,60	0,0037
0,70	0,4966	3,20	0,0408	5,70	0,0033
0,80	0,4493	3,30	0,0369	5,80	0,0030
0,90	0,4066	3,40	0,0334	5,90	0,0027
1,00	0,3679	3,50	0,0302	6,00	0,0025
1,10	0,3329	3,60	0,0273	6,10	0,0022
1,20	0,3012	3,70	0,0247	6,20	0,0020
1,30	0,2725	3,80	0,0224	6,30	0,0018
1,40	0,2466	3,90	0,0202	6,40	0,0017
1,50	0,2231	4,00	0,0183	6,50	0,0015
1,60	0,2019	4,10	0,0166	6,60	0,0014
1,70	0,1827	4,20	0,0150	6,70	0,0012
1,80	0,1653	4,30	0,0136	6,80	0,0011
1,90	0,1496	4,40	0,0123	6,90	0,0010
2,00	0,1353	4,50	0,0111	7,00	0,0009
2,10	0,1255	4,60	0,0101	7,10	0,0008
2,20	0,1108	4,70	0,0091	7,20	0,0007
2,30	0,1003	4,80	0,0082	7,30	0,0007
2,40	0,0907	4,90	0,0074	7,40	0,0006
2,50	0,0821	5,00	0,0067	7,50	0,0006

8.4.3 Representação da Vida de um Componente pela Normal

Algumas vezes a vida de um componente, ou seja, a sua duração até falhar, pode ser representada por uma curva normal, cuja média é exatamente a vida média do componente (o inverso da taxa de falhas F). Na representação da Figura 8.7, reparar que a área à direita de t é a confiabilidade ou, em outras palavras, a probabilidade de que o componente *não falhe* até o tempo t.

Essa representação da vida do componente pela normal abre uma nova possibilidade, qual seja o cálculo de sua confiabilidade (e de outras informações úteis), usando as propriedades das áreas sob a curva normal, como foi visto no Capítulo 4. Assim, por exemplo, se fixado um tempo t, a confiabilidade correspondente será:

$R = P$ (vida do componente $> t$)

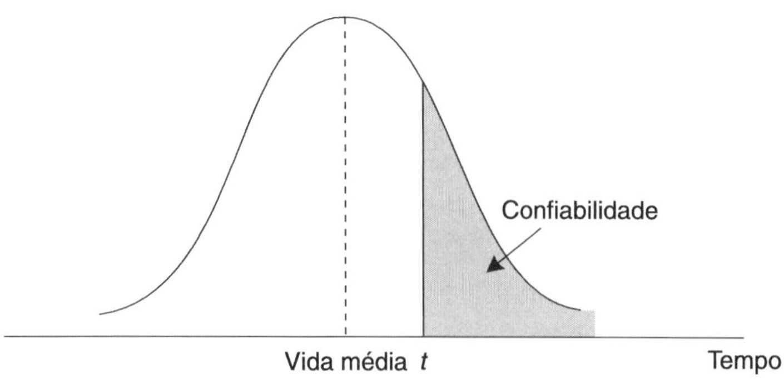

Figura 8.7 Representação da Vida de um Componente pela Normal.

Exemplo 8.3

Admite-se para um componente uma duração distribuída segundo uma curva normal, com média de 5 anos e desvio padrão de 0,5 anos. Determinar a confiabilidade do componente com base em um tempo de operação de 6 anos.

Solução

Conforme a representação a seguir, o que se procura é a área à direita de $t = 6$ ou, equivalentemente, a área à direita de $z = 2$ na curva normal reduzida, pois:

$$z = \frac{6 - 5}{0,5} = 2$$

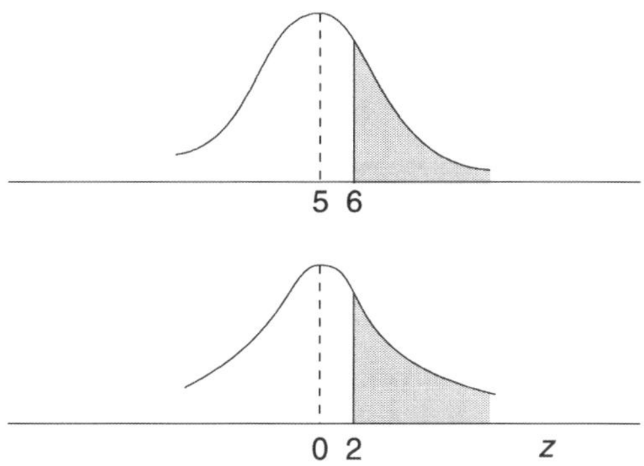

Da tabela de áreas sob a curva normal vemos que a probabilidade de $z > 2$ é de $(0,5 - 0,4772) = 0,0228$. Uma interpretação desse número obtido é que, após 6 anos de operação, apenas 23 componentes a cada 1.000 deles instalados estarão ainda em operação.

8.4.4 Confiabilidade de Sistemas

A confiabilidade de um sistema, composto por um agrupamento de componentes, dependerá das confiabilidades desses componentes e da forma como estão relacionados (montados). O cálculo da confiabilidade de sistemas segue as regras de cálculo de probabilidades enunciadas e exemplificadas no Capítulo 4, ao qual o leitor pode recorrer em caso de dificuldade.

Vejamos alguns casos básicos importantes:

a) *Dois componentes, montados em série*:

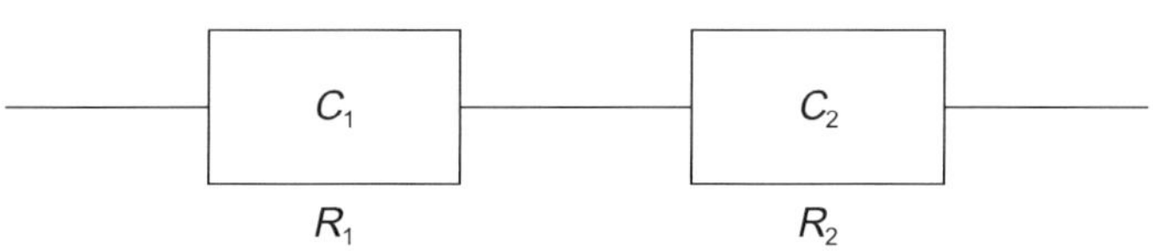

(Os dois componentes devem funcionar ao mesmo tempo.)

$R = R_1 \times R_2$ (Equação 8.4)

Repare que, como as confiabilidades individuais são menores que 1, a configuração em série simples leva a um sistema com confiabilidade menor do que as confiabilidades dos componentes originais.

b) *Generalização para* n *componentes em série*:

Dados n componentes em série, é fácil deduzir que a confiabilidade R do sistema será:

$$R = R_1 \times R_2 \times R_3 \times \ldots \times R_{n-1} \times R_n \qquad \text{(Equação 8.5)}$$

Esse esquema diminui muito a confiabilidade no sistema. Apenas para exemplificar, se tivermos 12 componentes em série, cada qual com confiabilidade de 0,9, a confiabilidade do sistema será:

$$R = (0,9)^{12} = 0,28$$

É fácil de ver, portanto, que se o sistema for montado exclusivamente com componentes em série, a confiabilidade irá comportar-se como uma progressão geométrica de razão menor que 1; a cada novo componente acrescentado, a confiabilidade do sistema anterior será multiplicada pela confiabilidade do novo elemento no sistema.

c) *Dois componentes, montados em paralelo*:

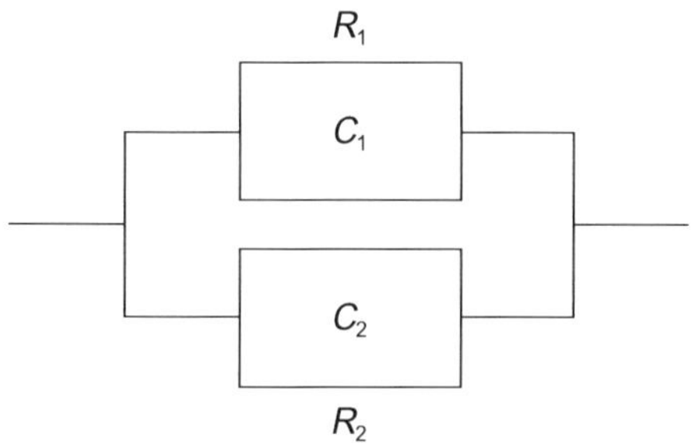

$$R = R_1 + R_2 - R_1 \times R_2 \qquad \text{(Equação 8.6)}$$

A montagem em paralelo, como se pode ver facilmente, aumenta a confiabilidade do sistema em relação à confiabilidade de qualquer um dos componentes originais.

d) *Generalização para* n *componentes em paralelo*:

Dados n componentes em paralelo, a confiabilidade do sistema será:

$$R = 1 - (1 - R_1)\,(1 - R_2) \ldots (1 - R_{n-1})\,(1 - R_n) \qquad \text{(Equação 8.7)}$$

Exemplo 8.4

Dado o sistema representado a seguir, calcule a sua confiabilidade.

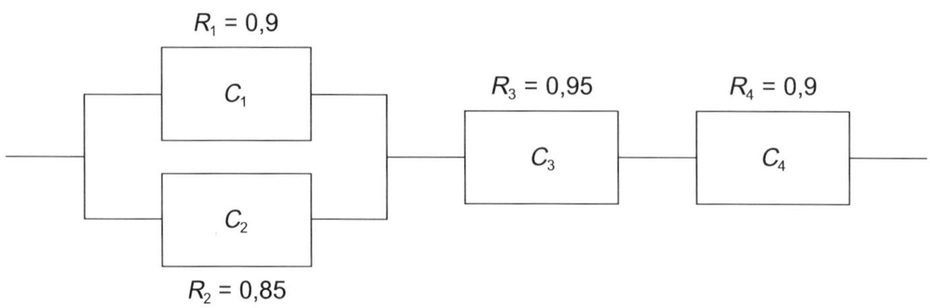

Solução

O sistema apresentado consta de dois componentes ligados em paralelo (que chamaremos de subconjunto *A*) e outros dois ligados em série (que chamaremos de subconjunto *B*). Esses dois subconjuntos podem ser tratados separadamente, determinando-se, de início, a sua confiabilidade.

Para o subconjunto *A*, temos:

$$R_A = R_1 + R_2 - R_1 \times R_2 = 0{,}9 + 0{,}85 - (0{,}9)\ (0{,}85) = 0{,}985$$

Para o subconjunto *B:*

$$R_B = R_3 \times R_4 = (0{,}95)\ (0{,}9) = 0{,}855$$

Os dois subconjuntos *A* e *B* combinam-se agora para formar o sistema original, como mostrado a seguir:

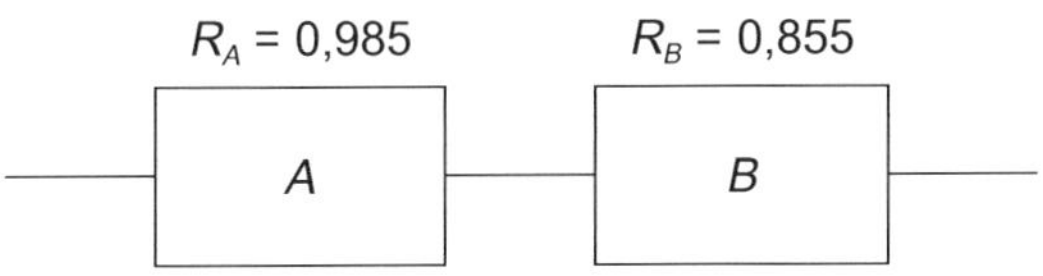

Trata-se portanto de um sistema formado por dois subconjuntos em série. Sua confiabilidade é: $R = R_A \times R_B = (0{,}985)\ (0{,}855) = 0{,}842$

Existe uma forma de se aumentar a confiabilidade de um componente, através do que se chama de *redundância* desse componente. Dado um componente *A*, a redundância consiste em acoplar a ele um outro componente *B* com a mesma função (embora não necessariamente com a mesma confiabilidade), de forma que, se *A* falhar, *B* é imediatamente acionado, como representado a seguir:

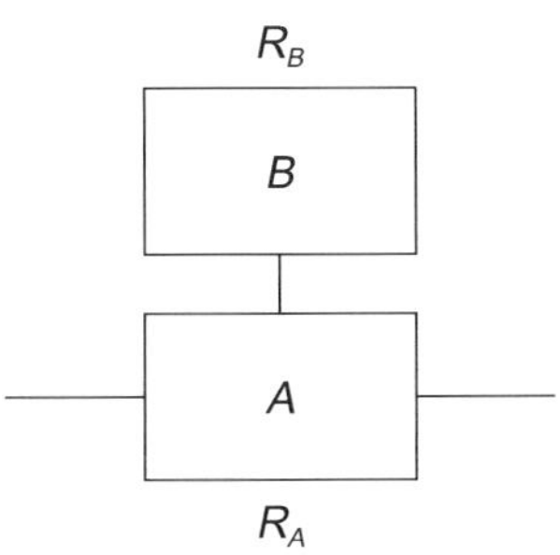

A chance de o sistema formado por *A* e *B* funcionar é igual à chance de *A* funcionar, somada à chance de dois eventos concomitantes: que *A* deixe de funcionar e que *B* funcione. Designando por R_{AB} a chance de que o sistema formado por *A* e *B* funcione, temos:

$$R_{AB} - R_A + (1 - R_A)\ R_B$$

onde $(1 - R_A)\ R_B$ representa a chance de que ocorram, ao mesmo tempo, os eventos de que *A* deixe de funcionar e *B* funcione.

Exemplo 8.5

Determine a confiabilidade do sistema a seguir.

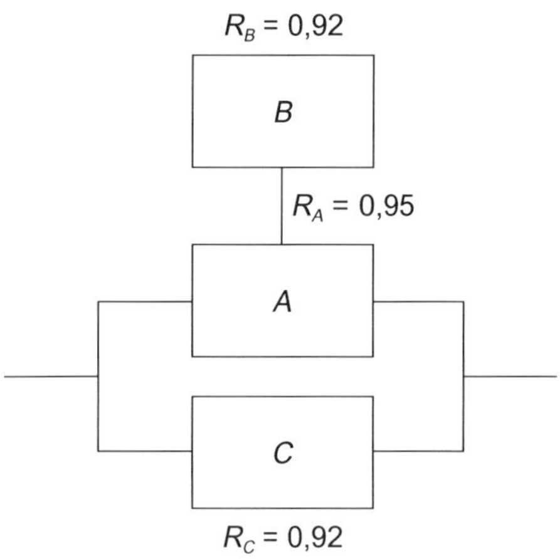

Solução

Temos, inicialmente, que calcular a confiabilidade do subsistema *AB* formado por *A* e sua redundância *B*:

$$R_{AB} = R_A + (1 - R_A)\ R_B = 0{,}95 + (1 - 0{,}95)\ (0{,}92) = 0{,}996$$

Considerando agora que o subsistema *AB* e o componente *C* estão em paralelo, segue-se a confiabilidade *R* do sistema total:

$$R = R_C + R_{AB} - R_C \times R_{AB} = 0{,}92 + 0{,}966 - (0{,}92)\ (0{,}966)$$
$$R = 0{,}9997$$

8.5 Projeto de Serviços

Até o momento, estivemos tratando quase que exclusivamente do projeto de produtos físicos, sobre os quais ninguém duvida que seja realmente necessário um projeto. É verdade que, muitas vezes, o investimento necessário para implantar um novo serviço é substancialmente menor do que aquele que se precisa para lançar um novo produto. A generalização é, porém, perigosa: basta imaginar o quanto custa lançar um hotel de veraneio, um supermercado, e assim por diante.

Por outro lado, é preciso reconhecer também que os produtos são mais palpáveis que os serviços, já que existem fisicamente. Um serviço, pelo contrário, como já tivemos ocasião de comentar no Capítulo 1, pode lançar mão de recursos físicos para sua consecução, mas reside no final das contas, em um conjunto de ações cujo objetivo último não é físico. Dessa forma, talvez se explique o fato de que os serviços têm merecido menos atenção do que os produtos no seu planejamento.

Em um artigo freqüentemente citado, publicado na *Harvard Business Review* em 1984, Lynn Shostack argumenta que, embora os serviços possam falhar por incompetência humana, a causa principal das falhas encontra-se em uma ausência de métodos sistemáticos para o projeto e controle dos serviços. Muitos novos serviços são desenvolvidos em uma base de tentativa e erro, que não assegura qualidade e uniformidade na ausência de um projeto detalhado. Shostack sugere então uma lista de ações para nortear o estudo de um serviço a ser implantado ou melhorado:

a) *Identificar os processos*:

Esta etapa inicial consiste no mapeamento de todos os processos que constituem o serviço. Esses processos são um conjunto ordenado de atividades, algumas das quais visíveis para o cliente e outras não. Dependendo do serviço, a descrição de suas atividades constituintes e sua seqüência podem ser uma tarefa complexa. Uma das vantagens de se ter a identificação e descrição precisas das atividades reside no fato de que os insumos e os resultados associados a cada uma delas podem ser detalhados. É possível também analisar a atividade em separado e vislumbrar formas de controlá-la e melhorá-la.

As atividades invisíveis para o cliente também são importantes, pois quaisquer mudanças podem alterar a forma como o cliente vê o serviço. Assim, por exemplo, a instalação de novos programas de processamento de dados para acelerar a busca de informação e melhorar a sua qualidade não é vista pelo cliente, mas sem dúvida influi na imagem que ele tem da empresa e do serviço.

b) *Identificar os pontos de falha real e potencial*:

Após a identificação dos processos, pode-se identificar aquelas atividades mais suscetíveis a falhas e à natureza provável destas. Isso permitirá traçar antecipadamente cursos de ação tanto para prevenir como para corrigir falhas. Se analisadas as falhas já na fase de projeto, pode-se reduzir em muito as suas conseqüências.

c) *Estabelecer tempos de execução*:

Visto que o tempo de execução costuma ser crucial na área de serviços, tanto pela imagem do serviço junto ao cliente como pelos custos envolvidos, deve-se procurar estabelecer tempos padronizados de execução das atividades, permitindo-se desvios em condições anormais de trabalho. Note que, geralmente, há um máximo de tempo que o cliente suporta sem rebaixar a sua avaliação da qualidade do serviço.

d) *Analisar a rentabilidade/produtividade*:

Demoras na execução das atividades que constituem o serviço podem afetar drasticamente os lucros; toda demora, além de um tempo máximo permitido, tem o seu preço. O tempo padrão deve manter o serviço rentável e a produtividade constante ou em ascensão. Esse padrão pode inclusive ajudar a medir o desempenho e controlar a uniformidade e a qualidade do serviço. Serve também como um modelo para a distribuição de serviços em filiais e postos de atendimento.

Ainda na fase de projeto, devem ser pesados os meios alternativos de execução das atividades. Embora determinados meios possam aumentar a produtividade e os lucros, eles podem também afetar negativamente a imagem que o cliente tem da qualidade do serviço.

Os consumidores freqüentemente avaliam o serviço por meio de evidências circunstanciais. Assim, muitos clientes se decepcionam com o médico que não receitou remédio algum após a consulta; muitas empresas esperam que seus consultores apresentem relatórios escritos, e assim por diante. Mesmo que algumas evidências tangíveis sejam desnecessárias do ponto de vista de qualidade real do serviço, é recomendável que sejam projetadas caso haja alguma possibilidade de que o cliente possa usá-las para medir a eficácia do serviço.

PONTOS-CHAVE

1. Chama-se ciclo de vida de um produto o conjunto de fases relativamente bem definidas pelas quais passa a demanda desse produto. Tais fases incluem: Introdução, Crescimento, Maturidade, Saturação e Declínio.

2. Existem relações importantes entre as fases do ciclo do produto e as necessidades impostas sobre a área de Produção e Operações. Na fase inicial de introdução do produto no mercado, exige-se que a área tenha condições técnicas para correções e adaptações no produto – em suma, condições de promover alterações e inovações no projeto, para atender a requisitos técnicos e necessidades dos consumidores. À medida que o produto amadurece no mercado, os problemas de qualidade devem ser resolvidos e a busca de produtividade e os menores custos de produção tornam-se cada vez mais importantes.

3. O desenvolvimento do projeto do produto possui algumas fases bem definidas: Geração e Filtragem de Idéias; Projeto Inicial do Produto; Análise Econômica; Testes do Protótipo e Projeto Final.

4. As idéias para novos produtos surgem em geral de duas fontes: do mercado (necessidades dos consumidores) e da tecnologia existente e seus desenvolvimentos.

5. A maioria das idéias para novos produtos acaba sendo rejeitada nas fases iniciais de desenvolvimento: Geração/Filtragem e Projeto Inicial. Aparentemente, menos de duas idéias em cada cem acabam se transformando em sucessos comerciais.

6. No projeto inicial do produto, são analisados três fatores: os detalhes funcionais de produto, as suas necessidades técnicas e as considerações de ordem econômica. O objetivo é o de assegurar, a um só tempo, que o produto seja competitivo no mercado e compatível com as capacidades operacionais da empresa.

7. A matriz produto/processo mostra a relação existente entre o tipo do produto e as características do processo. A adequação dá-se ao longo da diagonal, para onde se retorna após mudanças unilaterais (isoladas) no produto ou no processo.

8. Chama-se de confiabilidade de um componente, peça ou produto a probabilidade de que ele desempenhe corretamente suas funções por um determinado tempo, dentro das condições normais de operação.

9. A confiabilidade de um sistema é uma função das confiabilidades de seus componentes e da forma como estão agrupados. O agrupamento em série diminui a confiabilidade do sistema em relação a seus componentes, enquanto o agrupamento em paralelo a aumenta.

10. Embora menos comum que nos casos de produtos físicos, não menos importante é o projeto de serviços. O projeto de um serviço consiste em: identificar os processos (conjunto de atividades) constituintes do serviço, identificar os pontos de falhas atuais e potenciais, estabelecer tempos de execução das atividades e analisar a rentabilidade e a produtividade na execução do serviço.

PROBLEMAS RESOLVIDOS

1. Sabe-se que a duração do tubo de imagem de certo televisor pode ser representada por uma curva normal de média de 6 anos e desvio padrão de 1,5 ano. Determine:

a) a probabilidade de que o tubo dure mais de 8 anos.
b) a probabilidade de que dure menos de 2 anos.
c) se o fabricante oferece garantia de três anos de uso, com troca assegurada, qual a porcentagem de tubos que serão trocados?

Solução

a) P (Vida > 8 anos):

Esta situação está representada pela área A da figura a seguir:

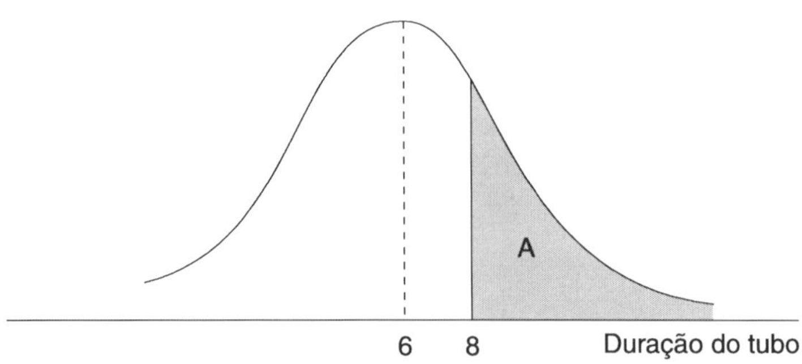

O valor de z correspondente é:

$$z = \frac{8-6}{1,5} = 1,33$$

Da tabela de áreas sob a curva normal, obtemos:

$A = 0,5 - 0,4082 = 0,0918$, ou seja, aproximadamente 9 casos em 100.

b) P (Vida < 2 anos):

A situação é representada pela área B a seguir:

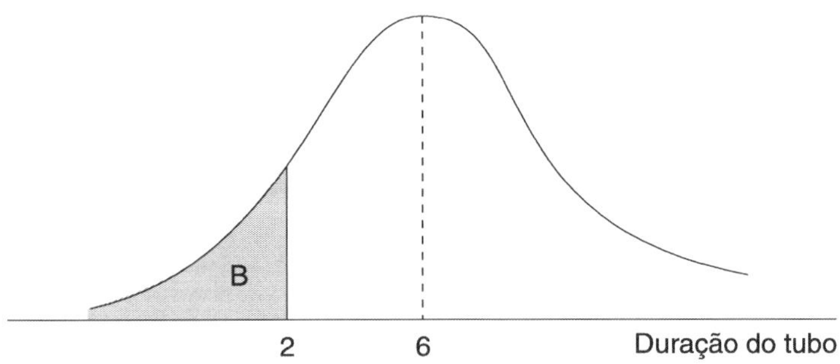

$$z = \frac{2-6}{1,5} = -2,67$$ (ou $z = 2,67$ para efeito de busca na tabela de áreas)

Logo, $B = 0,5 - 0,4962 = 0,0038$ ou, aproximadamente, 4 casos em 1.000.

c) Porcentagem trocada com garantia de 3 anos:

Devemos determinar P (Vida < 3 anos) em uma situação semelhante à representada na figura anterior.

$$z = \frac{3-6}{1,5} = -2$$

Com o auxílio da tabela de áreas:

P (Vida < 3 anos) = 0,5 – 0,4772 – 0,0228 ou 2,28% ou ainda aproximadamente 23 casos em 1.000.

2. Um aparelho eletrodoméstico tem a seguinte curva de confiabilidade: $R = e^{-0,2t}$ com o tempo medido em anos.

a) Qual é a taxa de falhas e a vida média?

b) Determine a confiabilidade do aparelho para tempos de 2, 6 e 10 anos.

Solução

a) Taxa de falhas e vida média:

A taxa de falhas F comparece na equação $R = e^{-Ft}$; logo, segue-se que $F = 0,2$ falhas/ano. Como $V = 1/F$, temos imediatamente que $V = 1/0,2 = 5$ anos.

b) Confiabilidade:

b.1. *Para t = 2 anos*

$Ft = (0{,}2) \times 2 = 0{,}4$

Com o auxílio da Tabela 8.1, $R = e^{-0,4} = 0{,}6703$.

b.2. *Para t = 6 anos*

$Ft = (0{,}2) \times 6 = 1{,}2$

$R = e^{-1,2} = 0{,}3012$

b.3. *Para t = 10 anos*

$Ft = (0{,}2) \times 10 = 2$

$R = e^{-2} = 0{,}1353$

3. Determine a confiabilidade do sistema seguinte, onde os números próximos aos componentes indicam a sua confiabilidade.

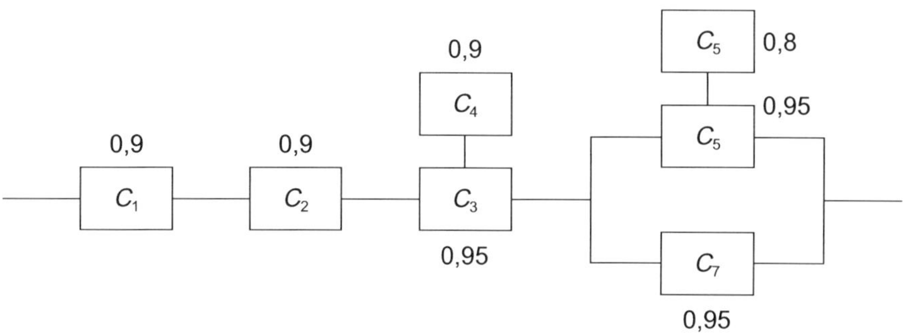

Solução

Caminhando por partes, devemos calcular:

- a confiabilidade do subconjunto C_{34}
- a confiabilidade do subconjunto C_{56}
- a confiabilidade do subconjunto $C_{(56)\,7}$
- a confiabilidade final do sistema

Subconjunto C_{34}

Temos: $R_{34} = R_3 + (1 - R_3)\, R_4 = 0{,}95 + (1 - 0{,}95)\,(0{,}9) = R_{34} = 0{,}995$

Subconjunto C_{56}

$R_{56} = R_5 + (1 - R_5)\, R_6 = 0{,}95 + (1 - 0{,}95)\,(0{,}8) = R_{56} = 0{,}99$

Subconjunto $C_{(56)7}$

Note que o subconjunto C_{56} e o componente C_7 estão em paralelo; logo:

$R_{(56)\,7} = R_{56} + R_7 - R_{56} \times R_7 = 0{,}99 + 0{,}95 - (0{,}99)\,(0{,}95) = R_{(56)\,7} = 0{,}9995$

Confiabilidade final do sistema

Como os componentes C_1 e C_2 e os subconjuntos C_{34} e $C_{(56)\,7}$ estão em série, segue-se que a confiabilidade R do sistema é:

$R = R_1 \times R_2 \times R_{34} \times R_{(56)\,7} = (0{,}9)\,(0{,}9)\,(0{,}995)\,(0{,}9995) = R = 0{,}8055$

QUESTÕES PARA DISCUSSÃO

1. Comente a frase: "O projeto de um produto ou serviço não se aplica apenas a produtos e serviços totalmente novos, mas atinge também a todos aqueles já existentes na instituição".

2. Enuncie e comente brevemente cada uma das fases do ciclo de vida do produto.

3. Quais são algumas das implicações do ciclo de vida do produto para a área de Produção e Operações?

4. Enuncie as fases de desenvolvimento do projeto do produto.

5. No que consiste a avaliação qualitativa de idéias para novos produtos?

6. Rascunhe uma curva de mortalidade de idéias para novos produtos, mostrando a relação com as fases de desenvolvimento do projeto do produto.

7. Conceitue pesquisa pura, pesquisa aplicada e pesquisa de desenvolvimento de novos produtos.

8. Quais são os objetivos do Projeto Inicial do produto e quais são os fatores considerados nessa fase?

9. O que se entende por falha de um componente, peça ou produto?

10. O que se entende por confiabilidade de um componente, peça ou produto?

11. Conceitue o que se entende por "condições normais de operação".

12. Conceitue taxa de falhas e vida média de um componente.

13. Qual é o efeito do agrupamento de componentes em série sobre a confiabilidade do sistema assim criado? E se o agrupamento for em paralelo?

14. O que é redundância de um componente e para que serve?

15. Comente brevemente cada uma das etapas do desenvolvimento do projeto de um serviço.

PROBLEMAS PROPOSTOS

1. A vida de um aparelho elétrico de barbear pode ser aproximada por uma curva normal de média de 5 anos e desvio padrão de 1 ano. Determine:

a) a porcentagem de aparelhos que se desgastam entre 3 e 7 anos.

b) a porcentagem que dura mais de 7 anos.

c) a garantia (assegurando troca) que deve ser anunciada para que seja trocado apenas 1% dos aparelhos.

2. Para prevenir incêndios, em um depósito de tintas foram instalados três sistemas totalmente independentes de proteção, cujas confiabilidades individuais são de 0,9; 0,8 e 0,7. Qual a chance de um incêndio *não* ser detectado?

3. Um robô tem cinco componentes funcionando em série, com as seguintes confiabilidades:

C_1: 0,95 C_2: 0,92 C_3: 0,90 C_4: 0,98 C_5: 0,95

a) Determine a confiabilidade do robô.

b) Supondo que se queira acrescentar uma redundância a apenas um dos componentes com a mesma confiabilidade do componente escolhido, onde (junto a qual componente) ela deve ser instalada para assegurar ao robô a máxima confiabilidade?

4. Determine a confiabilidade do sistema a seguir, onde os números próximos aos componentes indicam as confiabilidades respectivas:

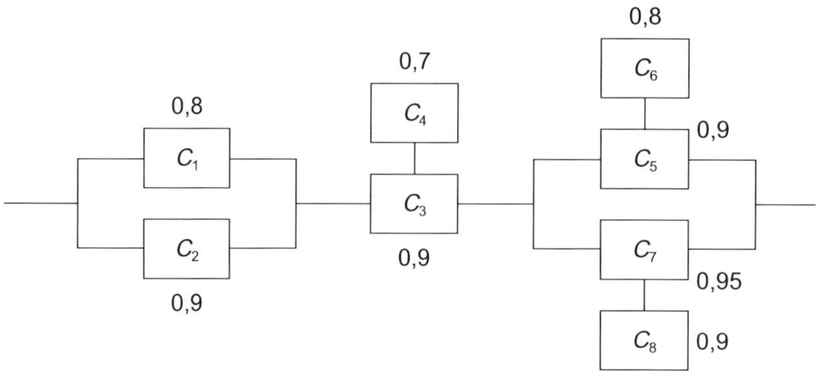

5. Um mecanismo possui os componentes arranjados da forma mostrada a seguir, onde os números próximos a cada componente representam a sua confiabilidade:

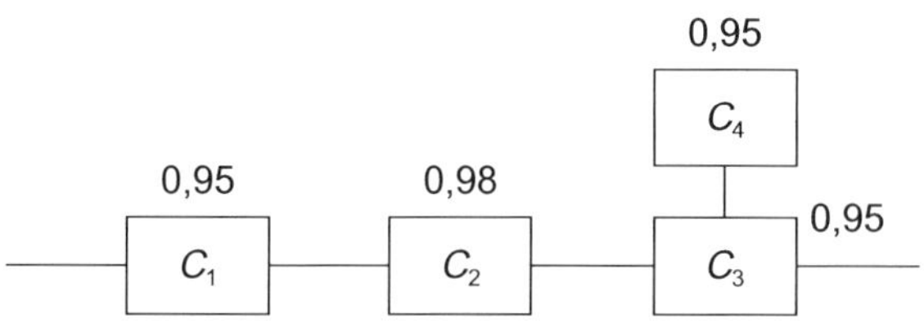

A redundância C_4 é acionada (se C_3 falhar) por um comando automático, cuja chance de falha é de 5 em 1.000. A redundância só funcionará caso funcionem tanto o comando automático como o componente C_4. Determine a confiabilidade do sistema.

REFERÊNCIAS BIBLIOGRÁFICAS

EVANS, J. R. et al. *Applied Production and Operations Management*. 2. ed. St. Paul West Publishing Company, 1997.

HAYES, R. H.; WHEELWRIGHT, S. C. Link Manufacturing Process and Product Life Cycles. *Harvard Business Review*, jan./fev., p. 133-140, 1979.

KRISHNAN, V.; LOCH, C. H. A Retrospective Look at Production and Operations Management Articles on New Product Development. *Production and Operations Management*, v. 14, n. 4, p. 433-441, 2005.

RAMDAS, K. Managing Product Variety: An Integrative Review and Research Directions. *Production and Operations Management*, v. 12, n. 1, p. 79-101, 2003.

SCHROEDER, R. G. *Operations Management: Contemporary Concepts and Cases*. Nova York: McGraw-Hill/Irwin, 2005.

SHOSTACK, G. L. Designing Services that Deliver. *Harvard Business Review*, jan./fev., p. 133-39, 1984.

UMAN, D. B. *New Product Programs: Their Planning and Control*. Nova York: American Management Association, 1969.

Suplemento ao Capítulo 8

Sistemas Automatizados na Organização da Produção

8.1 O Conceito de Automação

Embora a automação seja um fato constante na organização da produção, é inegável que nos últimos anos tenha assumido novas formas. Estas permitem que novos padrões de qualidade sejam incorporados aos produtos, ao mesmo tempo em que tornam extremamente flexível a produção no sentido de possibilitarem grandes variações nos produtos sem perda de produtividade, desafiando o conceito clássico de produção em massa que por tanto tempo foi um dos fatores principais da geração de riqueza nos países altamente industrializados.

Automação é uma tecnologia que diz respeito à aplicação de sistemas mecânicos, eletrônicos e computadorizados para operar e controlar a produção. Esta tecnologia inclui:

- máquinas ferramenta automáticas para processar peças
- máquinas automáticas para montagem
- robôs industriais
- sistemas automáticos de manuseio e estocagem de materiais
- sistemas automáticos para inspeção e controle de qualidade
- controle e feedback do processo por computador
- sistemas computadorizados para planejamento, coleta de dados e tomada de decisões para apoiar atividades de produção

Existem basicamente três tipos de automação: fixa, programável e flexível.

8.1.1 Automação Fixa

A automação fixa é a característica de qualquer sistema onde a seqüência de operações seja fixada pela configuração dos equipamentos. Tem como feição dominante o alto investimento inicial em equipamentos, geralmente feitos sob encomenda para atender especificações de volume e produto típicos de cada empresa. Possibilita altas taxas de produção, embora à custa de pouca flexibilidade para acomodar mudanças nos produtos.

8.1.2 Automação Programável

Nesses sistemas, o equipamento é projetado com a capacidade de mudar a seqüência de operações para acomodar diferentes configurações de produtos. A operação é controlada por um programa pré-elaborado e novos programas podem ser preparados e colocados nas máquinas para produzir novos produtos. Também exigem altos investimentos em equipamentos de uso geral (mais flexíveis do que os feitos sob encomenda) e fornecem menores taxas de produção em relação à automação fixa. Têm, no entanto, maior flexibilidade para lidar com mudanças nos produtos, sendo recomendáveis para a produção em lotes.

Os sistemas programáveis são usados, via de regra, para volumes médios e pequenos de produção. Sempre que se deseje produzir um lote novo, o sistema é reprogramado para o novo produto. Também a preparação física da máquina deve ser mudada: novas ferramentas devem ser carregadas e novos acessórios devem ser fixados. Essas operações consomem tempo, o que faz que o ciclo de fabricação (tempo total decorrido entre o início e o término do produto) para um dado produto inclua um período para a preparação e a reprogramação, seguido por um período de produção do lote. Robôs industriais e máquinas ferramenta de controle numérico são exemplos de sistemas programáveis.

8.1.3 Automação Flexível

A automação flexível é capaz de produzir vários produtos ou peças com muito pouco tempo perdido na mudança de um produto para outro. Não há tempo perdido na produção enquanto se reprograma o sistema e se altera a preparação física. O sistema pode produzir várias combinações e programações de produtos, em vez de requerer que eles sejam feitos em lotes separados.

Tal como nos sistemas de automação anteriores, o investimento em equipamentos (também neste caso feito sob encomenda) é bastante alto. Embora opere com taxas médias de produção, os sistemas flexíveis têm capacidade para produzir continuamente composições variáveis de produtos, graças à sua grande versatilidade em lidar com variações no projeto desses produtos.

Na verdade, o que distingue a automação flexível da automação programável são as capacidades da primeira em mudar os programas de fabricação sem tempo perdido na produção, bem como a própria preparação física das máquinas, também sem tempo perdido na produção. Os programas são preparados à parte e transferidos eletronicamente para o sistema de produção. Também a preparação física é feita à parte e movida para o devido lugar ao mesmo tempo em que o novo produto (ou peça) entra na posição para processamento.

8.2 A Opção por um Sistema de Produção

A opção por um sistema de produção, mais manualizado ou mais automatizado, depende em princípio tanto da variedade desejada nos produtos como do volume de produção. Para volumes muito altos e variedade muito baixa são recomendáveis os sistemas de automação fixa, que levam a uma grande produtividade da mão-de-obra e alta padronização de produtos. Em contrapartida, um baixo nível de automação será adequado se tanto a variedade nos produtos como a taxa de produção forem muito baixos. A Figura S8.1 mostra o relacionamento *a priori* existente entre variedade de produtos, volume de produção e sistema de produção mais recomendado do ponto de vista econômico.

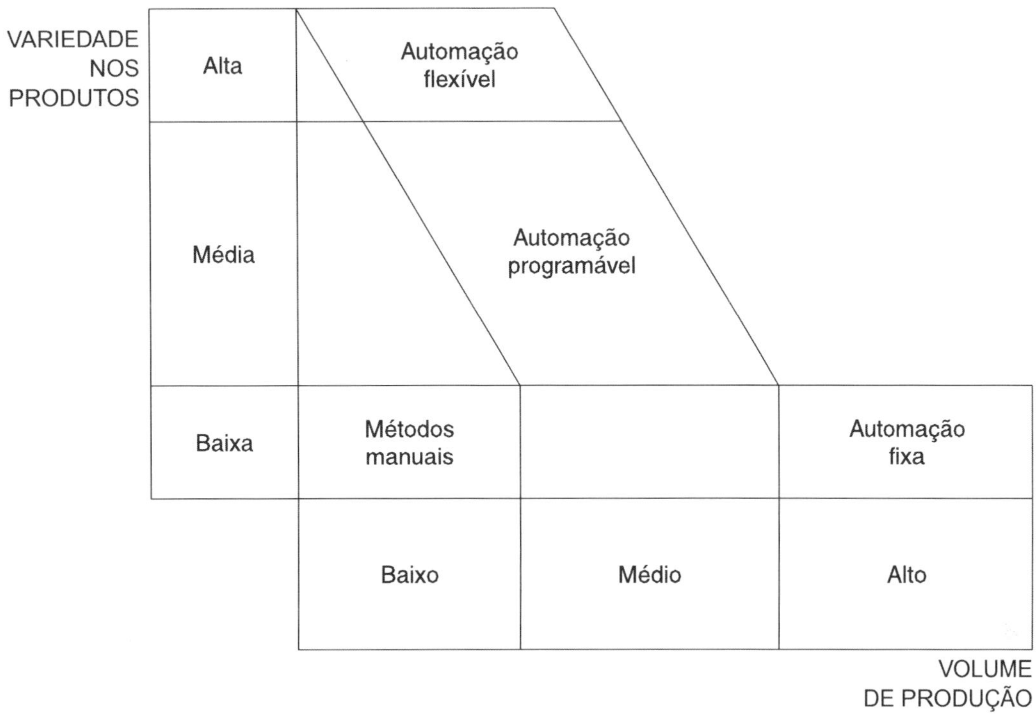

Figura S8.1 Escolha de um Sistema de Produção.

8.3 Razões para a Automação

A principal razão para a automação é, sem dúvida, o aumento de produtividade e competitividade daí resultantes, o que se consegue por meio de uma qualidade melhor dos produtos, do melhor aproveitamento de matérias-primas, da redução no ciclo de fabricação dos produtos e da redução nos estoques de material em processo. A automação também pode ser uma saída quando do alto custo da mão-de-obra ou da relativa falta desta, devido algumas vezes ao deslocamento da mão-de-obra para o setor de serviços da economia.

Entre as principais queixas contra a automação estão as seguintes:

– a automação degrada o trabalho, na medida em que transfere a habilidade humana para a máquina; a contra-argumentação é a de que são exatamente as tarefas mais simples e repetitivas as que são automatizadas, o que eleva o nível do trabalho em vez de diminuí-lo.

– a automação gera desemprego e conseqüente perda do poder aquisitivo; como contra-argumentação costuma-se citar que a automação na verdade reduz a semana de trabalho, aumentando o tempo de lazer das pessoas. Além disso, ela aumenta o padrão de vida, porque se pode adquirir melhores produtos a preços menores. Não se pode esquecer também que a automação retirou do trabalhador uma série de operações perigosas, com o conseqüente aumento na segurança do trabalho. Por último, a questão do desemprego é, em si mesma, polêmica, já que o crescimento da automação gera empregos na indústria de bens de capital, advindo daí um movimento de consumo que se multiplica por toda a economia, gerando indiretamente empregos em outros setores.

8.4 O que É Tecnologia de Grupo

Existe cada vez mais, por razões competitivas, a necessidade de se produzir, em lotes pequenos, produtos com características diferenciadas e, ainda assim, conservar elevados níveis de produtividade. A par disso, duas funções de crucial importância dentro da empresa industrial, quais sejam, as funções de projeto do produto e de produção, precisam de um maior nível de integração, que poupe tempo e esforços. A Tecnologia de Grupo é dirigida a ambos os objetivos.

Tecnologia de Grupo é uma filosofia de manufatura na qual peças similares são identificadas e agrupadas para tirar vantagens de sua similaridade em manufatura e projeto. As peças similares são agrupadas em *famílias de peças*. Cada família possui, portanto, projeto e características de manufatura semelhantes. O processamento de cada membro de uma família é parecido com os demais, o que resulta em eficiências na produção. Essas eficiências são conseguidas dispondo o equipamento de produção em grupos de máquinas conhecidos como *células de manufatura*, para facilitar o fluxo de trabalho. No caso do projeto do produto, há também vantagens ao se agruparem as peças em famílias, vantagens essas que se refletem na classificação e codificação das peças.

As similaridades nas peças são principalmente de dois tipos: atributos de projeto, como formato geométrico e tamanho, e atributos de manufatura, ou seja, a seqüência de processamento para se fazer a peça. A classificação e a codificação são feitas de forma a permitir diferenças entre o projeto da peça e sua manufatura. O esquema de codificação permite o acesso a informações tanto para propósitos de projeto como de manufatura.

8.4.1 Famílias de Peças

Uma família de peças é um conjunto de peças que são consideradas similares por causa de seu formato geométrico e tamanho e/ou seqüência de passos de processamento de sua produção. No arranjo físico tradicional por processo (ver Capítulo 9), com as máquinas agrupadas por sua função, existe significante manuseio de material, grande quantidade de material em processo e longo tempo de preparação das máquinas para fabricação. Tais fatores, em conjunto, operam no sentido de elevar os custos de produção. A mesma capacidade produtiva pode ser obtida arranjando-se as máquinas em *células*, cada qual especializada na manufatura de uma particular *família de peças*. A organização em células permite vantagens exatamente na forma de redução no manuseio das peças e nos tempos de preparação de máquinas, além de levar a uma menor quantidade de material em processo. Algumas das células podem ser projetadas para operar como verdadeiras linhas de produção, com transportadores movendo as peças entre as máquinas.

O grande obstáculo de ordem prática em se adotar a Tecnologia de Grupo consiste na dificuldade para se agruparem as peças em famílias. Funcionam normalmente três métodos para tanto, todos eles demorados e envolvendo a participação de pessoas com o treinamento adequados. Em síntese, os métodos são os seguintes:

a) *Inspeção visual*: é o menos sofisticado e o mais barato dos métodos. A classificação é feita observando-se ou a peça em si ou a sua fotografia.

b) *Classificação e codificação por exame dos dados do projeto e da produção*: este método parece ser o mais comum de todos. Examina-se o projeto individual e as características de manufatura de cada peça, o que resulta em um número de código que identifica seus atributos. O esquema pode ser levado a efeito sobre uma amostra representativa de peças para se obter o conjunto das famílias.

c) *Análise do fluxo de produção*: método que faz uso da informação contida nos diagramas de processo em vez de desenhos da peça. Peças com fluxos similares são classificadas na mesma família. A grande desvantagem do método é que não se provê mecanismo algum para racionalizar o fluxo de manufatura, que é tomado tal como é.

8.4.1.1 *Tipos de Células de Manufatura*

Como vimos, o termo célula de manufatura indica um conjunto de máquinas organizadas para fabricar uma determinada família de peças (ou algumas poucas famílias). Às vezes, o termo *manufatura celular* é usado para indicar a operação de tais máquinas organizadas em células.

De acordo com o número de máquinas e o grau no qual o fluxo entre elas é mecanizado, existem os seguintes tipos de células:

I) *Célula com uma só máquina*: opera-se com apenas uma máquina (mais os acessórios e a ferramental) para fazer uma ou mais famílias de peças.

II) *Célula com várias máquinas e movimentação manual*: neste caso, embora se opere com mais de uma máquina, o manuseio de materiais é feito pelos operadores das máquinas.

III) *Célula com várias máquinas e manuseio semi-integrado*: as peças são movidas entre as máquinas por meio de um sistema mecanizado.

IV) FMS (*Flexible Manufacturing Systems* – Sistemas Flexíveis de Manufatura): são as células mais automatizadas, combinando centros de processamento automatizados com um sistema de manuseio de materiais totalmente integrado.

Pela importância de que se revestem modernamente e pelo que proporcionam em termos de produtividade e competitividade, é oportuno tecer alguns comentários breves sobre os Sistemas Flexíveis de Manufatura.

8.4.1.2 *Sistemas Flexíveis de Manufatura*

Um Sistema Flexível de Manufatura consiste em um grupo de unidades de processamento (predominantemente máquinas ferramenta de controle numérico computadorizado – MFCNC) interconectadas por meio de um sistema automatizado de estocagem e manuseio de material e controladas por um sistema integrado de computador. O sistema recebe o nome de "flexível" por ser capaz de processar uma variedade de diferentes tipos de peças, simultaneamente nas várias unidades de trabalho.

Existem três componentes básicos de um Sistema Flexível de Manufatura:

a) *Estações de processamento*: nas aplicações atuais, essas estações são tipicamente máquinas ferramenta de controle numérico computadorizado que desempenham operações de usinagem em famílias de peças.

b) *Manuseio e estocagem de material*: vários tipos de equipamentos automatizados são utilizados para transportar as peças e submontagens entre as unidades de processamento, algumas vezes incorporando estocagem na função.

c) *Sistema de controle por computador*: usado para coordenar as atividades das unidades de processamento e o sistema de manuseio de material.

Há algumas classificações disponíveis para os diversos tipos de Sistemas Flexíveis. Entre outras opções, um Sistema Flexível de Manufatura pode ser descrito como:

– *Sistema Flexível restrito* (dedicated): usado para produzir uma variedade limitada de configurações de peças. Há pequenas diferenças de geometria entre as peças e o projeto de produto é considerado estável. A seqüência de máquina é idêntica ou quase idêntica para todas as peças processadas.

– *Sistema Flexível de ordem aleatória*: é mais versátil que o sistema restrito e bastante útil quando a família de peças é grande e quando existem muitas variações na configuração das peças, ou quando há freqüentes mudanças de projeto e a programação da produção é variável dia a dia. É capaz de processar peças em seqüências variadas.

Onde Aplicar os Sistemas Flexíveis de Manufatura

Os Sistemas Flexíveis de Manufatura são considerados uma ponte entre as linhas de alta produção e as máquinas de controle numérico de baixa produção. Sua vantagem sobre as máquinas isoladas de controle numérico baseiam-se na produção mais alta; sobre a linha convencional, a vantagem é a flexibilidade na acomodação de peças ou produtos diversificados.

8.5 Novas Siglas na Produção: CAD/CAM/CIM

A organização das atividades de produção com o auxílio do computador fez que algumas siglas aparecessem, indicando os particulares usos que se faz do computador. As mais importantes e conhecidas dessas siglas são:

CAD (*Computer Aided Design*): Projeto de Produto Assistido por Computador
CAM (*Computer Aided Manufacturing*): Manufatura Assistida por Computador
CIM (*Computer Integrated Manufacturing*): Manufatura Integrada por Computador

As siglas CAD/CAM às vezes são usadas em conjunto para indicar o uso do computador digital para realizar certas funções em projeto do produto e produção. O CAD diz respeito ao uso do computador no auxílio da função do projeto de engenharia do produto, enquanto o CAM diz respeito ao uso genérico do computador nas atividades de produção. O termo CAD/CAM é, portanto, simbólico dos esforços feitos para integrar as funções de projeto e produção em um *continuum* de atividades. Vejamos brevemente uma descrição do que está por detrás das três siglas citadas.

8.5.1 CAD (*Computer Aided Design*)

O CAD pode ser definido como qualquer atividade de projeto que envolva o uso efetivo do computador para criar, modificar ou documentar um projeto de engenharia. O CAD é mais comumente associado com um sistema gráfico interativo chamado, às vezes, de *sistema CAD*.

Há várias razões para usar um sistema com o CAD:

a) aumentar a produtividade do projetista, reduzindo o tempo necessário para sintetizar, analisar e documentar o projeto.

b) melhorar a qualidade do projeto, permitindo ao projetista fazer uma análise de engenharia mais completa e considerar maior número de alternativas de projeto.

c) melhorar a documentação do projeto: a saída gráfica do sistema CAD resulta em melhor documentação do projeto em relação aos desenhos manuais.

d) criar um banco de dados para a manufatura: no processo de criação da documentação para o projeto de produto (especificações geométricas, dimensões dos componentes, especificações dos materiais, lista de materiais etc.); boa parte do banco de dados necessário para fazer o produto é criada.

Entre os muitos usos do sistema CAD pode-se citar em particular:

I) Modelagem geométrica, ou seja, o desenvolvimento de uma descrição matemática da geometria do objeto. O modelo matemático permite ao usuário obter uma imagem no terminal gráfico e fazer certas operações com o modelo: criar novos modelos a partir de módulos básicos disponíveis no sistema, gerar e mover as imagens na tela, ampliar partes específicas etc.

II) Análise de engenharia: após escolhido um projeto particular , pode-se fazer cálculos de tensões, análise de transferência de calor, cálculos de volume, área da superfície, determinação do centro de gravidade e simulações.

III) Apresentação e documentação: para preparar rapidamente desenhos de engenharia de alta precisão.

8.5.2 CAM (*Computer Aided Manufacturing*)

A CAM é definida como o uso efetivo da tecnologia do computador no planejamento, gerência e controle da função de produção. As aplicações da CAM podem ser assim divididas em duas grandes categorias:

- no planejamento da produção;
- no controle da produção;

as quais representam dois diferentes níveis de envolvimento do computador nas operações de fábrica. As aplicações no planejamento da produção são aquelas nas quais o computador é usado indiretamente para apoiar a função de produção, mas não há conexão direta entre o computador e o processo. O computador trabalha por fora do fluxo produtivo, dando informações para o planejamento e gerência da produção. Alguns usos particulares são os seguintes:

- estimativas de custos: o computador é programado para aplicar taxas de mão-de-obra e despesas indiretas para a seqüência planejada de operações de novos produtos. Os custos individuais dos componentes são somados pela lista de materiais para determinar o custo total do produto.
- planejamento do processo: diz respeito à preparação da seqüência de operações nos centros de trabalho para produzir o produto e os componentes.
- programação de máquinas de controle numérico: geração de instruções de controle para peças de geometria complexa.
- desenvolvimento de tempos padrão: por meio de pacotes comercialmente disponíveis para estabelecer tempos padrão, usando tempos elementares.
- balanceamento de linha: o uso do computador é necessário, se a linha for muito grande.
- planejamento e controle da produção e estoques: inclui a manutenção de registros de estoques, emissão automática de pedidos, programação da produção, manutenção de prioridades correntes para ordens de produção, MRP etc.

As aplicações no controle da produção dizem respeito à gerência e ao controle de operações físicas na fábrica, tais como Controle do Processo, Controle de Qualidade etc. São aplicações comuns nos sistemas automatizados de produção e incluem sistemas de montagem e transferência de peças em uma seqüência de operações, controle numérico, robótica, manuseio e estocagem automatizados e sistemas flexíveis de manufatura.

8.5.3 CIM (*Computer Integrated Manufacturing*)

A CIM é interpretada como tendo um sentido um pouco mais amplo do que o CAD e a CAM, os quais dizem respeito às funções de engenharia no projeto e na produção, respectivamente. A CIM inclui todas as funções de engenharia do CAD/CAM, mas também inclui várias outra funções na empresa. Na verdade, do ponto de vista ideal, a CIM aplica a tecnologia do computador a todas as funções operacionais e de processamento da informação na fábrica, desde o recebimento do pedido, passando pelo projeto e produção até a expedição do produto. O conceito básico é o de que todas as funções da empresa ligadas à função de produção sejam incorporadas em um sistema integrado por computador, para assistir e/ou automatizar as operações. Nesse sistema integrado, as saídas de uma atividade servem como entrada para a próxima, por meio da cadeia de eventos que começa com a venda e termina com a expedição do produto.

REFERÊNCIAS BIBLIOGRÁFICAS

CHANG, T. C.; WISK, R. A. *An Introduction to Automated Process Planning Systems*. Tersey: Prentice Hall, 1985.

CREESE, R. *Introduction to Manufacturing Processes and Materials*. West Virginia: CRC, 1999.

GROOVER, M. P. *Automation, Production Systems and Computer Integrated Manufacturing*. New Jersey: Prentice Hall, 1987.

HIER, N.; WEMMERLOV, U. *Reorganizing the Factory: Competing Through Cellular Manufacturing*. Portland: Productivity Press, 2002.

HARRINGTON, J. *Computer Integrated Manufacturing*. Nova York: Industrial Press, 1973.

PRIMROSE, P. Do Companies Need to Measure Their Production Flexibility? *International Journal of Operations and Production Management*, v. 16, n. 6, 1996.

SCHROEDER, R. *Operations Management*. Nova York: McGraw-Hill, 1981.

Capítulo 9

Arranjo Físico de Instalações

9.1 Introdução

Vimos no Capítulo 1 que as decisões sobre arranjo físico são tipicamente decisões táticas, ou seja, não se repetem necessariamente em uma rotina diária, mas também não são tão esporádicas quanto as decisões sobre localização de instalações, por exemplo.

Planejar o arranjo físico de uma certa instalação significa tomar decisões sobre a forma como serão dispostos, nessa instalação, os centros de trabalho que aí devem permanecer. Pode-se conceituar como centro de trabalho qualquer coisa que ocupe espaço: um departamento, uma sala, uma pessoa ou grupo de pessoas, máquinas, equipamentos, bancadas e estações de trabalho etc. Em todo o planejamento de arranjo físico, irá existir sempre uma preocupação básica: tornar mais fácil e suave o movimento do trabalho por meio do sistema, quer esse movimento se refira ao fluxo de pessoas ou de materiais.

Podemos citar em princípio três motivos que tornam importantes as decisões sobre arranjo físico:

a) Elas afetam a capacidade da instalação e a produtividade das operações: uma mudança adequada no arranjo físico pode muitas vezes aumentar a produção que se processa dentro da instalação, usando os mesmos recursos que antes, exatamente pela racionalização no fluxo de pessoas e/ou materiais.

b) Mudanças no arranjo físico podem implicar no dispêndio de consideráveis somas de dinheiro, dependendo da área afetada e das alterações físicas necessárias nas instalações, entre outros fatores.

c) As mudanças podem representar elevados custos e/ou dificuldades técnicas para futuras reversões; podem ainda causar interrupções indesejáveis no trabalho.

Por todos esses motivos, poderia à primeira vista parecer que um arranjo físico, uma vez estabelecido, é quase imutável e se aplica prioritariamente a novas instalações. Isso não é verdade, entretanto, pois diversos fatores podem conduzir a alguma mudança em instalações já existentes: a ineficiência de operações, taxas altas de acidente, mudanças no produto ou serviço, necessidade de expor mais convenientemente produtos ou serviços ao cliente (no comércio, em supermercados, bancos etc.), mudanças no volume de produção ou fluxo de clientes, e assim por diante.

Em um esforço de sistematização, costumam-se agrupar os arranjos físicos possíveis em três grandes tipos puros, a partir dos quais podem existir tipos híbridos. Cada um desses tipos puros tem suas próprias características e conseqüências no que diz respeito aos custos de equipamentos envolvidos, manuseio de materiais ou movimentação de clientes, estoques de material em processo etc. É o que veremos a seguir.

9.2 Tipos Básicos de Arranjo Físico

Os três tipos de arranjo físico correspondem, aproximadamente, aos três modelos de sistemas de produção apresentados no Capítulo 1. De certa forma, as características desses arranjos físicos são aos dos sistemas de produção que lhes correspondem. Os arranjos físicos padrão são os seguintes:

a) *Arranjo físico por produto*: corresponde ao sistema de produção contínua (como as linhas de montagem e as indústrias de processo).

b) *Arranjo físico por processo*: corresponde ao sistema de produção de fluxo intermitente (como a produção por lotes ou encomendas).

c) *Arranjo físico de posição fixa*: corresponde ao sistema de produção em projetos.

9.2.1 Arranjo Físico por Produto

O arranjo físico por produto é usado quando se requer uma seqüência linear de operações para fabricar o produto ou prestar o serviço; é, não obstante, uma forma de disposição muito mais comum na manufatura que na prestação de serviços. Cada centro de trabalho se torna responsável por uma parte especializada do produto ou serviço, sendo o fluxo de pessoas ou materiais balanceado por meio dos vários centros de forma a se obter uma determinada taxa de produção ou de atendimento (Figura 9.1).

Dentre as características fundamentais dos arranjos físicos por produto, contam-se as seguintes:

a) é bastante adequado a produtos com alto grau de padronização, com pouca ou nenhuma diversificação, produzidos em grandes quantidades e de forma contínua;

b) o fluxo de materiais pelo sistema é totalmente previsível, abrindo possibilidades para o manuseio e transporte automáticos de material, o que ocorre com freqüência;

c) o sistema pode se ajustar a diversas taxas de produção, embora trabalhar com produções baixas não seja conveniente, pois

d) os investimentos em capital são altos, devido à presença de equipamentos altamente especializados e especialmente projetados para altos volumes, acarretando

e) altos custos fixos e comparativamente baixos custos unitários de mão-de-obra e materiais.

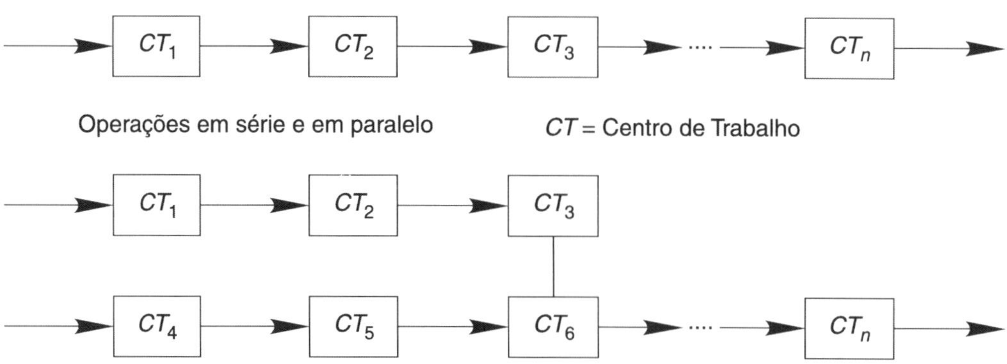

Figura 9.1 Arranjo Físico por Produto (Sistemas Contínuos).

Das próprias características do arranjo físico por produto derivam as suas vantagens e desvantagens; entre as primeiras, citam-se o baixo custo unitário do produto devido ao grande volume de produção, o manuseio simplificado de materiais, os baixos custos de treinamento devido à rotina e à simplificação das operações, a alta produtividade e a baixa quantidade de estoque de produtos em processamento. Entre as desvantagens está a natureza do trabalho, altamente repetitivo, afetando o moral e a motivação de empregados, problema tão conhecido nas linhas de montagem; a rigidez do sistema, trazendo um grau considerável de inflexibilidade a variações no projeto do produto e/ou do processo e os altos custos associados a quedas na demanda. Falhas em uma parte do sistema podem afetar profundamente as outras operações, já que todas estão ligadas em seqüência. Além disso, um arranjo por produto pode também inviabilizar a implantação de planos individuais de incentivo por produção, devido ao desbalanceamento que provocariam nos vários estágios operacionais.

9.2.2 Arranjo Físico por Processo

No arranjo físico por processo, característico de muitas indústrias e provavelmente da maioria das atividades de prestação de serviços, os centros de trabalho são agrupados de acordo com a função que desempenham. Os materiais (ou pessoas) movem-se de um centro a outro de acordo com a necessidade. Hospitais, escolas, armazéns, bancos e muitas outras atividades são organizados por processo; na indústria, esse tipo de arranjo físico indica que as máquinas de uma mesma função são agrupadas em departamentos funcionais, e o produto caminha até a máquina adequado à próxima operação. O mesmo grupo de máquinas, assim, serve a produtos diferenciados, aumentando a flexibilidade do sistema a mudanças no projeto do produto e/ou processo (Figura 9.2).

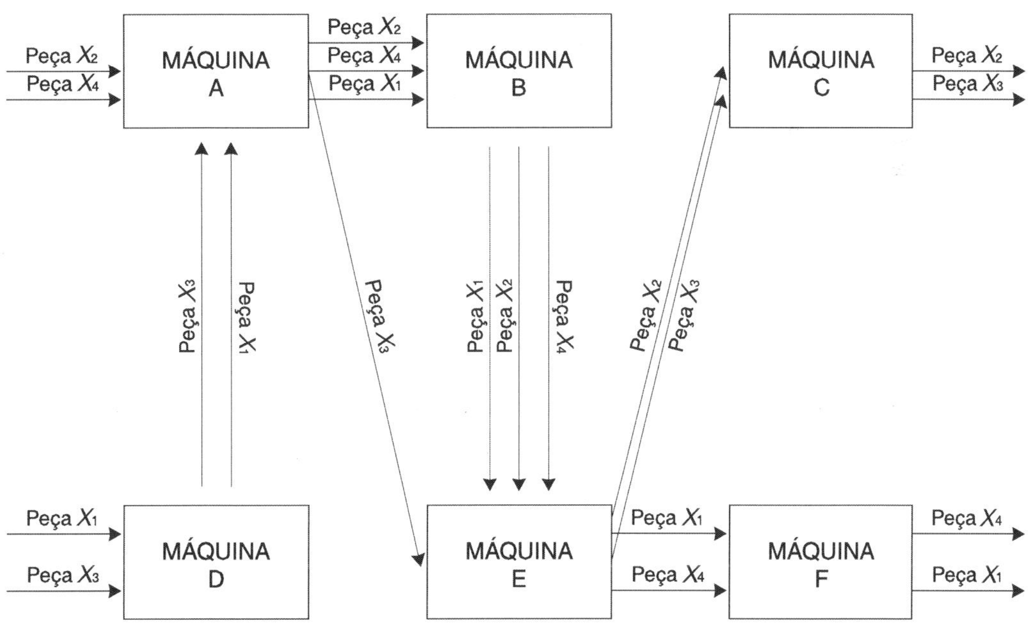

Figura 9.2 Arranjo Físico por Processo (Sistemas Intermitentes).

São características fundamentais do arranjo físico por processo:

a) A adaptação à produção de uma linha variada de produtos ou a prestação de diversos serviços.

b) Cada produto passa pelos centros de trabalho necessários, formando uma rede de fluxos. No caso de atividades de serviços, a movimentação é a do próprio cliente, como a que ocorre com os pacientes em um hospital ou clínica.

c) As taxas de produção são relativamente baixas, se comparadas àquelas obtidas com o arranjo físico por produto. Dessa forma, existe entre os dois tipos de arranjo uma troca entre flexibilidade e volume de produção.

d) Os equipamentos são principalmente do tipo "propósito geral", ou seja, comercialmente disponíveis sem necessidade de projeto específico. Esses equipamentos são mais flexíveis (adaptam-se melhor a produtos de características diferentes) que aqueles projetados especialmente para os arranjos físicos por produto.

e) Em relação ao arranjo físico por produto, os custos fixos são relativamente menores, mas os custos unitários de matéria-prima e mão-de-obra são relativamente maiores.

As listas de vantagens e desvantagens também são evidentes a partir das características apontadas. Entre as vantagens básicas, conta-se em primeiro lugar a flexibilidade do sistema em adaptar-se a produtos (ou serviços) variados. Os equipamentos são mais baratos que no arranjo por produto, conduzindo a custos fixos menores. É fácil perceber que as falhas localizadas no sistema não trazem as mesmas conseqüências graves que no arranjo por produto, dado que, neste caso, as operações gozam de certa independência. Por último, o sistema permite a implantação de sistemas de incentivo individuais, pelo mesmo motivo.

Quanto às desvantagens, as mais significativas são:

a) os estoques de material em processo tendem a ser elevados e bloquear a eficiência do sistema;

b) a programação e o controle da produção tornam-se complexos, ao terem que trabalhar com variados produtos e suas exigências operacionais particulares;

c) o manuseio de materiais tende a ser ineficiente;

d) a contrapartida da flexibilidade é a obtenção de volumes relativamente modestos de produção, a custos unitários maiores que no caso do arranjo físico por produto.

9.2.3 Arranjo Físico de Posição Fixa

No arranjo físico de posição fixa – o arranjo usado na realização de projetos – não se pode propriamente dizer que existe um *fluxo* do produto, que tende a permanecer fixo ou quase fixo, aglutinando em torno de si pessoas, ferramentas e materiais necessários. Essa imobilidade relativa deriva em geral de fatores como peso, tamanho e formato. Deve-se aqui ter algum cuidado em entender a palavra *projeto* em um sentido relativamente amplo: pintar um quadro, escrever um livro, promover uma reforma numa residência, construir um navio ou um edifício, desenvolver um programa de computador etc. são exemplos de projetos. Em todos eles, o arranjo físico básico envolve algum grau de imobilidade do produto.

A marca principal do arranjo de posição fixa é a baixa produção. Com freqüência, o que se pretende é trabalhar apenas uma unidade do produto, com características únicas e baixo grau de padronização: dificilmente um produto será rigorosamente igual ao outro. É o que acontece, por exemplo, na produção de edifícios, navios, ferrovias, aviões e, sobretudo, em obras de arte. A produção, além disso, irá exigir muitas atividades diferentes, conduzindo em geral a uma grande variedade de habilidades das pessoas envolvidas e a esforços de coordenação dessas atividades proporcionalmente consideráveis.

9.3 Desenvolvimento do Arranjo Físico por Processo

No arranjo físico por processo, a disposição relativa de máquinas ou departamentos é o fator crítico, devido ao grande movimento de pessoas ou materiais. Embora muitas formas de se projetar um arranjo físico sejam possíveis, é provável que a técnica mais comum na elaboração do arranjo físico por processo seja o uso de modelos bidimensionais de equipamentos em escala – os chamados *templates*. Os templates são movidos por tentativa e erro dentro de um modelo (também em escala) das paredes e colunas da instalação. Com freqüência, essas tentativas são auxiliadas por fluxogramas do processo mostrando as seqüências mais comuns de operações, dando uma primeira idéia da posição dos equipamentos.

Desde a década de 1960, modelos matemáticos e heurísticos para o projeto do arranjo físico por processo têm se tornado comuns. São modelos que não necessariamente conduzem à melhor solução, mas podem ser melhorados pelo analista. O uso do computador para solver tais modelos é de muita ajuda, embora mesmo nesses casos o número de departamentos a dispor coloque restrições computacionais (o número de combinações de posição entre n departamentos é $n!$).

Veremos a seguir as bases de dois modelos de solução de arranjo físico, nos quais estão baseados os principais programas de computador existentes até o momento.

9.3.1 O Modelo Carga/Distância

À semelhança de outros métodos de solução de arranjos físicos, o modelo carga/distância não fornece uma solução necessariamente ótima, a menos que sejam testadas todas as posições relativas possíveis entre os departamentos envolvidos. O método parte de um arranjo inicial que vai sendo melhorado paulatinamente em função de algum critério, que pode ser custo de movimentação ou distâncias percorridas, entre os mais comuns.

O modelo aplica-se, mais especificamente, ao seguinte problema padrão:

1) existem n departamentos a serem distribuídos em um certo espaço total.

2) são conhecidas as necessidades individuais de espaço para cada departamento.

3) são conhecidos:
– a carga de materiais movidos de um departamento a outro, ou, dependendo do caso,
– o número de viagens (locomoções) de um departamento a outro (caso freqüente em arranjos de instalações de escritórios e atividades de serviços).

4) se os custos de locomoção (de pessoas ou, mais comumente, cargas) forem diferentes conforme o par de departamentos que se considere, então esses custos devem também ser conhecidos.

Não há necessidade de se conhecer os custos de locomoção se eles são todos iguais, independentemente do par de departamentos. Os critérios para melhoria de um arranjo físico inicial podem ser variados, estando entre os mais comuns o custo total de movimentação de carga, a soma dos produtos carga × distância (caso de movimentação de materiais) ou a distância total percorrida (caso de movimentação de pessoas).

Existem algumas variantes do modelo. Em uma versão mais simples, o modelo trabalha com a aproximação inicial de que são iguais as necessidades de espaço de cada departamento, e estes deverão se distribuir por uma superfície quadrada ou retangular, de forma que a cada departamento corresponda um quadrado (ou retângulo) menor. A superfície total iguala a necessidade total de espaço para todos os departamentos. Exemplificando, vamos imaginar que tenhamos seis departamentos, com as necessidades de espaço a seguir:

Departamento	Espaço
A	80 m²
B	160
C	40
D	110
E	110
F	100
	Total = 600 m²

Esses departamentos podem ser imaginados como necessitando seis áreas iguais de 100 m^2 cada uma, distribuídas de várias formas em um retângulo de 30 m por 20 m; uma possível combinação seria a seguinte:

	10 m	10 m	10 m
10 m	*A*	*B*	*C*
10 m	*D*	*E*	*F*

Uma vez completada a solução, ou seja, encontrada uma saída razoável segundo o critério adotado, o analista de arranjo físico distribuiria os departamentos segundo suas necessidades reais de espaço e tendo em vista o formato da área verdadeira onde eles estarão. Existem outras versões do modelo, assumindo hipóteses mais próximas da realidade e respeitando mais as restrições reais do problema. Havendo à disposição algum programa de computador, será possível manejar um número grande de departamentos, tarefa difícil de outra forma. Entretanto, mesmo com programas de computador potentes, pode ser preciso que o analista faça a revisão final do arranjo encontrado para adaptá-lo o melhor possível às restrições reais.

A seqüência de passos para a aplicação do modelo carga/distância (na versão simplificada que assumimos) é a seguinte:

I) Divide-se a área total disponível em tantos blocos (quadrados ou retangulares) de igual tamanho quantos sejam os departamentos, formando um quadrado ou retângulo composto, que representa o espaço total. Opcionalmente, pode-se manter a hipótese de igual necessidade de espaço para os departamentos e distribuir os blocos no formato aproximado da superfície existente, o que poderá auxiliar nos ajustes finais, após a aplicação do modelo.

II) Estima-se a distância de um bloco a outro, o que se faz geralmente tomando como base os centros geométricos dos blocos. A distância entre dois blocos quaisquer pode ser determinada diretamente, pela mera união de seus centros geométricos, ou indiretamente, caminhando-se por linhas retas horizontais e verticais, como mostrado a seguir:

Medida Direta

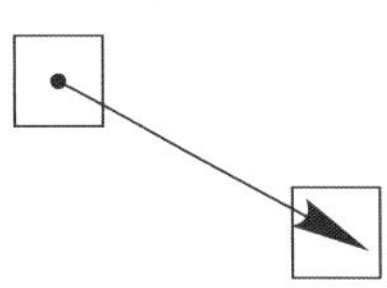

Medida Indireta

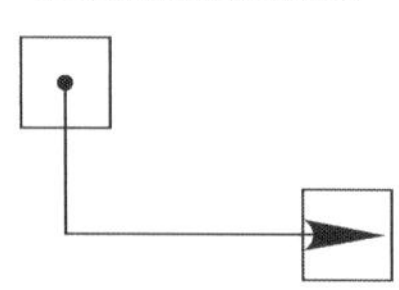

A medida direta centro a centro é útil quando a área real é bem aberta e permite o movimento direto; quando existem corredores e paredes obrigando a mudanças retilíneas de direção no movimento, é mais útil a medida indireta.

III) Assume-se uma primeira configuração e calcula-se o seu custo total *CT*:

$$CT = \sum C_{ij} d_{ij} p_{ij} \qquad \text{(Equação 9.1)}$$

onde:

C_{ij} = carga movida do departamento *i* para o departamento *j* ou número de viagens (deslocamentos) entre eles;

d_{ij} = distância para ir do departamento *i* ao departamento *j*;

p_{ij} = custo de mover uma unidade de carga por unidade de distância, do departamento *i* ao departamento *j*.

A Equação 9.1 pode ser simplificada se os p_{ij} forem todos iguais, ou seja, se o custo de mover qualquer unidade de carga, em qualquer direção, for constante; nesse caso, pode-se prescindir do custo de movimentação e as cargas movimentadas entre dois departamentos podem ser somadas (elimina-se o problema do sentido do movimento entre dois departamentos quaisquer).

IV) Tentativamente, procura-se uma nova configuração que diminua o custo associado ao arranjo físico (ou que diminua o espaço total percorrido etc., dependendo do critério). Repete-se todo o procedimento até que se chegue a um arranjo considerado razoável, a partir do qual as "economias" de novos arranjos sejam desprezíveis.

E útil reparar que na Equação 9.1 os termos C_{ij} e p_{ij} são fixos; as variáveis são as distâncias d_{ij}, que dependem da particular disposição relativa dos departamentos. Por outro lado, a aplicação da Equação 9.1 fica facilitada se os termos C_{ij}, d_{ij} e p_{ij} forem colocados na forma de matrizes, com os departamentos dando título tanto às linhas como às colunas. Das três matrizes, duas serão fixas (as de C_{ij} e p_{ij}) e uma variável (a de d_{ij}), dependendo da configuração particular.

Exemplo 9.1

Estudemos o arranjo físico para os seis departamentos *A*, *B*, *C*, *D*, *E* e *F* citados no texto, com suas necessidades de espaço:

Departamento	Espaço
A	80 m^2
B	160
C	40
D	110
E	110
F	100
	Total = 600 m^2

Admitamos que o número diário de locomoções entre dois departamentos quaisquer seja dada pela seguinte matriz, também chamada de Matriz DE/PARA:

Matriz de Locomoções entre Departamentos

	PARA	*A*	*B*	*C*	*D*	*E*	*F*
DE	*A*	____	50	50	100	60	40
	B		____	80	50	120	50
	C			____	120	100	60
	D				____	50	30
	E					____	80
	F						____

A matriz mostra que, entre os departamentos *B* e *E*, por exemplo, existem 120 locomoções diárias, não importando se uma pessoa faz o trajeto 120 vezes por dia ou se 10 pessoas, digamos, fazem cada uma o trajeto 12 vezes. O fato da matriz só possuir a metade acima da diagonal indica que foram somadas as locomoções de um a outro departamento; assim, existem 120 locomoções entre *B* e *E*, independentemente do sentido.

Vamos assumir também que a área disponível em princípio é um retângulo de 20 m × 30 m (600 m^2), dividido em 6 blocos de igual área, uma para cada departamento. Cada área é numerada da seguinte maneira:

	10 m	10 m	10 m
10 m	1	2	3
10 m	4	5	6

Repare o leitor que, em um problema real, o formato da área disponível seria provavelmente diferente. O que o modelo irá fornecer é a configuração das posições relativas entre os departamentos; posteriormente, em um problema real, seria preciso adaptar essa configuração à área disponível.

Para dar ao leitor uma idéia de como se aplica o modelo da carga/distância, vamos:

a) assumir uma configuração inicial e calcular a distância total percorrida (que, no caso, é o critério de decisão);

b) alterar a configuração e refazer os cálculos.

Solução

a) *Primeira configuração*:

Adotemos a configuração inicial a seguir:

	10 m	10 m	10 m
10 m	1 *A*	2 *B*	3 *C*
10 m	4 *D*	5 *E*	6 *F*

Necessitamos agora das distâncias entre as posições, para que se possa calcular a distância total percorrida (ou seja, aplicar a Equação 9.1). É importante notar que as distâncias são fixas, dado qualquer par de posições. Assim, por exemplo, adotando movimentos horizontais e verticais, a distância entre as posições 1 e 2 é de 10 m; entre as posições 2 e 6 é de 20 m, entre as posições 3 e 4 é de 30 metros, e assim por diante. Por outro lado, a distância entre os departamentos é que pode variar, dependendo da posição em que se encontram. Construímos então a matriz DE/PARA para as distâncias:

Matriz de Distâncias entre Posições (m)

	1	2	3	4	5	6
1	____	10	20	10	20	30
2		____	10	20	10	20
3			____	30	20	10
4				____	10	20
5					____	10
6						____

Uma vez de posse da posição dos departamentos, da matriz de locomoções e da matriz de distâncias, é possível calcular o espaço total percorrido pelos usuários do arranjo físico proposto. Por exemplo, os departamentos *A* e *B* distam 10 m entre si; para um total de 50 locomoções, o espaço total percorrido é 10 × 50 = 500 metros. Para os departamentos *C* e *D* temos:

número de locomoções = 120
distância = 30 m
espaço percorrido = 120 × 30 = 3.600 m

Os resultados também podem ser colocados em uma matriz do tipo DE/PARA:

Matriz de Espaços Percorridos por Dia – 1ª Configuração

	1 *A*	2 *B*	3 *C*	4 *D*	5 *E*	6 *F*	Totais
1 *A*	____	500	1.000	1.000	1.200	1.200	4.900
2 *B*		____	800	1.000	1.200	1.000	4.000
3 *C*			____	3.600	2.000	600	6.200
4 *D*				____	500	600	1.100
5 *E*					____	800	800
6 *F*						____	
Totais		500	1.800	5.600	4.900	4.200	17.000

O arranjo proposto leva, pois, a uma distância total percorrida de 17.000 metros. Essa distância tanto pode ser obtida somando-se os totais das linhas como os das colunas.

b) *Segunda configuração*:

Tentemos melhorar a configuração inicial; notemos para isso que a maior distância percorrida está entre os departamentos *C* e *D* (3.600 metros). Uma tentativa é a de aproximar esses dois departamentos, fazendo, por exemplo, a inversão de posição entre *B* e *C*. A nova configuração será:

	10 m	10 m	10 m
10 m	1 *A*	2 *C*	3 *B*
10 m	4 *D*	5 *E*	6 *F*

Os cálculos são feitos da mesma forma anterior, conduzindo à matriz de espaços percorridos a seguir:

Matriz de Espaços Percorridos por Dia – 2ª configuração

	1 *A*	2 *C*	3 *B*	4 *D*	5 *E*	6 *F*	Totais
1 *A*	____	500	1.000	1.000	1.200	1.200	4.900
2 *C*		____	800	2.400	1.000	1.200	5.400
3 *B*			____	1.500	2.400	500	4.400
4 *D*				____	500	600	1.100
5 *E*					____	800	800
6 *F*						____	
Totais		500	1.800	4.900	5.100	4.300	16.600

Houve, pois, uma economia de 400 metros diários em relação ao arranjo anterior. Outras combinações podem ser tentadas pelo leitor; sugerimos a seguinte:

	10 m	10 m	10 m
10 m	1 *A*	2 *B*	3 *E*
10 m	4 *D*	5 *C*	6 *F*

9.3.2 Uma Abordagem Qualitativa ao Problema do Arranjo Físico

O modelo carga/distância, que acabamos de ver, é largamente utilizado, inclusive porque permite a abordagem via computador para arranjos que envolvem muitos departamentos. No entanto, embora sejam possíveis adaptações como no Exemplo 9.1, a abordagem é essencialmente quantitativa e com freqüência envolve um único critério. Na prática, nem sempre é possível a quantificação do fluxo de carga ou de pessoas e, além disso, outros critérios podem ser igualmente importantes. Neste caso, a abordagem desenvolvida por Muther (1973) é muito útil. Essa abordagem recebe o nome de SLP (do inglês *Systematic Layout Planning*, Planejamento Sistemático do Arranjo Físico).

O SLP permite que julgamentos subjetivos formem a base para o arranjo físico. Baseado em mais de um critério, o analista de arranjo físico estabelece, para cada par de departamentos, o grau de conveniência em ficarem próximos ou distantes. São usadas as seguintes letras com os seguintes significados em relação à proximidade dos departamentos:

A = Absolutamente necessário

E = Especialmente importante

I = Importante

O = Proximidade normal (*Ordinary closeness OK*, em inglês)

U = Indiferente (*Unimportant*, em inglês)

X = Indesejável

Dados os departamentos a serem arranjados, a primeira tarefa é estabelecer os seus graus de proximidade desejados, dois a dois. Como dissemos, há vários critérios para tanto: dois departamentos devem ficar próximos, por exemplo, se compartilham de alguma forma os mesmos equipamentos, o mesmo pessoal ou os mesmos registros; também devem estar próximos se estão em seqüência no fluxo do trabalho ou se necessita de fácil comunicação entre eles; dois departamentos devem ficar distantes se a atividade de um deles for prejudicial, de alguma forma, às atividades do outro, e assim por diante.

Uma vez estabelecidos os graus de proximidade, o passo seguinte é o de adaptar os departamentos à área existente para o arranjo físico, respeitando tanto quanto possível aqueles graus de proximidade. Em arranjos envolvendo alguns poucos departamentos, essa tarefa pode ser feita por tentativas, por meio de inspeção visual. Quando o número de departamentos é grande, torna-se fundamental o auxílio do computador, caso em que os graus de proximidade devem ser quantificados, ou seja, as letras devem ser substituídas por números. Vejamos um exemplo bem simples que ilustra o método.

Exemplo 9.2

Cinco departamentos, com necessidades de espaço supostamente iguais, devem ser arranjados nos blocos vistos na área a seguir:

1	2
3	
4	5

Para cada par de departamentos, foi levantado o grau desejável de proximidade, como mostrado na matriz a seguir (os departamentos são indicados por algarismos romanos):

Matriz de graus desejáveis de proximidade

	I	II	III	IV	V
I	____	*A*	*U*	*A*	*I*
II		____	*U*	*U*	*U*
III			____	*X*	*E*
IV				____	*E*
V					____

Propor um arranjo físico, que respeite tanto quanto possível a matriz de graus de proximidades.

Solução

Não existe uma forma infalível de se fazer o arranjo a partir dos graus desejáveis de proximidade; um procedimento que pode ser útil, entretanto, consiste em retirar da matriz os relacionamentos mais importantes, ou seja, *A*, *E* e *X*, os quais no presente caso existem para os pares:

A: I/II e I/IV

E: III/V e IV/V

X: III/IV

Com o auxílio de um diagrama de blocos, essas relações podem ser visualizadas; por exemplo, as relações do tipo *A* ficam satisfeitas com a seguinte disposição:

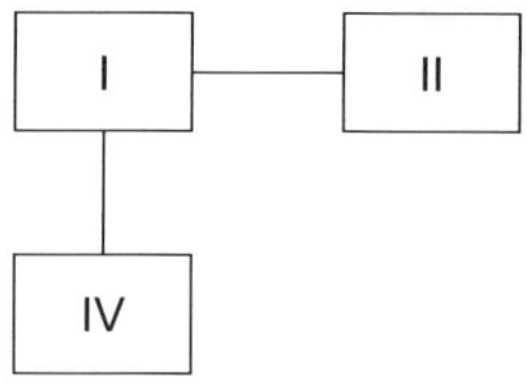

As relações *E* e *X*, por outro lado, ficam razoavelmente satisfeitas com:

Acoplando as duas configurações, a disposição que satisfaz aproximadamente as relações de proximidade é a seguinte:

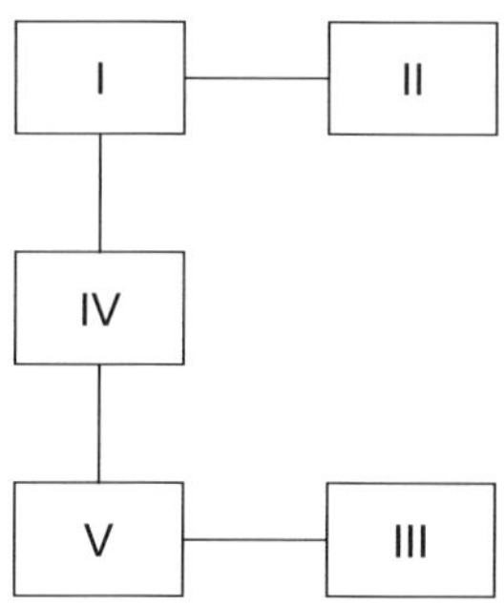

A simplicidade do problema permitiu que o próprio diagrama de blocos se ajustasse ao formato da área disponível. O arranjo ficará então:

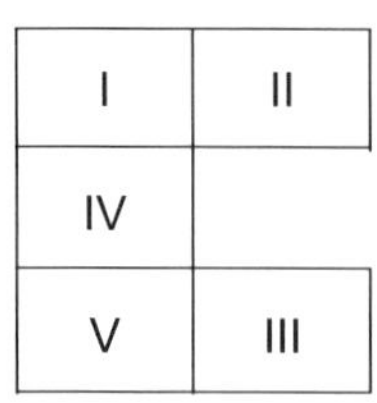

Fica claro que existem outras opções que podem ser tentadas, o que deixamos a cargo do leitor.

9.4 Arranjo Físico por Computador

A utilização do computador no auxílio à solução de problemas de arranjo físico vem evoluindo desde a década de 1960, quando surgiu o CRAFT em 1963; ao lado dos programas profissionais, para a solução de problemas complexos do mundo real, surgiram muitos aplicativos semiprofissionais e didáticos, com fins educacionais. Tão-somente para dar ao leitor uma idéia de como operam alguns dos mais importantes desses programas, descreveremos brevemente três deles – CRAFT, ALDEP e CORELAP – que estão entre os mais conhecidos.

9.4.1 CRAFT (*Computerized Relative Allocation of Facilities*)

O CRAFT foi desenvolvido por Armour e Buffa (1963), tendo, posteriormente, sofrido revisões e ampliações. Pode solucionar problemas de arranjo físico com até 40 departamentos ou centros de trabalho. É um programa baseado em um critério quantitativo por excelência e procura minimizar o custo de movimentação de material. Deve-se fornecer, como insumos, uma matriz de custos unitários e um arranjo físico inicial. A mais importante hipótese implícita no programa é a de que o custo de movimentação dos materiais é uma função linear da distância movida. Entretanto, se os custos não estiverem disponíveis, o CRAFT trabalha apenas com os produtos carga × distância.

Com base no arranjo físico inicial, o programa considera as mudanças de posição de departamentos adjacentes, computando os novos custos a cada mudança. E escolhido o arranjo físico que resulta na maior redução de custos em relação ao arranjo físico inicial; não necessariamente, porém, essa solução é ótima. Os departamentos são assumidos como retângulos ou como compostos de retângulos menores, conforme a área necessária. As distâncias são medidas a partir dos centróides de cada departamento. Na verdade, as mudanças de posições entre os departamentos são mudanças entre os centróides, com alteração da forma dos departamentos, mas conservando a área necessária original. Como a solução não é ótima, o analista deve exercer seu julgamento sobre o arranjo final, para descartar formatos irregulares não utilizáveis; como diferentes arranjos iniciais levam a diferentes soluções, é recomendável que a escolha seja ampliada, fornecendo-se ao programa o maior número possível de arranjos de partida.

9.4.2 ALDEP (*Automated Layout Design Program*)

O ALDEP (relatado por Seehof e Evans, 1967) é diferente do CRAFT em termos de concepção. O CRAFT é conhecido como uma rotina de melhoria, porque parte de um arranjo inicial que deve ser aperfeiçoado; o ALDEP, ao contrário, é uma rotina de construção, porque constrói o arranjo a partir dos dados, sem necessidade de um arranjo prévio. Como insumo, requer uma matriz de relações de proximidade (trabalha com um critério qualitativo, portanto) e as restrições de espaço, posição fixa de departamentos e características físicas das instalações.

A partir dos insumos, o programa seleciona um departamento ao acaso e o coloca no canto superior esquerdo do arranjo físico. Busca então na matriz de relações um próximo departamento, que mantenha com o primeiro uma relação de proximidade obrigatória (um *A* ou *E*), colocando-o adjacente ao primeiro. Uma vez completado o arranjo, ele é avaliado por uma pontuação total, baseada em uma escala numérica atribuída aos graus de proximidade, com

$$A = 64 \qquad E = 16 \qquad I = 4 \qquad O = 1 \qquad U = 0 \qquad X = -1.024$$

A cada rodada do programa, pode-se gerar um novo arranjo para exame, escolhendo-se aquele com maior pontuação. Alternativamente, pode-se especificar para impressão e análise apenas aqueles que consigam acima de uma pontuação estabelecida.

O ALDEP trabalha com até 63 departamentos e 3 andares.

9.4.3 CORELAP (*Computerized Relationship Layout Planning*)

Tal como o ALDEP, esse programa é também uma rotina de construção e trabalha com as relações de proximidade. Foi desenvolvido originariamente por Lee e Moore (1967) e trabalha com até 70 departamentos.

Diferentemente do ALDEP, porém, não seleciona aleatoriamente o primeiro departamento Para essa seleção, calcula o GPT – Grau de Proximidade Total (TCR em inglês, *Total Closeness Rating*) de todos os departamentos e seleciona o de maior GPT, usando a seguinte escala:

$A = 6$ $E = 5$ $I = 4$ $O = 3$ $U = 2$ $X = 1$

O GPT é obtido somando-se os graus de proximidade que o departamento mantém com os demais. Por exemplo, se em um conjunto de seis departamentos, o departamento 1 mantém com os demais as relações *A*, *A*, *E*, *O* e *X*, seu GPT será 6 + 6 + 5 + 3+1 = 21. De posse dos GPT de todos os departamentos, aquele com o maior valor é escolhido e colocado no centro da instalação existente. Segue-se uma rotina de pesquisa, colocando-se os outros departamentos ao lado do primeiro e segundo graus decrescentes de proximidade.

PONTOS-CHAVE

1. O planejamento do arranjo físico tem como objetivo a disposição de centros de trabalho em uma dada instalação produtiva. Por centro de trabalho deve-se entender os departamentos, pessoas, grupos de pessoas, máquinas, equipamentos, estações de trabalho etc.

2. As decisões sobre arranjo físico não se restringem apenas a novas instalações. Problemas diversos, tais como ineficiência de operações, acidentes, mudanças em taxas de produção ou atendimento, conduzem todos a revisões relativamente freqüentes no arranjo físico de instalações já em operação.

3. Existem três tipos fundamentais de arranjo físico, correspondendo aproximadamente aos três modelos de sistemas de produção. Assim, o arranjo físico por produto corresponde às linhas de montagem e às indústrias de processo, ou seja, aos sistemas de produção contínua; o arranjo físico por processo corresponde aos sistemas de produção intermitente (lotes ou encomendas), enquanto o arranjo físico de posição fixa corresponde ao sistema de produção por projetos.

4. O arranjo físico por produto é usado quando se desejam obter grandes volumes de produção para produtos com elevado grau de padronização. As operações são dispostas segundo uma seqüência linear e os materiais vão sendo processados ao longo dessa seqüência, de forma balanceada.

5. O arranjo físico por produto conduz a baixos custos unitários do produto, devido ao alto volume de produção, ao manuseio simplificado de materiais, baixos custos de treinamento, alta produtividade e relativamente pouco estoque de material em processo. Entretanto, o sistema torna o trabalho monótono e repetitivo e é bastante inflexível a mudanças no projeto do produto ou processo. Como os custos fixos são altos, o sistema é particularmente sensível a quedas na demanda.

6. No arranjo físico por processo, os centros de trabalho são agrupados de acordo com a função que desempenham. Os materiais ou pessoas movem-se de um centro de trabalho a outro, de acordo com a necessidade, não havendo uma seqüência linear de operações.

7. A flexibilidade para acomodar diferentes produtos ou serviços é uma das vantagens principais do arranjo físico por processo; ele conduz, no entanto, a taxas de produção menores que no arranjo físico por produto. Os estoques de material em processo tendem a ser elevados e bloquear a eficiência do sistema. A programação e o controle da produção são também consideravelmente mais complexos que na produção contínua.

8. No arranjo físico de posição fixa, usado para projetos, não há propriamente um fluxo do produto, o qual permanece fixo ou quase fixo. A marca principal desse arranjo é a baixa produção, freqüentemente uma só unidade do produto, com baixo grau de padronização.

9. O modelo carga/distância é usado no desenvolvimento do arranjo físico por processo. É um modelo quantitativo, que procura minimizar custos de transporte, distâncias percorridas etc. associados a um dado arranjo. É a base para muitos programas de computador que operam com critérios quantitativos, como o CRAFT.

10. O Planejamento Sistemático do Arranjo Físico (ou SLP, *Systematic Layout Planning*, em inglês) é uma abordagem qualitativa ao problema do arranjo físico, pois parte das relações de proximidade entre pares de departamentos. Dadas essas relações e outras características do problema, como necessidade de espaço dos departamentos e condições físicas das instalações, o melhor arranjo é obtido por tentativas. O SLP é também a base para programas de computador, tais como o ALDEP e o CORELAP.

PROBLEMAS RESOLVIDOS

1. Uma empresa acaba de mudar-se para um novo prédio, sendo que a presidência e quatro diretorias, com seus assessores e pessoal de apoio, devem ficar no mesmo pavimento, cuja forma é a seguinte:

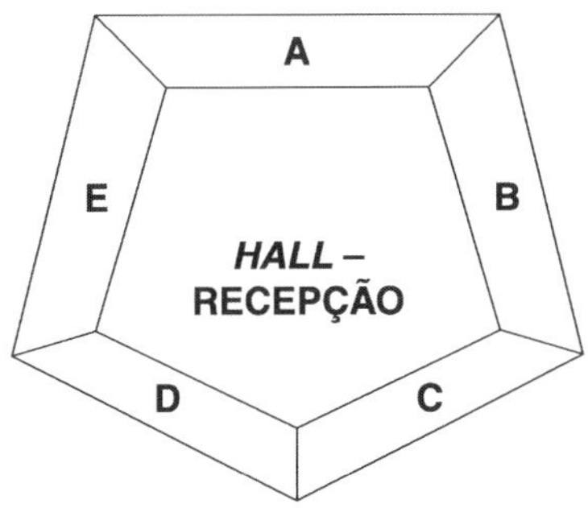

No diagrama anterior, as áreas a serem ocupadas estão designadas pelas letras *A*, *B*, *C*, *D* e *E*. De forma subjetiva, foi estabelecida uma medida do fluxo de comunicação entre as quatro diretorias entre si e a presidência, baseada no movimento de pessoas e de documentos, resultando na matriz a seguir, onde as diretorias estão indicadas por D_1, D_2, D_3, D_4 e a presidência por *P*:

Matriz de comunicações entre as Diretorias e a Presidência*

	Para	P	D_1	D_2	D_3	D_4
De	P	____	5	4	6	3
	D_1	8	____	2	4	5
	D_2	8	3	____	3	3
	D_3	8	3	2	____	5
	D_4	6	3	2	3	____

* Os números da matriz representam uma medida do fluxo de comunicação.

Por outro lado, com base na geometria do andar e das características do ambiente desejado para a recepção, foram estabelecidas as distâncias relativas entre as cinco posições disponíveis, o que se mostra na matriz a seguir:

Matriz de Distâncias Relativas

	A	B	C	D	E
A	____	1	2	2	1
B		____	1	2	1,5
C			____	1,5	2
D				____	1
E					____

Pede-se:

a) Propor um arranjo inicial e um critério de decisão.

b) Propor um segundo arranjo, baseado no critério escolhido, de forma a melhorar a proposta inicial.

Solução

a) *Arranjo inicial e critério de decisão*:

Estamos diante de um caso em que informações qualitativas foram transformadas em números, possibilitando uma abordagem quantitativa ao problema. O critério de decisão que os dados permitem é imediato e baseia-se no fluxo de comunicações ponderado pelas distâncias a percorrer; quanto menores os produtos, mais favoráveis os arranjos físicos correspondentes.

Adotemos um primeiro arranjo com as seguintes correspondências:

Posição	Órgão
A	Presidência
B	Diretoria D_1
C	Diretoria D_2
D	Diretoria D_3
E	Diretoria D_4

Uma forma prática de conduzir os cálculos pode ser obtida notando que a matriz de comunicações é completa; assim, completamos também a matriz de distâncias, preenchendo o lado inferior da diagonal:

Matriz de Distâncias Relativas

	A	*B*	*C*	*D*	*E*
A	____	1	2	2	1
B	1	____	1	2	1,5
C	2	1	____	1,5	2
D	2	2	1,5	____	1
E	1	1,5	2	1	____

Essa matriz completa de distâncias corresponde, posição a posição, à matriz original de comunicações. Pode-se, pois, efetuar os produtos dos valores em posições correspondentes; assim, por exemplo, a célula *CD* na matriz de distâncias (valor 1,5) corresponde à célula D_2D_3 na matriz de comunicações (valor 3), fornecendo o produto 1,5 × 3 = 4,5. A matriz de produtos, completa, é dada a seguir:

Matriz de Produtos Comunicações × Distâncias – Arranjo Inicial

	Para	*P*	D_1	D_2	D_3	D_4	Totais
De	*P*	____	5	8	12	3	28
	D_1	8	____	2	8	7,5	25,5
	D_2	16	3	____	4,5	6	29,5
	D_3	16	6	3	____	5	30
	D_4	6	4,5	4	3	____	17,5
	Totais	46	18,5	17	27,5	21,5	130,5

b) *Segundo arranjo proposto*:

Pode-se chegar rapidamente a um arranjo melhor que o anterior observando que, quanto maior o fluxo de comunicação entre a presidência e alguma diretoria, mais próximos devem ficar. Da matriz original de fluxo de comunicações, retiramos a soma:

Entre P e D_1	Soma = 13
P e D_2	= 12
P e D_3	= 14
P e D_4	= 9

Como entre a presidência e a diretoria nº 4 existe o menor fluxo de comunicações, podemos inverter a posição entre D_3 e D_4; os cálculos podem ser refeitos da mesma forma apresentada, invertendo antes de tudo as colunas D_3 e D_4 na matriz original do fluxo de comunicações, sem alterar a matriz de distâncias. O resultado está na matriz a seguir:

Matriz de Produtos Comunicações × Distâncias – Segundo Arranjo

	Para	P	D_1	D_2	D_3	D_4	Totais
De	P	___	5	8	6	6	25
	D_1	8	___	2	10	6	26
	D_2	16	3	___	4,5	6	29,5
	D_4	12	6	3	___	3	24
	D_3	8	4,5	4	5	___	21,5
	Totais	44	18,5	17	25,5	21	126,0

O segundo arranjo apresenta uma melhoria, ainda que relativamente pequena, em relação ao anterior. Novas melhorias, se possíveis, deveriam agora levar em conta o fluxo combinado entre as quatro diretorias.

2. Seis áreas de trabalho, designadas genericamente por AT_i, devem ser dispostas nas posições abaixo:

	8 m	8 m	8 m
5 m	1	2	3
5 m	4	5	6

Com base em uma combinação de critérios, foi estabelecido o grau desejável de proximidade entre cada par de áreas de trabalho, como mostra a matriz a seguir, de acordo com a convenção usual (*A* = Extremamente importante; *E* = Especialmente importante; *I* = Importante; *U* = Indiferente e *X* = Indesejável):

Matriz de Graus Desejáveis de Proximidade

	AT_1	AT_2	AT_3	AT_4	AT_5	AT_6
AT_1	___	*A*	*A*	*U*	*X*	*U*
AT_2		___	*E*	*I*	*U*	*U*
AT_3			___	*X*	*U*	*E*
AT_4				___	*E*	*X*
AT_5					___	*U*
AT_6						___

Sugerir um arranjo físico tentativo respeitando, na medida do possível, os graus de proximidade estabelecidos.

Solução

Vamos inicialmente separar os pares que devem manter entre si uma ligação de grande proximidade (ligados por um *A* ou por um *E*) ou distância (ligados por um *X*):

A: AT_1/AT_2 e AT_1/AT_3

E: AT_2/AT_3 AT_3/AT_6 e AT_4/AT_5

X: AT_1/AT_5 AT_3/AT_4 e AT_4/AT_6

As relações do tipo *A* são obedecidas se adotarmos as ligações diretas a seguir:

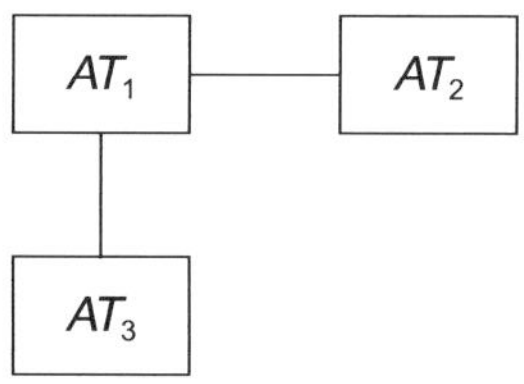

Essas ligações satisfazem também, razoavelmente, a relação *E* que existe entre AT_2 e AT_3; por outro lado, as relações *E* restantes podem ser satisfeitas pelas ligações:

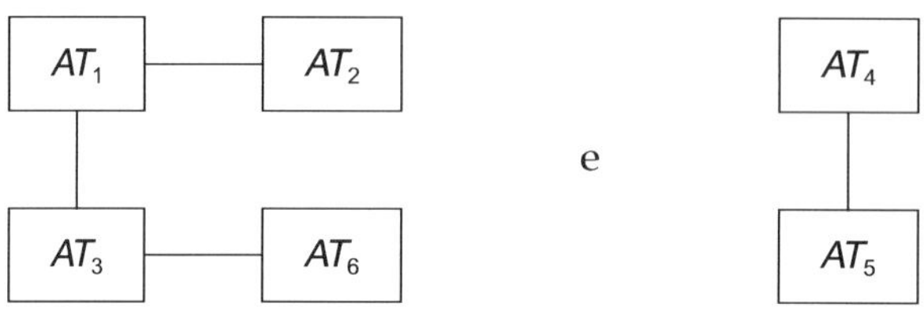

As relações *X* obrigam a que AT_1 fique distante de AT_5, o mesmo acontecendo entre AT_3 e AT_4 e entre AT_4 e AT_6, o que é aproximadamente satisfeito simplesmente juntando-se as partes anteriores:

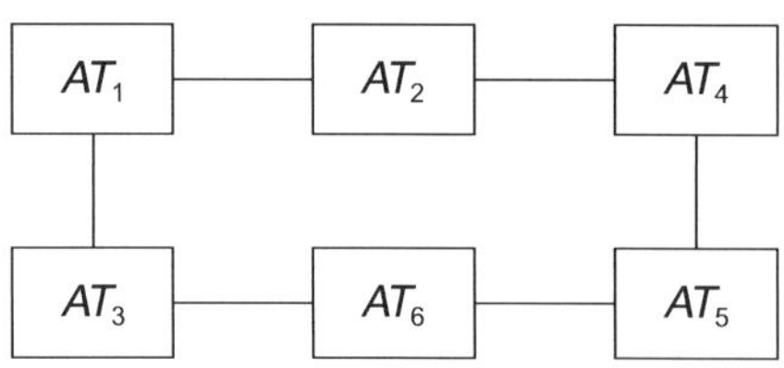

o que nos conduz ao seguinte arranjo:

	8 m	8 m	8 m
5 m	AT_1	AT_2	AT_4
5 m	AT_3	AT_6	AT_5

A relativa proximidade entre AT_4 e AT_6 continua contrariando a matriz de relações; entretanto, em linhas gerais, o arranjo parece bastante razoável, conformando-se à maioria das relações estabelecidas.

QUESTÕES PARA DISCUSSÃO

1. Conceituar arranjo físico e expor alguns motivos que justifiquem a sua importância.

2. Quais são os tipos básicos de arranjo físico e como se correspondem com os sistemas de produção?

3. Em que condições é mais conveniente o arranjo físico por produto?

4. Quais são as principais vantagens e desvantagens do arranjo físico por produto?

5. Quais são as características fundamentais do arranjo físico por processo?

6. Quais são as principais vantagens e desvantagens do arranjo físico por processo?

7. Comente brevemente as principais características do arranjo físico de posição fixa.

8. Comente sobre as técnicas mais comuns para o desenvolvimento do arranjo físico por processo.

9. Descreva, em linhas gerais, o modelo carga/distância.

10. No que consiste o SLP? Por que se diz que ele constitui uma abordagem qualitativa ao problema do arranjo físico por processo?

PROBLEMAS PROPOSTOS

1. Uma clínica de Ortopedia é composta pelas seguintes áreas de trabalho: Recepção (R), Raios X (RX), Laboratório (LAB), Sala Interna de Espera (SIE), Ortopedia (ORTO) e Exames Clínicos (EX). Cada uma dessas áreas de trabalho pode, em princípio, receber 1/6 do espaço total disponível, representado por um retângulo de 10 m × 18 m, como mostrado a seguir. As distâncias entre os blocos devem ser contadas em movimentos horizontais e verticais unindo os centros de cada um dos blocos.

	6 m	6 m	6 m
5 m	I	II	III
5 m	IV	V	VI

Como única restrição para o arranjo físico, assume-se que a recepção deva ficar no Bloco I. A matriz a seguir mostra o número mensal estimado de pacientes movendo-se entre as áreas de trabalho.

Matriz de Movimentação de Pacientes

	Para	R	RX	LAB	SIE	ORTO	EX
De	R	____	60	50	0	30	150
	RX		____	40	0	0	20
	LAB			____	0	0	20
	SIE				____	0	90
	ORTO					____	0
	EX						____

Determinar um arranjo inicial, avaliá-lo segundo um critério escolhido e propor um novo arranjo, superior ao inicial em relação ao critério adotado.

2. Cinco departamentos de uma fábrica (*A*, *B*, *C*, *D* e *E*) devem ser alocados nos blocos dispostos a seguir:

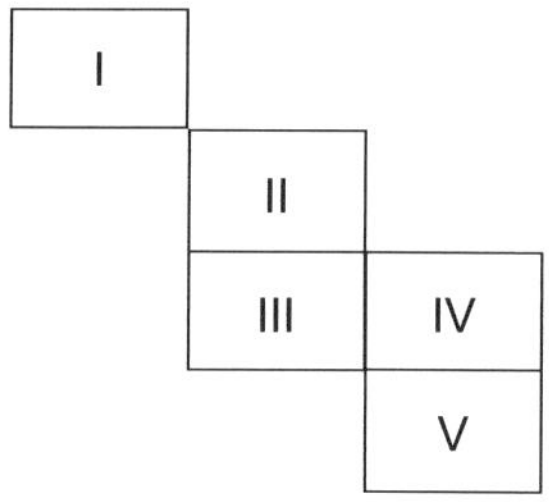

São também conhecidas as matrizes de distâncias entre os blocos e das cargas que serão movimentadas entre os departamentos, dadas a seguir em unidades não especificadas:

Matriz de Distâncias entre os Blocos

	I	II	III	IV	V
I	____	20	30	40	50
II		____	10	20	150
III			____	10	40
IV				____	10
V					____

Matriz de Cargas entre os Departamentos

	Para	*A*	*B*	*C*	*D*	*E*
De	*A*	____	50	50	100	50
	B		____	100	100	150
	C			____	50	40
	D				____	100
	E					____

Determinar, supondo que os custos de movimentação por unidade de carga e distância sejam os mesmos em qualquer direção:

a) um arranjo inicial

b) um segundo arranjo melhorado de acordo com o critério de carga × distância movimentada.

3. Está disponível uma área retangular dividida em blocos como mostrado abaixo:

1	2	3	4
5	6	7	8

Essa área deverá receber oito departamentos, designados por D_1 até D_8, para os quais preparou-se a matriz seguinte de relações de proximidade:

Matriz de Graus Desejáveis de Proximidade

	D_1	D_2	D_3	D_4	D_5	D_6	D_7	D_8
D_1	____	E	A	U	U	X	A	U
D_2		____	O	A	E	X	A	O
D_3			____	U	A	X	X	O
D_4				____	U	I	A	A
D_5					____	X	O	U
D_6						____	E	A
D_7							____	A
D_8								____

Sabe-se que os departamentos D_1 e D_5 devem ficar obrigatoriamente alocados aos blocos 1 e 7. Preparar um arranjo físico tentativo, tentando respeitar os graus de proximidade estabelecidos.

4. Um novo arranjo físico deve acomodar os seis centros de trabalho de um departamento industrial, a partir das seguintes necessidades de espaço:

Centro de Trabalho	Espaço (m²)
A	120
B	80
C	60
D	80
E	80
F	60
Total	480 m²

A área disponível é retangular, medindo 20 m × 24 m. As cargas transportadas semanalmente entre os centros de trabalho são dadas a seguir:

Matriz de Cargas Transportadas entre os Centros de Trabalho

	Para	*A*	*B*	*C*	*D*	*E*	*F*
De	*A*	____	300	200	0	0	800
	B		____	0	0	400	900
	C			____	600	0	500
	D				____	200	100
	E					____	800
	F						____

A matriz já fornece diretamente a carga transportada entre dois centros quaisquer, independentemente do sentido, na suposição de que os custos de movimentação são sempre os mesmos.

a) Preparar um arranjo físico adotando áreas iguais para os seis centros de trabalho; calcular o total de carga × distância movimentada, medindo as distâncias entre os blocos de centro a centro, com movimentos horizontais e verticais.

b) Propor um arranjo físico melhorado.

c) De posse do novo arranjo físico obtido no item *b*, distribuí-lo pela área disponível, respeitando as necessidades reais de espaço dos centros. Como sugestão, dividir a área disponível em 24 blocos de 20 m² cada um, nas dimensões de 5 m × 4 m, alocando a cada centro de trabalho um número de blocos proporcional à sua necessidade de espaço, respeitando tão perto quanto possível a disposição proposta em *b*.

5. Uma indústria possui 2.500 m² (50 m × 50 m) para acomodar quatro departamentos (I, II, III e IV), cuja movimentação de carga é dada pela matriz a seguir:

Matriz de Cargas Transportadas entre os Departamentos

	Para	I	II	III	IV
De	I	____	20	40	60
	II	10	____	20	35
	III	30	30	____	45
	IV	50	15	24	____

Assumindo que:

– os departamentos irão necessitar, cada um, de 625 m², na forma de um quadrado de 25 m × 25 m;

– a distância entre duas posições adjacentes é de 25 metros e que entre duas posições em diagonal é de 35 metros, proponha um arranjo físico inicial e tente melhorá-lo com base no total carga × distância movimentado.

REFERÊNCIAS BIBLIOGRÁFICAS

ARMOUR, G. C.; BUFFA, E. S. A Heuristic Algorithm and Simulation Approach to Relative Location of Facilities. *Management Science*, v. 9, n. 1, p. 294-309, 1963.

FRANCIS, R. L. et al. *Facility Layout and Location: an Analytical Approach*. 2. ed. Nova York: Prentice Hall, 1998.

HERAGU, S. S. *Facilities Design*. Boston: PWS Publishin Co., 1997.

LEE, R. E.; MOORE, M. J. CORELAP: Computerized Relationship Layout Planning. *Journal of Industrial Engineering*, v. 18, n. 3, p. 195-200, 1967.

MUTHER, R. *Systematic Layout Planning. Management and Industrial Research Publications*. Boston: Cahner Books, 1973.

NAHMIAS, S. *Production and Operations Analysis*. Boston: McGraw Hill/Irwin, 2004.

REED, R. *Plant Location, Layout and Maintenance*. Homewood, Ill.: Richard D. Irwin, 1967.

SANTOS, J.; WYSK, R. A.; TORRES, J. M. *Improving Production with Lean Thinking*. Hoboken, NJ: Wiley, 2006.

SEEHOF, J. M.; EVANS, W. O. Automatic Layout Design Program. *The Journal of industrial Engineering*, v. 18, n. 12, p. 690-695, 1967.

YANG, T.; SU, C.-T.; HSU, Y.-R. Systematic Layout Planning: a Study on Semicondutor Wafer Fabrication Facilities. *International Journal of Operations and Production Management*, v. 20, n. 11, p. 1360, 2000.

ZENG, A. Z.; MAHAN, M.; FLUET, N. Designing an Efficient Warehouse Layout to Facilitate the Order-filling Process: an Industrial Distributor's Experience. *Production and Inventory Management Journal*, v. 43, n. 3/4, p. 83-8, 2002.

Capítulo 10

Projeto e Medida do Trabalho

10.1 Introdução

É sem dúvida um truísmo dizer que as organizações dependem de seus funcionários. Ninguém duvida que empregados bem motivados, entrosados com os objetivos da organização e preocupados com a produtividade sejam um fator tão importante que pode até mesmo influir decisivamente na competitividade da organização. Todos sabem também que há uma zona de conflito potencial entre o elemento humano e a organização. Os objetivos e as necessidades individuais não necessariamente são concordes com os objetivos da empresa. Muitas vezes, os métodos de trabalho que conduzem à maior produtividade são exatamente aqueles que mais desagradam às pessoas. Certos objetivos, como a redução de custos, são claramente contrários a outros, como o aumento salarial, por exemplo. Mesmo que sejam eliminadas outras fontes de atrito, ainda assim o empregado pode não gostar do que faz ou da maneira como o faz. Há cerca de duas décadas, um relatório ficou famoso nos Estados Unidos. Elaborado por uma força-tarefa da Secretaria da Saúde, Educação e Bem-Estar daquele país, o relatório recebeu o nome de *Work in America* e foi publicado em 1973 pelo Upjohn Institute for Employment Research. A grande conclusão era a de que os trabalhadores estavam insatisfeitos com o seu trabalho, no sentido de que ele era cansativo, monótono e desinteressante. Isso acontecia mais especialmente, como seria de esperar, com os operários das linhas de montagem – sobre a qual se conta que Henry Ford teria dito ser uma bênção dos céus para os trabalhadores com pouco cérebro. Além disso, o relatório apontava que os empregados apreciariam possuir uma maior autonomia de decisão sobre o seu próprio trabalho, ou seja, gostariam de poder opinar como fazê-lo ou como modificá-lo.

Fica claro que não podem ser comparados diretamente os problemas de operários norte-americanos e brasileiros. O relatório retraía a situação e os problemas de operários que têm um padrão de vida muito superior em relação aos nossos, o que faz que suas necessidades sejam simplesmente diferentes, ou, antes, a prioridade colocada sobre certos elementos é diferente. O problema fundamental do operário brasileiro, como classe, é o salarial. Relativamente pouca atenção tem sido dada a questões como conforto e segurança no trabalho (a esse respeito, ver Gozzi, 1991). Deixar de lado tais problemas de adequação ao trabalho apenas porque existem outros talvez mais imediatos seria, porém, um erro. O problema homem–trabalho deve ser atacado dentro de uma companhia antes mesmo que se torne crítico, até mesmo antes que se manifeste, em nível preventivo. Não é inteligente acrescentar à eventual insatisfação salarial, e ao despreparo técnico, mais uma fonte de problemas ligados à insatisfação com o trabalho em si.

10.1.1 Conceito de Projeto do Trabalho

A palavra *trabalho* tem vários sentidos e até agora a usamos de forma vaga, significando "aquilo que o indivíduo faz dentro de uma organização". De uma forma mais restrita, entendemos como trabalho o conjunto específico de tarefas de cada empregado. Essas tarefas estão ligadas geralmente por uma certa similaridade, embora possa acontecer de alguém desempenhar grupos de tarefas radicalmente diferentes, caso em que estaria desempenhando dois ou mais "trabalhos" diferentes. Supondo que essa seja a exceção e não a regra, associaremos a cada indivíduo um conjunto específico de tarefas, às quais damos o nome de trabalho. Por outro lado, vários indivíduos em uma mesma organização podem ser responsabilizados por trabalhos idênticos, ou seja, o número de diferentes trabalhos é menor ou igual ao número de funcionários.

Qualquer organização tem, portanto, um conjunto de trabalhos, espalhados de acordo com certos critérios pelas várias unidades funcionais. O projeto do trabalho diz respeito exatamente à especificação dos conteúdos e dos métodos associados a cada um desses trabalhos. O objetivo do projeto do trabalho é criar um ambiente produtivo e eficiente, onde cada um saiba o que fazer e como fazê-lo. O projeto de um particular trabalho pode conduzir a mais de uma alternativa de execução; ter mais de uma alternativa disponível é desejável, na medida em que se deve levar em consideração, quando do projeto de um particular trabalho, quais os custos envolvidos em cada alternativa, qual a produtividade que se espera alcançar e quais as implicações sobre o conforto e o bem-estar do funcionário que fará o trabalho. Dessa forma far-se-á a escolha. Como vemos, o projeto do trabalho responde *quem* fará o trabalho (não nomeando um funcionário, mas sim dando as características gerais de habilidade requisitadas para o trabalho), *como* o fará (ou seja, o método de trabalho) e *onde* o fará (máquina ou máquinas, setor, divisão etc.).

Pela sua própria natureza, ou seja, pelas perguntas que deve responder, o projeto do trabalho pode ser visto de três diferentes ângulos, complementares entre si. Tais ângulos equivalem a responder às seguintes perguntas fundamentais:

a) Quais os requisitos do projeto do trabalho em relação a satisfação, conforto e bem-estar dos funcionários?

b) Como sistematizar a busca dos métodos de trabalho, isto é, quais são as técnicas disponíveis tanto para documentar um método atual como para propor outros métodos alternativos?

c) Como efetuar a medida do trabalho, ou seja, os registros do tempo necessário para fazer o trabalho, de maneira que possam ser estabelecidos padrões de tempo (no final das contas, de eficácia) contra os quais comparar o desempenho dos empregados?

Ao longo do século XX e do presente século, pode-se dizer que o projeto do trabalho recebeu grande influência de duas diferentes correntes de pensamento, baseadas em duas concepções do homem em si e quase que radicalmente opostas. De um lado temos a corrente mecanicista ou objetiva, inspirada nos trabalhos do engenheiro norte-americano Frederick W. Taylor e de seus seguidores, que se tornaram mundialmente conhecidos no início do século XX. Em poucas palavras, pode-se dizer que esse é um movimento de racionalização do trabalho, tendo como princípio uma adequação perfeita entre o homem e a máquina. De outro lado temos a corrente comportamental ou humanista, que nasceu como uma reação ao movimento taylorista e divulgou-se a partir da década de 1930, sendo conhecida como o movimento de relações humanas, a partir dos trabalhos de George Elton Mayo, de Harvard. Hoje em dia, o moderno projeto do trabalho não só incorpora conceitos e ensinamentos de ambos os movimentos, como também se abriu a idéias novas, que vão além das duas correntes originais.

Para dar ao leitor uma idéia sobre a diferença de enfoque das duas correntes, comecemos pela visão que cada uma delas coloca sobre o projeto do trabalho. A escola objetiva focaliza-se sobre a tarefa a ser desempenhada e sobre a relação puramente física entre a tarefa e o indivíduo que vai desempenhá-la. O indivíduo é visto de forma neutra, motivado apenas por ganhos pecuniários. O funcionário fará melhor seu trabalho se souber que irá ganhar mais com isso. Necessidades físicas e conforto são importantes, mas as necessidades psicológicas desempenham um papel menor. A corrente comportamental, por sua vez, considera como foco de atenção o próprio indivíduo, suas necessidades físicas e psicológicas, seu bem-estar e sua satisfação com o trabalho que faz. É por isso que é chamada também de corrente humanista, já que, ao colocar o homem como centro do problema do projeto do trabalho, as necessidades psicológicas ganham prioridade sobre o ajustamento entre o homem e a máquina. É um erro muito grosseiro, que muitos profissionais fazem, o de considerar a corrente objetiva como o enfoque típico dos engenheiros, enquanto a corrente humanista seria o enfoque dos profissionais de ciências humanas em geral. Essa visão é arcaica, esquemática demais e conseqüentemente irrealista. Historicamente, é verdade que a corrente objetiva é um produto do trabalho de engenheiros, como o é muito do que se fez em administração nos primórdios do século. Naquela época, no entanto, as ciências humanas tinham um grau quase embrionário de desenvolvimento, pelo menos no que se refere às relações entre o empregado e a empresa onde trabalha. Os engenheiros da época foram influenciados por uma crença muito forte no método científico e no poder dos dados experimentais como tal. A mesma influência fez-se sentir sobre os psicólogos. Filosoficamente, o chamado movimento behaviorista (em Psicologia) de Watson apresenta muita semelhança com os trabalhos de Taylor e seguidores, sendo da mesma época. Pensar que engenheiros de hoje raciocinam como os do início do século seria uma grande tolice.

Voltando às correntes objetiva e humanista: como o enfoque básico é totalmente diferente, essa diferença acaba se espalhando por vários aspectos do projeto do trabalho. Assim, a corrente objetiva conduz a métodos de trabalho altamente estruturados, fixos, enquanto a corrente humanista permite uma abordagem onde a liberdade do funcionário para fazer o seu trabalho é muito maior. A descrição do trabalho deve ser detalhada se o enfoque é objetivo e pode ser mais flexível se o enfoque é humanista. A corrente humanista considera, inclusive, que a motivação do funcionário vai muito além dos aspectos estritamente pecuniários, colocando grande destaque sobre a satisfação do indivíduo com o seu trabalho, com a sua organização e seu sentimento de utilidade e de pertencer a um grupo.

Contra o impulso ingênuo de optar por uma corrente ou outra de forma radical, há o fato de existir empresas que funcionam bem com um ou outro enfoque preferencialmente. Não há dúvida, porém, de que a movimentação dos últimos anos tem dado mais e mais atenção ao enfoque humanista, com apoio à maior participação do funcionário no projeto do seu próprio trabalho, por meio de um grau maior de liberdade e envolvimento. Retornaremos ainda a esse assunto.

10.1.2 O que É Especialização?

As características fundamentais da corrente objetiva, ao colocar ênfase sobre a tarefa a ser executada e ao procurar adequar o homem à tarefa, fazem que, naturalmente, sejamos conduzidos até a especialização dos trabalhadores. Especialização é aqui a palavra usada para indicar o processo de estreitar cada vez mais a amplitude de um determinado trabalho. A especialização é uma das palavras de ordem do mundo moderno. Não se caracteriza um engenheiro, por exemplo, a menos que se diga o ramo da engenharia onde se especializou: engenharia civil, elétrica, mecânica, química etc. Dentro de uma certa especialidade, o engenheiro, como outros profissionais, acabará envolvido com partições menores do seu campo de ação, conforme a empresa onde trabalhe e suas particulares funções dentro dela. O historiador, em outro exemplo, será designado como especialista em História Moderna, Antiga ou Medieval, entre outras; dentro dessas especialidades, poderá ater-se a um período de tempo ou a uma temática em particular. É neste sentido que dizemos que a especialização é um fenômeno corriqueiro e definitivo em nossos dias.

Quando se fala em especialização de um trabalho, dentro de uma instalação fabril ou de serviços, o sentido que queremos dar à palavra é ligeiramente diferente daquele que definimos para o engenheiro ou historiador. Na verdade, indicamos com o termo trabalhos de amplitude cada vez menor: pode tratar-se de um operário especializado na operação de uma máquina, em um pequeno conjunto de operações ou até mesmo em uma única operação isolada. A popular figura caricata do operário que aperta um único tipo de parafuso milhares de vezes ao dia seria o limite teórico à especialização, imortalizado no filme *Tempos Modernos*, de Charles Chaplin.

Embora as raízes da especialização tenham já milhares de anos, ela atingiu sua consecução prática, com todo o vigor, a partir do início do século, com o movimento taylorista, ao qual já nos referimos. A racionalidade para a especialização está na crença de que, quanto mais concentrados os esforços do indivíduo, mais produtivo ele será no seu trabalho. A linha de montagem é a própria imagem viva da especialização e, como foi visto, tem sido objeto de críticas por parte dos operários que nela trabalham (e de outras pessoas também). A especialização torna mais difícil a motivação para o trabalho, que passa a oferecer pouca oportunidade de auto-realização e mesmo de promoções. O resultado pode ser, e com freqüência tem sido, a insatisfação, o absenteísmo e a alta rotatividade de pessoal (*turnover*).

Entre as vantagens da especialização, além da alta produtividade a que conduz (mesmo descontando os fatores adversos, pelo menos a curto prazo), contam-se a facilidade para o treinamento (que incide sobre uma faixa estreita de atividades), o pouco esforço mental que exige do trabalhador e o baixo nível de habilidade em geral requerido (embora haja tarefas altamente especializadas que chegam às raias da loucura em termos do que exigem de esforço mental e habilidade). Além de tudo, os custos são baixos e não se força o indivíduo a assumir grandes responsabilidades. Ocorre que, modernamente, e nisto muito ajudou a corrente humanista, admite-se que as pessoas (se não todas, pelo menos a maioria) não buscam esse tipo de condições. A consciência dos trabalhadores leva-os a desejarem trabalhos cada vez mais desafiantes, que exijam esforço mental e que envolvam responsabilidades, exatamente o oposto do que pode oferecer a especialização levada ao exagero. Várias tentativas têm sido feitas no sentido de assegurar ao trabalho essas novas condições, como veremos na seção seguinte.

10.2 Projeto do Trabalho e Satisfação dos Empregados

Como comentado, trabalhos que são muito especializados, consistindo de algumas poucas atividades e altamente repetitivos, tendem a gerar insatisfação, absenteísmo e, às vezes, também baixa produtividade, embora sejam projetados principalmente para aumentar a eficácia *do* trabalhador. Uma das opções que a empresa tem para motivar o funcionário é o apelo a aumentos salariais e prêmios por produção e aumentos de produtividade. Essa opção muitas vezes tem excelentes efeitos, mas não pode ser usada indefinidamente. Torna-se necessário idealizar outras formas de despertar a motivação dos trabalhadores. A essas outras formas podemos chamar genericamente de *técnicas motivacionais*.

10.2.1 Algumas Técnicas Motivacionais

As técnicas motivacionais de que nos ocuparemos procuram, de alguma forma, alterar o trabalho de maneira a torná-lo mais atraente. Podemos dividi-las em duas categorias principais:

a) técnicas que aumentam a variedade do trabalho;
b) técnicas que atuam sobre a duração do trabalho.

Das técnicas que aumentam a variedade do trabalho, podemos citar entre as mais representativas:

- *ampliação do trabalho*: consiste em dar ao trabalhador uma porção maior da tarefa total ou então em adicionar mais tarefas àquelas que o trabalhador já tem. Em geral, o trabalho adicional não exige maior habilidade do trabalhador do que aquela que era anteriormente exigida, ou seja, o trabalho adicional situa-se com freqüência no mesmo nível e responsabilidade que o anterior. Pode-se dizer que se trata de um aumento horizontal de carga para o trabalhador.

• *rotação do trabalho*: neste caso, os trabalhadores trocam periodicamente de funções entre si. Este procedimento tem sido usado para aumentar a aprendizagem de novos funcionários, habilitando-os a conhecer diversas áreas da instituição. Esse conhecimento tende a criar um ambiente de melhor entendimento entre as áreas funcionais ou setores da empresa. Além de proporcionar uma visão de conjunto da organização, a técnica permite que trabalhadores sejam facilmente substituídos em caso de emergência.

• *enriquecimento do trabalho*: corresponde a um aumento de carga vertical no trabalho. Aumenta o nível de envolvimento do trabalhador no planejamento e na coordenação de suas tarefas, possibilitando-lhe um importante crescimento de ordem psicológica. As raízes do enriquecimento do trabalho encontram-se no estudo de Herzberg (1968), hoje um clássico na literatura administrativa. Herzberg advoga que existem fatores que inibem a satisfação do trabalhador, denominados por ele de fatores de higiene. A presença de fatores como boas condições de trabalho e ambiente, salários justos e supervisão adequada é imprescindível para que haja condições de satisfação. Esses fatores em si não promovem a satisfação, mas a sua ausência a inibe. Por outro lado, fatores como oportunidade de auto-realização, reconhecimento pela qualidade e dedicação no trabalho, a atratividade do próprio trabalho e a possibilidade de desenvolvimento pessoal e profissional do trabalhador são motivadores em essência. Recebem o nome de fatores de motivação.

Por outro lado, uma das técnicas mais conhecidas, que atua sobre a duração do trabalho, é o chamado *tempo flexível*. A técnica do tempo flexível dá ao trabalhador a oportunidade de programar suas próprias horas de trabalho. Tem sido usada para nivelar a carga de trânsito (horários diferentes de entrada e saída de funcionários), de estacionamento, capacidade de restaurantes e lanchonetes etc. Possui a evidente desvantagem da coordenação das atividades que devem ser feitas em conjunto e exigem que vários trabalhadores se apresentem ao mesmo tempo para o trabalho. É freqüentemente usada para reposição (antecipada ou não) de horas de trabalho quando se deseja proporcionar folga aos empregados em dias específicos não feriados.

Estudo muito importante foi realizado por Hackman et al. (1975). Esses autores apontam três elementos psicológicos da motivação: o trabalho deve ser sentido pelo trabalhador como útil, atraente e com sentido; o trabalhador deve assumir responsabilidade pelos resultados e, finalmente, o trabalhador deve ser informado sobre esses resultados. De forma geral, esses elementos estarão presentes em trabalhos que requeiram variedade de habilidades por parte do trabalhador, que deve ser o responsável total pelo planejamento das tarefas, com grande liberdade de programação, seguida de rápido conhecimento dos resultados (feedback).

10.2.2 O Sistema Sociotécnico

A idéia de que uma organização apresenta dois sistemas em sua composição – um social e outro técnico – foi lançada por Trist et al. (1963). O sistema técnico refere-se ao aparato físico – máquinas e equipamentos – e aos conhecimentos tecnológicos envolvidos no processo de produção da empresa. Por seu turno, o sistema social incorpora as organizações formal e informal dos grupos de trabalho. O sistema sociotécnico – fusão dos dois sistemas apresentados – diz respeito a um projeto de trabalho que procure equilibrar as qualidades sociais e humanas dos trabalhadores com as pressões e necessidades tecnológicas do ambiente. A ênfase do sistema social é o trabalhador e a qualidade do ambiente de trabalho. A preocupação com esses fatores deve ser equilibrada com a atenção dada ao equipamento, à tecnologia e aos processos de produção. De certa forma, isso leva a uma relativa necessidade de liberdade para que os trabalhadores possam opinar sobre a forma de fazer o trabalho e também para que se auto-organizem. Nem todas as empresas estão preparadas para conceder essa liberdade, assim como nem todos os trabalhadores estão preparados para tê-la. Desta maneira, muita controvérsia tem cercado o problema. Ao que tudo indica, o receio dos gerentes em compartilhar de sua autoridade com os empregados tem sido um dos maiores obstáculos.

10.3 Análise de Métodos de Trabalho

É prática corrente de muitas organizações a análise de métodos de trabalho, tanto em se tratando de trabalhos que já estão sendo realizados como de trabalhos que ainda estão sendo projetados. Em organizações industriais, essa análise geralmente fica a cargo de um setor designado como Métodos e Sistemas, Tempos e Métodos ou alguma variante envolvendo essas palavras. Ainda de forma genérica, esse setor costuma subordinar-se à Engenharia de Fábrica, Engenharia Industrial ou Engenharia de Manufatura, entendendo-se essas três denominações como sinônimos aproximados. No caso de instalações de serviços, provavelmente o setor encarregado será o de Organização e Métodos ou equivalente. O profissional encarregado da análise, conforme o caso, pode ser designado como analista de tempos e métodos, analista de organização e métodos ou formas semelhantes. De qualquer modo, embora a análise de métodos apresente particularidades conforme o tipo de empresa, boa parte da metodologia de trabalho se conserva em situações variadas.

Se o trabalho já estiver sendo feito, o analista de métodos estará provavelmente interessado em melhorá-lo a partir de algum critério, em geral ligado direta ou indiretamente à produtividade. Tem-se demonstrado que uma análise criteriosa pode aumentar em muito a produtividade, podendo-se, segundo alguns especialistas, chegar a um valor médio de 15% de aumento, sem que se introduza nenhum equipamento, apenas com a análise racional. Esse número é evidentemente sujeito ao debate, mas a experiência mostra que sempre alguma melhoria de produtividade é possível, a baixo custo, sobretudo se a empresa nunca ou pouco se utilizou da análise de métodos. Pode-se trabalhar a partir de uma visão mais abrangente do trabalho, com a análise de várias operações inicialmente (macrovisão) e, em seguida, atacar detalhes específicos, tais como o arranjo das ferramentas e utensílios no local do trabalho e os movimentos do operador ao realizar o seu trabalho. Existem muitas fontes a partir das quais se torna necessária uma análise de métodos. Alguns dos eventos mais comuns que conduzem a um estudo de métodos são as mudanças nos equipamentos e/ou nas ferramentas, as alterações no projeto do produto ou do processo e a utilização programada de novos materiais.

Quais são outros critérios que justificam que um determinado trabalho seja escolhido para estudo? Pode ser que exista uma solicitação de algum gerente ou supervisor, a partir da constatação de algum tipo de problema. Pode acontecer também que a análise faça parte de algum plano mais geral de revisão de métodos e/ou melhoria da produtividade. Sempre serão candidatos potenciais a um estudo quaisquer trabalhos altamente repetitivos ou que apresentem uma dependência muito grande do elemento humano ou ainda problemas de segurança e condições desagradáveis para o operador (ruído, poeira etc.). Qualquer que seja a forma pela qual nasceu o estudo, existe uma seqüência mais ou menos fixa de passos que devem ser seguidos ao se empreender uma análise de métodos. A seqüência é a seguinte:

a) Em primeiro lugar, deve-se identificar a operação a ser estudada. Isso implica conhecer o local de trabalho, obter informações sobre os equipamentos e ferramentas utilizados, discriminar as etapas em que o trabalho se divide, identificar os materiais que são usados, medir as distâncias envolvidas, e assim por diante, coletando todas as informações que o analista julgar necessárias para o seu entendimento da situação.

b) Quer a operação já esteja sendo feita, quer esteja apenas projetada, a discussão com operários encarregados e seus supervisores pode lançar muita luz sobre particularidades importantes para o analista. Esta é uma segunda etapa que, na verdade, não se completa, no sentido de que tais diálogos provavelmente persistirão até o final do projeto.

c) O passo seguinte é a documentação da operação, feita em geral com o auxílio de fluxogramas. Se a operação já existe, um fluxograma inicial mostrará o método atualmente usado, que deverá ser objeto de estudos, buscando melhorias. Estas melhorias podem se refletir na qualidade do produto final, na produtividade, ou em ambas. Se a operação ainda não existe, estando no plano da previsão, ainda assim a documentação é necessária, e pode ser feita a partir das informações já existentes.

d) Segue-se a análise do método atual, a proposição de um novo método melhorado (se necessário, evidentemente) e a sua justificativa.

e) Implantação do novo método e acompanhamento para verificar se as mudanças previstas estão sendo realmente seguidas.

Comentamos anteriormente que a documentação da operação é feita por fluxogramas. Há muitos tipos de fluxogramas que podem ser utilizados, além de as empresas poderem desenhar outros que lhe sejam mais úteis. De uma forma geral, o fluxograma, qualquer que seja ele, mostra o que acontece durante uma operação ou seqüência de operações. Dentre esses muitos tipos, veremos dois, de larga aplicação: o fluxograma do processo e o diagrama homem-máquina.

10.3.1 O Fluxograma do Processo

O fluxograma do processo é uma representação gráfica do que ocorre com o material ou conjunto de materiais, incluindo peças e subconjuntos de montagem, durante uma seqüência bem definida de fases do processo produtivo. Por esse motivo, às vezes o fluxograma é chamado de "fluxograma do material em processo". Quando se trata da representação de montagens, muitos usam a designação de "diagrama de montagem". A representação gráfica inclui cinco tipos de eventos, cujos nomes, símbolos e caracterizações são os seguintes:

- *Operação* (Símbolo = O): considera-se que um objeto (peça, subconjunto, produto ou outro material qualquer) sofre uma operação quando ocorrer uma das condições seguintes:

a) alteram-se as suas características físicas ou químicas;
b) ele é montado ou separado de outro objeto;
c) ele é preparado para um outro evento seguinte.

Em alguns casos, principalmente quando se trata de fluxogramas envolvendo documentos, considera-se que ocorre uma operação toda vez que existe algum tipo de cálculo, preenchimento de documentos ou planejamento, ou ainda quando uma informação é dada ou recebida.

- *Transporte* (Símbolo = ⇨): toda vez que se desloca um objeto de um local para outro ocorre um transporte. Por outro lado, deslocamentos intrínsecos a uma operação ou que ocorrem no próprio local de trabalho não são considerados como transporte no fluxograma do material.
- *Inspeção* (Símbolo = □): a inspeção consiste em examinar um objeto, tanto para identificação como para contagem ou verificação de qualidade.
- *Estocagem* (Símbolo = ∇): ocorre quando um objeto é retido intencionalmente para uso posterior, em instalações apropriadas ou não.
- *Demora* (Símbolo = D): uma demora é uma retenção não intencional do objeto, ou seja, uma retenção que não faz parte teoricamente do processo de produção, impedindo o próximo passo no andamento do fluxo.

Em algumas situações, pode se tornar difícil distinguir entre uma demora e uma estocagem. Na maior parte dos casos, isso não acarreta grandes dificuldades posteriores, já que o analista estará provavelmente interessado tanto em reduzir as demoras como as estocagens.

A Figura 10.1 ilustra os eventos e seus símbolos na construção de um fluxograma do processo, enquanto a Figura 10.2 apresenta um exemplo simples de fluxograma.

Os analistas freqüentemente utilizam na análise do processo um conjunto de questões que servem de guia. Algumas das questões mais representativas são as seguintes:

I. É possível realizar mais economicamente a operação, variando os equipamentos, as ferramentas ou os acessórios?
II. O arranjo físico do local de trabalho pode ser melhorado?
III. As condições de trabalho (ruído, ventilação, poeira, iluminação etc.) são satisfatórias?
IV. Como podem as perdas e os produtos defeituosos serem reduzidos?

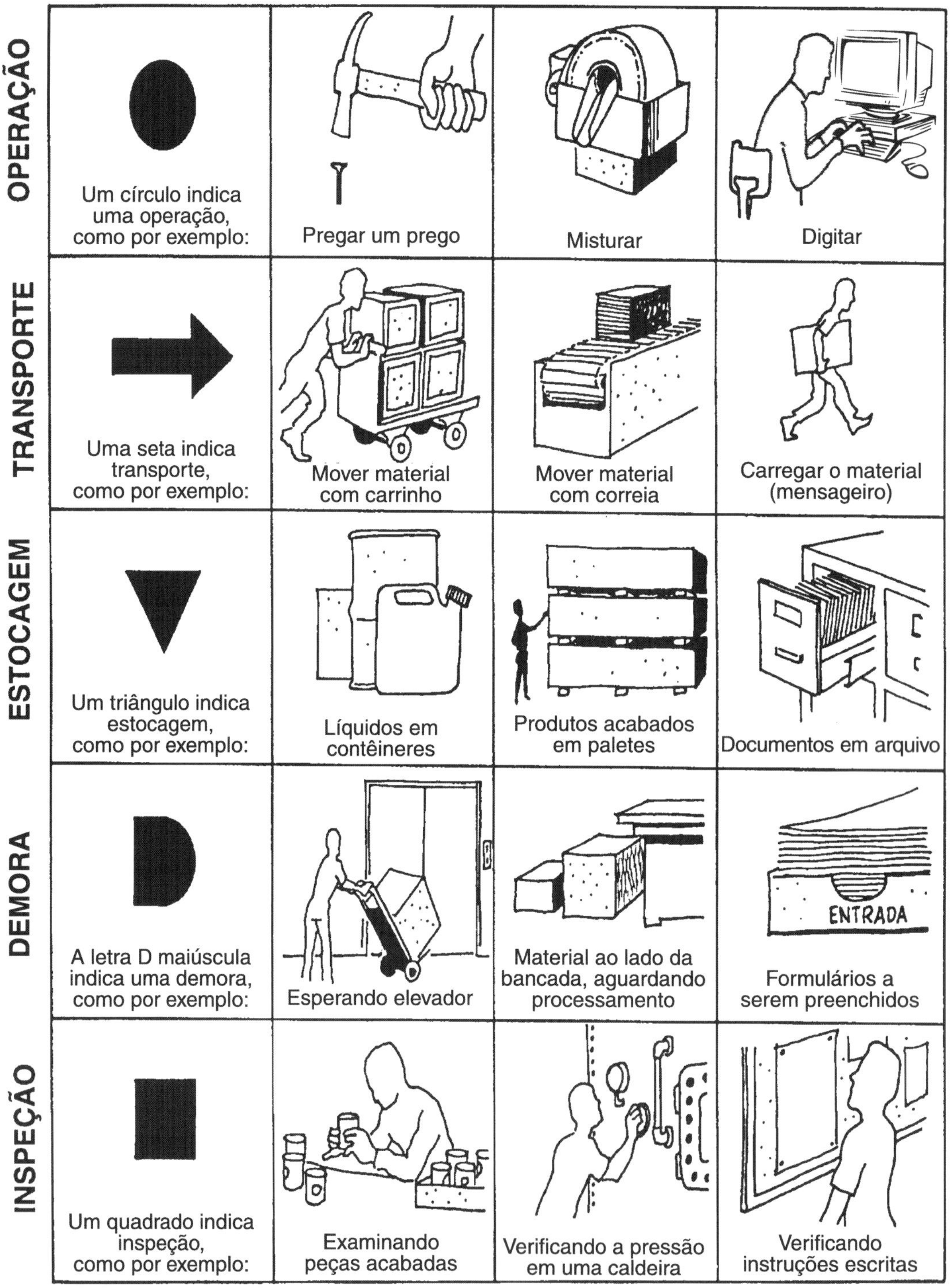

Baseado em Niebel, 1976©, p. 28.

Figura 10.1 Símbolos do Fluxograma do Processo.

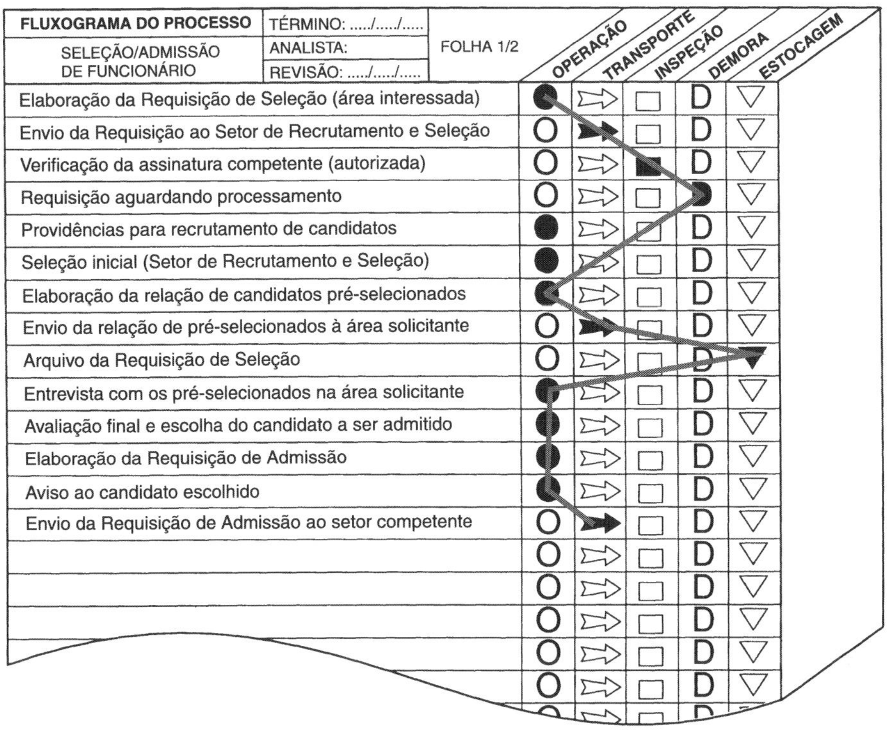

Figura 10.2 Exemplo de um Fluxograma.

V. Podem as distâncias percorridas pelo material serem reduzidas?

VI. Pode o manuseio de materiais ser reduzido?

VII. Atividades similares podem ser agrupadas?

VIII. E possível programar melhor a entrega de materiais, de forma a reduzir ou eliminar os tempos de estocagem?

IX. A estocagem está sendo feita de forma a preservar o material contra quebras e deterioração?

X. As instruções para os operadores são adequadas?

10.3.2 O Diagrama Homem-Máquina

O diagrama homem-máquina é uma representação gráfica que envolve um ou mais operadores, trabalhando em uma ou mais máquinas. No decorrer de uma operação completa, o diagrama mostra tanto as atividades isoladas do homem e da máquina como as atividades combinadas ou as esperas de um e outro. Pode-se assim determinar qual a proporção de tempo (em relação ao total da operação) em que o homem e a máquina se encontram trabalhando ou esperando. A partir daí, é possível propor melhorias que aumentem o tempo útil de trabalho e, conseqüentemente, a produtividade associada à operação. Para representar os eventos, uma convenção usual é a seguinte:

Evento	*Símbolo*
Atividade independente	(retângulo branco)
Atividade combinada	(retângulo cinza claro)
Espera	(retângulo cinza escuro)

A Figura 10.3 ilustra o funcionamento do diagrama homem-máquina em um caso muito simples de aplicação.

OPERAÇÃO Pesagem de legumes e frutas	Operador: M. J. S. Analista: P. R.		Data ...../...../.....	
EVENTO	**EMPREGADO**		**MÁQUINA**	
	SÍMBOLO	TEMPO(S)	SÍMBOLO	TEMPO(S)
Recebe os produtos escolhidos pelo cliente, já embalados		1		1
		2		2
Coloca embalagem na balança		3		3
Digita o preço por quilograma		4		4
		5		5
Calcula e exibe preço total		6		6
Imprime etiqueta		7		7
Retira etiqueta e cola-a na embalagem		8		8
		9		9
Devolve produtos ao cliente		10		10

RESUMO:	Empregado	Máquina
Ativo	8s (80%)	2s (20%)
Esperando	2s (20%)	8s (20%)

Figura 10.3 Diagrama Homem-Máquina.

10.3.3 Estudo de Movimentos

O estudo de movimentos, introduzido por Frank Gilbreth (um dos seguidores do trabalho de Frederick Taylor no início do século XX), visa ao estudo dos movimentos do corpo humano durante uma operação. São dois os objetivos básicos do estudo de movimentos: em primeiro lugar, ele procura eliminar movimentos desnecessários e, em segundo, determinar a melhor seqüência de movimentos de forma a se atingir maior produtividade do operário.

Certas técnicas e princípios de racionalização têm sido usados em estudos de movimentos. São eles:

a) Princípios de economia de movimentos.
b) Análise de operações usando therbligs, inclusive com auxílio de filmes.
c) Diagramas do operador.

10.3.3.1 *Princípios de Economia dos Movimentos*

Quando desenvolve métodos de trabalho que visam à eficiência dos movimentos do operador de uma maneira geral, o analista estará preocupado em eliminar movimentos desnecessários, em reduzir a fadiga do operador, em melhorar o arranjo do local de trabalho e em buscar o melhor desenho para as ferramentas e o equipamento.

Os princípios de economia de movimentos servem justamente como uma espécie de lista de sugestões para tornar os movimentos mais eficientes. Eles são organizados em três categorias: princípios para o uso do corpo humano, para a organização do local de trabalho e para o desenho de ferramentas, dispositivos e equipamento. Em cada uma dessas categorias, os princípios, como propostos pelo famoso especialista Ralph Barnes (1980), são os seguintes:

a) Uso do corpo humano

1. Ambas as mãos devem começar e terminar os movimentos ao mesmo tempo.
2. Ambas as mãos não devem ficar ociosas ao mesmo tempo, exceto em períodos de descanso.
3. Os movimentos dos braços devem ser feitos em direções simétricas e opostas ao mesmo tempo.
4. Deixe para as mãos e o corpo os movimentos mais simples com os quais seja possível fazer o trabalho.
5. Use a cinética onde for possível para ajudar o operador, mas reduza-a a um mínimo se ela exigir esforço muscular.
6. Use movimentos contínuos e suaves das mãos em vez de movimentos em linha reta que envolvem mudanças bruscas de direção.
7. Lembre que movimentos balísticos são mais rápidos, mais fáceis e mais precisos que os movimentos controlados.
8. Arrange o trabalho de forma a permitir o uso do ritmo natural tanto quanto possível.
9. Conserve as fixações dos olhos tão próximas e tão poucas vezes quanto possível.

b) Organização do local de trabalho

10. Conserve todas as ferramentas em um local fixo e definido.
11. Conserve ferramentas, materiais e controles próximos do local de uso.
12. Use alimentação de material por gravidade próxima ao ponto de uso.
13. Use entregas por queda sempre que possível.
14. Localize os materiais e as ferramentas de forma a permitir a melhor seqüência de movimentos.
15. Providencie boa iluminação, aquecimento e ventilação.
16. Arranje a altura da bancada de trabalho e do assento de maneira que os movimentos de levantar e sentar sejam feitos facilmente.
17. Providencie um assento que permita boa postura para o operador.

c) Desenho de ferramentas, dispositivos e equipamento

18. Libere as mãos de todo o trabalho que possa ser feito com vantagem por algum acessório comandado pelo pé.
19. Combine duas ou mais ferramentas sempre que possível.
20. Preposicione ferramentas e materiais para reduzir os movimentos de busca, encontro e seleção tanto quanto possível.
21. Distribua a carga em cada dedo de acordo com a capacidade inerente dos dedos.
22. Localize alavancas, barras e volantes manuais de forma que o operador possa manipulá-los com mudanças mínimas na posição do corpo e com a máxima vantagem mecânica.

10.3.3.2 *Análise de Operações Usando Therbligs*

A designação "therblig" vem do nome de Gilbreth escrito ao contrário, exceto pelo "th". Os therbligs são movimentos elementares, muito pequenos e breves, também chamados de micromovimentos. Uma dada operação, para ser analisada, deve ser decomposta nesses movimentos, após o que são buscadas melhorias por meio da eliminação, combinação ou rearranjo desses movimentos elementares. Existe um auxílio gráfico chamado diagrama Simo, onde são registrados os movimentos das mãos direita e esquerda do operador, utilizando para tanto os *therbligs*. A palavra Simo vem de *Simultaneous Motion*, já que são registrados ao mesmo tempo os movimentos das duas mãos. Os diagramas Simo são usados em operações curtas e repetitivas, o que se justifica levando em conta que são definidos 17 *therbligs*, o que torna o diagrama de qualquer operação bastante detalhado. Os 17 *therbligs* são: Procurar, Selecionar, Agarrar, Transportar vazio, Transportar carregado, Segurar, Aliviar carga, Posicionar, Preposicionar, Inspecionar, Montar, Desmontar, Usar, Atraso inevitável, Atraso evitável, Planejar e Descansar. Embora seja cansativo fornecer a definição de todos esses therbligs, eis alguns exemplos:

– *Procurar* significa "caçar" um item com as mãos ou com os olhos.
– *Selecionar* significa escolher um objeto a partir de um grupo de objetos.
– *Agarrar* significa segurar um objeto fechando os dedos em seu redor.
– *Transportar vazio* indica o movimento da mão, desocupada, para alcançar um objeto.
– *Transportar carregado* indica o movimento de um objeto de um ponto para outro, com as mãos, os dedos, ou por outros movimentos.
– *Aliviar carga* significa depositar o objeto.

Para construir um diagrama Simo, o analista deve observar o operador e registrar os seus movimentos. O que ocorre é que os therbligs são movimentos tão rápidos (às vezes, de poucos milésimos de minuto) que fica difícil ao analista registrá-los corretamente por meio de uma simples observação direta. Por esse motivo, é habitual filmar-se a operação e depois projetar o filme quadro por quadro. Os movimentos elementares podem então ser identificados e, como se conhece a velocidade de filmagem, também a sua duração fica determinada. O uso de filmes para a análise de movimentos foi introduzido por Frank Gilbreth e sua esposa Lillian. Apesar do custo envolvido na filmagem, atualmente, esse uso não se restringe ao ambiente industrial, mas tem se revelado muito útil para treinamento e análise de movimentos em áreas como esportes e medicina.

10.4 Medida do Trabalho

Até o momento, estudamos o trabalho sob o ponto de vista de *como* deve ser feito. Vimos como se procura adaptar o trabalho tendo em vista a satisfação dos empregados e como se pode analisá-lo por fluxogramas do processo, diagramas homem-máquina e estudo de movimentos do operador. A nossa intenção agora é a de *medir o trabalho*, ou seja, determinar o intervalo de tempo que uma operação leva para ser completada. Para cada operação iremos definir um *tempo padrão*, que é obtido após uma série de considerações, tanto sobre o operador como sobre o método de trabalho seguido. A determinação do tempo padrão para se efetuar uma tarefa possui pelo menos duas grandes utilidades:

I. Serve para estudos posteriores que visem determinar o custo industrial associado a um dado produto;

II. Serve para avaliar, pela redução ou não do tempo padrão, se houve melhoria no método de trabalho, quando se faz um estudo de métodos.

Existem quatro formas principais pelas quais se pode obter o tempo padrão de uma operação:

a) estudo de tempos com cronômetros;
b) tempos históricos;
c) dados padrão pré-determinados;
d) amostragem do trabalho.

Cada uma dessas formas possui suas vantagens e desvantagens, adaptando-se melhor ou pior às situações práticas. Iniciaremos com o estudo de tempos com cronômetros, quando então introduziremos alguns conceitos que serão úteis na explanação das demais formas de medida.

10.4.1 Estudo de Tempos com Cronômetros

10.4.1.1 *Tipos de Tempos*

Para se chegar ao *tempo padrão* de uma operação, há dois tipos de tempos que antes devem ser determinados sobre essa mesma operação: o *tempo real* e o *tempo normal*.

– O *tempo real* é aquele que decorre realmente quando é feita uma operação. Ele é obtido por cronometragem direta do operador em seu posto de trabalho e varia de operador a operador e também para o mesmo operador em ocasiões distintas. Desta forma, o analista deverá fazer um número de medidas suficiente para obter um valor médio do tempo real, com um certo grau de confiança. Assim obtido, o tempo real será objeto de correções e redundará no tempo normal.

– O *tempo normal* é o tempo requerido para um operador completar a sua operação operando com velocidade normal. Por sua vez, velocidade normal é aquela que pode ser obtida e mantida por um trabalhador de eficiência média durante um dia típico de trabalho sem fadiga indevida. Se um operador trabalha com velocidade normal, dizemos que a sua eficiência (ou ritmo) é de 100%. Essa eficiência de 100% não corresponde, portanto, ao trabalhador supereficiente, mas sim ao trabalhador de eficiência média. O trabalhador de eficiência *acima da média* terá eficiência *maior que 100%*, enquanto logicamente aquele *abaixo da média* terá eficiência *menor que 100%*, sempre por convenção. O analista, ao mesmo tempo que cronometra o tempo real do operador, também registra a sua eficiência. Em princípio, o julgamento do analista sobre a eficiência do operador é altamente subjetivo, mas seus julgamentos serão coerentes com o de outros analistas se ele for convenientemente treinado. Esse treinamento costuma ser feito por meio de filmes, onde o analista é levado a julgar sobre a eficiência (ritmo) do operador em várias situações pré-julgadas. A experiência mostra que, após um certo número de tentativas e repetições, diferentes pessoas tendem a convergir em seu julgamento do ritmo.

Uma vez obtido o tempo normal, o tempo padrão é aquele requerido por uma operação, quando as interrupções e condições especiais da operação forem levadas em conta. Costuma-se, para tanto, acrescentar ao tempo normal um certo percentual de tempo perdido devido à fadiga e às demoras inevitáveis, ou seja, que não dependem da vontade do operador.

10.4.1.2 *Relação entre os Tempos*

Designando por

TR = tempo real; TN = tempo normal; TP = tempo padrão,

temos pelos comentários e considerações feitos anteriormente:

$TN = TR \times EF/100$ (Equação 10.1)

(EF = Eficiência do operador em porcentagem)

A Equação 10. l pressupõe que o analista tenha assumido um fator de ritmo ou eficiência único para toda a tarefa; algumas vezes, ele pode achar mais conveniente dividir a tarefa em partes menores, chamadas elementos, como veremos adiante. Se isso for feito, o operador poderá ser julgado em função de sua eficiência em cada elemento. Se a tarefa foi dividida em n elementos, o tempo normal TN_i do elemento i será:

$TN_i = TR_i \times EF_i/100$ (Equação 10.2)

onde TR_i e EF_i são, respectivamente, o tempo real medido para o elemento i e a eficiência do operador nesse elemento. O tempo normal TN de toda a tarefa será então a soma dos tempos normais de todos os elementos:

$TN = \sum TR_i \times EF_i/100$ (Equação 10.3)

Para o tempo padrão, temos:

$TP = TN \times FT/100$ (Equação 10.4)

onde FT = Fator de Tolerância em porcentagem e

$FT = 100 + T$ (Equação 10.5)

sendo T a Tolerância (em porcentagem) permitida para a operação.

O Fator de Tolerância FT é atribuído para levar em conta as condições particulares em que a operação é conduzida. Alguns valores típicos para a tolerância T estão apresentados na Tabela 10.1. O Fator de Tolerância é sempre maior que 100%, justamente para prever os efeitos das condições da operação sobre a ação do operador. No caso de se usar os valores da Tabela 10.1 para determinar a tolerância T, é necessário verificar todas as condições que se aplicam à operação em estudo, somando cada percentual correspondente aos 100% originais. Assim, por exemplo, se uma operação é considerada altamente monótona (acréscimo de 4%), deve ser feita com iluminação inadequada (acréscimo de 5%) e sob nível de ruído alto e intermitente (acréscimo de 5%), o Fator de Tolerância FT será no mínimo:

$FT = 100 + T = 100 + (4 + 5 + 5) = 114\%$

acrescentando-se então as porcentagens concedidas pelo efeito da fadiga e a título de necessidades pessoais. A Tabela 10.1 sugere, para esses casos, um total de 11%.

A tolerância T pode ser aumentada ainda de um percentual devido a demoras inevitáveis, que façam parte da própria situação em que a operação é desenvolvida. É evidente que se deve tentar, tanto quanto possível, eliminar essas demoras por meio da racionalização do método de trabalho, mas sempre será necessário algum tempo para o operador, para o seu uso pessoal.

A Equação 10.5 supõe que a tolerância T seja dada em função do tempo da operação. Em alguns casos, ela pode vir dada em função do *dia de trabalho*, quando então a expressão para o tempo padrão TP será:

$$TP = TN \times \frac{100}{100 - T} \quad \text{(Equação 10.6)}$$

Exemplo 10.1

Uma operação foi cronometrada diversas vezes, obtendo-se um tempo médio de duração de 5,44 minutos. A eficiência do operador, estimada em conjunto para toda a tarefa, foi estimada em 105%.

Determinar:

a) o tempo normal

b) o tempo padrão, assumindo-se uma tolerância de 15%:

b.1.) em relação à duração da tarefa.

b.2.) em relação ao dia de trabalho.

Solução

a) *Tempo normal*:

Temos $TR = 5{,}44$ e $EF = 105$; logo:

$TN = TR \times EF/100 = 5{,}44 \times 105/100 = 5{,}71$ minutos

b) *Tempo padrão (tolerância de 15%)*:

b.1.) Tempo padrão quando a tolerância se refere à tarefa:

$TP = TN \times FT/100$, onde $FT = 100 + T$, sendo T a tolerância.

Logo:

$FT = 100 + 15 = 115$

$TP = 5{,}71 \times 115/100 = 6{,}57$ minutos

b.2.) Tempo padrão quando a tolerância se refere ao dia de trabalho:

$$TP = TN \times \frac{100}{100 - T} = 5{,}71 \times \frac{100}{100 - 15} = 6{,}72 \text{ minutos}$$

Tabela 10.1 Valores Típicos para a Tolerância *T* (em porcentagem)*

I. Tolerâncias constantes	**Porcentagem**
1. Tempo pessoal	5
2. Fadiga básica	4
II. Tolerâncias variáveis	
1. Posição anormal de trabalho	
a. Curvado	2
b. Deitado, esticado	7
2. Uso de força muscular (erguer, empurrar, puxar)	
Peso erguido, em libras	
5	0
10	1
15	2
20	3
25	4
30	5
35	7
40	9
45	11
50	13
60	17
70	22
3. Iluminação	
a. Abaixo do recomendado	2
b. Bastante inadequada	5
4. Nível de ruído	
a. Intermitente e alto	2
b. Intermitente e muito alto	5
5. Monotonia	
a. Pequena	0
b. Média	1
c. Alta	4

* Adaptado de Niebel, 1976, p. 380.

10.4.1.3 *Detalhes do estudo de tempos*

Para levar a cabo um estudo de tempos, o analista deve tomar algumas providências básicas:

a) Deve comunicar a necessidade do estudo ao operador, para evitar desconfianças e ressentimentos.

b) Deve familiarizar-se com a operação e tudo que a cerca: o local onde ela é desenvolvida, os equipamentos que são utilizados e as condições gerais em que o trabalho é realizado (iluminação, ruído, poeira, posição do operador etc.).

c) Se julgar necessário para obter mais precisão no estudo, principalmente se a tarefa for relativamente longa, deve dividi-la em partes menores, que são, como vimos, os elementos. Quantos e quais elementos utilizar dependerá da particular tarefa. Uma condição fundamental a que os elementos devem obedecer é a de que sejam facilmente identificáveis. Essa divisão será particularmente útil se existirem elementos que não comparecem em todas as execuções, mas apenas regular ou eventualmente. O tempo desses elementos deve ser rateado pelo número de tarefas cronometradas. Outra justificativa para o uso dos elementos está no fato de que o ritmo ou eficiência do operador pode ser variável de elemento a elemento. Finalmente, o analista pode desejar montar um arquivo de tempos de elementos, para usá-los como dados históricos se aparecerem os mesmos elementos em outras tarefas.

A cronometragem é ordinariamente efetuada com um cronômetro decimal, onde o minuto é dividido em 100 partes e não nas 60 partes usuais. Essas partes centesimais são chamadas de centiminutos (cmin). O centiminuto é mais breve que o segundo: equivale a 3/5 de um segundo. Por outro lado, a cronometragem pode ser *repetitiva*, quando determina diretamente o tempo de cada elemento. O ponteiro do cronômetro começa no ponto zero e avança à medida que o elemento se desenvolva. Quando o elemento termina, a leitura é anotada e o ponteiro é colocado de novo no ponto zero. Para que a marcação não atrapalhe a medida do elemento seguinte, é comum usar-se dois cronômetros: quando termina o elemento que está sendo medido, interrompe-se o primeiro cronômetro e aciona-se ao mesmo tempo o segundo. Enquanto este está trabalhando, faz-se a marcação e volta-se o ponteiro do primeiro cronômetro ao zero.

10.4.1.4 *Número de Ciclos de Medida*

O conjunto de elementos que constituem uma tarefa recebe o nome de ciclo; este é, pois, a tarefa completa.

Quantas medidas devem ser tomadas, ou seja, qual o número de ciclos a cronometrar? Na verdade, é fácil perceber que o número de medidas dependerá de três fatores: a variabilidade dos tempos, a precisão desejada e o nível de confiança sobre a medida tomada. Quanto maiores forem, isoladamente ou em conjunto, a variabilidade das medidas, a precisão desejada e o nível de confiança pretendido, maior será o número de medidas necessário. Como regra, esse número de medidas pode ser determinado de duas formas diferentes:

a) Pela via prática ou do bom senso: o analista vai fazendo medidas dos ciclos, conforme eles acontecem, e para quando sente confiança nos resultados obtidos.

b) Pela via estatística, que permite a determinação matemática do número de ciclos a cronometrar.

Não vamos entrar nos detalhes de derivação dos cálculos estatísticos, que se baseiam na distribuição normal de probabilidades. O que o analista deseja fazer é um número N de medidas, tal que tenha um grau de confiança C (que medido em porcentagem vai de zero a 100% ou, medido em fração, vai de zero a 1) de que a média obtida nessas N medidas não seja diferente em mais de a% da média real (desconhecida). No caso, a é a *precisão* da medida. Assim, se tivermos C = 95%; a = 10% e N = 20, a interpretação desses números é a seguinte: se o analista fizer 20 medidas, ele obterá, com 95% de confiança, um valor médio pertencente ao intervalo média real +10%. Claro está que a média real, qualquer que seja, permanecerá desconhecida.

Para se obter o número de medidas, deve-se antes tomar n medidas iniciais, ou seja, uma amostra de medidas, determinando-se a sua média x e o seu desvio padrão s. O número N de medidas para um dado elemento é dado pela fórmula:

$$N = \left(\frac{100\ z\ s}{a\ x}\right)^2 \qquad \text{(Equação 10.7)}$$

onde:

z = número de desvios padrão da normal padronizada, correspondente ao grau de confiança C desejado

s = desvio padrão da amostra de medidas

a = precisão final desejada, em porcentagem

x = média da amostra de medidas

Dado um grau de confiança C, o valor de z pode ser diretamente obtido da curva normal padronizada.

A rigor, a Equação 10.7 deveria ser aplicada a cada um dos elementos constituintes da tarefa, o que levaria a números diferentes de medidas para cada um deles. Entretanto, basta notar que a relação s/x nada mais é do que o coeficiente de variação. Quanto maior for ele, maior será o número de medidas para o elemento. Por segurança, é mais conveniente fazer o número de medidas que corresponda ao elemento com maior coeficiente de variação, o que implica em automaticamente fazer o maior número de medidas encontrado entre os elementos.

Exemplo 10.2

Uma tarefa é constituída de 3 elementos, para os quais procedeu-se a uma cronometragem, tomando-se inicialmente 5 medidas como amostra. Os resultados encontrados (todas as medidas em centésimos de minuto) estão na tabela a seguir:

Elemento	*x*	*s*	Coeficiente de Variação
A	25,1	5,4	0,22
B	14,2	4,0	0,28
C	34,6	8,9	0,26

Deseja-se saber quantos ciclos devem ser cronometrados com um grau de confiança de 95% de que a média final esteja no intervalo média real ±10%.

Solução

O elemento B, por apresentar o maior coeficiente de variação, levará ao maior número de medidas, que pode ser então adotado também para os outros elementos. Temos:

z = 1,96 (grau de confiança de 95%), retirado da tabela da normal reduzida

a = 10%

Aplicando a Equação 10.7, vem que:

$$N = \left(\frac{100\ z\ s}{a\ x}\right)^2 = \left(\frac{100\ (1{,}96)\ (4{,}0)\ )}{10\ (14{,}2)}\right)^2 = 30$$

Em princípio, deverão ser feitas 30 medidas, ou seja, 25 medidas a mais do que a amostra tomada. Esse resultado, no entanto, pode ser alterado na medida em que sejam feitas novas medidas, conforme veremos logo mais.

A Equação 10.7 pode ser apresentada de uma forma diferente, que possui a vantagem de ressaltar a relação entre a amostra de n medidas e o número final de medidas N. Lembremos que o desvio padrão s e a média x são dados pelas fórmulas a seguir:

$$s = \sqrt{\frac{\sum (x_i - \bar{x})^2}{n-1}} = \sqrt{\frac{\sum x_i^2 - (x_1)^{2/n}}{n-1}}$$

$$x = \frac{\sum x_i}{n}$$

onde x_i representa cada uma das medidas feitas sobre a amostra. Fazendo as substituições na Equação 10.7, temos:

$$N = \left(\frac{\frac{100\,z}{a} \sqrt{\frac{n^2 \sum x_i^2}{(n-1)} \quad \frac{n \sum (x_i)^2}{(n-1)}}}{\sum x_i} \right)^2 \qquad \text{(Equação 10.8)}$$

A Equação 10.8 pode ser substituída por uma simplificação, admitindo-se que $n = n - 1$, o que é razoável se n for razoavelmente grande. Ficamos então com:

$$N = \left(\frac{\frac{100\,x}{a} \sqrt{n \sum x_i^2 - \sum (x_i)^2}}{\sum x_i} \right)^2 \qquad \text{(Equação 10.9)}$$

Exemplo 10.3

Calcular o número de medidas N para o mesmo Exemplo 10.2, usando agora a Equação 10.9, admitindo que as 5 medidas originais do elemento B foram as seguintes (em centésimos de minuto): 18, 10, 15, 18 e 10.

Solução

Determinemos inicialmente x_i e x_i^2:

x_i	x_i^2
18	324
10	100
15	225
18	324
10	100
71	1.073

Aplicando então a Equação 10.9, tem-se:

$$N = \left(\frac{\frac{100\,(1{,}96)}{10} \sqrt{5\,(1.073) - (71)^2}}{71} \right)^2 = 25$$

Segundo a equação aproximada 10.9, deveríamos fazer mais 20 medidas para atingir o total de 25; no Exemplo 10.2 havíamos encontrado um total de 30 medidas. A discrepância justifica-se, pois tomamos apenas 5 medidas originais e $n/(n-1)$ se afasta um pouco da unidade, ou seja, $5/4 = 1{,}25$.

Pode ser, não obstante, que não sejam necessárias tantas medidas a mais. Por exemplo, se fizéssemos mais 3 medidas, de valores todos iguais a 15, e conservássemos as 5 medidas originais, ficando então agora com 8 medidas no total, os cálculos refeitos nos levariam a $N = 15$. Precisaríamos, portanto, de apenas 7 medidas a mais (15 – 8). Esse menor número de medidas (15 contra 25) aconteceu porque o coeficiente de variação da amostra diminuiu. Esse fato é carregado de lógica: se as medidas tendem muito estreitamente a um valor central, o número de medidas necessário tende a ser cada vez menor. É claro que a tendência inversa também se manifestaria, caso o desvio padrão recalculado após nova rodada de medidas estivesse aumentando em relação ao valor anterior.

10.4.2 Tempos Históricos

Denominamos tempos históricos aqueles derivados dos próprios estudos de tempo da empresa. Através dos anos, os processos produtivos apresentarão, sem dúvida, muitas operações diferentes, mas o analista de tempos notará que muitos elementos são comuns a essas operações. A cada vez que esses elementos comuns aparecerem, o valor de seus tempos de execução poderá ser tomado de arquivos especialmente mantidos para registro. Não haverá necessidade de cronometrá-los novamente. Os passos para o uso desse arquivo são os seguintes:

a) Analisar a operação a ser cronometrada, para identificar os seus elementos; se possível, as operações devem ser divididas em classes, segundo as semelhanças que possuam, pois operações pertencentes a uma mesma classe tenderão a ter elementos iguais ou semelhantes.

b) Verificar os arquivos para ver quais os elementos que já possuem seus tempos cronometrados.

c) Usar cronometragem direta para os elementos que não constam no arquivo.

d) Somar os tempos dos elementos para obter o tempo normal da operação completa.

e) Aplicar a tolerância devida para obter o tempo padrão.

Pode acontecer que o tempo normal associado a um dado elemento possa variar, em função de características especiais da operação e/ou do material com que se está trabalhando. Assim, por exemplo, se o elemento é "mover tal ferramenta", o tempo dependerá da distância a ser movida. Pode ser que o arquivo não contenha exatamente o tempo para a distância atual a ser movida, mas provavelmente conterá outros tempos, para outras distâncias, tornando possível uma interpolação. Assim pode acontecer também com o corte de um tubo com serra manual: o tempo dependerá do diâmetro do tubo. Mesmo que não haja registro do tempo para o diâmetro atual, talvez seja possível uma interpolação a partir dos tempos registrados para outros diâmetros.

O arquivo de dados históricos possui uma vantagem imediata, que se refere ao custo envolvido na determinação de tempos; além disso, ele elimina a necessidade de avaliar a eficiência do operador, já que o tempo arquivado já está normalizado ou é uma média de muitos registros, feitos com operadores mais lentos e mais rápidos. A desvantagem, também clara, é o cuidado exigido com a manutenção de tal arquivo e sua constante atualização; além disso, o arquivo pode perpetuar medidas erradas feitas no passado.

10.4.3 Dados Padrão Predeterminados

Dados padrão predeterminados (também chamados de tempos elementares predeterminados) são tempos normais elementares publicados por associações especializadas. Como os elementos são curtos, do tipo therblig, os tempos predeterminados podem ser usados para compor muitas operações, mesmo antes que elas venham a acontecer na prática. Muitos advogam o uso desses sistemas, pois eles eliminam o problema da avaliação de ritmo ou eficiência; na verdade, seu uso é muito difundido, pois propiciam bons resultados e economia para a empresa. É claro que eles eliminam o problema da avaliação do operador, porque isso foi feito antes e permanece embutido nos dados.

Um dos sistemas mais comuns é o chamado Sistema MTM (*Methods Time Measurement*), desenvolvido na década de 1940 pelo Methods Engineering Council. O MTM usa uma unidade de tempo chamada TMU (*Time Measurement Unit*), a qual possui as seguintes equivalências:

1 TMU = 0,00001 horas = 0,0006 minutos = 0,036 segundos

O MTM apresenta diversas tabelas contendo os tempos para uma série de atividades fundamentais (Alcançar, Mover, Girar e Aplicar Pressão, Soltar, Desacoplar etc.) sob variadas circunstâncias.

O uso de sistemas do tipo MTM possui diversas vantagens, entre as quais a precisão e a eliminação da avaliação do desempenho do operador. Mesmo quando uma operação ainda está sendo projetada, o seu tempo de execução pode ser determinado. Por outro lado, a principal desvantagem está no treinamento exigido ao analista de tempos para que consiga utilizar o sistema com proveito. Geralmente é necessário um curso formal e muitas horas de prática para se atingir um estágio satisfatório de uso do sistema.

10.4.4 Amostragem do Trabalho

A amostragem do trabalho é uma técnica estatística desenvolvida e aplicada por L. H. C. Tippet a partir de 1930, na indústria têxtil inglesa.

A amostragem do trabalho tem muitas utilizações, entre as quais destacamos a de determinar a porcentagem de tempo que operários e/ou máquinas gastam em várias atividades. A técnica consiste basicamente em observar (apenas observar) o trabalho a intervalos aleatórios de tempo, partindo de uma classificação já preestabelecida de atividades. Exemplificando, o analista pode fazer 600 observações do trabalho de um operário, usando o esquema classificatório das atividades do operário mostrado a seguir e chegar às seguintes anotações:

Atividade	Nº de Observações
Trabalhando	415
Aguardando material	85
Conversando	54
Ausente	46
Total	600

Fica desde logo evidente que a classificação das atividades precisa ser bem clara, inclusive lançando-se mão de convenções sobre o que indique que o operário está aguardando material, quando está conversando simplesmente ou recebendo instruções etc.

Além da classificação das atividades, há dois outros problemas a resolver com a amostragem do trabalho: o primeiro refere-se à fixação do número N de observações que devem ser feitas, e o segundo refere-se à escolha dos horários (aleatórios) em que serão feitas essas observações.

A determinação de N é semelhante àquela que já fizemos para o número de ciclos de medida a cronometrar. Na cronometragem, o elemento que servia de base para o cálculo do número de ciclos a medir era o elemento com a maior relação s/x, ou seja, com o maior coeficiente de variação, já que levava por segurança ao maior número de medidas. A mesma coisa ocorre agora com a atividade menos freqüente. Chamemos de p a probabilidade de ocorrência (ou seja, a proporção de ocorrência) dessa atividade menos freqüente, escolhida como base porque proporcionará o maior número de observações. Queremos um número N de medidas de forma que tenhamos um grau de confiança C de que a proporção obtida caia no intervalo: proporção real $\pm a\%$, onde a é a precisão desejada.

A fórmula aproximada para o cálculo de N, baseada na curva normal de probabilidades, é:

$$N = \left(\frac{100\,z}{a}\right)^2 \left(\frac{1-p^*}{p^*}\right)^2 \qquad \text{(Equação 10.10)}$$

onde

z = número de desvios padrão da normal reduzida correspondente ao grau de confiança C

a = precisão, em porcentagem

p^* = proporção estimada de ocorrência da atividade escolhida como base

Nota-se, portanto, que é necessária uma estimativa preliminar da proporção de ocorrência da atividade, o que pode ser conseguido tomando-se 50 ou 100 observações preliminares. Obtido esse valor preliminar p^*, ele é usado na Equação 10.10 fornecendo outro valor de N e assim sucessivamente até que o novo N determinado seja menor ou igual ao que gerou o valor de p^* usado no cálculo.

Exemplo 10.4

Retomemos o caso exemplificado ao início, onde eram feitas 600 observações fornecendo os resultados a seguir:

Atividade	Nº de Observações
Trabalhando	415
Aguardando material	85
Conversando	54
Ausente	46
Total	600

Determinar o número de observações a serem feitas, com base na atividade do operário rotulada como "Ausente". Deseja-se um grau de confiança de 95% de que a proporção encontrada esteja dentro do intervalo proporção real ±10%.

Solução

A proporção para "Ausente" é de 46/600 = 0,08; temos ainda

z = 1,96 (tabela de áreas sob a normal reduzida)

a = 10%

Aplicando a Equação 10.10, vem que:

$$N = \left(\frac{100\,z}{a}\right)^2 \left(\frac{1-p^*}{p^*}\right)^2 = \left(\frac{100 \times 1{,}96}{10}\right)^2 \left(\frac{1-0{,}08}{0{,}08}\right)$$

N = 4.418 observações

Note-se que à medida que p^* diminui, o número N de observações aumenta: é por esse motivo que se costuma tomar como base a atividade menos freqüente. Diga-se de passagem que a fórmula anterior é muito favorável à criação de ábacos que simplificam os trabalhos de cálculo, os quais são úteis a supervisores e instrutores sem grandes conhecimentos matemáticos.

Outro problema a que nos referimos era o horário das observações. É prática comum determinar tais horários tomando 3 dígitos em uma tabela Monte Carlo (tabela de números aleatórios), sendo o primeiro dígito representativo da hora e os outros dois dos minutos, abandonando-se números absurdos. Como exemplo, se desejamos 2.000 medidas, podemos fazer 200 por dia, durante 10 dias úteis.

Se contarmos com muitos operadores na mesma tarefa, podemos selecionar 10 deles, cada um dos quais será observado 20 vezes diariamente. Se o operador estiver trabalhando sozinho, terá de fazer várias tabelas de 20 observações, que lhe permitam visualizar o trabalho dos 10 operários. Nos próximos dias, poderá alterar as tabelas, de modo que os operadores não se habituem aos horários e tragam prejuízos às medidas.

Uma outra prática comum, que possui talvez o inconveniente de alertar o operador, é a de escolher na tabela Monte Carlo o primeiro horário entre 8h e 8h10min (ou algo semelhante, dependendo do horário de início do trabalho) e somar a ele um número constante de minutos, até que se completem as observações necessárias.

PONTOS-CHAVE

1. O projeto do trabalho visa especificar o conteúdo e o método de execução dos trabalhos existentes em uma organização. O projeto responderá às perguntas: quem fará o trabalho (habilidades requeridas do operador), como o fará (método) e onde o fará.

2. O projeto do trabalho recebeu a influência de duas correntes fundamentais de pensamento: a corrente mecanicista e a corrente humanista. A corrente mecanicista ou objetiva focaliza-se sobre a tarefa a ser executada e a relação física entre ela e o operador que vai executá-la. Por outro lado, a corrente humanista coloca o homem como centro do projeto do trabalho, dando ênfase às suas necessidades sociais e psicológicas.

3. Especialização é o processo pelo qual se estreita cada vez mais a amplitude de determinado trabalho. A racionalidade para a especialização está na crença de que, quanto mais especializado o operador em seu trabalho, tanto mais produtivo ele será.

4. As técnicas motivacionais (relacionadas ao projeto do trabalho) são recursos dos quais se lança mão para despertar a motivação para o trabalho. Podem agir aumentando a variedade de trabalho (ampliação da tarefa, rotação e enriquecimento do trabalho) ou sobre a sua duração ou horário (tempo flexível).

5. A organização apresenta dois sistemas em sua composição: o social e o técnico. O sistema social diz respeito às organizações formal e informal dos grupos de trabalho, enquanto o sistema técnico se refere ao aparato físico e aos conhecimentos tecnológicos envolvidos no processo de produção. O sistema sociotécnico, resultante da fusão desses dois sistemas, diz respeito a um projeto de trabalho que equilibre as necessidades sociais e psicológicas dos trabalhadores com as pressões e necessidades tecnológicas do ambiente.

6. A análise dos métodos de trabalho pode ser feita tanto sobre novos trabalhos que ainda estão sendo criados, como sobre trabalhos já rotineiros, com o intuito de melhorar a produtividade. A análise envolve desde a macrovisão (análise de várias operações e seus inter-relacionamentos) até detalhamentos específicos, como o arranjo de ferramentas no local de trabalho e os movimentos do operador.

7. A documentação de uma operação é feita por fluxogramas, que são recursos gráficos para mostrar o que acontece durante uma operação ou seqüência de operações. O fluxograma do processo mostra o que ocorre com o material, ou conjunto de materiais, durante uma seqüência de fases do processo produtivo. O diagrama homem-máquina, por sua vez, é uma representação gráfica dos detalhes do trabalho do homem e da máquina.

8. O estudo de movimentos visa ao registro e à análise dos movimentos do corpo humano (operador) durante a realização de uma tarefa. Há dois objetivos básicos nesse estudo: a eliminação de movimentos desnecessários e a busca da melhor seqüência de movimentos para o aumento da produtividade.

9. Therbligs são movimentos elementares, pequenos e breves, também chamados de micromovimentos. A análise de movimentos em uma dada operação envolve a sua decomposição em therbligs, após o que as melhorias são buscadas por meio de sua eliminação, combinação ou rearranjo.

10. A medida do trabalho envolve a determinação de três diferentes tempos: o tempo real, obtido de forma direta, por cronometragem ou outra forma qualquer; o tempo normal, que corrige o tempo real pela aplicação de um fator de eficiência ou ritmo do operador, e o tempo padrão que aumenta o tempo normal pela aplicação de um fator de tolerância para fadiga, necessidades pessoais e características particulares da operação.

11. O número de ciclos de medida será uma função de três fatores: a variabilidade dos tempos, a precisão desejada e o nível de confiança sobre a medida tomada.

12. Tempos históricos são aqueles derivados de um registro próprio da empresa, contendo tempos elementares já determinados anteriormente. A cada nova necessidade de cronometrar uma tarefa, verifica-se no arquivo se existem tempos elementares já determinados e que se adaptem à tarefa.

13. Dados padrão predeterminados são tempos normais elementares publicados por associações especializadas. Um dos sistemas mais famosos é o MTM (*Methods Time Measurement*), que tem como unidade básica de tempo a TMU (*Time Measurement Unit*), valendo 0,036 segundos.

14. A amostragem do trabalho – técnica estatística utilizada a partir da década de 1930 – consiste em observar o trabalho de homens e/ou máquinas, classificando sua atividade de momento segundo uma escala de atividades preestabelecida. Um dos principais objetivos é o de determinar a porcentagem de tempo gasta em atividades realmente produtivas, procurando oportunidades de melhoria de desempenho.

PROBLEMAS RESOLVIDOS

1. Uma tarefa de montagem foi dividida em 4 elementos, cada um dos quais foi cronometrado durante um certo número de ciclos; ao mesmo tempo, anotou-se a eficiência do operador em cada um dos elementos. Os resultados estão na tabela a seguir:

Elemento	Tempo medido (min)	Eficiência (%)
A	0,35	105
B	0,72	90
C	0,93	100
D	1,42	110

Determine:

a) o tempo normal de cada elemento e de toda a tarefa.

b) o tempo padrão da tarefa para uma tolerância de 20%:

b.l.) em relação ao tempo da tarefa;

b.2.) em relação ao dia de trabalho.

Solução

a) *Tempos normais*:

As fórmulas a serem usadas são:

$TN = TR \times EF/100$ TN = Tempo Normal TR = Tempo Real

EF = Eficiência do Operador

$TP = TN \times FT/100 = TN \times (100 + T)/100$, onde

TP = Tempo Padrão, FT = Fator de Tolerância, T = Tolerância
(para a tolerância T dada em função do tempo da tarefa)

ou, se a tolerância for dada em função do dia de trabalhador:

$TP = TN \times 100/(100 - T)$

A fórmula do tempo normal deve ser aplicada a cada um dos elementos e a soma desses tempos normais dos elementos dará o tempo normal da tarefa. Os cálculos estão na tabela a seguir, que reproduz os dados originais.

Elemento	Tempo medido (min)	Eficiência (%)	Tempo normal (min)
A	0,35	105	0,38
B	0,72	90	0,65
C	0,93	100	0,93
D	1,42	110	1,56

Tempo normal da tarefa = Soma = 3,52 min

b. l.) Tempo padrão (T definida em relação ao tempo da tarefa):
$TP = TN \times (100 + T)/100 = 3{,}52 \times (100 + 20)/100 = 4{,}22$ min

b.2.) Tempo padrão (T definida em relação ao dia de trabalho):
$TP = TN \times 100/(100 - T) = 3{,}52 \times 100/(100 - 20) = 4{,}40$ min

2. Determinar o número de ciclos de uma tarefa a serem cronometrados, sabendo-se que 5 medidas preliminares dos tempos de duração dos elementos resultaram na tabela a seguir. Deseja-se um grau de confiança de 99,7% de que o tempo obtido com as medidas esteja no intervalo média real ±10%. Em seguida, refazer os cálculos reduzindo o grau de confiança a 95%.

Elemento	Tempo medido em min (x)	Desvio padrão em min (s)
1	1,20	0,10
2	0,80	0,13
3	1,02	0,12
4	1,32	0,20
5	0,60	0,02

Solução

a) *Cálculos com o grau de confiança de 99,7%:*

Como as relações s/x são diferentes, cada elemento conduzirá também a medidas diferentes do número de ciclos. Por segurança, adotemos a relação correspondente ao elemento B, que redundará no maior número de medidas (relações s/x a seguir).

Elemento	*A*	*B*	*C*	*D*	*E*
s/x	0,08	0,16	0,12	0,15	0,03

Temos:

$$N = \left(\frac{100\ z\ s}{a\ x}\right)^2 \text{ sendo}$$

$z = 3$ (tabela de áreas sob a normal reduzida)

$s/x = 0{,}16$

$a = 10\%$

Logo:

$$N = \left(\frac{100 \times 3 \times 0{,}16}{10}\right)^2 = 23 \text{ medidas}$$

b) *Cálculos com o grau de confiança de 95%*:

A única diferença em relação ao caso anterior reside no valor de z, que passa a ser de 1,96. Refazendo os cálculos:

$$N = \left(\frac{100 \times 1{,}96 \times 0{,}16}{10}\right)^2 = 10 \text{ unidades}$$

O número de medidas cai de 23 para apenas 10, tal é a influência do grau de confiança no sentido de, aumentando, aumentar o número necessário de medidas.

3. Deseja-se determinar a porcentagem de tempo que os atendentes de uma loja de roupas passam em contato com os clientes. Para tanto, deverá ser feita uma amostragem do trabalho, anotando-se, a cada observação, se o atendente se encontrava com algum cliente ou não. Há uma estimativa da gerência que o número de atendentes é excessivo e que não mais que 20% de seu tempo está sendo gasto no atendimento efetivo. Deseja-se ter um grau de confiança de 98% de que a porcentagem obtida não seja diferente em mais de 10% da porcentagem de tempo realmente alocada ao atendimento. Quantas observações devem ser feitas?

Solução

Temos:

$z = 2{,}33$ (da tabela de áreas sob a normal reduzida)

$a = 10\%$

$P^* = 0{,}20$

Logo:

$$N = \left(\frac{100\ z}{a}\right)^2 \frac{1 - p^*}{p^*} = \left(\frac{100 \times 2{,}33}{10}\right)^2 \frac{1 - 0{,}2}{0{,}2} =$$

$N = 2.172$ medidas

4. No programa anterior, observou-se que, após 100 observações, a porcentagem de tempo efetivamente ocupada com clientes é de 15%. Revise a estimativa do número necessário de medidas, conservando os parâmetros anteriores.

Solução

Temos agora:

$$N = \left(\frac{100\ z}{a}\right)^2 \frac{1 - p^*}{p^*} = \left(\frac{100 \times 2{,}33}{10}\right)^2 \frac{1 - 0{,}15}{0{,}15} =$$

$N = 3.076$ medidas

O número de medidas aumentou de 2.172 para 3.076, exatamente devido à menor porcentagem de tempo gasto na atividade de atendimento. Como se recorda, quanto menor essa porcentagem, maior será o número de medidas.

5. Durante 12 dias úteis foi realizado um estudo de amostragem do trabalho, completando-se 100 observações por dia. Desejava-se determinar a proporção de tempo que o operário gastava; esperando material para trabalhar. Os registros forneceram o seguinte:

Dia	1	2	3	4	5	6	7	8	9	10	11	12
Esperando Material	5	10	6	9	5	5	6	9	12	20	15	5

O estudo foi realizado fixando-se uma precisão de 10% em torno da proporção real, com um grau de confiança de 95%. Determinar:

a) A proporção de tempo assumida para "Esperando material", que deu origem ao número de medidas efetuadas.

b) Assumindo o número de medidas em 1.200, e os demais parâmetros, qual a precisão real obtida?

Solução

a) *Proporção assumida para "Esperando material"*:

Temos:

$N = 1.200 \qquad a = 10\% \qquad z = 1{,}96$

Logo:

$$N = \left(\frac{100\,z}{a}\right)^2 \frac{1 - p^*}{p^*} = \left(\frac{100 \times 1{,}96}{10}\right)^2 \frac{1 - p^*}{p^*} = 1.200$$

ou

$$1.200 = 384{,}16\,\frac{1 - p^*}{p^*} \quad \text{o que resulta em } p^* = 0{,}24$$

b) *Precisão real obtida*:

Considerando os valores das medidas, a proporção de tempo dedicada a "Esperando material" será obtida somando-se todas as observações dessa atividade e dividindo-se o total por 1.200:

$p = 0{,}09$

Substituindo esse valor de p na equação anterior, colocando agora como incógnita o valor de a, vem que:

$$N = \left(\frac{100\,z}{a}\right)^2 \frac{1 - p^*}{p^*} = \left(\frac{100 \times 1{,}96}{a}\right)^2 \frac{1 - 0{,}09}{0{,}09} = 1.200$$

$$1.200 = 10{,}11\,\frac{(196)^2}{a^2} \quad \text{de onde se segue que}$$

$a^2 = 323{,}65$

$a = 18\%$

A precisão alcançada foi, portanto, menor do que a desejada, exatamente porque a proporção de tempo tomada como base no cálculo de N ($p = 0{,}24$) foi superior à encontrada após as medida: ($p = 0{,}09$).

QUESTÕES PARA DISCUSSÃO

1. O que se entende por projeto do trabalho? Quais são os seus objetivos?

2. Quais são as perguntas fundamentais a responder para o projeto do trabalho?

3. Dê as principais características das correntes mecanicista e comportamental.

4. O que é especialização? Qual a justificativa fundamental para ela?

5. Quais são as principais vantagens e desvantagens da especialização?

6. Comentar brevemente cada uma das técnicas motivacionais para o trabalho apresentadas no texto.

7. O que é o sistema sociotécnico?

8. Qual a justificativa para uma análise dos métodos de trabalho?

9. Descreva os principais passos de uma análise de métodos.

10. Definir fluxograma do processo e diagrama homem-máquina.

11. Quais as finalidades do estudo de movimentos?

12. Como são organizados os princípios de economia dos movimentos?

13. Cite dois usos do tempo padrão de uma tarefa.

14. Qual é a função do fator de tolerância *FT*? Como é calculado?

15. Quais são as etapas fundamentais de um estudo de tempos com cronômetros?

16. Identifique cada uma das variáveis que comparecem na Equação 10.7, usada na determinação do número de ciclos de medida.

17. O que são tempos históricos? Quais são os passos para o uso de um arquivo de tempos históricos?

18. O que é o sistema MTM? Qual é e quanto vale (em horas, minutos e segundos) a sua unidade fundamental?

19. No que consiste a amostragem do trabalho?

20. Quais são as semelhanças entre o cálculo do número de ciclos de medida na cronometragem e do número de observações na amostragem do trabalho?

PROBLEMAS PROPOSTOS

1. Determinar o tempo padrão de uma tarefa da qual foram medidos 10 ciclos, obtendo-se 2,40 minutos como média dos tempos. O operador foi avaliado como tendo uma eficiência de 90%. A tolerância habitual em tarefas semelhantes é de 25% sobre o dia de trabalho.

2. No exercício anterior, qual seria o tempo padrão se a mesma tolerância fosse definida sobre o tempo da tarefa?

3. Dois analistas cronometraram dois diferentes operadores na mesma tarefa, que consiste basicamente na união de duas peças, por meio de parafuso e porca. Os resultados obtidos foram os seguintes:

	TEMPO (min)			
ELEMENTO	Operador nº 1	Eficiência	Operador nº 2	Eficiência
Alcançar peça *A*/ajustá-la na posição	0,10	100%	0,13	90%
Alcançar peça *B*/ajustá-la na posição	0,08	110	0,10	100
Ajustar parafuso e porca	0,12	100	0,10	90
Unir peças *A* e *B*	0,25	90	0,32	90
Colocar conjunto no transportador	0,05	100	0,05	110

a) Determinar o tempo normal da operação segundo cada analista.

b) Tomando como tempo normal da tarefa a média dos tempos normais obtidos pelos dois analistas, determine o tempo padrão da tarefa assumindo uma tolerância de 30% sobre o dia de trabalho.

4. Determinar o número de medidas a serem feitas para uma operação de montagem, sabendo que uma amostra inicial de medidas forneceu a média de 8,25 minutos e um desvio padrão de 1,40 minutos. A precisão procurada é de 10% com um grau de confiança de 95%.

5. Em uma amostra de medidas, foram anotados os tempos a seguir e respectivos desvios padrão, para os três elementos constituintes de uma tarefa:

Elemento	Tempo (min)	Desvio padrão (min)
A	5,04	1,20
B	1,39	0,14
C	2,25	0,72

a) Qual o elemento que deve ser tomado como base para o cálculo do número de ciclos a medir?

b) Quantos ciclos deverão ser medidos, para uma precisão de 5% com um grau de confiança de 98%?

6. Para o elemento de maior variabilidade de uma tarefa, foram anotados os tempos seguintes em uma amostra preliminar de medidas (em minutos): 3,25; 4,02; 3,70; 3,15 e 3,50. Utilize a fórmula aproximada para o cálculo do número de ciclos a cronometrar, de forma que o valor médio esteja com 99,7% de confiança, dentro do intervalo média real ±8%.

7. No exercício anterior, supor que foram feitas mais três medidas (em minutos): 3,50; 3,45 e 3,52. Qual o novo número de medidas, usando a mesma fórmula aproximada?

8. Para observar o efeito da variabilidade da medida, do grau de confiança desejado e da precisão da medida, solicitou-se a um estudante que preenchesse as tabelas a seguir, colocando nas células o número de medidas correspondente a cada combinação particular:

C = 95%

	s/*x*		
a	0,05	0,10	0,20
2%			
5%			
10%			

C = 98%

	s/*x*		
a	0,05	0,10	0,20
2%			
5%			
10%			

Quais são as principais conclusões?

9. Uma das principais ocupações de um setor de atendimento de uma prefeitura municipal consiste em receber reclamações e solicitações do público relativas ao imposto predial. Em uma das fases do atendimento, o funcionário preenche um breve formulário, a partir de informações prestadas oralmente pelo contribuinte. Esta fase foi escolhida como base para se determinar o número de observações a serem feitas de toda a operação. Uma amostra preliminar de medidas, conduzida durante 5 dias úteis, forneceu os resultados a seguir:

Dia	Número Total de Observações	Preenchimento de Formulário
1	25	8
2	50	12
3	10	4
4	15	5
5	10	5

Quantas observações devem ser feitas, para se ter 95% de certeza de se obter uma precisão de 10%?

10. Uma das utilizações possíveis para a amostragem do trabalho é na fixação de fatores de tolerância para tarefas. Os dados a seguir mostram o registro para uma certa operação:

Atividade	Nº de Observações
Operário trabalhando	1.512
Atrasos inevitáveis	319
Atrasos evitáveis	169

A tolerância para a operação será dada pelo quociente entre as freqüências de atrasos inevitáveis e do operário trabalhando, somada a 15% para fadiga e necessidades pessoais. Calcular o fator de tolerância para a operação.

11. A aprovação final do crédito ao consumidor em uma loja de departamentos é feita pelo gerente da loja, que tem se queixado de que esta atividade lhe toma muito tempo, desviando-o de outras tarefas igualmente importantes. Ele encarrega então um funcionário de fazer observações, anotando se ele, gerente, está ou não analisando fichas de pedido de crédito. O funcionário fez as seguintes observações preliminares:

Dia	1	2	3	4	5	6
Número de observações	80	50	90	65	50	60
Analisando fichas de crédito	60	40	80	38	42	45

a) Qual é a estimativa da porcentagem de tempo consumida pelo gerente na aprovação de fichas de crédito?

b) Serão necessárias mais observações para se ter um grau de confiança de que a precisão da medida está dentro da proporção real ±10%? Em caso afirmativo, quantas?

12. Como ficaria a resposta ao item *b* do problema anterior caso se tomasse por base a proporção de tempo em que o gerente não está aprovando fichas de crédito?

REFERÊNCIAS BIBLIOGRÁFICAS

AFT, L. S. *Work Measurement and Methods Improvement*. Nova York: Wiley Interscience, 2000.

BARNES, R. M. *Motion and Time Study: Design and Measurement of Work*. 8. ed. Nova York: John Wiley and Sons, 1980.

GOZZI, S. *Organização da Segurança do Trabalho: Um Confronto entre a Teoria e a Realidade*. São Paulo, 1991. Tese (Doutorado) – Faculdade de Economia e Administração, Universidade de São Paulo.

HACKMAN, J. R. et al. A New Strategy for Job Enrichment. *California Management Review*, v. 17, p. 57-71, 1975.

HERZBERG, F. One More Time: How do You Motivate Employees? *Harvard Business Review*, jan./fev. 1968.

MEYERS, F. E.; STEWART, J. R. *Motion and Time Study for Lean Manufacturing*. Nova York: Prentice Hall, 2001.

NIEBEL, B. W. *Motion and Time Study*. 6. ed. Homewood, Ill.: Richard D. Irwin, 1976.

TRIST, E. L. et al. *Organization Choice*. Londres: Tavistock Institute, 1963.

Parte III

Operação do Sistema de Produção

Capítulo 11

Previsão da Demanda

11.1 Introdução

Planejar é uma atividade comum a qualquer tipo de empresa, independentemente de tamanho ou de ramo a que se dedique. Constantemente, todas as áreas estão envolvidas com planejamento, de maneira formal ou informal. Há um sem-número de decisões que compõem o próprio planejamento ou são dele derivadas, como, por exemplo:

- quanto se deve fabricar de cada linha de produtos nos próximos dias, semanas ou meses;
- tipos de produtos e/ou serviços a oferecer daqui a dois, três ou dez anos;
- evolução da tecnologia nos próximos anos;
- necessidade de investimentos futuros;
- adoção de novos processos e tecnologias;
- ampliação e/ou construção de novas instalações;
- contratações futuras de pessoal e treinamento;
- necessidades de matérias-primas etc.

Como podemos facilmente perceber, além de haver vários tipos de planejamento, tratando com assuntos diferentes, conforme a área em que sejam gerados (Finanças, Recursos Humanos, Produção etc.), os horizontes de tempo (período coberto pelo planejamento) também são variáveis. Há necessidade de se planejar para cinco ou dez anos no futuro, tanto quanto há necessidade de se planejar os próximos dias ou semanas, embora o grau de detalhe seja muito diferente nos dois casos. De uma forma geral, quanto maior o período coberto pelo planejamento, menor a precisão com que podemos contar, com a eliminação cada vez maior de detalhes.

Não obstante as eventuais diferenças, há pelo menos uma grande e importante base comum a todo planejamento, que é a *previsão da demanda*. É necessário saber quanto a empresa planeja vender de seus produtos ou serviços no futuro, pois essa expectativa é o ponto de partida, direto ou indireto, para praticamente todas as decisões. As vendas podem depender de muitos fatores – aumento vegetativo da população, situação da economia mundial, movimentos de mercados internacionais, esforços para aumentar a participação da empresa no mercado etc. –, mas uma previsão, por mais imperfeita que seja, sempre é necessária.

A previsão da demanda é, pois, um processo racional de busca de informações acerca do valor das vendas futuras de um item ou de um conjunto de itens. Tanto quanto possível, a previsão deve fornecer também informações sobre a qualidade e a localização (lugar onde serão necessários) dos produtos no futuro.

11.2 Métodos de Previsão: Algumas Características

Para se obter uma previsão, existem vários métodos disponíveis, que em princípio podem ser usados em quaisquer circunstâncias, dependendo de certos fatores. Os principais são:

a) *Disponibilidade de dados, tempo e recursos*: há certos métodos, mais sofisticados, normalmente envolvendo modelos matemáticos, que exigem, além de dados numéricos com certa abundância, também a existência de profissionais com o conhecimento necessário para trabalhar com os modelos. Também a existência de computadores, dependendo do número e da variedade dos produtos, será altamente desejável.

b) *Horizonte de previsão*: há métodos que se mostram melhores para previsões de longo prazo (vários anos no futuro), enquanto outros são rotineiramente aplicados às previsões para períodos mais curtos, como meses, semanas ou mesmo dias.

Por outro lado, os métodos de previsão possuem algumas características que são comuns a todos eles. Entre elas, podem-se citar:

I) Os métodos de previsão geralmente assumem que as mesmas causas que estiveram presentes no passado, configurando a demanda, continuarão presentes no futuro. Isso quer dizer que o comportamento do passado é a base para se inferir sobre o comportamento do futuro. É por isso que alguns dizem jocosamente que as previsões são excelentes para se prever o passado e nos enganar acerca do futuro. Brincadeiras à parte, e dada a real necessidade de fazermos previsões, é difícil de imaginar alguma forma de previsão que não seja, consciente ou inconscientemente, de forma direta ou não, ligada às experiências do passado.

II) Os métodos não conduzem a resultados perfeitos, e a chance de erro é tanto maior quanto mais nos aprofundamos no futuro, ou seja, quanto maior seja nosso horizonte de previsão. Isso acontece porque os fatores aleatórios, que nenhuma previsão consegue captar, passam a exercer mais e mais influência.

Apesar disso, muitos métodos nos oferecem recursos para prever dentro de um intervalo de valores (dentro de uma certa precisão). Além disso, é possível controlar o erro da previsão de forma que, se ele aumentar exageradamente, tenhamos a oportunidade de mudar para um método mais conveniente.

11.3 Classificação dos Métodos de Previsão

É possível classificar os métodos de previsão por critérios variados, mas a classificação mais simples provavelmente é aquela que leva em conta o *tipo de abordagem* usado, ou seja, o tipo de instrumentos e conceitos que formam a base da previsão. Por esse critério, os métodos podem ser:

I) *Qualitativos* (ou baseados no julgamento): são métodos que repousam basicamente no julgamento de pessoas que, de forma direta ou indireta, tenham condições de opinar sobre a demanda futura, tais como gerentes, vendedores, clientes, fornecedores etc. Não se apóiam em nenhum modelo específico, embora possam ser conduzidos de maneira sistemática. São muito úteis, por exemplo, quando da ausência de dados (ou presença de dados não confiáveis) ou do lançamento de novos produtos.

II) *Matemáticos* (ou Quantitativos): são aqueles que utilizam modelos matemáticos para se chegar aos valores previstos. Permitem controle do erro, mas exigem informações quantitativas preliminares. Os métodos matemáticos subdividem-se em:

a) *Métodos causais*: a demanda de um item ou conjunto de itens é relacionada a uma ou mais variáveis internas ou externas à empresa. Essas variáveis são chamadas de *variáveis causais*. A população, o PNB (Produto Nacional Bruto), o número de alvarás expedidos para construção, o consumo de certos produtos etc. são alguns exemplos de variáveis causais. Na verdade, o que determina a escolha de uma particular variável causal para a previsão da demanda é a sua ligação lógica com essa última. Se tivermos uma boa estimativa desse valor, será possível obter a projeção desejada para um produto ou grupo de produtos em estudo.

b) *Séries temporais*: a análise de séries temporais nada exige além do conhecimento de valores passados da demanda (ou, de forma geral, da variável que se quer prever). O termo série temporal indica apenas uma coleção de valores da demanda tomados em instantes específicos de tempo, geralmente com igual espaçamento. A expectativa é a de que o padrão observado nos valores passados forneça informação adequada para a previsão de valores futuros da demanda.

Dentro das duas categorias de modelos matemáticos citadas, contam-se algumas subdivisões. No caso dos modelos causais, um dos mais populares é a regressão da demanda sobre a(s) variável(eis) causal(is). Na regressão, tenta-se descobrir, utilizando pares de valores da demanda e da(s) variável(eis) causal(is), alguma lei que as ligue, lei essa expressa por uma equação matemática. Podemos ter:

a) *Regressão simples*: é o caso em que se considera a demanda ligada a apenas *uma* variável causal.

b) *Regressão múltipla*: é o caso em que são consideradas *duas* ou mais variáveis causais supostamente ligadas à demanda.

Por sua vez, dentro das séries temporais, são muito conhecidas e usadas algumas classes de *médias* que podem ser extraídas de valores passados da demanda. Também são muito úteis os *modelos de decomposição* das séries temporais. Estes envolvem a determinação da *linha de tendência* obtida por meio de uma regressão que considera o tempo como variável ligada à demanda (o termo *causal* evidentemente não se aplica). Valores previstos pela linha de tendência podem então ser corrigidos para responder por outras características da demanda.

Frise-se que os modelos que foram rapidamente comentados nem de longe esgotam aí possibilidades. Vários outros modelos existentes são muito importantes, mas estão além dos objetivos deste texto. Por esse motivo, iremos nos restringir a uma análise detalhada apenas para os casos anteriormente citados.

11.4 Métodos Qualitativos

Os métodos qualitativos são baseados no julgamento e na experiência de pessoas que possam, por suas próprias características e conhecimentos, emitir opiniões sobre eventos futuros de interesse. Nesse sentido, o uso de julgamento pessoal não se restringe de forma alguma às previsões da demanda, podendo ser usado para analisar movimentos do comércio internacional, rumos da tecnologia, tendências de novos produtos, futuras condições econômicas e políticas etc.

Vejamos brevemente algumas técnicas mais comuns.

11.4.1 Opiniões de Executivos

Um grupo (geralmente pequeno) de altos executivos da empresa reúne-se para desenvolver em conjunto uma previsão. O grupo é formado por executivos vindos de áreas diversas, como Marketing, Finanças, Produção etc. O interesse do grupo está normalmente em previsões de longo prazo, envolvendo um ou outro aspecto do planejamento estratégico da empresa, inclusive desenvolvimento de novos produtos, processos e planejamento estratégico de manufatura. A vantagem evidente deste procedimento é a reunião de talentos com diferentes visões do assunto, o que pode levar qualidade e precisão ao consenso que se venha a obter. A grande desvantagem, bastante conhecida, é a de que uma das pessoas, por sua forte personalidade, venha a exercer uma influência exagerada sobre o grupo, impondo em maior ou menor grau a própria opinião.

11.4.2 Opinião da Força de Vendas

Desenvolver previsões com base na opinião do pessoal envolvido diretamente com as vendas pode ser uma alternativa atraente. Afinal de contas, esse pessoal tem contato diário tanto com os produtos da empresa como com os consumidores. Conhecem o desenvolvimento histórico dos produtos e percebem as evoluções do mercado.

Alguns problemas podem aparecer, no entanto. O pessoal de vendas pode não distinguir muito bem entre o que os clientes *gostariam de fazer* e o que eles *realmente farão*. Podem também ser muito influenciados por eventos de um passado recente. Se as vendas têm sido boas, talvez tendam a superestimar a demanda; se têm sido ruins, talvez tendam a subestimá-la. Além de tudo, naqueles casos em que as previsões são usadas para fixar cotas mínimas de vendas para cada vendedor ou equipe de vendedores, cria-se um evidente conflito de interesses, onde talvez seja interessante aos vendedores projetar baixas estimativas da demanda.

11.4.3 Pesquisas Junto a Consumidores

A lógica de se tomar a opinião dos consumidores liga-se ao fato de que no fundo são eles que determinam a demanda. Muito freqüentemente, o número de consumidores potenciais é excessivo para que se pesquise a opinião de cada um em particular. Nestes casos, procede-se por amostragem, conduzindo-se o que se chama comumente de pesquisas de mercado. As pesquisas de mercado requerem conhecimentos técnicos especializados e exigem grande cuidado no seu planejamento. Montar a estrutura da pesquisa, os instrumentos de coleta dos dados, o plano de execução e interpretar os resultados pede a presença de profissionais do assunto. Tomados os devidos cuidados, entretanto, e possuindo a empresa os recursos financeiros e/ou humanos para levar a bom termo a pesquisa de mercado, o método pode e geralmente dá resultados compensadores.

11.4.4 O Método Delphi

O método Delphi consiste na reunião de um grupo de pessoas que deve opinar sobre um certo assunto, dentro de regras determinadas para a coleta e a depuração das opiniões. O método foi usado pela primeira vez em 1948 pela RAND Corporation, para avaliar o impacto potencial de um ataque à bomba atômica sobre os Estados Unidos. A partir daí, sua aplicação estendeu-se a outras áreas, particularmente na previsão tecnológica, ou seja, na avaliação de mudanças na tecnologia existente e seu impacto sobre a organização. Envolvem geralmente situações de longo prazo, em que os dados são escassos ou mesmo inexistentes, sendo o julgamento pessoal uma das poucas alternativas abertas à previsão. Aliás, o nome Delphi deriva do oráculo de Delfos, na Grécia antiga, que supostamente tinha condições de prever eventos futuros.

O *comitê Delphi* é formado inicialmente pelas pessoas que participarão do processo; esses participantes, evidentemente, são especialistas no assunto em pauta e/ou em assuntos correlatos. Para que uma personalidade não se sobreponha à outra, as opiniões são expressas independentemente, por exemplo por meio de um questionário preestabelecido. Um sumário das opiniões é então preparado e distribuído ao grupo, dando-se atenção particular àquelas opiniões significativamente divergentes da média do grupo. Pergunta-se aos participantes se desejam rever suas previsões à luz dos novos resultados. Esse procedimento é repetido algumas vezes até que o grupo chegue a opiniões que não sejam muito variadas. Esse consenso, se for possível, será atingido por volta da terceira ou quarta rodada do método.

Como qualquer outro método, é possível apontar vantagens e desvantagens. Talvez a principal seja a de que o método Delphi permite obter opiniões pessoais sem que haja interações dentro do grupo, as quais poderiam distorcer os resultados. Entretanto, o método é muito sensível à qualidade do instrumento de coleta de opiniões: como o contato pessoal é evitado, não há mecanismos para se debater a eventual ambigüidade de algumas questões.

11.5 Métodos Causais

Vimos anteriormente que a regressão (simples ou múltipla) é a técnica mais conhecida dentro da classe dos modelos causais. Simbolicamente, temos a seguinte representação para a regressão simples:

$$Y = f(X)$$

onde Y é chamada de *variável dependente* (em nosso caso, a demanda) e X é a *variável causal* ou *variável independente*. O símbolo $f(X)$ indica que os valores de Y podem ser determinados caso sejam conhecidos os valores de X ou, em outras palavras, Y é uma função de X. Para a regressão múltipla, temos:

$$Y = f(X_1, X_2, \ldots X_n)$$

onde $X_1, X_2, \ldots X_n$ é o conjunto de n variáveis independentes das quais Y pode ser expresso como uma função.

Consideremos por um momento apenas a regressão simples, onde a variável dependente está ligada a somente uma variável independente. Temos várias possibilidades para o formato da função $Y = f(X)$; alguns dos mais utilizados são os seguintes:

$Y = a + b\,X$ (reta: regressão linear simples)

$Y = a\,b^X$ (exponencial: regressão exponencial)

$Y = a + b\,X + c\,X^2$ (parábola: regressão parabólica)

Em cada um dos três casos citados, as letras a e b representam parâmetros, ou seja, valores numéricos constantes. A Figura 11.1 mostra a representação gráfica das três funções.

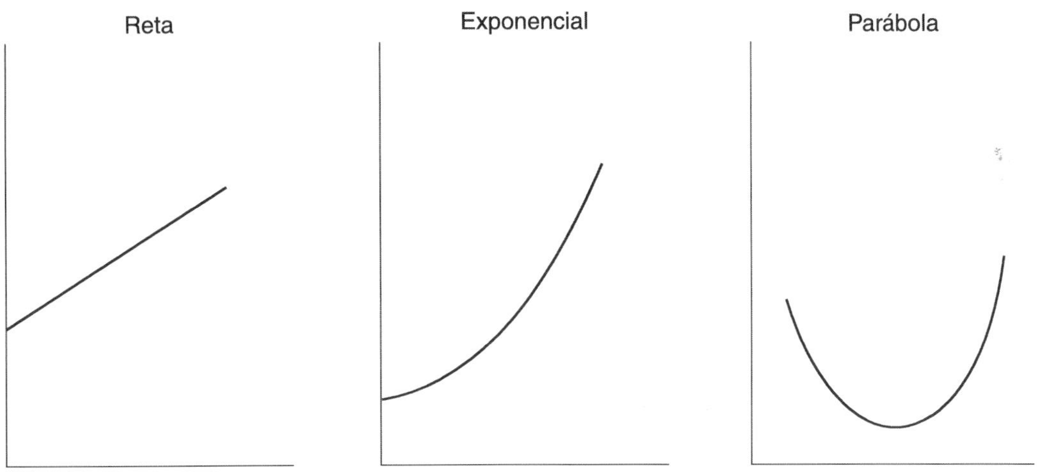

Figura 11.1 Alguns Modelos de Regressão Simples.

No tocante à regressão múltipla, as possibilidades ficam em aberto, devido tanto ao formato da função como ao número de variáveis independentes que se queira considerar. Entretanto, pela sua larga utilização, merece atenção especial a chamada *regressão linear múltipla*, assim representada simbolicamente:

$$Y = b_0 + b_1\,X_1 + b_2\,X_2 + \ldots + b_n\,X_n$$

onde $b_0, b_1, b_2, \ldots b_n$ são os parâmetros. A regressão é chamada de linear porque todas as variáveis independentes têm expoente igual a 1.

Suponhamos que se tenha escolhido um particular formato para $Y = f(X)$, como, por exemplo, $Y = a + b\ X$; esse formato só fica completamente determinado se conhecermos os valores dos parâmetros a e b. O procedimento de determinação de a e b exige que sejam conhecidos pares de valores (Y, X) que se correspondam. No caso específico da regressão linear simples, o procedimento chama-se *ajuste da linha reta* ou *ajuste da equação da reta* aos dados originais. Para a exponencial e a parábola a designação é semelhante. Como se faz esse ajuste, ou seja, como são determinados os parâmetros para um particular formato de função, é o que veremos a seguir. Iniciaremos com a regressão simples, analisando com mais detalhes o caso da linha reta e apresentando apenas os resultados finais para a parábola e a exponencial. Passaremos, em seqüência, para a regressão linear múltipla.

11.5.1 Regressão Linear Simples

Para compreender o significado dos parâmetros da reta, as quantidades a e b, retomemos por um momento a representação gráfica da reta, como mostrado na Figura 11.2:

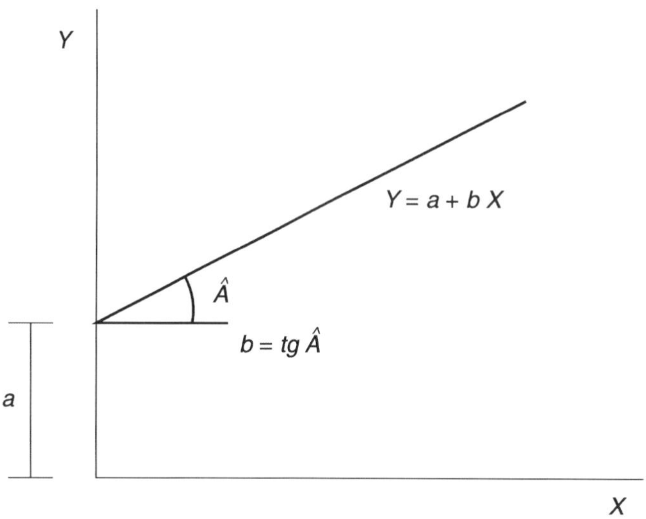

Figura 11.2 Significado dos Parâmetros da Reta.

Como podemos ver na Figura 11.2, o parâmetro a é a ordenada correspondente a $X = 0$, que pode ser positiva, como na figura, ou negativa, dependendo da posição da reta. O parâmetro b, por sua vez, também chamado de *coeficiente angular* da reta, é a tangente do ângulo formado pelo eixo X (ou qualquer paralela a ele) e a reta. Também b pode ser positivo ou negativo.

Dado um conjunto de valores correspondentes (X, Y), efetuar a regressão linear de Y sobre X significa, no plano gráfico, traçar a reta que mais se aproxime dos pontos determinados no plano pelos valores de X e Y. Essa reta pode ser chamada de *reta média*. Fica claro que a reta média será identificada analiticamente pelos valores de a e b resultantes. Uma primeira possibilidade para se traçar a reta média e, portanto, determinar os valores de a e b é o chamado *método gráfico*. O método consiste em simplesmente se traçar, com o auxílio de uma régua, a reta que visualmente melhor se adaptar aos pontos obtidos. Posteriormente, podemos medir fisicamente a ordenada correspondente a $X = 0$ (o parâmetro *a*) e o ângulo da reta com a horizontal, obtendo por uma tabela ou máquina de calcular a sua tangente (o parâmetro *b*).

O método gráfico pode, todavia, conduzir a erros, já que a colocação da reta no papel depende do julgamento humano. Duas pessoas podem obter valores diferentes para os parâmetros procurados. A solução consiste em lançar mão de algum método analítico que, apoiado em algum critério racional, possa nos conduzir aos valores de *a* e de *b*. O melhor e mais popular dos métodos existentes é o chamado *método dos mínimos quadrados* ou simplesmente MMQ. O critério usado pelo MMQ pode ser explicado com o auxílio da Figura 11.3.

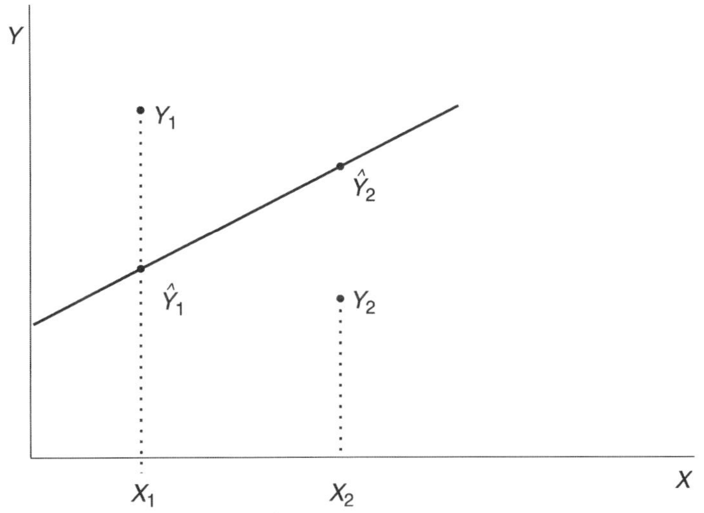

Figura 11.3 Base do Método dos Mínimos Quadrados.

Imagine o leitor que já se encontra determinada a reta média. Nesse caso, é fácil ver que, a cada valor da variável causal, correspondem dois valores da demanda: um valor real (que realmente aconteceu e foi fornecido originalmente) e um valor previsto, que seria obtido com a equação da reta. Para se obter o valor previsto, substituiríamos o valor de X na equação da reta. Para tornar mais clara a exposição, designemos por Y os valores reais e por $\hat{Y}$ os valores previstos. A equação da reta procurada é portanto $\hat{Y} = a + b\,X$, já que ela fornecerá não os valores reais Y, mas os valores previstos $\hat{Y}$. Seja agora X_i um valor qualquer da variável causal X, ao qual corresponde um valor real Y_i da demanda e um valor previsto $\hat{Y}_i$. A diferença $(Y_i - \hat{Y}_i)$ é chamada de *erro da previsão* para $X = X_i$. É claro que o erro da previsão para um dado X_i pode ser positivo ou negativo, dependendo da posição da reta em relação ao valor real Y_i. Na Figura 11.3, por exemplo, o erro correspondente a X_1 é positivo, enquanto para X_2 ele é negativo. Dada a reta média, se somarmos os erros correspondentes a todos os valores X_i, a tendência é a de que essa soma se aproxime de zero, pois a reta tenderá a se aproximar igualmente de todos os valores reais Y_i, acima ou abaixo dela. Se quisermos algum critério para determinar *a* e *b* baseado no erro da previsão, teremos dificuldades de trabalhar com a mera soma desses erros.

O problema de soma zero fica eliminado se elevarmos ao quadrado cada um dos erros de previsão associados a cada X_i. Os números resultantes serão sempre positivos e o erro quadrático total, para todos os valores X_i, será:

Erro quadrático total = $\sum (Y_i - \hat{Y}_i)^2$ para $i = 1, 2, 3, \ldots n$, onde n é o número de pares (X_i, Y_i) que se tinha originalmente.

O critério que dá base ao método MMQ pode ser enunciado como:

"Os parâmetros *a* e *b* da reta devem ser tais que o erro total $\sum (Y_i - \hat{Y}_i)^2$ seja o mínimo possível." Através do desenvolvimento da fórmula do erro total e posterior derivação, chegamos às chamadas *equações normais*:

$\sum Y = n\,a + b \sum X$ (Equação 11.1)

$\sum XY = a \sum X + b \sum X^2$ (Equação 11.2)

Nas equações normais, o índice *i* foi omitido para efeito de simplificação. Pode-se notar que todos os valores das equações normais são conhecidos, exceto *a* e *b*, já que devemos partir de pares (X_i, Y_i) conhecidos, sendo *n* o número desses pares.

Exemplo 11.1

Vejamos um exemplo de determinação de *a* e *b*. Para tanto, consideremos os pares a seguir:

Y_i	10	15	15	18	20
X_i	0	1	2	3	4

Para obtermos as somatórias que aparecem nas equações normais, basta montarmos uma tabela auxiliar onde as colunas (omitindo os índices) sejam os valores de *X*, *Y*, *X Y* e X^2 (Tabela 11.1).

Tabela 11.1

Cálculo das Somas			
X	*Y*	*XY*	X^2
0	10	0	0
1	15	15	1
2	15	30	4
3	18	54	9
4	20	80	16
10	78	179	30
$\sum X$	$\sum Y$	$\sum XY$	$\sum X^2$

Substituindo os valores assim obtidos nas equações normais, temos, lembrando que $n = 5$:

$78 = 5\,a + 10\,b$ (I)

$179 = 10\,a + 30\,b$ (II)

O sistema de duas equações a duas incógnitas resultante pode ser resolvido se multiplicarmos a equação (I) por (–2) e a adicionarmos à equação (II):

$$\begin{array}{rl} -156 = & -10\,a - 20\,b \\ 179 = & 10\,a + 30\,b \quad (+) \\ \hline 23 = & 10\,b \end{array} \qquad \underline{b = 2{,}3}$$

Substituindo o valor de b na equação (I) original, temos:

$78 = 5\,a + 10\,(2{,}3) = 5\,a + 23$ logo $\underline{a = 11}$

A equação da reta que melhor representa os pontos dados é, portanto:

$\hat{Y} = a + b\,X = 11 + 2{,}3\,X$

Podemos ter uma primeira idéia da adequação com que a reta permite prever futuros valores de Y, desde que conhecidos os correspondentes valores de X. Na Tabela 11.2 a seguir, ao lado dos valores reais Y, foram calculados os correspondentes valores previstos $\hat{Y}$. Para tanto, bastou entrar com os valores de X na equação da reta. Por exemplo, se quisermos o valor de $\hat{Y}$ para $X = 3$ (o valor real Y é 18), teremos:

$\hat{Y} = 11 + 2{,}3\,(3) = 17{,}9$

Tabela 11.2 Valores Reais e Previstos

X	0	1	2	3	4	5
Y	10	15	15	18	20	...
$\hat{Y}$	11	13,3	15,6	17,9	20,2	22,5

Calculamos também o valor de $\hat{Y}$ para o valor futuro $X = 5$; claro está que o valor real Y não é conhecido ainda, mas, dada a relativa proximidade dos valores reais Y e previstos $\hat{Y}$ para outros valores de X, podemos esperar que não se afaste muito de 22,5.

De uma maneira geral, a inspeção visual de valores reais e previstos não fornece uma base muito confiável para decidirmos se a reta fornece ou não uma boa previsão. A grandeza chamada coeficiente de correlação resolverá esse problema.

11.5.2 Os Coeficientes de Correlação e de Determinação

A maior ou menor perfeição do relacionamento entre as variáveis X e Y (diz-se também perfeição do ajuste), obtida por meio da linha reta, pode ser medida por meio do coeficiente de correlação (r), grandeza que é obtida diretamente dos pares originais (X, Y). O coeficiente de correlação pode assumir qualquer valor entre +1 e –1. O valor $r = +1$ indica uma correlação perfeita (os valores Y são obtidos com exatidão por meio dos valores X) e positiva. Por correlação positiva entendemos que as variáveis X e Y variam no mesmo sentido – quando uma cresce, a outra também o faz. Semelhantemente, o valor $r = -1$ também indica uma correlação perfeita, mas as variáveis são inversamente relacionadas, ou seja, quando uma aumenta de valor a outra diminui. Por outro lado, a correlação entre Y e X é tanto mais fraca quanto mais r se aproxima de zero em valor absoluto.

Há mais de uma fórmula para se calcular o coeficiente de correlação na regressão linear simples, embora todas elas sejam equivalentes. Adotaremos a seguinte:

$$r = \frac{n \sum X\,Y - (\sum X)\,(\sum Y)}{\sqrt{n \sum X^2 - (\sum X)^2}\,\sqrt{n \sum Y^2 - (\sum Y)^2}} \qquad \text{(Equação 11.3)}$$

O subscrito i foi novamente omitido por simplicidade. A mesma tabela auxiliar, elaborada para o cálculo de a e b, fornece as quantidades que aparecem na Equação 11.3, à exceção de $\sum Y^2$, que deve então ser calculada.

Exemplo 11.2

No exemplo que vimos usando até aqui (Exemplo 11.1), temos:

$\Sigma X = 10$ $\Sigma Y = 78$ $\Sigma XY = 179$ $\Sigma X^2 = 30$ $\Sigma Y^2 = 1.274$

Esses valores permitem o cálculo do coeficiente de correlação.
Temos:

$$r = \frac{5\,(179) - 10\,(78)}{\sqrt{5\,(30 - (10)^2}\ \sqrt{5\,(1.274) - (78)^2}} = 0{,}962$$

O valor de $r = 0{,}962$ indica uma correlação direta bastante alta. Como sugestão, podemos indicar os intervalos a seguir e as interpretações respectivas para os *valores absolutos* de r:

r	Correlação
0 a 0,2	Muito baixa
0,2 a 0,4	Baixa
0,4 a 0,6	Média
0,6 a 0,8	Alta
0,8 a 1,0	Muito alta

Em vez do coeficiente de correlação r, pode-se trabalhar com o *coeficiente de determinação*, que nada mais é do que o quadrado do coeficiente de correlação, ou seja:

coeficiente de determinação $= r^2$

O intervalo de variação de r^2 é agora entre zero e +1. O uso do coeficiente de determinação em lugar do coeficiente de correlação é de certa forma até recomendável pois, além de levar a valores de correlação mais conservadores (o quadrado de um número de valor absoluto menor que 1 é menor que o número original), também se presta a uma interessante interpretação. O coeficiente de determinação é interpretado como sendo a proporção de variância comum entre Y e X, ou seja, a proporção da variação de Y explicada pela variação de X. Assim, por exemplo, se $r^2 = 0{,}85$, isso significa que 85% da variação de Y é explicada pela variação de X, sendo os restantes 15% de variação devidos a explicações desconhecidas.

11.5.2.1 *Cálculo Direto de* r²

O coeficiente de determinação r^2 pode ser calculado diretamente, sem necessidade de se ter primeiro o coeficiente de correlação. Esse cálculo pode ser feito com o auxílio da fórmula seguinte:

$$r^2 = \frac{\Sigma\,(\hat{Y} - \overline{Y})^2}{\Sigma\,(Y - \overline{Y})^2} \qquad \text{(Equação 11.4)}$$

Na Equação 11.4 (sem os subscritos i), o símbolo Y representa os valores reais da demanda, enquanto $\hat{Y}$ representa os correspondentes valores previstos. A grandeza $\hat{Y}$ é a média dos valores reais da demanda. Dessa forma, o denominador $\Sigma\,(Y - \overline{Y})^2$ representa o erro quadrático que seria obtido caso se utilizasse a média dos valores reais como uma previsão (sempre constante) da demanda. Por sua vez, o numerador da Equação 11.4, $\Sigma\,(\hat{Y} - \overline{Y})^2$ representa o mesmo erro, caso os valores reais fossem substituídos pelos valores previstos.

A Tabela 11.3 apresenta os cálculos intermediários de que se precisa para o cálculo do coeficiente de determinação. Os valores são os mesmos já utilizados para o cálculo da equação da reta.

Tabela 11.3 Cálculo do Coeficiente de Determinação

X	Y	$\hat{Y}$	$(Y-\bar{Y})$	$(Y-\bar{Y})^2$	$(\hat{Y}-\bar{Y})$	$(\hat{Y}-\bar{Y})^2$
0	10	11	–5,6	31,36	–4,6	21,16
1	15	13,3	–0,6	0,36	–2,3	5,29
2	15	15,6	–0,6	0,36	0	0
3	18	17,9	2,4	5,76	2,3	5,29
4	20	20,2	4,4	19,36	4,6	21,16
	78	$\bar{Y}$ = 78/5 = 15,6		57,20		52,90

Aplicando-se a Equação 11.4, temos:

$$r^2 = \frac{\Sigma\,(\hat{Y}-\bar{Y})^2}{\Sigma\,(Y-\bar{Y})^2} = \frac{52{,}90}{57{,}20} = 0{,}925$$

Se extrairmos a raiz quadrada de 0,925 chegaremos exatamente ao valor do coeficiente de correlação r obtido por meio da Equação 11.3 (0,962).

Existe alguma vantagem em se usar a Equação 11.4? Sem dúvida existe. Acontece que a Equação 11.4 é uma equação genérica, que fornece o valor de r^2 qualquer que tenha sido a regressão efetuada, ou seja, qualquer que tenha sido a curva ajustada aos dados originais. A Equação 11.4 pode ser usada também se as previsões forem obtidas por meio de alguma regressão múltipla. A Equação 11.3, ao contrário, *vale exclusivamente para o caso da linha reta*. Se o leitor sentir-se mais confortável utilizando apenas uma equação, sem dúvida recomenda-se a Equação 11.4 por sua generalidade.

11.5.2.2 *Intervalo de Confiança para a Previsão*

Uma vez obtida a previsão para um período futuro, podemos determinar um intervalo de confiança para a mesma, ou seja, um intervalo de valores tais que o valor real da demanda tenha uma probabilidade pré-fixada de cair dentro do intervalo.

Para tanto, a previsão $\hat{Y}$ pode ser considerada como sendo a média de uma distribuição normal de desvio padrão s_y, o qual é denominado de *Erro Padrão da Estimativa*. A situação pode ser vista na Figura 11.4:

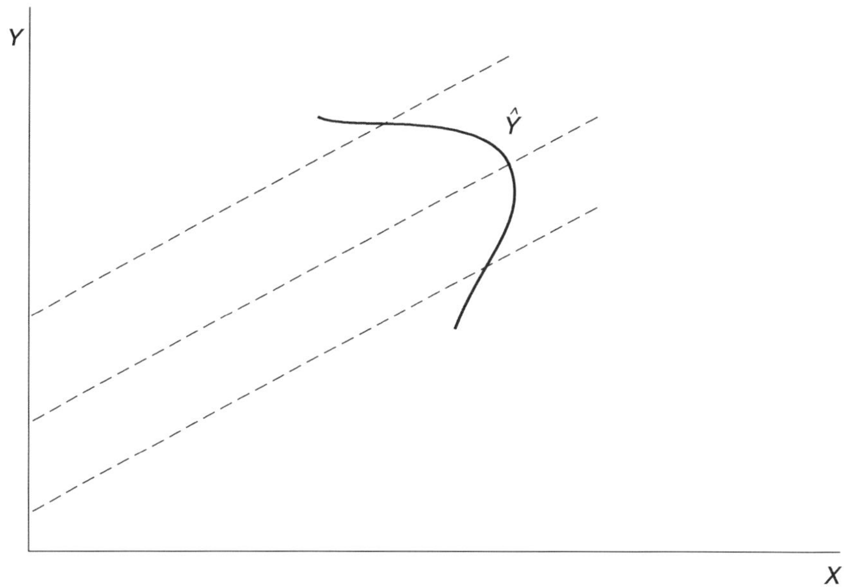

Figura 11.4 Intervalo de Confiança da Previsão.

O erro padrão da estimativa pode ser calculado como:

$$s_y = \sqrt{\frac{\Sigma\,(Y - \hat{Y})^2}{n - 2}} \qquad \text{(Equação 11.5)}$$

onde os símbolos indicam grandezas já apresentadas e os subscritos foram omitidos. Um intervalo de confiança qualquer é dado (aproximadamente) por $\hat{Y} \pm z\, s_y$, onde z é o número de desvios padrão que corresponde a uma dada área sob a curva normal. A área representa uma dada probabilidade de que o valor real da demanda caia dentro do intervalo especificado. Dada a área (probabilidade), o valor de z pode ser obtido a partir da tabela de áreas da curva normal reduzida. Alguns valores de z muito usados são: z = 1,64 (intervalo de confiança a 90%); z = 1,96 (intervalo de confiança a 95%) e z = 3,0 (intervalo de confiança a 99,7%).

Exemplo 11.3

Retomando o caso que estamos considerando, determinemos o valor de s_y e o intervalo de confiança a 95% para a previsão quando $X = 5$ (ou seja, $\hat{Y} = 22{,}5$). A Tabela 11.4 contém os cálculos:

Tabela 11.4 Dados para o cálculo de s_y

X	Y	$\hat{Y}$	$(Y - \hat{Y})$	$(Y - \hat{Y})^2$
0	10	11	–1	1
1	15	13,3	1,7	2,89
2	15	15,6	–0,6	0,36
3	18	17,9	0,1	0,01
4	20	20,2	–0,2	0,04

$4{,}30 = \Sigma\,(Y - \hat{Y})^2$

Segue-se que:

$$s_y = \sqrt{\frac{4{,}30}{n-2}} = \sqrt{\frac{4{,}30}{3}} = 1{,}2$$

Para um intervalo de 95%, o valor de z é 1,96; logo:

$$\hat{Y} \pm z\, s_y = 22{,}5 \pm 1{,}96\ (1{,}2)$$

Podemos esperar, portanto, que existe 95% de probabilidade de que a demanda real esteja entre os valores:

$22{,}5 - 2{,}4 = \underline{20{,}1}$ e $22{,}5 + 2{,}4 = \underline{24{,}9}$

11.5.3 Regressões Simples Não-Lineares

Embora a regressão linear simples seja de longe a mais popular, existem ocasiões em que os dados não se conformam bem a ela, adaptando-se melhor a um modelo não-linear. Pode-se ter uma primeira idéia da maior ou menor adequação da linha reta colocando-se os pares (X, Y) em um gráfico e traçando-se a melhor linha média visual possível, tendo-se então algumas pistas sobre outras equações que poderiam servir ao ajuste. Conforme já comentado, iremos nos restringir aos casos das funções exponencial e parabólica.

11.5.3.1 *Regressão com a Função Exponencial*

Como se recorda, a função exponencial era:

$Y = a\, b^x$ onde a e b são os parâmetros a serem determinados.

Aplicando-se logaritmos a ambos os lados da equação exponencial, temos:

$\log Y = \log a + X \log b$ (Equação 11.5a)

ou, fazendo $\log Y = Y'$, $\log a = A$ e $\log b = B$

$Y' = A + B\,X$ (Equação 11.5b)

A Equação 11.5b é exatamente a equação da reta, observada a transformação das variáveis. Pode-se determinar os novos parâmetros A e B exatamente como fizemos anteriormente. Uma vez obtidos A e B pelo método dos mínimos quadrados, retorna-se aos coeficientes originais a e b, fazendo-se:

$\underline{a = 10^A}$ e $\underline{b = 10^B}$

11.5.3.2 *Regressão com a Função Parabólica*

A equação da parábola é

$Y = a + b\,X + c\,X^2$, onde a, b e c são os parâmetros que devem ser determinados. A parábola será convexa ou côncava conforme o parâmetro c (coeficiente de X^2) seja menor ou maior que zero respectivamente (Figura 11.5).

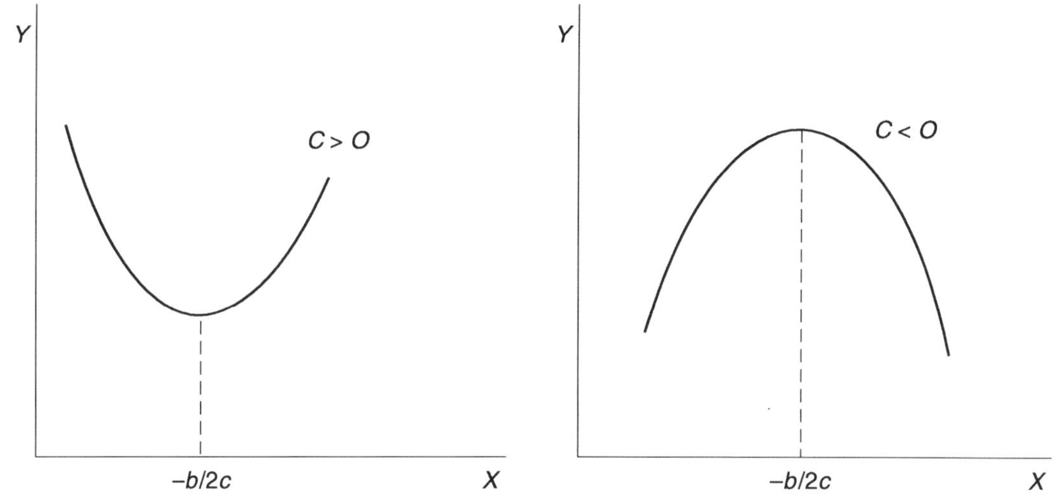

Figura 11.5 Concavidade da Parábola.

Como a parábola é um arco, é importante dizer que em geral só tem sentido usar *um dos ramos* para quaisquer previsões. Nota-se pela Figura 11.5 que $X = -b/2c$ corresponde ao valor limite de X a entrar em qualquer previsão.

O método dos mínimos quadrados aplicado à parábola conduz às seguintes equações normais:

$$\sum Y = n\,a + b\sum X + c\sum X^2 \qquad \text{(Equação 11.6a)}$$
$$\sum X\,Y = a\sum X + b\sum X^2 + c\sum X^3 \qquad \text{(Equação 11.6b)}$$
$$\sum X^2\,Y = a\sum X^2 + b\sum X^3 + c\sum X^4 \qquad \text{(Equação 11.6c)}$$

Novamente, por força de simplificação, os símbolos aparecem sem os subscritos. Como temos agora três incógnitas (os parâmetros a, b, c), são necessárias três equações. Lembre-se o leitor de que, após o ajuste, o coeficiente de determinação r^2 pode ser determinado pela Equação 11.4 vista anteriormente.

11.5.4 Regressão Linear Múltipla

Se quisermos estabelecer que uma variável dependente Y, em nosso caso particular a demanda de um bem ou conjunto de bens, varia linearmente segundo um conjunto de n variáveis independentes $X_1, X_2, X_3, ..., X_n$ escrevemos:

$$Y = b_0 + b_1X_1 + b_2X_2 + b_3X_3 + ... + b_nX_n$$

Os coeficientes $b_0, b_1, b_2, b_3, ... b_n$ podem ser determinados pelo método dos mínimos quadrados, o que resulta em um sistema de $(n + 1)$ equações. Isso torna virtualmente impraticável resolver à mão situações com mais de 3 ou 4 variáveis independentes. Não obstante, se já possuímos os coeficientes das variáveis independentes, o coeficiente de determinação pode ser determinado facilmente pela Equação 11.4. Hoje em dia, para casos práticos mais realistas, com muitas variáveis, é sem dúvida melhor lançar mão de um dos muitos pacotes para regressão múltipla existentes no mercado para microcomputadores.

11.6 Séries Temporais

Como vimos anteriormente, uma série temporal é uma seqüência de observações da demanda (no caso mais geral, de uma variável qualquer) ao longo do tempo. Em geral, as observações são espaçadas igualmente (dias, semanas, meses, trimestres, anos etc.). Não se irá associar a demanda a qualquer outra variável da qual supostamente possa depender; a hipótese básica no uso de séries temporais é a de que os valores futuros das séries podem ser estimados com base nos valores passados. Essa hipótese é bastante razoável, como o prova o uso generalizado das séries temporais.

Se os valores de uma série temporal forem colocados em um gráfico, com a demanda no eixo vertical e o tempo no eixo horizontal, é provável que se obtenha algo como mostrado na Figura 11.6.

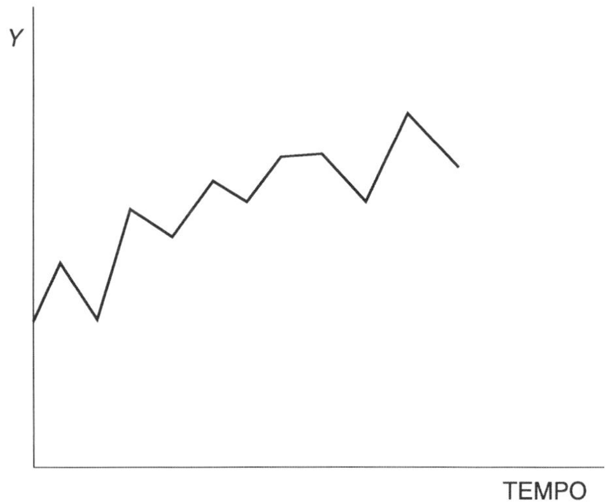

Figura 11.6 Aspecto de uma Série Temporal.

Se o período coberto for suficientemente longo, o padrão de demanda resultante permite distinguir *quatro comportamentos* ou *efeitos* associados com uma série temporal:

a) *Efeito de tendência*: o qual confere à demanda uma tendência a crescer ou decrescer com o tempo. Pode dar-se o caso, também, da demanda manter-se estacionária, variando sempre em torno de um valor médio. No caso da Figura 11.6 a tendência é nitidamente crescente.

b) *Efeito sazonal* (ou *estacional*): esse efeito representa o fato de que a demanda de muitas mercadorias assume comportamentos semelhantes em épocas bem definidas do ano; parte do aspecto de "dente de serra" do gráfico da Figura 11.6 pode ser atribuída ao efeito sazonal.

c) *Ciclo de negócios*: os ciclos de negócios são flutuações econômicas de ordem geral, de periodicidade variável, devidas a uma multiplicidade de causas ainda em debate. São movimentos típicos das economias capitalistas modernas, de difícil previsão. A análise dos ciclos de negócios está além dos objetivos deste trabalho.

d) *Variações irregulares ou ao acaso*: como o próprio nome indica, são variáveis devidas a causas não identificadas, ocorrendo no curto e no curtíssimo prazo, diferentemente dos ciclos de negócios. Pelo simples fato de ocorrerem ao acaso, essas variações não podem ser previstas por modelo algum de previsão. Na Figura 11.6, parte do aspecto de "dente de serra" também pode ser atribuído às variações ao acaso.

A análise de séries temporais é por si só uma riquíssima disciplina de estudo. Iremos nos limitar à análise de alguns aspectos básicos das séries temporais, apresentando os *modelos de decomposição* e os *métodos das médias.*

11.6.1 Modelos de Decomposição das Séries Temporais

Nos modelos de decomposição, as séries são vistas como se fossem feitas de quatro componentes, já detalhados: tendência, sazonalidade, ciclos de negócios e flutuações irregulares. A idéia fundamental por trás da decomposição é a tentativa de isolar os vários componentes, à exceção das flutuações irregulares, de forma que esses efeitos possam ser tratados separadamente.

Existem dois modelos para explicar como os componentes se combinam em uma série: o *modelo aditivo* e o *modelo multiplicativo.*

O modelo aditivo trata a série como composta pela soma dos componentes; pode ser expresso pela equação:

$$Y = (T) + (S) + (C) + (i) \qquad \text{(Equação 11.7)}$$

onde temos

Y = valor da série (demanda prevista)

T = componente de tendência

S = componente de sazonalidade

C = componente cíclica

i = resíduo devido a flutuações irregulares

Cada uma das quantidades T, S, C, i é expressa por valores em unidades de demanda que se somam. Na prática, o modelo multiplicativo é mais utilizado. Ele é representado pela equação:

$$Y = (T)\,.\,(S)\,.\,(C)\,.\,(i) \qquad \text{(Equação 11.8)}$$

onde as letras têm os significados já apresentados. No modelo multiplicativo, apenas a tendência T é expressa em unidades de demanda, sendo as outras quantidades expressas em porcentagem dessa tendência.

Vamos nos deter apenas no modelo multiplicativo, dada a sua maior popularidade. Ele pode ser simplificado se admitirmos que o horizonte de previsão é curto o suficiente para que estejamos sempre na mesma fase do ciclo de negócios, o que faria $C - 1$. Admitindo ainda que os efeitos sazonais e as variações ao acaso possam ser reunidos aproximadamente num só efeito, temos o modelo simplificado final:

$$Y = (T)\,.\,(S) \qquad \text{(Equação 11.9)}$$

onde S já incorpora o efeito sazonal e as variações ao acaso.

Os valores de T são determinados por meio da *linha de tendência*, ajustada aos valores reais da demanda por meio de uma regressão simples em que a outra variável é o *tempo*. Os valores de S são, por sua vez, chamados de *índices sazonais* e a sua determinação exige a observação do afastamento dos valores reais da demanda e dos valores previstos pela linha de tendência no passado. A previsão Y recebe, às vezes, o nome de *previsão corrigida pelo efeito sazonal*. Vejamos um exemplo numérico para ilustrar esses cálculos:

Exemplo 11.4

A Casa das Tintas Ltda. possui o registro de suas vendas durante os anos de 1986 a 1990, trimestre a trimestre, medido em milhares de galões vendidos, sem distinção do tipo de tinta. Os dados são os seguintes:

Tabela 11.5 Vendas da Casa das Tintas Ltda. (milhares de galões)

ANO	1º TRIM.	2º TRIM.	3º TRIM.	4º TRIM.	TOTAL ANUAL
1986	12	10	8	18	48
1987	15	14	10	21	60
1988	25	18	15	27	85
1989	28	19	17	33	97
1990	31	23	20	37	111

A Casa das Tintas está planejando uma expansão de suas instalações para 1991. Para tanto, necessita projetar a sua demanda para esse ano, trimestre a trimestre. Determine:

a) a linha de tendência das vendas e o valor de *T* (componente de tendência) para os quatro trimestres de 1991.

b) os índices sazonais, ou seja, os valores dos índices *S* que deverão ser aplicados aos valores previstos pela linha de tendência.

c) os valores finais (corrigidos pelo efeito sazonal) das previsões para os quatro trimestres de 1991.

Solução

a) *Linha de tendência*:

Embora possam ser pesquisadas várias funções para a linha de tendência, vamos admitir que a linha reta foi escolhida; neste exemplo, a vantagem da linha reta está em permitir uma boa visualização do efeito sazonal, já que a reta dará valores sistematicamente abaixo ou acima dos valores reais, conforme o trimestre que se considere. Isso pode ser visto na Figura 11.7, onde se mostram os dados originais e a reta de tendência. Repare como a reta fica sempre acima dos valores reais nos trimestres de baixa e sempre abaixo nos de alta:

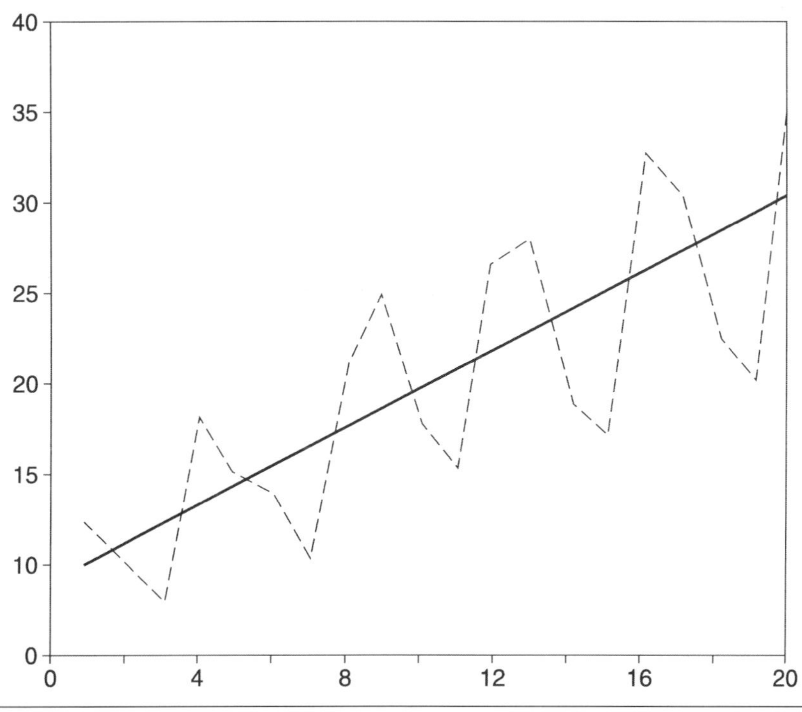

Figura 11.7 Reta de Tendência: Casa das Tintas Ltda.

Para a determinação da reta, os valores do tempo t devem ser colocados em escala. Isso pode ser feito tomando-se o primeiro trimestre de 1986 como $t = 1$, o segundo como $t = 2$, e assim por diante. A última observação (4º trimestre de 1990) corresponde, então, a $t = 20$. Isso feito, a equação da reta de tendência é determinada pelo método dos mínimos quadrados, como já mostrado anteriormente. Sendo $\hat{Y}_t$ a previsão pela reta de tendência (ou seja, $\hat{Y}_t$ é a componente de tendência T_t) e t o tempo, tem-se então:

$$\hat{Y}_t = 9{,}274 + 1{,}026\,t \qquad (r^2 = 0{,}565)$$

Pelo valor de r^2 verifica-se que o ajuste imediato é apenas razoável. Os valores da componente de tendência T_t para 1991 serão:

1º trim. ($t = 21$): $\hat{Y}_{21} = T_{21} = 9{,}274 + 1{,}026(21) = 30{,}82$
2º trim. ($t = 22$): $\hat{Y}_{22} = T_{22} = 9{,}274 + 1{,}026(22) = 31{,}85$
3º trim. ($t = 23$): $\hat{Y}_{23} = T_{23} = 9{,}274 + 1{,}026(23) = 32{,}87$
4º trim. ($t = 24$): $\hat{Y}_{24} = T_{24} = 9{,}274 + 1{,}026(24) = 33{,}90$

b) *Índices sazonais*:

Se o ano for dividido em n períodos de igual extensão, devemos definir um índice sazonal S para cada período; se designarmos por S_k o índice sazonal de um período qualquer k, para o qual a linha de tendência fornece o valor da componente de tendência T_k, a previsão corrigida pelo efeito sazonal será:

Previsão corrigida = $(T_k) \cdot (S_k)$

Se fizermos as suposições de que

– a previsão corrigida é aproximadamente igual ao valor real (o que afinal é a grande esperança);
– erros cometidos no passado (afastamento da componente de tendência em relação ao valor real) irão se manter no futuro.

teremos uma forma de calcular S_k. Basta tomarmos no passado a relação (Valor real/T_k) e a aplicarmos ao valor atual da componente de tendência. Como estamos trabalhando com trimestres, devemos definir quatro índices sazonais, um para cada trimestre. Para cada trimestre, possuímos 5 observações no passado (de 1986 a 1990), o que nos permite calcular o seu índice sazonal como uma média dos afastamentos já verificados entre o valor real e a componente de tendência. A Tabela 11.6 mostra os cálculos necessários. Lembre-se o leitor de que os valores da componente de tendência são obtidos substituindo-se na equação da reta os valores do tempo t.

Tabela 11.6 Cálculo dos Índices Sazonais: Casa das Tintas Ltda.

Período	Demanda Real (Y)	Tendência T_k	Y/T_k	Período	Demanda Real (Y)	Tendência T_k	Y/T_k
1	12	10,30	1,165	11	15	20,56	0,730
2	10	11,33	0,883	12	27	21,59	1,251
3	8	12,35	0,648	13	28	22,61	1,238
4	18	13,38	1,345	14	19	23,64	0,804
5	15	14,40	1,041	15	17	24,66	0,689
6	14	15,43	0,907	16	33	25,69	1,285
7	10	16,46	0,608	17	31	26,72	1,160
8	21	17,48	1,201	18	23	27,74	0,829
9	25	18,51	1,351	19	20	28,77	0,695
10	18	19,53	0,921	20	37	29,79	1,242

Os afastamentos Y/T_k que se referem aos primeiros trimestres correspondem aos períodos 1, 5, 9, 13 e 17; fazendo a média aritmética entre eles, teremos S_1, ou seja, o índice sazonal do primeiro trimestre S_1:

$$S_1 = (1{,}165 + 1{,}041 + 1{,}351 + 1{,}238 + 1{,}160)/5 = 1{,}191$$

Por sua vez, S_2 será a média dos afastamentos correspondentes aos períodos 2, 6, 10, 14 e 18.

$$S_2 = (0{,}883 + 0{,}907 + 0{,}921 + 0{,}804 + 0{,}829)/5 = 0{,}869$$

S_3 é a média dos afastamentos correspondentes aos períodos 3, 7, 11, 15 e 19:

$$S_3 = (0{,}648 + 0{,}608 + 0{,}730 + 0{,}689 + 0{,}695)/5 = 0{,}674$$

S_4 finalmente é a média dos afastamentos que correspondem aos períodos 4, 8, 12, 16 e 20:

$$S_4 = (1{,}345 + 1{,}201 + 1{,}251 + 1{,}285 + 1{,}242)/5 = 1{,}265$$

c) *Previsões corrigidas*:

Para obter as previsões corrigidas pelo efeito sazonal para os quatro trimestres de 1993, basta fazermos o produto das componentes de tendência pelos respectivos índices sazonais:

1º trimestre de 1991
Previsão corrigida = $(T_{21}) \cdot (S_1) = (30{,}82) \cdot (1{,}191) = 36{,}71$

2º trimestre de 1991
Previsão corrigida = $(T_{22}) \cdot (S_2) = (31{,}85) \cdot (0{,}869) = 27{,}68$

3º trimestre de 1991
Previsão corrigida = $(T_{23}) \cdot (S_3) = (32{,}87) \cdot (0{,}674) = 22{,}15$

4º trimestre de 1991
Previsão corrigida = $(T_{24}) \cdot (S_4) = (33{,}90) \cdot (1{,}265) = 42{,}88$

Como última observação, os afastamentos Y/T_k, ao longo dos anos e dentro de cada trimestre, são muito próximos. Essa constância na relação entre a demanda real e a componente de tendência, para cada trimestre, indica que as flutuações ao acaso são pouco influentes no exemplo em pauta. Em casos mais realistas, é de esperar que as relações Y/T_k possam variar mais livremente. A própria obtenção do índice sazonal por meio da média dos afastamentos passados representa uma tentativa válida de amortecer os efeitos aleatórios.

11.6.2 Métodos das Médias

O conjunto de modelos que estamos denominando genericamente de *métodos das médias* possui algumas peculiaridades dignas de nota:

a) A previsão é sempre obtida por meio de algum tipo de média que leva em conta valores reais anteriores da demanda.

b) Ao contrário do que acontece com as regressões, só podemos prever um período à frente, embora seja possível conceber adaptações para se obter um maior número de previsões futuras.

c) As médias são móveis, o que significa que, a cada nova previsão, são abandonados (ou mais fracamente ponderados) os valores mais antigos da demanda real e incorporados os mais novos.

A forma de cálculo das médias permite a distinção entre os vários modelos. São particularmente importantes os seguintes:

a) Média Móvel Simples (MMS)
b) Média Móvel Ponderada (MMP)
c) Média Móvel Exponencialmente Ponderada de 1ª Ordem (MMEP1)
d) Média Móvel Exponencialmente Ponderada de 2ª Ordem (MMEP2)

Passemos a analisar cada um desses modelos em separado.

11.6.2.1 *Média Móvel Simples (MMS)*

A regra fundamental desse modelo é a seguinte:

"A previsão para o período t, imediatamente futuro, é obtida tomando-se a média aritmética dos n valores reais da demanda imediatamente passados."

Exemplo 11.5

Temos a seguir as demandas reais de um produto, em milhares de unidades, de junho até setembro. Em termos de tempo, estamos situados exatamente no início de outubro, mês para o qual queremos estimar a demanda.

Mês	Demanda Real (1.000 unidades)
Junho	10
Julho	12
Agosto	15
Setembro	14

Antes de mais nada, devemos escolher o valor de n. Essa escolha é relativamente arbitrária. Como regra geral, quanto maior n, mais os efeitos sazonais serão suavizados. Suponhamos em nosso exemplo que $n = 3$, o que implica dizer que a demanda prevista para qualquer mês será sempre a média aritmética das demandas reais dos três últimos meses.

Temos:

Previsão (Outubro) = (12 + 15 + 14)/3 = 13,7

Dois casos particulares merecem ser mencionados. Se $n = 1$, a previsão se resume a tomar simplesmente o valor da última demanda real verificada; se $n = 12$, isso corresponde a anular completamente todos os efeitos sazonais distribuídos ao longo do ano.

Como regra geral, a média móvel simples pode ser um método eficiente quando a demanda é estacionária, ou seja, quando ela varia em torno de um valor médio. Para demandas crescentes ou decrescentes ao longo do tempo, a tendência é que a previsão fornecida por MMS esteja sempre em "atraso" em relação aos valores reais. Assim, se a demanda é crescente, as previsões darão valores cada vez menores em relação aos valores reais. Além disso, o método não é muito eficiente para captar as variações sazonais, podendo mesmo acobertá-las quase que completamente, dependendo do valor escolhido para n.

11.6.2.2 *Média Móvel Ponderada (MMP)*

A média móvel ponderada possui em comum com a MMS o fato de tomar n valores reais anteriores da demanda para a composição da média. Diferentemente da MMS, porém, os valores recebem pesos diferentes, geralmente refletindo uma maior importância dada aos valores mais recentes da demanda. No exemplo anterior, poderíamos adotar o sistema de pesos 0,2 : 0,3 : 0,5 (neste caso, $n = 3$) para as demandas reais de julho, agosto e setembro, respectivamente. A previsão para outubro seria:

Previsão (Outubro) = 0,2(12) + 0,3(15) + 0,5(14) = 13,9

Note que a soma dos pesos deve ser igual a 1. Tal como no caso da MMS, a escolha de n é arbitrária, tal como o é a escolha dos pesos. A vantagem da MMP sobre a MMS é que os valores mais recentes da demanda, que podem estar revelando alguma tendência, recebem uma importância maior. Entretanto, valem aqui as mesmas observações quanto ao valor de n: quanto maior for, mais a previsão suavizará os efeitos sazonais e mais lentamente responderá a variações na demanda.

11.6.2.3 *Média Móvel Exponencialmente Ponderada de 1ª Ordem (MMEP1)*

O modelo da média móvel exponencialmente ponderada é mais sofisticado e muito mais utilizado que os dois anteriores. Tal como na MMS e na MMP, a previsão atinge em princípio apenas *um* período imediatamente à frente. Há adaptações possíveis, entretanto, que podem estender a previsão para vários períodos à frente.

No caso da MMEP1, a previsão para o período t é dada por uma fórmula empírica:

Previsão (t) = Previsão (t – 1) + Fração do erro (t – 1)

o que se interpreta como: a previsão para o período t é igual à previsão para o período (t – 1), acrescida de parte do erro cometido no período (t – 1). Esse erro corresponde à diferença entre a previsão e o valor real, ambos definidos para o período (t – 1).

Em termos simbólicos, pode-se escrever:

$$D_t = D_{t-1} + \alpha\,(Y_{t-1} - D_{t-1}) \qquad \text{(Equação 11.10)}$$

D_t = previsão para o período t

D_{t-1} = previsão para o período (t – 1)

α = constante de suavização ou de alisamento (fração do erro)

Y_{t-1} = demanda real para o período (t – 1)

É conveniente observarmos que, qualquer que seja o período para o qual se deseja a previsão, é sempre necessária a previsão do período imediatamente anterior (D_{t-1}). Dessa forma, ao iniciarmos uma seqüência de previsões, o primeiro valor deve ser obtido de alguma outra maneira que não por meio da Equação 11.10. Também o valor da constante de suavização deve ser escolhido, geralmente no intervalo entre 0 (zero) e 1 (um). Voltaremos a esses problemas após a apresentação de um exemplo de cálculo.

Exemplo 11.6

Retomemos o mesmo exemplo que utilizamos na ilustração da MMS e da MMP. Assumindo a demanda prevista de junho como sendo igual a 10 (coincidente, pois, com o valor real) e adotando α = 0,3, podemos montar os cálculos a seguir:

Mês	Demanda Real *Y*	Demanda Prevista *D*
Junho	10	10
Julho	12	10
Agosto	15	10,6
Setembro	14	11,9
Outubro	...	12,5

Cálculos:

$$D_{\text{Julho}} = D_{\text{Junho}} + \alpha\,(Y_{\text{Junho}} - D_{\text{Junho}}) = 10 + 0{,}3\,(10 - 10) = 10$$

$$D_{\text{Agosto}} = D_{\text{Julho}} + \alpha\,(Y_{\text{Julho}} - D_{\text{Julho}}) = 10 + 0{,}3\,(12 - 10) = 10{,}6$$

$$D_{\text{Setembro}} = D_{\text{Agosto}} + \alpha\,(Y_{\text{Agosto}} - D_{\text{Agosto}}) = 10{,}6 + 0{,}3\,(15 - 10{,}6) = 11{,}9$$

$$D_{\text{Outubro}} = D_{\text{Setembro}} + \alpha\,(Y_{\text{Setembro}} - D_{\text{Setembro}}) = 11{,}9 + 0{,}3\,(14 - 11{,}9) = 12{,}5$$

Sem esquecermos que a finalidade última do modelo é a previsão, é fundamental que tenhamos uma série de valores reais passados da demanda ao qual o modelo possa ser aplicado. A posse dessa série passada permite tanto a fixação de um valor inicial para a previsão como a escolha da constante α.

Há pelo menos duas práticas em vigor para fixar o valor inicial da demanda prevista que, como vimos, não pode ser dada pelo modelo. A mais simples consiste em se tomar a demanda prevista inicial como sendo idêntica ao primeiro valor real de demanda da série, tal como fizemos no exemplo visto. Se a série de dados passados for suficientemente longa, esse critério não terá qualquer influência nas previsões futuras.

Outra prática consiste em se tomar como previsão inicial a média aritmética de k valores reais imediatamente passados da demanda. Não há uma regra definitiva quanto ao valor de k, mas costuma-se usar a seguinte fórmula:

$$K = 2/\alpha - 1 \qquad \text{(Equação 11.11)}$$

Se o valor de α for muito pequeno, a Equação 11.11 pode exigir um k muito grande, além do número de dados disponíveis. Assim, por exemplo, para α = 0,1 k resulta igual a 19. Caso k seja grande demais, a solução é tomar todos os dados disponíveis na composição da média.

Quanto ao valor de α, ele é normalmente obtido por tentativas, de acordo com as seguintes etapas:

- aplicam-se vários valores de α aos dados existentes, obtendo-se, então, várias séries de previsões; o valor de α varia geralmente entre 0 (zero) e 1 (um);
- para cada conjunto de previsões correspondente a um certo α, calcula-se uma medida de erro total da previsão em relação aos valores reais;
- escolhe-se o valor de α que fornece as previsões com o menor erro total associado.

Mais adiante, quando tratarmos da medida e do controle do erro associado às previsões, daremos um exemplo prático da escolha de α. Por ora, é bastante acrescentarmos que, uma vez escolhido α, é possível controlar o desempenho do modelo (sempre por meio do erro associado), de forma a sabermos se o valor adotado continua sendo satisfatório para fins de previsão.

a) Por que a denominação "exponencialmente ponderada"

O leitor poderá estar curioso acerca da denominação de "exponencialmente ponderada" que se dá a esse tipo de média. Vejamos então: a Equação 11.10 pode ser reescrita como:

$$D_t = \alpha\, Y_{t-1} + (1 - \alpha)\, D_{t-1}$$

Substituindo o valor de D_{t-1} que seria dado pela Equação 11.10, temos

$$D_t = \alpha\, Y_{t-1} + (1 - \alpha)[\alpha\, Y_{t-2} + (1 - \alpha)\, D_{t-2}] \text{ ou}$$

$D_t = \alpha\, Y_{t-1} + (1 - \alpha)\, \alpha\, Y_{t-2} + (1 - \alpha)^2\, D_{t-2}$, onde, substituindo pelo valor dado pela Equação 10.10, vem que:

$$D_t = \alpha\, Y_{t-1} + (1 - \alpha)\, \alpha\, Y_{t-2} + (1 - \alpha)^2\, \alpha\, Y_{t-3} + (1 - \alpha)^3\, D_{t-3}$$

A expressão anterior indica que as demandas reais Y comparecem todas na expressão da demanda prevista para um período qualquer t; indica também que, quanto mais antiga a demanda real, exponencialmente menor o peso com que comparece na expressão de D_t, na seguinte ordem:

$(1 - \alpha)^0\alpha$, $(1 - \alpha)^1\alpha$, $(1 - \alpha)^2\alpha$, $(1 - \alpha)^3\alpha$ etc. Ao final, se desenvolvêssemos toda a expressão, apenas o valor da primeira demanda prevista D_0, que foi adotado, iria aparecer ao lado de todas as demandas reais:

$$D_t = \alpha\, Y_{t-1} + (1 - \alpha)\, \alpha\, Y_{t-2} + (1 - \alpha)^2\, \alpha\, Y_{t-3} + (1 - \alpha)^3\, \alpha\, Y_{t-4} + \ldots + (1 - \alpha)^{t-1}\, \alpha\, Y_0 + (1 - \alpha)^t\, D_0$$

Por exemplo, se $\alpha = 0{,}3$ e $t = 3$, tem-se:

$$D_3 = \alpha\, Y_2 + (1 - \alpha)\, \alpha\, Y_1 + (1 - \alpha)^2\, \alpha\, Y_0 + (1 - \alpha)^3\, D_0 \text{ ou}$$
$$D_3 = 0{,}3Y_2 + 0{,}21Y_1 + 0{,}147Y_0 + 0{,}343D_0$$

Repare como decrescem exponencialmente os pesos das demandas reais Y_2, Y_1, e Y_0 e, além disso, como a soma total dos pesos é igual a 1. A conclusão é a de que a Média Móvel Exponencialmente Ponderada nada mais é do que um caso especial da Média Móvel Ponderada (MMP), com os pesos decrescendo exponencialmente da demanda real mais recente para a mais antiga.

b) Efeito do valor de α sobre as previsões

Qual é o efeito do valor de α sobre as previsões? A resposta tem a ver com o fato de α ser chamado de constante de suavização. A Figura 11.8 mostra o efeito de três valores de α sobre a MMEP1 realizada sobre a série de vendas do exemplo anterior (Casa das Tintas Ltda.).

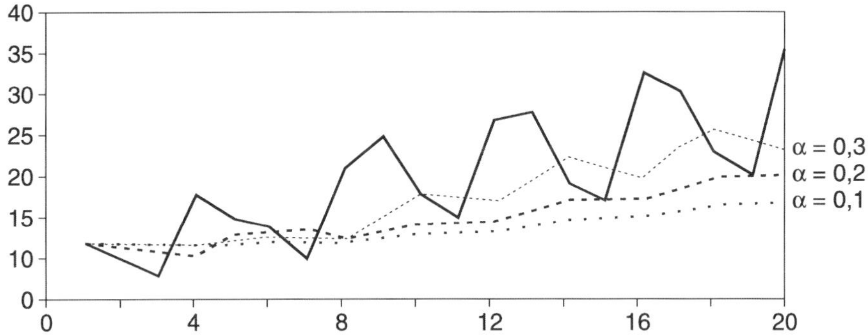

Figura 11.8 Efeito da Constante de Suavização.

Nota-se claramente que a previsão é "suavizada" em relação aos valores reais das vendas, ou seja, a previsão absorve parcialmente quedas ou elevações bruscas nos valores reais. Além disso, esse efeito de suavização é tanto mais intenso quanto menor for o valor de α. Valores maiores de α tendem a acompanhar mais de perto os movimentos bruscos dos dados.

Repare o leitor na Figura 11.8: para qualquer valor de α, a previsão é afastada em relação aos valores da demanda. Esse efeito tende a ser cada vez maior e é também mais acentuado quanto menor for o valor de α. A MMEP1 sofre daquilo que chamamos de *efeito de tendência*, que consiste na sua relativa inadequação para acompanhar movimentos de tendência nos dados. Como nas médias móvel simples e ponderada, a adequação da MMEP1 é melhor no caso de séries estacionárias. No entanto, existem vários modelos de médias móveis exponencialmente ponderadas que permitem a correção do efeito de tendência, através da construção de uma série auxiliar, via MMEP2, ou seja, Média Móvel Exponencialmente Ponderada de 2ª Ordem. É disso que trataremos a seguir.

116.2.4 *Média Móvel Exponencialmente Ponderada de 2ª Ordem (MMEP2)*

A MMEP2 corresponde ao que podemos chamar de "dupla suavização" ou "duplo alisamento". Formalmente, trata-se do mesmo modelo utilizado na MMEP de 1ª Ordem, com a diferença que ele é agora aplicado sobre a previsão obtida por MMEP de 1ª Ordem:

$$D'_t = D'_{t-1} + \beta\,(D_{t-1} - D'_{t-1}) \qquad \text{(Equação 11.12)}$$

D'_t = previsão de 2ª ordem para o período t

D'_{t-1} = previsão de 2ª ordem para o período $(t - 1)$

β = constante de suavização de 2ª ordem

D_{t-1} = previsão de 1ª ordem para o período $(t - 1)$

Tal como α, β varia entre 0 (zero) e 1 (um).

É fácil percebermos que a previsão de 1ª Ordem toma o papel que cabia aos dados reais na MMEP1. A nova previsão (2ª Ordem) apresenta-se mais suavizada que a anterior, ou seja, menos sujeita a variações bruscas.

Ora, se a MMEP2 apresenta previsões ainda mais suavizadas em relação aos valores reais da série e, portanto, mais afastados desta que na própria MMEP1, qual é então a sua utilidade? O ponto crucial é que, em um dado instante de tempo, observa-se ser aproximadamente válida a relação:

$$Y - D = D - D'$$

ou seja, a diferença entre a demanda real e a previsão de 1ª Ordem é aproximadamente igual à diferença entre esta última e a previsão de 2ª Ordem. Esta relação nos fornece uma maneira de corrigir o hiato entre a previsão de 1ª Ordem e a demanda real, que chamaremos de "correção do efeito de tendência". Essa correção nos fornece uma terceira previsão, em geral muito mais próxima dos valores reais. Ela pode ser escrita como:

$$D_c = D + (D - D') = 2\,D = D' \qquad \text{(Equação 11.13)}$$

D_c = demanda corrigida pelo efeito de tendência

Apenas como ilustração, observe o leitor a Figura 11.9, que mostra a média móvel exponencialmente ponderada de 1ª Ordem (α = 0,4) aplicada aos dados de vendas da Casa das Tintas Ltda. À previsão de 1ª Ordem foi então aplicada uma previsão de 2ª Ordem com β = 0,2, efetuando-se depois o cálculo de D_c (demanda corrigida) por meio da Equação 11.13. Como tanto a MMEP1 quanto a MMEP2 precisam de um valor para a demanda inicial, esse valor foi adotado como 12, que é o valor da demanda real do 1º trimestre de 1986.

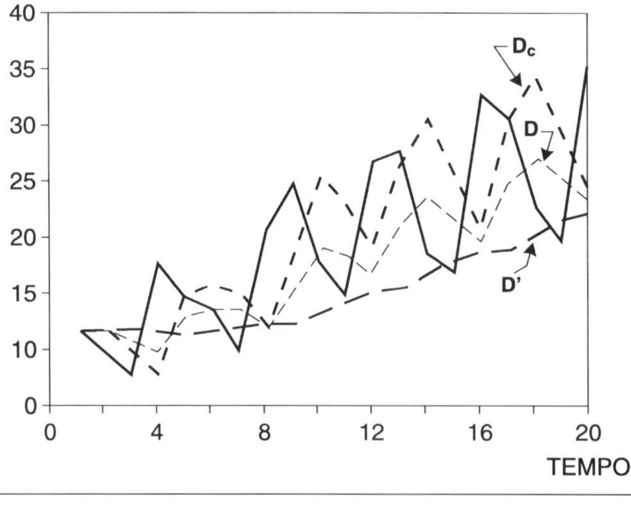

Figura 11.9 MMEP: Correção da Tendência.

Na Figura 11.9, o leitor pode notar agora uma certa proximidade entre os valores da demanda corrigida D_c e os valores reais. Acontece ainda, no entanto, uma certa "desincronia" mesmo entre a previsão corrigida e os valores da série. Tal fato se dá por causa do efeito sazonal, que não é corrigido com o modelo simples que estamos usando. Existem, na verdade, modelos mais sofisticados de médias móveis exponencialmente ponderadas que promovem a correção tanto do efeito de tendência como dos afastamentos devido à sazonalidade. Para que o leitor perceba que a desincronia vista na Figura 11.9 se deve realmente ao efeito sazonal, vamos apresentar um exemplo numérico onde não exista tal efeito e os dados sejam dispostos em uma série crescente.

Exemplo 11.7

Os valores da demanda real da Tabela 11.7 são propositadamente regulares para demonstrar a eficácia da correção do efeito de tendência pela Equação 11.13 quando o efeito sazonal não está presente. Tanto para a previsão de 1ª Ordem como para a de 2ª Ordem, adotamos $\alpha = \beta = 0{,}3$.

Tabela 11.7 Correção do Efeito de Tendência

Período	Demanda Real Y	MMEP1 D	MMEP2 D'	$(Y - D)$	$(D - D')$	Previsão Corrigida D_c
1	15	15	15	0	0	15
2	17	15	15	2	0	15
3	19	15,6	15	3,4	0,6	16,2
4	21	16,62	15,18	4,38	1,44	18,06
5	23	17,93	15,61	5,07	2,32	20,25
6	25	19,45	16,31	5,55	3,14	22,59
7	27	21,12	17,25	5,88	3,87	24,99
8	29	22,88	18,41	6,12	4,47	27,35
9	31	24,72	19,75	6,28	4,97	29,69
10	33	26,60	21,24	6,40	5,36	31,96
11	35	28,52	22,85	6,48	5,67	34,19
12	37	30,46	24,55	6,54	5,91	36,37

Mesmo sendo irreal o exemplo, é fácil de ver que os valores de D_c são sensivelmente melhorados em relação à previsão de 1ª Ordem D, embora haja um certo "tempo de espera" até que a correção faça seu efeito.

Tudo o que vimos não invalida os esforços que devem ser feitos para determinar os melhores valores de α e de β. Após determinado um valor para α, pode-se iniciar o processo para se fazer o mesmo com β. O ideal é fazer testes simultaneamente com α e com β, embora o número de combinações possíveis force a utilização de meios eletrônicos. A busca de α e β, separadamente ou em conjunto, é controlada pelo erro de previsão, assunto que abordaremos a seguir.

11.7 Medida e Controle do Erro nas Previsões

Pode-se distinguir duas classes de indicadores de controle do erro nas previsões, de acordo com o uso que tenham na prática:

- indicadores que servem para verificar a adequação de um modelo de previsão;
- indicadores que servem para acompanhar o desempenho de um modelo já escolhido.

Vejamos cada classe separadamente.

11.7.1 Indicadores de Adequação

a) *Erro Padrão da Estimativa* (s_y):

Já apresentamos anteriormente (previsão por linha reta) o Erro Padrão da Estimativa s_y

$$s_y = \sqrt{\frac{(Y - \hat{Y})^2}{n - 2}} \qquad \text{(Equação 11.5)}$$

O Erro Padrão pode ser utilizado para determinar um intervalo de confiança para a previsão (veja a Seção 5.2.2). Uma forma de controlarmos o desempenho da linha reta como preditor, nos modelos causais, é verificarmos se a demanda real cai dentro do intervalo de confiança para a demanda prevista. Se isso não acontecer, é prudente abandonar o modelo ou refazê-lo, determinando novos valores de *a* e *b* com os dados à mão. Essa decisão é motivada pelo fato de que, se a reta for um bom preditor, há poucas chances de a demanda real cair fora do intervalo de confiança – por exemplo, apenas 3 chances em 1.000 no caso de intervalo de 99,7%. Ocorrendo o deslocamento, é preferível acreditar na ineficácia do modelo.

b) *Desvio Absoluto Médio (MAD) e Erro Médio Quadrático (MSE)*

Para todos os métodos das médias (MMS, MMP, MMEP1 e MMEP2), inclusive após submissão a correções, como no caso do efeito de tendência, as medidas mais comuns de erro são o MAD (Desvio Absoluto Médio) e o MSE (Erro Médio Quadrático). Essas siglas vêm das designações em inglês (MAD = Mean Absolute Deviation e MSE = Mean Squared Error) e são conservadas por não termos ainda equivalentes de aceitação ampla em português.

O MAD e o MSE são definidos como:

$$\text{MAD} = \frac{\Sigma\ |Y - D|}{n} \qquad \text{(Equação 11.14)}$$

$$\text{MSE} = \frac{\Sigma\ (Y - D)^2}{n - 1} \qquad \text{(Equação 11.15)}$$

sendo

Y = valor real da demanda; D = previsão; n = número de pares (Y, D).

As duas barras verticais na fórmula do MAD indicam que as diferenças $Y - D$ devem ser tomadas em *valor absoluto*, ou seja, que os sinais de "menos" devem ser ignorados, tratando-se todas as diferenças como positivas. Deve o leitor reparar adicionalmente que o Erro Médio Quadrático (MSE) faz para as médias um papel semelhante ao Erro Padrão da Estimativa para a linha reta.

Exemplo 11.8

Retomemos os dados da Tabela 11.7, onde foi demonstrada a utilização da MMEP2 na correção do efeito de tendência e calculemos o MAD para a MMEP1, a MMEP2 e a previsão corrigida.

Solução

Tabela 11.8 Cálculo do MAD

Período	Demanda Real Y	MMEP1 D	MMEP2 D'	Previsão Corrigida D_c	$(Y - D)$	$(Y - D')$	$(Y - D_c)$
1	15	15	15	15	0	0	0
2	17	15	15	15	2	2	2
3	19	15,6	15	16,2	3,4	4	2,8
4	21	16,62	15,18	18,06	4,38	5,82	2,94
5	23	17,93	15,61	20,25	5,07	7,39	2,75
6	25	19,45	16,31	22,59	5,55	8,69	2,41
7	27	21,12	17,25	24,99	5,88	9,75	2,01
8	29	22,88	18,41	27,35	6,12	10,59	1,65
9	31	24,72	19,75	29,69	6,28	11,25	1,31
10	33	26,60	21,24	31,96	6,40	11,76	1,04
11	35	28,52	22,85	34,19	6,48	12,15	0,81
12	37	30,46	24,55	36,37	6,54	12,45	0,63
					58,10	95,85	20,35

Os valores para o MAD são, portanto:

MMEP1

$$\text{MAD} = \frac{58{,}10}{12} = 4{,}84$$

MMEP2

$$\text{MAD} = \frac{95{,}85}{12} = 7{,}99$$

Demanda corrigida

$$\text{MAD} = \frac{20{,}35}{12} = 1{,}70$$

Os valores do MAD apenas confirmam a hierarquia entre as previsões, que já havia sido apontada: D_c fornece a melhor previsão, seguida de D e finalmente de D'. O MAD pode ser usado como critério para se escolher entre modelos, não necessariamente se limitando às médias. É perfeitamente possível, por exemplo, comparar-se a previsão por linha reta com a previsão por algum tipo de média, calculando-se o MAD para ambos os métodos.

O MSE, por sua vez, apresenta a mesma utilidade do MAD.

Exemplo 11.9

Utilizando os dados da tabela anterior, vamos calcular o MSE também para os três casos: MMEP1, MMEP2 e previsão corrigida pelo efeito de tendência. A Tabela 11.9 reproduz as diferenças entre a demanda e as três previsões.

Solução

Tabela 11.9 Cálculo do MSE

Período	$(Y-D)$	$(Y-D)^2$	$(Y-D')$	$(Y-D')^2$	$(Y-D_c)$	$(Y-D_c)^2$
1	0	0	0	0	0	0
2	2	4	2	4	2	4
3	3,4	11,56	4	16	2,8	7,84
4	4,38	19,18	5,82	33,87	2,94	8,64
5	5,07	25,70	7,39	54,61	2,75	7,56
6	5,55	30,80	8,69	75,52	2,41	5,81
7	5,88	34,57	9,75	95,06	2,01	4,04
8	6,12	37,45	10,59	112,15	1,65	2,72
9	6,28	39,44	11,25	126,56	1,31	1,72
10	6,40	40,96	11,76	138,30	1,04	1,08
11	6,48	41,99	12,15	147,62	0,81	0,66
12	6,54	42,77	12,45	155,00	0,63	0,40
		328,42		958,69		44,47

Os valores para o MSE são:

MMEP1

$$\text{MSE} = \frac{328{,}42}{11} = 29{,}86$$

MMEP2

$$\text{MSE} = \frac{958{,}69}{11} = 87{,}15$$

Demanda corrigida

$$\text{MSE} = \frac{44{,}47}{11} = 4{,}04$$

Confirma-se mais uma vez, portanto, a hierarquia entre as previsões. Existe uma relação aproximada entre o MAD e o MSE. Se os eixos da previsão são normalmente distribuídos, então:

$$1{,}25\ (\text{MAD}) = \sqrt{\text{MSE}}$$

O leitor pode comprovar por si mesmo essa relação com os exemplos fornecidos (lembrar que a relação é aproximada).

Além de permitir a escolha entre modelos alternativos de previsão, o MAD (ou o MSE) tem uma utilidade adicional na escolha do melhor valor de α (ou de β) na MMEP1 (ou na MMEP2). Basta aplicar a média móvel exponencialmente ponderada aos dados existentes (demanda real) usando vários valores de α para obter diferentes previsões. O valor de α que conduzir ao menor MAD (ou MSE) é então adotado.

Exemplo 11.10

Dada a demanda real *Y* e previsões com quatro valores diferentes de α na Tabela 11.10 a seguir, qual o valor mais adequado de α?

Tabela 11.10 Escolha do valor de α

Y	D α = 0,1	D α = 0,2	D α = 0,3	D α = 0,4
150	150	150	150	150
180	150	150	150	150
130	153	156	159	162
160	150,7	150,8	150,3	149,2
200	151,63	152,64	153,21	153,52
160	156,47	162,11	167,25	172,11
220	156,82	161,69	165,08	167,27

Solução

Tomamos a demanda prevista inicial, para todos os valores de α, como sendo $D = 150$. Os cálculos fornecem:

α	MAD
0,1	25,34
0,2	24,71
0,3	25,38
0,4	26,30

O melhor valor de α é, portanto, 0,2.

Uma vez adotado um valor para α, é possível escolher um valor de β que torne o MAD mínimo possível, definido agora em função da demanda real Y e da demanda corrigida pelo efeito de tendência D_c. Alternativamente, pode-se usar um procedimento mais direto, obtendo os valores de α e β ao mesmo tempo. Para pares de valores (α, β), calcula-se a demanda corrigida D_c; adota-se o *par* que conduz ao menor MAD, considerando a demanda real Y e a demanda corrigida D_c sem passar pela MMEP1. Este segundo procedimento é preferível aos testes isolados de α e β, mas geralmente conduz a maior volume de cálculos.

11.7.2 Indicadores de Desempenho

a) *Medida do Viés da Previsão (MVP)*:

Existe um erro de viés na previsão quando esta se mantém constantemente acima (superestimativa) ou abaixo (subestimativa) do valor real da demanda. O viés é facilmente captado pela MVP (Medida do Viés da Previsão), definida como:

$$\text{MVP} = \frac{\Sigma\,(Y - D)}{n} \qquad \text{(Equação 11.16)}$$

onde Y e D representam as demandas reais e previstas, respectivamente, correspondentes a n períodos anteriores. A cada novo período, deve-se calcular a nova MVP; se ela se mantiver por alguns períodos com o mesmo sinal, está havendo um viés na previsão, para menos (MVP persistentemente positiva) ou para mais (MVP persistentemente negativa).

b) *Sinal de Percurso (SP)*:

Tal como a MVP, deve ser recalculado a cada novo período de previsão. É definido como:

$$SP = \frac{MVP}{MAD} \qquad \text{(Equação 11.17)}$$

Como o MAD é sempre positivo, o Sinal de Percurso (SP) apresenta sempre o mesmo sinal da MVP, servindo, pois, para monitorar quaisquer vieses existentes na previsão. Se vieses não estiverem presentes, SP deve ser próximo a zero. Se a previsão ficar consistentemente acima da demanda real, SP será próximo a –1; se ela ficar persistentemente abaixo da demanda real, então SP será próximo a + 1. Quanto mais SP se afastar de zero, mais enviesada então será a demanda prevista.

Pode-se usar o SP para monitorar quantitativamente a previsão. Basta para tanto fixar uma faixa de valores máximo e mínimo para SP e observar se os valores calculados, período a período, caem dentro da faixa prefixada. Se isto não acontecer, então o modelo de previsão é julgado inadequado. Uma faixa usada com freqüência é SP = ±0,5.

Exemplo 11.11

Com os dados da Tabela 11.11, calcular a Medida do Viés da Previsão (MVP), o Desvio Absoluto Médio (MAD) e o Sinal de Percurso (SP).

Tabela 11.11 Cálculo da MVP e do SP

Y	*D*	(*Y* – *D*)	MVP	MAD	SP
10	8	2	2	2	1
12	13	–1	0,5	1,5	0,33
8	6	2	1	1,67	0,60
11	12	–1	0,5	1,5	0,33
9	10	–1	0,2	1,4	0,14
15	9	6	1,17	2,17	0,54
17	18	–1	0,86	2	0,43
11	16	–5	0,13	2,38	0,05

Solução

Os valores procurados aparecem já na própria Tabela 11.11. Desconsiderando o primeiro período, onde forçosamente MVP = MAD, em valor absoluto e, portanto, SP = ± 1, verifica-se que, em dois períodos, SP ultrapassa o limite usual de ± 0,5. Existe além disso um viés persistente, no sentido de que os valores da demanda real se mantêm em média acima dos valores previstos.

11.8 Horizonte da Previsão

Existe um método mais adequado para a previsão, dado um horizonte de planejamento?

A resposta pode ser positiva, guardadas algumas cautelas. Na verdade, seja a previsão de longo prazo (2 a 10 anos), médio prazo (1 a 2 anos) ou curto prazo (até um ano), o melhor método é aquele que fornece os valores mais próximos entre a previsão e a demanda real. Do ponto de vista estritamente teórico, seria difícil defender um ou outro método.

A prática diária fornece, porém, algumas lições. Os métodos qualitativos e causais parecem adaptar-se melhor às previsões de médio e longo prazo, enquanto a análise de séries temporais, particularmente pelos métodos das médias, parecem adequar-se mais a previsões a curto prazo.

Qualquer que seja o caso, porém, é necessária a testagem de vários modelos até se encontrar o mais adequado ao caso específico que se está analisando. Como medida de cautela posterior, dado um método já escolhido, deve-se sempre mantê-lo sob controle, por meio das formas já tratadas, de maneira a poder efetuar correções no menor prazo possível.

PROBLEMAS RESOLVIDOS

1. O Depósito Casa Firme, especializado em materiais de construção, anotou o total vendido de sacos, de cimento, para seis anos consecutivos, bimestre a bimestre. Os resultados estão na tabela a seguir. Determinar:

a) a equação da linha reta que dá a previsão para o total anual;
b) os coeficientes de correlação e determinação;
c) a previsão para 1988 e o intervalo de confiança a 95%;
d) as previsões bimestrais para 1988.

Vendas Bimestrais (Sacos de Cimento)

Ano	1º bim.	2º bim.	3º bim.	4º bim.	5º bim.	6º bim.	Total
1982	432	480	390	720	240	333	2.595
1983	470	528	430	792	266	366	2.852
1984	570	572	514	872	318	402	3.248
1985	620	635	540	952	316	436	3.499
1986	658	671	572	998	362	466	3.727
1987	712	718	618	1.092	398	507	4.045

Solução

a) *Equação da linha reta*:

A equação tradicional da linha reta fica sendo nesse caso $\hat{Y} = a + bt$, onde t é agora o tempo. Uma mudança de escala para os anos facilitará os cálculos; façamos, pois, t (tempo) = 0 para 1982, $t = 1$ para 1983, e assim por diante. Montemos, então, a tabela auxiliar seguinte, já com a coluna com os valores Y^2 para posterior cálculo dos coeficientes de correlação e determinação.

t	Y	tY	t^2	Y^2
0	2.595	0	0	6.734.025
1	2.852	2.852	1	8.133.904
2	3.248	6.496	4	10.549.504
3	3.499	10.497	9	12.243.001
4	3.727	14.908	16	13.890.529
5	4.045	20.225	25	16.362.025
15	19.966	54.978	55	67.912.988
Σt	ΣY	ΣtY	Σt^2	ΣY^2

Equações normais

$19.966 = 6\,a + 15\,b$ (I)

$54.978 = 15\,a + 55\,b$ (II)

Multiplicando a equação (I) por (–2,5) e somando à equação (II), vem que:

$5.063 = 17{,}50\ b$

$b = 289{,}3$

Substituindo o valor de b em (I) ou (II), obtemos:

$a = 2.604{,}4$

A equação da reta é, pois, $\hat{Y} = a + bt = 2.604{,}4 + 289{,}3\ t$

b) *Coeficientes de correlação e determinação*:

Substituindo as somatórias da tabela auxiliar na Equação 11.3, temos:

$$r = \frac{6(54.978) - (15)\ (19.966)}{\sqrt{6(55) - 15^2}\ \sqrt{6(67.912.988) - 19.966^2}} = 0{,}997$$

e $r^2 = 0{,}994$

A correlação é, como vemos, bastante satisfatória.

c) *Previsão para 1988 e intervalo de confiança a 95%*:

A previsão para 1988 (quando então $t = 6$) é facilmente obtida:

$\hat{Y}_{1988} = 2.604{,}4 + 289{,}3\ (6) = 4.340$ sacos de cimento (desprezamos a parte decimal).

Para a obtenção do intervalo de confiança necessitamos de s_y, o Erro Padrão da Estimativa, calculado com o auxílio da tabela a seguir:

X	Y	$\hat{Y}$	$(Y - \hat{Y})^2$
0	2.595	2.604,4	88,4
1	2.852	2.893,7	1.738,9
2	3.248	3.183,0	4.225,0
3	3.499	3.472,3	712,9
4	3.727	3.761,6	1.197,2
5	4.045	4.051,0	36,0
			7.998,4

$$S_y = \sqrt{\frac{\Sigma\ (Y - \hat{Y})^2}{n - 2}} = \sqrt{\frac{7.998{,}4}{4}} = 44{,}7$$

Para o intervalo de 95%, $z = 1{,}96$ e o intervalo de confiança será:

$$\hat{Y}_{1988} \pm 1{,}96 \quad s_y = 4.340 \pm 1{,}96(44{,}7) = $$
$$= 4.340 \pm 88$$

A demanda real deverá estar então entre 4.252 e 4.428 sacos de cimento. Repare que esse intervalo é bastante estreito, devido ao baixo valor de s_y, o que era de esperar, dada a perfeição do ajuste.

d) *Previsões bimestrais para 1988*:

Como temos apenas a previsão anual, podemos chegar até as previsões bimestrais se admitirmos que a demanda de cada bimestre guarda uma relação aproximadamente constante com a demanda anual. Esse procedimento nada mais significa do que calcular índices sazonais, ainda que de uma forma indireta. Tal relação pode ser obtida pela média das relações das demandas bimestral e anual em cada ano. Para o 1º bimestre, essa média seria:

$$S_1 = \frac{432/2.595 + 470/2.852 + 570/3.248 + 620/3.499 + 658/3.727 + 712/4.045}{6}$$

$S_1 = 0{,}168$

De maneira semelhante, para os demais bimestres temos:

$S_2 = 0{,}182$ $S_5 = 0{,}096$

$S_3 = 0{,}154$ $S_6 = 0{,}127$

$S_4 = 0{,}273$

As previsões correspondentes aos bimestres serão:

1º bimestre: 0,168 (4.340) = 729
2º bimestre: 0,182 (4.340) = 790
3º bimestre: 0,154 (4.340) = 668
4º bimestre: 0,273 (4.340) = 1.185
5º bimestre: 0,096 (4.340) = 417
6º bimestre: 0,127 (4.340) = 551
Total 4.340

2. O movimento semanal de venda de pão de diversos tipos é dado a seguir, em quilogramas, para as últimas 12 semanas.

Semana	1	2	3	4	5	6	7	8	9	10	11	12
Venda (kg)	620	830	600	512	662	892	641	542	693	907	655	558

a) Aplicar à série uma média móvel simples (MMS) com $n = 3$.
b) Aplicar à série uma média móvel ponderada (MMP) com $n = 3$ (pesos 0,5; 0,3; 0,2).
c) Para cada previsão obtida nos casos *a* e *b*, calcule o Desvio Absoluto Médio (MAD), o Erro Médio Quadrático (MSE), a Medida do Viés da Previsão (MVP) e o Sinal de Percurso (SP).

Solução

a) *Média Móvel Simples*:

A tabela a seguir sumaria os cálculos da MMS e dos indicadores de controle pedidos em *c*.

Semana	Venda (kg)	Previsão	MAD	MSE	MVP	SP
1	620	–	–	–	–	–
2	830	–	–	–	–	–
3	600	–	–	–	–	–
4	512	683	171	–	–171	–1,00
5	662	647	93	29.481	–78	–0,84
6	892	591	162	60.025	48,3	0,30
7	641	689	134	40.804	24,3	0,18
8	542	732	145	39.601	–18,6	–0,13
9	693	692	121	31.684	–15,3	–0,13
10	907	625	126	39.641	27,1	0,22
11	655	714	119	34.484	16,4	0,14
12	558	752	127	34.894	–7	0,06

A seqüência de cálculos para a construção da tabela é a seguinte:

Previsão: Dado uma semana *t*, é a média dos três valores da venda real correspondentes às 3 semanas imediatamente anteriores.

Exemplo: $D_6 = \dfrac{600 + 512 + 662}{3} = 591$ (arredondado para inteiros)

MAD: calculado a partir da semana 4 em diante, aplicando-se a Equação 11.14.
MSE: também calculado a partir da semana 4, pela Equação 11.15.
MVP: obtido pela aplicação da Equação 11.16.
SP: é o quociente da MVP pelo MAD (Equação 11.17)

Se levarmos em conta que o Sinal de Percurso deve ser o mais próximo possível de zero, a tabela mostra que, pelo menos segundo esse critério, o modelo desempenha razoavelmente. A inspeção visual revela, porém, resultados claramente insatisfatórios para a previsão, o que se reflete em valores altos para o MAD e o MSE.

b) *Média Móvel Ponderada*:

Elaboremos nova tabela, agora utilizando a Média Móvel Ponderada (MMP), sendo o MAD, MSE, MVP e SP calculados como já descrito. A previsão para uma semana qualquer t foi calculada *a* como:

$$(\text{Previsão})_t = 0{,}5\ (\text{Venda Real})_{t-1} + 0{,}3\ (\text{Venda Real})_{t-2} + 0{,}2\ (\text{Venda Real})_{t-3}$$

Semana	Venda (kg)	Previsão	MAD	MSE	MVP	SP
1	620	–	–	–	–	–
2	830	–	–	–	–	–
3	600	–	–	–	–	–1,00
4	512	673	161	–	–161	–1,00
5	662	602	111	29.584	–50,5	–0,45
6	892	605	169	56.169	62	0,37
7	641	747	154	41.209	20	0,13
8	542	721	159	38.809	–19,8	–0,12
9	693	642	141	31.684	–8	–0,06
10	907	637	159	38.416	31,7	0,20
11	655	770	154	34.969	13,4	0,09
12	558	738	157	34.596	–8,1	0,05

Embora a inspeção do Sinal de Percurso também não condene o modelo, os valores do MAD indicam que o modelo anterior (MMS), embora não satisfatório, constitui-se ainda assim em melhor alternativa para a previsão do que a MMP. Dada, porém, a regularidade nos dados, é possível pensar em correções que melhorem o desempenho dos dois modelos vistos.

3. Retomar os valores das vendas semanais da rede de padarias do exemplo anterior e aplicar Média Móvel Exponencialmente Ponderada de 1ª Ordem (MMEP1), com valores de $\alpha = 0{,}1$; 0,2; 0,3 e 0,4. Apontar o valor de α que fornece a melhor previsão. Compare esse modelo com a MMS e a MMP desenvolvidas no exemplo anterior.

Solução

A tabela seguinte mostra as previsões associadas aos valores de α pré-selecionados, com $D_1 = 620$ em todos os casos.

Semana	Venda (kg)	D $\alpha = 0{,}1$	D $\alpha = 0{,}2$	D $\alpha = 0{,}3$	D $\alpha = 0{,}4$
1	620	620	620	620	620
2	830	620	620	620	620
3	600	641	662	683	704
4	512	636,9	649,6	658,1	662,4
5	662	624,4	622,1	614,3	602,2
6	892	628,2	630,1	628,6	626,1
7	641	654,6	682,5	707,6	732,5
8	542	653,2	674,2	687,6	695,9
9	693	642,1	647,8	643,9	634,3
10	907	647,2	656,8	658,6	657,8
11	655	673,2	706,8	733,1	757,5
12	558	671,4	696,4	709,7	716,5

Os valores do MAD, acumulados até a semana 12, são:

MAD = 103,7 $\alpha = 0{,}1$

MAD = 114,2 $\alpha = 0{,}2$

MAD = 124,1 $\alpha = 0{,}3$

MAD = 133,7 $\alpha = 0{,}4$

A melhor previsão é conseguida com $\alpha = 0{,}1$. O MAD, igual a 103,7, indica um melhor ajuste do que o obtido com a MMS (MAD = 127) e MMP (MAD = 157). Ainda assim, é um valor alto, diante da grandeza do valor das vendas.

4. Ainda utilizando os dados do Problema 2 e com as previsões obtidas no Problema 3, com $\alpha = 0{,}1$ construir os valores da Medida do Viés da Previsão (MVP) e do Sinal de Percurso (SP).

Solução

As séries de valores da MVP e do SP são mostradas abaixo para as 12 semanas.

Semana	Venda (kg)	D $\alpha = 0{,}1$	MVP	MAD	SP
1	620	620	0	0	–
2	830	620	105	105	1,00
3	600	641	–13,7	83,7	–0,16
4	512	636,9	–31,2	94	–0,33
5	662	624,4	7,5	82,7	0,09
6	892	628,2	44,0	112,9	0,39
7	641	654,6	–1,9	98,7	–0,02
8	542	653,2	13,9	100,3	0,14
9	693	642,1	5,7	94,8	0,06
10	907	647,2	26,0	113,3	0,23
11	655	673,2	–1,7	102,8	–0,02
12	558	671,4	–9,5	103,7	–0,09

Tanto a Medida do Viés da Previsão como o Sinal de Percurso mostram que não há um viés definido na previsão, para mais ou para menos. Por sua vez, em termos de faixa de variação, os valores do Sinal de Percurso são bastante satisfatórios, mantendo-se dentro da faixa tradicional de ± 0,5.

5. A Calçados R. M. Ltda. divide os modelos de calçados masculinos em cinco faixas de preços (I, II, III, IV, e V). A seguir é fornecido o registro do número de pares vendidos nas últimas 10 semanas para os modelos da faixa II, independentemente de tamanho. Ajustar aos dados um modelo de MMEP com correção de tendência, adotando iguais valores para a demanda inicial ($D_1 = D'_1 = 50$), $\alpha = 0{,}2$ e $\beta = 0{,}3$.

Semana	1	2	3	4	5	6	7	8	9	10
Vendas (pares)	70	72	75	74	76	79	83	80	91	95

Solução

A tabela seguinte fornece os valores de D (previsão por MMEP1); D' (previsão por MMEP2) e D_c (previsão corrigida), sendo:

$D_t = D_{t-1} + \alpha(Y_{t-1} - D_{t-1})$ (Y = venda real)

$D'_t = D'_{t-1} + \beta(D_{t-1} - D'_{t-1})$

$D_c(t) = 2D_t - D'_t$

Semana	Vendas Y	D $\alpha = 0{,}2$	D' $\beta = 0{,}3$	D_c
1	70	50	50	50
2	72	54	50	58
3	75	57,6	51,2	64
4	74	61,08	53,12	69,04
5	76	63,66	55,51	71,81
6	79	66,13	57,96	74,30
7	83	68,70	60,41	76,99
8	80	71,56	62,90	80,22
9	91	73,25	65,50	81
10	95	76,80	67,83	85,77

Mesmo a inspeção visual revela que os valores D_c estão mais próximos das vendas reais que quaisquer dos valores fornecidos pelas duas outras previsões. O cálculo do MAD nos fornece:

para a MMEP1: MAD = 15,22
para a MMEP2: MAD = 22,06
para a previsão corrigida: MAD = 8,43

O MAD para a previsão corrigida mostra que ela se afasta em média um pouco mais de 8 unidades (em valor absoluto) em relação às vendas reais; em termos percentuais, isso equivale a um erro médio inferior a 10%.

QUESTÕES PARA DISCUSSÃO

1. Dê uma visão geral dos métodos de previsão.
2. Descreva em linhas gerais como funciona o método Delphi.
3. Para que serve o Erro Padrão da Estimativa s_y?
4. Dados dois ajustes, feitos com equações diferentes, como saber qual deles é mais adequado?
5. Qual a vantagem do coeficiente de determinação sobre o coeficiente de correlação?
6. O que são modelos de decomposição de séries temporais?
7. Reveja a fórmula geral do modelo multiplicativo. O que significa cada um dos símbolos que ali comparecem?
8. Qual a utilidade do MAD? do MSE?
9. Para que serve a MMEP2?
10. Entre que limites pode variar o Sinal de Percurso? Quais são os limites mais usados na prática?
11. Explique o que é a Medida do Viés da Previsão.
12. Como escolher o valor de α na MMEP1? E o valor de β na MMEP2?
13. Como você faria se tivesse que comparar a adequação de uma linha reta em face de algum tipo de média para previsão?

PROBLEMAS PROPOSTOS

1. Ao Lar Prático é uma loja de eletrodomésticos operando em uma prestigiosa cidade mineira. O gerente da loja sabe que as vendas semanais dependem do número de telefonemas de clientes recebidos na 6ª feira da semana anterior. Conseguiu ajustar a seguinte equação:

$Y_t = 500 + 6X_{t-1}$

Y_t = vendas previstas para a semana t (em centenas de reais)

X_{t-1} = nº de telefonemas (recebidos na 6ª feira da semana t–1)

Também com a experiência do passado, o gerente de Ao Lar Prático sabe que o Erro Padrão da Estimativa é de 120 (em centenas de reais). Em uma certa 6ª feira, foram recebidos 45 telefonemas de clientes. Qual a quantia máxima que a loja poderá vender na semana seguinte, supondo um intervalo de confiança de 95%? (Obs: $z = 1{,}96$)

2. Desenvolva uma linha de tendência (reta) para prever valores futuros da série a seguir. Utilize a equação encontrada para prever o valor da série para o período 11.

Período	1	2	3	4	5	6	7	8	9	10
Valor da série	100	107	105	114	117	111	124	120	126	133

3. O número de títulos protestados em uma certa cidade tem evoluído de acordo com a tabela a seguir:

Ano	Títulos Protestados	Ano	Títulos Protestados
1980	1.205	1985	1.480
1981	1.270	1986	1.522
1982	1.340	1987	1.561
1983	1.392	1988	1.602
1984	1.433	1989	1.654

Projetar o número de títulos protestados para 1990 (tomar como base 1980 = período 1, para facilitar os cálculos). Determinar o intervalo de confiança da previsão a 95% ($z = 1{,}96$).

4. Uma companhia iniciou em 1984 um amplo programa de prevenção de acidentes cobrindo todos os seus departamentos produtivos. Na época, o número de acidentes total, com e sem lesões corporais, era de 95 para cada 100.000 homens-hora trabalhadas. A companhia pretendia que até 1994 o número de acidentes fosse reduzido a 5 (para cada 100.000 homens-hora trabalhados). Os registros de acidentes desde a implantação do plano de prevenção estão mostrados a seguir:

Ano	Acidentes (p/100.000 hh)
1984	95
1985	70
1986	53
1987	42
1988	33
1989	27
1990	23

a) Ajuste uma reta e uma parábola aos dados. Com base no coeficiente de determinação, qual a curva mais adequada para representar a evolução do número de acidentes por ano?

b) Será possível à empresa cumprir a meta prevista de reduzir o número de acidentes a 5 por 100.000 homens-hora de trabalho em 1994? (Suponha que não ocorrerá nenhum evento especial que possa perturbar as tendências da seqüência de acidentes anuais.)

5. A demanda anual de certo produto pode ser expressa pela equação:

$\hat{Y} = 23.000 + 5.000\ t$, onde $t = 1$ para 1986

a) Projetar a demanda para 1989.

b) Projetar a demanda para os outros trimestres de 1989, sabendo as porcentagens que representam em relação à demanda anual:

Trimestre	%
1º	13
2º	25
3º	32
4º	30
	100

6. A RenTV Ltda. é uma empresa operando no ramo de aluguel de TV, videocassete e aparelhos de som. A organização mantém uma equipe permanente de manutenção, dado que consta em contrato que aparelhos com problemas serão inicialmente vistoriados por um técnico na casa do cliente. Se for impossível o conserto imediato, o aparelho será então substituído por outro em um prazo máximo de 24 horas. Como parte da equipe de manutenção deve ser alocada a serviços internos de reparos, a RenTV deseja uma previsão semanal do número de chamadas de clientes, para que a escala de trabalho possa ser feita na 2ª feira de manhã. Todas as chamadas são anotadas. Os registros das 10 últimas semanas estão dados a seguir.

Semana	1	2	3	4	5	6	7	8	9	10
Chamadas	13	10	10	25	8	17	12	15	12	20

Preparar uma previsão do número de chamadas na semana 11:

a) utilizando MMS com $n = 4$.

b) utilizando MMP com $n = 4$ e pesos 1:2:3:4 para as 4 semanas mais recentes (o peso 4 corresponde à mais recente, o peso 3 à segunda mais recente e assim por diante).

c) qual dos dois métodos é mais adequado para a previsão que se pretende? (Sugestão: comparar o MAD associado a cada um dos métodos).

7. A Eletrônica PauBrasil manufatura uma linha de liqüidificadores, cujas vendas mensais para o último ano são mostradas a seguir.

Mês	Vendas (1.000 unidades)	Mês	Vendas (1.000 unidades)
Janeiro	5	Julho	4
Fevereiro	6	Agosto	5
Março	4	Setembro	5
Abril	5	Outubro	6
Maio	8	Novembro	8
Junho	4	Dezembro	10

a) Computar duas séries de médias móveis simples ($n = 3$ e $n = 5$) e coloque em um mesmo gráfico.

b) Qual o efeito do número de períodos sobre a suavização das séries?

8. O registro mensal de carga de Transportes Rapidinho S.A. (em dezenas de toneladas × quilômetros) mostra a seguinte evolução nos 9 últimos meses:

Mês	Janeiro	Fevereiro	Março	Abril	Maio	Junho	Julho	Agosto	Setembro
Ton × km	16.200	16.400	16.300	16.700	16.800	17.200	17.500	17.400	17.800

a) Porque a MMEP de 1ª Ordem não é um método apropriado para a previsão do movimento de carga de Transportes Rapidinho?

b) Por meio de um método que julgue apropriado, desenvolva a previsão do movimento de carga para outubro, novembro e dezembro.

9. Um supermercado utiliza Média Móvel Exponencialmente Ponderada de 1ª Ordem para prever as vendas de vários de seus produtos. Entre estes, encontram-se os inseticidas domésticos, cujas vendas são dadas para os seis últimos meses:

Mês	Março	Abril	Maio	Junho	Julho	Agosto
Vendas (frascos)	5.200	5.500	5.300	4.800	4.200	4.350

a) Adapte aos dados uma MMEP de 1ª Ordem, fazendo coincidir a previsão de março com a venda real ($\alpha = 0,3$).

b) Efetue a mesma série de previsões, agora de acordo com o seguinte modelo:

$D_t = Y_{t-1}$, onde D é a previsão do mês t e Y_{t-1} é a venda real do mês $(t - 1)$; este modelo consiste em tomar como previsão a venda real do mês imediatamente anterior.

c) Verifique se a média móvel conduz a melhores resultados que o método descrito em *b*. Utilize para tanto a metodologia que lhe parecer mais indicada.

10. O registro de vendas trimestrais de uma companhia é mostrado na tabela a seguir.

	Vendas (1.000 unidades)			
	1º Trim.	2º Trim.	3º Trim.	4º Trim.
2000	128	183	196	152
2001	133	190	200	156
2002	146	194	212	163
2003	150	206	224	165
2004	151	210	231	176
2005	155	219	243	184

a) Obtenha a reta de tendência.

b) Obtenha os índices sazonais trimestrais.

c) Projete as vendas para 2005 usando os dados até 2004 e corrija os resultados por meio dos índices sazonais.

d) Calcule o MAD para a previsão corrigida e para a previsão não corrigida; a correção trouxe algum benefício?

11. Uma organização industrial deseja escolher um entre três métodos de previsão, usando como critério o menor valor do MAD. A aplicação dos três métodos em questão produziu os resultados a seguir, expressos em milhares de reais constantes relativos a março de 2005.

Mês	Demanda Real	Previsão (Método A)	Previsão (Método B)	Previsão (Método C)
Março 2005	120	120	120	120
Abril	105	125	120	120
Maio	112	115	115	110
Junho	125	120	118	115
Julho	120	128	125	120
Agosto	132	126	120	118
Setembro	141	133	135	125

Qual é o melhor método diante do critério exposto?

12. Retomar a série do Problema 2. Ajustar a ela uma MMEP2 com $\alpha = 0{,}4$ e $\beta = 0{,}2$ (adotar $D_1 = 100$). Dado que o valor real da série para o período 11 foi de 140, qual método (linha reta ou MMEP2) forneceu o melhor resultado?

13. Aplicou-se, por 10 períodos consecutivos, um método de previsão obtendo-se os seguintes resultados:

Demanda Real	100	110	120	107	102	98	100	120	115	125
Demanda Prevista	90	113	125	112	98	107	92	110	130	118

Aceita-se que o modelo está desempenhando bem se o Sinal de Percurso manter-se em ± 0,5 após o primeiro período de medida. Calcule:

a) o MAD.
b) a Medida do Viés da Previsão.
c) o Sinal de Percurso.

O que se pode dizer sobre este modelo de previsão?

14. Orozimbo H. H. Esteves, gerente-geral de Marketing da Metalúrgica Trigama Ltda., vem usando há algum tempo um método subjetivo para prever as vendas da nova churrasqueira portátil produzida pela Trigama. Os registros de Orozimbo mostram a evolução a seguir:

Semana	Vendas (unidades)	Previsão (unidades)
04 fev.	230	250
11	262	270
18	250	260
25	270	265
04 mar.	320	330
11	293	305
18	302	300
25	308	315
01 abr.	350	300
08	341	350
15	355	365
22	350	380
29	367	380
06 maio	361	380
13	402	410
20	380	400
27	390	400

Semana	Vendas (unidades)	Previsão (unidades)
03 jun.	320	380
10	390	350
17	434	410
24	443	430
01 jul.	450	440
08	420	460
15	390	380
22	387	365
29	410	400
05 ago.	402	405
12	480	450
19	461	470
26	474	460
02 set.	500	480
09	505	490
16	492	480
23	498	490

a) Analise os problemas existentes com as previsões de Orozimbo. Justifique suas conclusões.

b) Desenvolva um método de previsão que se mostre mais eficiente que o método de Orozimbo. Como medir essa eficiência?

REFERÊNCIAS BIBLIOGRÁFICAS

CHAMBERS, J. C.; MULLICK, S. K.; SMITH, D. D. How to Choose the Right Forecasting Technique. *Harvard Business Review*, p. 45-74, jul./ago. 1971.

GEORGOFF, D. M.; MURDICK, R. G. Manager's Guide to Forecasting. *Harvard Business Review*, p. 110-120, jan./fev. 1986.

MENTZER, J. T.; MOON, M. A. *Sales Forecasting Management: A Demand Management Approach*. 2. ed. Thousand Oaks: Sage Publications, 2004.

NAHMIAS, S. *Production and Operations Analysis*. Boston: McGraw-Hill/Irwin, 2004.

PORTOUGAL, V. Demand Forecast for a Catalog Retailing Company. *Production and Inventory Management Journal*, v. 43, n. 1/2, p. 29-34, 2002.

SANDERS, N. R. Measuring Forecast Accuracy: Some Practical Suggestions. *Production and Inventory Management Journal*, v. 38, n. 1, p. 43-6, 1997.

SHORE, B. *Operations Management*. Boston: McGraw-Hill Book Company, 1973. Caps. 11 e 12.

SILVER, E. A.; PYKE, D. F.; PETERSON, R. *Inventory Management and Production Planning Scheduling*. 3. ed. Nova York: Wiley, 1998.

STEVENSON, W. J. *Administração das Operações de Produção*. 6. ed. Rio de Janeiro: LTC, 2002.

Capítulo 12

Planejamento Agregado

12.1 Introdução

O Planejamento Agregado representa uma das mais importantes decisões a médio prazo, formando, como veremos depois, o elo entre o Planejamento da Capacidade e a Programação e Controle da Produção e Operações. Por ora, vamos introduzir o problema do Planejamento Agregado tomando o exemplo da Olaria Barroforte, estabelecida em Serro Bravo (SP), que acaba de concluir as previsões da demanda, mês a mês, para o próximo ano (Tabela 12.1). Embora fabrique diversos produtos, o faturamento da empresa gira quase que totalmente em torno da produção e venda de tijolos, motivo pelo qual a previsão da demanda considera apenas esse produto.

Tabela 12.1 Previsão de Vendas da Olaria Barroforte (em milhares de tijolos)

Mês	Jan.	Fev.	Mar.	Abr.	Maio	Jun.	Jul.
Demanda	1.100	1.200	1.200	1.500	1.600	1.400	1.700

Mês	Ago.	Set.	Out.	Nov.	Dez.
Demanda	1.800	2.000	2.300	1.800	1.600

A Olaria Barroforte tem atualmente 16 funcionários e uma capacidade mensal de produção de 1.600 milheiros de tijolos, operando em regime de produção regular, ou seja, sem utilizar horas extras ou subcontratações (as subcontratações consistem em cobrir a própria demanda encomendando o produto ou parte dele a outros fabricantes).

A demanda acumulada de janeiro a dezembro soma 19.200 milheiros, que é exatamente a capacidade anual de produção regular da Olaria Barroforte (12 x 1.600). O que se constata facilmente, no entanto, é que a capacidade produtiva regular de 1.600 unidades mensais é, às vezes, maior ou igual à demanda mensal (casos dos meses de dezembro a junho) e, às vezes, inferior àquela, nos meses de julho a novembro. Esta situação é mostrada na Figura 12.1, onde a linha reta paralela ao eixo dos meses representa a capacidade constante de produção de 1.600 milheiros.

Assumindo que a demanda seja certa, ou seja, que a previsão irá se verificar perfeitamente, a Olaria Barroforte está com o problema de "casar" a produção com a demanda. Em outras palavras, deve montar algum tipo de estratégia para que a demanda seja sempre atendida.

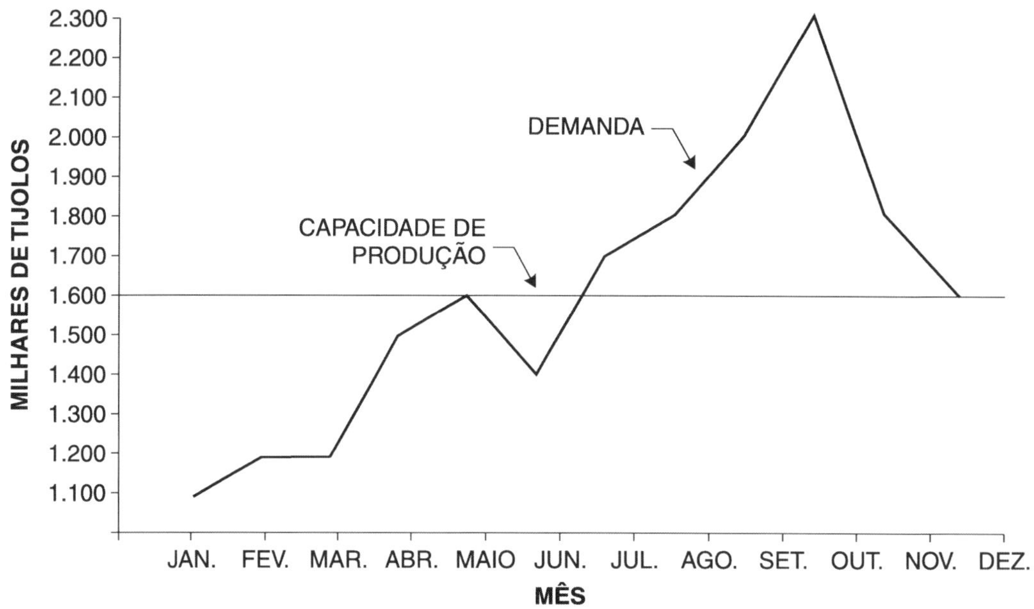

Figura 12.1 Capacidade de Produção e Demanda: Olaria Barroforte.

Para montar essa estratégia de atendimento da demanda, a Barroforte poderá lançar mão de diversas opções, tais como contratar ou demitir funcionários, usar horas extras, subcontratar parte da produção, acumular estoques nos meses de baixa demanda e utilizá-los para cobrir o excesso de demanda nos meses de alta etc. Poderá, também, combinar a um só tempo várias dessas alternativas. Evidentemente, cada particular estratégia terá um custo associado, e a Barroforte tentará resolver o problema ao mínimo custo possível.

Esse emparelhamento entre produção e demanda, por meio do uso de várias alternativas, ao mesmo tempo procurando minimizar os custos, é exatamente o objetivo do Planejamento Agregado, como definido a seguir.

12.2 O que É o Planejamento Agregado

Planejamento Agregado é o processo de balanceamento da produção com a demanda, projetada para horizontes de tempo em geral de 6 a 12 meses. Esse balanceamento pode ser feito atuando-se sobre os recursos produtivos, como já foi citado para o caso da Olaria Barroforte. O que se procura é combinar esses recursos produtivos, de maneira a, simultaneamente, atender a demanda e conseguir o custo mínimo. Outra forma de solucionar o problema, que pode ser usada separadamente ou combinada com a alteração da produção, consiste em influenciar a demanda por meio de certas alternativas sobre as quais discorreremos mais adiante.

Sob muitos aspectos, o Planejamento Agregado é um processo rudimentar e aproximado. Em primeiro lugar, ele trabalha com previsões da demanda, sujeitas a várias influências já vistas no Capítulo 11: sazonalidade, variações erráticas, o momento econômico etc. Além disso, se a empresa possuir uma grande variedade de produtos ou serviços, é impraticável planejar o emparelhamento da produção com a demanda prevista individualmente para cada um deles: é daí que vem a designação de "agregado". Devemos considerar medidas unificadas para os produtos ou, no máximo, para algumas linhas de produtos. É preciso adotar unidades comuns e expressar a demanda nessas unidades, tais como peso (toneladas de aço, digamos), volume (litros de gasolina), horas de trabalho necessárias para processar o produto, e assim por diante.

Do ponto de vista da posição ocupada no processo global de planejamento da produção, o Planejamento Agregado ocupa uma posição intermediária, como exibido na Figura 12.2.

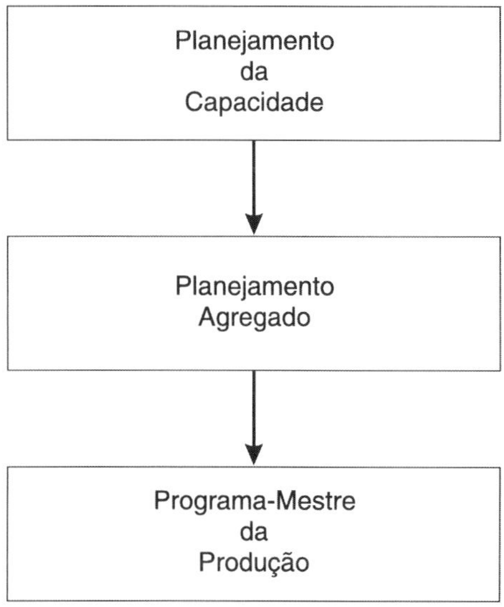

Figura 12.2 A Posição Intermediária do Planejamento Agregado.

De um lado, temos o Planejamento da Capacidade, de longo prazo, que irá determinar o tamanho das instalações e a potencialidade da empresa para atingir determinados níveis máximos de produção. Sem que haja uma alteração substancial nas instalações, essa capacidade não pode ser radicalmente aumentada. Dadas essas restrições de capacidade máxima, que a médio prazo estarão vigorando, o Planejamento Agregado procura conciliá-las com as previsões da demanda. Ele é limitado, portanto, por uma capacidade máxima de produção, considerada inalterada dentro do intervalo de tempo para o qual ele é produzido, ou seja, para o médio prazo. Mesmo com essa limitação, é possível, por meio de um conjunto de ações, aumentar a produção, se necessário, e dentro de certos limites, para atender à demanda. Esse aumento relativo é a tarefa do Planejamento Agregado. Na outra ponta do processo de planejamento localiza-se o Programa-Mestre de Produção ou simplesmente Programa ou Plano de Produção, estabelecendo o que se irá efetivamente produzir a curto prazo (poucas semanas). Há, pois, um conjunto de limitações em cascata, começando com a fixação da capacidade máxima de produção, passando pela escolha de opções para contornar em parte essa restrição e terminando com a programação de rotina, agora limitada por tais opções. Embora indesejável, do ponto de vista da empresa, é bom lembrar que o Planejamento Agregado tem, às vezes, a missão oposta, quando o problema a resolver não é a deficiência da produção, mas sim a da demanda. Neste caso, trata-se de descartar recursos onerosos, diminuindo os custos da produção e adaptando-a a demandas insuficientes.

12.3 As Etapas do Planejamento Agregado

Todo Planejamento Agregado deve cumprir as fases seguintes:

a) Previsão da demanda: feita para um período que vai comumente de 6 a 12 meses, a previsão pode ser obtida usando-se os métodos vistos no Capítulo 11 (regressão, médias etc.).

b) Escolha do conjunto possível de alternativas que serão usadas para influenciar a demanda e/ou os níveis de produção; tais alternativas estarão sujeitas às restrições estabelecidas pela gerência, tais como manter baixos estoques, evitar demissões de pessoal tanto quanto possível, atendimento rápido ao cliente, e assim por diante.

c) Determinar, a cada período, quais as particulares alternativas, dentre as previamente selecionadas, que serão usadas para influenciar a demanda e/ou os níveis de produção; a escolha entre as várias alternativas disponíveis obedecerá a critérios de minimização de custos de produção ou maximização de lucros.

Vejamos agora, com alguns detalhes, quais são as principais alternativas disponíveis.

12.3.1 Alternativas para Influenciar a Demanda

As alternativas tradicionalmente utilizadas são:

Propaganda

Tipicamente, a propaganda de produtos, serviços e empresas serve para aumentar a demanda em períodos de baixa ou deslocá-la de períodos de alta, onde não pode ser integralmente atendida, para períodos de baixa, onde a capacidade produtiva está disponível. Mais raramente, servem para reduzir a demanda, como exemplificado por campanhas governamentais para redução do consumo de água, eletricidade e combustíveis.

Promoções e preços diferenciados

Também servem ao aumento da demanda em certos períodos, ou para desviá-la de épocas de alta para épocas de baixa. Muito usadas pelas atividades de serviços que, por não poderem estocar, batem-se constantemente com a dificuldade de atender a demanda em momentos de pico. São exemplos as reduções de tarifas telefônicas em horários especiais, tarifas reduzidas em dias de semana para espetáculos e apresentações artísticas, pacotes promocionais para viagens etc.

Reservas e demoras na liberação dos produtos ou serviços

Constituem-se em um recurso típico para transferir demanda de um período a outro. Na indústria é muito comum quando se trata de máquinas, equipamentos e veículos especiais; freqüente, porém, em serviços – hotéis, consultas médicas, reservas para espetáculos etc. – onde não há a possibilidade de se trabalhar com estoques. O grande problema associado com as demoras é a possível perda do cliente ou o desgaste da imagem da empresa.

Desenvolvimento de produtos complementares

Companhias que trabalham com produtos de sazonalidade acentuada podem desenvolver produtos complementares, com tendências sazonais contracíclicas, de forma que, estando a demanda de um produto em época sazonal de baixa, ele possa ser substituído por outro de época sazonal em alta. Essa possibilidade, além de aumentar a demanda, permite um aproveitamento mais uniforme da mão-de-obra. São exemplos clássicos a indústria de sorvetes que no inverno fabrique chocolate, ou, no comércio, as lojas que trabalham com artigos de época.

12.3.2 Alternativas para Influenciar a Produção

Servem para aumentar ou diminuir a taxa de produção em um determinado período; por sua vez, um aumento pode se destinar tanto a um atendimento imediato da demanda (no próprio período), como a um atendimento futuro, por meio da acumulação de estoques. As principais alternativas utilizadas são:

Contratação e demissão de empregados

Um aumento previsto na demanda pode ser atendido com um aumento no número de funcionários, caso a empresa não esteja operando já em sua capacidade máxima. A relação entre número de funcionários e produção, ao longo do tempo, não é linear, devido às características da organização produtiva e ao aumento de produtividade. Isto quer dizer, por exemplo, que para dobrar a produção não necessariamente se precisa do dobro de funcionários. No entanto, em aplicações a curto e médio prazos, é costume adotar-se a relação linear entre produção e número de funcionários, ainda que isso represente apenas uma aproximação.

Quanto à demissão de funcionários, a política de muitas empresas é a de só adotá-la em último caso, mesmo que a permanência do pessoal represente algum prejuízo temporário, ênfases de baixa demanda. O motivo para essa relutância em demitir está no fato de que as demissões em massa afetam o moral e a motivação dos empregados que permanecem na empresa; além disso, demitir agora significa criar dificuldades futuras de recontratação, na medida em que o pessoal demitido vai encontrando outras ocupações. Em algumas atividades, entretanto, é comum o uso da estratégia combinada de contratar/demitir conforme as necessidades de produção. Isto se dá particularmente com trabalhos que exigem pouca qualificação da mão-de-obra: é o caso de bóias-frias em época de colheita, de funcionários em magazines e lojas de departamentos, contratados apenas para a época de pico de vendas nas festas etc.

Horas extras ou redução da jornada de trabalho

O uso de horas extras para aumentar os níveis de produção é um recurso muito comum nas indústrias, embora eleve o custo unitário de produção, já que as horas extras são pagas com um percentual acima da hora trabalhada em tempo regular, percentual esse fixado em lei ou acordado entre as empresas e os sindicatos. Em épocas de festas e datas especiais, o próprio comércio utiliza as horas extras, trabalhando em horários especiais (até às 22 horas em dias de semana, por exemplo). Em algumas circunstâncias, entretanto, um excesso de horas extras provoca reações contrárias nos funcionários.

A redução da jornada de trabalho (ou a concessão de férias coletivas, que pode ser considerada uma variante) serve para acomodar o pessoal aos níveis mais baixos da demanda, evitando demissões em massa. Essa alternativa foi usada algumas vezes no Brasil na década de 1980, com a aceitação dos sindicatos e do Ministério do Trabalho, já que freqüentemente implicava em reduções proporcionais de salário, em princípio proibidas por lei.

Estocagem

Estocar produtos em fases de demanda baixa para usá-los no atendimento da demanda em fases de alta é um recurso extremamente comum em empresas industriais, embora virtualmente impossível em atividades de serviços. O uso de estoques suaviza o ritmo de produção, permitindo uma utilização mais regular da mão-de-obra. Entretanto, a acumulação de estoques implica em custos, tanto por causa do capital assim imobilizado como pelas próprias despesas com a estocagem. Esses custos serão discutidos mais adiante.

Subcontratação

Como dissemos, a subcontratação consiste em solicitar que outra empresa faça o produto ou parte dele. A empresa subcontratada deve sujeitar-se aos requisitos técnicos de qualidade e competência técnica necessários. Os custos dos produtos feitos por subcontratação geralmente são maiores do que os custos incorridos quando eles são produzidos internamente.

12.4 Os Custos das Alternativas para Alterar a Produção

A maioria dos métodos disponíveis para o Planejamento Agregado, ou seja, para o balanceamento de produção e demanda, considera esta última como fixa. A cada período, o plano é revisto para se acomodar a novas previsões, que incorporam as informações mais recentes. Dessa forma, o problema acaba se centralizando nas alternativas para alterar os níveis de produção. Essas alternativas levam a diferentes custos, que devem ser comparados entre si, à medida que diferentes combinações de alternativas são geradas para resolver o problema do Planejamento Agregado. O balanço entre produção e demanda, assim, será feito buscando-se o mínimo custo possível.

Os principais custos a serem considerados são os seguintes:

Custo de contratar pessoal

Sob esse rótulo, consideram-se todos os custos associados com os processos de recrutamento, seleção e treinamento de pessoal. Tais custos dependem do tipo de cargo a ser preenchido: em geral, cargos executivos demoram mais tempo para ser preenchidos e implicam custos maiores que cargos operacionais.

O custo de contatar pessoal é expresso geralmente em R$/funcionário contratado.

Custo de demitir pessoal

Envolve os pagamentos previstos na legislação de cada país ou nos acordos sindicais. No caso do Brasil, esses pagamentos se referem a indenizações, aviso prévio, férias e 13º salário proporcional, podendo haver acréscimos substanciais quando se tratar de mulheres em estado de gestação. Há custos que correm em paralelo, mas são de mensuração muito difícil: abalos no moral e motivação do pessoal remanescente devido às demissões de companheiros, dificuldades para contratações futuras etc.

O custo de demitir pessoal é expresso geralmente em R$/funcionário demitido.

Custo de horas extras

O valor das horas extras corresponde ao valor do pagamento das horas normais, acrescido de um percentual que varia segundo a legislação de cada país e/ou os acordos sindicais. Não se deve esperar que a produtividade do trabalho em horas extras seja a mesma que em horas regulares; entretanto, o custo associado a essa queda de produtividade é muito difícil de ser medido.

O custo de horas extras pode ser expresso em R$/hora extra ou em custo diferenciado para a produção obtida neste regime. O custo unitário da produção em horas extras será, assim, maior que o custo unitário da produção em regime de trabalho regular.

Custo de deixar estoques

Como será detalhado no Capítulo 16, tais custos de deixar estoques são chamados de *custos de manutenção* e podem ser divididos em duas grandes categorias: os custos associados ao capital empatado nos estoques, que deixa de ser produtivo a outros usos, e os custos associados ao próprio ato de conservar fisicamente os produtos, tais como custos de instalações, pessoal de almoxarifado, deterioração eventual, seguros, taxas etc. Essa segunda categoria recebe o nome genérico de *custos de armazenagem*.

O custo de deixar estoques é expresso em R$/(unidade × mês), indicando-se com isso o custo de manter uma unidade do produto em estoque por um período de 1 mês. Evidentemente, o mês pode ser substituído por qualquer outro período de conveniência.

Custo de subcontratações

Como já foi dito, esse custo representa o que se paga a outro produtor para fabricar o produto no seu todo ou apenas alguma(s) parte(s). Geralmente, é mais caro subcontratar do que fabricar internamente.

O custo de subcontratações é expresso simplesmente em R$/unidade subcontratada.

Custo de retardamento de entregas

Esse custo reflete a perda de vendas devido à desistência de clientes que não estão dispostos a esperar pela entrega, principalmente se outros produtores podem fazer essa entrega em menores prazos. Reflete também a perda da boa vontade dos clientes, o que interfere nos lucros futuros. Embora sua existência seja inegável, o custo de retardamento de entregas é extremamente difícil de ser estimado, motivo pelo qual não o consideraremos nos exemplos que serão apresentados, o que equivale a admitir a restrição de que a demanda deve ser atendida no mesmo período em que se manifesta.

12.5 Métodos de Montagem do Planejamento Agregado

Em primeiro lugar, precisamos entender o que se quer dizer com "obter uma solução ao problema do Planejamento Agregado". Como sabemos, o Planejamento Agregado parte de uma previsão da demanda para uma série relativamente curta de períodos futuros; devemos determinar, para cada período, quanto será produzido – e como será produzido – para atender essa demanda. Responder a essa questão envolve uma composição de alternativas para alterar os níveis de produção. Para cada composição possível, em um dado período t, a produção terá custos associados os quais já foram detalhados e que podem ser expressos por CP_t (Custo de Produção no período t). Se a previsão da demanda abrange n períodos no futuro, o custo total de produção CP será:

$$CP = \sum_{t=1}^{n} CP_t$$

A solução ao problema do Planejamento Agregado consiste em determinar, em cada período, a combinação de alternativas de produção tal que, ao mesmo tempo em que atende à demanda, o custo total de produção CP tenha o menor valor possível.

Devido à sua importância no contexto da Administração da Produção e Operações, desde o início da década de 1950 o Planejamento Agregado tem recebido a atenção de diversos estudiosos. Com a popularização dos computadores, métodos envolvendo modelos cada vez mais sofisticados, principalmente de natureza matemática, têm sido desenvolvidos.

De uma forma geral, os modelos que procuram a solução ao problema de Planejamento Agregado, desde os mais simples aos mais elaborados matematicamente, podem ser pensados em duas dimensões: existem aqueles que assumem ou não variação linear dos custos e existem aqueles que levam ou não à solução ótima. Por "solução ótima" entende-se aquela que leva efetivamente ao custo total de produção mínimo, em face das alternativas de produção disponíveis.

Neste capítulo, só faremos a exposição de dois desses modelos, ambos assumindo que a variação de custos é linear. Para a análise de alguns outros modelos conhecidos, o leitor pode consultar o artigo de Samuel Eilon, de 1975, citado na bibliografia ao final do capítulo. Um dos modelos que discutiremos leva a uma solução não necessariamente ótima, ou seja, não conduz necessariamente ao Planejamento Agregado com mínimo custo total de produção, enquanto o outro realmente chega a esse tipo de solução. O primeiro modelo pode ser chamado de "Modelo de Tentativa e Erro", enquanto o segundo utiliza as técnicas matemáticas vistas no Capítulo 3 (método Simplex) e pode ser chamado de "Modelo de Programação Linear".

Modelo de Tentativa e Erro

Este modelo consiste simplesmente em procurar uma composição das alternativas de produção baseando-se no bom senso. Não existe utilização de ferramentas matemáticas, exceto a aritmética elementar para o cálculo e comparação de custos. A partir de uma composição original de alternativas de produção, várias outras composições podem ser geradas e os seus custos comparados, escolhendo-se a que levar ao menor custo; ainda assim, entretanto, não haverá garantias de que a solução escolhida seja ótima. Para que o problema não se torne muito complexo, é desejável que poucas alternativas de produção sejam consideradas.

A geração de composições de alternativas de produção pode ser feita com o auxílio de tabelas ou de gráficos. Os exemplos que veremos envolverão apenas tabelas; o leitor poderá consultar a solução gráfica no livro de Magee e Boodman (1967), citado na bibliografia.

Modelo de Programação Linear

A primeira referência ao uso de Programação Linear para a solução do problema de Planejamento Agregado é provavelmente o artigo de Bowman (1956); nesse trabalho, o autor mostra como o chamado Modelo de Transporte pode ser aplicado ao problema de se encontrar a solução ótima para o Planejamento Agregado. O leitor interessado pode consultar o Suplemento do Capítulo 7, que trata do Modelo de Transporte, antes de reportar-se ao artigo de Bowman. O Modelo de Transporte permite emparelhar a produção e a demanda, ao mínimo custo total de produção, levando em conta as alternativas de produzir em regime regular, subcontratar e deixar estoques. Com um pequeno artifício, pode-se levar em conta os custos de demora nas entregas.

O modelo geral de Programação Linear, por seu lado, permite considerar também os custos de contratação e demissão de pessoal e, além disso, permite a montagem de modelos diferenciados, conforme o objetivo e as restrições envolvidas. Uma variante mais atual é chamada Programação por

Objetivos (*Goal Programming*) que permite especificar vários objetivos priorizados em ordem de importância (como se recorda, a Programação Linear clássica leva em conta apenas *uma* função objetivo).

Cada um dos modelos – Tentativa e Erro e Programação Linear – será exemplificado a seguir.

12.6 Exemplo do Modelo de Tentativa e Erro

Retomemos o problema de Planejamento Agregado da Olaria Barroforte, apresentado no início do capítulo. Para facilidade do leitor, reproduzimos a seguir a demanda prevista para a Olaria Barroforte:

Tabela 12.2 Previsão de Vendas da Olaria Barroforte (em milhares de tijolos)

Mês	Jan.	Fev.	Mar.	Abr.	Maio	Jun.	Jul.
Demanda	1.100	1.200	1.200	1.500	1.600	1.400	1.700

Mês	Ago.	Set.	Out.	Nov.	Dez.
Demanda	1.800	2.000	2.300	1.800	1.600

Admitamos agora que conhecemos a seguinte estrutura de custos:

Discriminação	Valor
Custo de contratação de pessoal	R$ 1.000,00/funcionário
Custo de demissão de pessoal	R$ 3.500,00/funcionário
Custo de estocar	R$ 5,00/(milheiro/mês)
Custo regular da produção	R$ 20,00/milheiro
Custo da produção em horas extras	R$ 24,00/milheiro

Como se recorda, a Olaria Barroforte inicia o mês de janeiro com 16 funcionários, com uma capacidade mensal de produção em horas regulares de 1.600 milheiros de tijolos, ou seja, 100 milheiros por mês e por funcionário. Vamos supor, finalmente, que não há estoque inicial (ou seja, começamos janeiro com estoque zero) e também que não há obrigatoriedade de se deixar estoque ao final do mês de dezembro.

Montemos agora dois diferentes planos, segundo as seguintes estratégias gerenciais:

Estratégia 1: manter a força de trabalho atual (os 16 funcionários), usando apenas os estoques para amortecer a demanda quando necessário. Essa restrição de manter a força de trabalho constante é conhecida como *estratégia de nivelação.*

Estratégia 2: contratar e demitir sempre que necessário, supondo que o nível de produção varia linearmente com o número de funcionários. Essa estratégia é conhecida como *estratégia de caça à demanda.*

Como o leitor pode notar, as estratégias escolhidas são bastante simples, mesmo porque não existem restrições presentes. O problema poderia se complicar um pouco se fixássemos estoques máximos em cada período ou um teto para a produção em horas extras.

ESTRATÉGIA 1: FORÇA DE TRABALHO CONSTANTE E ESTOQUES

Essa estratégia só é possível quando a capacidade total de produção regular ao longo dos períodos considerados é maior ou igual à demanda total prevista. No caso da Olaria Barroforte, os 16 funcionários produzirão nos 12 meses uma quantidade exatamente igual à demanda total prevista ($12 \times 1.600 = 19.200$ milheiros); a estratégia pode, portanto, ser considerada. Em cada mês, a produção é fixada em 1.600 unidades; de janeiro a junho, como a demanda é inferior a esse valor, os estoques irão se acumulando. De julho a novembro, como a demanda é superior a 1.600 unidades, o estoque acumulado irá sendo paulatinamente usado para amortecer a demanda. Finalmente, em dezembro, não haverá estoque inicial e tampouco estoque final, pois a demanda será exatamente igual à produção. Fecha-se o ciclo com estoque zero.

A situação é representada pela tabela a seguir, onde listamos outras possibilidades de produção que não serão usadas, apenas para que o leitor tome contato com uma tabela mais elaborada. Vale a mesma observação com relação às linhas referentes ao número de funcionários (inicial e final) e número de contratações e demissões.

Tabela de Cálculos para a Estratégia 1

Mês		Jan.	Fev.	Mar.	Abr.	Maio	Jun.
Demanda		1.100	1.200	1.200	1.500	1.600	1.400
Estoque inicial		0	500	900	1.300	1.400	1.400
Nº inicial de funcionários		16	16	16	16	16	16
Contratações		0	0	0	0	0	0
Demissões		0	0	0	0	0	0
Nº final de funcionários		16	16	16	16	16	16
Produção	Regular	1.600	1.600	1.600	1.600	1.600	1.600
	Horas extras	0	0	0	0	0	0
	Subcontratação	0	0	0	0	0	0
	Total	1.600	1.600	1.600	1.600	1.600	1.600
(Produção regular – Previsão)		500	400	400	100	0	200
Estoque final		500	900	1.300	1.400	1.400	1.600

Mês		Jul.	Ago.	Set.	Out.	Nov.	Dez.
Demanda		1.700	1.800	2.000	2.300	1.800	1.600
Estoque inicial		1.600	1.500	1.300	900	200	0
Nº inicial de funcionários		16	16	16	16	16	16
Contratações		0	0	0	0	0	0
Demissões		0	0	0	0	0	0
Nº final de funcionários		16	16	16	16	16	16
Produção	Regular	1.600	1.600	1.600	1.600	1.600	1.600
	Horas extras	0	0	0	0	0	0
	Subcontratação	0	0	0	0	0	0
	Total	1.600	1.600	1.600	1.600	1.600	1.600
(Produção regular – Previsão)		–100	–200	–400	–700	–200	0
Estoque final		1.500	1.300	900	200	0	0

O cálculo dos custos associados a esse plano é muito simples. Os custos consistem apenas do custo da produção regular e da estocagem. Esse último é geralmente calculado em função do estoque final do período, embora outra opção fosse o uso do estoque médio no período (definido como a média entre os estoques inicial e final); seguiremos, no entanto, a tradição de usar o estoque final. Temos:

Custo da produção regular:

(1.600 milheiros/mês) × (12 meses) × (R$ 20/milheiro) = R$ 384.000,00

Custo de estocagem:

Considera-se que cada estoque final permaneça pelo tempo de 1 mês:

(R$ 5 milheiro/mês) × (500 + 900 + ... + 0 + 0) = 5 × 11.000 = R$ 55.000,00

O custo total da produção (CP) será então:

CP = 384.000 + 55.000 =

CP = R$ 439.000,00

A Figura 12.3 mostra a evolução dos estoques finais para todo o período considerado:

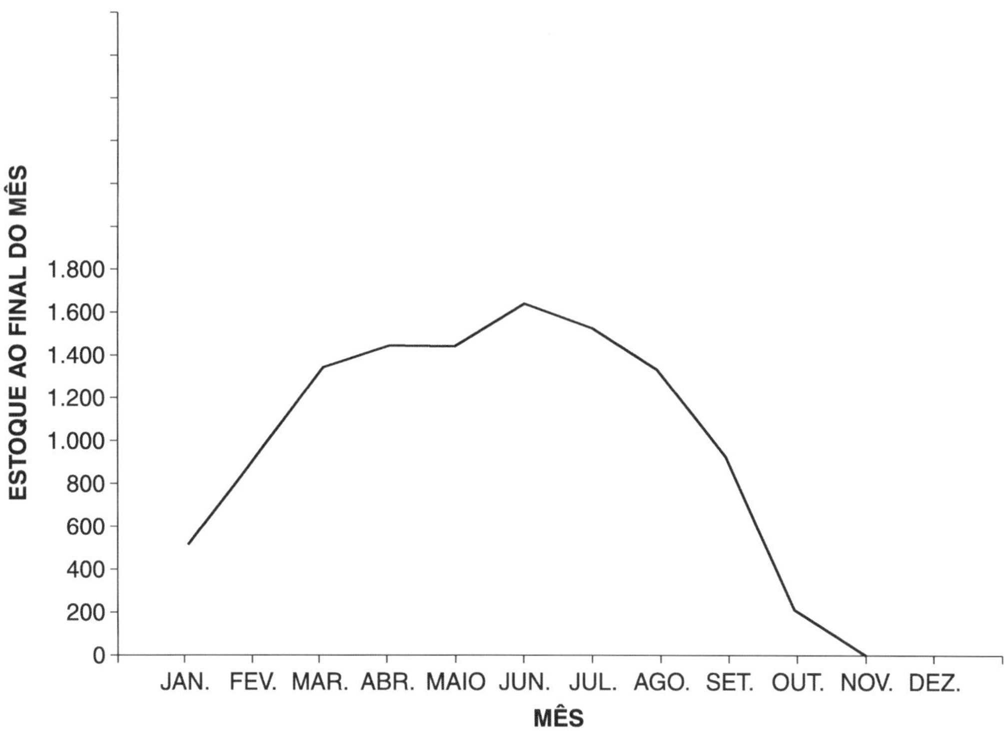

Figura 12.3 Estoques Finais para a Estratégia 1.

ESTRATÉGIA 2: VARIAR A FORÇA DE TRABALHO QUANDO NECESSÁRIO

Essa estratégia implica admitir e demitir funcionários, tanto quanto seja necessário para cumprir a demanda, ou seja, "caça-se" a demanda. No caso presente, admitiremos que a Olaria Barroforte tem a capacidade de produção suficiente para atender pelo menos até 2.300 milheiros por mês, que corresponde à máxima demanda prevista (em outubro). Vale também a hipótese, já anteriormente comentada, de que a produção é proporcional ao número de empregados.

Como cada empregado é responsável pela produção de 100 milheiros por mês, o número de funcionários necessários em um dado mês é dado por:

$$\frac{\text{Demanda prevista no mês}}{100}$$

A seguir, reproduzimos a mesma estrutura da tabela já apresentada para a Estratégia 1, devidamente adaptada à Estratégia 2. Repare o leitor que não são usados estoques, horas extras ou subcontratação. Caso a capacidade da Olaria Barroforte, em produção regular, fosse inferior à demanda máxima de 2.300 milheiros, forçosamente alguma daquelas opções deveria ser utilizada.

Tabela de Cálculos para a Estratégia 2

Mês	Jan.	Fev.	Mar.	Abr.	Maio	Jun.
Demanda	1.100	1.200	1.200	1.500	1.600	1.400
Estoque inicial	0	0	0	0	0	0
Nº inicial de funcionários	16	11	12	12	15	16
Contratações	0	1	0	3	1	0
Demissões	5	0	0	0	0	2
Nº final de funcionários	11	12	12	15	16	14
Produção Regular	1.100	1.200	1.200	1.500	1.600	1.400
Horas extras	0	0	0	0	0	0
Subcontratação	0	0	0	0	0	0
Total	1.100	1.200	1.200	1.500	1.600	1.400
(Produção regular – Previsão)	0	0	0	0	0	0
Estoque final	0	0	0	0	0	0

Mês	Jul.	Ago.	Set.	Out.	Nov.	Dez.
Demanda	1.700	1.800	2.000	2.300	1.800	1.600
Estoque inicial	0	0	0	0	0	0
Nº inicial de funcionários	14	17	18	20	23	18
Contratações	3	1	2	3	0	0
Demissões	0	0	0	0	5	2
Nº final de funcionários	17	18	20	23	18	16
Produção Regular	1.700	1.800	2.000	2.300	1.800	1.600
Horas extras	0	0	0	0	0	0
Subcontratação	0	0	0	0	0	0
Total	1.700	1.800	2.000	2.300	1.800	1.600
(Produção regular – Previsão)	0	0	0	0	0	0
Estoque final	0	0	0	0	0	0

O custo total de produção para a Estratégia 2 engloba os custos regulares de produção, acrescidos dos custos de contratar e demitir pessoal.

Custos regulares de produção:

Ao todo, são produzidos 19.200 milheiros a um custo de R$ 20,00 o milheiro. Logo, os custos regulares serão:

19.200 × 20 = R$ 384.000,00

Custos de contratar pessoal:

Ao todo, serão contratados 14 funcionários a um custo unitário de R$ 1.000,00. Logo:

Custos de contratar = 14 × 1.000 = R$ 14.000,00

Custo total de demitir pessoal:

Ao todo, serão demitidos também 14 funcionários a um custo unitário de R$ 3.500,00. Logo:

Custos de demitir = 14 × 3.500 = R$ 49.000,00

A soma dos três custos anteriores dará o custo total de produção *CP* para a Estratégia 2:

CP = 384.000 + 14.000 + 49.000 =

CP = R$ 447.000,00

A comparação de custos de produção favorece a Estratégia 1, na qual esse custo orçava a R$ 439.000,00. Além disso, a Estratégia 1 possui o atrativo de manter a força de trabalho constante, o que muitas vezes é um ponto forte a favor de uma estratégia.

12.7 Formulação do Modelo de Programação Linear

Montemos agora um modelo de Programação Linear para resolver o problema do Planejamento Agregado. O modelo deve ser considerado apenas como uma formulação possível, ainda que representativa, já que existe uma certa maleabilidade, de acordo com as relações admitidas entre as variáveis. O modelo pode ser decomposto nos seguintes conjuntos:

Variáveis de decisão

São as variáveis cujos valores são desconhecidos e que representam a solução do problema de Programação Linear: estoques, quantidades produzidas em regime regular, em horas extras e por subcontratação etc. Cada uma das variáveis de decisão terá que receber tantos valores quantos sejam os períodos considerados no Planejamento Agregado. Assim, por exemplo, se existirem 4 períodos e 3 variáveis de decisão, teremos ao todo 12 valores desconhecidos que deverão ser determinados.

Constantes

São grandezas que assumem valores bem definidos em um ou mais dos períodos considerados. Entre as constantes, encontram-se os valores da previsão da demanda em cada período, o estoque inicial, os vários custos, as capacidades máximas de produção em vários regimes etc.

Restrições

São equações ou inequações que ligam as variáveis de decisão e as constantes. Um exemplo de restrição é dado pela produção em regime regular, que geralmente deve ser inferior a certo teto de produção, conhecido (uma constante). Outro exemplo envolve a relação, em cada período, entre estoque inicial, estoque final, produção total e demanda.

Função Objetivo

É composta com os custos e as variáveis de decisão; trata-se de minimizar o custo total de produção para os períodos considerados, ou seja, minimizar *CP*.

Passemos ao detalhamento de cada um desses conjuntos.

Variáveis de decisão

Em cada período *t*, são as seguintes:

I_t = estoque final
R_t = produção em regime regular
H_t = produção em horas extras
S_t = produção subcontratada
A_t = unidades adicionadas por meio da contratação de funcionários
C_t = unidades canceladas por meio da demissão de funcionários

Constantes

Podem ser definidas período a período; entretanto, suporemos que as constantes assumem sempre os mesmos valores, independentemente do período considerado. São então as seguintes para cada período *t*:

D_t = demanda prevista
R = capacidade máxima em produção regular
H = capacidade máxima para a produção em horas extras
S = capacidade máxima para a produção subcontratada
r = custo unitário da unidade produzida em regime regular
h = custo unitário da unidade produzida em horas extras
s = custo unitário da produção subcontratada
a = custo de adicionar uma unidade à produção regular, por meio da contratação de funcionários
c = custo de se cancelar uma unidade da produção regular, por meio da demissão de funcionários
i = custo de se manter uma unidade em estoque por um período
R_0 = produção regular ao início do primeiro período
I_0 = estoque inicial (ao início do primeiro período)

Restrições

Para qualquer período *t*, são as seguintes:

$R_t \leq R$ (o teto da produção regular)
$H_t \leq H$ (o teto da produção em horas extras)
$S_t \leq S$ (o teto da produção subcontratada)

$R_t = R_{t-1} + A_t - C_t$ (A produção regular no período *t* é igual à produção regular do período anterior, somada às unidades produzidas devido à contratação de funcionários, subtraindo-se a produção perdida devido à demissão de funcionários.)

$I_t = I_{t-1} + R_t + H_t + S_t - D_t$ (O estoque final do período *t* é igual ao estoque final do período anterior, somado a tudo que foi produzido no período *t* e subtraído do que foi consumido, ou seja, a demanda.)

$I_t, R_t, H_t, S_t, A_t, C_t > 0$ (Condições de não negatividade.)

Função Objetivo

Minimizar:

$$\sum_{t=1}^{n} (r\,R_t + h\,H_t + s\,S_t + a\,A_t + c\,C_t + i\,I_t)$$

A expressão

$(r\,R_t + h\,H_t + s\,S_t + a\,A_t + c\,C_t + i\,I_t)$ representa o custo de produção no período *t*, levando em conta as opções consideradas de produção regular em horas extras e via subcontratação, bem como a estocagem e o acréscimo/decréscimo de produção regular via contratações/demissões.

Como dissemos anteriormente, o modelo apresentado não pretende ser definitivo, no sentido de que se pode incorporar a ele outras restrições e/ou condições fixadas pela gerência. No entanto, ele representa bem toda uma classe de modelos e ilustra claramente como a Programação Linear pode ser útil na solução do problema do Planejamento Agregado. Passemos agora a um exemplo numérico.

12.8 Exemplo de Aplicação do Modelo de Programação Linear

Para a aplicação do modelo de Programação Linear formulado no item anterior, suponhamos que o Planejamento Agregado de uma companhia deve ser feito para um horizonte total de 3 períodos, conhecendo-se a previsão da demanda a seguir:

	PERÍODO		
	1	2	3
DEMANDA	2.000	2.200	2.500

São conhecidos também:

Valores iniciais:

I_0 = estoque inicial = 100 unidades
R_0 = produção regular inicial = 1.200 unidades

Restrições de capacidade:

R = capacidade máxima para produção regular = 1.600 unidades
H = capacidade máxima para produção em horas extras = 400 unidades
S = capacidade máxima para produção por subcontratação = 200 unidades

Custos:

r = custo unitário, produção regular = R$ 10,00
h = custo unitário, produção em horas extras = R$ 18,00
s = custo unitário, produção subcontratada = R$ 20,00
a = custo de adicionar 1 unidade à produção regular por meio da contratação de funcionários = R$ 22,00
c = custo de se diminuir 1 unidade à produção regular por meio da demissão de funcionários = R$ 8,00
i = custo de manutenção do estoque = R$ 3,00 por unidade e por período

Relações entre as variáveis:

Como existem três períodos a programar, teremos como conseqüência três valores para cada variável R_t, H_t, S_t, A_t e C_t; aplicando as relações vistas no item anterior a cada período, temos as seguintes equações e inequações:

Produções máximas em regime regular:

(I) $R_1 \leq 1.600$ (II) $R_2 \leq 1.600$ (III) $R_3 \leq 1.600$

Produções máximas em regime de horas extras:

(IV) $H_1 \leq 400$ (V) $H_2 \leq 400$ (VI) $H_3 \leq 400$

Produções máximas em regime de subcontratação:

(VII) $S_1 \leq 200$ (VIII) $S_2 \leq 200$ (IX) $S_3 \leq 200$

Relações entre as quantidades:

– do tipo $R_t = R_{t-1} + A_t - C_t$
(X) $R_1 = R_0 + A_1 - C_1 = 1.200 + A_1 - C_1$
(XI) $R_2 = R_1 + A_2 - C_2$
(XII) $R_3 = R_2 + A_3 - C_3$

– do tipo $I_t = I_{t-1} + R_t + H_t + S_t - D_t$
(XIII) $I_1 = 100 + R_1 + H_1 + S_1 - D_1$
(XIV) $I_2 = I_1 + R_2 + H_2 + S_2 - D_2$
(XV) $I_3 = I_2 + R_3 + H_3 + S_3 - D_3$

Função Objetivo

Refere-se à minimização do custo total de produção CP:

$$CP = \sum_{t=1}^{3} CP_t = 10\,(R_1 + R_2 + R_3) + 18\,(H_1 + H_2 + H_3) + 20\,(S_1 + S_2 + S_3) + 22\,(A_1 + A_2 + A_3) + 8\,(C_1 + C_2 + C_3) + 3\,(I_1 + I_2 + I_3)$$

Temos, portanto, um problema de Programação Linear com 18 variáveis e 15 restrições (fora as condições de não negatividade, que não especificamos na montagem anterior). Tal problema é resolvido com facilidade com o auxílio de um microcomputador. Os resultados finais estão na tabela a seguir:

		Período	
	1	2	3
Demanda	2.000	2.200	2.500
Estoque inicial	100	300	300
Produção			
Regular	1.600	1.600	1.600
Horas extras	400	400	400
Subcontratação	200	200	200
Total	2.200	2.200	2.200
Estoque final	300	300	0

A solução que está na tabela é ótima e corresponde a um custo total de produção de R$ 92.200,00. E fácil ao leitor perceber que:

$R_1 = R_2 = R_3 = 1.600$

$H_1 = H_2 = H_3 = 400$

$S_1 = S_2 = S_3 = 200$

$A_1 = 400; A_2 = A_3 = C_1 = C_2 = C_3 = 0$

PONTOS-CHAVE

1. O Planejamento Agregado consiste no processo de emparelhar produção e demanda, ou seja, satisfazer a esta última, a médio prazo.

2. O Planejamento Agregado pode ser entendido como o estágio intermediário entre o Planejamento da Capacidade, de longo prazo, que fixa a capacidade produtiva da empresa, e o Planejamento da Produção, rotineiro, que fixa a produção a curto prazo, dentro das limitações impostas pelos estágios anteriores.

3. O problema do Planejamento Agregado é resolvido lançando-se mão de opções diversas, tais como contratar ou demitir funcionários, deixar estoques, produzir em vários regimes (regular, horas extras, subcontratação) etc. Cada uma dessas opções terá um custo associado, que deverá pesar na decisão.

4. O objetivo maior do Planejamento Agregado é encontrar uma combinação de opções que, ao mesmo tempo, satisfaça à demanda prevista e conduza ao menor custo de produção possível.

5. Como processo, pois, o Planejamento Agregado conduz a uma determinação aproximada dos recursos necessários, em cada período futuro de planejamento, para se atender a demanda. A determinação é aproximada, em grande parte, pelas próprias imprecisões na previsão da demanda.

6. O Planejamento Agregado inicia-se com a previsão da demanda, geralmente para um horizonte de 6 a 12 meses. A previsão precisa estar expressa em unidades agregadas dos produtos ou, pelo menos, para algumas poucas linhas de produtos. Em seguida à previsão, escolhe-se o conjunto de opções com o qual procurar-se-á satisfazer a demanda. Finalmente, o último passo consiste em determinar a melhor combinação possível entre as opções previamente selecionadas, de forma a atender a demanda ao menor custo possível de produção.

7. O Planejamento Agregado pode ser feito também procurando alterar a demanda prevista, por meio de promoções, preços diferenciados, reservas, desenvolvimento de produtos complementares etc.

8. Os métodos de montagem do Planejamento Agregado podem ser divididos em dois grandes grupos, conforme assumam ou não linearidade nos custos e conforme conduzam ou não à solução ótima, ou seja, ao mínimo custo total de produção para os períodos cobertos.

9. O Modelo de Tentativa e Erro é um dos mais populares, embora não conduza necessariamente à solução ótima. Quanto mais restrito o conjunto de opções com o qual se trabalha, mais simples se torna o uso do modelo.

10. Dentre os métodos de cunho matemático, cada vez mais encontrados nos últimos anos, ganha destaque o Modelo de Programação Linear. O Modelo assume linearidade nos custos e conduz à solução ótima. É extremamente versátil no tocante à facilidade de incorporar políticas gerenciais e restrições.

PROBLEMAS RESOLVIDOS

1. Retomar o problema de Planejamento Agregado da Olaria Barroforte e resolvê-lo agora segundo a Estratégia 3, assim descrita:

Estratégia 3: manter a força atual, não deixar estoque e usar horas extras sempre que necessário. Supor que não há limite para a produção em horas extras. Supor também que, para uma produção regular de 1.600 milheiros por mês, com 16 funcionários, o custo do milheiro, que é de R$ 20,00, seja composto por R$ 10,00 de mão-de-obra e R$ 10,00 de materiais.

Solução

Temos aqui, com a Estratégia 3, outra variante da *estratégia de nivelação*. Mantida a força de trabalho nos 16 funcionários iniciais, a capacidade de produção mensal será de 1.600 milheiros. A cada mês, porém, será produzida a quantidade necessária para cumprir a demanda, se ela for inferior ou igual a 1.600; nos casos em que for superior, produzir-se-á exatamente 1.600 milheiros em produção regular, sendo o restante coberto pela produção em horas extras. Estoques não serão acumulados. A hipótese fundamental que se fez é a de que não há restrições sobre quantidades máximas a serem produzidas em horas extras, pelo menos dentro dos limites das necessidades do problema.

Há uma novidade fundamental nesta Estratégia 3 em relação às duas anteriores que foram apresentadas para a Olaria Barroforte. A novidade consiste no fato de que o valor da produção regular não será mais necessariamente igual à R$ 20,00/milheiro. Na verdade, esse valor corresponde ao caso em que os funcionários operam em seu ritmo normal de produtividade, produzindo 1.600 milheiros por mês, qual seja, 100 milheiros por mês e por funcionário. Em determinado mês como janeiro, por exemplo, onde o funcionário fica subocupado, já que com os 16 funcionários a produção é de apenas 1.100 milheiros, o custo unitário da produção será maior, dado que os funcionários devem ser pagos de qualquer forma. O acréscimo de custo fica por conta apenas da despesa com os funcionários, que é sempre constante e igual ao salário total dos 16 funcionários, a saber, R$ 16.000,00 (16 funcionários ao salário de R$ 1.000,00 por funcionário); a parte que corresponde ao material utilizado continua exatamente a mesma, ou seja, R$ 10,00 por milheiro. Para exemplificar, calculemos o custo total e o custo unitário correspondentes ao mês de janeiro (1.100 milheiros):

Custo total = Custo de pessoal + Custo de material

O custo de pessoal, como vimos, é constante e igual a R$ 16.000,00; o custo de material varia com a quantidade fabricada e é igual a:

Custo de material = 1.100 milheiros × (10.000/milheiro) = R$11.000,00 e, portanto,

Custo total = 16.000 + 11.000 = R$ 27.000,00

A obtenção do custo unitário é imediata, bastando dividir o custo total de R$ 27.000,00 pelos 1.100 milheiros produzidos, resultando em um custo unitário de R$ 24,55.

Resumindo, o custo da produção regular em um dado mês será composto de uma parcela fixa (R$ 16.000,00 de salários) e de uma parcela variável, correspondente ao material efetivamente consumido.

Novamente repetimos o formato da tabela originalmente usada nas Estratégias 1 e 2, agora adaptada à Estratégia 3.

Tabela de Cálculos para a Estratégia 3

Mês	Jan.	Fev.	Mar.	Abr.	Maio	Jun.
Demanda	1.100	1.200	1.200	1.500	1.600	1.400
Estoque inicial	0	0	0	0	0	0
Nº inicial de funcionários	16	16	16	16	16	16
Contratações	0	0	0	0	0	0
Demissões	0	0	0	0	0	0
Nº final de funcionários	16	16	16	16	16	16
Produção Regular	1.100	1.200	1.200	1.500	1.600	1.400
Horas extras	0	0	0	0	0	0
Subcontratação	0	0	0	0	0	0
Total	1.100	1.200	1.200	1.500	1.600	1.400
(Produção regular – Previsão)	0	0	0	0	0	0
Estoque final	0	0	0	0	0	0

(continuação)

Mês		Jul.	Ago.	Set.	Out.	Nov.	Dez.
Demanda		1.700	1.800	2.000	2.300	1.800	1.600
Estoque inicial		0	0	0	0	0	0
Nº inicial de funcionários		16	16	16	16	16	16
Contratações		0	0	0	0	0	0
Demissões		0	0	0	0	5	2
Nº final de funcionários		16	16	16	16	16	16
Produção	Regular	1.600	1.600	1.600	1.600	1.600	1.600
	Horas extras	100	200	400	700	200	0
	Subcontratação	0	0	0	0	0	0
	Total	1.700	1.800	2.000	2.300	1.800	1.600
(Produção regular – Previsão)		–100	–200	–400	–700	–200	0
Estoque final		0	0	0	0	0	0

O custo total de produção para a Estratégia 3 será formado dos custos de produção regular somados aos custos de produção em horas extras.

Custos de produção regular:

Ao todo, nos 12 meses, são produzidos 17.600 milheiros em produção regular, já que em alguns meses a força de trabalho está subocupada. Como vimos, há dois custos a considerar: custo de pessoal e custo de material.

Custo de pessoal = (R$ 16.000/mês) × 12 meses = R$ 192.000,00

Custo de material = (R$ 10/milheiro) × 17.600 milheiros = R$ 176.000,00

Logo, os custos de produção regular para os 12 meses correspondem a (R$ 192.000 + 176.000):

Custos de produção regular = R$ 368.000,00

Custos de produção em horas extras:

Ao todo, são produzidos 1.600 milheiros em horas extras, nos meses de julho a novembro; ao custo de R$ 24.000,00 por milheiro, temos:

Custos de produção em horas extras = 24 × 1.600 =

Custos de produção em horas extras = R$ 38.400,00

O custo total de produção *CP* será, portanto:

CP = 368.000 + 38.400 =

CP = R$ 406.400,00

O que se observa é que, mesmo deixando os funcionários subocupados durante grande parte do ano, a Estratégia 3, ainda assim, é mais vantajosa que as outras duas (os custos totais de produção eram de R$ 439.000,00 para a Estratégia 1 e de R$ 447.000,00 para a Estratégia 2).

2. É dado o padrão de demanda agregada a seguir, para os meses de julho a dezembro:

Mês	Jul.	Ago.	Set.	Out.	Nov.	Dez.
Demanda	1.200	1.500	1.500	2.400	2.800	3.700

Ao final do mês de junho, conta-se com um estoque final de 300 unidades e, ao final de dezembro, espera-se ter um estoque final de 100 unidades. As capacidades máximas, que não podem ser alteradas de imediato, e seus respectivos custos associados são os seguintes:

	Capacidade máxima (unidades)	Custos por unidade
Produção regular	1.800	R$ 45,00
Produção em horas extras	500	70,00
Produção por subcontratação	300	75,00

É admissível também a estocagem, a um custo de R$ 3,50 por unidade estocada por mês. Propor um plano agregado para satisfazer a demanda prevista.

Solução

Em primeiro lugar, devemos incorporar automaticamente as informações sobre o estoque inicial em julho e final em dezembro. Uma maneira simples de fazê-lo consiste, por um lado, em subtrair o estoque inicial da demanda prevista em julho e, por outro, acrescer a demanda de dezembro do estoque final desejado. A demanda corrigida de julho passa a ser de 900 unidades (1.200 – 300), enquanto a demanda corrigida de dezembro passa a ser de 3.800 unidades (3.700 + 100).

Para ter uma idéia dos recursos que serão necessários ao plano agregado, basta somar as previsões da demanda ao longo dos seis meses cobertos pelo plano e compará-la com os recursos disponíveis. Temos, então, uma demanda total (julho a dezembro) de 12.900 unidades, já considerando as demandas corrigidas em julho e dezembro. Fica claro que esse total não poderá ser coberto apenas pela produção regular (6 meses × 1.800 unidades/mês = 10.800 unidades). Será preciso lançar mão, pelo menos, da produção em horas extras, já que as duas possibilidades de produção fornecem juntas um total de 13.800 unidades, ou seja, 6 × (1.800 + 500) = 13.800. Com estas duas opções de produção, será possível satisfazer a demanda, mas será inevitável a acumulação de estoques nos meses iniciais, de baixa demanda, para uso nos meses finais, de demanda alta. Finalmente, será melhor produzir por subcontratação, em vez de estocar qualquer produção em horas extras por dois meses ou mais, devido aos custos: uma unidade produzida em horas extras e estocada por dois meses custará 70 + 2 × 3,5, ou seja, 77, contra 75 se ela for produzida por subcontratação para uso no mesmo período. Quanto à produção em regime regular, mesmo que seja estocada por 6 meses, ainda assim não atingirá o custo da produção em horas extras. Tais considerações permitem definir um conjunto de regras de decisão:

a) Iniciando em julho, aloca-se produção regular tanto quanto necessário ou possível para atender a demanda.

b) Quando a produção regular não for suficiente para atender a demanda, será preferível cobrir a diferença com estoque de unidades produzidas regularmente em meses anteriores.

c) Para uso no próprio mês ou no mês seguinte, é preferível a produção em horas extras à produção por subcontratação.

d) É preferível produzir em regime de subcontratação para uso no mesmo mês a usar produção em horas extras estocada por dois meses ou mais.

Iniciamos, pois, alocando a produção regular necessária ao atendimento da demanda nos meses de julho, agosto e setembro, conforme a disposição a seguir, onde, entre parênteses, indica-se ao lado da quantidade produzida o mês para o qual ela se destina:

Mês	Demanda	Produção regular	Produção em horas extras	Produção subcontratação
Julho	900	900 (jul.)		
Agosto	1.500	1.500 (ago.)		
Setembro	1.500	1.500 (set.)		
Outubro	2.400			
Novembro	2.800			
Dezembro	3.800			

Para atendimento da demanda de outubro, além da produção regular de 1.800 unidades, são necessárias mais 600 unidades, que podem ser assim obtidas: 300 unidades produzidas regularmente em setembro e 300 em agosto, meses que comportam ainda essa produção:

Mês	Demanda	Produção regular	Produção em horas extras	Produção subcontratação
Julho	900	900 (jul.)		
Agosto	1.500	1.500 (ago.) 300 (out.)		
Setembro	1.500	1.500 (set.) 300 (out.)		
Outubro	2.400	1.800 (out.)		
Novembro	2.800			
Dezembro	3.800			

Para atender à demanda de novembro, são necessárias ainda 1.000 unidades além da produção regular do mês; devido ao custo comparativamente baixo de estocagem, 900 unidades podem ser produzidas em julho (onde há essa capacidade disponível em produção regular) e estocadas até novembro. Ficam faltando ainda 100 unidades, para as quais a melhor opção é a de produzir em horas extras, no próprio mês de novembro.

Mês	Demanda	Produção regular	Produção em horas extras	Produção subcontratação
Julho	900	900 (jul.) 900 (nov.)		
Agosto	1.500	1.500 (ago.) 300 (out.)		
Setembro	1.500	1.500 (set.) 300 (out.)		
Outubro	2.400	1.800 (out.)		
Novembro	2.800	1.800 (nov.)	100 (nov.)	
Dezembro	3.800			

Para o mês de dezembro, são necessárias 2.000 unidades além da produção regular do mês. Como a produção regular dos meses anteriores está esgotada, não é mais possível estocar produção regular anterior. O restante da demanda pode ser atendido pelas combinações seguintes, com custos progressivamente maiores:

– produzir 500 unidades em horas extras no próprio mês de dezembro;
– produzir 400 unidades em horas extras no mês de novembro, onde ainda há essa capacidade, estocando-as até dezembro;
– produzir 300 unidades por subcontratação em dezembro;
– produzir 300 unidades por subcontratação em novembro, estocando-as até dezembro;
– produzir 500 unidades em horas extras em outubro, estocando-as até dezembro.

Tais combinações estão mostradas na tabela a seguir, que finaliza as alocações de produção:

Mês	Demanda	Produção regular	Produção em horas extras	Produção subcontratação
Julho	900	900 (jul.) 900 (nov.)		
Agosto	1.500	1.500 (ago.) 300 (out.)		
Setembro	1.500	1.500 (set.) 300 (out.)		
Outubro	2.400	1.800 (out.)	500 (dez.)	
Novembro	2.800	1.800 (nov.)	100 (nov.) 400 (dez.)	300 (dez.)
Dezembro	3.800	1.800 (dez.)	500 (dez.)	300 (dez.)

Com as alocações anteriores, pode-se montar o quadro final do Planejamento Agregado para o problema, agora considerando as demandas inicialmente previstas e os estoques inicial de julho e final de dezembro, bem como os estoques intermediários incorridos automaticamente com a decisão anterior:

Mês		Jul.	Ago.	Set.	Out.	Nov.	Dez.
Demanda		1.200	1.500	1.500	2.400	2.800	3.700
Estoque inicial		300	900	1.200	1.500	1.400	1.200
Produção	Regular	1.800	1.800	1.800	1.800	1.800	1.800
	Horas extras	0	0	0	500	500	500
	Subcontratação	0	0	0	0	300	300
	Total	1.800	1.800	1.800	2.300	2.600	2.600
Estoque final		900	1.200	1.500	1.400	1.200	100

De posse do quadro definitivo, vamos calcular agora o custo total de produção *CP* para o conjunto dos seis meses planejados. A tabela seguinte mostra parte do cálculo, que corresponde ao custo da produção:

Produção	Número de unidades	Custo unitário	Custo total
Regular	6 × 1.800 = 10.800	45	486.000
Horas extras	3 × 500 = 1.500	70	105.000
Subcontratação	2 × 300 = 600	75	45.000
		Subtotal	636.000

O custo de estocagem é calculado simplesmente multiplicando a soma total de unidades em estoque final em cada mês pelo custo de manutenção do estoque, ou seja:

3,50 × (900 + 1.200 + ... + 100) =

= 3,50 × 6.300 = 22.050

Portanto:

CP = 636.000 + 22.050 = 658.050

CP = R$ 658.050,00

QUESTÕES PARA DISCUSSÃO

1. No que consiste o problema fundamental do Planejamento Agregado?
2. Quais são as opções para se influenciar a demanda prevista?
3. Quais são as opções para se influenciar a taxa de produção?
4. Porque se diz que o Planejamento Agregado é um processo apenas aproximado de determinação de recursos?
5. Descrever os passos seguidos na elaboração do Planejamento Agregado.
6. Descrever os principais custos nos quais se incorre quando se pretende alterar a produção.
7. Como se classificam os modelos existentes para solucionar o problema do Planejamento Agregado?
8. Descrever sucintamente os modelos de Tentativa e Erro e de Programação Linear.

PROBLEMAS PROPOSTOS

1. A Metalúrgica Quatro Marias S.A. deve preparar o Planejamento Agregado para a demanda anual de sua linha de fogões, compreendendo os modelos AS/Luxo, AS/Padrão e AS/Super. A demanda trimestral para os três modelos, em unidades agregadas, bem como as produções máximas em regime regular, de horas extras e de subcontratação, estão dadas na tabela a seguir:

Trimestre	Demanda (unidades)	Produção Máxima (unidades)		
		Regular	Horas extras	Subcontratação
Jan./Fev./Mar.	52.400	52.400	8.400	4.200
Abr./Maio/Jun.	45.800	42.900	8.400	4.200
Jul./Ago./Set.	65.000	62.300	8.400	4.200
Out./Nov./Dez.	87.600	62.300	8.400	4.200

Os custos unitários de produção são os seguintes: R$ 480,00 para produção regular, R$ 600,00 para produção em horas extras e R$ 750,00 para produção por meio de subcontratação. Manter um fogão em estoque por um mês custa certa de R$ 75,00. O estoque inicial (final de dezembro do ano anterior) é de 5.000 unidades e deseja-se um estoque final no último trimestre de 8.000 unidades.

Preparar um plano agregado para a Metalúrgica Quatro Marias, tentando obter o menor custo total de produção para o conjunto dos quatro trimestres. Calcular esse custo.

2. Após resolver o problema anterior por tentativa e erro, procure montar uma formulação de Programação Linear que o solucione ao mínimo custo total de produção. Caso disponha de um computador com algum software de Programação Linear, resolva o modelo construído e compare os resultados com os obtidos por tentativa e erro.

3. Uma empresa preparou a previsão da demanda agregada para o próximo ano, conforme a tabela a seguir:

Mês	Jan.	Fev.	Mar.	Abr.	Maio	Jun.	Jul.
Demanda	13.000	12.000	11.500	14.500	18.000	25.000	23.000

Mês	Ago.	Set.	Out.	Nov.	Dez.
Demanda	21.000	17.500	17.000	16.500	15.500

Para o Planejamento Agregado, são consideradas como possibilidades:

- produção: regular, em horas extras e por subcontratação.
- estocagem.

Embora não haja limite para o número de unidades que podem ser deixadas em estoque, a produção regular não poderá exceder em mês algum a 14.500 unidades, a produção em horas extras não poderá exceder a 3.000 unidades mensais e a produção por subcontratação estará limitada a um máximo de 2.000 unidades por mês. Os custos associados a essas opções são os seguintes: produção regular a R$ 230/unidade; produção em horas extras a R$ 300/unidade; produção por subcontratação a R$ 430/unidade; manutenção de estoques a R$ 18 por unidade estocada e por mês.

O estoque inicial (final de dezembro, ano anterior) é de 2.000 unidades; deseja-se um estoque final (dezembro do ano a planejar) de 5.000 unidades e um estoque mensal mínimo de 2.000 unidades.

a) É possível montar um plano com tais opções? Sugestão: comparar a demanda e as necessidades de estoque com a produção total possível utilizando todas as três alternativas de produção (regular, horas extras e subcontratação).

b) Em caso de resposta afirmativa à questão *a*, procure montar um plano tentando obter o menor custo total de produção possível. Calcular esse custo.

4. A demanda agregada para uma companhia para os próximos três meses é dada pela seguinte tabela:

	Abril	Maio	Junho
Demanda (unidades)	18.000	30.000	30.000

Ao final do mês de março, existem 250 funcionários, respondendo por uma produção de 22.500 unidades; essa proporção entre número de funcionários e quantidade produzida pode ser considerada constante. Ao final de março, o estoque remanescente é de 10.000 unidades; deseja-se que, ao final de junho, o estoque final seja de 20.000 unidades.

O custo de contratar um funcionário é cerca de R$ 4.000,00; a demissão é mais onerosa e estimada em R$ 8.000,00 por funcionário.

O custo de produzir uma unidade é de R$ 1.000,00 sendo 30% desse custo devido à mão-de-obra e os restantes 70% ao material empregado. Manter uma unidade em estoque por um mês fica em R$ 60,00.

a) Montar o Planejamento Agregado apenas usando demissões e admissões para satisfazer a demanda e calcular o custo total de produção associado.

b) Montar o Planejamento Agregado assumindo uma força constante de 250 funcionários e trabalhando com estocagem para atender à demanda quando necessário. Comparar o custo deste plano com o custo calculado na questão anterior.

5. Retornando ao Problema 1, que tratava do Planejamento Agregado da Metalúrgica Quatro Marias, a formulação por Programação Linear, resolvida por um aluno, chegou aos seguintes resultados:

- a produção em regime regular deve ser o máximo permitido em cada um dos trimestres.
- a produção em regime de horas extras é de 4.500 unidades para o 1º trimestre e igual ao valor máximo permitido nos demais.
- a produção por subcontratação é zero nos três primeiros trimestres e 4.200 no último.
- os estoques finais são de 9.500 para o 1º trimestre, 15.000 para o 2º, 20.700 para o 3º e 8.000 para o último trimestre.

a) Verificar se os valores dados anteriormente realmente solucionam o problema dado, com as exigências da demanda e restrições.

b) Caso seja afirmativa a resposta à questão anterior, calcular o custo total de produção associado à solução dada e comparar com o resultado que você obteve no Problema 1.

REFERÊNCIAS BIBLIOGRÁFICAS

BOWMAN, E. H. Production Scheduling by the Transportation Method of Linear Programming. *Operations Research 4*, p. 100-103, 1956.

EILON, S. Five Approaches to Aggregate Production Planning. *ALLE Transactions*, v. 7, n. 2, p. 118-131, jun. 1975.

MAGEE, J. F.; BOODMAN, D. M. *Production Planning and Inventory Control*. 2. ed. Nova York: McGraw-Hill, 1967.

SILVER, E. A.; PETERSON, R. *Decision Systems for Inventory Management and Production*. Hoboken, NJ: Wiley, 1991.

SILVER, E. A.; PYKE, D. F.; PETERSON, R. *Inventory Management and Production Planning and Scheduling*. 3. ed. Hoboken, NJ: Wiley, 1998.

VOLLMAN, T. E. et al. *Manufacturing, Planning and Control Systems for Supply Chain Management*. 5. ed. Nova York: McGraw Hill, 2004.

WALLACE, T. F. *Sales and Operations Planning: The, How-to, Handbook*. 2. ed. Nova York: T. F. Wallace and Co., 2004.

Capítulo 13

Programação e Controle da Produção

13.1 O Plano Mestre de Produção

Conforme vimos no Capítulo 12, o Planejamento Agregado procura emparelhar a produção com a demanda ao menor custo possível. A partir de um conjunto de alternativas de produção previamente selecionado e também da previsão da demanda para um período de cerca de 6 a 12 meses, determina-se quanto será produzido em cada período, contando com quais recursos, quanto se deixará em estoque, e assim por diante. Dessa forma, o Planejamento Agregado fornece um quadro de referência para a busca e alocação de recursos: mão-de-obra, equipamentos, materiais, máquinas, horas extras, subcontratações etc.

Não obstante, o Planejamento Agregado fornece apenas medidas consolidadas para todos os produtos ou para algumas linhas individualizadas; a implementação efetiva exige que haja uma *desagregação* do planejamento em *produtos individuais*. Dá-se o nome de Plano de Produção ou Plano Mestre de Produção (PMP) ao documento que diz quais itens serão produzidos, e quanto de cada um, para um determinado período. Geralmente, este período cobre algumas poucas semanas, podendo chegar a 6 meses ou mesmo um ano. O Plano Mestre de Produção deverá ter um aspecto (simplificado) como mostrado na Tabela 13.1. Quando existem relativamente poucos componentes, montados em muitas combinações diferentes para dar origem a diversos produtos, o PMP será provavelmente montado para os componentes e não para os produtos finais, que obedecerão depois a um cronograma de montagem.

Tabela 13.1 Aspecto do Plano Mestre de Produção

	Semanas									
Produtos	1	2	3	4	5	6	7	8	9	10
P_1	500			400			500			400
P_2		100	100		100	100		100	100	
P_3				800						800
⋮	⋮	⋮	⋮	⋮	⋮	⋮	⋮	⋮	⋮	⋮
P_n		200	300		200	300		200		200

Chegar a um Plano Mestre da Produção que compatibilize as necessidades de produção com a capacidade disponível pode se revelar uma tarefa complexa, principalmente se os produtos envolvidos exigirem muitas operações, em regime intermitente, ou seja, com a utilização do mesmo equipamento para diversos produtos. O processo é conduzido por tentativas, testando-se cada PMP para verificar a capacidade produtiva que ele exige. Além de servir para transladar o Planejamento Agregado em programações individualizadas, portanto, o PMP serve também para avaliar as necessidades imediatas de capacidade produtiva; além disso, servirá também para definir compras eventualmente necessárias, bem como estabelecer prioridades entre os produtos na programação.

13.2 Objetivos da Programação e Controle da Produção

A partir do momento em que o Plano Mestre de Produção diz o que se vai fazer – quais produtos e quanto de cada um deles –, começa então o problema de programar e controlar a produção para obedecê-lo. Programar e controlar a produção são atividades marcadamente operacionais que encerram um ciclo de planejamento mais longo que teve início com o Planejamento da Capacidade e a fase intermediária com o Planejamento Agregado.

Os objetivos da programação da produção – potencialmente conflitantes entre si – são os seguintes:

a) permitir que os produtos tenham a qualidade especificada;
b) fazer com que máquinas e pessoas operem com os níveis desejados de produtividade;
c) reduzir os estoques e os custos operacionais;
d) manter ou melhorar o nível de atendimento ao cliente.

Reduzir custos operacionais requer que sejam reduzidos os estoques de produtos acabados, de matérias-primas e de material em processo (produtos semiprocessados); por sua vez, atingir a produtividade desejada de pessoas e máquinas pode exigir um grau de ocupação desses recursos que acabe levando ao aumento dos estoques. Finalmente, manter ou melhorar o nível de atendimento ao cliente pode também levar ao aumento de estoques, principalmente se a demanda for muito flutuante. Evidentemente, exige-se um balanço e um compromisso finais entre os vários objetivos que dificilmente poderão ser totalmente atendidos ao mesmo tempo.

Em atividades industriais, *programar a produção* envolve, primeiro, o processo de distribuir as operações necessárias pelos diversos centros de trabalho. Essa fase recebe o nome de *alocação de carga*. Dado que diferentes operações podem aguardar processamento em um dado centro, a programação da produção também envolve o processo de determinar a ordem na qual essas operações serão realizadas. A essa fase se dá o nome de *seqüenciamento de tarefas*. O foco de atenção na programação da produção recai, pois, sobre essas duas responsabilidades básicas – alocação de carga e seqüenciamento das tarefas.

Controlar a produção significa assegurar que as ordens de produção serão cumpridas da forma certa e na data certa. Para tanto, é preciso dispor de um sistema de informações que relate periodicamente sobre: material em processo acumulado nos diversos centros, o estado atual de cada ordem de produção, as quantidades produzidas de cada produto, como está a utilização dos equipamentos etc.

As técnicas disponíveis para a programação da produção variam em função da natureza do sistema produtivo, motivo pelo qual serão vistas separadamente em função de cada estrutura produtiva particular: produção de volumes intermediários, produção intermitente de muitos produtos e produção em sistemas contínuos. A produção em sistemas de grandes projetos será vista separadamente no Capítulo 14.

13.3 Programação para Sistemas de Volume Intermediário

Consideremos o caso onde diversos produtos são feitos na mesma linha de produção, tal como acontece com bebidas, cigarros, refrigeradores, aparelhos de ar condicionado etc. A cada vez que um novo produto é programado, são necessárias mudanças nas linhas (ajuste e preparação de máquinas). O custo associado com essas mudanças, chamado *custo de preparação*, é discutido no Capítulo 16.

Dado um certo número de produtos que utilizam a mesma linha, o problema de programação não envolve a etapa de alocação de carga, que já está predefinida. Há, no entanto, duas questões a responder:

a) Quanto produzir de cada produto?
b) Em que ordem devem ser produzidos os produtos?

A resposta à pergunta *quanto produzir* pode ser dada de muitas maneiras, onde não faltam os critérios específicos de cada empresa, baseados no bom senso ou em razões de ordem histórica. A teoria elementar dos custos associados aos estoques, apresentada no Capítulo 16, fornece uma quantidade a fabricar que leva em conta, de um lado, os custos de preparar as máquinas para uma rodada de produção e, de outro, os custos de manter o produto em estoque. Esses dois custos são antagônicos: para se gastar menos com a preparação de máquinas é preciso *diminuir* o número de rodadas de produção, o que, para um dado nível da demanda, leva a um *aumento* na quantidade fabricada de cada vez e, conseqüentemente, nos estoques mantidos. Esse aumento nos estoques fará aumentar o custo de manutenção associado. Entretanto, se os dois custos – preparação de máquinas e manutenção de estoques – forem somados, é possível determinar uma quantidade a produzir que minimize essa soma. Essa quantidade é chamada *Lote Econômico de Fabricação* (*LEF*) e se constitui em uma possível resposta à pergunta de quanto produzir de cada produto que utiliza a linha.

A outra questão – em que ordem produzir – é a questão do seqüenciamento. Antes de mais nada, é bom notar que o seqüenciamento afeta o custo de preparação: há seqüências melhores e piores desse ponto de vista. Assim, quando se passa de um produto a outro semelhante em termos de necessidades de processamento, o custo de preparação é relativamente menor do que se passarmos de um produto a outro com características muito diferentes. Na prática, o custo de preparação pode obrigar a que se respeite essas seqüências mais favoráveis de programação.

Uma técnica usada para o seqüenciamento é o chamado *Tempo de Esgotamento* (*TE*). Dado um produto candidato ao seqüenciamento, o seu Tempo de Esgotamento é definido por:

$$TE = \frac{\text{Estoque disponível}}{\text{Taxa de consumo}} \qquad \text{(Equação 13.1)}$$

onde a *taxa de consumo* é a quantidade média consumida no intervalo de tempo (dia, semana, mês etc.). Se tivermos 3.000 unidades de um produto em estoque, por exemplo, e a sua taxa de consumo for de 800 unidades por semana, o seu Tempo de Esgotamento será de

$$TE = \frac{3.000}{800} = 3{,}75 \text{ semanas}$$

O Tempo de Esgotamento é uma medida da urgência com que o produto deve ser fabricado: quanto menor o *TE*, mais cedo o produto estará em falta. Portanto, dados vários produtos aguardando processamento em uma mesma linha, programa-se primeiro o produto com o *menor Tempo de Esgotamento.*

Tão logo termine o processamento do produto escolhido, os cálculos devem ser refeitos para que se determine o novo produto a ser seqüenciado.

Exemplo 13.1

Dados os cinco produtos apresentados na tabela seguinte, programá-los para processamento de acordo com a técnica do Tempo de Esgotamento (efetuar as três primeiras rodadas).

Produto	Lote Econômico de Fabricação (*LEF*)	Duração da Rodada (semanas)	Estoque Inicial (unidades)	Taxa de Consumo (unidades/semana)
I	500	1,5	1.600	200
II	2.300	1,0	4.830	1.200
III	5.000	1,5	6.000	1.500
IV	4.000	2,0	9.600	1.000
V	2.800	1,0	900	800

Solução

O quociente do estoque disponível pela taxa de consumo irá nos dar o valor do Tempo de Esgotamento para cada um dos produtos. Repetimos a seguir a tabela já com esses valores calculados, na última coluna.

Produto	Lote Econômico de Fabricação (*LEF*)	Duração da Rodada (semanas)	Estoque Inicial (unidades)	Taxa de Consumo (unidades/semana)	*TE*
I	500	1,5	1.600	200	8,0
II	2.300	1,0	4.830	1.200	4,025
III	5.000	1,5	6.000	1.500	4,0
IV	4.000	2,0	9.600	1.000	9,6
V	2.800	1,0	900	800	1,125

O produto *V* deve ser programado em primeiro lugar, por apresentar o menor valor de *TE* (1,125). Serão feitas 2.800 unidades do produto, ou seja, o *LEF*, no tempo de uma semana (duração da rodada). Após esse tempo, é preciso refazer os cálculos, para se determinar qual produto será então processado. Os estoques iniciais terão variado. O estoque do produto *I*, por exemplo, baixa de 1.600 para 1.400 unidades, porque foram consumidas 200 unidades da semana de produção do produto *V*; de maneira semelhante, o produto *IV*, digamos, tem seu estoque diminuído de 9.600 para 8.600 unidades, e assim por diante. O produto *V*, que esteve em processamento durante a semana, terá um estoque de:

900	(estoque ao início da semana)
– 800	(consumo durante a semana)
+ 2.800	(quantidade produzida)
2.900	= estoque ao final da semana 1

A tabela seguinte apresenta todos os valores recalculados ao final da semana 1, inclusive os novos tempos de esgotamento *TE*, que indicam que devemos processar agora o produto *III* (*TE* = 3,0):

Final da semana 1

Produto	Lote Econômico de Fabricação (*LEF*)	Duração da Rodada (semanas)	Estoque Inicial (unidades)	Taxa de Consumo (unidades/semana)	*TE*
I	500	1,5	1.400	200	7,0
II	2.300	1,0	3.630	1.200	3,025
III	5.000	1,5	4.500	1.500	3,0
IV	4.000	2,0	8.600	1.000	8,6
V	2.800	1,0	2.900	800	3,625

Ao final da semana 2,5 (ou seja, 1 + 1,5), quando termina o processamento do produto *III*, os valores dos estoques terão novamente se alterado; como o tempo decorrido desde o último cálculo foi de 1,5 semana (quanto durou o processamento do produto *III*), o consumo foi proporcional a esse tempo. Assim, por exemplo, do produto *II* foram consumidas 1.800 unidades (1.200 × 1,5). Os cálculos, refeitos todos até o final da semana 2,5, estão na tabela seguinte:

Final da semana 2,5

Produto	Lote Econômico de Fabricação (*LEF*)	Duração da Rodada (semanas)	Estoque Inicial (unidades)	Taxa de Consumo (unidades/semana)	*TE*
I	500	1,5	1.100	200	5,5
II	2.300	1,0	1.830	1.200	1,525
III	5.000	1,5	7.250	1.500	4,833
IV	4.000	2,0	7.100	1.000	7,1
V	2.800	1,0	1.700	800	2,125

A nova tabela mostra que o produto *II* será o próximo a ser processado, sendo que esse processamento estará terminado ao final da semana 3,5.

A técnica do Tempo de Esgotamento é dita *dinâmica* porque programa um produto a cada rodada de produção. Por contraposição, uma técnica *estática* programaria todos os produtos a um só tempo. É conveniente frisar que a técnica não leva em conta os custos de preparação das máquinas (variáveis de acordo com a particular seqüência de processamento envolvida) ou os custos de manutenção e falta de estoques. Pode acontecer, também, que a aplicação da técnica, ao longo do tempo, leve a estoques muito altos ou muito baixos, o que pode ser verificado calculando-se diversas rodadas de antemão e tomando-se quaisquer precauções necessárias para assegurar um nível conveniente de estoques.

13.4 Programação para Sistemas de Baixos Volumes

Esta situação corresponde tanto a atividades industriais como a atividades de serviços. No caso das primeiras, temos a produção feita de forma intermitente, com muitos produtos, cada qual com sua seqüência própria de operações; com freqüência, as mesmas máquinas ou centros de trabalho, agrupados por funções, são utilizados para operações em diferentes produtos. Já no caso dos serviços, as operações irão atuar sobre os próprios clientes (como em um hospital), ou sobre documentos, papéis, formulários etc. Embora daqui para a frente estejamos usando a terminologia característica de atividades industriais – como máquinas, centros de processamento ou de trabalho, estoque de material em processo etc. –, os conceitos e técnicas são igualmente aplicáveis ao campo dos serviços.

A programação da produção, nos sistemas intermitentes, é bastante complexa. O fluxo irregular do material, devido ao projeto do arranjo físico característico, com centros de trabalho especializados, pode provocar o aparecimento de consideráveis quantidades de estoques de material em processo. Este material se acumula em filas, junto aos centros de trabalho, aguardando o devido processamento. Tais filas fazem com que o tempo efetivamente dedicado ao processamento de um dado material seja muito menor que o tempo que ele fica parado, aguardando a sua vez. Tornar o fluxo de trabalho mais ritmado e as filas as menores possíveis é o grande desafio da programação para os sistemas intermitentes.

De uma forma simplificada, há duas questões básicas que a programação deve responder: como será a *alocação de carga entre os centros de trabalho* e como será o *seqüenciamento dessas operações em um dado centro* ao qual a carga já foi alocada.

13.4.1 Alocação de Carga

A alocação de carga envolve a designação de operações aos centros de processamento ou trabalho. Quando uma dada operação deve obrigatoriamente ser feita em um centro específico, os problemas são relativamente menores; quando, porém, existem diversos centros aos quais as operações podem ser alocadas, os problemas se avolumam. Nesta circunstância, procura-se a carga de forma a buscar algum objetivo principal: diminuir os custos de processamento e/ou de preparação das máquinas, minimizar tempos ociosos de equipamentos ou centros de trabalho, minimizar o tempo para completar as operações, e assim por diante, dependendo de cada caso.

Vamos apresentar duas técnicas bem conhecidas para a alocação de carga, sem esgotar nem de longe as possibilidades. A primeira delas é a alocação por meio de *gráficos de Gantt* e a segunda, a alocação pelo *método de designação*. A alocação por meio de gráficos de Gantt é uma abordagem empírica, com alguns inconvenientes sérios, porém largamente usada devido à simplicidade de entendimento e execução; já o método da designação é uma aplicação especial de Programa Linear, devidamente transposta na forma de um algoritmo, ou seja, de uma seqüência de cálculos simples e repetitivos.

Alocação de carga por meio de gráficos de Gantt

Os gráficos de Gantt foram introduzidos como ferramenta de programação da produção em 1917 e continuam em uso rotineiro até hoje. Devem seu nome ao engenheiro Henry Gantt, o pioneiro de sua utilização. Existem vários tipos de gráficos de Gantt, fornecendo informações diferentes, com maior ou menor grau de detalhe. Estaremos aqui mais diretamente interessados no gráfico para alocação de carga, que veremos em uma versão simplificada.

Como concepção, o gráfico é muito simples e consiste basicamente de uma tabela de dupla entrada. Cada linha horizontal corresponde a um recurso produtivo de que se dispõe: máquinas, pessoas, centros de trabalho etc. Cada divisão vertical corresponde à unidade de tempo, como dias, semanas, meses etc. No cruzamento, coloca-se algum tipo de marcação indicando o trabalho ou operação que será feito com determinado recurso, durante certo intervalo de tempo. O gráfico pode comportar diversos símbolos, variáveis de empresa para empresa. No mínimo, deverá ter uma simbologia para indicar o trabalho programado e as paradas obrigatórias do centro de trabalho, por exemplo para manutenção de máquinas. A Figura 13.1 mostra o aspecto de um gráfico de carga, onde aparecem as linhas cheias indicando operações programadas, cada linha com comprimento proporcional ao tempo de processamento respectivo.

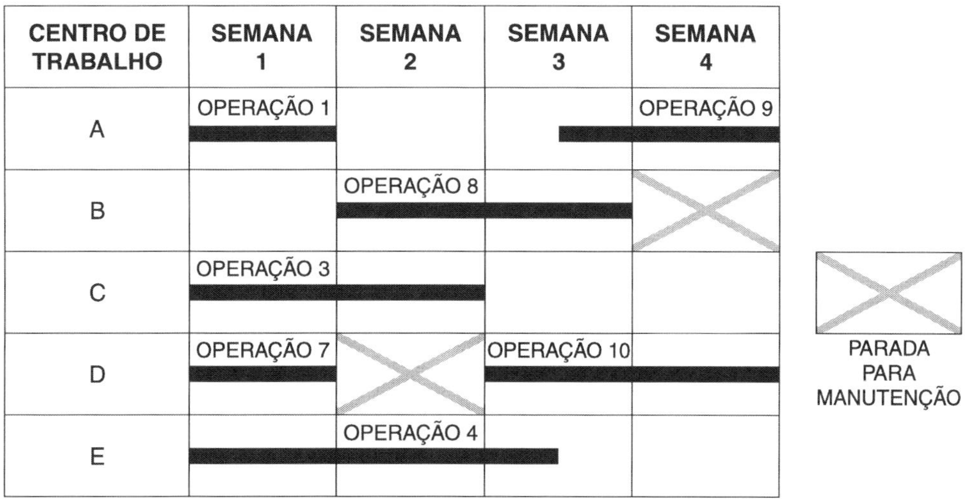

Figura 13.1 Aspecto de um gráfico de Gantt para alocação de carga.

Como já dissemos, o grande trunfo do gráfico de Gantt consiste em sua simplicidade. Entretanto, ele não é hábil para revelar os custos associados com alocações alternativas de carga e, além disso, necessita de revisões contínuas para atualização, defeitos esses que não têm impedido a sua intensa utilização.

Alocação de carga pelo método de designação

Na verdade, o método da designação é um modelo de Programação Linear especialmente projetado para assinalar recursos a trabalhos que devem ser realizados. As palavras "recurso" e "trabalho" devem ser entendidas em um sentido amplo. Assim, por exemplo, os recursos podem ser pessoas ou máquinas, enquanto os trabalhos podem ser operações, projetos, tarefas específicas etc. O que se pretende é distribuir os recursos pelos trabalhos de forma a satisfazer algum critério escolhido: entre os mais comuns estão a minimização de despesas ou de tempos de operação, bem como a maximização de lucros ou eficiência.

Dado um problema de designação de recursos a trabalhos, como dissemos, ele pode ser formulado por meio de um modelo comum de Programação Linear. O método da designação, entretanto, consiste em uma seqüência simples e repetitiva de cálculos, que exemplificaremos em seguida.

Exemplo 13.2

Uma empresa de engenharia deve alocar 4 equipes de trabalho ("recursos") a 4 projetos ainda não iniciados ("trabalhos"); as características de experiência e especialização das equipes fazem com que os tempos previstos para término dos projetos sejam diferentes para cada uma delas. Com base no seu conhecimento da situação, o gerente preparou a tabela a seguir, que mostra uma estimativa de quantos meses cada equipe levará para concluir cada projeto.

Equipe	Projeto			
	I	II	III	IV
A	6	4	3	5
B	8	8	10	7
C	3	5	8	6
D	3	9	8	10

Deseja-se fazer a alocação das equipes aos projetos (cada equipe só pode ser alocada a um projeto e vice-versa) de forma que o tempo total de término de todos os projetos (ou seja, a soma dos tempos de término individuais) seja o mínimo possível.

Solução

O método da designação consiste nos passos seguintes:

Passo 1

Subtrair de todos os números em cada linha o menor deles, de forma a gerar, pelo menos, um zero em cada linha.

Na linha correspondente à equipe *A*, o menor número é 3, na correspondente à equipe *B* é 1, na correspondente à equipe *C* é 3 e na correspondente à equipe *D* também é 3. Fazendo a subtração pedida, em cada linha, obtém-se a nova tabela a seguir:

Equipe	Projeto			
	I	II	III	IV
A	3	1	0	2
B	1	1	3	0
C	0	2	5	3
D	0	6	5	7

Passo 2

Após o Passo 1, subtrair de todos os números em cada coluna o menor deles, de forma a gerar pelo menos um zero em cada coluna.

Após a aplicação do Passo 2, cada linha e cada coluna terá, ao menos, um zero. É fácil perceber que as colunas correspondentes aos projetos I, III e IV não se alteram, dado que já contêm pelo menos um zero. No caso da coluna correspondente ao projeto II, o menor número é 1. Fazendo a subtração indicada, chega-se à tabela a seguir:

Equipe	Projeto			
	I	II	III	IV
A	3	0	0	2
B	1	0	3	0
C	0	1	5	3
D	0	5	5	7

Passo 3

Traçar o número mínimo de retas horizontais e/ou verticais de forma a cobrir todos os zeros gerados; caso o número de retas seja igual à ordem da matriz (número de linhas ou colunas), passar ao Passo 6. Caso contrário, passar ao Passo 4.

O leitor pode notar que existe mais de uma forma de se traçar as retas suficientes para cobrir os zeros; entretanto, apenas 3 retas são o bastante, como visto a seguir. Se o número de retas fosse 4, que é a ordem da matriz do nosso exemplo, passaríamos diretamente ao Passo 6. Outras combinações de retas podem ser escolhidas (desde que comportem apenas 3 delas) sem que isso altere a solução final.

	Projeto			
Equipe	I	II	III	IV
A	3	0	0	2
B	1	0	3	0
C	0	1	5	3
D	0	5	5	7

Passo 4

Adiciona-se o menor número não coberto aos números que estão nas intersecções entre as retas; ao mesmo tempo, esse menor número é subtraído de todos os demais números não cobertos pelas retas.

As intersecções dão-se nas células (*A*, I) e (*B*, I), que contêm respectivamente os números 3 e 1; como o menor número não coberto é 1, naquelas células constarão agora os números 4 e 2. O Passo 4 permite a geração de um ou mais zeros adicionais. Após a subtração indicada, chega-se à tabela seguinte:

	Projeto			
Equipe	I	II	III	IV
A	4	0	0	2
B	2	0	3	0
C	0	0	4	2
D	0	4	4	6

Passo 5

Traçar novamente o número mínimo de retas suficiente para cobrir todos os zeros gerados; caso esse número mínimo seja igual à ordem da matriz, passar ao Passo 6. Caso contrário, repetir os passos 4 e 5 tantas vezes quantas sejam necessárias.

O leitor pode perceber que agora o número mínimo de retas é obrigatoriamente igual a 4, embora exista mais de uma combinação possível. Escolhemos a combinação mostrada a seguir, mas quaisquer outras levariam à mesma solução.

Equipe	Projeto			
	I	II	III	IV
A	4	0	0	2
B	2	0	3	0
C	0	0	4	2
D	0	4	4	6

Passo 6

Dadas as células em uma linha, se apenas uma delas contiver um zero, assinalar o recurso ao trabalho correspondente e desconsiderar todos os zeros na mesma coluna do zero assinalado, até que todos os recursos estejam assinalados.

Observando-se a tabela resultante anterior, notamos que existe apenas um zero na linha da equipe *D*. Assinalamos esse zero com um quadrado circunscrevente e riscamos o zero da célula (*C*, I) que está na vertical. Dessa forma, na linha da equipe *C*, sobrará apenas um zero, assinalado então por um quadrado na célula (*C*, II). Ao assinalarmos esse segundo zero, riscamos automaticamente os zeros que estão nas células (*A*, II) e (*B*, II), por estarem na mesma vertical do zero assinalado. As duas alocações restantes são definitivas, pois nas linhas das equipes *A* e *B* restará apenas um zero. As alocações e eliminações de zeros estão mostradas a seguir:

Equipe	Projeto			
	I	II	III	IV
A	4	~~0~~	[0]	2
B	2	~~0~~	3	[0]
C	~~0~~	[0]	4	2
D	[0]	4	4	6

A solução final, com os tempos a que conduz, é a seguinte:

Alocação final		Tempo (meses)
A ______	III	3
B ______	IV	7
C ______	II	5
D ______	I	3
	Soma	18

O leitor interessado poderá tentar outras combinações de alocação, verificando que a soma dos tempos de término será, na melhor das hipóteses, igual aos 18 meses encontrados. É claro que, se todos os projetos forem iniciados ao mesmo tempo, ao final do mês 7 todos deverão estar concluídos. A soma dos tempos (18 meses) representa apenas um critério de solução, e não o tempo real para completar todos os projetos.

Dois casos especiais de aplicação do método da designação merecem comentários:

a) Pode acontecer que o número de linhas seja diferente do número de colunas na matriz original, ou seja, a matriz não é quadrada. Neste caso, algum recurso não será alocado (ficará ocioso) ou, alternativamente, algum trabalho não será feito. Para fins de solução do problema, entretanto, é necessário tornar o número de linhas igual ao número de colunas, acrescentando uma coluna ou linha fantasma, representando um trabalho ou recurso inexistente. As células correspondentes a essa coluna ou linha fantasma serão preenchidas com números tais que a alocação será feita só em último caso, por exemplo com elevados números representando custos.

b) Se as células da matriz contiverem números tais que as melhores alocações correspondam a números mais elevados, como é o caso de uma matriz de lucros, então deve-se, antes de aplicar o método, subtrair o menor número da matriz de todos os demais. Os números passarão a representar assim custos de oportunidade e poderão ser tratados como no exemplo visto.

13.4.2 Seqüenciamento de Tarefas (ou Trabalhos/Operações)

Para tratar do problema do seqüenciamento, vamos retomar o conceito de *regra estática* e *regra dinâmica*. Dados *n* trabalhos aguardando processamento em um posto de trabalho, uma regra é dita estática se determinar a seqüência de processamento de *todos os trabalhos de uma só vez*. Apenas quando os *n* trabalhos estiverem terminado, pensar-se-á novamente no problema do seqüenciamento; por essas alturas, já deverá existir outro grupo de novos trabalhos aguardando processamento. Uma regra é dita dinâmica quando seqüencia *apenas um trabalho por vez*. Quando esse trabalho houver sido processado, é provável que novos trabalhos tenham chegado, acrescendo-se aos (n – *1*) remanescentes. Para o segundo seqüenciamento, a regra dinâmica incide agora sobre o novo sistema, e assim por diante. Não há dúvidas de que ambientes reais de produção são mais bem tratados pelas regras dinâmicas.

Qualquer regra que estabeleça um seqüenciamento de trabalhos, seja estática seja dinâmica, deve se guiar por algum critério. É preciso agora que algumas grandezas sejam definidas, dado que delas derivam os principais critérios de seqüenciamento utilizados.

Consideremos para tanto que *n* trabalhos se encontrem em um dado centro de trabalho para processamento, em uma seqüência já estabelecida. Vamos definir:

Tempo de Processamento do Trabalho *i* (*TP*): é o tempo efetivamente gasto desde que o trabalho começa a ser processado até que termina. O Tempo de Processamento é, às vezes, chamado de *tempo de máquina*.

Tempo de Espera do Trabalho *i* (*TE*): é a soma dos tempos decorridos desde a entrada do primeiro trabalho no centro até o início de processamento do trabalho *i*; em outras palavras, é o tempo que o trabalho *i* espera para que *comece* o seu processamento.

Tempo de Término do Trabalho *i* (*TT*): é a soma do Tempo de Processamento com o Tempo de Espera, ou seja, é o tempo total que o Trabalho espera até que *termine* o seu processamento.

Data Devida de um Trabalho *i* (*DD*): é a data na qual o trabalho deveria estar pronto. Freqüentemente, a Data Devida é medida em numero de dias (horas, semanas etc.) a contar de uma data de referência.

Atraso de um Trabalho *i* (*AT*): é a diferença entre o Tempo de Término e a Data Devida, desde que aquele seja maior que esta; vale zero em caso contrário (ou seja, se $TT < DD$).

Vejamos um exemplo de cálculo das grandezas enunciadas.

Exemplo 13.3

Cinco trabalhos foram seqüenciados em um centro de processamento, na ordem de chegada: *A*, *B*, *C*, *D* e *E*. Conhecendo-se (tabela a seguir) o Tempo de Processamento e a Data Devida de cada trabalho (em dias úteis), calcular, para cada um deles, o Tempo de Espera, o Tempo de Término e o Atraso. (Observação: a Data Devida é dada em dias úteis a partir de uma data de referência.)

Trabalho	Tempo de Processamento (*TP*)	Data Devida (*DD*)
A	5	14
B	8	9
C	2	10
D	4	20
E	1	7

Solução

Da maneira como são definidas as grandezas procuradas, devemos calcular, progressivamente: o Tempo de Espera, o Tempo de Término e o Atraso de cada Trabalho.

Tempo de Espera

O Tempo de Espera do Trabalho *A* é zero, porque ele inicia os processamentos; o Tempo de Espera do Trabalho *B* é exatamente o Tempo de Processamento do Trabalho *A*; o Tempo de Espera do Trabalho *C* é a soma dos Tempos de Processamento dos trabalhos antecedentes *A* e *B*, e assim por diante.

Tempo de Término

É simplesmente a soma do Tempo de Espera com o Tempo de Processamento de cada trabalho.

Atraso

É a diferença entre o Tempo de Término e a Data Devida para cada trabalho; quando essa diferença for negativa, ela é assumida como igual a zero.

Os cálculos descritos resumem-se na tabela seguinte.

Trabalho	Tempo de Processamento (*TP*)	Data Devida (*DD*)	Tempo de Espera (*TE*)	Tempo de Término (*TT*)	Atraso (*AT*)
A	5	14	0	5	0
B	8	9	5	13	4
C	2	10	13	15	5
D	4	20	15	19	0
E	1	7	19	20	13
		Totais	52	72	22
		Médias	10,4	14,4	4,4

A regra de seqüenciamento que é ilustrada pelo exemplo é chamada de Regra *PEPS* ou, simplesmente, *PEPS*, significando, com essa sigla, *P*rimeiro a *E*ntrar, *P*rimeiro a *S*air. É a regra dominante em atividades de serviços (lembre-se das filas...).

Entre os critérios mais comuns para o julgamento de regras de seqüenciamento, contam-se: mínimo tempo médio de término (ou, equivalentemente, mínimo tempo médio de espera); mínimo atraso médio; ou mínimo atraso máximo de um trabalho qualquer.

13.4.2.1 *Casos Especiais de Seqüenciamento*

Passemos à consideração de algumas regras de seqüenciamento aplicáveis a casos especiais; embora tais situações não sejam tão freqüentes na prática, servem para ilustrar o problema do seqüenciamento e o uso de critérios alternativos. Iremos apresentar os seguintes casos:

a) Seqüenciamento de *n* trabalhos por um processador único.
b) Seqüenciamento de *n* trabalhos por dois processadores em séries.

Os casos anteriores às vezes são referidos como "seqüenciamento de *n* trabalhos por *m* máquinas", com *n* assumindo quaisquer valores e $m = 1$ ou 2. Preferimos usar a palavra *processador* em vez de *máquina* para dar um sentido mais genérico ao problema representado. Por processador entende-se não apenas qualquer máquina, mas também pessoas, departamentos ou centros de trabalho.

Caso a): *n* trabalhos, processador único

Este é o problema mais simples possível de seqüenciamento, mas admite soluções diferentes, dependendo do critério escolhido. Trataremos aqui de dois critérios apenas: a *minimização do tempo médio de término* (ou minimização do tempo médio de espera, que é equivalente) e *minimização do atraso máximo* para qualquer um dos trabalhos. O leitor interessado no assunto poderá, por exemplo, consultar o trabalho de Moore (1968) sobre minimização do número de trabalhos atrasados, ou o artigo de Lawler (1973), que trata de problemas onde há restrições de precedência entre os trabalhos.

1º Critério: Minimização do tempo médio de término

Dados *n* trabalhos, sujeitos a um único processador, o tempo médio de término entre os trabalhos é minimizado se os trabalhos forem seqüenciados na ordem crescente de seus Tempos de Processamento.

Esta regra é conhecida como Regra *MTP* ou simplesmente *MTP* (Menor Tempo de Processamento); é uma das regras mais conhecidas e importantes do problema geral de seqüenciamento.

Exemplo 13.4

Considere novamente o problema de seqüenciamento apresentado no Exemplo 13.3; efetuar o seqüenciamento de forma a minimizar o tempo médio de término (regra *MTP*) e comparar o resultado com a regra *PEPS* do Exemplo 13.3.

Trabalho	Tempo de Processamento (*TP*)	Data Devida (*DD*)
A	5	14
B	8	9
C	2	10
D	4	20
E	1	7

Solução

A regra *MTP* resulta no seqüenciamento *E* (1), *C* (2), *D* (4), *A* (5) e *B* (8). Os cálculos são então feitos de acordo com as definições de Tempo de Espera, Tempo de Término e Atraso, como foi mostrado no Exemplo 13.3. A tabela a seguir, que mostra os resultados, tem o mesmo formato da tabela final do Exemplo 13.3, para facilitar as comparações:

Trabalho	Tempo de Processamento (*TP*)	Data Devida (*DD*)	Tempo de Espera (*TE*)	Tempo de Término (*TT*)	Atraso (*AT*)
E	1	7	0	1	0
C	2	10	1	3	0
D	4	20	3	7	0
A	5	14	7	12	0
B	8	9	12	20	11
		Totais	23	43	11
		Médias	4,6	8,6	2,2

Em relação à regra *PEPS*, o tempo médio de espera passou de 10,4 dias para 4,6 dias. Isso acabou reduzindo o tempo médio de término, de 14,4 para 8,6; reparar como a diferença entre os dois tempos é sempre de 4 dias: (14,4 – 10,4) ou (8,6 – 4,6), mostrando que a minimização do tempo médio de término e a minimização do tempo médio de espera são equivalentes. Incidentalmente, houve melhoria em relação aos atrasos: apenas o trabalho *B* ficará atrasado (com a regra *PEPS* os trabalhos *B*, *C* e *D* ficavam atrasados) e o atraso médio passou de 4,4 dias para 2,2 dias. Além disso, o máximo atraso é o do trabalho *B* (11 dias), enquanto com a regra *PEPS* o máximo atraso era o do trabalho *D*, com 13 dias. Em relação a todos os critérios analisados, portanto, a regra *MTP* mostrou-se neste caso superior à regra *PEPS*.

2º Critério: Minimização do atraso máximo para qualquer trabalho

Dados *n* trabalhos, sujeitos a um único processador, o atraso máximo (considerado o trabalho que seja) é minimizado se os trabalhos forem seqüenciados na ordem crescente de suas Datas Devidas. A regra anterior é conhecida como regra *DD* ou simplesmente *DD* (Data Devida).

Exemplo 13.5

Mais uma vez, retomar os trabalhos do Exemplo 13.3 e tratá-los segundo a regra *DD*; comparar os resultados com os obtidos pelas regras *PEPS* e *MTP*.

Solução

Segundo a regra *DD*, a ordem de seqüenciamento agora é *E* (7), *B* (9), *C* (10), *A* (14) e *D* (20). A tabela a seguir, que conserva a mesma estrutura dos dois exemplos anteriores, não deverá apresentar dificuldades para o leitor:

Trabalho	Tempo de Processamento (*TP*)	Data Devida (*DD*)	Tempo de Espera (*TE*)	Tempo de Término (*TT*)	Atraso (*AT*)
E	1	7	0	1	0
B	8	9	1	9	0
C	2	10	9	11	1
A	5	14	11	16	2
D	4	20	16	20	0
		Totais	37	57	3
		Médias	7,4	11,4	0,6

A regra *DD* conduziu a dois atrasos, porém o máximo atraso é agora do trabalho *A*, com apenas dois dias. Para facilidade do leitor, apresentamos a seguir os resultados resumidos da aplicação dos dois critérios básicos considerados, comparados entre si e com a regra *PEPS*; o asterisco (*) significa que o valor é mínimo de acordo com a regra correspondente.

	Regra		
Critério	*PEPS*	*MTP*	*DD*
Tempo médio de espera	10,4	4,6*	7,4
Tempo médio de término	14,4	8,6*	11,4
Atraso máximo	13	11	2*
Atraso médio	4,4	2,2	0,6
Nº de trabalhos atrasados	3	1	2

O leitor deve ter em mente que as regras *MTP* e *DD* minimizam grandezas específicas, mas isso não impede que sejam comparadas de acordo com outros critérios. Entretanto, a comparação deve se restringir apenas ao caso dos trabalhos que estamos considerando; *a priori*, não se deve adotar qualquer resultado como definitivo. Pode-se notar da tabela anterior que a regra *PEPS* conduziu a piores resultados que as outras duas. Estudos de simulação mostram que isso é rotineiro, não se recomendando a regra *PEPS*. No caso de atividades de serviços, principalmente se o contato com o público for grande, a regra *PEPS* é inevitavelmente seguida, por um princípio de justiça ao cliente.

Caso b): *n* trabalhos, dois processadores em série

Esta situação, embora um pouco mais complexa que o caso do seqüenciamento por meio de um processador único, ainda assim tem uma solução relativamente simples. Admite-se que existem *n* trabalhos que devem passar antes pelo processador 1, para em seguida passar pelo processador 2, e esta ordem é invariável para todos os trabalhos. Qualquer que fosse o critério escolhido para o seqüenciamento, se quiséssemos resolver o problema por tentativas, deveríamos analisar $n!$ configurações; por exemplo, se $n = 5$, existem 120 possibilidades de seqüenciamento. Claramente, é muito difícil trabalhar por tentativas.

Existe, entretanto, um procedimento matemático desenvolvido por S. M. Johnson em 1954, devidamente chamado de *regra de Johnson* (ver bibliografia). Note o leitor que o Tempo de Término de um trabalho qualquer é aqui contado como o tempo decorrido desde o início da contagem dos tempos, quando os trabalhos aguardam seqüenciamento, até o instante em que esse trabalho acaba de ser concluído no processador 2. A regra de Johnson minimiza exatamente o Tempo de Término do trabalho que é seqüenciado por último; em outras palavras, minimiza o tempo decorrido entre a entrada do primeiro trabalho no processador 1 e a saída do último trabalho no processador 2. A regra de Johnson consiste na aplicação dos passos seguintes:

I) Dados os Tempos de Processamento de *n* trabalhos em dois processadores, verificar qual o menor Tempo de Processamento, independentemente de ser no processador 1 ou no processador 2; caso existam dois ou mais valores mínimos iguais, a escolha de qualquer um deles é indiferente.

II) Se o menor Tempo de Processamento for do processador 1, o trabalho deve ser alocado no primeiro lugar vago; se for do processador 2, deve ser alocado no último lugar vago.

III) Riscar o trabalho seqüenciado e voltar ao procedimento descrito em (I), até que todos os trabalhos estejam seqüenciados.

Exemplo 13.6

São dados os trabalhos a seguir, que chegaram na ordem 1, 2, 3 e 4 e devem ser obrigatoriamente seqüenciados pelas máquinas 1 e 2. Comparar o Tempo de Término do último trabalho seqüenciado, usando a regra *PEPS* e a regra de Johnson. O Tempo de Processamento para as duas máquinas é dado em horas.

Trabalho	Tempo de Processamento (Máquina 1)	Tempo de Processamento (Máquina 2)
1	8	4
2	3	9
3	10	2
4	6	9

Solução

Vamos trabalhar primeiro com a regra *PEPS*, com a seqüência já definida 1, 2, 3 e 4. A Máquina 1 irá se manter ocupada pelo tempo igual à soma dos Tempos de Processamento dos trabalhos, ou seja, 8 + 3 + 10 + 6 = 27 horas. Já para a Máquina 2, a ocupação começará a se dar apenas após 8 horas do início da contagem dos tempos, já que o Trabalho 1 estará sendo processado, durante esse tempo, na Máquina 1. A figura a seguir (uma escala contínua de tempos) representa a ocupação das duas máquinas ao longo do tempo.

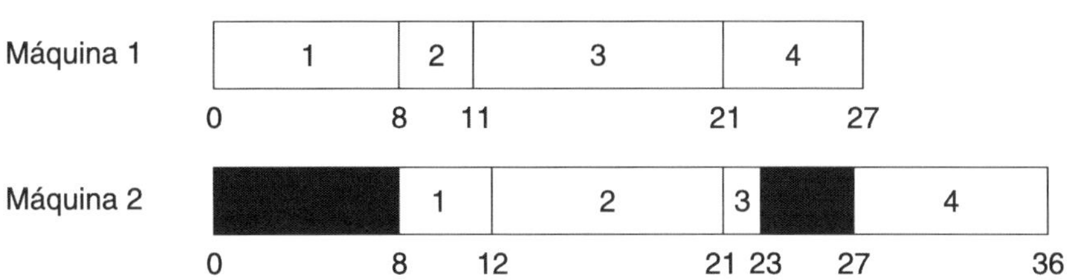

O Tempo de Término do último trabalho seqüenciado, que é o Trabalho 4, é pois de 36 horas; durante essas 36 horas, a Máquina 2 permanece efetivamente ocupada durante 24 horas (36 – 8 – 4), que é exatamente a soma dos Tempos de Processamento dos trabalhos na Máquina 2. Pode-se definir a eficiência no uso das máquinas como sendo o quociente do tempo de uso efetivo pelo tempo de ocupação total. A maior eficiência possível corresponderia então a 1 ou 100. No caso presente, a Máquina 1 trabalhou durante 27 horas, enquanto a Máquina 2 trabalhou durante 24 horas; o tempo total de trabalho das duas máquinas é, portanto, de 27 + 24 = 51 horas. Por outro lado, permaneceram ocupadas, isto é, indisponíveis, por 72 horas, ou seja, 36 horas para cada uma. A eficiência foi de:

$$\text{Eficiência} = \frac{51}{72} = 0{,}71 \text{ (ou 71\%)}$$

Passemos agora à regra de Johnson. O menor Tempo de Processamento é o do Trabalho 3, na Máquina 2 (2 horas); logo, o Trabalho 3 será o último a ser processado. Em seguida, vem o

Trabalho 2, com Tempo de Processamento de 3 horas, na Máquina 1, o que indica que esse trabalho será o primeiro da fila; o Trabalho 1, com Tempo de Processamento de 4 horas, na Máquina 2, irá para o penúltimo lugar na seqüência. Restará ao Trabalho 4 a única posição vacante. A ordem de seqüenciamento, de acordo com a regra de Johnson, é, pois, 2, 4, 1 e 3. As escalas de utilização das Máquinas são mostradas a seguir:

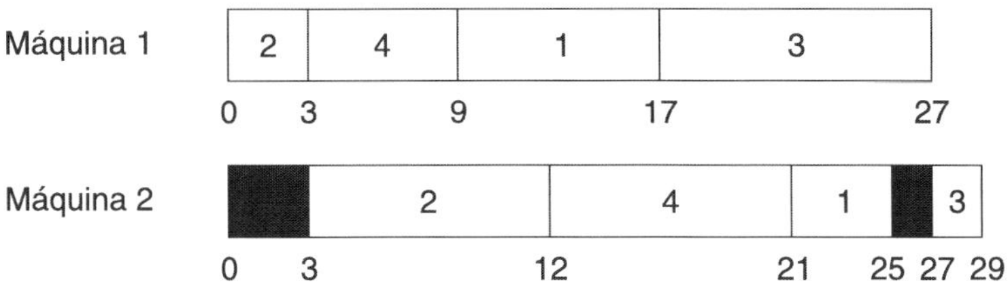

O Tempo de Término do Trabalho 3, agora o último seqüenciado, é de 29 horas, inferior às 36 horas encontradas pela regra *PEPS*; na verdade, 29 horas é o menor Tempo de Término possível para o último trabalho. O tempo efetivo de uso continua sendo 24 horas, que é a soma dos Tempos de Processamento dos trabalhos na Máquina 2. Reparar que, sendo de 29 horas o menor Tempo de Término do último trabalho, as duas máquinas terão ficado disponíveis durante $2 \times 29 = 58$ horas; tendo as duas máquinas trabalhado efetivamente durante 51 horas, a eficiência será: $51/58 = 0{,}88$. Essa eficiência será a máxima possível, pois como

$$\text{Eficiência} = \frac{\text{Soma dos Tempos de Processamento}}{2 \times (\text{Tempo de Término do último trabalho})}$$

a regra de Johnson, ao minimizar o denominador, automaticamente maximiza a eficiência.

13.4.2.2 *Regras de Prioridade*

As regras de prioridade são simplesmente modelos simples de decisão, usados em situações rotineiras de programação; são chamadas às vezes de *regras empíricas de seqüenciamento*, embora essa designação não seja de todo apropriada, já que usualmente as regras de prioridade têm uma base completamente racional.

Quando introduzimos o seqüenciamento por meio de um único processador, apresentamos três das mais conhecidas regras de prioridade: *PEPS* (Primeiro a Entrar, Primeiro a Sair), *MTP* (Menor Tempo de Processamento) e *DD* (Data Devida). Todas essas são regras estáticas, que agem sobre um conjunto de trabalhos ao mesmo tempo, não havendo reprogramação do seqüenciamento enquanto o conjunto não for inteiramente processado. Na prática, muitas vezes é encontrada uma outra "regra", que poderia ser chamada de *RUSH*, significando com isso dar a preferência para o seqüenciamento a um trabalho considerado prioritário, por qualquer motivo (por exemplo, uma encomenda para um cliente preferencial). Não obstante a realidade do procedimento, nada há nele que justifique o título de "regra".

Uma das mais populares regras dinâmicas, ou seja, regras que seqüenciam um trabalho por vez, é a chamada Razão Crítica (*RC*), Assim que terminar o processamento de um trabalho em um dado centro, existe um grupo de trabalhos já aguardando processamento. Define-se a Razão Crítica de um trabalho como

$$RC = \frac{\text{Tempo de Processamento}}{\text{Data Devida} - \text{Data Atual}} \qquad \text{(Equação 13.2)}$$

sendo tanto a Data Devida como a Data Atual referidas à mesma origem de contagem do tempo.

Calculadas as Razões Críticas de n *trabalhos que aguardam processamento, programa-se primeiro o trabalho com a maior Razão Crítica.*

A Razão Crítica promove um balanço entre a regra *MTP*, que só considera o Tempo de Processamento, e a regra *DD*, que só considera a Data Devida. À medida em que a Data Atual se aproxime da Data Devida, a Razão Crítica aumenta, colocando urgência sobre o trabalho; além disso, a Razão Crítica aloca maior importância em trabalhos de maiores Tempos de Processamento. Notar também que o denominador da Razão Crítica pode ser negativo, no caso em que o trabalho *já estiver atrasado*. Se houver apenas um trabalho atrasado quando do cálculo da Razão Crítica, ele deve ser imediatamente programado; caso existam dois ou mais trabalhos atrasados, pode-se seqüenciá-los segundo a regra *MTP*.

Exemplo 13.7

Consideremos os trabalhos já apresentados no Exemplo 13.3, cujos Tempos de Processamento e Datas Devidas são dados a seguir. Vamos, ao longo do tempo, calcular as Razões Críticas e seqüenciar os trabalhos; ao final, compararemos os resultados com as regras já aplicadas ao mesmo problema: *PEPS*, *MTP* e *DD*.

Trabalho	Tempo de Processamento (*TP*)	Data Devida (*DD*)
A	5	14
B	8	9
C	2	10
D	4	20
E	1	7

Solução

Supondo que estejamos partindo da data zero, vamos caminhar ao longo do tempo seqüenciando os trabalhos:

Data Atual = Zero

A tabela seguinte mostra a aplicação da Equação 13.1, mostrando as Razões Críticas no instante inicial:

Trabalho	Tempo de Processamento (*TP*)	Data Devida (*DD*)	Razão Crítica (*RC*)
A	5	14	5/(14 – 0) = 5/14
B	8	9	8/(9 – 0) = 8/9*
C	2	10	2/(10 – 0) = 2/10
D	4	20	4/(20 – 0) = 4/20
E	1	7	1/(7 – 0) = 1/7

O trabalho *B* deve ser programado em primeiro lugar, por apresentar a maior Razão Crítica. Após 8 horas, o próximo seqüenciamento pode ser feito. Lembrando que *TE* = Tempo de Atraso; *TP* = Tempo de Processamento; *TT* = Tempo de Término e *AT* = Atraso, os resultados para o trabalho *B* são os seguintes:

$TE = 0; TT = TP + TE = 8 + 0 = 8; AT = 0$

Data Atual = 8

O trabalho *B* não mais comparece. Os cálculos são repetidos, lembrando agora de subtrair a Data Atual da Data Devida:

Trabalho	Tempo de Processamento (*TP*)	Data Devida (*DD*)	Razão Crítica (*RC*)
A	5	14	5/(14 – 8) = 5/6
C	2	10	2/(10 – 8) = 2/2
D	4	20	4/(20 – 8) = 4/12
E	1	7	1/(7 – 8) = l/(–1)

O trabalho *E* já está atrasado em 1 hora e deve ser programado imediatamente; como *TP* = 1, o trabalho atrasar-se-á em 2 horas no total; os demais resultados para o trabalho *E* são:

$TE = 8; TT = 1 + 8 = 9; AT = 2$

Data Atual = 9

O trabalho *E* não mais comparece; os cálculos atuais são os seguintes:

Trabalho	Tempo de Processamento (*TP*)	Data Devida (*DD*)	Razão Crítica (*RC*)
A	5	14	5/(14 – 9) = 5/5
C	2	10	2/(10 – 9) = 2/1
D	4	20	4/(20 – 9) = 4/11

Programa-se então o trabalho *C*, cujos resultados são:

$TE = 9; TT = 2 + 9 = 11; AT = 1$

Data Atual = 11

O trabalho *C* não mais comparece; os cálculos atualizados são os seguintes:

Trabalho	Tempo de Processamento (*TP*)	Data Devida (*DD*)	Razão Crítica (*RC*)
A	5	14	5/(14 – 11) = 5/3
D	4	20	4/(20 – 11) = 4/9

Programa-se o trabalho *A* e, em seguida, o trabalho *D* na Data Atual = 11 + 5 = 16; o trabalho *D* não estará atrasado, pois sua Data Devida é 20. Os resultados para os trabalhos *A* e *D* são os seguintes:

Trabalho *A*: *TE* = 11; *TT* = 5 + 11 = 16; *AT* = 2

Trabalho *D*: *TE* = 16; *TT* = 4 + 16 = 20; *AT* = 0

Os resultados da aplicação da regra estão resumidos na tabela a seguir:

Trabalho	*TE*	*TT*	*AT*
A	0	8	0
E	8	9	2
C	9	11	1
A	11	16	2
D	16	20	0
Totais	44	64	5
Médias	8,8	12,8	1

Esses resultados, obtidos com a aplicação da regra da Razão Crítica, podem ser comparados aos resultados semelhantes obtidos pelas regras *PEPS*, *MTP* e *DD*, conforme a tabela a seguir, que repete os resultados da aplicação dessas regras, representados à página 372.

	Regra			
Critério	*PEPS*	*MTP*	*DD*	*RC*
Tempo médio de espera	10,4	4,6	7,4	8,8
Tempo médio de término	14,4	8,6	11,4	12,8
Atraso máximo	13	11	2	2
Atraso médio	4,4	2,2	0,6	1
Nº de trabalhos atrasados	3	1	2	3

Como se nota, as regras *DD* e *RC* levam a atrasos reduzidos, o que é condizente com a natureza dessas regras, que atuam sobre a data de entrega dos trabalhos. A regra *MTP*, que minimiza o tempo médio de término, tem mostrado na prática que facilita o fluxo de trabalho e diminui os estoques de material em processo, ao permitir que as etapas seguintes de processamento sejam rapidamente atingidas, justamente por seqüenciar em primeiro lugar os trabalhos mais curtos. A regra *PEPS* foi a pior, segundo o quadro anterior – e este resultado se verifica também em estudos de simulação. Quando um trabalho longo é programado em primeiro lugar, a tendência será a de tornar ociosos os centros de trabalhos seguintes e aumentar o estoque de material em processo.

À pergunta "Qual regra deve ser usada?" não existe uma resposta definitiva. Mesmo o nosso exemplo, muito simplificado, mostra que diferentes regras se saem melhor segundo diferentes critérios. O leitor interessado em maiores detalhes pode consultar os trabalhos de avaliação de LeGrande (1963), um clássico da simulação de regras de prioridade em um ambiente real de fábrica, de Jones (1973) e de Blackstone, Phillips e Hoggs (1982), todos eles citados na bibliografia.

13.5 Balanceamento de Linha

A linha de montagem representa o caso clássico do fluxo de operações em um sistema contínuo. Na linha de montagem, o produto (ou parte dele) é dividido em um certo número de operações (ou tarefas) que devem ser distribuídas por postos de trabalho. O posto de trabalho é o espaço ocupado por uma ou mais pessoas; mesmo que haja uma só pessoa no posto de trabalho, mais de uma tarefa ou operação pode ser alocada ao posto. O aspecto simplificado de uma linha de montagem é visto na Figura 13.2.

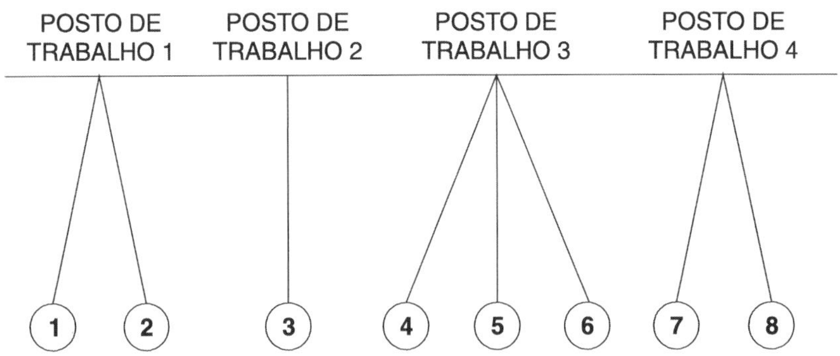

Figura 13.2 Aspecto Simplificado de uma Linha de Montagem.

Embora a seqüência de operações seja fixa, a sua designação a postos de trabalho pode ser mais eficiente ou menos eficiente, no sentido de melhor ou pior aproveitar o tempo disponível em cada posto. A tarefa do balanceamento de linha é a de atribuir as tarefas aos postos de trabalho de forma a atingir uma dada taxa de produção e de forma que o trabalho seja dividido igualmente entre os postos.

Um exemplo ajudará a introduzir alguns conceitos importantes sobre as linhas de montagem. Tomemos um produto (ou serviço) cuja execução requeira 5 operações *A*, *B*, *C*, *D* e *E*, de forma que *A* seja a primeira operação, *B* e *C* seguem-se obrigatoriamente depois de *A*, mas são independentes entre si, *D* só pode ser feita depois que *A*, *B* e *C* estejam concluídas, e *E* venha por último, depois que as quatro anteriores estejam concluídas. Vamos supor também que cada tarefa tenha um tempo de duração fixo e conhecido: *A* toma 1 minuto, *B* e *C* tomam 2 minutos cada uma, e *D* e *E* tomam 5 e 3 minutos respectivamente. Essas informações estão consolidadas no quadro a seguir.

Quadro 13.1 Tempos de Operação e Relações de Precedência

Tarefa	Duração (min)	Tarefas precedentes
A	1	–
B	2	A
C	2	A
D	5	A, B, C
E	3	A, B, C, D

Por outro lado, a Figura 13.3 apresenta o chamado Diagrama de Precedências, que facilita a visualização da ordem em que as tarefas devem ser completadas. No Diagrama de Precedências, as tarefas são representadas por círculos, unidos por retas que simbolizam a precedência. Ao lado de cada círculo, pode-se apor a duração da tarefa correspondente.

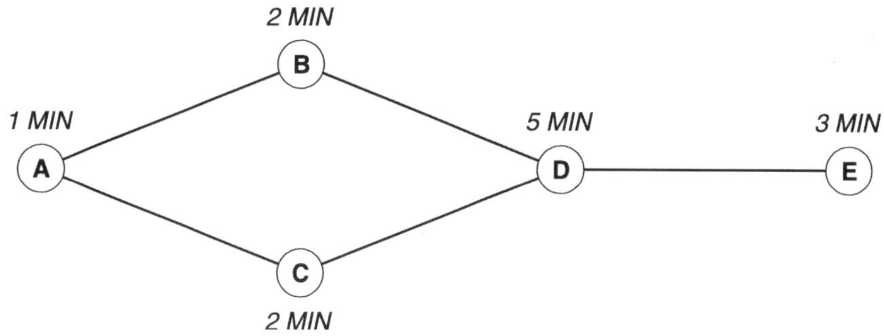

Figura 13.3 Exemplo de um Diagrama de Precedências.

O *conteúdo de trabalho* em uma unidade do produto é medido pela soma dos tempos das tarefas; em nosso caso, o conteúdo de trabalho é: 1 + 2 + 2 + 5 + 3 = 13 minutos. O conteúdo de trabalho é o tempo que se gastaria para fazer uma unidade se houvesse um só posto de trabalho.

Se a linha operar diariamente durante 8 horas (480 minutos) e a taxa de produção for de 80 unidades por dia, o tempo disponível para se fazer uma unidade será de:

$$\frac{480 \text{ minutos/dia}}{80 \text{ unidades/dia}} = 6 \text{ minutos/unidade}$$

Para que haja um balanceamento entre os postos de trabalho, nenhum deles pode ter mais que 6 minutos disponíveis – caso contrário, a taxa de produção irá aumentar (menos de 6 minutos disponíveis) ou diminuir (mais de 6 minutos disponíveis). O tempo disponível em cada posto de trabalho é chamado de *tempo de ciclo* ou simplesmente *ciclo*. O número mínimo necessário de postos de trabalho N será dado pelo quociente entre o conteúdo de trabalho da unidade do produto e o tempo do ciclo:

$$N = \frac{\text{conteúdo do trabalho}}{\text{Tempo de ciclo}} = \frac{13 \text{ minutos}}{6 \text{ minutos}} = 2{,}17$$

Como o número N deve ser inteiro, é necessário arredondar o resultado. Portanto, deveremos ter no mínimo 3 postos de trabalho. Como nosso exemplo é muito simples, não precisamos de regras especiais para fazer a alocação das tarefas aos postos, bastando alocá-las em grupos ou individualmente até esgotar o tempo de ciclo. Dessa forma, as tarefas *A*, *B* e *C*, que juntas consomem 5 minutos, são alocadas ao Posto 1, a tarefa *D* (5 minutos) é alocada ao Posto 2 e a tarefa *E* (3 minutos) é alocada ao Posto 3. A Figura 13.4 mostra as alocações.

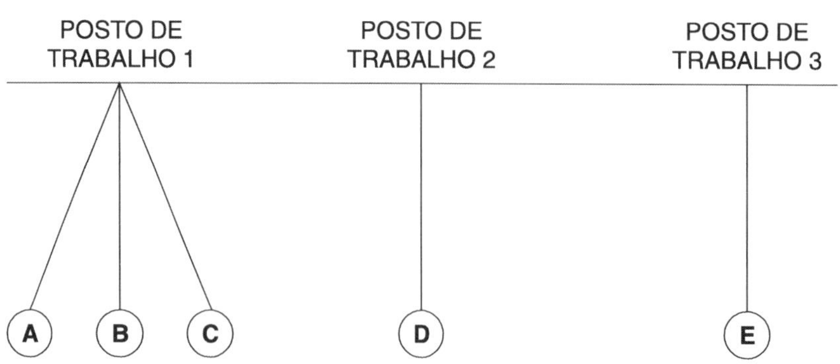

Figura 13.4 Alocação das Tarefas a Três Postos de Trabalho.

Uma grandeza básica no balanceamento de linha é a sua eficiência. Esta é definida como o quociente entre o tempo de trabalho efetivo na linha e o tempo total disponível, ambos tomados na confecção de uma unidade. Alternativamente, podemos trabalhar com a fração (ou porcentagem) de tempo ocioso. O objetivo em geral do balanceamento é atingir a máxima eficiência ou a mínima porcentagem de tempo ocioso. O Quadro 13.2 mostra a organização dos cálculos para o nosso exemplo:

Quadro 13.2 Cálculo da Eficiência da Linha

	Posto 1	Posto 2	Posto 3	
Tarefa(s)	A, B, C	D	E	Totais
Tempo consumido	5 min	5 min	3 min	13 min
Tempo disponível	6 min	6 min	6 min	18 min

A eficiência será 13/18 = 0,72 ou 72%, enquanto a fração de tempo ocioso será a diferença para completar 1 (ou 100%), ou seja, 5/18 = 0,28 = (1 – 0,72). Maximizar a eficiência equivale a minimizar o tempo ocioso.

O problema do balanceamento de linha pode ser resumido nos seguintes pontos:

I) Existe um certo número n de tarefas distintas que devem ser completadas em cada unidade do produto (ou parte dele) que sai da linha.

II) O tempo de execução t_i de cada tarefa i é conhecido e constante.

III) O conteúdo de trabalho de uma unidade do produto (o tempo que um único posto de trabalho levaria para completá-lo) é dado por $T = \sum t_i$.

IV) O objetivo do balanceamento de linha é organizar as tarefas em grupos, alocando cada um deles a um posto de trabalho.

V) O tempo de ciclo, ou simplesmente ciclo, é o tempo disponível, em cada posto de trabalho, para completar o grupo de tarefas aí alocado; designando por C o tempo de ciclo, tem-se:

$$C = \frac{\text{Tempo total disponível em um dado período}}{\text{Produção desejada no período}}$$

VI) O número mínimo N de postos de trabalho é dado por $N = T/C$, arredondando-se o resultado (para cima) se N resultar fracionário.

VII) A eficiência de uma linha de montagem é dada por:

$$\text{Eficiência} = \frac{\text{Conteúdo do trabalho } (T)}{N \times C}$$

Para problemas práticos resulta matematicamente complicado utilizar métodos que busquem soluções ótimas para o problema do balanceamento de linha, ou seja, que busquem a maximização da eficiência da linha. São utilizados métodos heurísticos, que fornecem uma solução razoável do ponto de vista da eficiência, mas não necessariamente ótima. De tempos em tempos, aparece algum artigo fazendo comparações entre os métodos heurísticos existentes (ver, por exemplo, Mastor, 1970). Veremos em seguida, para ilustração, dois desses métodos heurísticos.

13.5.7 Método de Hegelson e Birnie

Este método, desenvolvido pelos autores em 1961 (ver bibliografia), pode ser traduzido como "técnica do peso da posição" e consiste em dar um peso a cada tarefa, que é igual ao seu tempo de execução somado aos tempos de execução de todas as tarefas que lhe seguem. A seguir, as tarefas são alocadas aos postos de trabalho na ordem decrescente de seus pesos.

Exemplo 13.8

Um trabalho é constituído por 9 diferentes tarefas, cujas precedências e durações são dadas a seguir:

Quadro 13.4 Tempos de Operação e Relações de Precedência: Exemplo 13.8

Tarefa	Duração (min)	Tarefas Precedentes
1	6	–
2	8	1
3	4	1,2
4	3	3
5	12	2
6	7	3
7	10	4,5,6
8	2	7
9	5	8
Total:	57	

a) Estruturar o Diagrama de Precedências.

b) Determinar o tempo de ciclo e o número mínimo de postos de trabalho, sabendo que em um dia de 480 minutos devem ser produzidas 40 unidades.

c) Alocar as tarefas segundo a técnica do peso da posição e calcular a eficiência da linha.

Solução

a) *Diagrama de Precedências*:

O leitor pode verificar que o Diagrama de Precedências da Figura 13.5 representa devidamente as relações de precedência apresentadas:

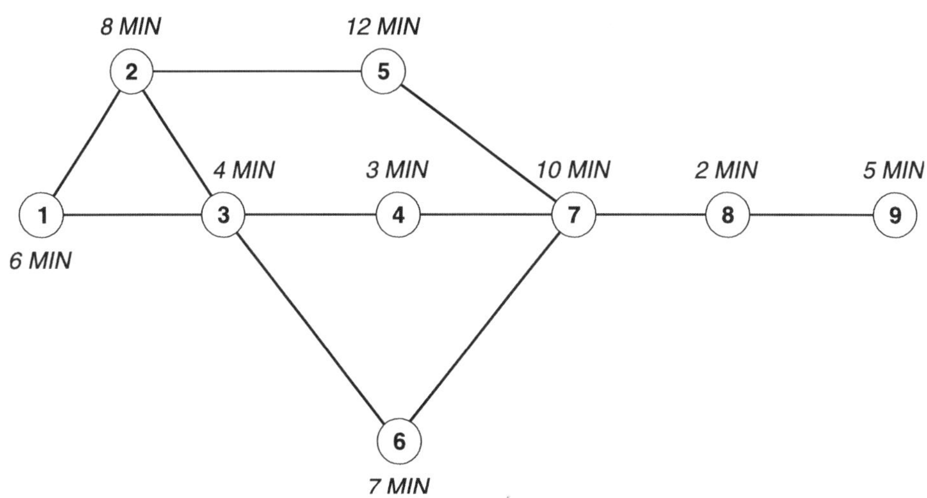

Figura 13.5 Diagrama de Precedências: Exemplo 13.8.

b) *Tempo de ciclo e número mínimo de postos de trabalho*:

Temos, imediatamente, o tempo de ciclo C:

$$C = \frac{480 \text{ minutos/dia}}{40 \text{ unidades/dia}} = 12 \text{ minutos/unidade}$$

De posse do tempo de ciclo e verificando que o conteúdo de trabalho do produto é de 57 minutos, o cálculo do número mínimo de postos N também é imediato:

$$N = \frac{T}{C} = \frac{57}{12} = 4{,}75 = 5$$

c) *Alocação pela técnica do peso da posição e cálculo da eficiência da linha*:

Os pesos de cada tarefa podem ser determinados com o auxílio do Diagrama de Precedências. A tarefa 1, por ser a primeira, precedendo todas as demais, terá peso igual ao conteúdo do trabalho do produto, ou seja, 57 minutos. A tarefa 2, por sua vez, é precedida pela tarefa 1 e seguida por todas as demais; logo, seu peso será de (57 – 6) = 51 minutos. À tarefa 3 (duração de 4 minutos), seguem-se as tarefas 4, 6, 7, 8 e 9, dando-lhe um peso de 31 minutos. Os pesos das demais tarefas, calculados de maneira semelhante, estão na Tabela 13.2.

Tabela 13.2 Pesos de Posição do Exemplo 13.8

Tarefa	Peso da Posição
1	57
2	51
3	31
4	20
5	29
6	24
7	17
8	7
9	5

De acordo com a técnica, a ordem de alocação será 1, 2, 3, 5, 6, 4, 7, 8 e 9.

A alocação propriamente dita não oferece maiores problemas. Ao Posto 1 é atribuída apenas a tarefa 1 (6 min) dado que as tarefas 1 e 2, juntas, duram 6 + 8 = 14 min, superior ao tempo de ciclo (12 min). As tarefas 2 e 3 podem ser alocadas ao Posto 2 (8 + 4 = 12 min), enquanto a tarefa 5 é alocada ao Posto 3, por durar exatamente 12 minutos. O resumo de todas as alocações pode ser visto no Quadro 13.5 a seguir, que permite calcular a eficiência da linha.

Quadro 13.5 Resumo das Alocações para o Exemplo 13.8

	Posto 1	Posto 2	Posto 3	
Tarefa(s)	1	2,3	5	
Tempo consumido	6 min	12 min	12 min	
Tempo disponível	12 min	12 min	12 min	
	Posto 4	Posto 5	Posto 6	
Tarefa(s)	6,4	7,8	0	Totais
Tempo consumido	10 min	12 min	5 min	57 min
Tempo disponível	12 min	12 min	12 min	72 min

A eficiência da linha é, então, de 57/72 = 0,79 ou 79%.

13.5.2 Método de Kilbridge e Webster

O método de Kilbridge e Webster, publicado em 1961, é algo parecido com o anterior (Hegelson e Birnie). Para cada tarefa é contado o número total de tarefas precedentes. São alocadas, então, as tarefas na ordem crescente do número de predecessores. Quando existirem duas ou mais tarefas com o mesmo número de predecessores, aloca-se primeiro aquela com maior duração e, assim, sucessivamente.

Exemplo 13.9

Retomar o exemplo anterior, fazendo a alocação pelo método de Kilbridge e Webster. Calcular a nova eficiência.

Solução

Do Diagrama de Precedências, prepara-se a tabela a seguir que dá, para cada tarefa, o número de tarefas precedentes.

Tabela 13.3 Número de Tarefas Precedentes para o Exemplo 13.9

Tarefa	Nº de Tarefas Precedentes
1	0
2	1
3	2
4	3
5	2
6	3
7	6
8	7
9	8

A ordem de alocação será 1, 2, 5, 3, 6, 4, 7, 8 e 9; os casos de igual número de predecessores estão nas tarefas 3 e 5 (2 predecessores) e também nas tarefas 4 e 6 (3 predecessores). A alocação foi resolvida com base na tarefa de maior duração, alocada em primeiro lugar. A alocação a cada posto de trabalho é mostrada no Quadro 13.6.

Quadro 13.6 Resumo das Alocações para o Exemplo 13.9

	Posto 1	Posto 2	Posto 3
Tarefa(s)	1	2	5
Tempo consumido	6 min	8 min	12 min
Tempo disponível	12 min	12 min	12 min

	Posto 4	Posto 5	Posto 6	Posto 7	
Tarefa(s)	3,6	4	7,8	9	Totais
Tempo consumido	11 min	3 min	12 min	5 min	57 min
Tempo disponível	12 min	12 min	12 min	12 min	72 min

A eficiência é agora de 57/84 = 0,68 ou 68%; o método de Kilbridge e Webster, para este problema em particular, resulta em uma eficiência inferior àquela obtida com a técnica do peso da posição.

Repare o leitor que fizemos implicitamente a hipótese de que a taxa de produção era constante. Se essa condição puder ser relaxada pelo menos dentro de certos limites, é possível trabalhar com tempos de ciclo diferentes e obter configurações de linhas com melhores eficiências. No caso que tratamos nos dois últimos exemplos, se o tempo de ciclo fosse de 20 minutos (era de 12 minutos), a produção cairia a 24 unidades por dia. Seria possível, no entanto, com a técnica do peso da posição, alocar todas as tarefas a apenas 3 postos de trabalho: 1, 2 e 3 ao Posto 1 (total de 18 min), 5 e 6 ao Posto 2 (total de 19 min) e 4, 7, 8 e 9 ao Posto 4 (total de 20 min). A eficiência seria então de 57/60 = 0,95 ou 95%.

Para concluir, é preciso ressaltar que simplificamos muito o problema do balanceamento de linha na discussão precedente. Schroeder (2000) aponta alguns complicadores que podem surgir, exigindo soluções mais elaboradas:

a) *Variabilidade dos tempos de operação*, o que pode acontecer devido a problemas com materiais, fadiga de operadores, absenteísmo etc. Estoques de produtos semi-acabados podem se fazer necessários entre os postos de trabalho e a própria linha pode ter a velocidade diminuída para acomodar a variabilidade dos tempos de operações.

b) *Produtos múltiplos*: é comum que vários modelos sejam feitos na mesma linha; o balanceamento final pode não ser ótimo para qualquer um dos produtos feitos na linha.

c) *Restrições de zona*: são restrições que obrigam, por exemplo, a que certas operações sejam colocadas juntas, por requererem habilidades similares ou, ainda, que operações devam ser separadas das demais, devido a cuidados especiais, possibilidade de contaminação etc.

Schroeder aponta por último certos fatores sociais; assim, por exemplo, tempos de ciclo menores podem causar efeitos negativos na moral e motivação dos trabalhadores, desgastando o desempenho da linha.

PONTOS-CHAVE

1. O Plano Mestre de Produção (ou simplesmente Plano de Produção) é o documento que informa quais os itens a serem produzidos, em que quantidades e em quais períodos. Geralmente, o período coberto é de poucas semanas, embora possa chegar a 6 meses ou mesmo um ano.

2. Os objetivos da programação da produção são os seguintes: permitir que os produtos tenham a qualidade especificada, reduzir estoques e custos operacionais e manter ou melhorar o nível de atendimento ao cliente.

3. Programar a produção envolve inicialmente a alocação de carga, que é a distribuição das operações pelos vários centros de trabalho. Em seguida, dadas diversas operações aguardando processamento em um centro qualquer, a programação da produção envolve também o processo de determinar a ordem na qual essas operações serão realizadas. Esta etapa é o seqüenciamento de tarefas.

4. Uma técnica usada para o seqüenciamento em sistemas de volume intermediário é o Tempo de Esgotamento, definido como o quociente entre o estoque disponível do produto e a taxa de consumo. E processado o produto com o menor Tempo de Esgotamento (quanto menor o Tempo de Esgotamento, mais cedo o produto estará em falta).

5. A alocação de carga é feita usualmente com o auxílio do gráfico de Gantt para alocação de carga; em situações especiais, o método da designação pode ser aplicado.

6. No julgamento de uma regra de seqüenciamento, são importantes as seguintes definições: Tempo de Processamento de um trabalho é o tempo efetivamente gasto desde que o trabalho começa a ser processado até que termina; Tempo de Término de um trabalho é o tempo decorrido entre o início da contagem dos tempos e o momento em que o trabalho termina de ser processado; Data Devida de um trabalho é a data na qual ele deve estar pronto; Atraso de um trabalho é a diferença entre seu Tempo de Término e sua Data Devida, se essa diferença for positiva, e zero nos demais casos.

7. O problema mais simples possível de seqüenciamento é o caso de *n* trabalhos a serem processados em um processador único. Dependendo do critério, há soluções diferentes. A regra *MTP* (Menor Tempo de Processamento) manda seqüenciar os trabalhos na ordem crescente dos tempos de processamento e conduz ao mínimo tempo médio de processamento. A regra *DD* (Data Devida) manda seqüenciar os trabalhos na ordem crescente de suas datas devidas e minimiza o atraso máximo de um trabalho qualquer.

8. A regra de Johnson aplica-se ao caso de *n* trabalhos sendo processados obrigatoriamente em série por meio de dois processadores. Demonstra-se que ela conduz à minimização do Tempo de Término do trabalho que é seqüenciado por último ou, equivalentemente, à máxima eficiência *conjunto* dos dois processadores.

9. Regras de seqüenciamento são regras empíricas, usadas em situações rotineiras de programação. As regras estáticas mais populares são a *PEPS*, a *MTP* e a *DD*. Uma regra dinâmica muito conhecida é a Razão Crítica, que é calculada como o quociente entre o Tempo de Processamento e a diferença entre a Data Devida e a Data Atual. Quanto mais próxima a Data Atual da Data Devida e quanto maior o Tempo de Processamento de um trabalho, maior será a Razão Crítica e maior a urgência com que ele deve ser processado. Após cada processamento, repete-se novamente o cálculo da Razão Crítica.

10. Dada uma linha de montagem, a tarefa do balanceamento de linha é a de atribuir as tarefas aos postos de trabalho, de forma a atingir uma dada taxa de produção, dividindo o trabalho tão igualmente quanto possível entre os diversos postos.

PROBLEMAS RESOLVIDOS

1. Um mesmo produto é processado em cinco modelos diferentes, nas mesmas instalações. A tabela a seguir apresenta os dados pertinentes.

Modelo	Lote Econômico de Fabricação (unidades)	Duração da Rodada (semanas)	Estoque Inicial (unidades)	Taxa de Consumo (unidade/semana)
A	1.500	1,5	5.000	500
B	1.200	1,0	4.000	500
C	2.000	2,0	4.000	700
D	2.500	2,5	3.600	400
E	1.500	1,0	1.000	250

Simular três rodadas de produção por meio do Tempo de Esgotamento, calculando o estoque após cada rodada. Com base apenas nas três rodadas simuladas, existe alguma tendência definida no comportamento do estoque?

Solução

Para cada rodada, devemos calcular o Tempo de Esgotamento (*TE*) e processar o modelo com o menor valor encontrado. Os cálculos para a primeira rodada baseiam-se na tabela original fornecida.

Rodada nº 1

Repetimos a seguir a tabela original, onde a última coluna – o Tempo de Esgotamento – foi calculado como:

$$TE = \frac{\text{estoque disponível}}{\text{taxa de consumo}}$$

Modelo	Lote Econômico de Fabricação (unidades)	Duração da Rodada (semanas)	Estoque Inicial (unidades)	Taxa de Consumo (unidade/semana)	*TE*
A	1.500	1,5	5.000	500	10
B	1.200	1,0	4.000	500	8
C	2.000	2,0	4.000	700	5,71
D	2.500	2,5	3.600	400	9
E	500	1,5	1.000	250	4

Iniciamos com um estoque total de 17.600 unidades, que corresponde à soma dos estoques disponíveis individualmente para todos os modelos.

Agora, em primeiro lugar, será processado o modelo *E*, do qual serão produzidas 500 unidades no prazo de 1,5 semana. Ao final da Semana 1,5, os cálculos deverão ser refeitos, para o início da Rodada nº 2.

Rodada nº 2: Semana 1,5

Durante a rodada de produção do modelo *E*, houve variação no estoque de todos os modelos de acordo com o consumo semanal. Para o próprio modelo *E*, temos:

Estoque Inicial	1.000
(–) Consumo durante 1,5 semana	1,5 × 250 = 375
(+) Quantidade produzida	500
	1.125 unidades

Para os outros modelos, houve apenas consumo:

Modelo *A*: Estoque atual = 5.000 – 1,5 × 500 = 4.250
Modelo *B*: Estoque atual = 4.000 – 1,5 × 500 = 3.250
Modelo *C*: Estoque atual = 4.000 – 1,5 × 700 = 2.950
Modelo *D*: Estoque atual = 3.600 – 1,5 × 400 = 3.000

A soma dos estoques de todos os modelos é agora de 14.575 unidades, menor em relação ao estoque inicial. Dividindo os estoques atuais pelas taxas de consumo, temos novamente os Tempos de Esgotamento:

Modelo *A*: *TE* = 8,5 Modelo *B*: *TE* = 6,5
Modelo *C*: *TE* = 4,21 Modelo *D*: *TE* = 7,5
Modelo *E*: *TE* = 4,5

Deverá ser processado o modelo *C*, do qual serão feitas 2.000 unidades no prazo de 2 semanas. Ao final da Semana 3,5, devemos refazer os cálculos para novo processamento.

Rodada nº 2: Semana 3,5

Os novos estoques atuais serão:

Modelo *A*: Estoque atual = 4.250 – 2 × 500 = 3.250
Modelo *B*: Estoque atual = 3.250 – 2 × 500 = 2.250
Modelo *C*: Estoque atual = 2.950 – 2 × 700 + 2.000 = 3.550
Modelo *D*: Estoque atual = 3.000 – 2 × 400 = 2.200
Modelo *E*: Estoque atual = 1.125 – 2 × 250 = 625

A soma dos novos estoques atuais é, portanto, de 11.875 unidades, inferior ao estoque total anterior (14.575 unidades).

Os novos Tempos de Esgotamento serão:

Modelo *A*: *TE* = 6,5 Modelo *B*: *TE* = 4,5
Modelo *C*: *TE* = 5,07 Modelo *D*: *TE* = 5,5
Modelo *E*: *TE* = 2,5

Portanto, deve ser novamente processado o modelo *E*, do qual serão produzidas 500 unidades no prazo de 1,5 semana. Ao final da Semana 5, os cálculos deverão ser refeitos.

Rodada nº 3: Semana 5

Novos estoques atuais:

Modelo *A*: Estoque atual = 3.250 – 1,5 × 500 = 2.500
Modelo *B*: Estoque atual = 2.250 – 1,5 × 500 = 1.500
Modelo *C*: Estoque atual = 3.550 – 1,5 × 700 = 2.500
Modelo *D*: Estoque atual = 2.200 – 1,5 × 400 = 1.600
Modelo *E*: Estoque atual = 625 – 1,5 × 250 + 500 = 750

A soma dos estoques atuais é de 8.850 unidades, uma vez mais inferior ao estoque da rodada anterior. Nota-se uma tendência bem definida de decréscimo nos estoques, o que acabará levando a faltas de estoque de um ou mais modelos. O sistema, como um todo, tende a essa situação porque os valores dos lotes econômicos, do consumo e das durações das rodadas são incompatíveis. A relação entre os lotes econômicos e as taxas de consumo é muito pequena, levando a uma necessidade muito rápida de produção ou, alternativamente (este está sendo o caso), a uma depleção continuada nos estoques. Isso só não aconteceria se as rodadas de produção fossem mais rápidas, permitindo a recomposição dos estoques.

2. A ARH Consultores está no momento com o problema de alocar equipes para proceder a auditorias contábeis em quatro empresas clientes: Cimento Solar, Casas João, Metalúrgica Arlequim e Supermercados Pão-de-Ló. A ARH possui quatro equipes em condições de assumir as auditorias. Cada equipe foi solicitada a fornecer uma estimativa do tempo (em dias úteis) para proceder às auditorias em cada uma das companhias clientes. As estimativas estão na tabela a seguir.

	Clientes			
Equipes	Cimento Solar	Casas João	Metalúrgica Arlequim	Supermercados Pão-de-Ló
A	18	32	28	34
B	14	14	16	28
C	30	12	12	20
D	38	34	8	22

Determinar a alocação (uma só equipe a cada empresa) de forma a minimizar o tempo total de duração de todas as auditorias.

Solução

Pelo método da designação, precisamos obter pelo menos um zero em cada linha e em cada coluna. Iniciamos subtraindo, em cada linha, o menor número de todos os demais:

	Clientes			
Equipes	Cimento Solar	Casas João	Metalúrgica Arlequim	Supermercados Pão-de-Ló
A	0	14	10	16
B	0	0	2	14
C	18	0	0	8
D	30	26	0	14

Em seguida, subtraímos o menor número em cada coluna, de todos os demais. Reparar que, neste caso, apenas a última coluna se altera, já que todas as demais possuem pelo menos um zero:

	Clientes			
Equipes	Cimento Solar	Casas João	Metalúrgica Arlequim	Supermercados Pão-de-Ló
A	0	14	10	8
B	0	0	2	6
C	18	0	0	0
D	30	26	0	6

O leitor pode notar que o número mínimo de retas para cobrir todos os zeros é exatamente 4, que é a ordem da matriz. Portanto, não é necessário continuar com a geração de zeros e podemos fazer as alocações. As equipes cujas linhas têm apenas um zero são alocadas primeiro: é o caso das equipes *A* (Cimento Solar) e *D* (Metalúrgica Arlequim). Nas colunas de Cimento Solar e Metalúrgica Arlequim, são riscados os demais zeros, o que faz com que, automaticamente, a equipe *B* seja designada às Casas João e a equipe *C* seja designada aos Supermercados Pão-de-Ló.

O tempo total de duração das auditorias será de 60 dias úteis, conforme a soma das durações a seguir:

Equipe *A*: Cimento Solar	18 dias úteis
Equipe *B*: Casas João	14
Equipe *C*: Supermercado Pão-de-Ló	20
Equipe *D*: Metalúrgica Arlequim	8
Total	60

3. O Centro de Usinagem de uma companhia possui cinco trabalhos aguardando processamento de acordo com a seguinte tabela (valores em horas):

Trabalho	Tempo de Processamento (*TP*)	Data Devida (*DD*)
I	12	30
II	25	28
III	4	8
IV	8	12
V	22	42

Supondo que os trabalhos chegaram na ordem *I, II, III, IV* e *V* e que o processamento será feito nessa ordem (regra *PEPS*), determinar:

a) o tempo médio de término;
b) o atraso médio;
c) o número de trabalhos atrasados.

Solução

A tabela a seguir, facilmente construída, contém todas as informações necessárias ao cálculo das grandezas pedidas:

Trabalho	Tempo de Processamento (*TP*)	Data Devida (*DD*)	Tempo de Espera (*TE*)	Tempo de Término (*TT*)	Atraso (*AT*)
I	12	30	0	12	0
II	25	28	12	37	9
III	4	8	37	41	33
IV	8	12	41	49	37
V	22	42	49	71	29
		Totais	139	210	108
		Médias	27,8	42	21,6

A regra *PEPS*, como usual, não se revela muito atraente. O tempo médio de término dos trabalhos é de 42 horas, mais da metade desse valor sendo composto pelo tempo de espera (27,8 horas). Isso faz com que o atraso médio também seja elevado (21,6 horas), com quatro trabalhos atrasados em relação à Data Devida.

QUESTÕES PARA DISCUSSÃO

1. Qual a diferença entre o Planejamento Agregado e o Plano Mestre de Produção?

2. Explique com suas palavras quais são os conflitos potenciais entre os vários objetivos da Programação da Produção.

3. O que significa controlar a produção?

4. Quais as principais razões pelas quais a programação da produção é complexa para os sistemas intermitentes de baixo volume?

5. Descrever os passos do método da designação.

6. O que se entende por regra estática e regra dinâmica de seqüenciamento?

7. Definir: Tempo de Processamento, Tempo de Espera, Tempo de Término, Data Devida e Atraso de um trabalho.

8. No que consistem as regras *PEPS, MTP* e *DD*?

9. No que consiste a regra de Johnson? Em que caso se aplica, qual a grandeza que minimiza e qual a grandeza que maximiza?

10. No que consiste a Razão Crítica? Porque ela é uma regra dinâmica?

11. Descrever a técnica do peso da posição para o balanceamento de linha.

12. Descrever o método de Kilbridge e Webster para o balanceamento de linha.

PROBLEMAS PROPOSTOS

1. Nas mesmas instalações, a Queen Bebidas e Refrigerantes Ltda. produz seis tipos de refrigerantes, cujos dados principais encontram-se na tabela a seguir:

Tipo	Lote econômico (garrafas)	Duração da Rodada (rodada/dias)	Demanda (garrafas/dia)	Estoque Atual (garrafas)
Orange	13.800	4	3.000	6.500
Tuba 7	7.500	2,5	1.800	5.200
Guaraná	9.200	2,5	2.800	3.300
Soda Um	3.700	1,5	900	500
Uvina	5.500	2	1.300	1.300
Tutti Bon	6.500	2	1.300	3.500

Simular as rodadas de produção pelo espaço de 15 dias aproximadamente, verificando qual a ordem de entrada dos produtos na fabricação segundo o menor Tempo de Esgotamento. Ao final de cada rodada, calcular o estoque final em número de garrafas. Existe alguma tendência definida no comportamento do estoque?

2. Deve-se alocar um conjunto de peças para processamento em uma de quatro máquinas, sendo que, embora qualquer máquina possa processar qualquer peça, cada particular alocação conduz a diferentes tempos de processamento. As combinações possíveis e os respectivos tempos de processamento (em horas) são dados a seguir.

	Máquina			
Peça	1	2	3	4
AT 501	5	12	8	7
AT 502	3	8	5	6
AT 503	10	8	8	6
AT 504	8	8	4	8

Determinar a melhor combinação possível, que conduza ao mínimo tempo total de processamento.

3. No problema anterior, supor que exista uma quinta máquina, também capaz de processar as quatro operações, com os seguintes tempos: *AT* 501, 8 horas; *AT* 502, 4 horas; *AT* 503, 10 horas e *AT* 504, 5 horas. Supor também que não são possíveis algumas combinações, marcadas com a palavra NÃO na tabela a seguir. Determinar a melhor alocação com a nova configuração.

	Máquina				
Peça	1	2	3	4	5
AT 501	5	12	8	7	8
AT 502	NÃO	NÃO	5	6	4
AT 503	10	8	8	NÃO	10
AT 504	8	8	NÃO	8	5

4. Em certa empresa, as cópias xerográficas são centralizadas em um centro de cópias. Em determinado momento estão aguardando vez os seguintes trabalhos, que chegaram na ordem indicada (*K*, *X*, *Y*, *Z* e *T*):

Trabalho	Duração (min)	Data Devida (min)
K	20	120
X	120	180
Y	45	60
Z	30	80
T	50	90

Alocar os trabalhos:

- pela ordem de chegada;
- pela ordem que minimiza o tempo médio de término.

Em ambos os casos, calcular:

a) o tempo médio de término;
b) o atraso médio;
c) o número de trabalhos atrasados.

5. No presente momento, existem cinco trabalhos aguardando processamento em dois centros de trabalho *X* e *Y* de Novidades Berelson Ltda. Todos os trabalhos, obrigatoriamente, passam pelos centros *X* e *Y*, nessa ordem. Os tempos de processamento estão dados a seguir, em horas:

		Trabalho				
		K	*L*	*M*	*N*	*O*
Tempos de Processamento	Em *X*	8	2	10	16	4
	Em *Y*	3	5	2	9	6

a) determinar a ordem em que os trabalhos devem ser seqüenciados de forma a minimizar o tempo de término do último trabalho seqüenciado.

b) mostrar a ocupação dos centros de trabalho em um diagrama auxiliar e calcular a eficiência de utilização conjunta dos centros *X* e *Y*.

6. Existem seis ordens de fabricação aguardando processamento em duas máquinas *I* e *II*, sendo essa a ordem obrigatória de processamento, com os seguintes tempos de processamento em horas:

Ordem	Máquina I	Máquina II
14	1	1
25	7	2
8	3	4
30	4	3
35	8	2
32	2	6

Seqüenciar os trabalhos pela regra de Johnson. Reparar que a ordem 14 tanto pode ser seqüenciada em primeiro como em último lugar. Seqüenciar então dessas duas formas e calcular o tempo de término do último trabalho seqüenciado. Calcular também, nos dois casos, a eficiência conjunta das máquinas. Existe alguma diferença conforme se seqüencie a Ordem 14 em primeiro ou em último lugar?

7. A seguir estão os dados do Problema Resolvido 3:

Trabalho	Tempo de Processamento (horas)	Data Devida (horas)
I	12	30
II	25	28
III	4	8
IV	8	12
V	22	42

Seqüenciar os trabalhos pelas regras *MTP* (Menor Tempo de Processamento) e *DD* (Data Devida) e, em ambos os casos, determinar:

a) tempo médio de término;
b) atraso médio;
c) número de trabalhos atrasados.

Alguma dessas grandezas diminuiu em relação aos valores obtidos quando da aplicação da regra *PEPS* no Problema Resolvido 3?

8. Retomar os dados do problema anterior e seqüenciar agora os trabalhos pelo critério da Razão Crítica. Determinar, então, as mesmas grandezas pedidas: tempo médio de término, atraso médio e número de trabalhos atrasados. Comparar os resultados obtidos com a aplicação anterior das três regras: *PEPS* (Problema Resolvido 3), *MTP* e *DD* (Problema Proposto 7).

a) Qual é a regra que conduz ao menor tempo médio de término?
b) Qual conduz ao menor atraso médio?
c) Qual conduz ao menor número de trabalhos atrasados?
d) Qual regra parece ser a pior? Por quê?

9. Balancear a linha seguinte pela técnica do peso da posição. Usar 30 minutos como tempo de ciclo.

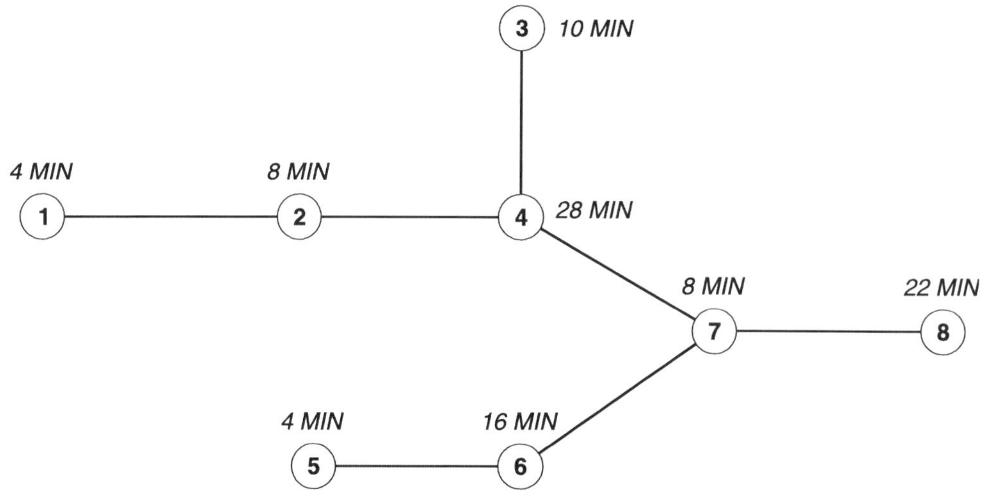

a) Qual é o número mínimo de estações de trabalho?
b) Qual é o número definitivo de estações de trabalho após o balanceamento?
c) Qual a eficiência do balanceamento?

10. Balancear a linha a seguir pela técnica de Kilbridge e Webster, assumindo três diferentes tempos do ciclo: 6, 10 e 12 minutos. Qual é o tempo do ciclo que conduz à maior eficiência no balanceamento?

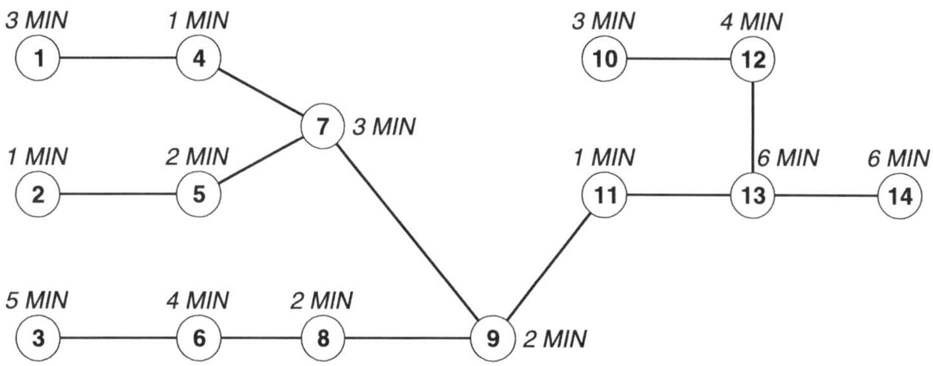

REFERÊNCIAS BIBLIOGRÁFICAS

BLACKSTONE, J. H.; PHILLIPS, D. T.; HOGGS, G. L. A State of the Art Survey of Dispatching Rules for Manufacturing Job Shop Operations. *International Journal of Production Research*, v. 20, p. 27-45, 1982.

HEGELSON, W. P.; BIRNIE, D. P. Assembly Line Balancing Using the Ranked Positional Weight Technique. *Journal of Industrial Engineering*, v. 12, n. 6, p. 394-398, nov./dez. 1961.

JOHNSON, S. M. Optimal Two and Three Stage Production Schedules with Set Up Times Included. *Naval Research Logistics Quarterly*, v. 1, p. 61-68, 1954.

JONES, C. H. An Economic Evaluation of Job Shop Dispatching Rules. *Management Science*, v. 20, n. 3, p. 293-307, nov. 1973.

JONES, P.; DENT, M. Improving Service: Managing Response Time in Hospitality Operations. *International Journal of Operations and Production Management*, v. 14, n. 5, p. 52-58, 1994.

KILBRIDGE, M.; WEBSTER, L. A Heuristic Method of Assembly Linc Balancing. *Journal of Industrial Engineering*, v. 12, n. 4, p. 292-298, jul./ago. 1961.

LAWLER, E. H. Optimal Sequencing of a Single Machine Subject to Precedence Constraints. *Management Science*, v. 19, p. 544-546, 1973.

LE GRANDE, E. The Development of a Factory Simulation System Using Actual Operating Data. *Management Technology*, v. 3, n. 1, p. 1-8, maio, 1963.

LESCHKE, J. P. The Set-up Reduction Process: Part 1. *Production and Inventory Management Journal*, v. 38, n. 1, p. 32-37, 1997.

_____. The Set-up Reduction Process: Part 2. *Production and Inventory Management Journal*, v. 38, n. 1, p. 38-42, 1997.

MASTOR, A. An Experimental Investigation and Comparative Evaluation of Production Line Balancing Techniques. *Management Science*, v. 16, n. 1, p. 728-746, jul. 1970.

MOORE, J. M. An n – Job, One Machine Sequencing Algorithm for Minimizing the Number of Late Jobs. *Management Science*, v. 15, p. 102-109, 1968.

POURTUGAL, V.; ROBB, D. J. Production Scheduling Theory: Just Where is It Applicable? *Interfaces*, v. 30, n. 6, p. 64-76, 2000.

RAMANI, K. V. Scheduling Doctor's Activities at a Large Teaching Hospital. *Production and Inventory Management Journal*, v. 43, n. 1/2, p. 58-62, 2002.

SCHROEDER, R. G. *Operations Management. Contemporary Concepts and Cases*. 3. ed. Boston: McGraw-Hill/Irwin, 2000.

STEVENSON, M.; HENDRY, L. C.; KENGSMAN, B. G. A Review of Production Planning and Control: the Applicability of Key Concepts to the Make-to-order Industry. *International Journal of Production Research*, v. 43, n. 5, p. 869-898, 2005.

WALLACE, T. F.; STAHL, R. A. *Master Scheduling in the 21st Century*. Cincinnati: T. F. Wallace and Co., 2003.

Capítulo 14

Administração de Projetos

14.1 Introdução

Vimos pela primeira vez no Capítulo 1 que existem três sistemas de produção diferentes: sistemas de produção contínua, intermitente e sistemas de produção por projetos. Para os dois primeiros sistemas, os conceitos fundamentais sobre a programação da produção foram vistos no Capítulo 13. O presente capítulo tratará da programação e do controle de projetos.

Como se recorda, projetos são constituídos de conjuntos únicos de operações projetadas para atingir certos objetivos, dentro de um dado limite de tempo. Para muitos projetos, esse tempo envolvido é longo e os custos associados são significativamente altos; existem, por vezes, centenas e até milhares de atividades que devem ser planejadas e coordenadas para que o projeto esteja terminado dentro do prazo, do custo e dos padrões de qualidade especificados.

Duas das mais conhecidas técnicas para planejar e coordenar projetos em grande escala são o PERT (*Program Evaluation and Review Technique*) e o CPM (*Critical Path Method*). São técnicas especialmente úteis em situações onde os gerentes têm responsabilidade pelo planejamento, programação e controle de grandes projetos, contendo muitas atividades levadas a cabo por diferentes pessoas, de diferentes habilidades.

O PERT foi desenvolvido em 1958, graças aos esforços conjuntos da Marinha norte-americana, da Lockheed Aircraft e da firma de consultoria Booz, Allen and Hamilton. O problema que se punha à época era o desenvolvimento do submarino atômico Polaris, cujo projeto envolvia milhares de operações a cargo de mais de 3.000 empreiteiros e subempreiteiros. Hoje em dia, o PERT é usado tipicamente em projetos cujas estimativas de tempo não podem ser previstas com certeza, obrigando ao uso de conceitos estatísticos.

O CPM foi desenvolvido em 1957, quando consultores da Remington Rand Univac (divisão da Sperry Rand Corporation) receberam, por parte da Du Pont Corporation, a tarefa de criar uma técnica de programação para a construção, manutenção e desativação de fábricas de processos químicos. O CPM é usado para projetos cujos tempos de operações podem ser considerados determinísticos, ou seja, conhecidos com certeza. Com o tempo, entretanto, as diferenças entre o PERT e o CPM foram se atenuando e pode-se dizer, atualmente, que essas duas técnicas têm muito em comum. Os conceitos que iremos desenvolver, como regra geral, valem tanto para o PERT como para o CPM.

14.2 Representação dos Projetos pelo Diagrama de Rede

Como já comentado, um projeto pode ser visualizado como um conjunto de operações conduzidas em uma certa seqüência para atingir dados objetivos. As operações que participam em um projeto, consumindo tempo e recursos, são chamadas de *atividades*. Para representar essas atividades e a ordem em que são efetuadas, usa-se o chamado *Diagrama de Rede*, que guarda algumas semelhanças e algumas diferenças com o Diagrama de Procedências usado no Capítulo 13 para representar as operações de uma linha a ser balanceada.

No Diagrama de Rede, cada atividade possui um início e um fim, que são pontos no tempo. Esses pontos no tempo são conhecidos como *eventos*. As atividades são representadas por setas e os eventos – ponto inicial e final – por círculos (chamados também de *nós*). A seta aponta para o círculo que representa o evento final, para dar a idéia de progressão no tempo. As atividades são representadas por números ou letras e os círculos são numerados, em ordem crescente, da esquerda para a direita.

Para dar um exemplo muito simples de um Diagrama de Rede, imaginemos que alguém esteja pensando em oferecer um jantar. A decisão de oferecer o jantar pode ser considerada a primeira atividade no projeto "oferecer um jantar". O ofertante, tendo decidido positivamente pelo jantar, irá agora comprar os ingredientes e fazer uma lista cuidadosa dos convidados. Essas duas atividades podem ocorrer ao mesmo tempo, embora ambas só possam ter início após a decisão de oferecer o jantar. Uma vez elaborada a lista de convidados, é possível enviar os convites. Por outro lado, uma vez comprados os ingredientes, é possível preparar o jantar. Uma vez preparado o jantar, pode-se deixar a casa em ordem para a recepção. Segue-se a recepção aos convidados, que deve obrigatoriamente ocorrer após a emissão dos convites e após se deixar a casa em ordem. Finalmente, recepcionados os convidados, pode-se servir o jantar e dar por encerrado o "projeto". O Quadro 14.1 resume as informações anteriores:

Quadro 14.1 Atividades Envolvidas no Projeto "Oferecer um Jantar"

ATIVIDADE	DESIGNAÇÃO	ATIVIDADES PRECEDENTES IMEDIATAS
Decidir oferecer o jantar	*A*	Nenhuma
Comprar ingredientes	*B*	*A*
Fazer lista de convidados	*C*	*A*
Fazer o jantar	*D*	*B*
Expedir convites	*E*	*C*
Colocar casa em ordem	*F*	*D*
Recepcionar convidados	*G*	*D*, *E*
Servir o jantar	*H*	*G*

Observe o leitor o Diagrama de Rede correspondente a esse projeto na Figura 14.1. O Diagrama mostra todas as relações de precedência, quando lido da esquerda para a direita.

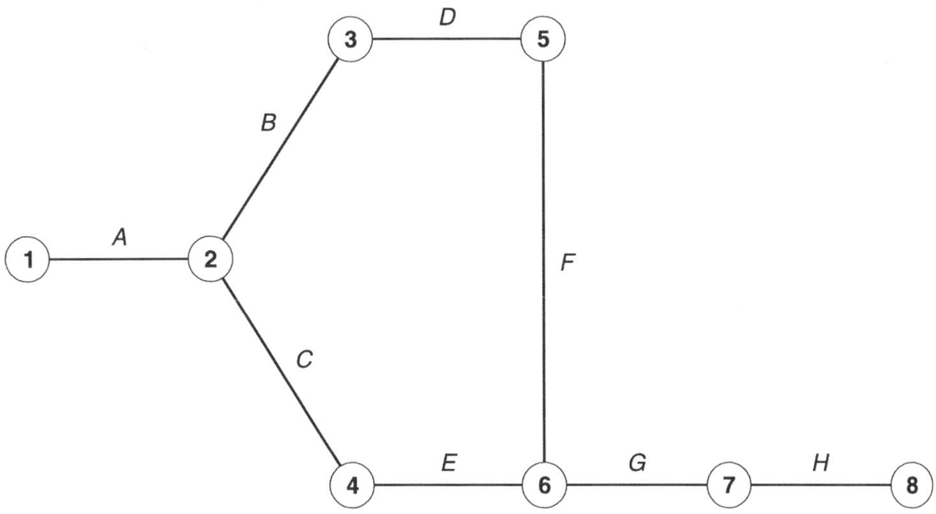

Figura 14.1 – Diagrama de Rede para o Projeto "Oferecer um Jantar".

Em um Diagrama de Rede, denomina-se *caminho* qualquer seqüência de atividades que leve do nó inicial ao nó final. Na Figura 14.1, por exemplo, distinguimos dois caminhos, contendo as seguintes atividades:

Caminho 1: *A B D F G H*

Caminho 2: *A C E G H*

Chama-se de *duração de um caminho* à soma das durações de todas as atividades que o compõem. Em um Diagrama de Rede, o caminho com a maior duração é chamado de *caminho crítico* e governa o tempo de término do projeto: o tempo de término de um projeto é igual à duração de seu caminho crítico. Qualquer atraso neste caminho, automaticamente determinará um atraso no projeto. As atividades do caminho crítico são chamadas de *atividades críticas*. Nenhuma dessas atividades pode se atrasar, sem que o projeto também se atrase. Em uma linguagem típica, dizemos que essas atividades não têm folga ou, equivalentemente, que sua folga é zero. Em outros caminhos que não o caminho crítico, as atividades podem sofrer algum atraso sem que isso implique atraso do projeto.

Exemplo 14.1

Dado o Diagrama de Rede a seguir, determinar:

a) os caminhos possíveis e a duração de cada um;

b) o caminho crítico e a duração esperada do projeto;

c) a folga de cada caminho, ou seja, o tempo total que as atividades do caminho podem se atrasar sem interferir na duração do projeto.

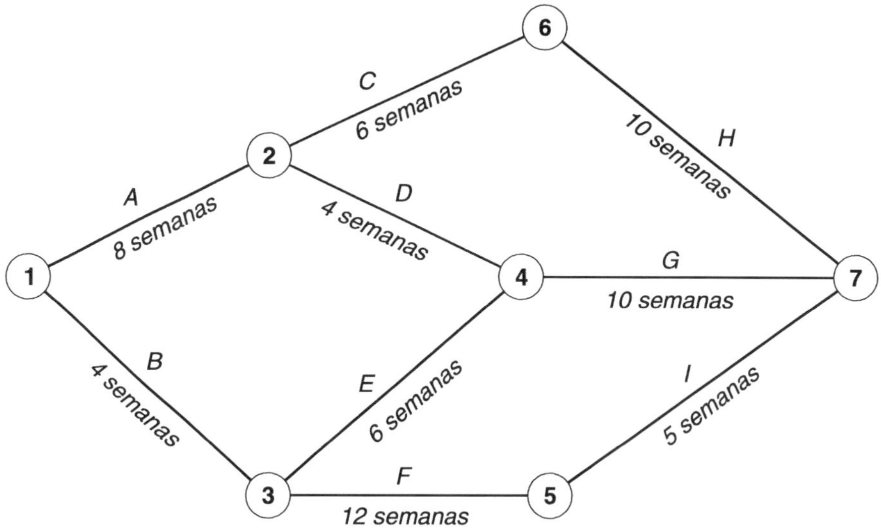

Solução

a) *Caminhos e sua duração*:

O leitor notará que existem apenas quatro caminhos, cujas durações são dadas pela soma das durações das atividades que os constituem:

Caminho	*Duração*
A _____ *C* _____ *H*	24 semanas
A _____ *D* _____ *G*	22 semanas
B _____ *E* _____ *G*	20 semanas
B _____ *F* _____ *I*	21 semanas

b) *Caminho crítico e duração esperada do projeto*:

O caminho crítico é o de maior duração, portanto:

A _____ *C* _____ *H* com 24 semanas, que é a duração esperada do projeto.

c) *Folga de cada caminho*:

A folga de cada caminho é a diferença entre a duração do caminho crítico e a do próprio caminho:

Caminho	*Folga*
A _____ *C* _____ *H*	24 – 24 = 0
A _____ *D* _____ *G*	24 – 22 = 2 semanas
B _____ *E* _____ *G*	24 – 20 = 4 semanas
B _____ *F* _____ *I*	24 – 21 = 3 semanas

14.3 Convenções para a Construção de Diagramas de Rede

O processo de construção do Diagrama de Rede para um projeto (quer se fale em PERT ou CPM) envolve, preliminarmente, a especificação de todas as atividades que compõem o projeto. Esta é uma etapa-chave, que dá base à construção do Diagrama propriamente dito.

Na construção do Diagrama de Rede, cada atividade será representada por uma seta, que se inicia e termina em um nó. Existem diversas regras básicas para se indicar as relações entre as atividades.

Para que o Diagrama se preste a cálculos, é também necessário que sejam especificadas as durações das atividades. Conforme vimos, no caso do CPM a duração é determinística e, no caso do PERT, ela é probabilística.

Vejamos agora as convenções fundamentais para a construção de um Diagrama de Rede:

1ª) Cada atividade é representada por uma única seta, cujo comprimento não precisa guardar relação com a duração da atividade.

2ª) A direção da seta indica as progressões no tempo, como se vê na figura a seguir:

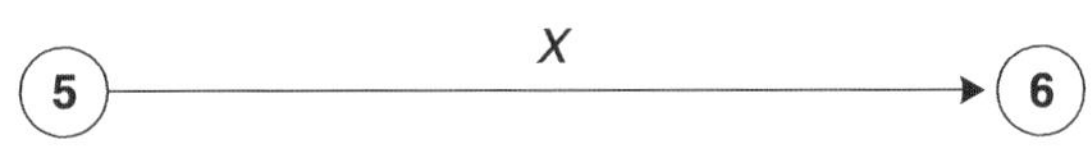

Assim, a atividade *X* começa no nó 5 e termina no nó 6 (lembrar que os nós representam pontos no tempo).

3ª) Se uma atividade começa em um evento (nó), ela só pode se iniciar depois que todas as atividades terminando naquele evento tenham sido completadas.

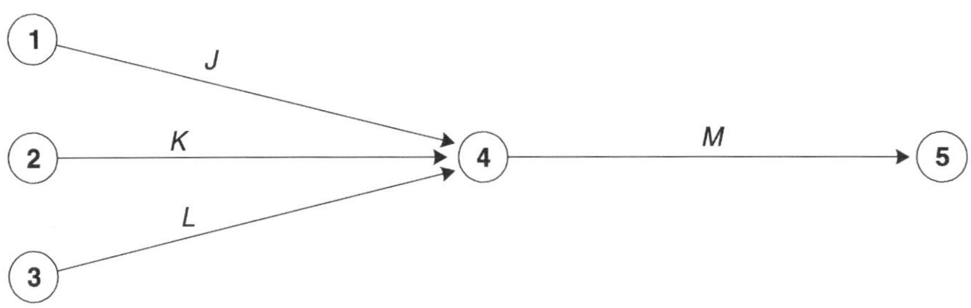

A figura anterior mostra que a atividade *M* só pode se iniciar depois que se completem as atividades *J*, *K* e *L*.

Em um caso como o representado a seguir:

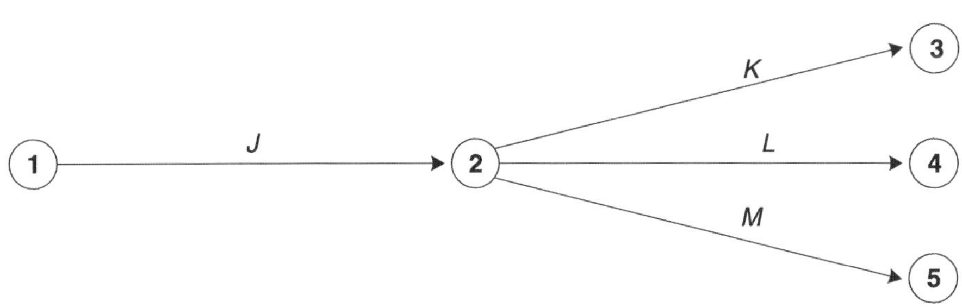

as atividades *K*, *L* e *M* não podem se iniciar (nenhuma delas) antes que a atividade *J* se complete.

Finalmente, em uma outra configuração como a mostrada a seguir:

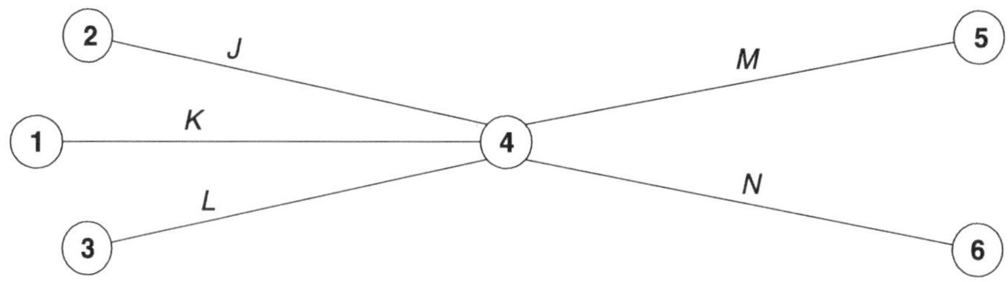

tanto a atividade *M* como a atividade *N* não podem se iniciar antes que estejam concluídas *J*, *K* e *L*.

4ª) As atividades são identificadas, principalmente por programas de computador, por seus nós inicial e final, devidamente numerados da esquerda para a direita. Dessa forma, é impróprio que duas atividades tenham os mesmos nós inicial e final.

A representação a seguir, que está incorreta para efeitos práticos, mostra que a atividade *C* só pode começar depois que tanto *A* quanto *B* tenham sido concluídas. A representação é inconveniente, pois *A* e *B* têm os mesmos nós inicial e final.

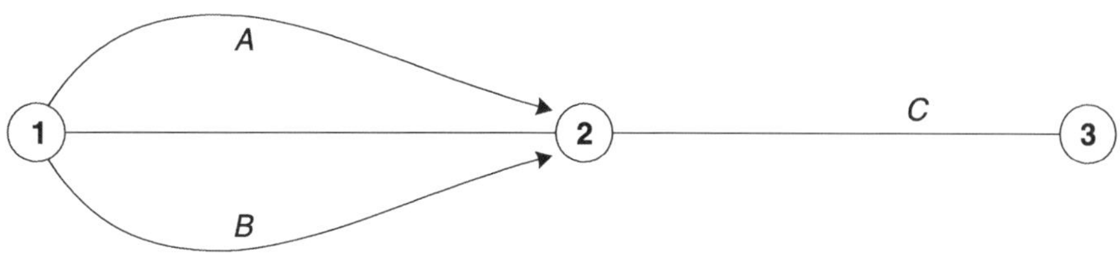

Corrige-se tal situação criando uma atividade fantasma, com duração zero e sem influência real no Diagrama de Rede. A atividade fantasma serve apenas para auxiliar na individualização das atividades. Veja-se a seguir como a criação da atividade fantasma *C′* resolve o problema:

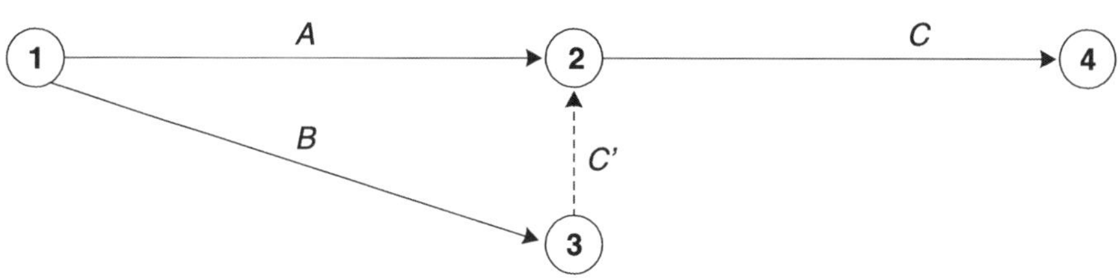

Note-se que *C* depende diretamente de *A* e de *C′* que, por sua vez, não pode se iniciar antes que *B* esteja concluída. Logo, indiretamente, fica estabelecida a relação de dependência entre *C* e *B*.

Há outras situações em que uma atividade fantasma pode ser usada, como se exemplifica a seguir.

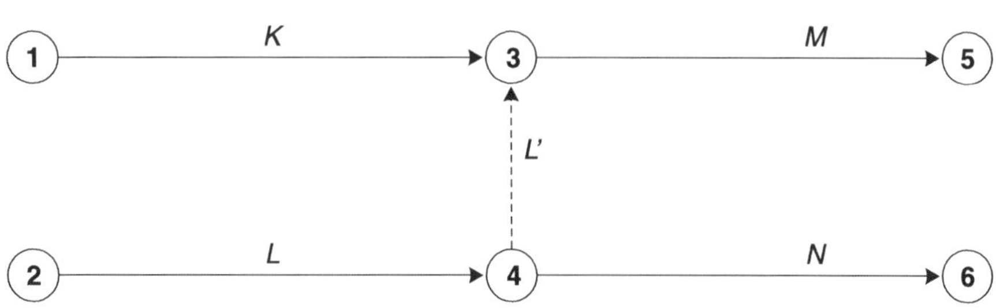

Na representação, embora *M* dependa de *K* e de *L*, a atividade *N* depende apenas de *L*.

14.4 Estimativas de Tempo no PERT e no CPM

Construído o Diagrama de Rede para um projeto, precisamos obter a duração de cada atividade, para determinar o caminho crítico, calcular a duração do projeto e a folga de cada atividade em particular. Saberemos assim quais atividades devem ser objeto de atenção especial para que não atrasem (aquelas que pertencem ao caminho crítico).

No caso do CPM, como a utilização típica é em projetos onde se pode ter estimativas bem acuradas de tempo, cada atividade tem uma só medida (determinística) de tempo.

Quanto ao PERT, empregado em projetos cujas atividades têm uma certa imprecisão na duração, convencionalmente são feitas três estimativas de tempo para cada atividade:

- Estimativa OTIMISTA (*a*): é uma estimativa do tempo mínimo que uma atividade pode tomar. É obtida supondo-se condições totalmente favoráveis na execução da atividade.
- Estimativa MAIS PROVÁVEL (*m*): é uma estimativa do tempo normal que uma atividade deve tomar. É o resultado que ocorreria mais freqüentemente se a atividade fosse feita um grande número de vezes.
- Estimativa PESSIMISTA (*b*): é uma estimativa do tempo máximo que uma atividade pode durar. Só ocorre em condições totalmente adversas. A possibilidade de eventos drásticos e catastróficos não é considerada, a menos que eles sejam um risco claramente associado ao projeto.

Uma hipótese que se faz é a de que os tempos de atividades são distribuídos segundo uma *distribuição bela*, onde a estimativa MAIS PROVÁVEL *m* é a moda. A distribuição pode ser inclinada para a direita, para a esquerda ou centrada, dependendo da relação entre *a*, *m* e *b*, como se mostra na Figura 14.2:

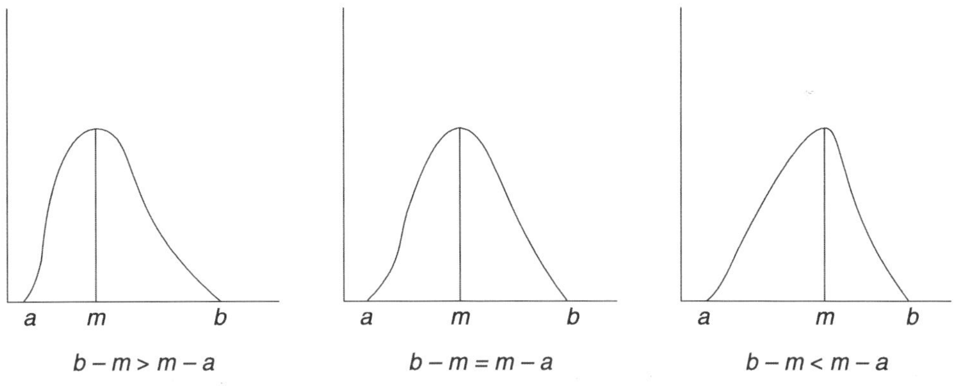

Figura 14.2 Posições Relativas de *a*, *m* e *b*.

Assumida a distribuição beta, a duração esperada de uma atividade qualquer *i* pode ser calculada aproximadamente por:

$$t_i = \frac{1}{6}(a + 4m + b) \qquad \text{(Equação 14.1)}$$

Uma hipótese adicional que se faz é a de que o desvio padrão da duração de uma atividade qualquer *i* é igual a 1/6 da faixa de tempo entre as durações extremas:

$$\sigma_i = \frac{b - a}{6} \qquad \text{(Equação 14.2)}$$

A explicação para essa suposição reside no fato de que, para muitas distribuições de probabilidades, os valores extremos da variável estão distantes cerca de 3 desvios padrão da média.

Exemplo 14.2

Dadas as atividades que compõem certo projeto, suas durações e relações de precedência, mostradas a seguir, construir o Diagrama de Rede correspondente e calcular, para cada atividade, a duração esperada e o desvio padrão.

ATIVIDADE	PREDECESSORES IMEDIATOS	DURAÇÃO OTIMISTA	DURAÇÃO MAIS PROVÁVEL	DURAÇÃO PESSIMISTA
J	–	4 dias	6 dias	10 dias
K	–	8	12	14
L	*J*	3	4	5
M	*K*	5	5	5
N	*L*, *M*	2	7	9

Solução

O Diagrama de Rede é bastante simples, dado o pequeno número de atividades; o leitor pode conferir a seguir as relações dadas:

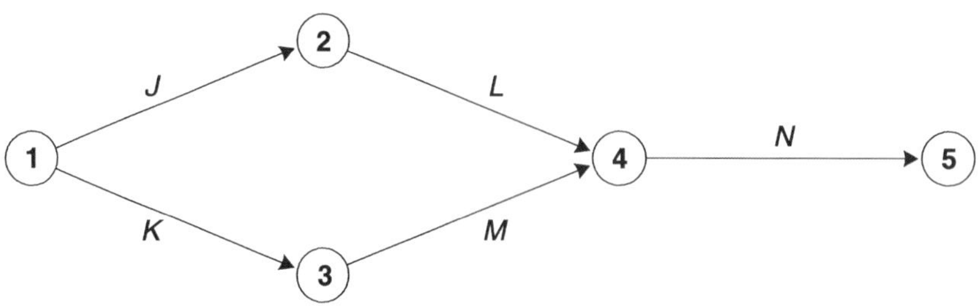

As durações esperadas e os desvios padrão podem ser calculados com as Equações 14.1 e 14.2 respectivamente, onde a é a duração otimista, m a mais provável e b a pessimista:

$$t_i = \frac{1}{6}(a + 4m + b) \qquad \sigma_i = \frac{b - a}{6}$$

Para a atividade J, por exemplo, temos:

$$t_J = \frac{1}{6}(4 + 4x6 + 10) = 6{,}3 \text{ dias}$$

$$\sigma_J = \frac{10 - 4}{6} = 1 \text{ dia}$$

Os resultados para todas as atividades estão na tabela seguinte:

ATIVIDADE	DURAÇÃO ESPERADA	DESVIO PADRÃO
J	6,3 dias	1 dia
K	11,7	1 dia
L	4	0,3 dia
M	5	0 (zero)
N	6,5	1,2 dia

14.5 Determinação do Caminho Crítico

No Exemplo 14.1, determinamos o caminho crítico de um projeto de forma bastante simples. Listamos todos os caminhos e identificamos o caminho crítico por ter folga total zero. Na prática, os projetos podem possuir centenas ou milhares de atividades e determinar manualmente o caminho crítico é inviável. Existem pacotes de computador que exigem, então, uma forma mecânica de fazer os cálculos. Essa forma mecânica envolve quatro regras fundamentais, referentes ao cálculo das seguintes quantidades definidas para cada uma das atividades constituintes de um projeto:

DATA MAIS CEDO DE INÍCIO (*DCI*): é a data mais próxima em que uma atividade pode começar, assumindo que todas as atividades predecessoras começam tão cedo quanto possível.

DATA MAIS CEDO DE TÉRMINO (*DCT*): é a data mais próxima em que uma atividade pode terminar.

DATA MAIS TARDE DE INÍCIO (*DTI*): é a data mais atrasada em que uma atividade pode começar, sem que atrase o projeto.

DATA MAIS TARDE DE TÉRMINO (*DTT*): é a última data em que a atividade pode terminar, sem que atrase o projeto.

Conhecidas essas quantidades para todas as atividades, a determinação do caminho crítico e de várias grandezas importantes será imediata. Vejamos inicialmente como calcular as Datas mais Cedo de Início e de Término (*DCI* e *DCT*) e, posteriormente, como calcular as folgas de cada atividade e o caminho crítico.

14.5.1 Cômputo de *DCI* e *DCT*

DCI e *DCT* são calculadas com o auxílio das duas regras seguintes:

I) *A Data mais Cedo de Término de uma atividade pode ser calculada como*:

$DCT = DCI + t$ (t = duração da atividade)

II) *Regra de cálculo de DCI*:

A Data mais cedo de Início de uma atividade que deixa um determinado nó é igual à maior das Datas mais Cedo de Término dentre todas as atividades que chegam ao nó.

Exemplo 14.3

São dados o Diagrama de Rede de um projeto e o quadro das durações estimadas de cada atividade:

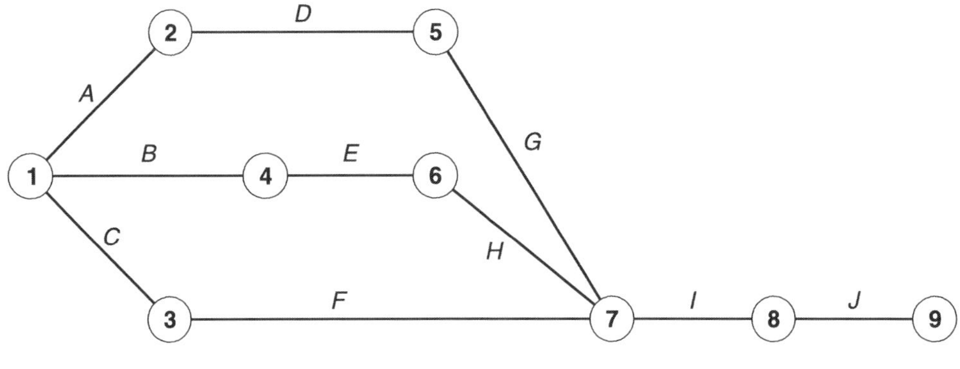

	DURAÇÃO (EM SEMANAS)		
ATIVIDADE	OTIMISTA	MAIS PROVÁVEL	PESSIMISTA
A	17	24	25
B	6	8	12
C	4	5	10
D	1	4	5
E	3	8	10
F	5	5	5
G	5	6	8
H	15	20	24
I	10	15	18
J	10	10	10

Determinar:

a) a duração esperada de cada atividade e os desvios padrão dessas durações;
b) as Datas mais Cedo de Início e de Término de cada atividade.

Solução

a) *Durações esperadas das atividades e seus desvios padrão*:

A aplicação das Equações 14.1 e 14.2 permite obter a duração esperada e o desvio padrão respectivamente. Exemplificando com a atividade A:

$$t_A = \frac{1}{6}(17 + 4x24 + 25) = 23$$

$$\sigma_A = \frac{25 - 17}{6} = 1{,}3$$

A tabela a seguir fornece todos os resultados da aplicação das Equações 14.1 e 14.2 (tanto a duração esperada quanto o desvio padrão são dados em semanas).

ATIVIDADE	DURAÇÃO ESPERADA	DESVIO PADRÃO
A	23	1,3
B	8,3	1
C	5,7	1
D	3,7	0,7
E	7,5	1,2
F	5	0
G	6,2	0,5
H	19,8	1,5
I	14,7	1,3
J	10	0

b) *Datas mais Cedo de Início e de Término*:

Vamos assumir que as Datas mais Cedo de atividades sem predecessores são zero. Assim, as atividades A, *B* e C têm *DCI* igual a zero; suas Datas mais Cedo de Término serão:

$DCT_A = 0 + 23 = 23$

$DCT_B = 0 + 8{,}3 = 8{,}3$

$DCT_C = 0 + 5{,}7 = 5{,}7$

Como A é a última atividade que chega ao nó 2 (início da atividade D), a Data mais Cedo de Término de A torna-se a Data mais Cedo de Início de D:

$DCI_D = DCT_A = 23$; portanto,

$DCT_D = 23 + 3{,}7 = 26{,}7$

De forma semelhante, obtemos:

$DCI_E = 8{,}3$ $\qquad DCT_E = 8{,}3 + 7{,}5 = 15{,}8$

$DCI_F = 5{,}7$ $\qquad DCT_F = 5{,}7 + 5 = 10{,}7$

A Data mais cedo de Início da atividade G é a Data mais Cedo de Término da atividade D:

$DCI_G = DCT_D = 26{,}7$ e, portanto, $DCT_G = 26{,}7 + 6{,}2 = 32{,}9$

Para a atividade H:

$DCI_H = 15{,}8$ $\qquad DCT_H = 15{,}8 + 19{,}8 = 35{,}6$

No caso da atividade I, chegam ao nó 7 as atividades G, H e F, das quais a maior Data mais Cedo de Término é a da atividade H (35,6), e assim se torna a Data mais Cedo de Início da atividade I:

$DCI_I = DCT_H = 35{,}6$ e, portanto, $DCT_I = 35{,}6 + 14{,}7 = 50{,}3$

Para a atividade J, finalmente, temos:

$DCI_J = 50{,}3$ $\qquad DCT_J = 50{,}3 + 10 = 60{,}3$

A tabela a seguir resume os cálculos.

ATIVIDADE	*DCI*	*DCT*
A	0	23
B	0	8,3
C	0	5,7
D	23	26,7
E	8,3	15,8
F	5,7	10,7
G	26,7	32,9
H	15,8	35,6
1	35,6	50,3
J	50,3	60,3

Deve-se notar que a maior Data mais Cedo de Término entre todas as atividades corresponde à duração esperada do projeto. Em nosso caso, essa duração esperada é de 60,3 semanas.

14.5.2 Cômputo de *DTI* e *DTT*

Valem as regras seguintes:

III) *A Data mais Tarde de Início de uma atividade pode ser calculada como*:

$DTI = DTT - t$ (t = duração da atividade)

IV) *Regra de cálculo de DTT*:

A Data mais Tarde de Término de uma atividade que entra em um nó é igual à menor das *DTI* das atividades que deixam o nó.

No Exemplo 14.3, vimos que, para calcular as *DCI* e *DCT*, tínhamos que caminhar para a frente na rede, começando pela esquerda. Para o cálculo de *DTI* e *DTT* faremos exatamente o contrário, caminhando da frente para trás, a partir da última atividade. Assumimos que para a última atividade, a sua *DTT* é igual à sua *DCT*. Obtemos, em seguida, a sua *DTI*, subtraindo da *DTT* a duração esperada.

Exemplo 14.4

Determinar a Data mais Tarde de Início e a Data mais Tarde de Término para cada uma das atividades do Diagrama de Rede do Exemplo 14.3.

Solução

Começamos por fixar $DTT_J = DCT_J$ já que *J* é a última atividade: $DTT_J = DCT_J = 60{,}3$ semanas. Logo, $DTI_J = 60{,}3 - 10 = 50{,}3$

Para que a atividade *J* possa começar no máximo em 50,3 semanas, a atividade imediatamente anterior (*I*) não pode terminar além daquela data; logo, $DTT_J = 50{,}3$ e também

$DTI_I = 50{,}3 - 14{,}7 = 35{,}6$

Para que a atividade *I* possa começar no máximo em 35,6 semanas, é preciso que, para as três atividades que a precedem imediatamente (*F*, *G*, *H*), nenhuma termine depois daquela data. Logo:

$DTT_F = DTT_G = DTT_H = 35{,}6$

Subtraindo as durações dessas atividades, chegamos a:

$DTI_F = 35{,}6 - 5 = 30{,}6$

$DTI_G = 35{,}6 - 6{,}2 = 29{,}4$

$DTI_H = 35{,}6 - 19{,}8 = 15{,}8$

Tendo a atividade *F* que começar no máximo em 30,6 semanas e sendo *C* sua atividade precedente:

$DTT_C = 30{,}6$ $\quad$ $DTI_C = 30{,}6 - 5{,}7 = 24{,}9$

A atividade *G* é precedida imediatamente pela atividade *D*. Logo:

$DTT_D = DTI_G = 29{,}4$ $\quad$ $DTI_D = 29{,}4 - 3{,}7 = 25{,}7$

A atividade *H* é precedida imediatamente pela atividade *E*. Logo:

$DTT_E = DTI_H = 15{,}8$ $\quad$ $DTI_E = 15{,}8 - 7{,}5 = 8{,}3$

Por sua vez, a atividade *D* é precedida pela atividade *A*. Logo:

$DTT_A = DTI_D = 25{,}7$ $\quad$ $DTI_A = 25{,}7 - 23 = 2{,}7$

Finalmente, a atividade *E* é precedida pela atividade *B*. Logo:

$DTT_B = DTI_E = 8{,}3$ $\quad$ $DTI_B = 8{,}3 - 8{,}3 = 0$

A tabela a seguir resume os resultados.

ATIVIDADE	*DTI*	*DTT*
A	2,7	25,7
B	0	8,3
C	24,9	30,6
D	25,7	29,4
E	8,3	15,8
F	30,6	35,6
G	29,4	35,4
H	15,8	35,6
I	35,6	50,3
J	50,3	60,3

14.5.3 Cômputo das Folgas das Atividades

A folga de uma atividade é o tempo que ela pode se atrasar sem com isso atrasar a data de término de um projeto. Há duas formas de se calcular a folga de uma atividade:

Folga = *DTI* – *DCI*

Folga = *DTT* – *DCT*

Uma vez determinadas as folgas, o caminho crítico é imediato e corresponde à seqüência de atividades com folga zero.

Exemplo 14.5

Para a mesma rede dos dois exemplos anteriores, calcular as folgas e indicar o caminho crítico.

Solução

Já calculamos anteriormente, para cada atividade, os valores de *DCI*, *DCT*, *DTI* e *DTT*; eles estão agrupados na tabela a seguir, de forma conveniente para o cálculo das folgas segundo as duas formulações, apenas para conferência:

ATIVIDADE	DURAÇÃO	*DTI*	*DCI*	FOLGA	*DTT*	*DCT*	FOLGA
A	23	2,7	0	2,7	25,7	23	2,7
B	8,3	0	0	0	8,3	8,3	0
C	5,7	24,9	0	24,9	30,6	5,7	24,9
D	3,7	25,7	23	2,7	29,4	26,7	2,7
E	7,5	8,3	8,3	0	15,8	15,8	0
F	5	30,6	5,7	24,9	35,6	10,7	24,9
G	6,2	29,4	26,7	2,7	35,6	32,9	2,7
H	19,8	15,8	15,8	0	35,6	35,6	0
I	14,7	35,6	35,6	0	50,3	50,3	0
J	10	50,3	50,3	0	60,3	60,3	0

O caminho crítico será, então, formado pela seqüência de atividades: *B* – *E* – *H* – *I* – *J*. A duração esperada do projeto é dada pela soma das durações esperadas das atividades que compõem o caminho crítico: 8,3 + 7,5 + 19,8 + 14,7 + 10 = 60,3 semanas (ou seja, o valor da *DCT* da última atividade, que é *J*).

14.6 Variabilidade da Duração de um Projeto

Em uma rede PERT, sabemos que as atividades experimentam certa variabilidade em sua duração, a qual é assumida como distribuindo-se segundo uma distribuição beta. A duração de um projeto, portanto, pode sofrer influência dessa variabilidade, variando também entre certos limites. A variabilidade das atividades é particularmente importante para aquelas que compõem o caminho crítico, mas essa importância pode se estender a outras atividades: se determinada atividade começar a demorar muito, ela pode passar a fazer parte de um novo caminho crítico.

Iremos analisar a variabilidade da *duração de um projeto* apenas com base no caminho crítico. Para essa análise, assumimos:

a) A duração esperada de um projeto (ou seja, sua *duração média*) é a soma das durações esperadas das atividades que compõem o caminho crítico.

b) A variância da duração de um projeto é a soma das variâncias das atividades que compõem o caminho crítico.

c) A duração do projeto distribui-se segundo uma normal, hipótese essa que é tanto mais razoável quanto maior for o número de atividades que compõem o caminho crítico.

Conhecendo a duração média do projeto e a sua variância (e, portanto, o seu desvio padrão) e assumindo distribuição normal, podemos efetuar diversas perguntas relacionando probabilidades com durações especificadas. É o que veremos no exemplo seguinte.

Exemplo 14.6

Usando a rede PERT apresentada nos três exemplos anteriores, determinar:

a) A probabilidade de que o projeto demore no mínimo 62 semanas.
b) A probabilidade de que o projeto demore no máximo 50 semanas.
c) A probabilidade de que o projeto demore entre 57 e 65 semanas.

Solução

Para a rede em questão, a duração esperada do caminho crítico, calculada no Exemplo 14.5, era de 60,3 semanas. Essa é então a duração média do projeto. Por outro lado, a variância da duração do projeto será a soma das variâncias das durações das atividades do caminho crítico, que estão calculadas, juntamente com as variâncias das durações de todas as outras atividades, no Exemplo 14.3. Designando por σ^2 a variância da duração do projeto, temos:

$$\sigma^2 = \sigma^2_B + \sigma^2_E + \sigma^2_H + \sigma^2_I + \sigma^2_J =$$
$$\sigma^2 = (1)^2 + (1{,}2)^2 + (1{,}5)^2 + (1{,}3)^2 + (0)^2 = 6{,}38$$

Logo, $\sigma = 2{,}5$.

Vamos às probabilidades pedidas.

a) *Probabilidade de que o projeto demore, no mínimo, 62 semanas*:

Esta probabilidade corresponde à área hachurada da figura seguinte:

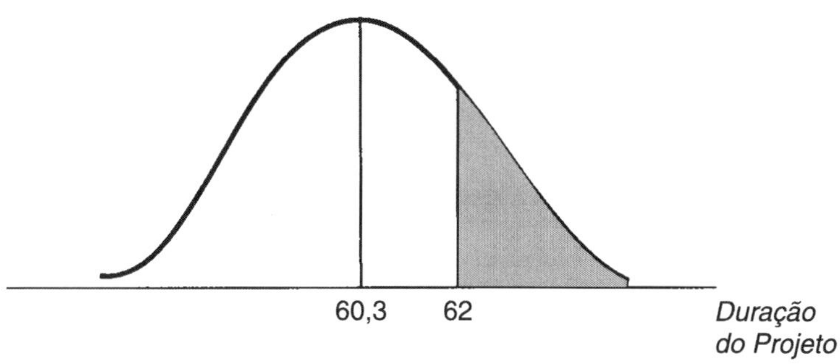

Temos:

$$z = \frac{62 - 60{,}3}{2{,}5} = 0{,}68$$

Pela tabela da normal reduzida, vem que:

$P(z \geq 0{,}68) = P(\text{duração} \geq 62) = 1 - 0{,}75 = 0{,}25$ (ou 25%)

b) *Probabilidade de que o projeto demore, no máximo, 50 semanas*:

Corresponde à situação mostrada pela área hachurada da figura a seguir:

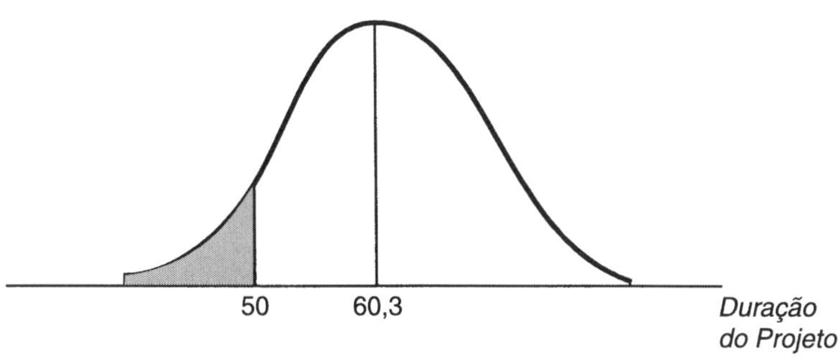

Temos:

$$z = \frac{50 - 60{,}3}{2{,}5} = -4{,}12$$

Da tabela de áreas sob a curva normal, vemos que:

$P(z \leq -4{,}12) = P(\text{duração} \leq 50) = 0$

c) *Probabilidade de que o projeto demore entre 57 e 65 semanas*:

A área hachurada da figura a seguir ilustra esta última situação:

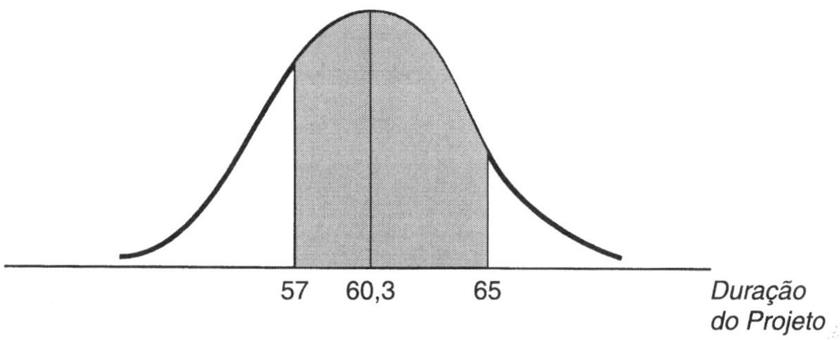

Temos:

$$z_1 = \frac{50 - 60{,}3}{2{,}5} = -1{,}32 \qquad z_2 = \frac{65 - 60{,}3}{2{,}5} = 1{,}88$$

Da tabela de áreas sob a curva normal:

$P(-1{,}3 \leq z \leq 1{,}88) = P(57 \leq \text{duração} \leq 65) =$

$P(z_2 \leq 1{,}88) - P(z_1 \leq -1{,}32) = 0{,}96995 - 0{,}09342 = 0{,}88$ (ou 88%)

PONTOS-CHAVE

1. PERT (*Program Review and Evaluation Technique*) e CPM (*Critical Path Method*) são duas das técnicas mais conhecidas e utilizadas no planejamento e coordenação de projetos de grande porte. Ambas as técnicas foram desenvolvidas na década de 1950, de forma independente.

2. Um projeto é concebido como um conjunto de tarefas seqüenciadas, que recebem o nome de atividades. No CPM, a estimativa do tempo de duração de cada atividade é determinística, isto é, única. No PERT, assume-se a hipótese de que a duração de uma atividade qualquer obedeça à distribuição beta.

3. Para o PERT, são feitas convencionalmente três estimativas de tempo para cada atividade. A estimativa OTIMISTA indica o mínimo tempo que a atividade irá consumir, em condições totalmente favoráveis; a estimativa MAIS PROVÁVEL indica a duração normal (mais freqüente); a estimativa PESSIMISTA indica o tempo máximo de duração esperada de uma atividade, sob condições adversas.

4. Qualquer seqüência de atividades que leve do nó inicial ao nó final em um Diagrama de Rede é chamada de *caminho*. O caminho com o tempo (duração de todas as atividades que o compõem) mais longo é chamado de *caminho crítico* e condiciona a duração do projeto. Qualquer atraso, em qualquer atividade do caminho crítico, determina um atraso correspondente no projeto.

5. A identificação do caminho crítico e de sua duração exige (exceto para Diagramas de Rede muito simples) o conhecimento das seguintes grandezas: *DCI* (Data mais Cedo de Início); *DCT* (Data mais Cedo de Término); *DTI* (Data mais Tarde de Início) e *DTT* (Data mais Tarde de Término).

6. Para o cálculo da *DCI* e da *DCT* de uma atividade qualquer em um Diagrama de Rede, usam-se as seguintes regras:

I) $DCT = DCI + t$ (t = duração da atividade)

II) a *DCI* de uma atividade deixando um nó é igual à maior *DCT* dentre todas as atividades que chegam ao nó.

7. Para o cálculo da *DTI* e da *DTT* de uma atividade qualquer em um Diagrama de Rede, usam-se as seguintes regras:

III) $DTI = DTT - t$

IV) A *DTT* de uma atividade que chega a um nó é igual à menor *DTI* dentre as atividades que deixam o nó.

PROBLEMAS RESOLVIDOS

1. Construir um Diagrama de Rede que satisfaça aos requisitos de precedência dados a seguir:

ATIVIDADE	PREDECESSORES IMEDIATOS
A	—
B	—
C	—
D	*A*
E	*A*
F	*B*
G	*C*
H	*C*
I	*D*
J	*F*, *G*
K	*F*, *G*
L	*H*
M	*E*, *I*, *J*
N	*K*, *L*
O	*M*, *N*

Solução

Como as atividades *A*, *B* e *C* não têm predecessores, podem ser representadas como saindo de um nó inicial único:

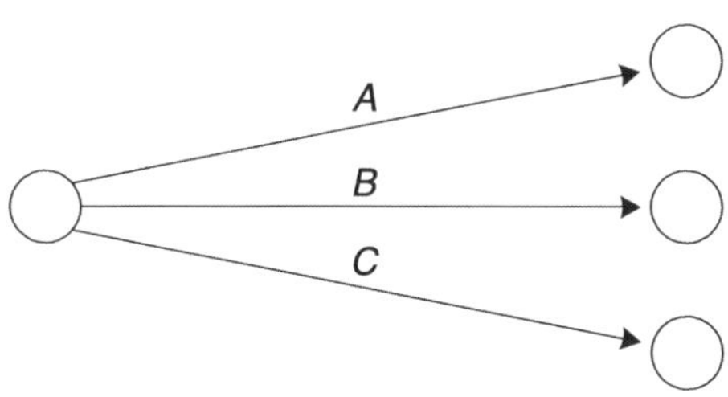

As atividades *D* e *E* devem sair do nó que indica o término de *A*:

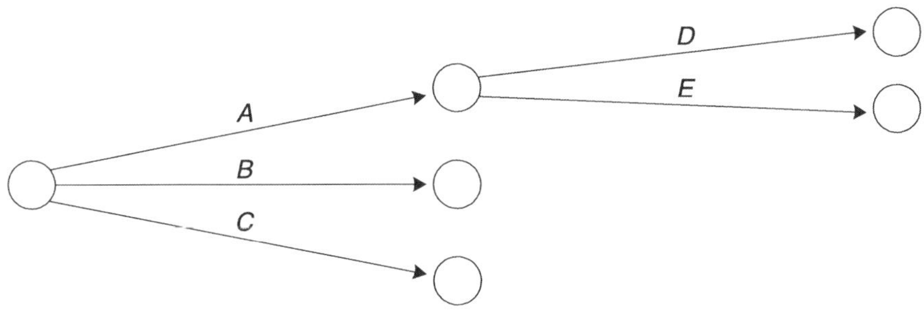

A atividade *F* deve iniciar-se no nó que indica o término de *B*; por sua vez, do nó terminal de *C* saem as atividades *G* e *H*:

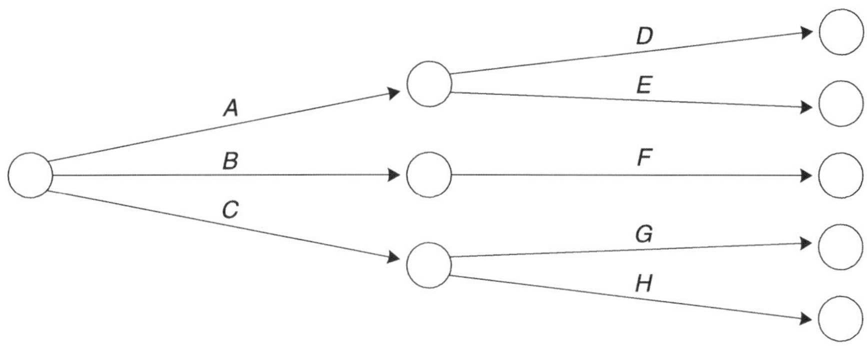

A atividade *I* começa no nó terminal de *D*:

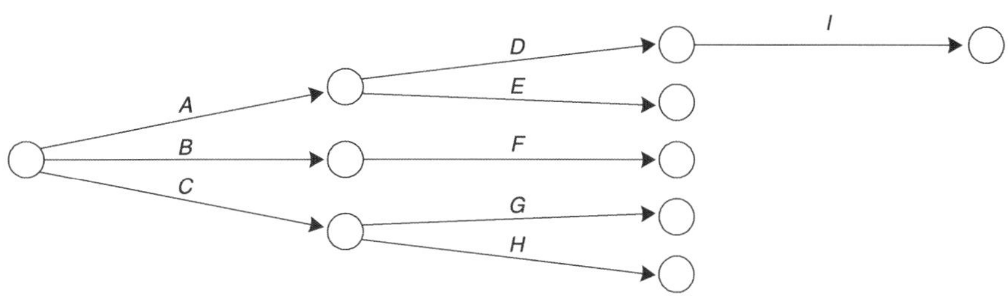

As atividades *J* e *K* dependem de *F* e G e devem, portanto, iniciar-se no nó terminal dessas últimas. Refazemos a figura imediatamente anterior de modo que *F* e *G* tenham o mesmo nó terminal:

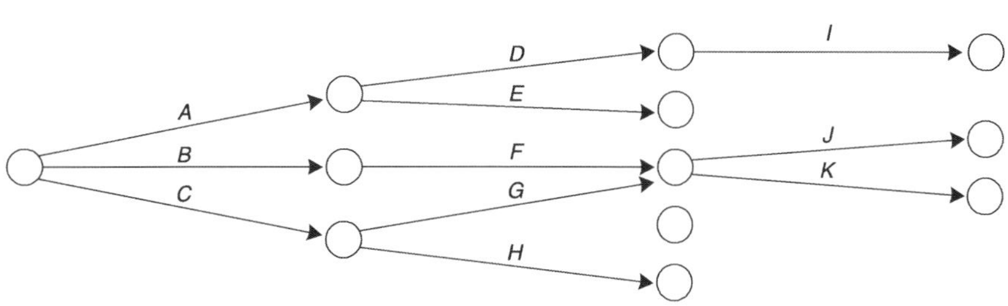

A atividade *L* inicia-se no nó terminal de *H*:

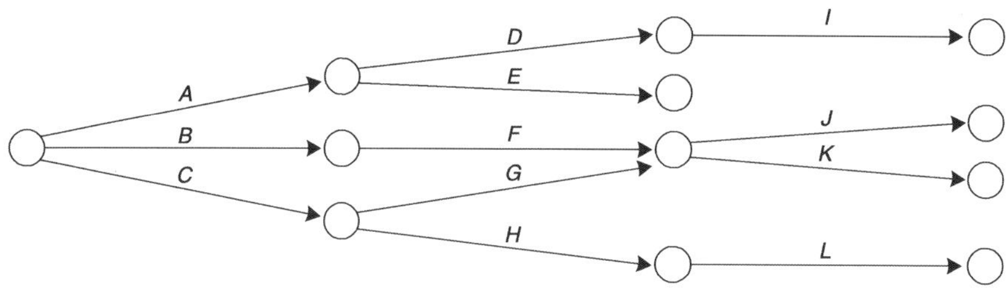

A atividade *M* deve iniciar-se no nó terminal de *E*, *I* e *J*. Refazemos a figura imediatamente anterior de modo que *E*, *I* e *J* tenham o mesmo nó terminal:

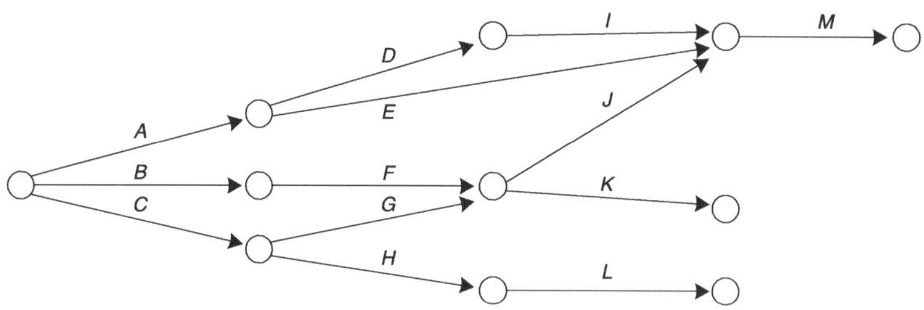

A atividade *N* inicia-se no nó terminal de *K* e *L* (figura imediatamente anterior refeita):

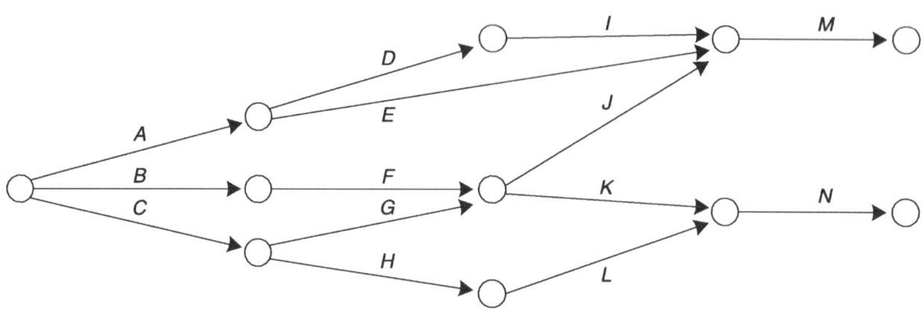

A atividade *O* encerra o Diagrama de Rede; como ela se inicia no nó terminal de *M* e *N* (figura imediatamente anterior refeita), temos finalmente:

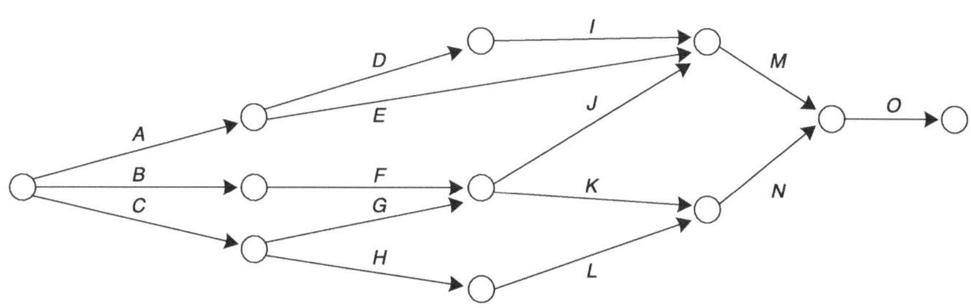

2. Determinar a folga de cada uma das atividades na rede seguinte (durações em semanas colocadas ao lado das letras que designam as atividades). Quais as atividades que estão no caminho crítico e qual a duração deste?

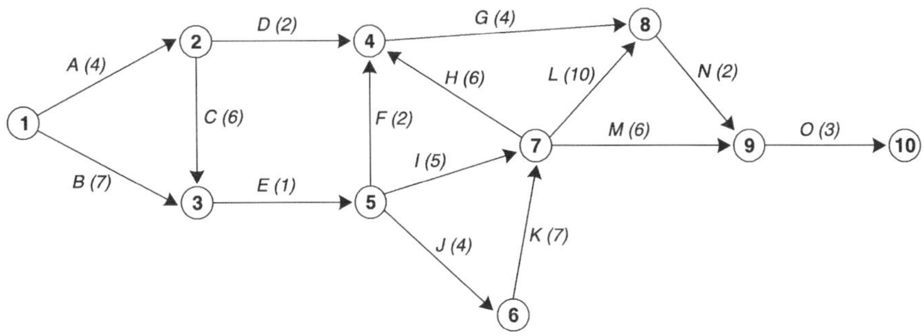

Solução

As atividades do caminho crítico são as que têm folga zero; para determinar as folgas das atividades, precisamos conhecer, de cada atividade, suas *DCI*, *DCT*, *DTI* e *DTT*.

Determinação de DCI e DCT

Como as atividades *A* e *B* não têm predecessores:

$DCI_A = 0 \quad DCT_A = 0 + 4 = 4$

$DCI_B = 0 \quad DCT_B = 0 + 7 = 7$

As atividades *C* e *D* têm *A* como predecessor único:

$DCI_C = 4 \quad DCT_C = 4 + 6 = 10$

$DCI_D = 4 \quad DCT_D = 4 + 2 = 6$

A atividade *E* tem *B* e *C* como predecessores; sua Data mais Cedo de Início coincidirá com DCT_C por ser maior que DCT_B:

$DCI_E = 10 \qquad DCT_E = 10 + 1 = 11$

As atividades *F*, *I* e *J* têm *E* como predecessor único. Logo:

$DCI_F = 11 \qquad DCT_F = 11 + 2 = 13$

$DCI_I = 11 \qquad DCT_I = 11 + 5 = 16$

$DCI_J = 11 \qquad DCT_J = 11 + 4 = 15$

G e *H*, por sua vez, têm *D* e *F* como predecessores; suas Datas mais Cedo de Início coincidirão com DCT_F, por ser maior que DCT_D:

$DCI_G = 13 \qquad DCT_G = 13 + 4 = 17$

$DCI_H = 13 \qquad DCT_H = 13 + 6 = 19$

A atividade *K* tem apenas *J* como predecessor. Logo:

$DCI_K = 15 \qquad DCT_K = 15 + 7 = 22$

L e *M* têm três predecessores: *H*, *I* e *K*, sendo que *K* tem a maior Data mais Cedo de Término (22):

$DCI_L = 22 \qquad DCT_L = 22 + 10 = 32$

$DCI_M = 22 \qquad DCT_M = 22 + 6 = 28$

A atividade *N* tem *G* e *L* como predecessores ($DCT_L > DCT_G$):

$DCI_N = 32 \qquad DCT_N = 32 + 2 = 34$

A atividade *O* tem *M* e *N* como predecessores, sendo DCT_N maior que DCT_M:

$DCI_O = 34 \qquad DCT_O = 34 + 3 = 37$

A Data mais Cedo de Término da última atividade (*O*) é, pois, a duração esperada do projeto, ou seja, 37 semanas. Esta será a duração do caminho crítico.

Determinação de DTI e DTT:

Assumindo que $DTT_O = DCT_O = 37$, vem que $DTI_O = 37 - 3 = 34$

M e *N* têm apenas *O* como sucessor. Logo:

$DTT_M = 34$ $DTI_M = 34 - 6 = 28$
$DTT_N = 34$ $DTI_N = 34 - 2 = 32$

As atividades *G* e *L* têm *N* como sucessor:

$DTT_G = 32$ $DTI_G = 32 - 4 = 28$
$DTT_L = 32$ $DTI_L = 32 - 10 = 22$

As atividades *H*, *I* e *K* têm *L* e *M* como sucessores, sendo que $DTI_L < DTI_M$:

$DTT_H = 22$ $DTI_H = 22 - 6 = 16$
$DTT_I = 22$ $DTI_I = 22 - 5 = 17$
$DTT_K = 22$ $DTI_K = 22 - 7 = 15$

A atividade *F* tem *G* e *H* como sucessores, sendo $DTI_H < DTI_G$:

$DTT_F = 16$ $DTI_F = 16 - 2 = 14$

J tem apenas *K* como sucessor:

$DTT_J = 15$ $DTI_J = 15 - 4 = 11$

A atividade *E* tem como sucessores *F*, *I* e *J*, sendo DTI_J a menor das Datas mais Tarde de Início:

$DTT_E = 11$ $DTI_E = 11 - 1 = 10$

D, por sua vez, tem *G* e *H* como sucessores e $DTI_H < DTI_G$:

$DTT_D = 16$ $DTI_D = 16 - 2 = 14$

As atividades *B* e *C* têm apenas *E* como sucessor:

$DTT_B = 10$ $DTI_B = 10 - 7 = 3$
$DTT_C = 10$ $DTI_C = 10 - 6 = 4$

A tem *C* e *D* como sucessores e $DTI_C < DTI_D$:

$DTT_A = 4$ $DTI_A = 4 - 4 = 0$

Todos os valores encontrados estão na tabela seguinte, onde a folga foi calculada (só para comparação) de duas formas diferentes:

Folga = *DTI* – *DCI*
Folga = *DTT* – *DCT*

ATIVIDADE	DURAÇÃO	*DTI*	*DCI*	FOLGA	*DTT*	*DCT*	FOLGA
A	4	0	0	0	4	4	0
B	7	3	0	3	10	7	3
C	6	4	4	0	10	10	0
D	2	14	4	10	16	6	10
E	1	10	10	0	11	11	0
F	2	14	11	3	16	13	3
G	4	28	13	15	32	17	15
H	6	16	13	3	22	19	3
I	5	17	11	6	22	16	6
J	4	11	11	0	15	15	0
K	7	15	15	0	22	22	0
L	10	22	22	0	32	32	0
M	6	28	22	6	34	28	6
N	2	32	32	0	34	34	0
O	3	34	34	0	37	37	0

O caminho crítico (atividades com folga zero) é, portanto:

A ______ *C* ______ *E* ______ *J* ______ *K* ______ *L* ______ *N* ______ O

com duração de:

4 + 6 + 1 + 4 + 7 + 10 + 2 + 3 = 37 semanas.

3. Um projeto de Pesquisa e Desenvolvimento de um produto apresenta as atividades a seguir, com suas durações estimadas e relações de precedência:

ATIVIDADE	PREDECESSORES IMEDIATOS	DURAÇÕES (EM MESES)		
		OTIMISTA	MAIS PROVÁVEL	PESSIMISTA
A	—	1	2	3
B	—	1	2	4
C	—	1	1	2
D	*A*	1	3	6
E	*B*	2	4	8
F	*B*	3	4	10
G	*C*	1	5	6
H	*D*	1	2	4
I	*E*	1	1	3
J	*F*	1	1	3
K	*I, J*	1	2	5
L	*G*	2	3	8

Pede-se:

a) Construir o Diagrama de Rede.

b) Determinar o caminho crítico.

c) Com base apenas no caminho crítico, determinar a probabilidade de que o projeto possa terminar no máximo em 10 meses.

Solução

a) *Diagrama de Rede*:

O leitor não deverá ter dificuldades para compreender o Diagrama de Rede a seguir, construído a partir das informações dadas:

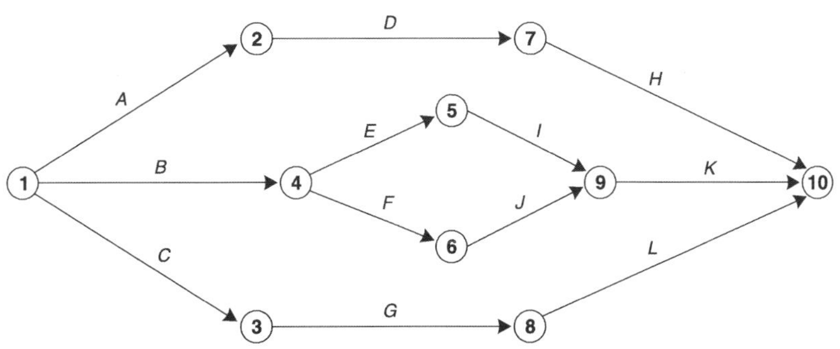

b) *Determinação do caminho crítico*:

Como a rede é bastante simples, constituindo-se de apenas quatro caminhos bem nítidos, não é difícil encontrar o caminho crítico simplesmente listando-se esses caminhos e apontando aquele de maior duração. Para treinamento, porém, é melhor trabalhar com as Datas mais Cedo e as Datas mais Tarde, de Início e de Término.

Inicialmente, é preciso determinar, para cada atividade, a sua duração esperada. O desvio padrão também será necessário para responder à questão *c*. A duração esperada e o desvio padrão são obtidos, respectivamente, pelas fórmulas 14.1 e 14.2. Os resultados estão na tabela a seguir (durações em meses).

ATIVIDADES	DURAÇÃO ESPERADA	DESVIO PADRÃO
A	2	0,3
B	2,2	0,5
C	1,2	0,2
D	3,2	0,8
E	4,3	1
F	4,8	1,2
G	4,5	0,8
H	2,2	0,5
I	1,3	0,3
J	1,3	0,3
K	2,3	0,7
L	3,7	1

Para a determinação de *DCI*, *DCT*, *DTI* e *DTT* de cada uma das atividades, a seqüência de raciocínio e de cálculos é semelhante à apresentada no Problema Resolvido 1, notando que:

– para as atividades *A*, *B*, e C assume-se

$DCI_A = DCI_B = DCI_C = 0$

– como as atividades *H*, *K* e *L* são seqüencialmente as últimas da rede e são também independentes entre si, assume-se que a Data mais Tarde de Término de cada uma delas é idêntica à maior Data mais Cedo de Término, que é justamente a duração do projeto. O leitor perceberá que a maior *DCT* corresponde à atividade *K* e vale 10,6.

Todos os resultados estão na tabela seguinte, onde calculamos a folga das duas formas dadas, apenas para comparação.

ATIVIDADE	DURAÇÃO ESPERADA	*DTI*	*DCI*	FOLGA	*DTT*	*DCT*	FOLGA
A	2	3,2	0	3,2	5,2	2	3,2
B	2,2	0	0	0	2,2	2,2	0
C	1,2	1,2	0	1,2	2,4	1,2	1,2
D	3,2	5,2	2	3,2	8,4	5,2	3,2
E	4,3	2,7	2,2	0,5	7	6,5	0,5
F	4,8	2,2	2,2	0	7	7	0
G	4,5	2,4	1,2	1,2	6,9	5,7	1,2
H	2,2	8,4	5,2	3,2	10,6	7,4	3,2
I	1,3	7	6,5	0,5	8,3	7,8	0,5
J	1,3	7	7	0	8,3	8,3	0
K	2,3	8,3	8,3	0	10,6	10,6	0
L	3,7	6,9	5,7	1,2	10,6	9,4	1,2

O caminho crítico é, pois, constituído da seguinte seqüência de atividades:

B ______ *F* ______ *J* ______ *K*

com duração esperada de:

2,2 + 4,8+ 1,3 + 2,3 = 10,6 meses

c) *Probabilidade de que o projeto termine no máximo em 10 meses*:

A figura a seguir ilustra a situação:

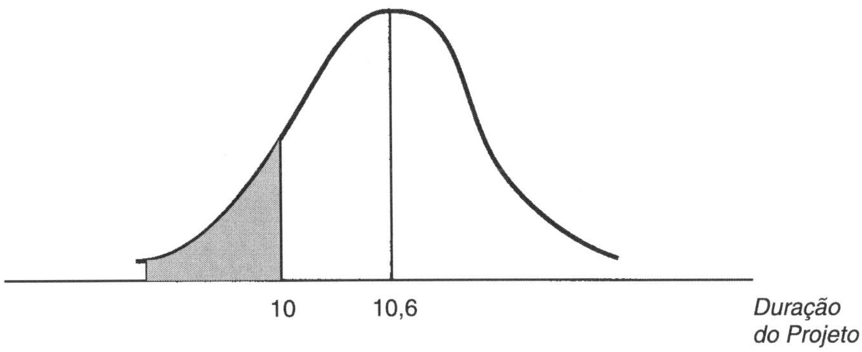

A variância σ^2 da duração do projeto será:

$\sigma^2 = \sigma^2_B + \sigma^2_F + \sigma^2_J + \sigma^2_K =$

$\sigma^2 = (0{,}5)^2 + (1{,}2)^2 = (0{,}3)^2 + (0{,}7)^2 = 2{,}27$

$\sigma = 1{,}5$

Temos, ainda:

$$z = \frac{10 - 10{,}6}{1{,}5} = -0{,}4$$

e $P(z \leq -0{,}4) = P(\text{duração} \leq 10)$

Da tabela de áreas sob a curva normal, retira-se, então, que a probabilidade de que o projeto seja concluído em até 10 meses é de 0,345 ou 34,5%.

QUESTÕES PARA DISCUSSÃO

1. Qual a diferença fundamental entre PERT e CPM?

2. Como são definidas as estimativas de tempo para as atividades de uma rede PERT?

3. O que é uma atividade fantasma? Dê um exemplo de seu uso.

4. Como são calculados: duração esperada e respectivo desvio padrão, para uma atividade qualquer de uma rede PERT?

5. O que significa dizer que as atividades do caminho crítico têm folga zero?

6. Conceitue: *DCI* (Data mais Cedo de Início); *DCT* (Data mais Cedo de Término); *DTI* (Data mais Tarde de Início) e *DTT* (Data mais Tarde de Término).

7. Como são calculadas: *DCI* e *DCT*?

8. Como são calculadas: *DTI* e *DTT*?

PROBLEMAS PROPOSTOS

1. Construir o Diagrama de Rede para um projeto que tem as atividades seguintes:

ATIVIDADE	PREDECESSORES IMEDIATOS
A	—
B	—
C	*A*
D	*A*
E	*B, D*
F	*C, E*
G	*B, D*
H	*B, D*
I	*H*
J	*F, G, I*

2. As atividades abaixo e respectivas relações de seqüência foram estabelecidas para um projeto de construção. Construir o Diagrama de Rede correspondente.

ATIVIDADE	PREDECESSORES IMEDIATOS
A	—
B	—
C	—
D	*A*
E	*B, D*
F	*C, E*
G	*B, D*
H	*B, D*
I	*H*
J	*F, G, I*

3. Para o Problema 1, são conhecidas as durações esperadas de cada atividade:

ATIVIDADE	PREDECESSORES IMEDIATOS
A	5
B	4
C	3
D	2
E	6
F	5
G	5
H	3
I	1
J	2

a) Listar todos os caminhos.

b) Determinar o caminho crítico e a duração esperada do projeto (Obs.: *Não* usar as regras de cálculo de *DCI*, *DCT*, *DTI* e *DTT*).

4. Com relação ao Diagrama de Rede do Problema 2, são conhecidas as durações esperadas das atividades componentes:

ATIVIDADE	PREDECESSORES IMEDIATOS
A	10
B	15
C	15
D	8
E	8
F	10
G	6
H	12
I	10
J	15

Listar todos os caminhos, determinar o caminho crítico e a duração esperada do projeto. Obs.: Não usar as regras de cálculo de *DCI*, *DCT*, *DTI* e *DTT*.

5. Dado o Diagrama de Rede que se segue, onde a duração de cada atividade aparece entre parênteses ao lado da letra que designa a atividade, determinar:

a) as *DCI* e *DCT* para cada atividade;
b) as *DTI* e *DTT* para cada atividade;
c) a folga de cada atividade;
d) o caminho crítico e a duração esperada do projeto.

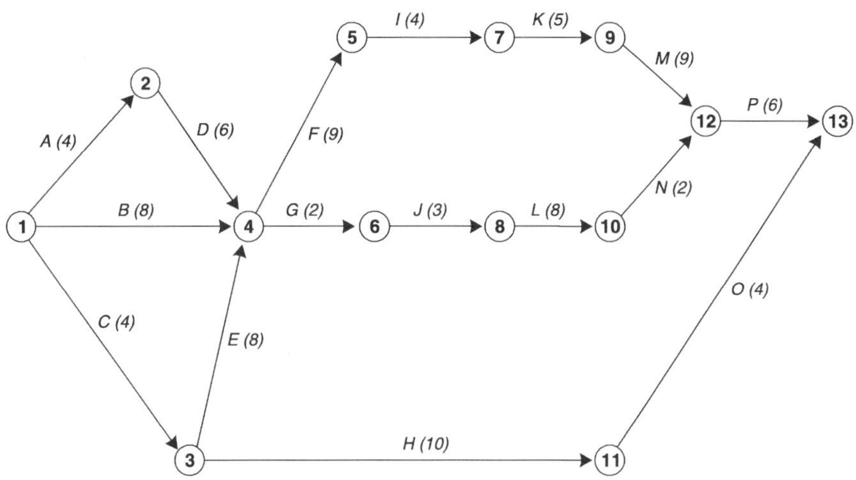

6. Considere a rede PERT dada a seguir:

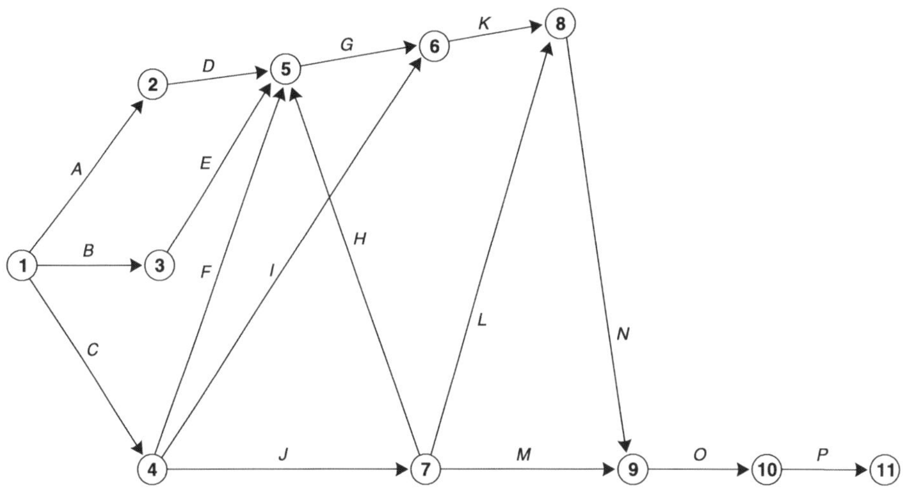

As estimativas de duração das atividades são as seguintes:

ATIVIDADES	ESTIMATIVAS (EM SEMANAS) OTIMISTA	MAIS PROVÁVEL	PESSIMISTA
A	1	5	10
B	8	8	8
C	3	4	6
D	5	10	12
E	3	8	15
F	5	5	8
G	3	8	10
H	1	7	12
I	3	8	8
J	4	5	8
K	6	9	15
L	4	4	10
M	8	12	12
N	2	4	8
O	5	10	20
P	1	5	8

Determinar:

a) A duração esperada de cada atividade e respectivo desvio padrão.
b) As *DCI* e *DCT* de cada atividade.
c) As *DTI* e *DTT* de cada atividade.
d) A folga de cada atividade.
e) O caminho crítico.
f) Qual a probabilidade de que o projeto seja completado em no máximo 70 semanas?

7. É dado o Diagrama de Rede a seguir, onde a duração de cada atividade está entre parênteses, ao lado da letra que designa a atividade.

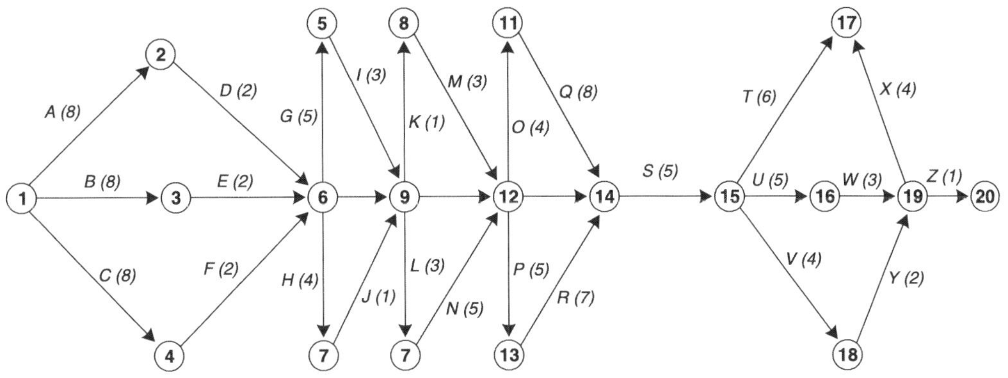

Determinar o caminho crítico e a duração esperada do projeto.

REFERÊNCIAS BIBLIOGRÁFICAS

BANDYOPADHYAY, J. K. The CPM/PERT Project Scheduling Approach to QS-9000 Registration: a Case Study at a United States Autoparts Company. *International Journal of Management*,v. 19, n. 3, p. 455-463, 2002.

COLE, M. J.; DAUGHERTY, C. R. Using Project Management to Improve Month-End Reporting in a Hospital. *Production and Inventory Management Journal*, v. 41, n. 4, p. 17-22, 2002.

HOARE, H. R. *Project Management Using Networks*. Nova York: McGraw-Hill, 1973.

KERZNER, H. *Project Management for Executives*. Nova York: Van Nostrand, 1984.

________. *Project Management: A Systems Approach to Planning, Scheduling and Controlling*. 9. ed. Nova York: Wiley, 2005.

MODER, J. J.; PHILLIPS, C. R.; DAVIS, E. *Project Management with CPM, PERT and Precedence Diagramming*. Nova York: Van Nostrand, 1983.

WIEST, J.; LEVY, F. A *Management Guide to PERT – CPM*. 2. ed. Englewood Cliffs, NJ: Prentice-Hall, 1977.

Capítulo 15

Gestão da Cadeia de Suprimentos

15.1 Introdução e Conceito

Os termos cadeia de suprimentos (*supply chain*) e gerência da cadeia de suprimentos (*supply chain management*) apareceram no mundo dos negócios a partir do início da década de 1990. As empresas perceberam que, com freqüência, se utilizavam de fornecedores em todo o mundo. Também houve a consciência de que os diversos materiais representam, também com freqüência, uma substancial porcentagem do valor das vendas, o que implica que as empresas podem alcançar grandes lucros com uma pequena redução no custo dos materiais. Esta é uma das razões por que a gerência da cadeia de suprimentos é uma arma competitiva-chave para as organizações. Lummus e Vokurka (1999) apresentam três grandes razões que justificam o interesse das empresas pela cadeia de suprimentos. Segundo esses autores, em parte, a resposta liga-se ao fato de que poucas empresas continuam a ser integradas verticalmente. Elas estão se tornando mais especializadas e buscam fornecedores que possam prover baixo custo e alta qualidade de materiais. Tornou-se importante para as empresas gerenciar toda a rede de fornecimento para otimizar o desempenho. Elas entenderam que, sempre que uma empresa lida com outra que desempenha o próximo passo na cadeia de suprimentos, ambas se beneficiam uma do sucesso da outra. Outros motivos apontados por Lummus e Vokurka (1999) para o interesse nas cadeias de suprimentos estão no acirramento da competição e na compreensão de que a maximização do desempenho de um departamento ou função pode levar a um desempenho insuficiente para a empresa como um todo (o ótimo para uma parte pode ser inimigo do bom para o todo, como se diz).

De qualquer forma, a partir da década de 1990, os conceitos sobre cadeia de suprimentos foram se tornando cada vez mais importantes, transformando-se em um foco de atenção sempre crescente, tanto do ponto de vista acadêmico como empresarial. Pouco a pouco, vai-se definindo e cristalizando, se não teorias sobre a gerência da cadeia de suprimentos, pelo menos um corpo de temas comuns a quaisquer cadeias de suprimento, que acabam por definir uma base conceitual de partida. Neste capítulo, apresentaremos rapidamente alguns desses temas.

Uma primeira constatação é que o que se entende por cadeia de suprimentos tem variado bastante nas empresas. No fundo, já está claro que existem muitos modelos e que, além disso, as empresas normalmente não têm apenas uma cadeia de suprimentos, mas várias. Hoje em dia, cadeias de suprimento são vistas como a mistura apropriada de recursos físicos com recursos financeiros, informacionais e relacionais, tudo dentro da necessidade estratégica de competir no mercado.

Como uma primeira definição, pode-se considerar que a cadeia de suprimentos é a rede complexa de atividades que acaba por entregar um produto ou serviço final ao cliente. Esta rede inclui elementos de dentro e de fora da empresa, residindo aqui a novidade do conceito e o seu alcance para a gerência de operações. Do ponto de vista do fluxo do material e das informações, a rede inclui as fontes de matérias-primas e peças, a manufatura e montagem dos produtos, a armazenagem, o processamento dos pedidos, a distribuição por meio dos canais apropriados e, finalmente, a entrega ao cliente. De maneira mais formal, podemos adotar a definição colocada por Lummus e Vokurka segundo a qual uma cadeia de suprimentos é o conjunto de todas as atividades envolvidas na entrega de um produto a partir das matérias-primas até o cliente final, incluindo a localização de fontes de matérias-primas, peças e componentes, manufatura e montagem, armazenagem e controle de estoques, recepção e gerência de pedidos, distribuição por todos os canais, entrega ao cliente, e os sistemas de informação necessários para monitorar todas essas atividades (1999, p. 11).

Para efeito didático, a visão de uma cadeia de suprimentos deve ser apresentada de forma simplificada, porque muitas companhias têm centenas, até mesmo milhares, de fornecedores. Essa visão simplificada está na Figura 15.1.

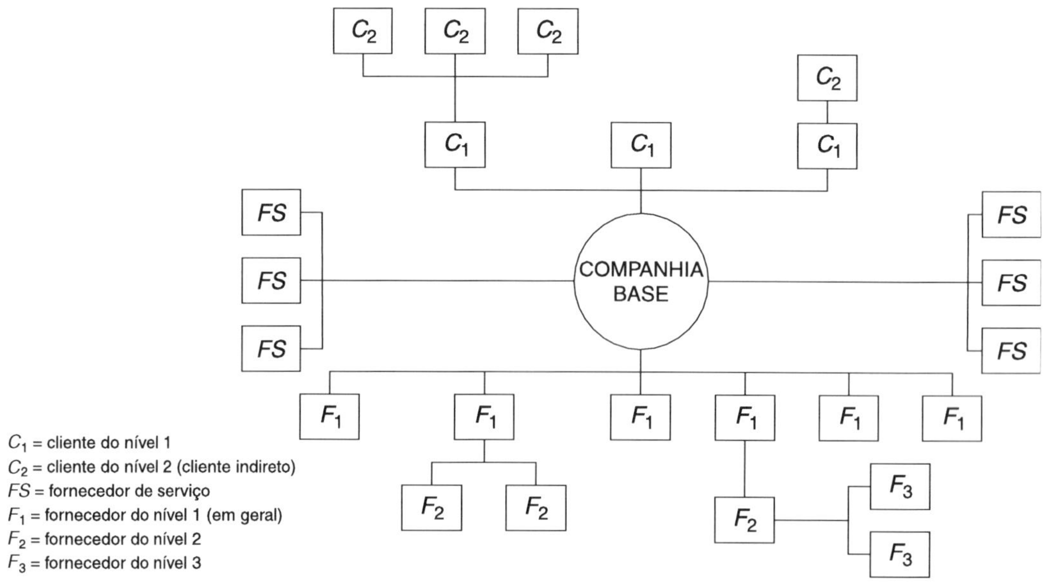

Figura 15.1 Visão simplificada das Relações na Cadeia de Suprimentos.

Na Figura 15.1, a companhia base ocupa uma posição central, dado que o que se quer representar é a cadeia de suprimentos a ela ligada e por ela definida. Existem clientes, fornecedores de serviços (em particular transporte, informática, por exemplo) e fornecedores de forma geral. O leitor pode notar que existem clientes diretos, ligados sem intermediação à empresa, e clientes indiretos, intermediados por outros clientes. O mesmo se dá com relação a fornecedores. Diz-se então que existem os clientes ou fornecedores da primeira camada (*first tiers*) ou da segunda camada (*second tiers*), e assim por diante, conforme a ligação seja direta com a empresa base ou vá se distanciando desta por meio de intermediações. Pode ser também que existam distribuidores colocados entre a empresa e os clientes. A Figura 15.1 dá uma idéia básica da nova visão – cadeia de suprimentos – comparada à abordagem antiga sobre os relacionamentos da empresa. Antes, a empresa via apenas seus clientes ou fornecedores imediatos, ou seja, da primeira camada. Agora, incorpora no seu planejamento os clientes dos clientes e também os fornecedores dos fornecedores. Há uma melhor consciência de problemas e de possibilidades, mas há também uma maior complexidade gerencial, uma grande necessidade de sincronização de processos e informações, o que exige uma nova função, qual seja, a *gerência da cadeia de suprimentos*.

A gerência da cadeia de suprimentos pode ser conceituada como uma função administrativa que coordena e supervisiona todas as atividades da cadeia de suprimentos, ligando fornecedores, transportadores, departamentos internos, companhias provedoras de serviços e sistemas de informação. A gerência da cadeia de suprimentos procura sincronizar os processos de uma empresa com aqueles de seus fornecedores para emparelhar o fluxo de materiais, serviços e informação com a demanda dos clientes. Assim, a gerência da cadeia de suprimentos envolve a coordenação do movimento de bens por meio da cadeia de suprimentos, dos fornecedores para os fabricantes, para os distribuidores e os consumidores. Além disso, é função da gerência da cadeia de suprimentos cuidar para que haja compartilhamento de informações entre os membros da cadeia, tais como dados de vendas ou campanhas promocionais ou previsões de vendas.

A função de gerência da cadeia de suprimentos, é tão mais importante quanto mais complexa for a cadeia de suprimentos, o que é resultado tanto do número de agentes envolvidos (clientes, distribuidores, fornecedores, provedores de serviço, processos internos etc.) quanto da complexidade e variedade das relações. Assim, por exemplo, o fluxo de materiais irá influenciar decisivamente nos níveis de estoques, e o desempenho dos fornecedores irá determinar o fluxo de materiais que vem de fora para dentro da empresa. Além disso, o desempenho de certas funções internas, como Marketing, produção e distribuição, determina o fluxo dos produtos da empresa para fora.

O sucesso da gerência de cadeia de suprimentos requer, logo de início, um forte grau de integração interna, tanto funcional como organizacional. Usualmente, as empresas têm atribuído a responsabilidade pela gerência do fluxo de materiais e serviços a três de seus departamentos, ou seja, compras, produção e distribuição.

O departamento de compras cuida particularmente da gerência do processo de aquisição, que inclui quais fornecedores escolher, negociar contratos e decidir se compra ou não localmente. Compras é usualmente responsável por trabalhar com os fornecedores para assegurar o fluxo desejado de materiais e serviços tanto no curto como no longo prazo.

A produção responsabiliza-se pelo gerenciamento dos processos de transformação que vão produzir o produto ou serviço. É responsável por determinar as quantidades de produtos a fabricar, bem como pela programação de máquinas e alocação dos empregados diretamente responsáveis pela produção do bem ou serviço.

Finalmente, a distribuição cuida da gerência do fluxo de materiais dos fabricantes para os clientes e dos armazéns para os varejistas, envolvendo a estocagem e o transporte de produtos. Os distribuidores externos transportam produtos acabados aos locais apropriados para venda final aos consumidores. A logística inclui a gerência de tráfego e a gerência de distribuição. A gerência de tráfego é a seleção e o monitoramento de carregadores externos (companhias de caminhões, aviões, ferrovias, navegação e *couriers*), enquanto a gerência de distribuição envolve o empacotamento, a estocagem e o manuseio de produtos em docas de recebimento, armazéns e instalações de varejo.

15.2 Etapas da Evolução de uma Cadeia de Suprimentos

Nem todas as empresas dão a mesma importância à gerência da cadeia de suprimentos e cada uma delas se situa em um ponto diferente em termos de evolução dessa mesma gerência. Tanto podem não ter se apercebido da importância da cadeia de suprimentos, como podem estar tentando gerenciar uma parte dela. Como veremos mais adiante, existem diversos níveis de integração em uma cadeia de suprimentos.

A pergunta que se faz neste momento é: até que ponto as empresas têm tido progresso no sentido de avançar suas competências em cadeia de suprimentos? Para a resposta, iremos nos basear em uma pesquisa recente e muito esclarecedora, apresentada por Poirier e Quinn (2003).

Para esses autores, as companhias que realmente se preocupam com a cadeia de suprimentos se dividem em três grandes blocos, no que respeita à gerência da cadeia de suprimentos.

Um bloco de organizações dominantes está deixando para trás os rivais menos competentes e pulando posições, em grande parte alicerçadas em sua habilidade para trabalhar colaborativa e cuidadosamente com parceiros de negócios selecionados.

De forma contrastante, certas empresas têm focalizado seus esforços de cadeia de suprimentos muito mais nas funções internas. Elas têm mantido a atenção em processos gerados internamente, com o objetivo de reduzir os custos de áreas funcionais específicas. Embora tais esforços tenham sido benéficos, eles nem se comparam com os sólidos ganhos obtidos pelas companhias mais adiantadas.

Em uma zona central, é encontrada a maioria das organizações, que já conseguiram fazer considerável progresso integrando seus processos internos e já podem ter tomado algumas medidas para estender essa integração a uns poucos parceiros externos, mas estão ainda lutando para atingir estágios mais avançados na gerência da cadeia de suprimentos.

Sobre a pesquisa: a revista *Supply Chain Management Review*, com a empresa Computer Sciences Corp. (CSC), conduziu uma pesquisa entre profissionais de cadeias de suprimentos. O levantamento foi respondido por representantes de 142 companhias que forneceram informações acerca do real estado da gerência da cadeia de suprimentos nas corporações hoje em dia.

Na elaboração do projeto da pesquisa, adotaram-se cinco níveis de evolução do progresso das cadeias de suprimentos, numerados de 1 (menos evoluído) a 5 (mais evoluído). Aos respondentes era apresentada a descrição desses estágios, do menos para o mais evoluído.

No nível 1, o foco da empresa está na melhoria funcional e de processo. Estes esforços são internos à organização e orientados para a integração dentro da empresa, isto é, para encontrar os melhores caminhos para executar os passos do processo da cadeia de suprimentos pelas áreas funcionais. Em praticamente cada exemplo de atividade no nível 1, a ênfase inicial é colocada em duas áreas principais: suprimento e logística. Os benefícios da integração funcional tipicamente incluem uma redução dramática no número de fornecedores e provedores de serviços logísticos, bem como uma racionalização na oferta de produtos. Infelizmente, muitas companhias que estão no nível 1 ficam contentes com as economias em uma base funcional ou de unidade de negócios, e não vêem vantagem em centralizar qualquer função ou compartilhar qualquer melhoria na cadeia de suprimentos. A colaboração entre funções ou unidades de negócios encontra resistências.

No nível 2, a evolução da cadeia de suprimentos ainda fica em uma base intra-empresarial, mas a empresa começa a reconhecer as economias que são geradas. Busca, então, a excelência corporativa no processamento da sua cadeia de suprimentos. Há um movimento para um nível maior de relacionamento vendedor/comprador, à medida que se refina a base de fornecedores e se focaliza nos mais estratégicos. A compra eletrônica é aqui introduzida para lidar com as categorias de mais baixo valor no fornecimento. A gerência da demanda torna-se um fator importante no nível 2, à medida que a empresa agora percebe que a previsão pode ser um grande inibidor do planejamento e produção mais precisos.

No nível 3, os fornecedores mais importantes são convidados a participar de sessões de planejamento de vendas e de operações e a trabalhar em projetos colaborativos e em soluções para emparelhar melhor a demanda e o suprimento. As funções de logística, transporte e armazenagem estabelecem relações globais com fornecedores qualificados de serviços de logística. Marketing e vendas passam a compor o cenário da cadeia de suprimentos neste estágio. Clientes-chave podem ganhar algum poder para configurar produtos e serviços (freqüentemente por meio de um portal *on-line* interativo). Resumindo, o nível 3, por meio de uma variedade de ferramentas e técnicas colaborativas, encontra os aliados do negócio trabalhando juntos. Esse trabalho conjunto visa descobrir economias usando iniciativas mutuamente benéficas, que reduzem o tempo de ciclo, levam a uma introdução mais rápida do produto no mercado e utilizam os ativos com mais eficácia.

No nível 4, a colaboração entre cliente e fornecedor vai mais adiante, à medida que a organização se consolida em um posicionamento em uma ou mais redes. Tais iniciativas colaborativas criam o que se chama de *constelações de cadeias de valor*. Neste nível, novas medidas de desempenho aparecem (como entregas a tempo, taxas de atendimento e retornos) para realçar a importância de satisfazer os clientes. Parceiros de rede começam a usar o custeio por atividades e *balanced scorecards* para transformar a cadeia de suprimentos em uma cadeia de valor de aliados, trabalhando na direção dos mesmos objetivos estratégicos.

O nível 5, o mais avançado de todos, infelizmente é mais teórico que real. Este é o mundo de total colaboração em rede e do uso de tecnologia para ganhar posições para a dominação de mercado. Em um dado segmento, somente umas poucas empresas conseguiram atingir tal nível.

Voltando ao levantamento, ele teve as seguintes questões: 1) onde as empresas se encaixam dentro do panorama evolucionário? 2) que tipo de tecnologia estão elas adquirindo para avançar com suas competências na cadeia de suprimentos? 3) quão agressivamente estão elas buscando parcerias dentro de suas cadeias de suprimento? 4) o que os líderes estão fazendo? 5) existem variações significativas entre as indústrias? 6) o que devem fazer os profissionais da cadeia de suprimentos para se mover na escada evolutiva?

A maioria dos respondentes alegou que suas empresas avançaram além do estágio inicial de integrar suas atividades funcionais internas e estão agora tanto otimizando o esforço de integração interna (nível 2) quanto começando a estender a integração interna para os parceiros externos da cadeia de suprimentos (nível 3).

O levantamento mostra também que os respondentes estão confiando em uma faixa larga de tecnologia para dirigir os resultados da cadeia de suprimentos. As soluções vão desde sistemas ERP (*Enterprise Resource Planning*), a aplicação mais comumente usada entre os respondentes, até as aplicações usadas com menor freqüência, como o CRM (*Customer Relationships Management*).

Em resposta à questão sobre os fatores que dirigem o sucesso das iniciativas da cadeia de suprimentos, os respondentes pontuaram a tecnologia abaixo de vários outros fatores. A colaboração foi grandemente apontada como a pedra de toque no êxito da gerência da cadeia de suprimentos. Pelos resultados do levantamento, fica claro que poucas empresas, uma pequena porcentagem, conseguiram evoluir para os estágios mais avançados da gerência da cadeia de suprimentos.

15.3 Fatores de Sucesso da Cadeia de Suprimentos

A gerência da cadeia de suprimentos vem sendo influenciada por um conjunto de fatores externos. Alguns dos mais relevantes são: a mudança de mercados ao redor do mundo; o uso cada vez mais intenso e variado da tecnologia de informação; o papel dos governos; o meio ambiente. Dediquemos algumas poucas palavras a cada um desses fatores.

15.3.1 Mudança de Mercados

Mudanças no poder econômico de grupos e de nações estão continuamente ocorrendo. Novos mercados estão ligados a novos produtos ao redor do mundo. Nem sempre os consumidores desses novos mercados aceitarão simples adaptações no projeto do produto ou do serviço, mas ditarão em seus próprios termos o que significa a adição de valor.

15.3.2 Tecnologia da Informação

A tecnologia da informação tem influenciado na maneira pela qual os produtos são comprados e/ou distribuídos. Alguns analistas avaliam que pelo menos metade dos negócios com produtos de consumo será conduzida por meio da Internet (ver o item 4). O *e-commerce* permite aos clientes compararem as compras ao redor do mundo, ver fotos e figuras coloridas em catálogos *on-line* e obter toda informação necessária acerca de um item, usar um cartão de crédito eletrônico ou uma transferência eletrônica de fundos e comprar o item *on-line*.

15.3.3 Os Governos

Outro possível fator influente na forma como os produtos são comprados e distribuídos são as regulações governamentais. De particular interesse são quaisquer barreiras comerciais que possam ser erguidas no futuro.

15.3.4 O Meio Ambiente

A reciclagem, a eco-eficiência sustentável e a minimização das perdas já estão afetando a gerência da cadeia de suprimentos. As cadeias de suprimentos precisam prestar mais atenção às formas de se dispor de resíduos de produtos e embalagem, bem como desenvolver meios de tornar economicamente interessantes os programas de reciclagem.

15.4 Cadeia de Suprimentos e Internet

A Internet é a mais nova e dinâmica *plataforma de comércio*, que vem exercendo crescente influência na cadeia de suprimentos. Uma plataforma de comércio é a infra-estrutura que possibilita que negócios e comunicação ocorram entre parceiros comerciais em uma cadeia de suprimentos. A plataforma de comércio Internet, embora não seja a primeira plataforma de comércio, é substancialmente diferente das outras.

Há algum tempo, as plataformas de comércio mais importantes entre parceiros de negócios eram o telefone, as cartas, o fax e, por fim, as comunicações por e-mail. Os processos por meio dessas plataformas, entretanto, são relativamente ineficientes, porque são necessárias muitas passagens dos pedidos pela cadeia de suprimentos para construir um pedido do consumidor. Comunicações de um lado podem ter interpretação ou efeito diferente do outro. A ineficiência associada com estas práticas tem tremendo impacto financeiro, na medida em que as empresas ao longo da cadeia empilham, estocam e aumentam os tempos de ciclo para contrabalançar a variabilidade na informação. Além disso, não há economias de escala: à medida que as parcerias da cadeia aumentam, mais pessoas são necessárias para trabalhar.

Para Kahl e Berquist (2000), a primeira onda importante de avanço tecnológico ajudou a tratar algumas dessas ineficiências. Duas tecnologias foram de particular importância: o ERP (*Enterprise Resource Planning*) e o EDI (*Eletronic Data Interchange*). Originalmente, as aplicações do ERP automatizaram as operações diárias da empresa, integrando diferentes grupos funcionais, como gerência financeira, recursos humanos, gerência de pedidos e fabricação. Dado que as aplicações de ERP focam nas operações internas, elas não fornecem uma plataforma de comércio *per se*. No contexto da cadeia de suprimentos, o valor verdadeiro do ERP reside em habilitar uma empresa a participar na rede da cadeia de suprimentos. O ERP ajuda as empresas a colocarem sua própria casa em ordem, para tornar mais simples aos parceiros comerciais conduzir comércio com elas.

O EDI, por outro lado, fornece uma plataforma para conduzir negócios entre as organizações. É uma tecnologia que permite a transmissão de documentos rotineiros de negócios, tendo um formato padrão, de computador a computador. Um software de comunicações especiais transcreve os documentos, permitindo às organizações trocar informação mesmo se elas tiverem diferentes componentes de hardware e software.

O EDI pode então ser definido como uma transferência de informações sobre transações, computador a computador. Por outro lado, o EDI também tem limitações. De um lado, é caro, o que tem impedido que ele penetre a cadeia toda. Muitos participantes menores simplesmente não podem justificar o custo de implementar uma solução EDI. Além disso, ele apenas apóia trocas de dados de transações em lotes e estáticas. Isso significa que grupos de transações (pedidos de compras, por exemplo) são reunidos antes de serem transferidos para parceiros de negócios. Esta abordagem esconde a informação real sobre produção, demanda e preços. O fluxo de comunicação é unidirecional, ou seja, qualquer retorno de comunicação tipicamente é apenas um reconhecimento da recepção. Mais importante que tudo, EDI impõe uma arquitetura de comunicação "um para muitos" entre os membros da cadeia de suprimentos: uma organização relata a muitos diferentes parceiros comerciais. No fundo, essa configuração passa a representar os interesses do "Um" *versus* os interesses dos "Outros".

A Internet não apenas habilitou às empresas melhorar seus processos para a interface com os clientes como também mudou o jeito com que elas negociam com seus fornecedores. Três das mais importantes características da Internet justificam, entre outros, a magnitude da sua importância para a cadeia de suprimentos. Em primeiro lugar, a Internet é de domínio público, o que diminui o custo de participação dos parceiros da cadeia de suprimentos. Os negócios não têm que pagar para participar da rede. Este custo menor pode aumentar a participação na cadeia de suprimentos, especialmente para os negócios menores que não podem pagar por outras tecnologias, como o EDI.

Outra faceta interessante da Internet é a padronização com que opera: existe um protocolo de comunicação comum (TCP/IP), que diminui grandemente os custos de integração. Além disso, a Internet proporciona a transferência da informação em tempo real. Os membros da cadeia de suprimentos podem ser notificados sobre mudanças imediatas de eventos não previstos ou podem obter informação atual sobre níveis de estoques e outros desenvolvimentos-chave por meio de toda a cadeia.

Comparativamente ao ERP e ao EDI, a Internet apresenta uma variedade acentuadamente maior na estrutura de dados, segundo Kahl e Berquist (2000). EDI e ERP focalizam em capturar dados de transações, isto é, os registros de transações de negócios, como número de ordens de compra, quantidades e informação sobre pagamentos. Entretanto, outros tipos de dados são também trocados entre os parceiros da cadeia de suprimentos. Estes podem incluir projetos do produto, dados de mercado, atalhos (*links*) para *websites*, planos de produção e perfis de clientes. O EDI não pode capturar esta transferência de dados porque é menos estruturado que os dados transacionais. A plataforma de comércio da Internet pode apoiar esta variedade de troca de dados porque, ao suportar transferência mais robusta de dados, promove colaboração entre membros da cadeia de suprimentos além das transações usuais de comércio.

Projeta-se que, nas próximas duas décadas, 80% do comércio *business to business* em todo o mundo será conduzido *on-line*. Espera-se que o valor bruto das transações *on-line* tenha crescido de 225 bilhões de dólares em 1999 para 7,6 trilhões em 2005 (Kahl e Berquist, 2000).

As iniciativas em *e-commerce*, implantadas pelas grandes empresas e pelo varejo, têm, em grande parte, servido para automatizar procedimentos transacionais, como contratar, pedir, confirmar, faturar e enviar os pedidos. As economias de custo com tais iniciativas têm sido, é verdade, significativas, mas se está apenas tocando a superfície do impacto potencial da Internet na cadeia de suprimentos. As empresas precisam ir além do *e-commerce* para chegar mais perto desse potencial inexplorado, já que ele primariamente automatiza os procedimentos transacionais. O impacto completo da Internet virá com o movimento além do *e-commerce* para usar esta tecnologia para otimizar a coordenação e a colaboração entre parceiros da cadeia de suprimentos e para melhorar a própria estrutura da cadeia. A Internet fará isso facilitando o desenvolvimento de diversas tendências da cadeia de suprimentos já em andamento, incluindo: *outsourcing* (companhias estão se movendo além de simples atividades de transporte e armazenagem para tarefas mais complexas, como processamento de pedidos e seu atendimento); colaboração (aumentar os esforços colaborativos com parceiros-chave da cadeia de suprimentos); diferenciação (reconfiguração das cadeias para oferecer a segmentos específicos de mercado canais alternativos de distribuição que atendam mais precisamente a suas necessidades); compressão (várias cadeias de suprimentos estão se movendo além da eficiência aumentada, eliminando um dos *links* físicos da cadeia).

15.5 Integração na Cadeia de Suprimentos

Considerações sobre a integração de uma organização com seus fornecedores, clientes, distribuidores e provedores de serviços dizem respeito à própria definição de cadeia de suprimentos. Dissemos anteriormente que a cadeia de suprimentos podia ser pensada como a rede complexa de atividades, cuja finalidade prática última é entregar um produto ou serviço final ao cliente. Dissemos também que esta rede incluía elementos ou organizações de dentro e de fora da empresa; até que ponto realmente tais elementos externos estão incluídos é o que estamos chamando de *integração*.

A integração vertical é uma medida de quanto da cadeia de suprimentos de uma dada organização é possuída ou operada por essa organização. Produtos ou serviços fornecidos pelo fabricante são ditos de "fonte interna" ou "fornecimento interno" (*insourcing*, que indica o recurso ao fornecimento interno). Se a empresa paga aos fornecedores ou a terceiras partes por seus produtos e serviços, diz-se que ela está se valendo de "fonte externa" ou "fornecimento externo" (*outsourcing*). A prática de utilizar fornecimento externo vem aumentando, e a própria fabricação física é uma das atividades mais delegadas. Quanto maior for a integração vertical, menor será o nível de fornecimento externo e vice-versa. A decisão de integrar verticalmente depende de considerações de custo, sem dúvida, porque algumas companhias percebem que o produto sairá mais barato se feito e controlado pela própria companhia. Às vezes, entretanto, o fator dominante na decisão é a qualidade – a companhia tem condições de fazer o produto com melhor qualidade que seus fornecedores – ou mesmo a disponibilidade, quando não se consegue o produto na quantidade e na hora certas.

A integração pode ser ainda subdividida em "integração para a frente" e "integração para trás". A integração para trás consiste na aquisição ou controle, pela empresa, das fontes de matérias-primas e partes componentes: a empresa adquire, controla ou possui as fontes que eram previamente operadas e controladas por fornecedores externos na cadeia de suprimentos. A integração para a frente consiste na aquisição ou controle pela empresa dos seus canais de distribuição – que costumavam ser de propriedade dos distribuidores externos na cadeia de suprimentos e também costumavam ser operados por eles.

Fawcett e Magnan (2002) conduziram uma pesquisa que pode nos esclarecer muito não só com respeito à integração na cadeia de suprimentos, mas também no sentido de fixar melhor o próprio conceito dessa cadeia. Esta será a hora de elaborar um pouco mais a definição já apresentada, acrescentando-lhe um tempero de realidade.

A pesquisa consistiu, em uma primeira parte, em um levantamento de informações com 254 executivos de empresas diferentes das áreas de compras, logística e produção. Em uma segunda fase, foram conduzidas 52 entrevistas com executivos de organizações diferentes, como 14 varejistas, 13 montadores de bens finais, 12 fornecedores de primeira camada, 3 fornecedores de camadas mais baixas e 9 provedores de serviços. A idéia era também verificar se as definições variavam de acordo com o canal. A primeira das grandes finalidades da pesquisa era verificar até que ponto os executivos entrevistados consideravam a existência de integração nas cadeias de suprimentos das quais faziam parte. A outra grande finalidade era verificar se as definições de "cadeia de suprimentos" variavam em função das áreas funcionais a que pertenciam os executivos (entrevistados na primeira parte da pesquisa) ou em função do tipo de organização (entrevistas da segunda parte).

Para auxiliar e dar uma orientação mais precisa às respostas, os autores da pesquisa propuseram quatro tipos básicos de integração na cadeia de suprimentos, os quais não eram excludentes:

a) A integração interna, interfuncional, de processos, foi identificada como vital para quaisquer iniciativas de integração maior na cadeia de suprimentos.

b) A integração para trás, com fornecedores colocados na primeira camada, foi apresentada como a forma mais básica de integração na cadeia de suprimentos. Uma extensão natural desta forma leva a esforços mais profundos, no sentido de envolver fornecedores de segunda camada, ou seja, os fornecedores dos fornecedores.

c) A integração para a frente, com clientes colocados como clientes de primeira camada, também foi identificada pelos pesquisadores como integração na cadeia de suprimentos. Os autores verificaram pouca tendência na direção da integração dos clientes dos clientes, ou seja, dos clientes da segunda camada.

d) A completa integração para trás e para a frente também foi associada com a cadeia de suprimentos. Essa noção foi expressa como a integração desde o "fornecedor dos fornecedores" até o "cliente dos clientes". Essa integração acabou sendo percebida como muito rara – mais um ideal teórico do que uma realidade.

Os resultados colhidos mostram que a maioria das empresas às quais pertenciam os executivos participantes ainda está nos primeiros estágios da colaboração intercompanhias, ou seja, no início da integração externa. De todos, os gerentes de logística são os que percebem suas organizações mais completamente engajadas em esforços de integração, enquanto os compradores são os mais reticentes em reconhecer os esforços de suas empresas para se engajar em empreendimentos integrativos. Entretanto, as maiores diferenças de opinião são encontradas na área da interação interfuncional (interação interna). Os gerentes de compra simplesmente quase não vêem a integração dentro de suas organizações. Um ponto interessante final é que os compradores, os que estão na linha de frente nas relações colaborativas com os fornecedores, deram a menor média para a integração para trás. É de se presumir que nenhum outro grupo de profissionais deve ter uma idéia melhor da integração para trás – e, no entanto, os compradores expressam maior desconfiança com respeito a isso. O leitor percebe que, se os resultados forem representativos dos gerentes de compra em geral, tal frustração pode representar uma barreira séria à integração na cadeia de suprimentos.

Por sua vez, os gerentes de materiais enxergam a integração na cadeia de suprimentos como uma importante estratégia competitiva. Não obstante, muitos acreditam que a gerência da cadeia de suprimentos ainda é apenas mais um tópico (em uma longa lista de novidades) que tenderá a cair, como é tão comum em administração. A maioria acredita que suas companhias ou não valorizam as relações com os canais colaborativos ou então não têm o poder ou as condições para construir relações de longo prazo. Muitas empresas colocam a maior parte de seus esforços na melhoria da integração dentro das quatro paredes da organização, isto é, na integração interna. Poucos gerentes de materiais vêem acontecer uma integração ampla, "dos fornecedores dos fornecedores aos clientes dos clientes". Enquanto os gerentes de logística são os mais otimistas em relação à integração, os compradores são os mais reticentes a notar que alguma integração real esteja tendo lugar. A pesquisa mostrou, portanto, uma acentuada diferença na visão sobre a integração real das cadeias de suprimentos, em função da área a que pertenciam os gerentes entrevistados.

No cumprimento de outro objetivo do levantamento, quase oito entre dez gerentes automaticamente definiram a cadeia de suprimentos como "gerenciamento do fluxo de suprimentos desde os fornecedores dos fornecedores até os clientes dos clientes". Em geral, os gerentes possuíam uma idéia da natureza integrativa da cadeia de suprimentos, mas as definições individuais não eram consistentes ao longo das áreas organizacionais. Enquanto as filosofias da cadeia de suprimentos têm muitos entusiastas, as definições não são consistentes e as práticas têm ainda que ser mais bem definidas e padronizadas. As percepções com respeito à natureza integrativa da cadeia de suprimentos variaram significativamente tanto ao longo de diferentes organizações como dentro da mesma firma.

Qual a realidade apontada pela pesquisa para a cadeia de suprimentos? A julgar pelas empresas representadas na pesquisa, apesar da fala oficial de "gerenciar o fluxo de materiais, desde o fornecedor do fornecedor até o cliente dos clientes", a cadeia de suprimentos real focaliza mais a eliminação da estratificação funcional que existe dentro da organização. Quase 60% das empresas entrevistadas têm como foco primário o estabelecimento de processos de classe mundial dentro de suas próprias quatro paredes.

Duas outras visões da cadeia de suprimentos também surgiram no levantamento. Pela primeira delas, algumas empresas colocaram suas iniciativas de cadeia de suprimentos na área de compras e definiram a cadeia de suprimentos como "o estabelecimento de relações próximas e colaborativas com a base de suprimentos imediata". Em outras palavras, integração significa integração para trás: quase a totalidade do esforço de integração é focada nos fornecedores da primeira camada. De forma ainda mais específica, a grande maioria desse esforço se dirige aos fornecedores mais importantes, aqueles de classe A, que representavam cerca de 2% a 20% da base de fornecedores. Poucas companhias estão efetivamente preocupadas com o fato de seus fornecedores estarem ou não gerenciando de forma proativa seus relacionamentos com seus próprios fornecedores. Um número ainda menor de empresas oferece apoio e treinamento a seus fornecedores para isso. Dessa forma, a responsabilidade para o relacionamento após a primeira camada de fornecedores é basicamente deixada ao encargo dos fornecedores dessa primeira camada.

Em uma segunda visão, algumas companhias organizam seus esforços de cadeia de suprimentos em torno de suas atividades de logística ou serviços aos clientes. Enfatizam o desenvolvimento de relacionamentos mais próximos com os clientes vitais: seus esforços são dirigidos para o cliente da primeira camada e, ainda assim, para os de classe A.

É verdade que transpareceu uma outra concepção de cadeia de suprimentos, mas tendeu a ser muito rara. Algumas poucas companhias já conseguiram fechar o fosso que existia entre as várias funções internas e estão agora trabalhando para estender, simultaneamente, seus esforços de integração para cima e para baixo na cadeia de suprimentos. No entanto, mesmo nessas organizações, a integração atinge apenas uma primeira camada de fornecedores e uma primeira camada de clientes. Longe se está de chegar à integração mais profunda entre as duas pontas, integração essa que toma parte no conceito oficial de cadeia de suprimentos. O que se deve aceitar é que permanece bastante rara a verdadeira integração, onde os objetivos das várias empresas componentes são alinhados, a comunicação é aberta e contínua, os recursos são colocados à disposição dos membros da cadeia, os riscos e as recompensas são compartilhados. Há sempre uma preocupação latente de que um atual fornecedor possa virar um futuro competidor ou que um atual cliente queira se integrar para trás em seu próprio domínio.

Outra conclusão foi que poucas companhias investiram tempo e esforço necessários para entender completamente as cadeias de suprimento nas quais operam. Apenas duas das companhias entrevistadas tinham mapeado suas cadeias de suprimento. Dois pontos sobressaem-se para todas as outras empresas da pesquisa. O primeiro é que elas não conhecem bem suas cadeias de suprimentos e não têm delas um mapeamento formal; o segundo é que elas não se comunicam e não têm conhecimento das empresas na segunda camada. O grande foco nessas companhias é integrar os processos internos e estabelecer políticas e procedimentos para ajudá-las a gerenciar as relações-chave com seus clientes e fornecedores, sempre os da primeira camada. Poucas organizações entendem completamente a dinâmica de suas cadeias de suprimentos.

Como ponto final, as entrevistas sugeriram que, na prática (pelo menos para as empresas entrevistadas), aparece mais de uma concepção de cadeia de suprimentos. Na mais simples dessas concepções, a cadeia de suprimentos é vista como a aplicação de novas tecnologias da informação com os objetivos de melhorar a qualidade da informação e aumentar sua velocidade entre os membros comunicantes. Esta visão, por ter algo de verdadeiro, é muito atraente, mas revela-se muito simplista. Pode evidentemente levar a resultados melhorados, mas em geral estes ficam abaixo daquilo que se esperava na implantação.

No final das contas, muita retórica tem cercado a cadeia de suprimentos, tornando-a um termo um tanto quanto carente de um sentido bem definido: é comum as definições de cadeia de suprimentos variarem muito de empresa a empresa e, freqüentemente, de gerente a gerente dentro da mesma empresa.

15.6 O Efeito Forrester (ou Efeito Chicote)

A troca de informações sobre a demanda entre os membros de uma cadeia de suprimentos é extremamente importante. Essas informações fazem parte do planejamento das atividades dos parceiros da cadeia de suprimentos e sinalizam sobre o nível de suas atividades produtivas. Entretanto, a informação imprecisa ou distorcida pode viajar por uma cadeia, qual um chicote em movimento, fazendo mais mal do que bem. Esse efeito chicote faz com que ordens de reposição erráticas sejam colocadas em diferentes níveis da cadeia de suprimentos, as quais não guardam ligação aparente com a demanda final do produto.

Para Reid e Sanders (2002), as causas do efeito chicote são: os erros na previsão de demanda, o agrupamento de pedidos, as flutuações de preços, o racionamento de produtos e o jogo com as quantidades. Vejamos brevemente como age cada uma delas.

a) ***Erros na previsão da demanda***: começando com o varejista, cada membro da cadeia faz sua previsão da demanda, revendo o nível de estoques e determinando se é preciso fazer pedidos de reposição. Idêntico procedimento é repetido pelo atacadista, que agora se baseia na reposição de estoques do varejista e não na demanda final dos consumidores. Prosseguindo, os atacadistas colocam pedidos com os distribuidores e estes, em função de suas políticas de estoques, repetem o processo e colocam pedidos junto ao fabricante. No final, dada a ligação entre os elos citados da cadeia de suprimentos, a produção atenderá a reposição de estoques em cada nível da cadeia, mas não é possível garantir que esta reposição estará ligada à demanda final dos consumidores.

b) ***Agrupamento de pedidos***: em vez de colocar os pedidos de reposição a cada vez que uma unidade é vendida, a empresa espera algum tempo, soma o número de unidades vendidas e, então, coloca o pedido. Isso elimina a demanda contínua do produto e a substitui por demanda em ondulações, onde alguns níveis da cadeia podem experimentar períodos sem demanda. Políticas de agrupamento de pedidos amplificam a variabilidade no tempo e no tamanho dos pedidos.

c) ***Flutuações de preços***: levam as empresas a comprar produtos antes que precisem deles. As flutuações de preços permitem promoções especiais como, por exemplo, descontos de preço ou descontos por quantidade. Sendo os preços mais baixos, os membros da cadeia de suprimento são tentados a comprar em quantidades maiores, criando, a partir daí, mais variabilidade de demanda dentro da cadeia de suprimentos.

d) ***Racionamento de produtos e jogo com as quantidades***: resultam do excesso da demanda sobre o fornecimento. Os produtos são racionados aos membros da cadeia de suprimentos. Sabendo de antemão que os fabricantes racionarão os itens a pedir, os clientes dentro da cadeia de suprimentos tendem a exagerar suas necessidades. Tal jogo acabará por distorcer a informação sobre a demanda verdadeira no sistema.

Para contrabalançar o efeito chicote, pode-se tentar mudar a forma como a demanda é projetada (diminuindo o horizonte de previsão, por exemplo), ao mesmo tempo disponibilizando rapidamente a informação a todos os atores da cadeia de suprimentos. Além disso, pode-se eliminar o agrupamento de pedidos, para isso diminuindo antes o custo de colocar um pedido, por exemplo por meio do uso de tecnologia de informação, com o auxílio do EDI para transmitir a informação.

Podem-se buscar também formas de promover a estabilização de preços e eliminar o jogo das quantidades. Em vez de aceitar um pedido baseado em dada porcentagem, os fabricantes podem alocar produtos com base nas vendas passadas. Os clientes então deixam de ter incentivo para pedir grandes quantidades que visem garantir seu próprio fornecimento.

15.7 Fornecedores e Parcerias na Cadeia de Suprimentos

Nas empresas, um departamento de compras tem algumas funções tradicionais, como selecionar fornecedores, negociar e administrar contratos de diferentes prazos, colocar pedidos nos fornecedores, desenvolver uma base confiável de fornecedores e manter boas relações com eles. Na manufatura, o custo das matérias-primas, peças, componentes etc. representam mais da metade do custo dos produtos, o que torna a função compras potencialmente muito influente na rentabilidade da organização. Boas negociações significam retorno para a companhia, e compras têm se transformado em uma área de interesse maior da empresa. A busca pelo fornecimento externo exige decisões acerca de quais fornecedores serão contratados e para quais produtos ou serviços.

Se a compra for um evento isolado, que irá acontecer uma ou raras vezes, a empresa em geral não se preocupa muito em desenvolver um programa de relacionamento elaborado com o fornecedor. Ao contrário, se se tratar de um fornecedor confiável de produtos e serviços que a empresa precisa, de maneira mais ou menos continuada, então um programa de desenvolvimento de um bom relacionamento está na pauta do dia.

A prática e a literatura têm mostrado que há três grandes critérios para selecionar fornecedores, que precisam ser destacados: o preço, a qualidade e a confiabilidade da entrega. Não são os únicos critérios importantes, entretanto. No mínimo, deve-se procurar alguma coerência entre a forma de trabalhar dos fornecedores e a missão da empresa, isto é, sinergia entre o comprador e o fornecedor. Não obstante, um critério adicional que está se tornando muito importante na seleção de fornecedores é o impacto ambiental das atividades desses fornecedores. Muitas firmas estão se preocupando com a identificação, a avaliação e a gerência do fluxo de dejetos e perdas ambientais; querem encontrar formas de reduzir esses efeitos nocivos da atividade econômica e minimizar seu impacto no meio ambiente. Os fornecedores estão sendo conclamados a ser ambientalmente conscientes ao projetar e fabricar seus produtos.

Uma importante questão a ser respondida diz respeito ao número de fornecedores a escolher. Quantos fornecedores? Deve-se buscar um maior ou menor número de fornecedores? A resposta varia, é claro. Em alguns casos, por exemplo, em produtos feitos sob encomenda, geralmente é mais fácil lidar com um só fornecedor, pois isso facilitará a programação de entregas, a solução de problemas, irá minimizar custos altos iniciais, como os de moldes ou ferramentas etc. Torna-se mais simples também controlar a qualidade do produto final, mesmo porque os insumos serão controlados com mais facilidade. Raciocinando de outra forma, porém, a adoção de vários fornecedores contribui para reduzir riscos de corte de fornecimento, além de permitir mais flexibilidade de volume, isto é, mudanças nas quantidades desejadas. Em suma, a resposta para a pergunta "Quantos fornecedores?" irá depender da empresa, ou melhor, da estrutura da sua cadeia de suprimentos. No entanto, ao se apontar alguma tendência, sem dúvida é no sentido de estreitar a base de fornecedores, estabelecendo parcerias mais duradouras. O que se pode dizer então sobre tais parcerias?

É fácil ao leitor perceber que uma parceria entre comprador e fornecedor requer um envolvimento de ambas as partes. O objetivo é estabelecer um relacionamento continuado no qual ambas as partes se beneficiam do arranjo, ou seja, é se chegar idealmente a uma situação do tipo "ganha-ganha".

Conforme a intensidade da parceria, ela pode ser *básica* ou *expandida* (Reid e Sanders, 2002). A parceria básica é baseada no respeito mútuo, na honestidade, na confiança, nas comunicações abertas e freqüentes e em um entendimento claro de qual é o papel de cada parceiro no sucesso da cadeia de suprimentos de que fazem parte. Por seu turno, as parcerias expandidas são estabelecidas com alguns poucos fornecedores de importância estratégica. Neste caso, são relações mais duradouras, de longo prazo, cuidadosamente construídas sobre objetivos comuns. Para que este tipo de parceria tenha sucesso, cada parceiro deve estar sempre disposto a ajudar o outro a ter sucesso. A manutenção do relacionamento deve ser primordial, como o deve ser também o compartilhamento de informações, dos riscos, das oportunidades e das tecnologias.

Programas de certificação de fornecedores verificam se os fornecedores potenciais têm a capacidade de prover os materiais e serviços que a firma compradora requer. A certificação usualmente envolve visitas locais por uma equipe multifuncional da firma compradora, visitas cujo objetivo é fazer uma avaliação em profundidade da capacidade do fornecedor em atingir os custos, a qualidade, a entrega e a flexibilidade do ponto de vista dos processos e dos sistemas de informação. A equipe pode consistir de representantes das áreas de operações, compras, engenharia, sistemas de informação e contabilidade.

Ainda em relação aos fornecedores, a empresa pode adotar uma orientação competitiva ou colaborativa. A orientação competitiva nas relações com os clientes visualiza as negociações entre cliente e fornecedor como um jogo de soma zero, ou seja, quando um lado perde, o outro lado ganha. Logo, é assumido certo antagonismo "em princípio", no sentido de que cada qual enxerga o outro como um oponente que quer ganhar o jogo. Neste contexto, as vantagens de curto prazo são colocadas acima dos envolvimentos de longo prazo. O comprador pode tentar abaixar o preço do fornecedor até o mais baixo nível de sobrevivência ou empurrar a demanda para altos níveis durante tempos de crescimento da demanda e pedir quase nada durante as recessões. Por contraste, o fornecedor pressiona por preços maiores para níveis específicos de qualidade, serviço ao cliente e flexibilidade de volume. Neste jogo, o ganhador é aquele que detém o maior poder de barganha. O poder de barganha de uma empresa é determinado pelo seu poder de compra. Uma empresa tem poder de compra quando seu volume de compra representa uma parcela significativa das vendas do fornecedor ou quando o item ou serviço comprado é padronizado e existem muitos fornecedores disponíveis.

No caso da orientação colaborativa, o comprador e o vendedor são parceiros, cada qual ajudando o outro tanto quanto possível. Uma orientação cooperativa significa envolvimento de longo prazo, trabalho conjunto na melhoria da qualidade e incentivo e apoio do comprador ao fornecedor para que se desenvolva gerencial e tecnologicamente. Uma orientação cooperativa tende a favorecer poucos fornecedores de um particular item ou serviço. Reduzir o número de fornecedores também pode ajudar o comprador, na medida em que os fornecedores se tornam quase uma extensão do comprador.

Algumas empresas usam uma estratégia mista. A orientação competitiva pode ser adotada, procurando-se reduções de preços, por exemplo, quando se tratar de compras de materiais comuns ou raramente utilizados. Por outro lado, a orientação colaborativa pode ser usada quando se compram materiais e serviços em altos volumes, de uso contínuo. Neste caso, pode ser vantajoso negociar contratos de longo prazo com os fornecedores.

15.8 Fatores Críticos de Sucesso das Cadeias de Suprimentos

Quais são os principais fatores que propulsionam o sucesso de uma cadeia de suprimentos? Vamos recorrer novamente a um levantamento empírico para tentar responder a essa pergunta. A pesquisa foi realizada por Edward J. Marien e publicada pela revista *Supply Chain Management Review* em seu número de março/abril de 2000. Foi feita com executivos de cadeias de suprimentos na primavera de 1998. Inicialmente, os entrevistados fizeram notar que o lado mais suave da implementação da cadeia de suprimentos – os requisitos de mudanças comportamentais envolvidos – era tão ou mais difícil que o lado aparentemente mais espinhoso, que envolvia o domínio da tecnologia de informação. Descobriu-se rapidamente também que o termo tecnologia da informação era suficientemente amplo para abranger também as tecnologias de movimentação de materiais associadas com a busca e compra, com a produção e com a entrega do produto por meio da cadeia de suprimentos.

Em uma fase preliminar da pesquisa, foram identificados quatro fatores que devem ser levados em conta para que os executivos das cadeias de suprimentos possam capitalizar os benefícios da cadeia. Os fatores foram os seguintes:

a) *Infra-estrutura organizacional*: como as unidades e as áreas funcionais estão organizadas? Qual é a forma usual de se conduzir e coordenar programas de mudanças na estrutura organizacional?

b) *Tecnologia*: como a tecnologia (não apenas a tecnologia da informação, mas também tecnologias de gerência de materiais, para o projeto de materiais, operações e manuseio) afeta os processos operacionais e estratégicos da cadeia de suprimentos?

c) *Alianças estratégicas*: como empresas externas (clientes, fornecedores e fornecedores de serviços logísticos) são selecionadas para compor parcerias? Como as relações interempresariais são construídas e gerenciadas?

d) *Gerência de recursos humanos*: como são projetadas as descrições de trabalho? Como as posições são preenchidas? Como as pessoas são reconhecidas e recompensadas por seu trabalho? Como as carreiras são dirigidas?

Em seguida, foram entrevistados cerca de 200 executivos das cadeias de suprimentos para saber como pontuavam a importância dos quatro fatores previamente escolhidos como influentes. Suas respostas foram pontuadas em uma escala de 1 a 4, sendo 4 indicativo de grande preocupação, ou seja, o fator era muito importante, na opinião do respondente. Foram obtidos os seguintes resultados, em ordem de importância dos fatores: Infra-estrutura organizacional – média 3,44; Tecnologia – média 2,14; Alianças estratégicas – média 2,07; Gerência de RH – média 2,05.

Os respondentes também foram solicitados a revisar uma lista de atributos relacionada com cada fator, adicionar quaisquer atributos que julgassem importantes e selecionar os dois mais importantes. Dentre tais atributos, os mais importantes foram:

15.8.1 Infra-Estrutura Organizacional

– 32% das citações: ter uma estratégia de negócios coerente que alinhe as unidades de negócios na direção dos mesmos objetivos.

– 15% das citações: ter metodologias formais de fluxo de processo para capacitar as melhorias na cadeia.

– 14% das citações: ter pessoas envolvidas e respondendo adequadamente aos processos interfuncionais.

15.8.2 Tecnologia

Pode-se distinguir aqui entre tecnologia da informação e tecnologia de manufatura e gerência de materiais.

Os principais atributos identificados com a tecnologia da informação foram:

– 30% das citações: ter os dados de logística, operações e marketing coordenados dentro da empresa.

– 27% das citações: ter os dados prontamente disponíveis para os gerentes, de forma direta.

– 18%: ter os dados de Marketing, operações e logística coordenados entre empresas.

O outro lado da tecnologia diz respeito a como os produtos são fabricados e manuseados à medida que se movem por meio da cadeia de suprimentos, ou seja, as influências "físicas" da tecnologia.

No caso da tecnologia de manufatura e gerência de materiais, os atributos identificados foram:

– 53% das citações: ter os produtos (incluindo materiais, peças, componentes e características) projetados para permitir velocidade no fluxo de produção e estoques.

– 23% das citações: ter os processos de produção física (incluindo o projeto do equipamento, layout e automação) projetados para facilitar iniciativas de cadeia de suprimentos.

15.8.3 Alianças Estratégicas com Membros da Cadeia de Suprimentos

As alianças são consideradas críticas para a eficiência da cadeia de suprimentos. Muitas companhias já têm feito considerável progresso na direção de desmantelar os silos funcionais dentro de sua organização, construindo alianças internas. Será ideal atingir o mesmo tipo de integração com os outros membros da cadeia de suprimentos.

Os atributos considerados mais importantes foram:

– 48% das citações: ter expectativas claramente estabelecidas e entendidas, sobre as quais todos concordam.

– 18% das citações: colaborar no projeto da cadeia e nas estratégias de produto e de serviço.

15.8.4 Gerência de Recursos Humanos

Os atributos considerados mais importantes foram:

– 27% das citações: procurar, selecionar e contratar pessoas habilitadas em todos os níveis de gerência.
– 27% das citações: encontrar agentes de mudança para gerenciar a implementação da cadeia de suprimentos.
– Ter programas de incentivo e remuneração que levem em conta a cadeia de suprimentos.

Os principais atributos são, portanto, encontrar praticantes que conheçam a cadeia de suprimentos e encontrar facilitadores para implementar o processo de mudança.

15.9 Medida do Desempenho na Cadeia de Suprimentos

Quando trabalha com alguns fornecedores independentes, uma empresa precisa medir o desempenho da cadeia de suprimentos. Isso é tanto mais evidente quanto mais recursos financeiros e humanos a organização tenha gasto para melhorar o desempenho da cadeia de suprimentos. Um sistema de medida de desempenho será a base para entender como funciona a cadeia de suprimentos, para influenciar o comportamento dos seus membros e para informar esses membros sobre o desempenho geral da cadeia de suprimentos. O sistema de medida irá acompanhar os benefícios da cadeia de suprimentos e fornecerá as orientações para o desenvolvimento contínuo. Embora não seja nossa intenção propor qualquer sistema de medidas ou comentar algumas delas, certas considerações de ordem geral sobre os sistemas de medida podem e devem ser feitas.

Compor um sistema de medidas de desempenho só com medidas financeiras apresenta alguns inconvenientes (Lapide, 2000). Em primeiro lugar, medidas financeiras tendem a ser historicamente orientadas, quando o que se deseja é uma perspectiva de olhar para o futuro; as medidas financeiras não necessariamente estão ligadas ao desempenho operacional; finalmente, as medidas não estão necessariamente relacionadas aos objetivos estratégicos, o que é fundamental a qualquer sistema de medida. Além disso, um sistema de medida de desempenho que permaneça no nível funcional (nível de departamento) tenderá a ser orientado apenas para o desempenho do departamento, à custa em geral do desempenho de outras áreas funcionais. Interesses mais restritos, departamentais, podem conflitar com interesses mais amplos, organizacionais.

Para Lapide (2000), uma das formas reais de a empresa conseguir quebrar esses compartimentos isolados é organizar-se em torno de processos interfuncionais, focalizando antes no desempenho do processo como um todo e depois usando medidas funcionais para ajudar no diagnóstico final da situação. Esta abordagem pode ser usada tanto na medida de processos intraempresa como interempresas. Para Lapide, as duas medidas de desempenho mais importantes dizem respeito a) à disponibilidade de produtos no ponto de consumo e b) ao custo total para se ter os produtos no ponto de consumo. Esses conjuntos de medidas serão afetados diferentemente pelos vários parceiros de negócios da empresa.

Uma pergunta importante é a seguinte: a empresa deve tentar medir algo que ela não controla ou não pode controlar? A resposta tem a ver com o custo ou a disponibilidade do produto no ponto de consumo. Se alguma coisa pode interferir, direta ou indiretamente, nesse custo e/ou nessa disponibilidade, então deverá medir mesmo o que não controla, para descortinar deficiências na sua cadeia de suprimentos.

Uma observação sobre um aspecto que, durante a montagem do sistema de medidas, costuma ser esquecido: deve-se limitar o número de medidas, talvez a uma dezena ou pouco menos (há autores que sugerem menos que cinco medidas). O que as medidas devem fazer é mostrar se os objetivos fixados pela alta gerência estão sendo atingidos, logo as medidas devem sempre se ater a esses objetivos.

PONTOS-CHAVE

1) Nos últimos anos, as empresas conscientizaram-se da importância dos materiais e dos fornecedores para seu próprio sucesso. Materiais, em geral, representam uma substancial porcentagem do valor das vendas. Conseqüentemente, as empresas podem obter maiores lucros se conseguirem reduzir o custo dos materiais, transformando a gerência da cadeia de suprimentos em uma arma competitiva-chave para as empresas.

2) Cadeia de suprimentos é a rede complexa de atividades que acaba por entregar um produto ou serviço final ao cliente, incluindo elementos de dentro e de fora da empresa. Do ponto de vista do fluxo do material e das informações, a rede inclui as fontes de matérias-primas e peças, a manufatura e montagem dos produtos, a armazenagem, o processamento dos pedidos, a distribuição por meio dos canais apropriados e, finalmente, a entrega ao cliente.

3) A gerência da cadeia de suprimentos é uma função administrativa que coordena e supervisiona todas as atividades da cadeia de suprimentos, ligando fornecedores, transportadores, departamentos internos, companhias provedoras de serviços e sistemas de informação.

4) As companhias que realmente se preocupam com a cadeia de suprimentos se dividem em três grandes blocos, no que respeita à gerência da cadeia de suprimentos. Existe um grupo de organizações dominantes, baseados em sua habilidade para trabalhar colaborativa e cuidadosamente com parceiros de negócios selecionados. Em outro extremo, algumas empresas têm focalizado seus esforços de cadeia de suprimentos muito mais nas funções internas e, finalmente, em uma zona central, está a maioria das organizações que já fizeram progressos na integração de seus processos internos e talvez tenham tomado algumas medidas para estender a integração a alguns parceiros externos.

5) Uma plataforma de comércio é a infra-estrutura que possibilita que negócios e comunicação ocorram entre parceiros comerciais em uma cadeia de suprimentos. Em um passado recente, as plataformas de comércio mais importantes entre parceiros de negócios eram o telefone, as cartas, o fax e, por fim, as comunicações por e-mail, levando a processos relativamente ineficientes.

6) A Internet possibilitou às empresas melhorar seus processos para a interface com os clientes, bem como mudou a forma pela qual as empresas negociam com seus fornecedores. Três das mais importantes características da Internet justificam, entre outros, a magnitude da sua importância para a cadeia de suprimentos: a Internet é de domínio público, o que diminui o custo de participação dos parceiros da cadeia de suprimentos; existe um protocolo de comunicação comum (TCP/IP), que diminui grandemente os custos de integração; finalmente, a Internet proporciona a transferência da informação em tempo real.

7) A integração vertical é uma medida de quanto da cadeia de suprimentos de uma dada organização é possuída ou operada por essa organização. *Insourcing* (fonte interna ou fornecimento interno) indica o recurso da empresa ao fornecimento interno. Se a empresa paga aos fornecedores ou a terceiras partes por seus produtos e serviços, ela está praticando *outsourcing* (fornecimento externo). A prática de utilizar fornecimento externo vem aumentando e a própria fabricação física é uma das atividades mais delegadas.

8) As parcerias podem ser *básicas* ou *expandidas*. A parceria básica constrói-se sobre o respeito mútuo, a honestidade, a confiança, as comunicações abertas e freqüentes e um entendimento claro de qual é o papel de cada parceiro no sucesso da cadeia de suprimentos de que fazem parte. As parcerias expandidas são estabelecidas com alguns poucos fornecedores de importância estratégica, sendo relações mais duradouras, de longo prazo.

9) Programas de certificação de fornecedores verificam se os fornecedores potenciais têm a capacidade de prover os materiais e serviços que a firma compradora requer. A certificação usualmente envolve visitas locais por uma equipe multifuncional da firma compradora, visitas

cujo objetivo é fazer uma avaliação em profundidade da capacidade do fornecedor em atingir os custos, a qualidade, a entrega e a flexibilidade do ponto de vista dos processos e dos sistemas de informação. A equipe pode consistir de representantes das áreas de operações, compras, engenharia, sistemas de informação e contabilidade.

10) As duas medidas de desempenho mais importantes dizem respeito à disponibilidade de produtos no ponto de consumo e ao custo total para se ter os produtos no ponto de consumo. Estes conjuntos de medidas serão afetados diferentemente pelos vários parceiros de negócios da empresa. A empresa deve tentar medir algo que ela não controla ou não pode controlar, desde que o que se deseja medir possa interferir, direta ou indiretamente, com o custo ou a disponibilidade do produto no ponto de consumo.

QUESTÕES PARA DISCUSSÃO

1) O se que entende por cadeia de suprimentos?

2) Quais são os principais elementos de uma cadeia de suprimentos? O que são os *first tiers* e os *second tiers*?

3) A quem tem sido usualmente atribuída, na empresa, a responsabilidade pela gerência do fluxo de materiais e serviços?

4) Cite e comente sobre alguns fatores externos que vêm influenciando a gerência da cadeia de suprimentos.

5) O que é ERP? E EDI? Quais suas principais funções?

6) Como a Internet difere do ERP e do EDI?

7) O que é integração para a frente? E integração para trás?

8) O que é o efeito chicote?

9) Quais são as causas prováveis do efeito chicote?

10) Comente sobre os três critérios básicos de seleção de fornecedores.

11) Qual o novo papel do impacto ambiental na seleção de fornecedores?

12) Como tem sido a resposta sobre quantos fornecedores escolher?

13) O que significa adotar uma posição competitiva em relação aos fornecedores? E uma posição colaborativa?

REFERÊNCIAS BIBLIOGRÁFICAS

CAVINATO, J. L. What's your supply chain type? *Supply Chain Management Review*, p. 60-66, maio/jun. 2002.

COPACINO, W.; JONATHAN, L. S. B. How to become a supply chain master. *Supply Chain Management Review*, p. 24-32, set./out. 2001.

FAWCETT, S. E.; MAGNAN, G. M. The rethoric and reality of *supply chain* integration. *International Journal of Physical Distribution and Logistics Management*, v. 32, n. 5, p. 339-361 2002.

KAHL, S. J.; BERQUIST, T. P. A Primer on the Internet Supply Chain. *Supply Chain Management Review*, p. 40-48, set./out. 2000.

KRAJEWSKI, L. J.; RITZMAN, L. P. *Operations Management. Strategy and Analysis*. 6. ed. Upper Saddle River, NJ: Prentice Hall, 2002.

LAPIDE, L. True Measures of Supply Chain Performance. *Supply Chain Management Review*, p. 25-28, jul./ago. 2000.

LUMMUS, R. R.; VOKURKA, R. J. Defining supply chain management: a historical perspective and practical guidelines. *Industrial Management and Data System*, v. 99, n. 1, p. 11-17, 1999.

MARIEN, E. J. The Four Supply Chain Enablers. *Supply Chain Management Review*, p. 60-68, mar./abr. 2000.

POIRIER, C. C.; QUINN, F. J. A survey of supply chain progress. *Supply Chain Management Review*, p. 40-47, set./out. 2003.

RADJOU, N. Deconstruction of the Supply Chain. *Supply Chain Management Review*, p. 30-38, nov./dez. 2000.

REID, D.; SANDERS, N. R. *Operations Management*. Nova York: John Wiley and Sons, 2002.

SHARMAN, G. How the Internet is accelerating supply chain trends. *Supply Chain Management Review*, p. 18-26, mar./abr. 2002.

Parte IV

Controle do Sistema de Produção

Capítulo 16

Controle de Estoques: O Lote Econômico

16.1 Conceito e Importância dos Estoques

Entende-se por *estoque* quaisquer quantidades de bens físicos que sejam conservados, de forma improdutiva, por algum intervalo de tempo; constituem estoques tanto os produtos acabados que aguardam venda ou despacho, como matérias-primas e componentes que aguardam utilização na produção.

Para muitas pessoas, quando se fala em estoques, acorre imediatamente a idéia de uma indústria qualquer. No entanto, sem negar a importância da administração de estoques para os segmentos industriais, eles não são nem de longe os únicos setores interessados. Segundo Krajewski e Ritzman (ver bibliografia ao final do capítulo), perto de um trilhão de dólares foram investidos em estoques na economia norte-americana em 1987. Desse total, 37% pertenciam à indústria de transformação, 22% ao comércio varejista, 21% ao comércio atacadista, 12% ao setor agropecuário e 12% aos segmentos restantes da economia. Como se vê, embora a importância dos estoques seja fundamental para a indústria, não deixa de sê-lo para os outros setores.

Para sermos um pouco mais específicos, é útil citar que os investimentos em estoque englobam itens dos mais diversos. Entretanto, é possível classificar esses itens em alguns grandes grupos, podendo o estoque total de uma determinada empresa ser constituído de qualquer combinação desses tipos básicos. Genericamente, esses tipos são os seguintes:

- matérias-primas;
- peças e outros itens comprados de terceiros;
- peças e outros itens fabricados internamente;
- material em processo (produtos semi-acabados ou montagens parciais);
- produtos acabados.

Há dois pontos de vista principais segundo os quais a gestão de estoques adquire grande importância e merece cuidados especiais: o operacional e o financeiro. Do ponto de vista operacional; os estoques permitem certas economias na produção e também regulam as diferenças de ritmo entre os fluxos principais de uma empresa, mormente se ela for do ramo industrial: o fluxo de entrega de matérias-primas e componentes, o fluxo de produção e o fluxo com que os produtos são entregues para a distribuição ou o consumo, ou seja, a taxa de demanda. Com freqüência, a produção não consegue responder rapidamente a aumentos bruscos da demanda, havendo necessidade de estoques de produtos acabados para atender a esses aumentos; em outras ocasiões, a entrega de matérias-primas não acompanha as necessidades da produção, pelo que também se justificam os seus estoques. Por outro lado, acumulam-se estoques de produtos acabados, material em processo ou matérias-primas sempre que as suas demandas mostrarem-se abaixo das expectativas. De uma forma geral, pois, o estoque faz o papel de elemento regulador de velocidade de fluxo para a produção.

Do ponto de vista financeiro, basta lembrar que estoque é investimento e conta como parte do capital da empresa. Quanto maiores os estoques, maior é o capital total. Como a taxa de retorno é computada como o quociente dos lucros brutos (antes da dedução do Imposto de Renda) pelo capital, é claro que, quanto maiores os estoques, sendo as outras condições idênticas, menor será a taxa de retorno, que é o indicador mais usado de eficiência na gestão. Também pela ótica financeira, outro conceito básico é o de índice de rotação dos estoques, definido como o quociente do valor da produção anual pelo valor médio empatado em estoques de matérias-primas, componentes e material em processo. Se esse índice for de 20, por exemplo, isso indica que o estoque "gira" 20 vezes por ano. Um estudo intitulado "Manufatura de Classe Mundial no Brasil", conduzido pela empresa de consultoria Ernst & Young e publicado em 1991 pela Câmara Americana de Comércio para o Brasil, mostra que a empresa brasileira não chega, em média, a girar o seu estoque 10 vezes durante o ano. Por outro lado, o nível mundial de classe C mostra 25 a 30 como índice de giro para as matérias-primas e material em processo. Para as empresas classe A, esse número chega a 80/100 vezes de giro por ano. Embora não seja esse ponto o único em que as empresas brasileiras levam nítida desvantagem em relação aos padrões de excelência mundial, ele mostra que a gerência de estoques é de importância fundamental para essas empresas.

16.2 Detalhamento dos Objetivos Operacionais dos Estoques

Já dissemos que os objetivos básicos dos estoques são o de ligar vários fluxos entre si e também proporcionar determinadas economias na produção. De uma forma mais detalhada, essas grandes funções podem ser repartidas nos seguintes objetivos parciais:

a) *Os estoques cobrem mudanças previstas no suprimento e na demanda*

Há vários tipos de mudanças que podem aqui ser considerados. Assim, por exemplo, a empresa pode adquirir maiores quantidades de mercadorias para as quais se acredita em um aumento indesejável de preço ou, alternativamente, para as quais se espera alguma dificuldade de abastecimento em um futuro próximo. Algumas vezes, a empresa estoca esperando os frutos de uma campanha promocional junto aos clientes, embora o contrário (campanha promocional para diminuir estoques) também seja comum.

b) *Os estoques protegem contra incertezas*

Essas incertezas dizem respeito ao momento em que se necessita de um determinado item. Contam-se como incertezas, por exemplo, as faltas temporárias ou dificuldades na obtenção de matérias-primas e outros insumos necessários à produção; variações bruscas e não previstas na demanda de produtos acabados podem ocorrer em outros momentos. Além disso, dificuldades operacionais podem interromper o fluxo normal de produção. No tocante às matérias-primas e insumos para a produção, é bom não esquecer também que existe um certo tempo entre o pedido feito aos fornecedores e a entrega das mercadorias. Esse tempo, chamado de *tempo de espera*, é com freqüência sujeito a alguma indeterminação, forçando à manutenção de estoques. Por todos esses motivos, além do estoque que se mantém devido a variações planejadas, é habitual deixar-se uma quantidade adicional, chamada *estoque de segurança* ou *estoque de reserva*, cuja função é servir de anteparo (proteção) a quaisquer mudanças não previstas, seja no suprimento, seja na demanda ou no tempo de espera.

c) *Os estoques permitem produção ou compra econômicas*

Com alguma freqüência, torna-se mais econômico para a empresa produzir ou comprar em certas quantidades ou lotes que são excessivos para as necessidades de momento, o que fatalmente levará à manutenção de estoques. No caso da produção interna de mercadorias, os lotes propiciam a facilidade de se usar as mesmas máquinas para vários produtos, ou seja, adotar-se a chamada produção intermitente por lotes de fabricação. Cada novo produto ou item produzido em uma dada máquina pode exigir um tempo de preparação ponderável; produzindo-se em lotes, o custo dessa preparação é dividido por muitas unidades de mercadorias.

No caso de materiais comprados pela empresa, a compra feita em lotes pode ensejar o aproveitamento de descontos oferecidos em função da quantidade comprada. Dentro de certos limites, pode ser mais interessante comprar uma quantidade maior. Além disso, a parcela inflexível dos custos de transporte pode ser dividida por uma quantidade maior de mercadoria, abaixando o custo unitário de aquisição.

Para muitas empresas, os estoques têm também uma última função: a de assegurar o emprego uniforme da mão-de-obra. Tanto quanto possível, não é conveniente alterar o quadro de mão-de-obra em função da demanda: embora às vezes a demanda seja pequena, a empresa deseja conservar seus funcionários. Neste momento, a produção continua e os estoques se acumulam. Eles serão consumidos tão logo a demanda se elevar acima da capacidade de produção.

16.3 Estrutura de Custos em Estoques

Essencial a todos os sistemas de gestão de estoque que serão vistos mais adiante neste capítulo é o conhecimento dos custos incorridos pela mera existência de estoques dentro da empresa. A racionalidade na gestão desses custos é justamente o esperado dos responsáveis pelo controle de estoques.

Distinguem-se os seguintes custos associados aos estoques:

a) *Custo do item*

É também chamado de custo unitário ou preço unitário; é o custo de comprar ou produzir internamente uma unidade do item, dependendo do caso. Será visto mais tarde que o tratamento dos estoques no tocante aos custos que acarretam independe do fato de ser a mercadoria comprada externamente ou fabricada dentro da própria empresa. O custo do item será medido em R$ e indicado pela letra p.

b) *Custo do pedido*

É o custo de se encomendar a mercadoria, no caso de que seja comprada externamente. Será indicado por C_p e medido em R$/pedido. O custo por pedido é a soma de todos os custos incorridos desde o momento em que o pedido é feito até o momento em que a mercadoria é estocada. Esses custos incluem:

- a manutenção de toda a estrutura da área de compras, como os custos de pessoal, aluguel, despesas de escritório etc.;
- custos de transporte da mercadoria;
- custos de inspecionar a mercadoria antes de remetê-la ao estoque.

A apropriação desses custos não é evidentemente muito fácil, dado o fato de que as compras, no caso geral, não se referem a uma só mercadoria. Além disso, o mesmo pedido pode englobar várias mercadorias diferentes, sendo necessário imaginar-se uma forma de se ratear o custo de transporte entre essas mercadorias. Por último, muitas vezes o custo de transporte vem embutido no próprio preço do material, sendo muito difícil a sua individualização. A teoria elementar dos estoques admite geralmente que o custo do pedido não depende da quantidade comprada. Esse fato leva à conclusão de que, considerando apenas o custo do pedido, é mais interessante encomendar em grandes quantidades, justamente para ratear esse custo por um maior número de unidades. Na prática, o custo de transporte não é totalmente independente da quantidade comprada, mas, felizmente, como será possível demonstrar, os erros na apropriação dos custos não se revestem de uma importância excessiva. Existe uma contrapartida para o custo do pedido no caso da fabricação interna de mercadorias – é o custo de preparação de máquinas, sobre o qual falaremos mais adiante.

c) *Custo unitário de manutenção*

É o custo de se manter uma unidade de uma dada mercadoria em estoque por um tempo determinado, geralmente um ano. Os componentes do custo unitário de manutenção são os seguintes:

– *Custo do capital*: estando o item em estoque, o capital correspondente não poderá ser aplicado, gerando custos de oportunidade. Em outras palavras, o investimento em estoque é uma soma de dinheiro indisponível para quaisquer atividades fora da produção. O custo de capital é diretamente proporcional ao investimento em estoque do item.

– *Custo de armazenagem*: inclui o custo do espaço ocupado pela mercadoria, seguros, taxas, perdas, obsolescência do material ou sua deterioração. Dito de uma forma bem simples, o custo de armazenagem é aquele que existe apenas porque o material foi estocado. De uma forma aproximada, admite-se geralmente que o custo de armazenagem é, tal como o custo de capital, diretamente proporcional ao investimento em estoque.

Tal como acontece com o custo do pedido, não é muito fácil a apropriação do custo unitário de manutenção, embora certos limites de erro sejam toleráveis.

O custo unitário de manutenção será indicado por C_m e a sua unidade de medida, um tanto complicada, expressa-se em R$ por unidade da mercadoria e por unidade de tempo considerada. Exemplificando, se uma mercadoria é medida em toneladas e o tempo base é o ano, o custo de manutenção seria dado em R$ por tonelada e por ano, significando o que se gasta para manter uma tonelada da mercadoria em estoque por um ano.

d) *Custo de falta de estoque*

Reflete as conseqüências econômicas da falta de estoque, tais como as vendas perdidas ou a perda de imagem e futuros negócios quando o material não está disponível ou demorar a ser entregue ao consumidor. Nas noções introdutórias sobre estoques, geralmente o custo de falta de estoque não é considerado. É indicado por C_f e medido em R$ por unidade não disponível ou ordem não cumprida. Sua apropriação é bem mais difícil que a dos custos anteriores.

Logo mais adiante, os custos apresentados serão combinados para fornecer uma medida do custo total associado aos estoques, o qual será a base para a apresentação do mais simples sistema de controle de estoques, qual seja, o Lote Econômico de Compra.

16.4 Demanda Independente e Demanda Dependente

Existem dois padrões básicos de consumo de um item ao longo do tempo. Esses padrões são chamados de *demanda dependente* e *demanda independente*. É importante entender a dinâmica desses padrões, já que conduzem a estratégias diferenciadas de controle de estoques.

Dizemos que a demanda de um item é *independente* se ela depender das condições de mercado, fora do controle imediato da empresa. Embora a empresa possa estimular essa demanda por meio de promoções e reduções de preço, a quantidade final demandada do item ainda assim dependerá do mercado. São itens de demanda independente:

- os produtos acabados;
- as peças e outros materiais para reposição.

É fácil ao leitor entender que qualquer instituição que se dedique apenas à venda de produtos, como lojas e distribuidores, terá em seus estoques somente itens de demanda independente. O consumo desses itens pode ser objeto de uma previsão da demanda, sujeita a riscos e a incertezas. É uma situação totalmente diferente do caso em que a empresa pode programar o consumo de quantias bem determinadas de pelo menos alguns dos seus itens.

Um item é dito de demanda *dependente* se o seu consumo puder ser programado internamente. Os itens de demanda dependente são usados na produção interna de outros itens. A quantidade programada para consumo, no mais das vezes, depende das expectativas da empresa em relação ao comportamento do mercado. Uma vez estimado esse comportamento por meio de uma previsão de demanda de um ou mais itens de demanda independente, a programação da produção é fixada. Os itens de demanda dependente dependem, pois, da previsão de consumo dos itens de demanda independente. São itens de demanda dependente:

- as matérias-primas componentes dos produtos;
- as peças para montagem.

Os comportamentos das demandas dependente e independente são radicalmente diferentes. No caso de produtos finais e peças de reposição, a demanda é contínua, ainda que sujeita à influência de efeitos tais como tendência, sazonalidade, ciclo de negócios e variações aleatórias. Por outro lado, as matérias-primas e peças para montagem têm um comportamento do tipo "tudo ou nada" sempre que a produção seja feita em lotes: uma certa quantidade é demandada diariamente durante o tempo que durar a fase produtiva dos lotes; entre duas dessas fases produtivas, nenhuma quantidade é demandada. A Figura 16.1 ilustra esses comportamentos diferenciados.

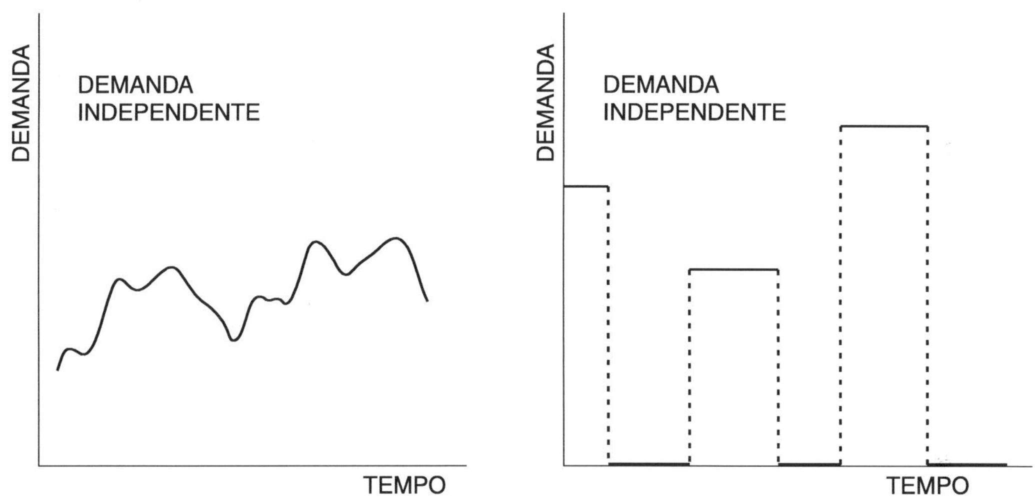

Figura 16.1 Demanda Independente e Demanda Dependente.

Como dissemos, a gerência de estoques requer abordagens diferentes quer se trate de itens pertencentes a um ou outro padrão de consumo. Para itens de demanda independente, a abordagem é de *reposição* do estoque: à medida que o item é usado, ele é reposto para se ter sempre material à mão para os consumidores. Será fundamental conhecer pelo menos uma estimativa da demanda futura, para que se possa dizer o momento de reposição e também a quantidade a adquirir ou fabricar para o estoque. Para itens de demanda dependente, ao contrário, a abordagem a seguir é a de *requisição*, onde a quantidade pedida e o momento em que ela deve estar disponível na produção são funções de previsões de mercado ou encomendas já efetuadas por clientes. Repare-se que a matéria-prima não é pedida para a produção em andamento, e sim para a próxima corrida de fabricação.

Neste capítulo, o sistema de controle de estoque que estaremos estudando (o Lote Econômico de Compra ou Fabricação) é destinado a itens de demanda independente; é um sistema, pois, baseado numa política de reposição de mercadoria. No Capítulo 17 estudaremos mais dois sistemas de controle para demanda independente: o Sistema de Revisão Contínua e o Sistema de Reposição Periódica. No Capítulo 19, destinado ao MRP (do inglês *Material Requirements Planning* – Planejamento de Necessidades de Material), trataremos da requisição e do controle de estoques para itens de demanda dependente.

16.5 Os Estoques a Serem Controlados: A Curva *ABC*

Normalmente, uma companhia mantém centenas e, com freqüência, milhares de itens em estoque. Gerenciar os estoques de todos esses itens com a mesma atenção e os mesmos métodos pode ser bastante dispendioso, obrigando a que se encontre alguma forma de dar atenção diferenciada a certos itens. Para isso, é necessário que se adote um critério, que permita distinguir claramente a importância da mercadoria segundo esse critério.

Focalizando a atenção mais de perto sobre as matérias-primas e os componentes necessários à manufatura dos produtos, tem-se que o mais evidente de todos os critérios possíveis é o investimento que se faz de cada um deles. Itens que demandam altos investimentos durante o ano (ou outro período base qualquer) merecem atenção especial, porque quaisquer economias obtidas no estoque significam disponibilidade de recursos para investimentos em outras necessidades da empresa. Outros critérios podem existir (como, por exemplo, a importância técnica do item na produção), mas deteremos a atenção apenas sobre o investimento feito no item. Tudo o que se segue, ou seja, a metodologia *ABC*, é aplicável em qualquer caso de classificação de itens, de quaisquer naturezas e sob qualquer critério.

O que se observa empiricamente é que uma pequena parte dos itens é responsável pela maior parte dos investimentos. Assim, será provável que menos de 20% dos itens respondam por até 70% a 80% do investimento. Há uma classe intermediária de itens, onde aproximadamente 20% dos itens respondem por 20% dos investimentos e, finalmente, há uma classe, contendo a maior parte dos itens (60% a 70%) que contribuem com cerca de 10% do investimento total. Esses números podem variar e de fato o fazem de forma mais ou menos livre. Devem ser tomados apenas como uma ilustração. De qualquer forma, se os itens forem colocados em ordem da proporção ou porcentagem do investimento total que representam, ou seja, ao item 1 corresponder a maior porcentagem, ao item 2 a segunda maior, e assim por diante, é possível construir o diagrama seguinte (Figura 16.2), conhecido como Curva *ABC*. Em abscissas, temos os itens ordenados da esquerda para a direita, da maior para a menor porcentagem de investimento que representam. A porcentagem acumulada do investimento é colocada em ordenadas.

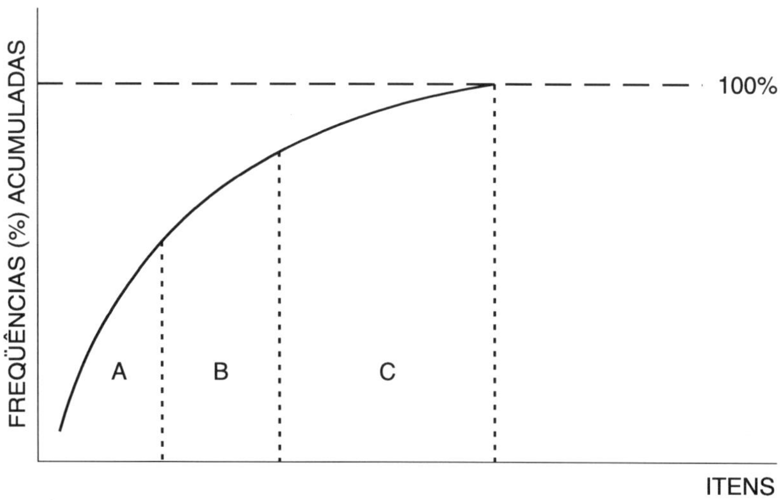

Figura 16.2 A Curva *ABC*.

O que se observa é que a curva sobe rapidamente, devido ao fato de que os primeiros itens são os mais importantes em termos de investimento. Posteriormente, o crescimento é lento, até atingir a ordenada de 100% que corresponde ao último item (o menos importante). O nome dado à curva deriva do fato de que ela pode ser dividida em três grandes regiões ou classes:

– A região *A* corresponde a um pequeno número de itens, responsáveis pela maior porcentagem acumulada dos investimentos. São os itens mais importantes, que devem receber atenção especial.

– A região *B* corresponde a um número intermediário de itens, responsáveis por uma porcentagem acumulada também intermediária dos investimentos. Devem receber atenção, porém menos que os itens da região *A*.

– A região *C* corresponde ao maior número de itens, responsáveis por pequena parte dos investimentos. Devem ser controlados com menos rigor relativo que os itens das classes ou regiões anteriores.

Não é preciso que seja construída a curva para se determinar as regiões *A*, *B* e *C*. Dada uma série de itens que se quer classificar, o procedimento é o seguinte:

a) para cada item, determina-se o investimento que ele acarreta;
b) ordenam-se os itens, do maior para o menor investimento;
c) calcula-se a porcentagem que cada item representa no investimento total e, em seguida, as porcentagens acumuladas;
d) faz-se a divisão em classes *A*, *B* e *C* de maneira tentativa.

Não há uma fórmula definida de se categorizar os itens. Deve-se ir pelo bom senso, tendo como base apenas a importância relativa das três classes em relação ao investimento.

Exemplo 16.1

Classificar em três classes *A*, *B* e *C* os itens a seguir, segundo a porcentagem que representam no investimento total.

Item	Consumo Anual (unidades)	Preço Unitário (R$)	Item	Consumo Anual (unidades)	Preço Unitário (R$)
1	55.000	1,80	6	65.000	16,30
2	16.500	9,60	7	55.000	0,90
3	100.000	12,60	8	50.000	1,50
4	66.500	2,40	9	78.000	3,00
5	83.000	0,60	10	33.500	2,40

Solução

A partir dos dados originais, construímos a tabela a seguir, onde o investimento referente a cada item foi obtido multiplicando-se o consumo pelo preço unitário. Os investimentos individuais foram somados para dar o investimento total; em seguida, obteve-se a porcentagem de cada investimento individual sobre o total. A tabela obtida corresponde à fase preliminar da classificação dos itens.

Item	Investimento Anual (R$)	%	Item	Investimento Anual (R$)	%
1	99.000	3,1	6	1.059500	32,9
2	158.400	4,9	7	49.500	1,5
3	1.260.000	39,1	8	75.000	2,3
4	159.600	4,9	9	234.000	7,3
5	49.800	1,5	10	80.400	2,5

A partir da tabela anterior, a ordem decrescente dos itens em termos de investimento é a seguinte:

Item	%	% acumulada	Item	%	% acumulada
3	39,1	39,1	1	3,1	92,2
6	32,9	72,0	10	2,5	94,7
9	7,3	79,3	8	2,3	97,0
2	4,9	84,2	5	1,5	98,5
4	4,9	89,1	7	1,5	100,0

Observando os itens em ordem decrescente de investimento, nota-se que os dois primeiros (3 e 6) são responsáveis por 72,0% do investimento; parece natural que constituam a classe *A*, que fica então com 20% dos itens e 72,0% dos investimentos. Os itens 9, 2 e 4 poderiam constituir a classe *B* (30% dos itens e 17,1% dos investimentos), enquanto os restantes poderiam formar a classe *C* (50% dos itens formando apenas 10,9% dos investimentos).

16.6 Sistemas de Controle de Estoques: Demanda Independente

Um sistema de controle de estoques é fundamentalmente um conjunto de regras e procedimentos que permite responder a algumas perguntas e tomar algumas decisões sobre os estoques. No caso de um sistema montado para controlar itens de demanda independente, contam-se, entre as mais importantes perguntas e decisões, as seguintes:

- Quanto existe em estoque, a cada momento, de cada item sob controle?
- Qual é o investimento em estoque?
- Para cada item, existe alguma quantidade já encomendada para compra ou fabricação? Quanto?
- Para cada um dos itens em estoque, quanto deve ser encomendado?
- Quando deve ser feita a encomenda de um dado item?

Entre outras informações, portanto, um sistema de controle de estoques deve responder quando e quanto se deve adquirir de cada mercadoria, por compra ou fabricação. Essas são as chamadas funções básicas do sistema, embora não sejam as únicas. Teremos sistemas diferentes à medida que essas perguntas básicas sejam respondidas de forma diferente.

Entre outros, três sistemas são muito encontrados e considerados fundamentais para o controle de estoques de itens de demanda independente:

- O Sistema do Lote Econômico de Compra, que se desdobra no Lote Econômico de Fabricação.
- O Sistema de Revisão Contínua ou simplesmente Sistema Q.
- O Sistema de Reposição Periódica ou Sistema P.

Dos três sistemas, o Lote Econômico de Compra é o mais antigo (tem quase 100 anos) e sem dúvida o mais irrealista. Segue sendo importante, no entanto, por introduzir conceitos diariamente utilizados dentro do controle de estoques. O Sistema de Reposição Contínua é uma versão mais realista do Lote Econômico de Compra, enquanto o Sistema de Reposição Periódica já apresenta algumas diferenciações importantes. Para todos os sistemas, é importante considerar o padrão de variação dos itens em estoque ao longo do tempo. Se exposto graficamente, como usual, esse padrão é conhecido como Gráfico Dente de Serra, o qual permite visualizar algumas variáveis que serão usadas para definir os sistemas de controle de estoques. O mesmo gráfico, modificado conforme as circunstâncias, permite acomodar diferentes hipóteses sobre o comportamento da demanda do item.

16.7 O Gráfico Dente de Serra

O Gráfico Dente de Serra mostra a evolução da quantidade em estoque de um item ao longe do tempo. Em ordenadas, marca-se, portanto, o estoque existente a cada momento, enquanto em abscissas a variável é o tempo. O aspecto particular do gráfico depende de uma série de hipóteses sobre o comportamento do estoque; tanto quanto possível, apresentaremos o gráfico com o aspecto mais genérico possível, sem comprometer a clareza de exposição. Quando tratarmos dos vários sistemas de controle de estoques, hipóteses particularizadas serão apresentadas, a quais alterarão o gráfico mais genérico. Há dois momentos importantes que serão destacados no eixo dos tempos, os quais se repetem constantemente: o instante em que um pedido (para compra ou fabricação) é feito e o instante em que a mercadoria é recebida. O intervalo de tempo decorrido entre esses dois instantes, como já dissemos em outra oportunidade, é chamado de tempo de espera. Outras grandezas que devemos observar no gráfico, além do tempo de espera são as seguintes:

- taxa média de uso ou consumo da mercadoria;
- quantidade comprada (ou fabricada) da mercadoria;
- estoque de reserva da mercadoria.

A Figura 16.3 mostra o Gráfico Dente de Serra e aponta para as grandezas anteriores.

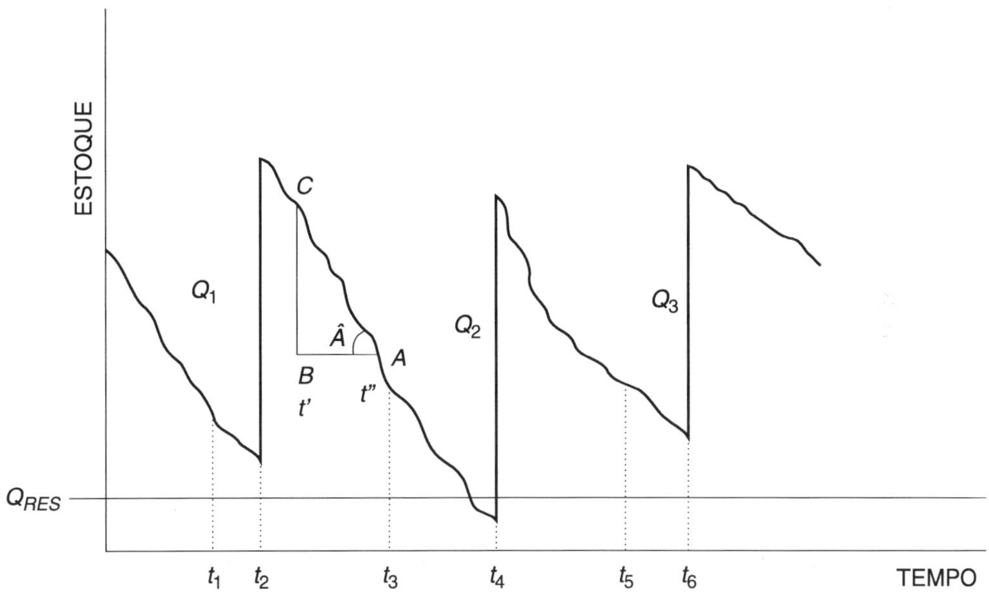

Figura 16.3 Gráfico Dente de Serra.

A queda do estoque ao longo do tempo é representada pela linha inclinada para baixo; a linha vertical abrupta representa o momento em que uma nova mercadoria é adicionada ao estoque, aumentando-o. Neste ponto reside a única hipótese simplificadora que introduzimos a fim de tornar o gráfico mais simples, qual seja, a de que a mercadoria é entregue ao estoque de uma só vez, o que justifica o súbito incremento. Identifiquemos as grandezas que nos interessam no gráfico:

– O estoque de reserva está indicado por Q_{RES} e, por ser uma quantidade constante, é indicado por uma linha horizontal ao eixo do tempo. O estoque de reserva será medido na mesma unidade em que for medida qualquer outra quantidade da mercadoria: metros, quilogramas, toneladas, litros etc. O fato de ser uma quantidade constante, ou seja, um parâmetro dentro do gráfico, não quer dizer que não seja consumido em todo ou em parte em algumas ocasiões: sempre que a curva do consumo, ou seja, a linha inclinada, descer abaixo da linha de Q_{RES}, isso significa que parte do estoque de reserva está sendo consumida. Lembre-se o leitor de que o estoque de reserva serve exatamente como um anteparo para absorver variações não previstas.

– As linhas verticais representam tanto a entrega como o valor (o tamanho da linha vertical) das quantidades pedidas; estão indicadas pelos símbolos Q_1, Q_2 e Q_3 no gráfico.

– Os instantes marcados como t_1, t_3 e t_5 representam datas de pedido da mercadoria, enquanto aqueles marcados como t_2, t_4 e t_6 representam as datas de entrega. Repare que nessas datas de entrega o estoque sobe abruptamente, segundo a hipótese de que a mercadoria é entregue de uma só vez. Os intervalos de tempo decorrido entre t_1 e t_2, entre t_3 e t_4, e entre t_5 e t_6 são os três tempos de espera que comparecem no gráfico. O tempo pode ser medido em dias, semanas, quinzenas etc.

– A taxa média de consumo é definida entre dois instantes de tempo quaisquer; assim, por exemplo, entre os instantes t' e t'', ela é dada pela tangente do ângulo $\hat{A}$, que é obtido pelo quociente do cateto oposto *BC* pelo cateto adjacente *AB* no triângulo retângulo *ABC*. O cateto *BC* é exatamente a variação da quantidade em estoque entre os instantes t' e t'', enquanto o cateto *AB* é o intervalo de tempo decorrido entre t' e t''. Dessa forma, a taxa média de consumo para um período qualquer é dada pelo quociente entre a quantidade consumida e o período considerado. A unidade de medida da taxa média de consumo depende das unidades adotadas para a mercadoria e para o tempo. Podemos ter coisas como metros por dia, toneladas por semana, litros por quinzena, e assim por diante.

No item seguinte, passaremos a estudar o sistema do Lote Econômico de Compra. Como veremos, esse sistema supersimplifica o Gráfico Dente de Serra por meio de uma série de hipóteses envolvendo as grandezas que apresentamos anteriormente. Como já dissemos, o sistema é irrealista, mas tem uma grande utilidade, quer didática, quer conceitual.

16.8 O Lote Econômico de Compra de um Item

Como o próprio nome indica, o sistema do Lote Econômico de Compra foi concebido para a gestão de itens comprados fora da empresa. É possível, no entanto, com algumas adaptações simples, aplicá-lo ao caso de itens fabricados internamente. No caso do Lote Econômico de Compra, usaremos para indicá-lo, com freqüência, apenas a sigla *LEC*.

Todo sistema de controle de estoques de demanda independente deve prioritariamente responder a duas questões: quando se deve comprar o item (uma data) e quanto se deve comprar do item (uma quantidade). Embora a rigor o sistema do Lote Econômico de Compra realmente responda a essas duas indagações, ele é mais conhecido por responder à segunda delas, ou seja, quanto se deve comprar da mercadoria que está se considerando. O próprio nome *LEC* refere-se comumente a essa quantidade, a qual, como veremos, é constante e depende, para sua determinação, de um certo número de hipóteses.

As hipóteses do *LEC*

Existem dois conjuntos de hipóteses no sistema do *LEC*:

- hipóteses relacionadas com o comportamento do item quando em estoque e
- hipóteses referentes à estrutura dos custos em estoque.

A pergunta "quando comprar" é respondida indiretamente, considerando-se tão-somente o primeiro conjunto, ou seja, as hipóteses simplificadoras do Lote Econômico de Compra acerca do comportamento do estoque. Essas hipóteses permitirão apontar para uma quantidade remanescente em estoque, a qual, quando atingida, aciona imediatamente um pedido de compra. Enquanto se espera que chegue a mercadoria, gasta-se o que ainda ficou em estoque. Como o sistema funciona de forma ideal, aquilo que ficou em estoque é exatamente suficiente até que se faça a entrega da mercadoria pedida. No caso da pergunta "quanto comprar", ou seja, a determinação da quantidade conhecida como *LEC* propriamente dito, ambos os conjuntos de hipóteses são utilizados.

Veremos de início como se responde à questão da data da compra, após apresentar as hipóteses então necessárias. O segundo conjunto, das hipóteses relativas aos custos, será visto quando da determinação da quantidade a comprar, ou seja, do *LEC*.

Quando comprar no sistema do *LEC*

As hipóteses do sistema, referentes ao comportamento do item em estoque e necessárias para se descobrir quando acionar um pedido de compra, são as seguintes:

a) A taxa de consumo do item é constante ao longo do tempo, ou seja, consome-se a mesma quantidade por unidade de período.

b) O tempo de espera entre o pedido e a entrega da mercadoria é constante.

De posse de tais hipóteses, não é difícil deduzir qual a quantidade remanescente em estoque que adernaria o pedido de compra. Considere o leitor o Gráfico Dente de Serra da Figura 16.4, agora adaptado às novas hipóteses, conservando-se ainda a hipótese adicional de entrega instantânea da mercadoria.

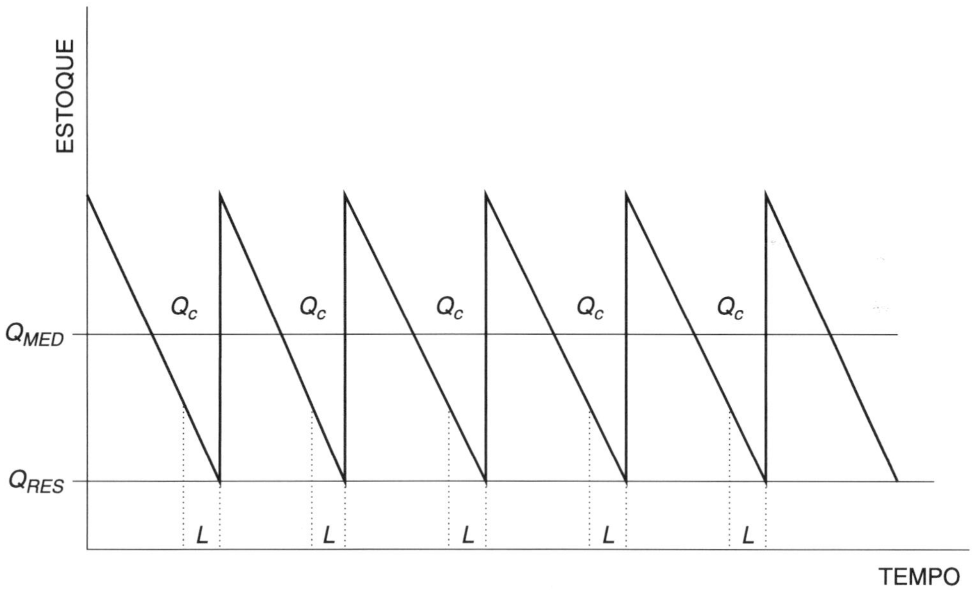

Figura 16.4 Gráfico Dente de Serra para o Lote Econômico de Compra.

As linhas inclinadas que representam o consumo do estoque são agora retas paralelas entre si. Isso acontece porque a taxa de consumo é constante: como ela é a tangente do ângulo formado pela horizontal com a reta de consumo, essa tangente deve ser constante e, portanto, esse ângulo deve ser sempre o mesmo. No gráfico, a quantidade de compra já está assumida como constante e indicada por Q_c, significando a quantidade de compra. Mais tarde, essa quantidade será indicada pela sigla *LEC*, mas por ora a designação Q_c é conveniente.

Repare o leitor que o estoque de reserva jamais é tocado. Por que isso acontece?

Ora, se tanto a taxa de consumo como o tempo de espera são constantes, é possível calcular com exatidão quanto de mercadoria será consumido durante o tempo de espera, bastando efetuar-se o produto:

(Taxa de Consumo) × (Tempo de Espera)

Assim, por exemplo, se a taxa de consumo de um item é de 200 unidades por dia e o tempo de espera é de 12 dias, enquanto se espera pela mercadoria, serão consumidas (200) × (12) = 2.400 unidades de mercadoria. Sabendo com certeza que serão consumidas essas 2.400 unidades durante o tempo de espera, basta efetuar o pedido quando o estoque remanescente atingir essa quantidade. Haverá garantia de que o estoque de reserva permanecerá intocado. Na verdade, estoques de reserva são desnecessários no sistema ideal do *LEC*, embora evidentemente sejam úteis na prática, quando não se confirmam as hipóteses que estamos assumindo. Formalizemos a nossa equação, enunciada anteriormente. Chamando de m a quantidade consumida no tempo de espera, de d a taxa de consumo e de L o tempo de espera, vem que:

$$m = d\,L \qquad \text{(Equação 16.1)}$$

A Equação 16.1 nos dá, portanto, uma resposta ao problema da data de emissão do pedido. No sistema do *LEC*, o pedido deve ser feito imediatamente após a quantidade remanescente em estoque descer à m, ou seja, à $d\,L$.

Uma pergunta agora se impõe: qual é o estoque médio da mercadoria, mantido ao longo do tempo? Embora seja certo que a cada instante temos um estoque diferente, é lícito definir uma quantidade média, que no gráfico está indicada por uma linha paralela ao eixo do tempo. O estoque médio é simbolizado por Q_{MED} e a sua determinação em função das grandezas já introduzidas pode ser feita de forma intuitiva. Assim, o estoque de reserva, que jamais será tocado, fará parte permanente do estoque médio; fora o estoque de reserva, a quantidade em estoque variará de zero (quando se atinge o estoque de reserva, imediatamente antes da recepção da mercadoria) até Q_c, imediatamente após a recepção da mercadoria. Por considerações geométricas, dada a regularidade das grandezas envolvidas, há então uma parcela do estoque médio variando entre zero e Q_c, conservando-se em média no valor $Q_c/2$. Dessa forma, lembrando do estoque de reserva, o estoque médio Q_{MED} será dado por:

$$Q_{MED} = \frac{Q_c}{2} + Q_{RES} \qquad \text{(Equação 16.2)}$$

A Equação 16.2 é irrelevante no momento, mas será fundamental quando da determinação do *LEC*, que será vista em seguida.

Quanto comprar no sistema do *LEC*

Respondida a questão de "quando comprar", a outra indagação básica, referente à quantidade a comprar, é resolvida por meio de uma minimização dos custos associados aos estoques (daí a denominação de lote econômico). As hipóteses necessárias, conservando aquelas já feitas para o comportamento do item em estoque, são as seguintes:

- o preço unitário da mercadoria é constante;
- o custo para se fazer um pedido do item em questão é constante e independente da quantidade comprada;
- o custo unitário de manutenção do item em estoque é constante.

Todas as hipóteses são ousadas, para não dizer impossíveis de ser cumpridas, dentro de um quadro inflacionário como o que habitualmente existe em muitos países; no entanto, o cálculo do *LEC* pode ser revisto constantemente, para acomodar-se a quaisquer variações nos custos.

Definamos agora duas classes de custos totais:

a) Custo Total Anual em estoque, levando em conta somente os custos de pedir e de manter a mercadoria em estoque durante o ano, desconsiderando, portanto, quaisquer custos de falta de mercadoria. Indicaremos esse custo por C_T;

b) Custo Total do Sistema, que nada mais é do que a soma do Custo Total Anual com o preço da mercadoria comprada durante o ano. Esse custo será indicado por C_s.

Levando em conta que, por hipótese, o preço da mercadoria é constante, o custo de adquiri-la durante o ano independerá da quantidade comprada de cada vez, motivo pelo qual iremos interessar mais pelo Custo Total Anual C_T. O Lote Econômico de Compra será exatamente a quantidade que tornar C_T mínimo. Para compreender a ligação, passemos ao cálculo de C_T, em função de várias grandezas já definidas e da demanda anual da mercadoria. Retomemos essas grandezas e relembremos suas notações. Sejam:

D = demanda anual da mercadoria, em unidades

C_p = custo do pedido

C_m = custo unitário de manutenção

Q_{MED} = estoque médio da mercadoria

Q_c = quantidade comprada de cada vez

Q_{RES} = estoque de reserva da mercadoria

Pela definição, temos:

C_T = (custo de pedir) + (custo de manter)

O custo de pedir a mercadoria, durante o ano, será dado por:

custo de pedir = (custo do pedido) × (nº de pedidos no ano)

O custo do pedido é C_p, enquanto o número de pedidos feitos no ano pode ser colocado em função da demanda anual D e da quantidade Q_c que se compra de cada vez; é fácil de ver que:

$$\text{nº de pedidos no ano} = \frac{D}{Q_c}$$

O custo de pedir, para o ano todo, é, portanto:

$$\text{Custo de pedir} = C_P \frac{D}{Q_c}$$

O custo de manter a mercadoria em estoque durante o ano, por sua vez, será dado por:

custo de manter = (custo de manter uma unidade por ano) × (nº médio de unidades em estoque)

Ou, simplesmente,

$$\text{Custo de manter} = C_m Q_{MED}$$

Lembrando que

$Q_{MED} = \frac{Q_c}{2} + Q_{RES}$, vem que:

$$\text{Custo de manter} = C_m \left(\frac{Q_c}{2} + Q_{RES}\right)$$

Somando agora os custos de pedir e de manter, vem finalmente a equação que fornece o cálculo do Custo Total Anual em estoque:

$$C_T = C_P \frac{D}{Q_c} + C_m \left(\frac{Q_c}{2} + Q_{RES} \right) \qquad \text{(Equação 16.3)}$$

Tratando-se do sistema do Lote Econômico de Compra, a Equação 16.3 poderia ser simplificada, lembrando que a presença do estoque de reserva é inútil nesse sistema. Conservar o estoque de reserva na fórmula não causa dano algum, no entanto; além disso a Equação 16.3 será usada na forma em que está quando falarmos do Sistema de Revisão Contínua mais adiante.

Podemos reparar que o Custo Total Anual é dado em função de uma série de grandezas constantes, por força de hipóteses anteriores. No entanto, pode-se pensar em ajustar diferentes valores da quantidade comprada Q_c à Equação 16.3, obtendo-se, em cada caso, um valor diferente para C_T. Pode-se perceber que, aumentando o valor de Q_c, a primeira parcela (o custo anual dos pedidos) diminui, enquanto a segunda (o custo anual de manutenção) aumenta. É essa exatamente a base do Lote Econômico de Compra, definido formalmente como:

"Lote Econômico de Compra (*LEC*) é a quantidade comprada tal que minimize o Custo Total Anual em estoque C_T."

A Figura 16.5 mostra separadamente os dois custos – pedir e manter – em função da quantidade comprada de cada vez Q_c. Na mesma figura, é efetuada a soma dessas duas parcelas para compor o Custo Total Anual em estoque C_T.

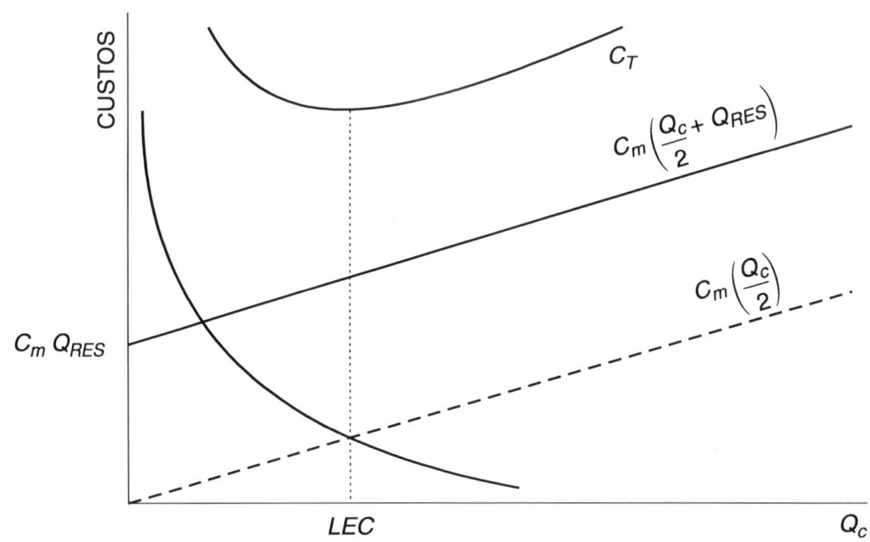

Figura 16.5 Custos Associados aos Estoques.

A parcela correspondente ao custo de pedir $C_p\ D/Q_c$ é representada por uma curva assintótica aos eixos – à medida que Q_c decresce, o número de pedidos e, conseqüentemente, o custo dos pedidos tendem ao infinito; inversamente, à medida que aumenta Q_c, o número de pedidos (e o custo deles) tende a zero. É claro que a curva é apenas teórica e que existem os limites práticos: devemos ter, pelo menos, um pedido (de toda a mercadoria que se necessita durante o ano) ou, pelo menos, deveríamos pedir uma unidade da mercadoria de cada vez, caso em que o número de pedidos igualaria numericamente a demanda anual.

Por seu turno, a parcela que corresponde ao custo de manter o estoque $C_m\ (Q_c/2 + Q_{RES})$ é representada por uma linha reta que corta o eixo dos custos em $C_m\ Q_{RES}$. Caso o estoque de reserva seja assumido como zero, a expressão do custo de manter se reduz a $C_m\, Q_c/2$, sendo representada por uma reta paralela à anterior, mas agora passando pela origem. Esta última reta está também assinalada no gráfico, em pontilhado.

A soma das ordenadas para cada valor de Q_c nos dá o valor do Custo Total Anual C_T. A curva resultante tende a se aproximar do eixo dos custos pela esquerda, devido à influência da parcela $C_p\, D/Q_c$ e tende a crescer, pela direita, quase na mesma razão de $C_m\, (Q_c/2 + Q_{RES})$. Existe um ponto, marcado no gráfico, onde o Custo Total Anual C_T atinge o seu valor mínimo. A quantidade de compra que corresponde a esse mínimo é, por definição, o Lote Econômico de Compra *LEC*.

O *LEC* pode ser calculado por meio de uma fórmula, que o coloca em função de algumas grandezas já conhecidas. Para conhecermos a fórmula do *LEC*, é suficiente derivarmos a Equação 16.3 em relação à Q_c, igualando o resultado a zero. Não é preciso testar o sinal da derivada segunda para ver se o ponto é de máximo ou de mínimo, dado que sabemos de antemão que existe apenas um ponto de inflexão, que é de mínimo. Temos:

$$C_T = C_P\,\frac{D}{Q_c} + C_m\left(\frac{Q_c}{2} + Q_{RES}\right)$$; desmembrando, vem que:

$$C_T = C_P\,\frac{D}{Q_c} + C_m\,\frac{Q_c}{2} + C_m\, Q_{RES}$$

Essa última expressão é do tipo $C_T = ax^{-1} + a'x + k$, onde:

$a = C_pD$ (constante)

$x = Q_c$

$a' = C_m/2$ (constante)

$k = C_mQ_{RES}$ (constante)

Portanto, $dC_T/dQ_c = dC_T/dx = -ax^{-2} + a'$ ou, então,

$$dC_T/dQ_c = -C_pDQ_c^{-2} + C_m/2 = -C_pD/Q_c^2 + C_m/2$$

No ponto mínimo, $Q_c = LEC$ e $dC_T/dQ_c = 0$; logo:

$$-C_pD/LEC^2 + C_m/2 = 0$$

ou $C_m/2 = C_pD/LEC^2$; reagrupando, vem finalmente que:

$$LEC = \sqrt{\frac{2C_pD}{C_m}} \qquad \text{(Equação 16.4)}$$

A Equação 16.4 mostra que a quantidade ótima de compra depende apenas dos custos do pedido e de manutenção, bem como da demanda anual. Note-se que, se o custo de manutenção C_m aumentar, permanecendo as demais grandezas constantes, a tendência é a de diminuir o *LEC* e, conseqüentemente, o estoque médio, para compensar o aumento no custo de manter; alternativamente, se aumentar apenas C_p, a tendência será a de aumentar o *LEC* para conservar o número e o custo total dos pedidos. Uma conclusão interessante, já implícita nos cálculos intermediários, pode ser retirada a partir da Equação 16.4; elevando ambos os membros ao quadrado, vem que:

$$LEC^2 = \frac{2C_pD}{C_m}$$

Reagrupando as grandezas, temos:

$$C_m\,\frac{LEC}{2} = \frac{C_pD}{LEC}$$

A igualdade anterior mostra que o custo de pedir iguala o custo de manutenção, quando se compra em lotes econômicos e quando o estoque de reserva é igual a zero. É claro que, se o estoque de reserva for positivo, ainda assim a igualdade permanece, porém a quantia $C_m\ LEC/2$ será apenas uma parcela do custo de manter (a outra é $C_m\ Q_{RES}$).

Exemplo 16.2

Para um item em estoque, a demanda anual é de 144.000 unidades. Estima-se que, para emitir um pedido, contando-se também os custos de transporte e inspeção até colocar a mercadoria no estoque, são gastos cerca de R$ 1.000,00. Manter o item em estoque acarreta um custo de R$ 200,00 por unidade e por ano.

a) Adotando quantidades compradas de 400, 700, 1.000 e 1.500 unidades, calcular o custo anual de pedir e de manter o item em estoque, bem como o Custo Total Anual correspondente. Assumir que o estoque de reserva é zero.

b) Calcular o *LEC*.

c) Calcular o Custo Total Anual mínimo.

Solução

a) Todos os custos pedidos variarão em função da quantidade comprada. Temos:

$D = 144.000$

$C_p = 1.000$

$C_m = 200$

e também:

Custo de pedir = $C_p\ D/Q_c = (1.000)\ (144.000)/Q_c$

Custo de manter = $C_m\ Q_c\ /2 = 200\ Q_c\ /2 = 100\ Q_c$

C_T = Custo de pedir + Custo de manter

Os três custos estão calculados para cada diferente valor de Q_c na tabela a seguir:

Quantidade de Compra	Custo de pedir (R$)	Custo de manter (R$)	Custo Total Anual (R$)
Q_c	$C_p\ D/Q_c$	$C_m\ Q_c\ /2$	$C_p\ D/Q_c + C_m\ Q_c\ /2$
400	360.000,00	40.000,00	400.000,00
700	205.714,30	70.000,00	275.714,30
1.000	144.000,00	100.000,00	244.000,00
1.500	96.000,00	150.000,00	246.000,00

Como se vê, o Custo Total Anual é decrescente até a quantidade comprada de 1.000 unidades, aumentando novamente para 1.500 unidades. Encontramo-nos, pois, diante de dois comportamentos da curva, a fase descendente, a passagem pelo mínimo e a fase ascendente, significando que entre as quantidades compradas de 1.000 e 1.500 unidades está o Lote Econômico de Compra.

b) O cálculo do *LEC* é imediato:

$$LEC = \sqrt{\frac{2\ C_p D}{C_m}} = \sqrt{\frac{2(1.000)\ (144.000)}{200}} = 1.200 \text{ unidades}$$

Tal como era possível prever da tabela do cálculo dos custos, o *LEC* situa-se entre as quantidades de compra de 1.000 e 1.500 unidades.

c) De posse do *LEC*, é também imediato o cálculo do Custo Total Anual mínimo que lhe corresponde:

$$C_T = C_p \frac{D}{LEC} + C_m \frac{LEC}{2} = 1.000 \frac{144.000}{1.200} + 200 \frac{1.200}{2} =$$

$$= 120.000 + 120.000 = R\$\ 240.000$$

(Repare-se na igualdade entre os custos de pedir e de manter quando se compra o *LEC* e o estoque de reserva é nulo.)

16.9 Uma Expressão para o Custo de Manutenção C_m

Como vimos, o custo unitário de manutenção C_m resulta de dois grupos de custos, a saber, os custos de capital e os custos de armazenagem. Para se conservar o estoque médio durante o ano, existe, pois, um custo anual de capital e um custo anual de armazenagem. Como C_m é o custo de manter uma simples unidade durante o ano, pode-se então escrever que:

$$C_m = \frac{\text{custo anual de capital}}{\text{estoque médio}} + \frac{\text{custo anual de armazenagem}}{\text{estoque médio}}$$

O custo anual de capital é, na verdade, um custo de oportunidade; a manutenção do item em estoque impede que o investimento correspondente seja aplicado à taxa de juros de mercado. Esse raciocínio nos dá uma maneira de calcular o custo de capital. Designando por i a taxa de juros anual média que a empresa poderia obter se aplicasse o seu dinheiro, em vez de colocá-lo em estoque na forma de mercadoria, o custo anual de capital será o produto dessa taxa i (colocada na forma decimal) pelo investimento médio durante o ano:

custo anual de capital = i (investimento médio no item)

Fazendo a suposição de que o preço unitário da mercadoria seja constante, o investimento médio será o produto do estoque médio por esse preço unitário e, portanto:

custo anual de capital = $i\ p$ (estoque médio), onde p designa o preço unitário do item.

Quanto ao custo de armazenagem, sabemos que é composto de diversos outros custos que já foram detalhados. O custo de armazenagem difere do custo de capital no sentido de que mesmo uma parcela existirá, ainda que o investimento em estoque e, portanto, o estoque médio sejam nulos: no mínimo, as instalações devem ser mantidas, o que acarreta custos fixos. De uma forma aproximada, porém, podemos supor que essa parcela fixa seja desprezível em face daquela que depende do estoque ou do investimento médios. Com essa suposição em mente, à semelhança do que fizemos para o custo de capital, podemos escrever:

custo anual de armazenagem = a (investimento médio no item), onde a designa uma taxa (em decimais) pela qual se pode multiplicar o investimento médio. Essa taxa é chamada de taxa de armazenagem. Como o investimento médio é função do estoque médio e do preço do item, escreve-se que:

custo anual de armazenagem = $a\ p$ (estoque médio), expressão essa semelhante à que havíamos encontrado para o custo de capital. Relembrando a expressão que originalmente escrevemos para C_m, vem que:

$$C_m = \frac{i\ p\ (\text{estoque médio})}{\text{estoque médio}} + \frac{a\ p\ (\text{estoque médio})}{\text{estoque médio}}$$

ou, simplificando,

$C_m = i\ p + a\ p$ o que conduz finalmente a

$$C_m = p\ (i + a) \qquad \text{(Equação 16.5)}$$

A Equação 16.5 fornece uma maneira aproximada de se estimar o custo unitário de manutenção em função do preço da mercadoria e das taxas de juros e armazenagem. Quando esta última for muito pequena em relação à taxa de juros, o custo unitário de manutenção pode ser pensado como uma função simples do preço da mercadoria.

16.10 Sensibilidade do Custo Total Anual em Estoque C_T

Uma das dificuldades inerentes à determinação do Lote Econômico de Compra diz respeito à estimação dos custos envolvidos na sua fórmula, ou seja, o custo do pedido e o custo unitário de manutenção. As mesmas grandezas, como se recorda, apareciam originariamente na fórmula do Custo Total Anual em estoque *C*. Uma pergunta pertinente é: até que ponto erros na estimativa desses custos e, conseqüentemente, na determinação do Lote Econômico influenciam no valor do Custo Total Anual em estoque ou, em outras palavras, qual é a sensibilidade do Custo Anual em relação a erros nas estimativas dos custos individuais e do *LEC*?

A resposta a essa questão é dada pela chamada Faixa Econômica de Compra, que nada mais é do que um intervalo de quantidades de compra que contém o *LEC*. Os passos para a fixação da Faixa Econômica são os seguintes:

– admite-se um Custo Total Anual em estoque algo acima do custo mínimo; esse novo valor corresponde a um percentual sobre o custo mínimo, que a empresa julgue razoável pagar em função de erros de estimativa nos custos;

– dado um valor para C_T, a sua equação converte-se em uma equação do 2º grau onde a incógnita é a quantidade comprada, havendo duas soluções. Sempre existem duas soluções neste caso, a menos que se trate exatamente do custo mínimo;

– as duas quantidades, uma acima e outra abaixo do *LEC*, definem uma faixa (a Faixa Econômica de Compra) dentro da qual se pode comprar sem romper o valor fixado para o Custo Total Anual em estoque C_T.

A Figura 16.6 mostra a Faixa Econômica de Compra para um custo total ligeiramente superior ao mínimo.

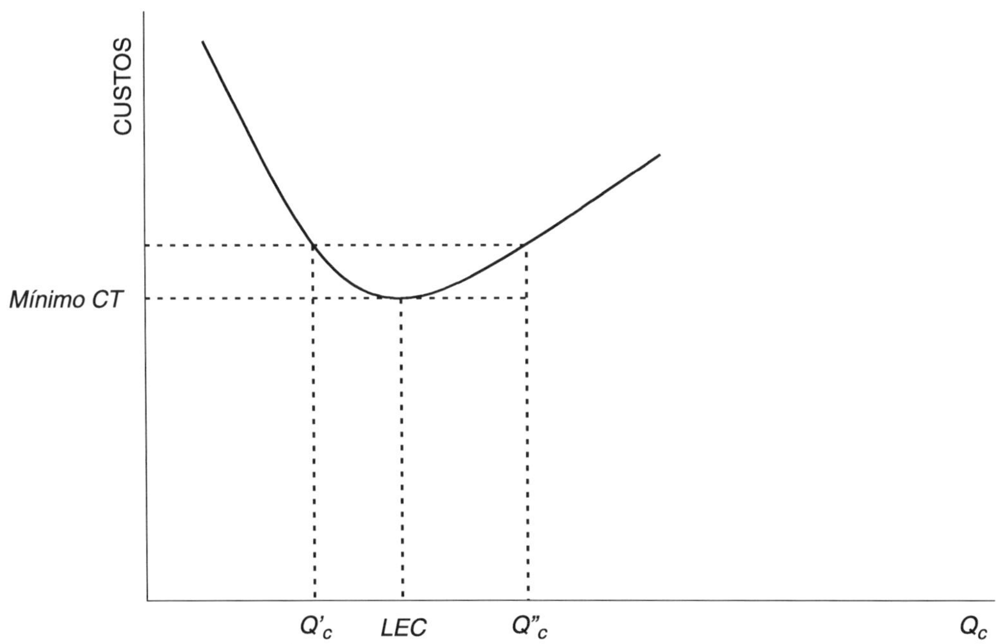

Figura 16.6 A Faixa Econômica de Compra.

Falando na prática, o que se observa na verdade é que, mesmo para custos totais pouco acima do mínimo (como 5% ou 10% por exemplo), a Faixa Econômica é bastante ampla, mostrando que erros relativamente grandes na determinação do *LEC* não acarretam grande aumento no Custo Total Anual. Em outros termos, o Custo Total Anual é pouco sensível a erros na determinação do *LEC*. Isso acontece porque a curva do Custo Total Anual tem concavidade bastante suave nas proximidades do *LEC*.

Exemplo 16.3

Retomar os dados do Exemplo 16.1 e calcular a Faixa Econômica de Compra para um Custo Total Anual 10% superior ao Custo Total Anual mínimo.

Solução

Os dados do Exemplo 16.1 eram os seguintes:

D = 144.000 unidades

C_p = R$ 1.000,00

C_m = R$ 200,00 por unidade e por ano

$Q_{RES} = 0$

Com esses dados, calculamos LEC = 1.200 unidades e Custo Total Anual mínimo C_{Tmin} = R$ 240.000,00. Admitindo um novo C_T 10% superior ao mínimo, temos:

$$C_T = 240.000 + (0,1)\,(240.000) = 264.000$$

Lembrando da fórmula do Custo Total Anual e com os dados anteriores, monta-se a equação:

$$264.000 = 1.000\,\frac{144.000}{Q_c} + 200\,\frac{Q_c}{2}$$

Multiplicando ambos os lados por Q_c, vem que:

$$264.000\,Q_c = (1.000)\,(144.000) + 100\,Q_c^2$$

Dividindo ambos os lados por 100 para tornar os números menores e reorganizando os termos na forma da equação padrão de 2º grau, temos:

$$Q_c^2 - 2.640\,Q_c + 1.440.000 = 0$$

As raízes dessa equação fornecem os dois valores da quantidade comprada que delimitam a Faixa Econômica de Compra:

$Q'_c = 1.870$

$Q''_c = 770$

Se o *LEC* for estimado como assumindo qualquer valor entre 770 e 1.870, portanto, há segurança de que o Custo Total Anual será no máximo 10% superior ao seu valor mínimo. O valor inferior da Faixa Econômica (770) representa um erro de cerca de 36% na estimativa do *LEC*; para o valor superior (1.870), esse erro sobe a quase 56%. Erros relativamente grandes na estimativa do Lote Econômico de Compra levam, pois, a conseqüências comparativamente mais brandas no Custo Total Anual.

16.11 O Lote Econômico com Descontos por Quantidade

Em não raras ocasiões, o fornecedor de determinada mercadoria pode oferecê-la com variações no preço, dependendo da quantidade que o cliente pretenda comprar: quanto maior a quantidade, menor o preço, dentro de certos limites. Para o vendedor, trata-se de girar estoques e/ou aproveitar economias de escala; para o comprador, quantidades maiores significam:

– um menor custo de pedir, já que, para uma dada demanda, diminui o número anual de pedidos;

– um maior custo de manutenção anual, já que aumenta o estoque médio;
– um menor custo de aquisição da mercadoria necessária durante o ano.

Embora ganhe no custo de pedir e no custo de aquisição, o comprador seguramente perde no custo de manutenção, o que torna necessária uma análise mais detalhada do problema dos descontos por quantidade, de forma a definir uma rotina de julgamento para escolher, dentre as opções oferecidas pelo vendedor, qual é a mais interessante em termos de custo para o comprador.

Em primeiro lugar, notemos que, para cada opção de preço, existem:

– uma curva de Custo Total Anual;
– um *LEC* diferente.

É fácil comprovar que o Custo Total Anual C_T e o *LEC* variam com o preço da mercadoria. Basta lembrar que o custo unitário de manutenção C_m pode ser escrito como $C_m = p(i + a)$, o que transforma as fórmulas em:

$$C_T - C_p \frac{D}{Q_c} + p(i + a)\left(\frac{Q_c}{2} + Q_{RES}\right)$$

$$LEC = \sqrt{\frac{2C_pD}{p(i + a)}}$$

Se tivermos portanto C_p, D, i, a e Q_{RES} constantes, as variações no preço provocarão variações em C_T e no *LEC*. Apenas como auxílio ao nosso raciocínio, suponhamos que um vendedor ofereça o seguinte esquema de descontos para a quantidade comprada Q_c:

$Q_c \leq x_1$ preço unitário $p = p_1$
$X_1 \leq Q_c \leq x_2$ preço unitário $p = p_2$
$Q_c \geq x_2$ preço unitário $p = p_3$
sendo $p_3 < p_2 < p_1$

Admitamos também que as três curvas do Custo Total Anual representadas na Figura 16.7 derivem das opções oferecidas de preço. Repare-se que, quanto maior o preço, mais elevada a curva (maior é o valor de C_T para a mesma quantidade comprada) por causa do custo de manter a mercadoria (o custo de pedir não depende do preço). O *LEC*, no entanto, é tanto mais desviado para a esquerda (ou seja, menor) quanto maior o preço.

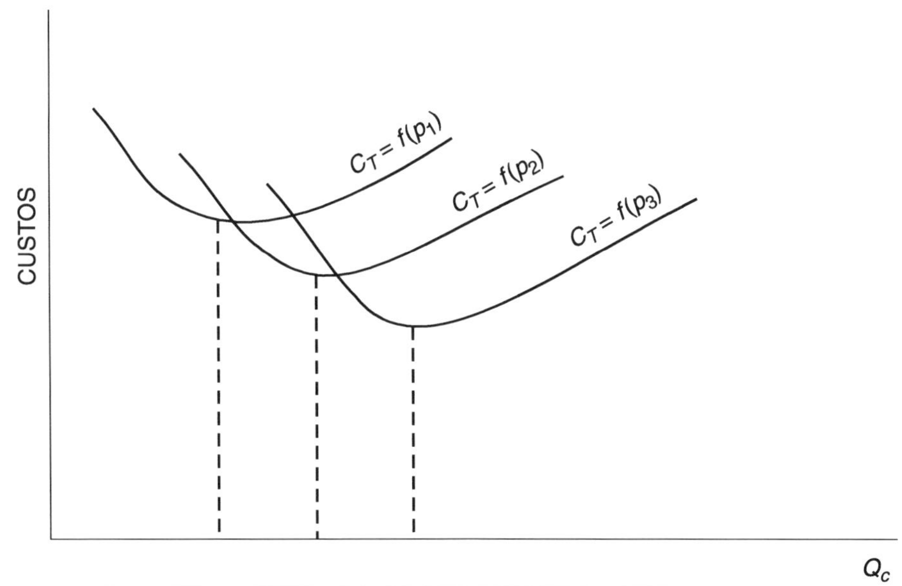

Figura 16.7 Curvas do Custo Total Anual para Preços Diferentes.

Importante é também notar que, quando se acrescenta o custo anual da mercadoria ao Custo Total Anual em estoque C_T, ou seja, quando se considera o Custo Total do Sistema C_s, o *LEC* não se altera. Essa situação está mostrada na Figura 16.8.

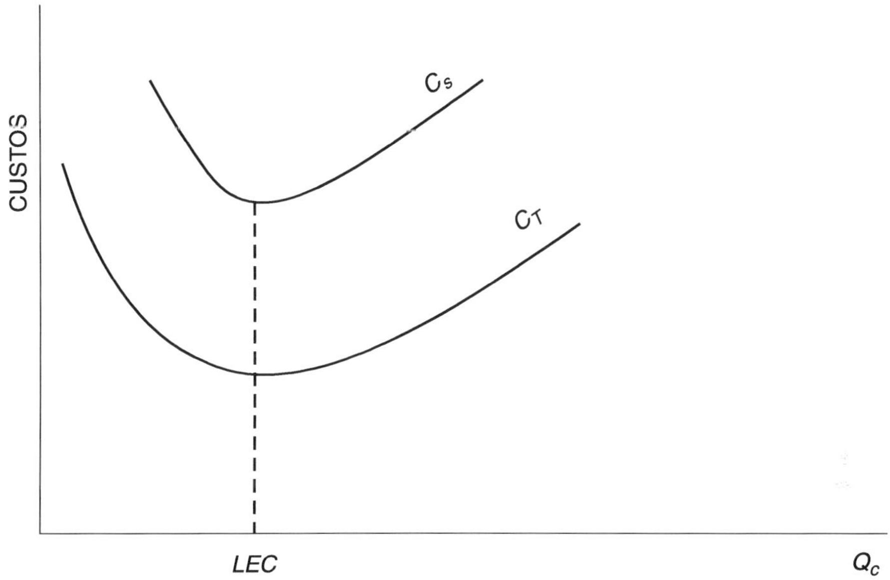

Figura 16.8 Curvas dos Custos Totais.

Ao analisar uma situação de descontos por quantidade, é preciso que se leve em conta todos os custos resultantes da oferta de diferentes quantidades a diferentes preços. Isso é feito comparando-se o Custo Total do Sistema, que considera também o preço da mercadoria. Às vezes, C_T pode ser compensado por uma despesa menor na compra, devido a um preço unitário menor. Existe um algoritmo de solução do problema, que consiste dos seguintes passos:

a) Calcule o *LEC* considerando o menor dos preços oferecidos. Geralmente a faixa do menor preço é aberta à direita, ou seja, a compra deve ser feita em quantidades superiores a certo valor. Duas circunstâncias podem ocorrer:

a_1) O *LEC* se encontra dentro da faixa na qual o preço é oferecido; neste caso, o problema já está resolvido. O *LEC* encontrado é a quantidade na qual se deve comprar a mercadoria.

a_2) O *LEC* é menor que a quantidade mínima que inicia a faixa. Nesse caso, calcular o Custo Total do Sistema considerando que a compra será feita na quantidade mínima da faixa. Passar então ao passo *b*.

b) Calcule o *LEC*, considerando, de cada vez, o segundo menor preço, o terceiro menor etc., até encontrar um valor do *LEC* que esteja dentro da faixa na qual o preço respectivo é oferecido. Sempre que o *LEC* não estiver dentro da faixa de quantidade que corresponde ao preço usado no cálculo, proceda à determinação de C_s usando o valor mínimo da faixa. Calcule C_s também para o caso do *LEC* possível, isto é, para aquele que caiu dentro da faixa que corresponde ao preço usado no seu cálculo.

c) Compare os valores de C_s calculados no passo a_2 e no passo *b*. Opte pela quantidade que fornecer o menor valor de C_s.

Repare que, pelo algoritmo, não há obrigatoriedade de calcular o *LEC* para todos os preços: começando pelo menor preço, pára-se no momento em que dado *LEC* resulta possível. A menos que corresponda ao menor preço, é necessário que se compare os valores de C_s como explicado.

Exemplo 16.4

O departamento de compras de uma empresa está estudando um esquema de descontos por quantidade, proposto por um dos fornecedores para um componente utilizado na montagem de certo produto. Esse esquema prevê que, se a compra for feita em quantidade igual ou inferior a 2.000 unidades, o preço unitário será de R$ 70,00; para quantidades compradas acima de 2.000 e abaixo ou iguais a 3.000 unidades, o preço unitário passa a R$ 69,00 e, finalmente, para quantidades acima de 3.000 unidades, o preço baixa a R$ 68,50.

O custo de processar o pedido para o item em questão é de R$ 1.500,00. A demanda anual é estimada em cerca de 20.000 unidades e as taxas de juros e armazenagem, juntas, sobem a 50%.

Qual é a quantidade a ser encomendada de cada vez? Qual o Custo Total Anual em estoque que acarreta? E o Custo Total do Sistema?

Solução

Resumindo os dados do problema, temos: Esquema de descontos:

$p/\ Q_c \leq 2.000$ $\quad p_1 = \text{R\$ } 70{,}00$

$p/\ 2.000 < Q_c \leq 3.000$ $\quad p_2 = \text{R\$ } 69{,}00$

$p/\ Q_c > 3.000$ $\quad p_3 = \text{R\$ } 68{,}50$

$D = 20.000$ unidades por ano

$C_p = \text{R\$ } 1.500{,}00$

$(i + a) = 0{,}5$

O primeiro passo é o cálculo do *LEC* para o menor dos preços, ou seja, R$ 68,50; se esse *LEC* for compatível com a faixa correspondente (for maior que 3.000 unidades), o problema estará resolvido. Temos:

$$LEC = \sqrt{\frac{2\ C_p D}{p(i+a)}} = \sqrt{\frac{2\ (1.500)\ (20.000)}{68{,}50\ (0{,}5)}} = 1.324 \text{ unidades}$$

Como *LEC* < 3.000, devemos calcular o Custo Total do Sistema considerando a mínima quantidade de compra possível, ou seja, 3.000 unidades:

$$C_s = C_p\ \frac{D}{Q_c} + p_3\ (i+a)\ \frac{Q_c}{2} + p_3 D$$

$$C_s = 1.500\ \frac{20.000}{3.000} + 68{,}50(0{,}5)\frac{3.000}{2} + 68{,}50(20.000) =$$

$$= 10.000 + 51.375 + 1.370.000 =$$

$$C_s = 1.431.375$$

Tomando agora o segundo menor preço (R$ 69,00), temos:

$$LEC = \sqrt{\frac{2(1.500)\ (20.000)}{69(0{,}5)}} = 1.319 \text{ unidades}$$

O valor do *LEC* encontra-se fora da faixa correspondente ao preço de R$ 69,00. A compra deve ser feita na mínima quantidade permissível, ou seja, 2.000 unidades. O Custo Total do Sistema, nessas condições, será:

$$C_s = 1.500\ \frac{20.000}{2.000} + 69(0{,}5)\ \frac{2.000}{2} + 69(20.000) =$$

$$= 1.500 + 34.500 + 1.380.000 =$$

$$C_s = 1.429.500$$

Comparando os dois primeiros resultados, vê-se que, por ora, está sendo mais interessante comprar quantidades de 2.000 unidades de cada vez, embora isso não corresponda ao menor preço unitário possível.

Para a última das faixas, que corresponde ao maior dos preços (R$ 70,00), temos:

$$LEC = \sqrt{\frac{2(1.500)\,(20.000)}{70\,(0{,}5)}} = 1.309 \text{ unidades}$$

O valor do *LEC*, portanto, está dentro da faixa que corresponde ao preço unitário de R$ 70,00. O valor de C_s será:

$$C_s = 1.500\,\frac{20.000}{1.309} + 70\,(0{,}5)\,\frac{1.309}{2} + 70\,(20.000)$$

$$= 22.918 + 22.908 + 1.400.000 =$$

$$C_s = 1.445.826$$

(Repare-se que as duas primeiras parcelas deveriam ser idênticas em valor; não o são devido aos arredondamentos.)

Observa-se, pois, que a compra em quantidades de 2.000 unidades continua sendo a melhor opção, conduzindo ao menor Custo Total do Sistema C_s.

16.12 O Lote Econômico de Fabricação

Toda a teoria do Lote Econômico de Compra pode ser adaptada de forma a cobrir o caso em que a empresa deseja saber quanto deve fabricar internamente de certo produto. A aplicação é possível sempre que o item em questão for fabricado em lotes, utilizando-se máquinas que servem também a outros produtos, dentro do sistema de produção intermitente por lotes. A essa quantidade ótima que se irá produzir dá-se o nome de Lote Econômico de Fabricação (*LEF*).

O paralelo pode ser estabelecido nos seguintes termos:

a) Dado um lote fabricado do item, suponhamos, por um momento, que ele seja entregue de uma só vez ao almoxarifado; pouco importa, em termos de estoque médio, que esse lote tenha sido adquirido externamente ou fabricado internamente. A expressão do estoque médio do item em estoque, sob a suposição de entrega instantânea, será:

$$Q_{MED} = \frac{Q_F}{2} + Q_{RES}$$

onde por Q_F designamos a quantidade fabricada. A expressão é idêntica à do estoque médio quando a mercadoria é comprada.

b) O custo unitário de manutenção do item, como vimos, depende do seu preço unitário e das taxas de juros e armazenagem. Se p designar agora o custo de fabricação, podemos escrever:

$C_m = p\,(i + a)$ expressão idêntica à do custo unitário de manutenção no caso em que o item é comprado.

c) Das observações *a* e *b*, segue-se que o custo de manter é dado pela expressão:

$$C_m\left(\frac{Q_F}{2} + Q_{RES}\right) = p(i + a)\left(\frac{Q_F}{2} + Q_{RES}\right)$$

d) No caso da fabricação, fala-se agora em número de rodadas de produção por ano, obtido por

$$\text{n}^{\underline{o}} \text{ de rodadas de produção} = \frac{D}{Q_F}$$

onde D representa a demanda anual do item. A expressão é formalmente idêntica à do número de pedidos por ano.

e) A maior diferença entre compra e fabricação ocorre pela não existência de um custo do pedido no caso da fabricação. Considerando, porém, que, a cada rodada, as máquinas usadas na confecção do item precisam ser ajustadas (o que toma tempo, recursos e, conseqüentemente, tem um custo), podemos falar em um *custo de preparação das máquinas*, que funciona exatamente como o custo do pedido: quanto mais vezes se programa a produção, maior será o custo de preparação anual. Em vez do custo de pedir, definimos agora um custo de preparar máquinas durante o ano como:

$$\text{custo de preparar} = C_{prep}\,\frac{D}{Q_F}$$

Do exposto, fica claro que à fabricação para estoque corresponde um Custo Total Anual em estoque C_T, a menos do custo unitário de fabricação, dado por:

$$C_T = C_{prep}\,\frac{D}{Q_F} + C_m\left(\frac{Q_F}{2} + Q_{RES}\right) \qquad \text{(Equação 16.6)}$$

A Equação 16.6 é formal e conceitualmente idêntica à Equação 16.3, que fornecia o Custo Total Anual em estoque para o caso da compra. Pode, portanto, ser derivada para se chegar à quantidade ótima de fabricação, definida como aquela que minimiza C_T, ou seja, o Lote Econômico de Fabricação *LEF*. Chega-se à:

$$LEF = \sqrt{\frac{2\,C_{prep}D}{C_m}} \qquad \text{(Equação 16.7)}$$

A Equação 16.7 é formalmente idêntica à Equação 16.4, que nos dava o cálculo do *LEC*.

Exemplo 16.5

A GM Indústria de Móveis Ltda. está planejando as rodadas anuais de produção para sua linha de mesas de luxo para copa. Em média, estima-se que o custo de preparação de máquinas esteja em torno de R$ 200,00, havendo pouca diferenciação de um modelo para outro. O custo unitário médio de fabricação foi calculado em R$ 300,00, sobre o qual, para efeito de armazenagem, incidirá uma taxa total de 60% entre juros e armazenagem. Estima-se que, para 2007, a demanda para a linha de luxo situar-se-á ao redor de 5.000 mesas. Determinar:

a) Quantas mesas devem ser produzidas de cada vez.

b) Qual o intervalo entre duas rodadas consecutivas de produção, em dias úteis, considerando que a GM terá 250 dias úteis de trabalho no ano.

c) Qual o Custo Total Anual em estoques.

Assumir que a GM não costuma deixar estoque de reserva.

Solução

Resumindo os dados, temos:

D = 5.000 mesas por ano

C_{prep} = R$ 200,00

$C_m = p(i + a) = 300\,(0{,}6)$ = R$ 180,00 por unidade e por ano

$Q_{RES} = 0$

a) *Número de mesas a produzir de cada vez*:

$$LEF = \sqrt{\frac{2\,C_{prep}D}{C_m}} = \sqrt{\frac{2\,(200)\,(5.000)}{180}} = 105 \text{ mesas}$$

b) *Intervalo entre rodadas de produção*:

O número de rodadas de produção é calculado como o quociente da demanda anual pela quantidade fabricada, no caso o *LEF*:

$$\text{n}^{\underline{o}} \text{ de rodadas por ano} = \frac{D}{LEF} = \frac{5.000}{105} = 48$$

Dado que o ano tem 250 dias úteis, o intervalo entre duas rodadas consecutivas será de:

$$\text{intervalo entre rodadas} = \frac{\text{Dias úteis no ano}}{\text{48 rodadas}} = \frac{250}{48} =$$

= 5 dias aproximadamente (uma semana corrida)

c) *Custo Total Anual em estoque*:

Temos:

$$C_T = C_{prep}\frac{D}{LEF} + C_m\left(\frac{LEF}{2}\right) = 200\,\frac{5.000}{105} + 180\left(\frac{105}{2}\right) =$$

$$C_T = 9.254 + 9.450 =$$

$$C_T = \text{R\$ } 18.974{,}00$$

(Os custos de pedir e manter não são iguais por causa dos arredondamentos.)

16.13 O Lote Econômico com Entrega ou Fabricação Contínuas

Até aqui mantivemos, tanto para a compra como para a fabricação interna, a hipótese de que a quantidade comprada ou fabricada era entregue de uma só vez. É importante considerar também o caso, mais realista quanto à fabricação, de que exista a produção ou entrega concomitantemente ao consumo do item. Definem-se uma taxa de consumo e uma taxa de produção ou entrega, ambas referentes ao mesmo período padrão. É evidente que a taxa de produção (ou entrega) deve ser maior que a taxa de consumo, senão dar-se-ia a falta de material. Sejam:

x = taxa de produção (entrega) da mercadoria

y = taxa de consumo da mercadoria

O estoque não mais crescerá abruptamente, mas aumentará, período a período, da quantidade $(x - y)$. Se essas taxas forem iguais, haverá sempre a produção ou a entrega: aquilo que se recebe num momento é imediatamente consumido no momento seguinte. A situação é representada na Figura 16.9.

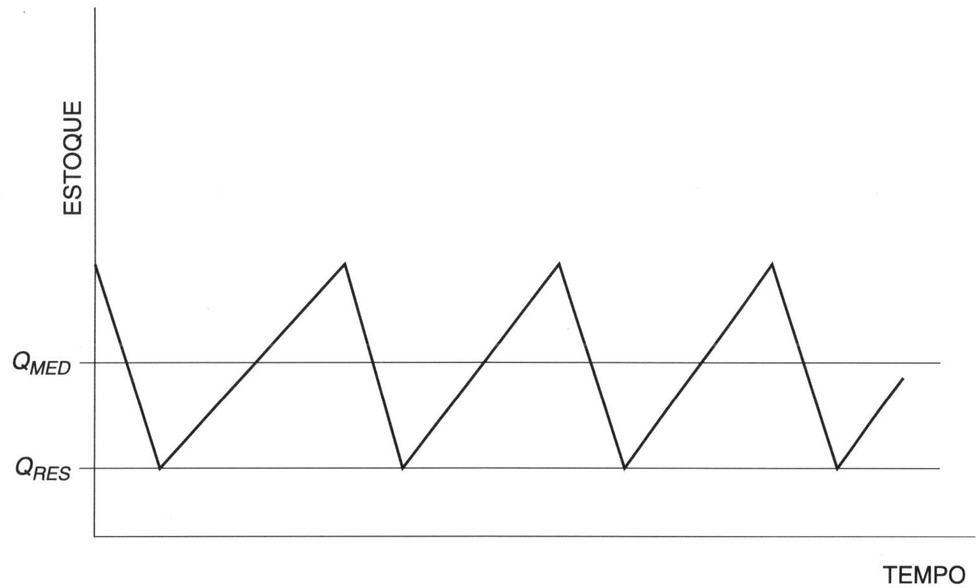

Figura 16.9 Produção (entrega) com Consumo Concomitante.

A grande diferença da situação atual em relação à entrega instantânea é que o estoque médio irá diminuir de valor, simplesmente porque não se atinge mais, em momento algum, um estoque máximo que consiste na soma de ($Q_c + Q_{RES}$). Esse fato terá conseqüências sobre o custo de manter as mercadorias e daí sobre o Custo Total Anual em estoque e o próprio *LEC* (ou *LEF*).

Para não repetir palavras em excesso, suponhamos que estejamos tratando do caso de produção e consumo simultâneos. As conclusões que derivaremos serão imediatamente aplicáveis também ao caso de entrega (compra externa) e consumo. Chamemos de t o tempo no qual se dá a produção e também o consumo. Após decorrido o tempo t, não há mais produção, e passa a atuar apenas a taxa de consumo y. Durante o tempo t, a quantidade produzida é de tx, enquanto a quantidade consumida é de ty. O acréscimo de estoque (em relação ao estoque de reserva) será de $t\,(x - y)$. Designando por Q_F a quantidade fabricada, temos, imediatamente:

$$Q_F = t\,x$$

Se a entrega fosse instantânea, o incremento final sobre o estoque de reserva seria de Q_F; dado o consumo simultâneo, o incremento será de apenas parte de Q_F:

$$\text{Incremento no estoque} = \frac{t\,(x-y)}{tx}\,Q_F = \frac{x-y}{x}\,Q_F$$

O novo estoque médio, que chamaremos de Q'_{MED}, será composto pelo estoque de reserva (suposto sempre intocado) acrescido da metade do incremento no estoque:

$$Q'_{MED} = \frac{x-y}{x}\,\frac{Q_F}{2} + Q_{RES} \qquad \text{(Equação 16.8)}$$

Dessa forma, o novo custo de manter o estoque médio durante o ano será dado por:

$$\text{Custo de manter} = C_m Q'_{MED} = C_m\left(\frac{x-y}{x}\,\frac{Q_F}{2} + Q_{RES}\right)$$

O custo anual de preparação das máquinas, entretanto, não se altera em relação ao que já foi estabelecido em outra oportunidade; o número anual de rodadas de produção é D/Q_F e, sendo C_{prep} o custo de preparação de máquinas, temos:

$$\text{Custo de preparação de máquinas} = C_{prep}\,\frac{D}{Q_F}$$

O Custo Total Anual em estoque terá agora a seguinte expressão:

$$C_T = C_{prep}\,\frac{D}{Q_F} + C_m\left(\frac{x-y}{x}\,\frac{Q_F}{2} + Q_{RES}\right) \qquad \text{(Equação 16.9)}$$

O Lote Econômico de Fabricação é obtido derivando-se a Equação 16.9 em relação à Q_F e igualando-se a zero a expressão obtida:

$$LEF = \sqrt{\frac{2\,C_{prep}D}{C_m\left(\dfrac{x-y}{x}\right)}} \qquad \text{(Equação 16.10)}$$

A Equação 16.10, comparada à Equação 16.7, que fornecia o cálculo do *LEF* para o caso da entrega instantânea, revela que o novo *LEF* é maior que o anterior (dado que C_m está, no denominador, multiplicado por um fator menor que 1). Isso é possível justamente porque o consumo, simultâneo à produção, impede que o estoque médio suba exageradamente. Se, na Equação 16.10, tornarmos a taxa de consumo y igual a zero, estaremos de novo no caso da entrega instantânea e a Equação 16.10 reduzir-se-á à Equação 16.7.

As Equações 16.9 e 16.10 permanecem válidas no caso de entrega parcelada de produtos comprados, desde que essa entrega seja feita à uma taxa constante. Basta lembrar que ao custo de preparação de máquinas C_{prep} corresponde o custo do pedido C_p e que ao *LEF* corresponde o *LEC*.

Exemplo 16.6

Retomemos os dados de produção das mesas do Exemplo 16.5, referentes à GM Indústria de Móveis Ltda.:

D = 5.000 mesas por ano

C_{prep} = R$ 200,00

C_m = R$ 180,00 por unidade e por ano

Como o ano era de 250 dias úteis, a taxa diária de consumo será de 5.000/250 = 20 mesas. Suponhamos agora que, em vez de entregar o lote pedido de uma só vez, ele seja produzido à razão de 40 mesas por dia. Determinar os valores abaixo e compará-los com aqueles do Exemplo 16.5:

a) o Lote Econômico de Fabricação.
b) o Custo Total Anual em estoque.

Solução

a) *O* LEF *é dado por*:

$$LEF = \sqrt{\frac{2\,C_{prep}D}{C_m\left(\dfrac{x-y}{x}\right)}} = \sqrt{\frac{2\,(200)\,(5.000)}{180\left(\dfrac{40-20}{40}\right)}} = 149 \text{ unidades}$$

O *LEF* determinado para o caso de entrega instantânea era de 105 unidades; dado o fato de que o consumo reduz o estoque médio à medida que as mesas vão sendo fabricadas, permite-se agora um Lote Econômico maior.

b) *O Custo Total Anual em estoque é dado por*:

$$C_T = C_{prep}\,\frac{D}{LEF} + C_m\left(\frac{x-y}{x}\right)\left(\frac{LEF}{2}\right) =$$

$$= 200\,\frac{5.000}{149} + 180\left(\frac{40-20}{40}\right)\left(\frac{149}{2}\right) =$$

$$= 6.711 + 6.705 = \text{R\$ } 13.416{,}00$$

A primeira observação importante é a de que continuam iguais os custos de pedir e de manter (a menos do arredondamento). Por outro lado, diminui o Custo Total Anual em estoque em relação ao caso da entrega instantânea (R$ 18.974,00). Isso acontece devido tanto à queda do custo de pedir como do custo de manter: o custo de pedir diminui devido ao fato de que o novo valor do *LEF*, sendo maior, conduz a menor número de pedidos durante o ano; por seu lado, o custo de manter diminui devido à queda no valor do estoque médio.

16.14 O Lote Econômico com Máxima Rentabilidade do Capital

Algumas vezes, a gestão de estoques pode adotar como estratégia tentar obter maior remuneração para o capital empatado em estoques, mesmo que isso acarrete um maior Custo Total Anual em estoque. Em termos simples, a estratégia de maximização da rentabilidade do capital tenderá a diminuir a quantidade comprada ou fabricada de cada vez e, conseqüentemente, o estoque médio, fazendo girar o estoque mais rapidamente. A estratégia é vista hoje em dia como altamente interessante, e técnicas como o Just in Time (ver Capítulo 18) nada mais são do que sua realização prática.

Deduziremos uma nova expressão para o Lote Econômico, considerando o caso da fabricação interna com entrega instantânea. A expressão resultante aplica-se igualmente bem ao caso de compras externas e pode ser adaptada, se necessário, ao caso de entrega parcelada.

Chamemos de *quociente de rentabilidade* R de um item em estoque a relação entre o lucro derivado de sua venda anual e o capital médio empatado em seu estoque durante o ano:

$$R = \frac{\text{Lucro anual}}{\text{Capital médio}}$$

Vamos procurar maximizar R em função da quantidade fabricada (ou comprada). Devemos, para isso, colocar R como uma função dessa quantidade fabricada, ou seja, devemos ter $R = f(Q_F)$. Sejam:

D = demanda anual

C_{prep} = custo de preparação das máquinas

C_m = custo unitário de manutenção

p = custo unitário de fabricação

p_v = preço unitário de venda do item

Temos:

Lucro anual = Receita anual – custos anuais

A receita anual é dada imediatamente por $p_v\,D$; os custos anuais, por sua vez, englobam tanto o custo de fabricar a mercadoria como os custos relacionados à sua estocagem, ou seja, o Custo Total Anual em estoque. Os custos anuais coincidem com o que chamamos anteriormente de Custo Total do Sistema. Supondo estoque de reserva nulo, tem-se:

$$\text{Custo anuais} = C_{prep}\frac{D}{Q_F} + C_m\left(\frac{Q_F}{2}\right) + pD$$

Portanto:

$$\text{Lucro anual} = p_v D - C_{prep}\frac{D}{Q_F} - C_m\left(\frac{Q_F}{2}\right) - pD =$$

$$= (p_v - p)\,D - C_{prep}\frac{D}{Q_F} - C_m\left(\frac{Q_F}{2}\right)$$

O capital médio empatado durante o ano é simplesmente o produto do custo de fabricação pelo estoque médio mantido:

$$\text{Capital médio empatado} = p\left(\frac{Q_F}{2}\right)$$

Voltando à definição do quociente de rentabilidade R, temos, pois:

$$R = \frac{(p_v - p)\,D - C_{prep}\dfrac{D}{Q_F} - C_m\left(\dfrac{Q_F}{2}\right)}{p\left(\dfrac{Q_F}{2}\right)}$$

Derivando a expressão acima em relação à Q_F e igualando a zero o resultado, obtemos finalmente o Lote Econômico com Máxima Rentabilidade de Capital LER:

$$LER = \frac{2\,C_{prep}}{p_v - p} \qquad \text{(Equação 16.11)}$$

A Equação 16.11, agradavelmente simples, mostra como tem sentido toda uma pregação que existe atualmente a fim de reduzir o tempo (e conseqüentemente o custo) de preparação das máquinas. Quanto menor o custo de preparação, para um dado diferencial de preço, maior a rentabilidade proporcionada pelo item, pois o capital médio empatado será menor. A Equação 16.11 leva, em geral, a quantidades menores que a Equação 16.7 (Lote Econômico com minimização de custos).

Exemplo 16.7

O fabricante de um componente usado na montagem de motores para automóveis deseja produzir de forma a maximizar o rendimento sobre o estoque médio que mantém do componente. A cada rodada de produção são gastos R$ 4.000,00 na preparação das máquinas. A demanda estimada para o próximo ano é de 200.000 unidades do componente, que é produzido a um custo unitário de R$ 10,00 e vendido a um preço unitário de R$ 20,00. Os custos do capital e armazenagem, juntos, somam 60% do custo unitário do componente.

a) Determinar a quantidade a fabricar ao mínimo custo em estoques.

b) Determinar essa quantidade quando o objetivo é maximizar a rentabilidade do capital investido no estoque do componente.

c) Calcular o Custo Total Anual em estoque nos casos *a* e *b*.

d) Calcular o coeficiente de rentabilidade nos casos *a* e *b*.

Solução

O resumo dos dados do problema é o seguinte:

D = 200.000 unidades por ano

C_{prep} = R$ 4.000,00

p = R$ 10,00

p_v = R$ 20,00

$(i + a) = 60\%$

a) *Quantidade a fabricar com mínimo custo em estoques:*

Essa quantidade é o Lote Econômico de Fabricação, dado por:

$$LEF = \sqrt{\frac{2\,C_{prep}D}{C_m}} = \sqrt{\frac{2\,(4.000)\,(200.000)}{10\,(0{,}6)}} = 16.330 \text{ unidades}$$

b) *Quantidades a fabricar com máxima rentabilidade do capital:*

Essa quantidade é o *LER*, dado por

$$LER = \frac{2\,C_{prep}}{p_v - p} = \frac{2\,(4.000)}{20 - 10} = 800 \text{ unidades}$$

Percebe-se que o *LER* é substancialmente menor que o *LEF*, o que é coerente com a política de maximizar o rendimento sobre o estoque médio, reduzindo drasticamente a este último.

c) *Custo Total Anual em estoque:*

Para o caso de fabricação feita em *LEF*, temos:

$$C_T = C_{prep}\,\frac{D}{LEF} + C_m\,\frac{LEF}{2} = 4.000\,\frac{200.000}{16.330} + 6\,\frac{16.330}{2} =$$

$$= 48.990 + 48.990 = \text{R\$ } 97.980{,}00$$

Usando o *LER*:

$$C_T = C_{prep}\frac{D}{LER} + C_m\frac{LER}{2} = 4.000\,\frac{200.000}{800} + 6\,\frac{800}{2} =$$

$$= 1.000.000 + 2.400 = \text{R\$ } 1.002.400{,}00$$

Notar a queda do custo de manutenção em relação ao caso anterior, concomitante com uma grande elevação do custo de pedir, o que faz com que C_T seja muito maior no caso do *LER* que no caso do *LEF*. Comprando-se em quantidades iguais ao *LER*, não mais se tem o lucro máximo – o objetivo é a rentabilidade máxima, definida sobre o investimento em estoque, o qual é muito menor quando se trata do *LER*.

d) *Coeficientes de rentabilidade*:

Caso do *LEF*:

$$R = \frac{(p_v - p)\,D - C_T}{p\left(\dfrac{LEF}{2}\right)} = \frac{10\,(200.000) - 97.980}{10\left(\dfrac{16.330}{2}\right)} = 23{,}3$$

Caso do LER:

$$R = \frac{(p_v - p)\,D - C_T}{p\left(\dfrac{LER}{2}\right)} = \frac{10\,(200.000) - 1.002.400}{10\left(\dfrac{800}{2}\right)} = 249{,}4$$

A interpretação desses valores é muito simples: enquanto, fabricando-se em quantidades iguais ao *LEF*, o lucro é de R$ 23,30 para cada real empatado em estoque, no caso de fabricação feita pelo *LER* esse valor sobe a R$ 249,40 por real em estoque. Novamente, é preciso insistir que o lucro cai quando se fabrica pelo *LER*, mas a rentabilidade sobre o capital é muito maior devido à queda mais que proporcional no estoque médio.

PONTOS-CHAVE

1. A gestão de estoques é importante não apenas nos setores industriais da economia, pois, em um sem-número de atividades, os estoques representam consideráveis somas de dinheiro imobilizado. Embora os estoques sejam recursos à espera da produção ou da venda, os custos da sua manutenção devem ser considerados à luz de oportunidades alternativas para o capital.

2. Além do custo de aquisição ou fabricação da própria mercadoria, são de fundamental importância para a gestão de estoques:

– o custo de pedir a mercadoria: representado por todos os custos incorridos desde a emissão do pedido até a colocação do material em estoque. Engloba a emissão, os transportes, o acompanhamento e a recepção. No caso de fabricação interna, o custo do pedido é substituído nas considerações teóricas e práticas pelo custo de preparação das máquinas.

– o custo de manter a mercadoria: representa o dinheiro gasto para manter uma unidade da mercadoria em estoque por um período fixo de tempo, geralmente um ano. Consiste do custo associado ao capital empatado em estoques (investimento médio) e dos próprios custos de armazenagem, envolvendo aluguel de instalações, seguros, taxas etc.

3. Define-se o Custo Total Anual em estoque, de uma certa mercadoria, como o custo de pedir a mercadoria durante o ano somado ao custo de mantê-la em estoque. O Custo Total Anual depende de várias grandezas e também da quantidade que se compra ou se fabrica de cada vez, o que dá base ao Lote Econômico, tanto para a compra como para a fabricação interna.

4. O Lote Econômico de Compra, por definição, é a quantidade comprada que minimiza o Custo Total Anual em estoque. Com pequenas adaptações, a teoria do Lote Econômico de Compra pode ser modificada para abranger o caso da fabricação interna de mercadorias. Nesse último caso, a quantidade a fabricar é referida como Lote Econômico de Fabricação.

5. Existem sempre problemas de apropriação nos custos que entram tanto na formulação do *LEC* como do Custo Total Anual, a saber, o custo do pedido e o custo unitário de manutenção. No entanto, mostra-se que erros na apropriação desses custos são amortecidos quando do cálculo do Custo Total Anual em estoque. Em outras palavras, erros relativamente grandes nos custos ou no *LEC* influem relativamente pouco no valor do Custo Total Anual em estoque.

6. Quando a fabricação de uma mercadoria é concomitante ao seu consumo, observa-se um aumento do *LEF* em relação ao caso de entrega instantânea. Isso se dá devido ao fato de que agora o estoque médio diminui em relação ao primeiro caso (entrega instantânea), o que permite alguma margem para o aumento da quantidade a fabricar.

7. O Lote Econômico com Máxima Rentabilidade do Capital leva em conta a obtenção do máximo coeficiente de rentabilidade para o investimento médio em estoque do item. Conduz, em geral, a menores quantidades que o *LEF*, diminuindo muito o custo de manter a mercadoria, mas aumentando o custo de pedi-la. O lucro diminui, embora a rentabilidade sobre o investimento médio seja máxima.

PROBLEMAS RESOLVIDOS

1. A Fazenda Rincão Novo utiliza 15.000 sacos de fertilizante por ano na preparação para o plantio. São gastos R$ 160,00 para colocar um pedido junto ao fornecedor, e os custos de armazenagem são de 70% do custo do saco de fertilizante, que é de R$ 40,00.

a) Calcule a quantidade de fertilizante a comprar de cada vez, utilizando a política de minimizar o Custo Total Anual em estoque.

b) Calcule o Custo Total Anual em estoque.

c) Se forem comprados 100 sacos a mais que a quantidade ótima, de quanto aumentará o Custo Total Anual em estoque?

Solução

Resumo dos dados:

D = 15.000 sacos de fertilizante por ano

C_p = R$ 160,00

$(i + a) = 70\%$

p = R$ 40,00 por saco de fertilizante

a) *A minimização do Custo Total Anual em estoque conduz ao LEC, no caso da compra*:

$$LEC = \sqrt{\frac{2\,C_pD}{C_m}} = \sqrt{\frac{2\,C_pD}{p\,(i+a)}} = \sqrt{\frac{2\,(160)\,(15.000)}{40\,(0{,}7)}} =$$

= 414 sacos

b) *Custo Total Anual em estoque*:

$$C_T = C_p\frac{D}{LEC} + C_m\frac{LEC}{2} = 160\,\frac{15.000}{414} + 28\,\frac{414}{2} =$$

= 5.797 + 5.796 = R$ 11.593,00

(A diferença entre os custos de pedir e de manter deve-se a arredondamentos.)

c) *Compra de 100 sacos de fertilizante além do LEC, ou seja, compra de 514 sacos de cada vez:*

Custo Total Anual:

$$C_T = 160 \frac{15.000}{514} + 28 \frac{514}{2} = 4.669 + 7.196 = \text{R\$ } 11.865{,}00$$

A diferença entre o novo Custo Total Anual e aquele obtido com o *LEC* (que é o mínimo possível) é então de:

$$11.865 - 11.593 = \text{R\$ } 272{,}00$$

Essa diferença corresponde a apenas 2,3% do Custo Total Anual mínimo, enquanto a quantidade comprada a mais (100 sacos) representa cerca de 24% a mais que o *LEC*. Esses números demonstram mais uma vez a pouca sensibilidade do Custo Total Anual nas proximidades do *LEC*.

2. Uma armação de madeira, usada como suporte para a leitura de livros de grandes dimensões, é manufaturada por uma companhia à razão de 8.000 unidades por ano de 250 dias úteis. O suporte, uma vez iniciada uma rodada de produção, é entregue ao almoxarifado à taxa de 50 unidades por dia. Os custos de preparar as máquinas montam em R$ 250,00 e o custo unitário de manutenção em R$ 12,00 por unidade e por ano. Costuma-se deixar permanentemente um estoque de reserva de 200 unidades.

a) Calcular o Lote Econômico de Fabricação.
b) Calcular o intervalo entre duas rodadas consecutivas de produção.
c) Calcular a duração da rodada de produção.
d) Calcular o Custo Total Anual em estoque.

Solução

Resumo dos dados:
D = 8.000 unidades por ano
Taxa de produção x = 50 unidades por dia
C_{prep} = R$ 250,00
C_m = R$ 12,00 por unidade e por ano
(Ano de 250 dias)

a) *Lote Econômico de Fabricação:*

Para o cálculo do *LEF*, neste caso em que a produção e o consumo se dão concomitantemente, é preciso conhecer a taxa de consumo diária:

$$\text{taxa de consumo } y = \frac{8.000}{250} = 32 \text{ unidades por dia}$$

O *LEF* será:

$$LEF = \sqrt{\frac{2\,C_{prep}D}{C_m\left(\frac{x-y}{x}\right)}} = \sqrt{\frac{2\,(250)\,(8.000)}{12\left(\frac{50-32}{50}\right)}} = 962 \text{ unidades}$$

b) *Intervalo entre duas rodadas consecutivas de produção:*

O número de rodadas de produção por ano é:

$$\text{número de rodadas} = \frac{8.000}{962} = 8$$

Para um ano de 250 dias úteis, o intervalo entre duas rodadas consecutivas é:

$$\text{intervalo de rodadas} = \frac{250}{8} = 31 \text{ dias}$$

c) *Duração da rodada de produção*:

Como a rodada de produção é de 962 unidades, fabricando-se 50 unidades por dia, temos:

$$\text{duração da rodada} = \frac{962}{50} = 19 \text{ dias}$$

d) *Custo Total Anual em estoque*:

Temos:

$$C_T = C_{prep}\,\frac{D}{LEF} + C_m\left(\frac{x-y}{x}\right)\frac{LEF}{2} =$$

$$= 250\,\frac{8.000}{962} + 12\left(\frac{50-32}{50}\right)\frac{962}{2} =$$

$$= 2.079 + 2.078 = \text{R\\$ } 4.157{,}00$$

(Os custos de pedir e manter são ligeiramente diferentes devido aos arredondamentos.)

3. Calculou-se o Lote Econômico de Compra de uma mercadoria, tendo sido obtido o valor de 5.000 unidades. Posteriormente, os números usados no cálculo foram revistos:

- a nova demanda anual resultou ser de 80% do valor que foi usado no cálculo inicial;
- o novo custo do pedido é 30% maior do que o usado;
- o custo unitário de manutenção é de 90% do valor que foi usado.

Com essas informações, qual é o novo valor do *LEC*?

Solução

Utilizando o subscrito "*r*" para designar os valores revistos e conservando as notações habituais para os antigos valores de demanda e custos, temos as seguintes relações:

$$(D)_r = 0{,}80\,D$$
$$(C_p)_r = 1{,}3\,C_p$$
$$(C_m)_r = 0{,}90\,C_m$$

Por outro lado, o novo valor do *LEC*, que indicaremos por $(LEC)_r$ será:

$$(LEC)_r = \sqrt{\frac{2\,(C_p)_r\,(D)_r}{(C_m)_r}}$$

Substituindo na expressão acima os valores revistos dados em função dos valores originais, temos:

$$(LEC)_r = \sqrt{\frac{2\,(1{,}3\,C_p)\,(0{,}80\,D)}{0{,}90\,C_m}} = \sqrt{\frac{(1{,}3)\,(0{,}80)}{0{,}90}}\,\sqrt{\frac{2\,C_pD}{C_m}}$$

Como, por sua vez:

$$LEC = 5.000 = \sqrt{\frac{2\,C_pD}{C_m}}, \text{ segue-se que:}$$

$$(LEC)_r = 5.000\sqrt{\frac{(1{,}3)\,(0{,}80)}{0{,}90}} = 5.375$$

4. Determinar a melhor quantidade de compra segundo o esquema de preços e outras informações a seguir:

C_p = R$ 150,00

$(i + a)$ = 60% do preço unitário

D = 30.000 unidades por ano

Quantidade	Até 500 unidades	501 – 999	1.000 – 1.499	1.500 e acima
Preço unitário	R$ 100	97	95,50	95

Solução

Iniciemos com o menor preço; se o *LEC* calculado for compatível, o problema estará resolvido; caso contrário, deveremos calcular o Custo Total do Sistema utilizando a mínima quantidade de compra possível. Temos, para o preço unitário de R$ 95,00:

$$LEC = \sqrt{\frac{2\ (150)\ (30.000)}{95\ (0,6)}} = 397 \text{ unidades}$$

O valor encontrado para o *LEC* é, pois, incompatível com a quantidade mínima que corresponde ao preço unitário de R$ 95,00. O Custo Total do Sistema, considerando a quantidade mínima de compra de 1.500 unidades, será:

$$C_s = C_T + p\,D = C_p \frac{D}{Q_c} + C_m \left(\frac{Q_c}{2}\right) + p\,D =$$

$$= C_p \frac{D}{Q_c} + p\,(i + a)\,\frac{Q_c}{2} + p\,D =$$

$$= 150\ \frac{30.000}{1.500} + 95\ (0,6)\frac{1.500}{2} + 95\ (30.000) =$$

$$C_s = 3.000 + 42.750 + 2.850.000 = \text{R\$ } 2.895.750,00$$

Quanto ao segundo menor preço (R$ 95,50):

$$LEC = \sqrt{\frac{2\ (150)\ (30.000)}{95,50\ (0,6)}} = 396 \text{ unidades}$$

Novamente o *LEC* é incompatível com a faixa de quantidades. O valor mínimo a comprar ao preço de R$ 95,50 é 1.000 unidades. Logo:

$$C_s = 150\ \frac{30.000}{1.000} + 95,50\ (0,6)\ \frac{1.000}{2} + 95,50\ (30.000) =$$

$$C_s = 4.500 + 28.650 + 2.865.000 = \text{R\$ } 2.898.150,00$$

Considerando o terceiro menor preço (R$ 97,00):

$$LEC = \sqrt{\frac{2\ (150)\ (30.000)}{97\ (0,6)}} = 393 \text{ unidades}$$

Mais uma vez o *LEC* não se adapta à faixa de quantidades. O valor mínimo a comprar é de 501 unidades. Portanto:

$$C_s = 150\ \frac{30.000}{501} + 97\ (0,6)\ \frac{501}{2} + 97\ (30.000) =$$

$$C_s = 8.982 + 14.579 + 2.910.000 = \text{R\$ } 2.933.561,00$$

Finalmente, o último preço (R$ 100) fornecerá um valor do *LEC* compatível com a faixa de quantidades:

$$LEC = \sqrt{\frac{2\ (150)\ (30.000)}{100\ (0,6)}} = 387 \text{ unidades}$$

Considerando então o *LEC* de 387 unidades no cálculo de C_s, vem que:

$$C = 150\ \frac{30.000}{387} + 100\ (0,6)\ \frac{387}{2} + 100\ (30.000) =$$

$$C_s = 11.628 + 11.610 + 3.000.000 = \text{R\$ } 3.023.238$$

Comparando todos os valores de C_s, escolhe-se 1.500 como o melhor valor para a quantidade de compra, por conduzir ao menor valor de C_s: os altos custos em estoque são mais que compensados pelo preço relativamente mais baixo da mercadoria.

QUESTÕES PARA DISCUSSÃO

1. Qual a importância econômica e operacional da gestão de estoques?
2. Quais são os principais custos envolvidos na gestão de estoques e qual a sua composição?
3. O que é o Custo Total Anual em estoque?
4. Cite as principais hipóteses na dedução do Lote Econômico de Compra.
5. Descrever como é feita a adaptação da teoria do Lote Econômico de Compra ao caso da fabricação interna.
6. Explique, com suas próprias palavras, porque o Custo Total Anual em estoque é relativamente pouco sensível a erros na apropriação dos custos associados aos estoques.
7. Por que o *LEF* aumenta quando coexistem produção e consumo?
8. Explique em que circunstâncias o Lote Econômico com Máxima Rentabilidade do Capital pode ser preferível ao *LEC* ou ao *LEF*.

PROBLEMAS PROPOSTOS

1. Classificar os itens a seguir em classes *A*, *B* e *C*, segundo a representatividade no investimento total:

Item	Demanda anual	Custo unitário	Item	Demanda anual	Custo unitário
1	90.000	R$ 432,00	10	94.500	R$ 122
2	5.500	48,60	11	68.800	391
3	35.500	81,60	12	5.200	105
4	64.400	42,70	13	17.700	514
5	26.600	23,40	14	11.100	1.500
6	66.600	5,40	15	22.200	184
7	100.000	53,90	16	70.000	429
8	9.100	99,00	17	30.000	621
9	8.300	66,80	18	26.600	175

2. Um item em estoque obedece a todas as principais restrições impostas pela teoria do Lote Econômico de Compra: a demanda semanal é constante em 2.000 unidades (considerar um ano de 50 semanas), o tempo de espera é constante em 5 semanas e as entregas são feitas de uma só vez.

O *LEC* foi determinado previamente, resultando ser igual a 10.000 unidades. Suponha que você esteja no início da Semana 1 com 6.000 unidades remanescentes do item em estoque. Ao final da Semana 1, restará portanto um estoque de 4.000 unidades, e assim por diante. Admita que o próximo recebimento do item esteja marcado para o final da Semana 3. Com tais informações, descrever o comportamento do estoque até a Semana 10, completando a tabela a seguir:

Semana	Estoque inicial	Recebimentos	Estoque final
1	6.000	–	4.000
2			
3		10.000	
etc.			

3. Auto-Peças Luisão Ltda. fornece uma grande variedade de componentes para automóveis para uma dada região. Para um particular item, a demanda anual é de 600 unidades. O custo de um pedido é de R$ 100, enquanto o custo de manutenção fica em R$ 37,50 por unidade e por ano.

a) Qual é o Lote Econômico de Compra do item?
b) Supondo 300 dias úteis por ano, qual é o intervalo entre duas encomendas consecutivas?
c) Qual é o estoque médio, supondo um estoque de reserva de 40 unidades?
d) Qual é o Custo Total Anual em estoque?
e) Qual é o Custo Total do Sistema?

4. A Companhia Industrial Elétrica S.A. compra um componente usado na montagem de um certo modelo de gerador elétrico. São usadas 36.000 unidades do componente por ano. A elaboração de um pedido, sua emissão, o transporte e a recepção do componente custam cerca de R$ 300,00. O custo unitário do componente é de R$ 30,00 e os custos de armazenagem sobem a 80% do preço de compra.

a) Determinar o *LEC*.
b) Determinar o intervalo entre dois pedidos consecutivos, considerando um ano corrido de 360 dias.
c) Determinar o Custo Total Anual em estoque.

5. A Auto-Peças Luisão, do Problema 3, compra o componente diretamente do fabricante. Este aceita despachá-lo a um custo de R$ 2.400,00 por avião, tão logo receba o pedido por telefone (desconsiderar o custo da ligação telefônica). A Auto-Peças Luisão deseja maximizar a rentabilidade do investimento sobre o componente em questão. A diferença de preço entre a compra e a venda do componente é de R$ 200,00. Quantas unidades devem ser encomendadas de cada vez? Com que intervalo?

6. Para o componente dos Problemas 3 e 5, encontrar o quociente de rentabilidade, para cada um dos tipos de Lote Econômico lá tratados: Lote Econômico de Compra com mínimo custo em estoque no Exercício 3 e Lote Econômico com Máxima Rentabilidade do Capital no Exercício 5.

7. O Departamento de Montagem de uma companhia utiliza 50.000 peças por ano, produzidas no Departamento de Fabricação. O custo unitário da peça é de R$ 120,00 e os custos de armazenagem sobem a 50% do custo unitário da peça. São gastos na preparação das máquinas R$ 2.000,00. O Departamento de Montagem necessita de 200 peças por dia, enquanto o Departamento de Fabricação pode entregá-las à razão de 400 unidades por dia. Determinar:

a) o Lote Econômico de Fabricação;
b) o número de rodadas anuais de produção;
c) o estoque médio da peça (Q_{RES} = 1.000 unidades).

8. Cálculos efetuados para o *LEC* de uma matéria-prima resultaram em um valor de 2.000 unidades. Houve, entretanto, um erro na apropriação do custo unitário de manutenção: o valor usado é de apenas 75% do valor real. Após a correção, qual será o novo valor do *LEC*?

9. A Indústria Pérola S.A. produz uma peça que é usada posteriormente na montagem de um de seus produtos. A demanda diária da peça para a montagem é de 400 unidades e ela pode ser produzida à razão de 500 unidades por dia. Considerando o ano útil com 250 dias, o custo de preparação de máquinas como R$ 1.000,00 e o custo unitário de manutenção de R$ 8,00 por unidade e por ano, pede-se:

a) o *LEF*;
b) o intervalo de tempo no qual coexistem produção e consumo;
c) o intervalo de tempo no qual só existe consumo;
d) o Custo Total Anual em estoque.

10. Um fornecedor oferece certa mercadoria com o seguinte esquema de preços:

Quantidade pedida	Preço unitário
100 – 499	R$ 50,00
500 – 2.499	47,50
2.500 – 4.999	46,00
Acima de 5.000	45,00

(Não é possível comprar em quantidades inferiores a 100 unidades.)

Um consumidor interessado na compra utiliza a mercadoria na razão de 25.000 unidades por ano. O custo do pedido é de R$ 500,00, e as taxas de juros e armazenagem sobem, somadas, a 50% do preço unitário da mercadoria. Determinar a melhor quantidade que o consumidor deve encomendar.

REFERÊNCIAS BIBLIOGRÁFICAS

HARRY, T. Optimized Inventory Management. *Production and Inventory Management Journal*, v. 38, n. 1, p. 22-25, 1997.

JOSTERS, T.; HELMS, M. M. The Use of Buffer Inventory as an Asset Management Tool in a Quick Response Environment. *Production and Inventory Management Journal*, v. 36, n. 3, p. 17-22, 1996.

KRAJEWSKI, L. J.; RITZMAN, L. P. *Operations Management: Strategy and Analysis*. 2. ed. Reading, Massachusetts: Addison Wesley Publishing Company, 1990.

LOVE, S. F. *Inventory Control*. Nova York: McGraw-Hill, 1979.

RONDEAU, P. J.; LITTERAL, L. A. Evolution of Manufacturing Planning and Control Systems: from Reorder Point to Enterprise Resource Planning. *Production Inventory Management Journal*, v. 42, n. 2, p. 1-7, 2001.

SCHREIBFEDER, J. *Achieving Effective Inventory Management*. 3. ed. Effective Inventory Management, Inc., 2005.

TERSINE, R. J. *Principles of Inventory and Materials Management*. 4. ed. Buffalo: Prentice Hall PTR, 1993.

ZIPKIN, P. H. *Foundations of Inventory Management*. Illinois: McGraw Hill/Irwin, 2000.

Capítulo 17

Controle de Estoques: Demanda Independente

17.1 Introdução

Conforme vimos no capítulo anterior, um item possui demanda independente se o seu consumo variar apenas em função da movimentação de um mercado externo. Os itens de demanda dependente, por sua vez, eram aqueles cujo consumo era interno à empresa, ou seja, eram itens usados na fabricação de produtos e mercadorias para o mercado externo. Produtos finais e peças de reposição são típicos itens de demanda independente.

Ainda no Capítulo 16, fizemos a introdução ao controle de estoques, apresentando o modelo do Lote Econômico, que se caracterizava pela simplicidade, fugindo muito do comportamento de um sistema no mundo real. Ressaltamos, porém, que muitos dos conceitos então discutidos são de uso corrente e que, além disso, o modelo poderia ser mais bem aproveitado se fossem derrubadas algumas das suas hipóteses simplistas e substituídas por idéias mais realistas. Na verdade, qualquer modelo que pretenda representar o comportamento real de um sistema é forçosamente uma simplificação: trata-se, portanto, de uma questão de grau – alguns modelos serão mais "realistas" que outros, no sentido de procurarem se adaptar mais perfeitamente aos sistemas existentes, mas todos eles serão sempre uma representação aproximada do que se vai encontrar na prática.

No presente capítulo, veremos três modelos que se prestam ao controle de estoques de itens de demanda independente. São eles:

a) Sistema de Revisão Contínua (Sistema Q)
b) Sistema de Reposição Periódica (Sistema P)
c) Sistema para Encomenda Única

Os dois primeiros sistemas, o de Revisão Contínua e o de Reposição Periódica, são alternativos, no sentido de que um ou outro pode ser escolhido para o controle de uma dada mercadoria. Claro está que cada um apresenta vantagens e desvantagens, adaptando-se melhor ou pior às características de cada mercadoria, o que deverá nortear a escolha. Já o Sistema para Encomenda Única serve ao propósito específico de determinar a quantidade a comprar ou fabricar de mercadorias cuja demanda é localizada em um período específico de tempo. Após esse período, a mercadoria, por qualquer motivo, não pode mais ser usada ou vendida. Como exemplo típico, temos o caso de mercadorias perecíveis que deverão ser vendidas ou utilizadas em um futuro bem próximo. O que sobrar da mercadoria é inaproveitável ou vendido com pouco ou nenhum lucro e, às vezes, até mesmo com prejuízo. Artigos próprios de estação também são outro exemplo.

Passada a estação, o artigo pouco ou nenhum valor passa a ter. O importante nesses casos é ter uma forma de escolher a quantidade a comprar ou fabricar de maneira a obter o máximo lucro possível. O Sistema para Encomenda Única é, assim, um modelo específico que não pode ser comparado aos outros dois sistemas que serão também estudados.

17.2 O Sistema de Revisão Contínua

17.2.1 Características Básicas

O Sistema do Lote Econômico, que estudamos no Capítulo 16, é a versão mais simples possível do Sistema de Revisão Contínua. Dependendo das hipóteses que sejam feitas sobre o comportamento do item em estudo, principalmente aquelas que se referem à taxa de consumo e ao tempo de espera, teremos outras variantes do sistema. Qualquer que seja essa variante, porém, são características distintivas do Sistema de Revisão Contínua:

1ª) O estoque do item é monitorado continuamente ou após cada transação; quando o estoque descer a certa quantidade prefixada, chamada *Ponto de Ressuprimento*, emite-se um novo pedido ou requisição para fabricação interna.

2ª) A quantidade a comprar ou fabricar é sempre constante, geralmente assumida como o Lote Econômico, determinado como já visto anteriormente.

O Ponto de Ressuprimento deve ser uma quantidade tal que permita o consumo da mercadoria enquanto se espera a entrega. No caso do Sistema do Lote Econômico, a determinação do Ponto de Ressuprimento não apresenta maiores problemas, pois tanto a taxa de consumo como o tempo de espera são constantes. Conhecendo-se ambos, o seu produto nos dará a quantidade consumida no tempo de espera. Essa quantidade será também constante, o que desobriga o sistema de manter um estoque de reserva, desnecessário nesse caso. Se assumirmos que a taxa de consumo ou o tempo de espera, ou ambos, não são constantes, cairemos em variantes mais complexas do Sistema de Revisão Contínua que, apesar disso, continua com suas características definidas anteriormente.

17.2.2 Uma Variante do Sistema de Revisão Contínua

De todas as variantes possíveis para o Sistema de Revisão Contínua, estudaremos apenas uma como exemplo de um sistema mais complexo. Admitiremos que o tempo de espera é constante, mas permitiremos que a taxa de consumo seja variável em torno de um valor médio, segundo uma distribuição normal (Figura 17.1). Essa variante ainda não corresponde totalmente à realidade, por não levar em conta nem as variações sazonais nem a componente de tendência. Mesmo que consideremos a componente de tendência, é possível que, dentro de um intervalo de tempo relativamente curto, possamos calcular um valor médio aproximado para a taxa de consumo. Este valor médio poderia então ser ajustado de tempos em tempos para seguir a tendência crescente ou decrescente da taxa de consumo. Quanto a se assumir a distribuição normal, trata-se de uma facilidade especial, dadas as propriedades particulares dessa distribuição. É possível, no entanto, sem muita dificuldade adicional, adotar qualquer outra distribuição ou mesmo trabalhar com a taxa média de consumo sem conhecer detalhes específicos da distribuição, bastando tão-somente uma distribuição de freqüências. O leitor interessado pode consultar as obras citadas ao fim do capítulo, particularmente o livro de Ray Wild, que traz uma série de modelos complementares àqueles que estamos considerando neste texto.

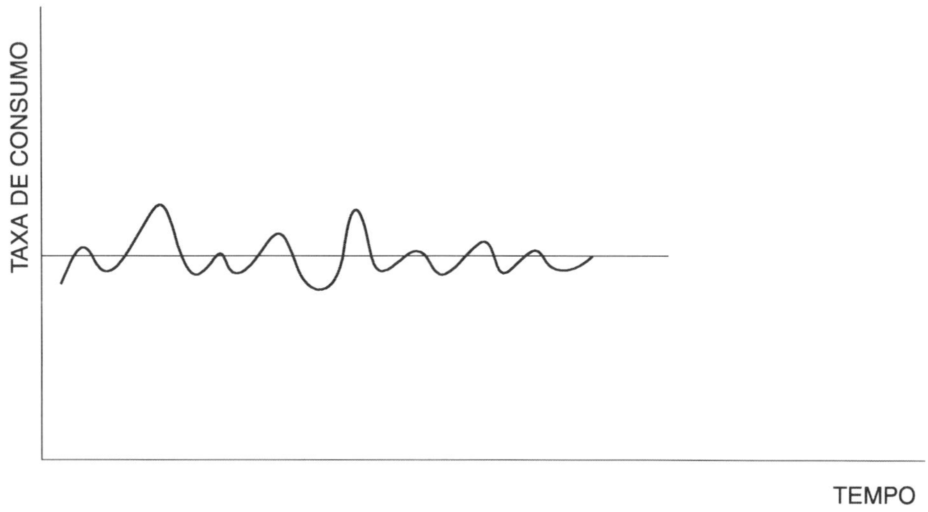

Figura 17.1 Taxa de Consumo Variável em Torno de um Valor Médio.

Complementando o modelo com taxa de consumo variável, admitamos agora que o sistema possa sofrer a falta de estoque. É claro que essa suposição é indesejável em termos práticos, mas ainda assim temos que considerá-la. Para que a chance de faltar estoque seja reduzida a um mínimo razoável (que pode e é fixado pelo gestor do estoque), deveremos ter sempre à mão um estoque de reserva. No Sistema do Lote Econômico o estoque de reserva permanecia intocado. Isso agora não mais irá acontecer. Ao longo do tempo, várias e várias vezes o estoque de reserva será necessário para que não falte a mercadoria.

Finalmente, continuaremos assumindo duas hipóteses do Lote Econômico, quais sejam:

- a mercadoria é entregue de uma só vez (entrega instantânea);
- o item não interage com outros itens.

Colocado o sistema em suas linhas gerais, é preciso definir agora os dois parâmetros fundamentais de qualquer sistema de controle de estoques: a quantidade a comprar ou fabricar e a data de compra ou produção. No caso do Sistema de Revisão Contínua, como sabemos, não há propriamente uma data de compra, ou melhor, a data é variável em princípio. O que motiva o pedido ou ordem de fabricação é a quantidade remanescente em estoque, ou seja, o Ponto de Ressuprimento. Essa peculiaridade da data de compra ser variável não pode ser observada no sistema puro do Lote Econômico porque, graças à constância da taxa de consumo e do tempo de espera, o intervalo entre dois pedidos era sempre o mesmo. A Figura 17.2 mostra o mesmo Gráfico Dente de Serra que havia sido apresentado para o Sistema do Lote Econômico. Como o leitor se recorda, ele mostra a variação no estoque de um item ao longo do tempo. Como a taxa de consumo é agora variável, ela é representada por linhas curvas não paralelas entre si.

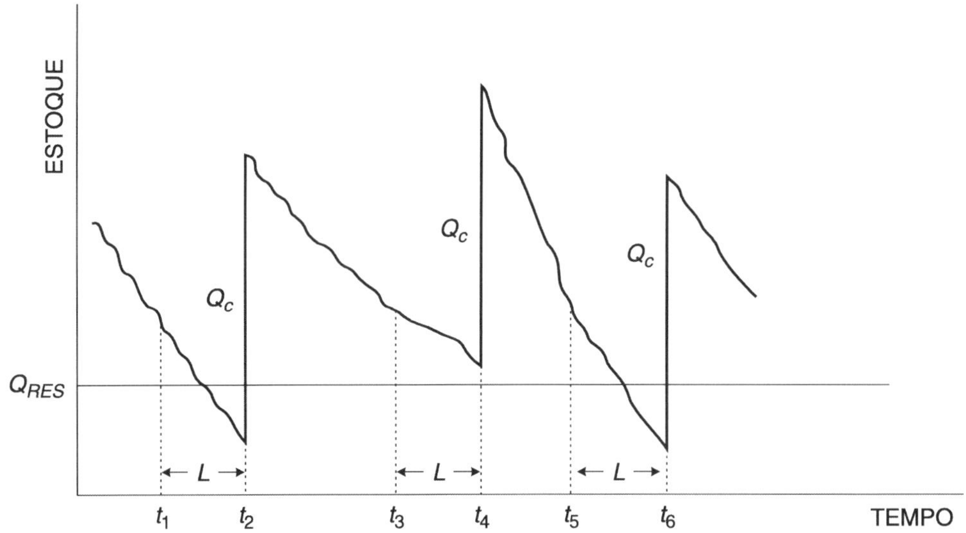

Figura 17.2 Gráfico Dente de Serra: Sistema de Revisão Contínua.

Os vários elementos do gráfico já são conhecidos: Q_c é a quantidade comprada de cada vez, com entrega de todo o lote, Q_{RES} é o estoque de reserva e L é o tempo de espera, suposto constante. O comportamento do item simulado no gráfico mostra que na data t_2, quando foi entregue a mercadoria solicitada em t_1, o estoque de reserva teve que ser parcialmente usado. Em compensação, na próxima entrega na data t_4, o estoque remanescente não havia ainda atingido o estoque de reserva. Caso se verifique, entre a solicitação da mercadoria e a sua entrega, um consumo exageradamente alto por algum tempo, o estoque de reserva poderá ser utilizado em todo ou em parte, havendo no limite a possibilidade de falta da mercadoria. Esse aumento súbito do consumo pode acontecer e, ainda assim, não se romper a nossa hipótese básica, qual seja, a de que a *taxa média* de consumo é constante. Para que a falta de material ocorra raramente ou apenas com uma freqüência prevista, ou seja, para que o risco de faltar estoque seja administrado, precisamos fixar o Ponto de Ressuprimento de forma conveniente. Trataremos inicialmente da quantidade a comprar no Sistema de Revisão Contínua e, logo depois, veremos quais as alternativas de fixação do Ponto de Ressuprimento.

17.2.3 A Quantidade de Compra ou Fabricação

Geralmente, no Sistema de Revisão Contínua, assume-se que a quantidade solicitada é o próprio Lote Econômico, de compra ou fabricação, embora tenha sido rompida uma das hipóteses fundamentais do Sistema do Lote Econômico: a de que a taxa de consumo é constante. Se o leitor recordar a fórmula do Custo Total Anual – de onde saía o Lote Econômico –, irá perceber que a taxa de consumo variável influi no cálculo do estoque médio e, portanto, no custo de manter:

$$\text{custo de manter} = C_m \left(\frac{Q_c}{2} + Q_{RES} \right)$$

(No caso de fabricação, substituir Q_c por Q_F.)

Como o estoque de reserva, às vezes, é consumido em todo ou em parte e, às vezes, não é sequer contado, a expressão $(Q_c/2 + Q_{RES})$ deve ser considerada apenas como uma aproximação ao estoque médio. Em termos de Custo Total Anual porém, dada a sua relativa insensibilidade à quantidade comprada ou fabricada, haverá segurança de que não estaremos muito afastados do valor mínimo.

17.2.4 O Ponto de Ressuprimento

Em primeiro lugar, notemos que, se a taxa de consumo admite um valor médio, então é lícito definir-se uma média consumida durante o tempo de espera. Por exemplo, se a taxa de consumo for de 10 unidades por dia e o tempo de espera for de 5 dias, então a média consumida no tempo de espera será de 50 unidades, ou seja, (10 unidades/dia) × 5 dias. Seja Q_R o Ponto de Ressuprimento. É evidente que essa quantidade será formada pelo consumo médio da mercadoria durante o tempo de espera acrescido do estoque de reserva. Designando por m esse consumo médio, temos então:

$$Q_R = m + Q_{RES} \qquad \text{(Equação 17.1)}$$

Uma primeira forma de fixar o valor de Q_R consiste em determinar o valor de m (por meio dos registros da empresa), acrescendo a ele um estoque de reserva de forma mais ou menos empírica, também baseado em registros de consumo. Pode-se obter assim uma grande proteção contra a falta de estoque, eventualmente à custa de um estoque de reserva excessivamente alto. Algumas empresas elaboram fórmulas empíricas para o estoque de reserva, com freqüência baseadas nos registros de consumo.

Com a suposição de que a taxa de consumo se distribua normalmente, abre-se uma nova possibilidade para se fixar Q_R. Essa possibilidade está ligada ao fato de que a quantidade consumida no tempo de espera também se distribui segundo uma normal, cujos parâmetros (média e desvio padrão) podem ser determinados. Observe o leitor a Figura 17.3:

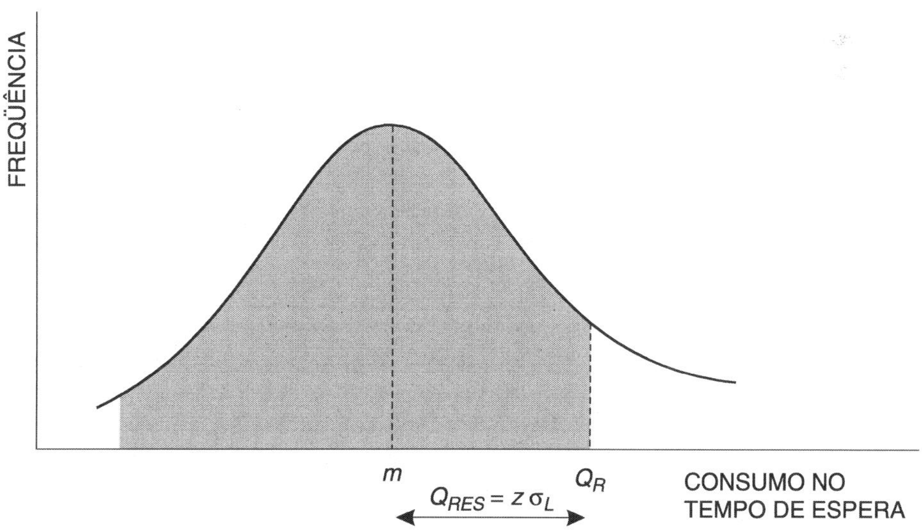

Figura 17.3 Consumo no Tempo de Espera: Sistema de Revisão Contínua.

Se fixássemos Q_R como a média m consumida no tempo de espera, teríamos exatamente 50% de chance de que não faltaria estoque ou, em outros termos, haveria falta de estoque em 50% das vezes em que fosse necessária a mercadoria. Na maioria dos casos, provavelmente, esse nível de falta seria considerado excessivo. Cada empresa tem, entretanto, para cada item controlado pelo sistema, a possibilidade de fixar a porcentagem de falta. Dado um ponto à direita da média consumida durante o tempo de espera, há uma probabilidade bem determinada de que esse ponto não será atingido. Essa probabilidade é dada pela área à esquerda do ponto, como mostrado na Figura 17.3. O ponto de ressuprimento Q_R pode ser então colocado à direita da média m, tão mais distante desta quanto maior a segurança desejada de que não falte estoque. A quantidade que ultrapassar a média, pela direita, é exatamente o estoque de reserva. À probabilidade de não faltar estoque (ou seja, a área hachurada da Figura 17.3) dá-se o nome de *nível de serviço* ou *nível de segurança*. Um nível de serviço, por exemplo, de 0,95 (ou 95%) garante-nos que, em 95% do tempo, não haverá falta de estoque ou, alternativamente, que haverá falta em apenas 5% do tempo.

Qualquer ponto à direita da média de uma curva normal pode ser escrito como uma soma da média com um certo número de desvios padrão. Para o ponto de ressuprimento:

$$Q_R = m + z\,\sigma_L \qquad \text{(Equação 17.2)}$$

(e também $Q_{RES} = z\,\sigma_L$) onde σ_L é desvio padrão do consumo no tempo de espera.

Na Equação 17.2, a letra z designa o número de desvios padrão que serão tomados à direita da média. Sabemos do estudo da curva normal que a área à esquerda de Q_R depende do número z, ou seja, do número de desvios padrão. A relação entre z e a área é obtida por meio da curva normal reduzida. Assim, por exemplo, para $z = 2{,}75$, a área à esquerda de Q_R é de 0,997 (ou nível de serviço de 99,7%) e a chance de faltar estoque seria de (1 – 0,997) = 0,003 ou de 0,3%. Alguns outros valores para z e as áreas correspondentes são os seguintes:

Valor de z	Área
0,00	50%
1,00	84
1,50	93
1,96	95
2,75	99,7

Na prática, é freqüente a adoção dos valores de z arredondados, principalmente para os dois níveis de serviço mais populares: 5% ($z = 2$) e 0,3% ($z = 3$). Para que o leitor se habitue à tabela da normal reduzida, usaremos, às vezes, os valores arredondados de z e, mais freqüentemente, os valores obtidos na tabela.

Exemplo 17.1

Um item fabricado internamente é vendido à razão média de 300 unidades por dia, com um desvio padrão de venda diária de 200 unidades. A demanda anual é estimada em 90.000 unidades. Quando o estoque do item atingir o Ponto de Ressuprimento, é enviada uma Ordem de Serviço ao Departamento de Fabricação que, após 5 dias, entrega a quantidade requisitada. O custo de preparar as máquinas para a rodada de produção é de R$ 200,00, enquanto o custo unitário de manutenção é de R$ 20,00 por unidade e por ano. Deseja-se que a falta de estoque do item esteja restrita a 0,3%, ou seja, o nível de serviço deve ser de 99,7%. Determinar:

a) a quantidade fabricada de cada vez;
b) o Ponto de Ressuprimento que atende ao nível de serviço desejado;
c) o estoque de reserva correspondente;
d) marcar os valores encontrados em *a*, *b* e *c* em um Gráfico Dente de Serra, simulando o comportamento do estoque do item.

Solução

Resumo dos dados:

consumo diário = 300 unidades

demanda anual (D) = 90.000

desvio padrão do consumo diário = 200 unidades

C_{prep} = R$ 200,00

C_m = R$ 20,00 por unidade e por ano

tempo de espera (L) = 5 dias

nível de serviço = 99,7%

a) *Quantidade a fabricar*:

Adotando o Lote Econômico como quantidade ótima, vem que:

$$LEF = \sqrt{\frac{2\ C_{prep}\ D}{C_m}} = \sqrt{\frac{2\ (200)\ (90.000)}{20}} = 1.342 \text{ unidades}$$

b) *Ponto de Ressuprimento*:

O Ponto de Ressuprimento é dado por:

$Q_R = m + Q_{RES}$, sendo m a quantidade média consumida no tempo de espera e Q_{RES} estabelecido em função do nível de serviço desejado:

$Q_{RES} = z\ \sigma_L$

A média consumida no tempo de espera é imediata:

m = consumo diário × tempo de espera = 300 × 5 = 1.500 unidades

O número de desvios padrão z, que corresponde ao nível de serviço de 99,7%, é aproximadamente 3, porém não temos diretamente o valor de σ_L. Como se recorda, σ_L é o desvio padrão da distribuição da quantidade consumida durante o tempo de espera. Não podemos tomar o desvio diário e multiplicá-lo por 5 dias. Supondo que o consumo de cada dia seja independente dos demais, a variância do consumo total em um número L de dias será dada por:

$\sigma_L^2 = L(\sigma_L)^2$, onde σ indica o desvio padrão do consumo diário. Em nosso caso:

$\sigma_L^2 = 5\ (200)^2$ ou $\sigma_L = 447$ unidades

Logo, temos:

$Q_R = m + Q_{RES} = m + z\ \sigma_L = 1.500 + 3\ (447) = 2.841$ unidades

c) *O estoque de reserva*:

Do resultado anterior, vem imediatamente que:

$Q_{RES} = z\ \sigma_L = 3\ (447) = 1.341$ unidades

(Reparar como Q_{RES} é praticamente igual ao LEF. Essa igualdade, é claro, é puramente ocasional.)

d) *Gráfico Dente de Serra*:

A figura a seguir ressalta, em escala, os valores do LEF, do Ponto de Ressuprimento e do estoque de reserva, simulando o comportamento do estoque do item por três recebimentos consecutivos:

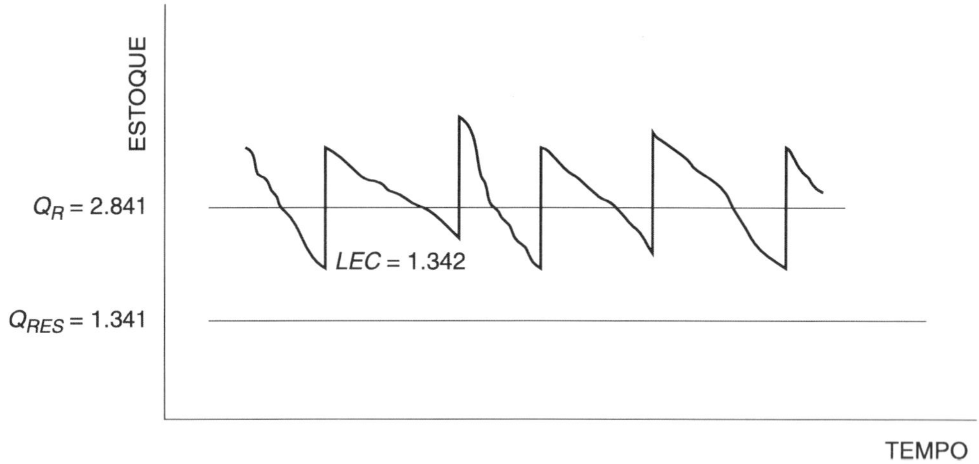

17.3 O Sistema de Reposição Periódica

17.3.1 Conceito, Hipóteses e Regras Formais do Sistema

O Sistema de Reposição Periódica constitui-se no segundo dos tipos de sistemas de controle de estoques mais usados para itens de demanda independente. Ao contrário do Sistema de Revisão Contínua, a monitoração da quantidade remanescente em estoque é agora feita a intervalos regulares, exatamente antes de se emitir um pedido de compra ou uma ordem de fabricação. Como no sistema anterior, entretanto, existem diversas variantes no novo sistema, dependendo do que se assume acerca do comportamento da taxa de consumo, do tempo de espera, da forma como é feita a entrega, e assim por diante. Estudaremos também apenas uma variante do Sistema de Resposição Periódica: admitiremos que a demanda é variável, ainda uma vez, segundo uma distribuição normal, admitindo, portanto, um valor médio e um desvio padrão bem definidos. Conservaremos todas as demais hipóteses levantadas anteriormente, principalmente:

- tempo de espera constante;
- entrega feita de uma só vez;
- não há interação do item com outros itens.

Formalmente, o sistema irá funcionar segundo as seguintes regras:

a) A posição do estoque é revisada a intervalos fixos; quando da revisão, encomenda-se uma quantidade tal que o estoque seja levado a um Nível de Referência. Este é uma quantidade prefixada, correspondendo ao valor máximo possível do estoque do item, a qualquer tempo.

b) O Nível de Referência é estabelecido para cobrir a demanda até a próxima revisão mais o tempo de espera da mercadoria.

c) Uma quantidade variável é encomendada dependendo de quanto seja necessário para levar a posição do estoque até ao Nível de Referência.

Quando se revê a posição do estoque, é preciso levar em conta não apenas aquilo que já se encontra fisicamente no estoque, mas também toda e qualquer quantidade porventura já encomendada. A posição do estoque é, pois, definida como:

Posição = Estoque em mãos + quantidades já encomendadas.

A quantidade a ser pedida é tal que:

Quantidade a pedir = Nível de Referência – Posição do estoque

O Gráfico Dente de Serra mostrado na Figura 17.4 ilustra a operação do sistema. No gráfico, T é o Nível de Referência, L é o tempo de espera (constante), P é o período entre encomendas (constante) e Q_1, Q_2 e Q_3, quantidades que devem ser encomendadas, diferentes a cada vez.

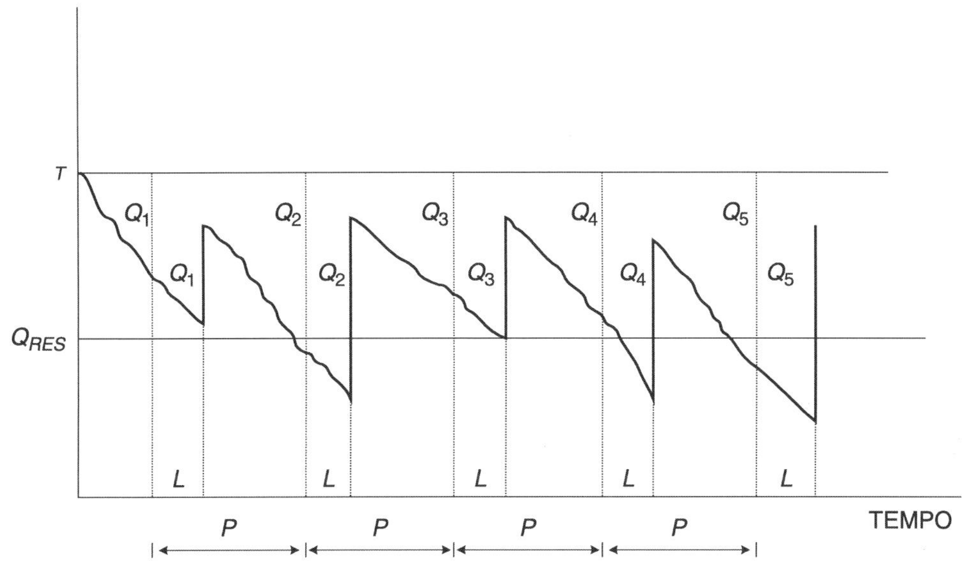

Figura 17.4 Gráfico Dente de Serra: Sistema de Reposição Periódica.

É importante compreender as diferenças fundamentais entre o Sistema de Reposição Periódica e o Sistema de Revisão Contínua:

– Ele não tem um Ponto de Ressuprimento, mas sim um Nível de Referência.

– Ele não tem um Lote Econômico, já que a quantidade encomendada varia devido à demanda do período imediatamente anterior à data da revisão (pedido).

– No Sistema de Reposição Periódica, é fixado o intervalo de tempo entre encomendas, não a quantidade encomendada.

Quais são então os parâmetros fundamentais do Sistema de Reposição Periódica? Como em qualquer outro sistema, desejamos saber a data do pedido e a quantidade a pedir. A data ficará perfeitamente determinada desde que saibamos o período entre encomendas, bastando fixar, então, uma data inicial qualquer. No tocante à quantidade a pedir, ela depende de uma contagem operacional, que dará à Posição do Estoque, e também do valor adotado para o Nível de Referência. Como e em que bases chegar a um valor para o Nível de Referência é uma das nossas preocupações. Iniciaremos, entretanto, pela definição do período entre encomendas.

17.3.2 O Período entre Encomendas

Não existe uma regra definida para se fixar o período entre duas encomendas. Provavelmente, as empresas procurarão concentrar os pedidos de todos ou da maioria dos itens controlados pelo Sistema de Reposição Periódica, de forma que as encomendas possam ser feitas dentro de uma faixa de datas relativamente estreita, de tempos em tempos, seguindo um procedimento tão regular quanto possível. Há inegáveis vantagens em assim fazendo, porque os esforços e as atenções, inclusive sobre as revisões de estoque, não se dispersam ao longo do tempo.

Existe uma forma empírica, aproximada, de se fixar o período entre encomendas, de maneira que a quantidade encomendada, em média, seja próxima ao *LEC*. Dizemos que essa forma é tão-somente aproximada, pois a quantidade de encomenda variará a cada pedido. Mostremos o procedimento para o caso de compra. O leitor fará facilmente a adaptação para o caso da fabricação, se necessário.

O número de encomendas em 1 ano, caso a quantidade pedida de cada vez fosse o *LEC*, seria dado por:

$$\text{número de encomendados} = \frac{D}{LEC}$$

Em "número de anos", o intervalo entre dois pedidos é dado pelo inverso do número de encomendas:

$$\text{intervalo entre pedidos} = \frac{LEC}{D} = P$$

Finalmente, utilizando a fórmula do *LEC*, vem que:

$$P = \sqrt{\frac{2C_p}{C_m D}} \text{ (intervalo em anos)} \qquad \text{(Equação 17.3)}$$

O intervalo P pode ser mais facilmente entendido em número de dias ou semanas. A transformação é imediata, bastando multiplicar o valor anterior, em anos, pelo número de dias ou semanas, respectivamente, que estejamos considerando no ano.

17.3.3 O Nível de Referência

Por semelhança com o Ponto de Ressuprimento, o Nível de Referência T pode ser escrito como:

$$T = m' + Q_{RES} \qquad \text{(Equação 17.4)}$$

É claro que o estoque de reserva continua com o mesmo sentido que teve até o momento. A quantidade m' substitui a quantidade m que aparecia no cálculo do Ponto de Ressuprimento. Enquanto m era a quantidade média consumida no tempo de espera, m' será a quantidade média consumida no tempo de espera acrescido do intervalo entre encomendas. Para entender isso, suponha o leitor que dado item acaba de ser recebido e o seu estoque atingiu exatamente o Nível de Referência. A próxima encomenda será feita dentro de P dias ou semanas, mas será recebida apenas dentro de $(P + L)$ dias ou semanas. Logo, o Nível de Referência deve ser suficiente para atender ao consumo durante estes $(P + L)$ dias ou semanas. Além da média consumida nesse período, acresce-se um estoque de reserva para atender ao caráter aleatório desse consumo.

A quantidade média m' não apresenta problemas maiores de determinação. Tendo o valor da taxa média de consumo diária ou semanal, por exemplo, basta multiplicá-la por $(P + L)$ dado em dias ou semanas. Quanto a Q_{RES}, podemos novamente lançar mão da distribuição da quantidade consumida, dessa vez no período total $(P + L)$. A Figura 17.5 mostra a situação. O Nível de Referência deve ser tal que atenda a um nível de serviço prefixado, ou seja, ele será a média da distribuição do consumo durante $(P + L)$ acrescido de um certo número de desvios padrão daquela distribuição:

$T = m' + Q_{RES} = m' + z\,\sigma_{P+L}$, sendo $Q_{RES} = z\,\sigma_{P+L}$, onde σ_{P+L} indica o desvio padrão do consumo durante o tempo $(P + L)$.

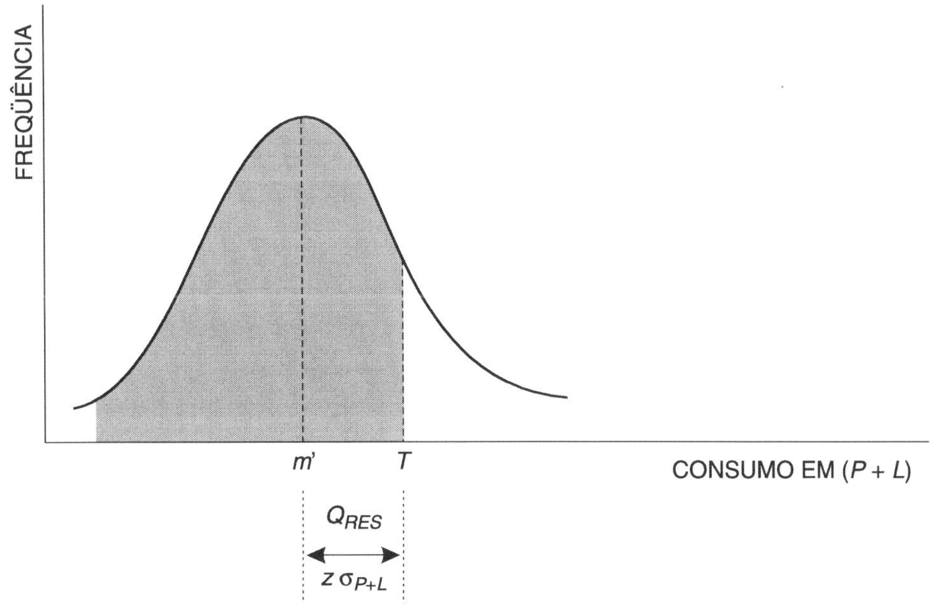

Figura 17.5 Consumo em ($P + L$): Sistema de Reposição Periódica.

A tendência é a de que o estoque de reserva Q_{RES} seja maior no Sistema de Reposição Periódica que no Sistema de Revisão Contínua. Isso se dá porque o desvio padrão refere-se agora à distribuição do consumo por um período maior ($P + L$).

Exemplo 17.2

Retomar todos os dados do Exemplo 17.1 e supor que o item vá ser controlado pelo Sistema de Reposição Periódica, com pedidos separados por um intervalo de 30 dias. Calcular agora:

a) a média consumida durante ($P + L$).
b) o Nível de Referência.
c) o estoque de reserva Q_{RES}.

Mostrar também em um Gráfico Dente de Serra as grandezas calculadas em *a* e *b*.

Solução

a) *Média consumida em* ($P + L$):

O cálculo é direto, lembrando que a taxa de consumo diária era de 300 unidades:

$m' = 300\ (P + L) = 300\ (30 + 5) = 10.500$ unidades

b) *Nível de Referência*:

A primeira coisa a calcular é o valor de σ_{P+L}, o desvio padrão da distribuição do consumo durante ($P + L$). Temos:

$\sigma_{P+L} = \sqrt{(P + L)\ (\sigma)^2}$, onde σ é o desvio padrão do consumo diário (200 unidades). Logo:

$\sigma_{P+L} = \sqrt{(30 + 5)\ (200)^2}$, de onde tiramos $\sigma_{P+L} = 1.183$

Lembrando que para um nível de serviço de 99,7% o número z de desvios padrão é aproximadamente 3, vem que:

$T = m' + z\ \sigma_{P+L} = 10.500 + 3\ (1.183) = 14.049$ unidades

Quando da revisão do estoque, portanto, deve-se encomendar o que falta para 14.049 unidades, descontando-se o que tenha sido encomendado anteriormente e ainda não recebido.

c) *Estoque de reserva*:

Do resultado anterior:

$Q_{RES} = z\ \sigma_{P+L} = 3\ (1.183) = 3.549$ unidades

Como já havia sido comentado, o estoque de reserva é agora maior que aquele obtido para o Sistema de Revisão Contínua. Além disso, necessita-se de estoque para atender ao consumo durante um tempo maior que o tempo de espera, na verdade para atender ao tempo total ($P + L$). Ao final, a tendência é a de que o estoque médio, no Sistema de Reposição Periódica, seja substancialmente maior que aquele obtido no Sistema de Revisão Contínua.

A figura a seguir mostra o Gráfico Dente de Serra com destaque para as grandezas calculadas.

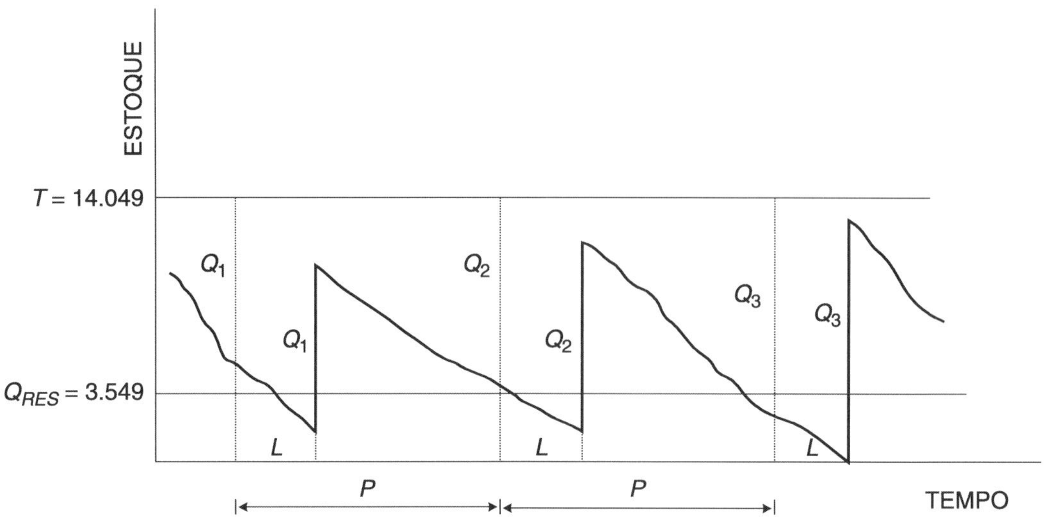

17.4 Uso dos Sistemas na Prática

Cada um dos dois sistemas vistos até aqui, o de Revisão Contínua e o de Reposição Periódica, possui seus pontos fortes e fracos. O Sistema de Revisão Contínua exige um acompanhamento constante do estoque, levando em princípio a um custo administrativo maior, ainda que, com o controle de estoques por computador, esse custo esteja a cada dia tornando-se mais razoável. Por outro lado, mesmo um acompanhamento constante por computador justifica-se apenas para itens de valores considerados substanciais – aqueles da classe A e eventualmente alguns da classe B.

O Sistema de Reposição Periódica é muito usado para itens de baixo custo, sobre os quais uma atenção mais detalhada não é necessária. Quando muitos itens são adquiridos de um mesmo fornecedor, o sistema é particularmente vantajoso, pois possibilita negociações quanto às melhores datas de pedidos e entregas, bem como condições de pagamento especiais por causa do volume adquirido de mercadorias. No caso do Sistema de Revisão Contínua, o fato de muitos itens virem de um mesmo fornecedor não se reveste de vantagem alguma – ao contrário, as negociações podem se tornar mais complexas, devido ao fato de que cada item terá uma data específica (e aleatória) de encomenda.

Resumindo, uma condição primária para o uso do Sistema de Reposição Periódica parece ser o baixo custo dos itens envolvidos, enquanto o Sistema de Revisão Contínua pode ser justificado pelo custo elevado dos itens, ou sua eventual importância para a empresa.

17.5 O Sistema para Encomenda Única

O Sistema para Encomenda Única adapta-se à seguinte situação:

a) Deve-se encomendar uma dada mercadoria para atender a uma demanda a se verificar em um período próximo futuro. Se a demanda fosse determinística, ou seja, se soubéssemos exatamente a quantidade necessária, poderíamos encomendar exatamente essa quantidade. Obteríamos, assim, o máximo lucro possível com a venda da mercadoria.

b) A demanda da mercadoria não é conhecida com exatidão, mas conhece-se sua distribuição de probabilidades.

c) Cada unidade da mercadoria tem um custo C_u.

d) Cada unidade vendida da mercadoria propicia um lucro L_u.

e) Cada unidade não vendida possui um valor residual R_u, que pode ser ou não suficiente para cobrir o custo C_u.

O problema está em determinar a quantidade a encomendar tal que o lucro médio, obtido com muitas encomendas consecutivas, seja o máximo possível, dentre todos os lucros médios que seriam obtidos com políticas de compra alternativas. Haverá ocasiões em que a quantidade encomendada leve a lucros pequenos ou mesmo a prejuízos, porém isso será contrabalançado por outros momentos, em que o lucro atinge altos valores. Ter-se-á a segurança de que, ao longo do tempo, o lucro será o mais favorável possível, dadas as características da demanda e dos custos envolvidos.

Demonstra-se que o problema é resolvido indiretamente. Antes de mais nada, é determinado o nível de serviço que irá propiciar o máximo lucro médio. Esse nível de serviço corresponde à fração do tempo que a demanda é atendida. Assim, se o nível de serviço for de 80%, a demanda será atendida em 80% do tempo. De posse do nível de serviço, encontra-se a quantidade encomendada que lhe corresponde.

O nível de serviço NS que conduz à quantidade ótima de encomenda é dado por:

$$NS = \frac{L_u}{L_u + (C_u - R_u)} \qquad \text{(Equação 17.5)}$$

É importante ressaltar que o nível de serviço como definido anteriormente se aplica somente à parcela variável da demanda. Se houver uma demanda mínima fixada, digamos 500 unidades, o nível de serviço aplica-se para quantidades variáveis acima dessas 500 unidades, quantidades essas que devem obedecer a uma dada distribuição de probabilidades. Consideraremos no exemplo que se segue que a demanda varia segundo uma distribuição uniforme. Posteriormente, nos problemas resolvidos ao final do capítulo, exemplificaremos o procedimento com a distribuição normal e com uma distribuição discreta.

Exemplo 17.3

A demanda mensal em uma banca de revistas para um particular magazine varia uniformemente entre um mínimo de 100 e um máximo de 150 exemplares. A revista é comprada por R$ 2,50 e vendida por R$ 3,00 o exemplar. Revistas não vendidas ao término do período são colocadas à venda sob condições especiais, a R$ 1,00 cada exemplar. Quantas revistas devem ser pedidas de cada vez?

Solução

Para o cálculo do nível de serviço que conduz à quantidade ótima, temos:

$L_u = 3 - 2{,}5 = 0{,}50$

$C_u = 2{,}50$

$R_u = 1$

Logo:

$$NS = \frac{L_u}{L_u + (C_n - R_n)} = \frac{0{,}50}{0{,}50 + (2{,}50 - 1{,}00)} = 0{,}25$$

Deve-se, pois, encomendar uma quantidade de revistas que corresponda a um nível de atendimento de 25% da parte variável da demanda. Essa parte variável oscila entre 100 e 150 exemplares, ou seja, é composta por 150 – 100 = 50 exemplares. Como a distribuição é uniforme, 25% da parte variável corresponderão a 0,25 (50) = 13 exemplares. A quantidade a encomendar será, portanto, formada da parte fixa da demanda mais a parte variável, ou seja:

A encomendar = 100 + 13 = 113 exemplares

PONTOS-CHAVE

1. O Lote Econômico é o mais simples dos sistemas de controle de estoques para demanda independente. O Sistema de Revisão Contínua é virtualmente o próprio Sistema do Lote Econômico, adaptado a hipóteses mais realistas. O Sistema de Reposição Periódica apresenta-se como uma alternativa ao Sistema de Revisão Contínua, enquanto o Sistema para Encomenda Única serve a propósitos especiais.

2. Ambos os sistemas, o de Revisão Contínua e o de Reposição Periódica, admitem diversas variantes ou modelos particulares, conforme sejam estabelecidas as hipóteses sobre o comportamento do item a controlar. Essas hipóteses dizem respeito principalmente à taxa de consumo (demanda) e ao tempo de espera.

3. No Sistema de Revisão Contínua, o estoque é monitorado continuamente ou a cada transação, e nova quantidade é encomendada a qualquer tempo. A quantidade pedida é fixa e, geralmente, igual ao Lote Econômico. Já no Sistema de Reposição Periódica, os pedidos são feitos em datas fixas, mas a quantidade encomendada é variável.

4. Ainda no Sistema de Revisão Contínua, define-se um Ponto de Ressuprimento, quantidade que, uma vez atingida, motiva um novo pedido de compra ou ordem de fabricação.

5. O Ponto de Ressuprimento deve conter o consumo médio durante o tempo de espera, acrescido de um estoque de reserva, que deve prover um certo nível de serviço. Este último é definido como a probabilidade de que não haja falta de estoque.

6. No Sistema de Reposição Periódica, define-se um Nível de Referência. Antes de cada pedido, conta-se o estoque em mãos e verifica-se se existe alguma encomenda do item ainda não entregue. A quantidade que faltar para o Nível de Referência será então encomendada.

7. O Sistema de Revisão Contínua é, em princípio, adequado para itens de custo elevado ou sobre os quais se deseja particular atenção. O Sistema de Reposição Periódica leva a maiores estoques médios e menor trabalho administrativo, sendo aconselhável no controle de itens de baixo custo, principalmente se encomendados de poucos fornecedores.

8. No Sistema para Encomenda Única, deve-se encomendar uma quantidade tal que maximize o lucro médio na venda da mercadoria. Essa quantidade será dada indiretamente pelo nível de serviço, que é calculado em função do lucro unitário na venda da mercadoria, do custo unitário e do valor residual.

PROBLEMAS RESOLVIDOS

1. A demanda diária por um produto é normalmente distribuída com média de 300 e desvio padrão de 100 unidades. O produto é vendido durante 300 dias no ano. O custo de colocar um pedido é de R$ 500,00 enquanto, para manter o produto em estoque, são gastos R$ 200,00 por unidade e por ano. A mercadoria encomendada é pontualmente entregue após 15 dias contados da data do pedido. Assumindo que o risco desejado de falta do estoque seja de 1%, pede-se:

a) determinar a quantidade a comprar de cada vez;

b) determinar o Ponto de Ressuprimento;

c) se o estoque de reserva for reduzido à metade do seu valor atual, qual a probabilidade de que haja falta de estoque?

Solução

a) *Quantidade a comprar de cada vez*:

No Sistema de Revisão Contínua, adota-se geralmente o *LEC* ou *LEF* como quantidade a encomendar. A única informação não dada diretamente, necessária para o cálculo, é a demanda anual, que pode ser facilmente obtida:

D = 300 unidades/dia × 300 dias/ano = 90.000 unidades. Segue-se que:

$$LEC = \sqrt{\frac{2\ C_p\ D}{C_m}} = \sqrt{\frac{2\ (500)\ (90.000)}{200}} = 671 \text{ unidades}$$

b) *Ponto de Ressuprimento*:

$Q_R = m + z\ \sigma_L$

m = 300 unidades/dia × 10 dias/ano = 3.000 unidades consumidas em média no tempo de espera de 10 dias. O número de desvios padrão z corresponde na normal reduzida a uma área de 99%, ou seja, z = 2,33. O desvio padrão σ_L da demanda no tempo de espera é dado em função do desvio padrão diário:

$\sigma_L = \sigma \sqrt{L} = 100 \sqrt{10} = 316$ unidades

Logo, $z\ \sigma_L$ = 2,33 (316) = 736 unidades e, portanto,

Q_R = 3.000 + 736 = 3.736 unidades

c) *Tomando o novo estoque de reserva como a metade do anterior, temos*:

$$\text{novo estoque de reserva} = \frac{736}{2} = 368$$

Como $Q_{RES} = z\ \sigma_L = z\ (316)$, vem que o novo valor de z, que define o nível de serviço, é igual a 1,16. Pela tabela da página 107, a nova probabilidade associada, ou seja, o novo nível de serviço, é de 75,4%.

2. Uma série de artigos para escritório é encomendada ao mesmo distribuidor a cada 30 dias, sendo entregue em 5 dias após o pedido. Entre os artigos estão as folhas de papel sulfite, embaladas em pacotes de 500 folhas. O consumo do papel distribui-se normalmente ao redor de uma média de 6 pacotes diários, com desvio padrão de 2 pacotes. Deseja-se ter a segurança de que em 98% do tempo não falte estoque. Determinar o Nível de Referência e o estoque de reserva adequado a essa política.

Solução

O Nível de Referência T é dado por:

$T = m' + z\ \sigma_{P+L} = m' + Q_{RES}$

Como m' é a média consumida no tempo $(P + L)$, o seu valor é imediato:

$m' = 6\ (30 + 5) = 210$ pacotes

Temos também:

$\sigma_{P+L} = \sigma \sqrt{P + L} = 2 \sqrt{(30 + 5)} = 12$ pacotes

O valor de z para uma segurança de 98% é 2,05. Logo:

$T = 210 + 2{,}05\ (12) = 210 + 25 = 235$ pacotes

$T = 235$ pacotes

Também Q_{RES} fica determinado:

$Q_{RES} = z\ \sigma_{P+L} = 2{,}05\ (12) = 25$ pacotes

$Q_{RES} = 25$ pacotes

3. O restaurante Pater Nostro é famoso por um prato que prepara aos sábados, feito com variedades de peixe e frutos do mar. Cada porção preparada fica em R$ 20,00 e é vendida aos clientes por R$ 60,00. As porções não vendidas devem ser descartadas no dia seguinte, resultando em prejuízo. O gerente do Pater Nostro, Dom Giuseppe, estima que a demanda pelo prato seja normalmente distribuída com média de 30 porções e desvio padrão 20. Quantas porções devem ser preparadas de modo a maximizar o lucro médio?

Solução

Estamos diante de um caso de "encomenda única", onde a distribuição da demanda no período próximo futuro é suposta normal. O lucro médio será máximo quando o nível de serviço for:

$$NS = \frac{L_u}{L_u + (C_u - R_u)}$$

Por outro lado:

$C_u = 20$

$L_u = 60 - 20 = 40$

$R_u = 0$ (Porções que sobram são jogadas fora.)

Então:

$$NS = \frac{40}{40 + (20 - 0)} = 0{,}67$$

A figura a seguir mostra que o nível de serviço de 0,67, ou seja, um atendimento da demanda em 67% dos casos, será obtido quando a quantidade feita for: $30 + z\ \sigma$:

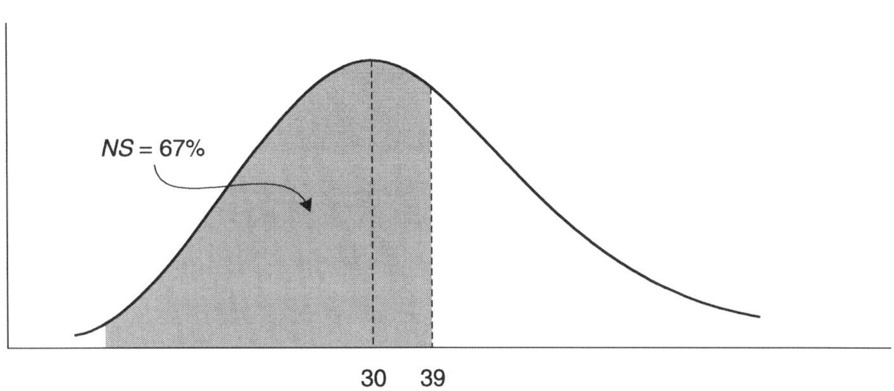

O valor de z que corresponde à área de 67% é 0,44. Logo, a quantidade a fazer (número de porções) será:

$$\text{número de porções} = 30 + z\,\sigma = 30 + (0{,}44)\,(20) = 30 + 9 =$$

$$\text{número de porções} = 39$$

4. Uma loja especializada em artigos de época está planejando sua encomenda anual de árvores de Natal. A loja opera em uma faixa estreita de modelos, vendidos a um preço médio de R$ 200,00 a unidade contra um custo médio unitário de R$ 100,00. As árvores não vendidas são deixadas em estoque para o ano seguinte e vendidas em promoção no início de dezembro. Devido aos elevados custos de estocagem, a venda promocional é suficiente para recuperar, em termos líquidos, apenas 50% do valor originalmente pago. Nos anos anteriores, a demanda pelas árvores distribuiu-se da seguinte forma:

Número de Árvores	Freqüência
100	0,2
150	0,1
200	0,3
250	0,2
300	0,1
350	0,1

Deseja-se saber quantas árvores devem ser encomendadas para o ano em curso.

Solução

Neste caso, estamos também diante do problema da "encomenda única" com uma distribuição discreta de probabilidades. Determinemos primeiro o nível de serviço que corresponde ao máximo dos lucros médios possíveis:

$$C_u = 100$$

$$L_u = 200 - 100 = 100$$

$$R_u = 50$$

$$NS = \frac{100}{100 + (100 - 50)} = 0{,}67$$

Para obter o lucro máximo, devemos, pois, encomendar um número de árvores tal que atenda a demanda em 67% dos casos, ou seja, a demanda que corresponde a uma freqüência acumulada de 67%. A distribuição de freqüências acumuladas é a seguinte:

Demanda	Freqüência	Freqüência acumulada
100	0,2	0,2
150	0,1	0,3
200	0,3	0,6
250	0,2	0,8
300	0,1	0,9
350	0,1	1,0

O aspecto gráfico da distribuição de freqüências é mostrado na figura seguinte:

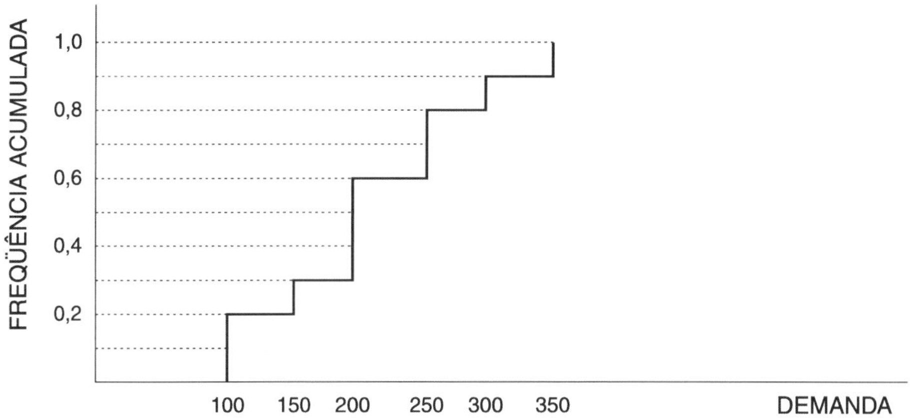

O nível de serviço encontrado leva a uma encomenda entre 200 e 250 árvores, que correspondem a níveis de serviço de 60% e 80% respectivamente. Nestes casos, fica-se com o nível de serviço mais elevado (80%) que corresponde à quantidade de 250 árvores. Logo:

quantidade a encomendar = 250 árvores

QUESTÕES PARA DISCUSSÃO

1. Qual a diferença entre o Sistema de Revisão Contínua e o Sistema do Lote Econômico?
2. Em ambos os sistemas, de Revisão Contínua e de Reposição Periódica, quais são as grandezas cujo comportamento definirá as suas variantes?
3. O que é e como é determinado o Ponto de Ressuprimento?
4. Conceitue Nível de Serviço.
5. O que é e como é determinado o Nível de Referência?
6. Qual dos sistemas – de Revisão Contínua ou Reposição Periódica – leva a maiores estoques médios? Por quê?
7. Cite e comente algumas das vantagens e desvantagens relativas dos Sistemas de Revisão Contínua e Reposição Periódica.
8. Como é obtida a quantidade de encomenda no Sistema de Encomenda Única?

PROBLEMAS PROPOSTOS

1. Uma farmácia controla o estoque de certo antibiótico de preço elevado, monitorando esse estoque a cada transação. A demanda semanal é variável segundo uma normal de média 10 e desvio padrão 4. O tempo de espera é constante (4 semanas). A farmácia deseja correr um risco de no máximo 3% de que haja falta de estoque. Determine o Ponto de Ressuprimento e o estoque de reserva.

2. A gráfica da Universidade Livre de Porto Calabar utiliza 20 resmas por dia de certo papel para impressão, com um desvio padrão de 8 resmas. O consumo de papel pode ser convenientemente descrito por uma distribuição normal. O custo de pedir o papel ao fornecedor é de

R$ 18,00 e o custo de mantê-lo em estoque é de R$ 6,00 por resma e por ano. Considerando um ano útil de 250 dias, determinar:

a) a quantidade comprada de cada vez;
b) o Ponto de Ressuprimento, para um risco de falta de estoque de 5%;
c) o estoque de reserva.

3. A rede de farmácias Drogasim, espalhada por vários bairros de uma grande cidade, utiliza em média 40 rolos diários de papel para máquina registradora, com um desvio padrão de 10 rolos. Pode-se assumir que a distribuição diária do consumo é normal. A quantidade econômica de compra é de 500 rolos. Desejando-se apenas 2 chances em 1.000 de que falte estoque para atender a rede a qualquer tempo, qual deve ser o Ponto de Ressuprimento, sabendo-se que o pedido demora 20 dias para ser atendido?

4. A Química Industrial Bunsen utiliza um determinado produto químico durante um processo de fabricação. O produto é encomendado a cada 30 dias, durante a visita do representante do fornecedor. A entrega é feita então após 10 dias. O consumo diário pode ser aproximado por uma normal, tendo média de 15 litros e desvio padrão de 5 litros. Não mais que 3% é o risco aceitável para a falta de estoque. Para a presente encomenda, a revisão mostrou que restam ainda em estoque 300 litros do produto.

a) Qual é o Nível de Referência para o produto?
b) Quantos litros devem ser encomendados no presente pedido?
c) Qual é o estoque de reserva?

5. Três dos componentes usados na montagem de alguns conjuntos são comprados do mesmo fabricante a cada 15 dias, sendo entregues 5 dias após a colocação dos pedidos. Dados referentes às características de consumo dos componentes e da última revisão em seus estoques são os seguintes:

Componente	Demanda diária	Desvio padrão	Estoque em mãos
H_1	90	40	150
H_2	120	20	600
H_3	30	10	50

Deseja-se ler a segurança de que em 98% do tempo não haja falta de estoque de qualquer um dos componentes. As distribuições de demanda podem ser assumidas como normais. Pede-se o Nível de Referência e a quantidade a encomendar de cada componente.

6. Para simplificar seus serviços administrativos, a rede de farmácias Drogasim, do Problema 3, resolve encomendar os rolos de papel para máquina registradora a cada 60 dias. Necessita, então, adotar o Sistema de Reposição Periódica. Assumindo que quaisquer dados de que se precise são os mesmos do Problema 3, determinar o Nível de Referência e o estoque de reserva para a nova política de estoque.

7. A Padaria Beira Baixa vem perdendo dinheiro com a sua política de produção e venda do pãozinho francês. Atualmente, a cada dia é feita uma quantidade igual à procura do dia anterior. O proprietário, Sr. Joaquim, recolheu os seguintes dados:

Lucro na venda = R$ 0,20 por unidade

Perda no pão não vendido = R$ 0,05

(Os pães não vendidos são moídos e vendidos como farinha de rosca; cada pão equivale a R$ 0,15 de farinha de rosca.)

Distribuição de freqüências da demanda diária

1.000 pães	0,10
1.100	0,10
1.200	0,10
1.300	0,15
1.400	0,20
1.500	0,15
1.600	0,10
1.700	0,05
1.800	0,05

Quantos pães devem ser fabricados diariamente para maximizar o lucro médio do Sr. Joaquim?

8. A cidade de Águas Turvas, no interior do estado, possui apenas um jornal, intitulado Semanário de Águas Turvas. O jornal pode ser encontrado na Banca do Chico, prestigioso estabelecimento comercial da localidade. A demanda do Semanário na Banca do Chico é normalmente distribuída com média de 100 e desvio padrão de 30 exemplares. O Semanário é comprado por R$ 4,00 e vendido por R$ 6,00. Exemplares não vendidos são colocados como papel de embrulho nas peixarias e açougues da cidade, a um preço de R$ 0,50 por exemplar. Determinar qual a quantidade de exemplares colocada à venda que maximizará o lucro médio da Banca do Chico.

9. Uma confeitaria produz e vende uma variedade de doces, que são vendidos ao mesmo preço de R$ 5,00. Pode-se assumir que cada doce, independentemente do tipo, tenha um custo de R$ 2,00 e que os doces são substituíveis entre si, ou seja, na falta de um tipo, os outros são vendidos em seu lugar. Entretanto, os doces não vendidos em 3 dias são totalmente inaproveitáveis. Sabe-se que a demanda de doces nos 3 dias de vida útil é de 150 unidades no mínimo e 250 unidades no máximo, com uma distribuição uniforme entre esses valores. Determinar o número de doces que devem ser feitos a cada 3 dias para maximizar o lucro médio.

REFERÊNCIAS BIBLIOGRÁFICAS

ADAM, E. E.; EBERT, R. J. *Production and Operations Management: Concepts, Models and Behavior*, 5. ed. Englewood Cliffs, NJ: Prentice Hall College Division, 1991.

COOK, T. M.; RUSSEL, R. A. *Contemporary Operations Management: Text and Cases*. 2. ed. Englewood Cliffs, NJ: Prentice Hall, 1984.

HART, M. K. Improving Inventory Accuracy Using Control Charts. *Production and Inventory Management Journal*, v. 39, n. 3, p. 44-48, 1998.

KRUPP, J. A. G. Measuring Inventory Management Performance. *Production and Inventory Management Journal*, v. 35, n. 4, p. 1-5, 1994.

LIEBERMAN, M. B.; HELPER, S.; DEMEESTER, L. The Empirical Determinants of Inventory Levels in High Volume Manufacturing. *Production and Operations Management*, v. 8, n. 1, p. 44-55, 1999.

MULLER, M. *Essentials of Inventory Management*. American Management Association, 2002.

WILD, R. *Operations Management*. 6. ed. London: Int. Thomson Business Press, 2002.

Capítulo 18

Filosofia de Controle Just in Time

18.1 Conceito de Just in Time (JIT)

Quando se fala em Just in Time, a primeira dificuldade séria diz respeito à sua própria natureza. Para a APICS (The Association for Operations Management), o Just in Time é uma filosofia de manufatura, ou seja, uma forma de abordar, entender e conduzir as atividades manufatureiras de uma organização. A base dessa filosofia é a eliminação planejada e sistemática do desperdício, levando a um melhoramento contínuo da produtividade. A expressão Just in Time, em português, pode ser traduzida como "apenas a tempo", "justamente a tempo" ou, preferivelmente, "na hora certa". No entanto, por ser a expressão Just in Time já de uso universal, não a traduziremos aqui.

Just in Time refere-se a uma das tentativas básicas de eliminar o desperdício, produzindo sempre a peça (ou produto, em geral) certa, no lugar certo, "na hora certa". Muitos autores falam apenas em Just in Time, enquanto outros se referem à "manufatura Just in Time", assumindo desde o início uma ligação da filosofia Just in Time com as atividades industriais.

A manufatura Just in Time está ligada de forma direta ao chamado Sistema Toyota de Produção (STP). A Toyota há muito tempo vem sendo reconhecida como um dos líderes da indústria automotiva e o assim chamado STP é considerado o grande responsável por ter tornado a Toyota o que ela é hoje.

O STP é visto como uma criação do vice-presidente da empresa, Taiichi Ohno. A crise do petróleo de 1973 havia aumentado drasticamente os custos para as empresas japonesas, especialmente para aquelas que já competiam no mercado internacional (como a Toyota), que não tinham fontes domésticas de suprimento de petróleo. Para contrabalançar esses custos crescentes, essas firmas tiveram que usar os recursos de forma mais eficiente e produtiva, e os estoques não poderiam mais ficar escondendo os efeitos dos problemas. A Toyota também não tinha os mesmos recursos de capital que as empresas norte-americanas, pois, depois da guerra, as empresas japonesas não poderiam basear seus sistemas na última tecnologia eletrônica. Em vez disso, os gerentes tinham que se apoiar no processo de tomada de decisão e nas habilidades de solução de problemas dos trabalhadores para atacar problemas de desperdício e produtividade nas suas rotinas diárias. O rigor da competição internacional, que também dirigiu a Toyota para o sistema JIT, forçou as empresas japonesas a competirem internacionalmente em termos de custo e produtividade. Custos crescentes de energia, recursos escassos de capital e competição acirrada levaram a Toyota e outras companhias japonesas às práticas simples e eficientes do sistema JIT.

O STP tem fortes raízes em dois elementos caracteristicamente norte-americanos: o sistema de produção em massa de Henry Ford e os supermercados. Ford estava constantemente buscando inovações nos processos. Essa preocupação antecipou táticas que seriam típicas dos sistemas Just in Time, tais como:

a) *Preocupação com desperdício*: Ford via o desperdício como um grande inimigo de qualquer sistema efetivo de operações de manufatura, dado que criava custos sem adicionar valor ao produto. Qualquer ação que não adicionasse valor era uma contribuição ao desperdício.

b) *Ênfase no melhoramento contínuo*: Ford reconhecia que não existia um meio simples e definitivo de fazer as coisas, que fosse constante ao longo do tempo.

c) *Redução no* setup: para manter seu sistema trabalhando bem, Ford reconhecia a necessidade de minimizar os *setups*, dado que custos inevitáveis não contribuem diretamente para adicionar valor.

d) *Ênfase na ordem e no arranjo do local de trabalho*: reconhecia-se que a sujeira diminua a produtividade do empregado, tornava o local de trabalho perigoso e fazia as pessoas perderem muito tempo procurando materiais e ferramentas no meio da bagunça. Um local de trabalho limpo e bem organizado era importante para Ford, que acreditava que isso colaboraria para a elevação do moral do empregado e de sua produtividade.

e) *Nivelamento da produção*: programação desigual e flutuante causa variações no fluxo de trabalho, que criam confusão, complicam a gerência de tempo e obscurecem oportunidades de melhoria. Ford instituía níveis uniformes de produção, construindo o mesmo número de carros todos os dias.

f) *Respeito por pessoas*: Ford foi um dos pioneiros a se preocupar com a criação de um local de trabalho que favorecesse a produtividade do trabalhador, o mais importante recurso de qualquer empresa em seu ponto de vista.

Décadas depois que Ford construiu seu sistema de produção em massa, Ohno incorporou muitas das inovações de Ford no Sistema Toyota de Produção. Logo no começo do século XX, Ford estava advogando e implementando práticas muito similares aos princípios da manufatura JIT que dirigem muitas firmas japonesas e norte-americanas hoje em dia.

À parte o débito com Ford, outra parcela da visão de Ohno de um sistema de manufatura ideal veio dos supermercados norte-americanos. A idéia que Ohno assimilou foi que um supermercado era um lugar onde o cliente podia obter o que precisasse, na hora certa em que precisasse e na quantidade certa. No modelo do supermercado, a necessidade de produtos é que determina o que se movia nas prateleiras. O sistema funcionava movendo-se continuamente, dos fornecedores para os clientes.

Como o conceito de desperdício se encontra na raiz do Just in Time, é conveniente elaborarmos um pouco sobre ele. No sentido em que o estamos considerando aqui, o desperdício é o resultado de qualquer atividade que adiciona custo sem adicionar valor, tal como o movimento desnecessário de materiais, a acumulação de estoques em excesso ou o uso de métodos inadequados de produção que criam produtos que requerem subseqüente retrabalho ou que simplesmente se transformam em refugo. Os gerentes de operação que administram o Just in Time encaram o desperdício como sintoma de algum problema. O desperdício em si não é o problema, mas sim o seu aspecto visível. Em outras palavras, o desperdício é um produto residual de algum defeito no processo. Isso significa que o desperdício nunca pode ser atacado diretamente e devemos antes procurar a sua causa inicial.

O desperdício pode ser encontrado no próprio processo de produção e o JIT requer perfeita sincronização de forma a eliminar a espera e o estoque em excesso. Desperdício é também encontrado em *layouts* impróprios que obrigam o transporte de bens de uma parte da instalação para a outra. O desperdício também toma a forma de má qualidade, dado que refugo e retrabalho custam dinheiro e não acrescentam valor. Os programas de Gerência da Qualidade Total devem então ser considerados como uma parte integral do JIT (a respeito da Gerência da Qualidade Total ver o Capítulo 20).

Para chegar até as causas do desperdício faz parte da filosofia JIT tornar todo o desperdício visível, pois o desperdício pode ser eliminado somente quando é visto e identificado. Assim, por exemplo, no tocante ao ambiente de trabalho, a filosofia JIT acredita que um ambiente confuso e sujo cria certo desrespeito pelo local de trabalho, enquanto um ambiente organizado, limpo e em ordem torna os trabalhadores mais calmos e seus pensamentos mais claros. No ambiente de trabalho, não se deve preencher o espaço apenas porque está disponível.

18.2 Big Just in Time e Little Just in Time

Se pensarmos no JIT como uma filosofia de manufatura, estaremos nos atendo a uma das duas grandes formas com que ele é visto. Assim, Melnik e Denzler (1996) distinguem entre o que chamam de Big JIT e Little JIT. Dão o nome de Big JIT à filosofia JIT de larga escala, que abrange toda a organização e que direciona os esforços de cada um na empresa para identificar e eliminar o desperdício. No Big Just in Time, qualquer funcionário deve ter uma larga visão da organização e trabalhar na direção do mesmo objetivo, que é servir o cliente. Na ótica do Big Just in Time, empregados que têm uma visão estreita esquecem que as tarefas individuais e os procedimentos são importantes somente se forem na direção dos objetivos gerais da empresa. Uma visão abrangente das operações envolve entender que todos os empregados são, no final das contas, responsáveis por servir o cliente.

Já o Little JIT diz respeito ao foco nas várias ferramentas analíticas e técnicas que são freqüentemente associadas com a manufatura JIT. Neste sentido, o Just in Time aplica-se primariamente aos processos repetitivos de manufatura, nos quais os mesmos produtos e componentes são produzidos continuada e repetidamente. A idéia geral é estabelecer fluxos entre os centros de trabalho de forma que exista um fluxo balanceado de materiais por meio do processo de produção, similar ao que se encontra nas linhas de montagem. Para conseguir isso, o Just in Time tenta atingir o objetivo de reduzir todos os estoques (matérias-primas, materiais em processo e produtos acabados) a zero, ao mesmo tempo em que quer chegar ao lote ideal de uma unidade.

18.3 Sistemas "Puxados" e "Empurrados"

As operações tradicionais de manufatura são sistemas do tipo "empurrado". São baseados na idéia de que é melhor antecipar as necessidades futuras de produção e preparar-se para elas. Os sistemas tradicionais produzem antecipadamente de forma a ter produtos no lugar quando a demanda ocorra. Os produtos são empurrados por meio do sistema e são estocados em antecipação à demanda, o que resulta freqüentemente em superprodução porque a demanda antecipada pode não se materializar. Também existem custos associados em se ter estoques de produtos esperando pelo consumo.

O JIT usa um *sistema "puxado"* em vez de um *sistema "empurrado"* para mover os produtos por meio das instalações. A lógica de um sistema puxado é simples: a comunicação no JIT começa ou com a última estação de trabalho na linha de produção ou com o cliente – e depois trabalha para trás por meio do sistema. Cada estação requisita da estação de trabalho prévia a quantidade precisa de produtos que é necessária. Se os produtos não são requisitados, não são produzidos. Dessa forma, os estoques em excesso não são gerados. Resumindo, o JIT baseia-se em um sistema de coordenação que retira peças de um centro de trabalho prévio e as move até o próximo. Veremos mais adiante que o sistema tipicamente confia em *cartões kanban* para puxar os produtos necessários por meio do sistema de produção. É por essa razão que o JIT é freqüentemente chamado de sistema puxado. O kanban especifica o que é preciso. Não existe produção em excesso porque os únicos produtos e quantidades produzidos são aqueles especificados pelo kanban.

Com um sistema de trabalho puxado, a manufatura Just in Time é um esforço da área produtiva para fabricar produtos com o tempo de espera mínimo possível, ao custo total também mínimo. Existe o planejamento e a implementação de um fluxo contínuo e integrado de atividades de produção, que produzem os componentes justamente na medida em que as atividades subseqüentes estejam precisando deles. Essa lógica percorre as matérias-primas, os próprios processos de manufatura da empresa, até os produtos finais.

O JIT tornou-se um padrão de operações em muitas indústrias, sendo um bom exemplo as automobilísticas e as indústrias de computadores. Entretanto, não devemos esquecer que, pela ótica do Big Just in Time, a filosofia Just in Time é aplicável a organizações de serviços bem como a manufaturas, abrangendo desde assuntos administrativos até a gerência dos trabalhadores, dos fornecedores e mesmo arranjos no local de trabalho.

Daqui por diante, vamos nos fixar particularmente na idéia do Little Just in Time, ou seja, considerar o Just in Time no seu sentido mais restrito. Existem algumas palavras e expressões que o leitor poderá encontrar na literatura, muito próximas àquilo que o Just in Time (ou manufatura Just in Time) significa. Destacamos particularmente: manufatura (ou produção) enxuta, Sistema Toyota de Produção (STP) e kanban. Existe certa confusão cercando o sentido dessas palavras e expressões. Comecemos pela manufatura enxuta que, sob muitos aspectos, coincide com a manufatura Just in Time.

18.4 Manufatura ou Produção Enxuta

Dentro do ambiente operacional, o que é algo "enxuto"? O termo *enxuto* tem basicamente tudo a ver com as coisas certas, no lugar certo, no tempo certo, na quantidade certa, ao mesmo tempo que se tenta minimizar o desperdício e cultivar a flexibilidade e a abertura à mudança. Com certeza, enxuto quer dizer muitas coisas: menos desperdício, menos tempo de projeto, menos escalões hierárquicos, menos fornecedores. Ao mesmo tempo, enxuto também quer dizer mais que isso: mais poder de decisão para o empregado, mais flexibilidade e capacidade, mais produtividade, mais satisfação do consumidor e, espera-se como resultado, mais sucesso na competição a longo prazo. Esse tipo de pensamento tirou seu nome de um *best-seller* da década de 1990, *A Máquina que Mudou o Mundo: a História da Produção Enxuta*. O livro faz a crônica das transformações da produção de carros desde a produção à mão, passando pela produção em massa e chegando à produção enxuta.

A manufatura enxuta refere-se a um novo processo de produção que cobre a empresa toda, englobando todos os aspectos das operações industriais (desenvolvimento de produtos, manufatura, organização e recursos humanos, apoio ao cliente) e incluindo as redes de consumidores e fornecedores. Esse novo processo de produção é governado por um conjunto sistematizado de princípios, métodos e práticas. Alguns dos princípios-chave de produção enxuta são: qualidade perfeita logo de início, minimização de desperdício pela eliminação de todas as atividades que não acrescentam valor, melhoria contínua, flexibilidade e relacionamentos de longo prazo.

O paradigma da produção enxuta foi primeiro identificado por pesquisadores associados com o International Motor Vehicle Program (IMVP) como um sistema de produção fundamentalmente novo, que engloba todos os aspectos das operações industriais. Nesse sentido, identifica-se melhor com o Big Just in Time do que com a manufatura Just in Time, de escopo mais restrito. A produção enxuta levou a resultados notáveis, em termos de custo e qualidade na indústria automotiva, como descrito no livro *A Máquina que Mudou o Mundo*, sumariando os resultados da pesquisa do IMVP nos cinco anos anteriores. O IMVP é um grande programa de pesquisa lançado em 1979 e conta com mais de 50 pesquisadores, *esperas* em gerência, cientistas sociais e engenheiros que têm conduzido pesquisas interdisciplinares na indústria automobilística em mais de 25 universidades em seis continentes. Fundado no Massachussets Institute of Technology, é o maior e mais antigo consórcio internacional de pesquisa, com o objetivo de entender os desafios que a indústria automotiva global está enfrentando. Os estudos que levaram à publicação do livro foram conduzidos de 1984 a 1990 e focalizaram a competição existente na indústria automotiva global.

18.5 Características da Manufatura Just in Time

Para atingir seu grande objetivo, isto é, fornecer a quantidade certa de produto na hora certa, com o nível certo de qualidade, no lugar certo, com a maior produtividade e o menor custo possível, algumas características de trabalho são fundamentais, transformando-se de certa forma em objetivos parciais, que permitem que se chegue ao objetivo maior. Apresentaremos essas características principais.

18.5.1 Lotes Pequenos

Para atender ao que os clientes querem, na quantidade certa e na velocidade adequada, a produção em pequenos lotes é fundamental. Nesta possibilidade, a de produzir em pequenos lotes, reside uma das diferenças fundamentais entre a manufatura Just in Time e a manufatura (ou produção) de massa. Na realidade, a manufatura Just in Time tem como visão a perfeição, e não apenas o cumprimento de um padrão, como acontece na produção em massa.

A produção em lotes pequenos (no limite, a produção em lotes de uma só unidade) é sinônimo de flexibilidade, pois permite produzir diferentes composições ou grande diversidade de produtos rapidamente, sem sacrificar a eficiência em volumes menores de produção. A produção em lotes pequenos, feitos na hora certa em que são demandados pelos clientes, leva a estoques menores, quer sejam de matérias-primas, de materiais semiprocessados ou de produtos acabados. A visão que se tem do estoque é de um desperdício, porque o estoque consome recursos. De maneira direta, ele eleva os custos, porque o processo destina materiais, capacidade e tempo para gerar produtos que não dão retorno imediato na forma de vendas. Também de forma indireta, ele eleva os custos, quando se destina espaço para armazéns – e tempo de trabalhadores e de computadores para acompanhar os níveis de estoque. Vale a pena lembrar que o estoque esconde os problemas criados pela má qualidade, pelos tempos de espera muito longos e pelos projetos defeituosos. O uso de estoques como uma proteção pode mascarar muitos problemas em um processo. Em adição aos defeitos de qualidade, ele ajuda a suportar os grandes tempos de espera nos pedidos ou os inconvenientes das programações de entrega pouco confiáveis. Fica claro que a produção pode continuar a apoiar-se nos níveis de estoque até que as entregas cheguem.

Falando francamente, porém, a empresa não pode eliminar a necessidade de estoques de uma hora para outra. Também não poderá implantar qualquer outra medida que vise diminuir ou eliminar o desperdício, a não ser que ela primeiro elimine os problemas que o estoque costuma esconder, dos quais podemos dar uma lista – só dos mais relevantes: entregas pouco confiáveis por parte dos fornecedores, qualidade baixa, muitas paradas de máquinas, alto absenteísmo de empregados, má organização do local de trabalho que retarda o movimento de material, longos *setups* que requerem lotes maiores, sistema de programação deficiente, manuseio ineficiente de material. No momento em que reduzirmos o nível de estoques, esses problemas escondidos que desafiam o desempenho do sistema vão ficando expostos. Em vez de aumentar os níveis de estoque, o JIT busca identificar esses obstáculos escondidos e removê-los. Como se vê, o JIT é bastante orientado para agir – e esta orientação para a ação vai tornar o JIT uma poderosa ferramenta para melhorar a eficácia.

É bom repetir: um dos aspectos principais do JIT é essa sua visão de estoques. A manufatura JIT vê o estoque como um desperdício que precisa ser eliminado, pois ele é mantido principalmente para cobrir uma grande variedade de problemas sobre os quais já falamos.

Para produzir em lotes pequenos, entretanto, é preciso lembrar do custo de preparação de máquinas, ou seja, do custo do *setup*. A produção em lotes pequenos exige que constantemente as máquinas sejam de novo preparadas, incorrendo-se, a cada vez, no custo de *setup*. Esse custo, por sua vez, é, em grande parte, função do tempo que se leva para fazer o *setup*. *Setups* rápidos, portanto, são outra característica da manufatura Just in Time.

18.5.2 *Setups* Rápidos

Os sistemas de produção em massa fabricam grandes quantidades de um tipo de produto antes de passar à produção de um outro. Por que acontece assim? Por causa do alto custo de *setup*, incorrido quando o equipamento é preparado para uma nova rodada de produção. O *setup* pode incluir ações como recalibragem de equipamentos, limpeza, mudança de ferramentas e acessórios etc. Na produção em massa, se levarmos em conta os custos elevados de *setup*, então é preciso fabricar tantas unidades de um produto quanto possível antes de ter que incorrer no custo de *setup* de novo, ou seja, quando tivermos que mudar o produto que está sendo feito. Na prática, isso significa incorrer em alto custo de estoque, já que, inevitavelmente, existirão estoques de matérias-primas, de materiais semiprocessados e dos produtos extras que são fabricados, sempre em virtude do alto custo de *setup*. A manufatura Just in Time tem tido muito sucesso em reduzir os custos de *setup* que é, no fundo, o que a torna possível, atingindo-se os benefícios tão alardeados. Reduções de horas para segundos têm sido alcançadas. Tempos menores de *setup* significam que pequenos lotes de produtos podem ser feitos, e os benefícios não param por aí: *setups* mais rápidos aumentam as taxas de giro do capital, levando a um maior retorno do investimento da empresa em equipamento, por meio da maximização do seu tempo produtivo. Além disso, menores necessidades de estoque usam o espaço da planta mais eficazmente. Há mais: certas operações que não adicionam valor são reduzidas (manuseio do estoque, por exemplo) e a produtividade melhora. Não podemos esquecer também que menores necessidades de estoque minimizam as perdas devidas a perdas de material – aquele estoque não usável depois de mudanças em modelos ou de erros na previsão da demanda.

Setups menos complicados simplificam a manutenção do local de trabalho e diminuem as despesas operacionais. É o caso dos chamados *setups* externos, que podem ser feitos mesmo com a máquina em funcionamento. Na produção em massa, os *setups* costumam ser internos, aqueles que exigem que a máquina esteja parada para que o *setup* seja efetuado. Passar de *setups* internos para *setups* externos exige inovações da engenharia da fábrica e capacidade de reprojetar de forma inteligente as ferramentas e os acessórios.

18.5.3 Produção Nivelada

A demanda para certo produto pode oscilar e freqüentemente isso acontece, podendo gerar ineficácia e desperdício. Na produção em massa, esse fenômeno tão comum é combatido com estoques: a partir de previsões da demanda, gera-se a produção e também geram-se os estoques. No caso da manufatura Just in Time, a idéia básica é combater o problema de instabilidade da demanda fazendo pequenos ajustamentos (tão pequenos quanto possível), adotando um plano de produção e conservando-o por certo período. A isso se denomina "carga uniforme na fábrica" ou, alternativamente, "nivelamento da programação da produção". Para satisfazer a demanda e deixar os estoques baixos, uma programação nivelada é desenvolvida, mantendo-se a mesma composição de produtos todos os dias. Adicionalmente, os produtos são fabricados em pequenas quantidades. Isso está em flagrante contraste com a produção em massa, que manda produzir grandes quantidades de um produto em um dia e grandes quantidades de outro produto no dia seguinte, causando grandes aumentos de estoque.

18.5.4 Novo Papel do Trabalhador

Ao contrário das idéias mais comuns e tradicionais de carreira, a manufatura Just in Time é o lugar certo para as pessoas que queiram aprender um grande número de habilidades profissionais e aplicá-las em um ambiente de trabalho em equipe. Na carreira tradicional, um indivíduo desenvolve níveis mais altos de conhecimento técnico e tende a tornar-se proficiente em áreas mais restritas de especialização. O empregado na manufatura Just in Time combina as responsabilidades tradicionais de planejamento (que normalmente pertencem à gerência) com as responsabilidades de execução (que tradicionalmente já pertencem aos empregados). O trabalhador deve habituar-se a tomar decisões e a resolver problemas, tanto os do dia-a-dia da produção, como os decorrentes de situações atípicas, em que é fundamental a familiaridade do trabalhador com seu ambiente de trabalho e com as técnicas. Na verdade, a produção, sem o anteparo dos estoques, sem capacidade extra de segurança ou tempos de espera maiores, requer que a organização ataque agressivamente quaisquer causas de problemas que contribuam para a necessidade dessas salvaguardas.

A força de trabalho na manufatura Just in Time deve ser flexível, os trabalhadores devem ser polifuncionais. Um trabalhador de uma só tarefa não é muito adequado ao ambiente Just in Time, que requer pessoas mais flexíveis. Uma força de trabalho flexível consegue mover-se de uma área onde a empresa experimenta pouca demanda para áreas mais ativas. Por meio do treinamento polifuncional, isto é, pelo treinamento de operários para realizar mais de uma tarefa, uma empresa pode mais facilmente desenvolver uma força de trabalho flexível. Esse movimento na direção de uma força de trabalho mais flexível coloca maior demanda nos trabalhadores, exigindo que eles se movam além do papel de simples solucionadores de problemas para se tornarem recursos multi-habilitados. Dessa forma, o pagamento e a segurança no trabalho não podem mais estar ligados apenas à senioridade. Eles devem refletir o número e tipo das habilidades dos empregados. Os trabalhadores da produção são obrigados continuamente a checar e monitorar a qualidade do processo de produção. Isso inclui inspecionar seu próprio trabalho, bem como o material recebido de operações prévias. No JIT, descobrir problemas de qualidade é um objetivo, não algo que deveria ser acobertado ou colocado sobre os ombros de outro. Uma das mais típicas expressões na manufatura JIT é a *qualidade na fonte*, que significa que todos os empregados são responsáveis por chegar até a causa última dos problemas de qualidade.

Os trabalhadores devem também agir sobre a informação que coletam em sua rotina diária. Quando os trabalhadores tornam-se acostumados com seu novo nível de responsabilidade e respeito, desenvolvem a iniciativa para resolver muitos problemas por si mesmos. A chave na solução de problemas é dar aos trabalhadores autoridade e incentivo para resolver problemas. Essa atitude acabará por mostrar-se muito mais eficaz do que simplesmente passar a solução de problemas para a responsabilidade de alguma outra pessoa.

18.5.5 Qualidade na Fonte

Já introduzimos a idéia de qualidade na fonte. O conceito de qualidade refere-se ao descobrimento da causa última de um problema de qualidade. O objetivo não é apenas identificar um problema de qualidade, mas também descobrir sua causa fundamental. Se a causa do problema não for identificada, o problema vai continuar se repetindo. Um programa de qualidade na fonte deve dar aos trabalhadores responsabilidade pessoal na qualidade do trabalho que eles fazem e autoridade para parar a produção quando algo não estiver indo bem. A qualidade de um produto deve ser determinada no instante em que ele é feito, porque nenhuma quantidade de inspeção o fará melhor. Esse é outro dos pilares da manufatura JIT: o conceito de qualidade na fonte. Faz parte desse conceito a idéia de que qualquer pessoa envolvida em um processo de transformação deva ver seu papel como fornecedor de um ou mais clientes internos, ou seja, como fornecedor de seus próprios colegas de trabalho. A qualidade dos resultados em estágios posteriores da produção depende do que se recebe, isto é, da qualidade de seus insumos. O custo da qualidade deficiente vai ficando alto quando se incluem problemas, como conserto do projeto do produto, retrabalho sobre produtos malfeitos, refugo de produtos que não podem ser retrabalhados, produtos com defeito que retornam dos clientes ou, no limite, a própria perda de clientes.

Muitas causas contribuem para uma alta taxa de refugo e retrabalho. Todas estas causas devem ser trabalhadas do ponto de vista da qualidade na fonte, embora estejam afetas a áreas diferentes. As causas principais dos refugos e retrabalho são:

a) Projeto do produto envolvendo defeitos no conceito (as necessidades do consumidor podem ser mal entendidas e não ser incorporadas no produto) ou no projeto do produto.

b) Projeto do processo: problemas de gerência e de equipamento podem advir do projeto do processo de produção; vamos lembrar que os erros de operadores respondem por apenas cerca de 15% dos problemas de qualidade.

c) Componentes defeituosos que são enviados pelos fornecedores: é por isso que existe a preocupação com a qualidade assegurada no fornecedor, para se ter a certeza (ou quase certeza) de que os problemas de qualidade não aparecerão. Os problemas de qualidade causados por fornecedores incluem materiais de baixa qualidade – mas também podem ser devidos a mal-entendidos entre o fabricante e o fornecedor.

d) Empregados mal treinados (ou mal selecionados) que não têm as habilidades necessárias ao seu trabalho. Deve-se acionar a gerência de recursos humanos nesses casos.

e) Equipamentos em más condições, mal mantidos, que não conseguem produzir com qualidade alta e consistente.

18.5.6 Tecnologia de Grupo

Tecnologia de grupo é um tipo de arranjo que reúne todos os equipamentos necessários para a completa produção de uma família de peças similares, ligando assim todas as operações em um particular processo. A base da tecnologia de grupo é o conceito de famílias de peças ou grupos de peças similares. Por detrás dessas similaridades podem existir características comuns dos projetos ou de necessidades de manufatura. Após o grupamento dessas peças em famílias que compartilham algumas características importantes, é possível organizar uma célula (arranjo de máquinas e operadores) para cada família. Essa célula irá congregar todo o equipamento e as instalações necessárias para fazer exatamente aquele conjunto de peças. O *layout* físico final coloca as instalações na seqüência ótima para produzir as peças na família. É bastante comum que esse *layout* tome a forma de um U, e o operador, a partir de uma posição mediana, irá desempenhar todas as operações necessárias para fazer cada unidade de produto.

Se formos comparar as células na tecnologia de grupo com os *layouts* funcionais clássicos, veremos que elas encurtam as distâncias entre as operações, fazendo que sejam reduzidos os tempos de espera entre uma operação e outra. Será também suavizado o fluxo de material, ficando menos material em processo entre os centros de trabalho ou esperando em filas, sempre em relação aos *layouts* funcionais. Equipamentos automáticos de manuseio de material podem ser menos necessários na tecnologia de grupo por causa da posição do operador, que pode, freqüentemente, mover peças que estão à mão entre operações adjacentes.

Como uma célula de trabalho na tecnologia de grupo sempre trabalha sobre um conjunto simples de produtos, isso faz com que os trabalhadores fiquem familiarizados com os produtos e os processos do sistema. Ademais, uma célula de trabalho pode ajudar no aprimoramento da qualidade, dando uma oportunidade para a inspeção visual depois de cada operação, enquanto o operador movimenta uma peça de uma máquina para a próxima.

18.5.7 Manutenção Preventiva

A manutenção preventiva é um importante aspecto da busca contínua da qualidade na manufatura. Envolve inspeções regulares e manutenção desenhada para manter as máquinas operando, evitando assim paradas não esperadas de máquinas. É claro que a manutenção preventiva sai caro, mas em geral muito mais barato do que as quebras repentinas. No sistema JIT, a manutenção de rotina, incluindo limpeza, lubrificação, recalibragem e outros ajustes ao equipamento, é feita pelos próprios trabalhadores.

18.5.8 Parcerias com Fornecedores

Os fornecedores influenciam o desempenho de um processo de transformação JIT, na medida em que se depende deles para entregar insumos que satisfaçam ou excedam os requisitos quantidade certa e de qualidade na fonte. As empresas que adotam a manufatura Just in Time focalizam na construção de relacionamentos de longo prazo, pois assumem que são parceiros de seus fornecedores, que são vistos como uma espécie de fábrica externa. O número de fornecedores é tipicamente muito menor do que nos sistemas tradicionais e o objetivo é mudar para fornecedores únicos, ou seja, fornecedores que entregam uma família inteira de peças para um fabricante. Para melhorar o serviço prestado aos fabricantes, é comum os fornecedores se localizarem perto dos seus clientes. O conceito de sistema puxado também passa a aplicar-se aos fornecedores, já que eles são considerados extensões da instalação de fábrica.

A efetiva manufatura Just in Time, segundo Melnick e Denzler (1996), precisa do apoio dos fornecedores em quatro papéis:

a) fontes de conhecimento na solução de problemas;
b) praticantes do princípio de qualidade na fonte;
c) comunicadores no momento certo;
d) participantes em programas de redução de custos.

Os fornecedores transformam-se em fonte de conhecimento por intermédio de seu extensivo trabalho com um processo ou produto específico. Dessa maneira, o fornecedor pode entender melhor de um particular produto ou processo do que seu cliente. Um fornecedor pode aplicar mais efetivamente uma nova tecnologia e outros desenvolvimentos em sua própria indústria do que seu cliente, que foca primariamente em outros mercados ou indústrias.

Como parte da implementação do esforço de qualidade na fonte, alguns fabricantes Just in Time instituem programas de certificação de fornecedores. Eles exigem que os fornecedores demonstrem que seus processos podem consistentemente entregar insumos de qualidade aceitável em lotes apropriados na hora certa. A premissa é que fornecedores certificados são confiáveis e não é preciso conferir as peças ou a matéria-prima deles recebida.

Quando se diz que os fornecedores devem atuar como comunicadores no momento certo, tem-se em mente que eles devem ajudar a manter uma comunicação contínua entre as organizações. Comunicações na hora certa ajudam o comprador a coordenar as entregas do fornecedor com as necessidades de seu sistema de operações de manufatura.

Muitos fabricantes que adotam a manufatura Just in Time freqüentemente insistem, por meio de provisões em contrato, que os fornecedores trabalhem continuamente (às vezes em conjunto com o próprio fabricante) para reduzir os custos dos bens e serviços que eles entregam.

18.5.9 Melhoria Contínua (Kaizen)

O conceito de melhoria contínua é parte integral da filosofia Just in Time. Implica que a empresa deve continuar e ativamente trabalhar para melhorar, sem considerar qualquer melhoria como definitiva. A melhoria contínua aplica-se a todos os aspectos característicos da filosofia Just in Time, desde reduzir o número de defeitos até diminuir os custos de *setup* e tamanhos de lote, melhorias no processo etc. A palavra japonesa para *projetar* a melhoria contínua é *kaizen*. Tendo em vista a melhoria contínua, ou seja, a disciplina do kaizen, todos ficam unidos dentro da organização, desde a alta gerência e os gerentes de operação até os trabalhadores, com um único objetivo: a melhoria contínua. Tenta-se inspirar cada um na empresa a melhorar a cada dia um aspecto do sistema de gerência de operações, maior ou menor.

Uma conseqüência imediata do conceito de melhoria contínua é que o processo de implementação da filosofia Just in Time não começará e terminará em períodos definidos de tempo. Reduções no estoque têm de ser precedidas por melhorias na qualidade, mudanças no *layout*, reduções nos *setups* e treinamento do empregado. Na medida em que as melhorias são feitas, o estoque pode ser diminuído. Na medida em que novos problemas se tornam visíveis, devem ser resolvidos antes que novas reduções no estoque possam ser feitas. Este é um processo contínuo e gradual, e a implementação nunca estará completa.

18.5.10 Respeito pelas Pessoas

Fundamental para o sucesso da filosofia Just in Time é o envolvimento das pessoas, que devem ser ativos participantes para atingir as necessidades dos consumidores, desde o desenvolvimento de melhorias no processo de produção até ter-se certeza de que os padrões de qualidade são atingidos em qualquer nível. Na filosofia Just in Time, as pessoas são, no final das contas, o recurso mais precioso. O respeito pelos trabalhadores é, assim, de vital importância para a filosofia Just in Time. Para que os trabalhadores dêem o seu melhor, é preciso existir respeito verdadeiro. É preciso que os empregados sintam-se seguros. Com a filosofia Just in Time, há certa frouxidão na hierarquia da organização se comparada às organizações tradicionais. Como já discutimos antes, o empregado comum acaba por ter grande autonomia e responsabilidade.

18.5.11 Paradas da Produção

Na produção em massa, os estoques são usados como defesa contra peças defeituosas. Na produção Just in Time, procura-se obter a qualidade perfeita logo da primeira vez, o que também requer solução imediata de problemas. Dessa forma, os trabalhadores são encorajados a identificar e corrigir problemas e pesquisar cada um deles até sua fonte última, de forma que não ocorra novamente. Para ajudar nisso, são instituídos sistemas de paradas de linha. Um sistema desses trabalha com a mera constatação de que um trabalhador pode e deve parar o processo, se aparecer algum problema significativo, e consertá-lo imediatamente, antes de permitir que ele provoque resultados indesejáveis.

É claro que paradas na produção irão contribuir para uma melhor qualidade dos produtos. Há mais, porém: as paradas causam bastante desconforto para quem trabalha de forma não adequada, pois sua falha acaba por ficar visível, quem sabe até mesmo (pode-se dizer, provavelmente) atrapalhando outras operações que dependem da atividade problema.

18.5.12 Padronização e Simplificação

Na manufatura Just in Time, procura-se eliminar os passos desnecessários em todos os processos ou subprocessos envolvidos. A isto se dá o nome de simplificação. Paralelamente, um esforço de padronização é levado a efeito para substituir quaisquer métodos de trabalho inconsistentes por rotinas padrão, de fácil aprendizado e à prova de erros. Ao se definir um só método para todos os trabalhadores que estão engajados em uma mesma atividade, a padronização ajuda a todos, gerentes de operação e empregados, a identificar problemas com equipamentos, materiais ou capacidades dos trabalhadores. Assim também se permite aos trabalhadores gastar menos tempo aprendendo como dominar uma atividade de forma a deixá-los mais livres para poder identificar e corrigir problemas.

18.5.13 Ambiente de Trabalho

O ambiente de trabalho é um importante elemento na manufatura Just in Time e também está relacionado à qualidade. Ordem e simplicidade são consideradas altamente importantes. De acordo com o JIT, um ambiente organizado cria uma mente calma e clara, enquanto um ambiente desorganizado cria pensamentos desorganizados. Um ambiente organizado, inclusive, cria respeito pelo local de trabalho. Conservar limpo o local de trabalho é responsabilidade do trabalhador. Cada trabalhador é responsável por limpar seu equipamento e suas ferramentas depois do uso e colocá-los no seu devido lugar.

18.6 O Kanban

Kanban é uma palavra japonesa que significa "sinal visível" ou apenas "cartão", é também um conceito relativo à manufatura Just in Time, mas é errado considerar os dois conceitos como significando a mesma coisa. Na verdade, kanban é uma ferramenta simples de controle por meio da qual o sistema puxado de produção (que é o eixo da produção Just in Time) é gerenciado.

Um sistema de controle de produção kanban usa sinais simples, visuais, para controlar o movimento de materiais entre centros de trabalho, bem como a produção de novos materiais para recolocar aqueles mandados para o próximo centro de trabalho. Originalmente, o nome kanban (transcrito como placa sinalizadora ou sinal visível) referia-se a um sinal de loja japonesa que comunicava o tipo de produto vendido por meio de uma imagem visual no sinal (por exemplo, usar ciclos de várias cores para indicar uma loja que vende tintas). Outros instrumentos, tais como marcadores de plástico (quadrados kanban) ou bolas (em geral bolas de golfe), podem também ser usados como sinais visíveis. Da forma como foi implementado no Sistema de Produção Toyota, um kanban é um cartão preso a um contêiner de estocagem e transporte. Ele identifica o número da peça e a capacidade do contêiner com outras informações e é usado para prover um entendimento visual fácil de que uma atividade específica é requerida. Os kanbans mandam sinais urgentes para os trabalhadores iniciarem ações específicas, talvez começando a produção de certa peça ou transferindo estoque de um posto de trabalho a outro. O kanban cria um sistema sem papel pelo qual um estágio posterior de produção pode pedir materiais específicos ou peças tanto de fornecedores internos como externos.

Freqüentemente, um cartão kanban tem informações tais como o nome do produto, o número da peça e a quantidade que precisa ser fabricada. Quando os trabalhadores precisam de produtos de uma estação de trabalho precedente, passam o kanban preso ao contêiner vazio para aquela estação. O kanban autoriza o trabalhador na estação precedente a produzir a quantidade de bens especificada. Dessa forma, ele nada mais é do que um registro de autorização da produção.

Quando esse processo é usado, a quantidade produzida em dado momento é a quantidade em um contêiner. A produção não pode ter lugar a menos que um contêiner esteja vazio e um cartão de produção tenha autorizado a produção. Um contêiner cheio não pode ser retirado a menos que um kanban de retirada o autorize. São os cartões kanban que coordenam o sistema de produção puxada. Sem eles, a retirada e a produção de materiais não podem ter lugar. Outra vantagem é que ele é visual. Os cartões kanban e os contêineres são todos colocados em áreas para serem vistos claramente por qualquer um.

18.6.1 Tipos de Kanban

O Sistema de kanban da Toyota usa dois tipos básicos: kanban de produção e kanban de retirada ou de transporte. Muitas firmas usam apenas o kanban de retirada, que dá sinal de autorização para alguém retirar um lote padrão de um tipo específico de item. Esse kanban é tipicamente preso a um contêiner de peças, sofrendo processamento em uma operação específica. Se um trabalhador processando o trabalho fica sem a peça, o cartão de retirada kanban que acompanha o trabalho dá àquele trabalhador a autoridade para trocar um carrinho vazio em uma área de reposição por um cheio. Para governar o fluxo de material posterior, o trabalhador repõe o kanban de retirada no carrinho cheio.

Por contraste, o kanban de produção autoriza um trabalhador a encher um carrinho vazio. Quando um carrinho vazio chega na estação de trabalho com um kanban de produção, o trabalhador vê um sinal para fazer uma nova rodada de itens para encher o carrinho. O kanban de produção especifica o tipo de peças e a quantidade a ser feita, tipicamente a quantidade que caiba em um contêiner ou carrinho de carga.

18.6.2 Kanban e MRP

O sistema kanban é do tipo "puxado" porque o kanban é usado para puxar peças para o próximo estágio de produção somente quando elas são necessárias. Em contraste, um sistema MRP (em geral, os sistemas baseados em uma programação prévia) é um sistema "empurrado", no qual uma programação detalhada de produção para cada peça é usada para "empurrar" peças para o próximo estágio de produção quando programado. Em um sistema puxado, o movimento de material ocorre só quando a estação de trabalho, precisando de mais material, pede para que este seja mandado, enquanto em um sistema empurrado, a estação que está produzindo o material inicia o movimento para a estação que o receberá, assumindo que ele é necessário porque foi programado para ser produzido. A fraqueza de um sistema tipo empurrado (como o MRP) é que a demanda do cliente deve ser prevista e os tempos de espera da produção devem ser estimados. Más previsões e estimativas resultam em estoques em excesso e, quanto mais longo o tempo de espera, mais espaço existe para o erro. A fraqueza de um sistema tipo kanban é que é essencial seguir a filosofia Just in Time de produção, especialmente com respeito às características de menores tempos de *setup* e pequenos tamanhos de lotes, porque cada estação no processo deve ser capaz de responder rapidamente às requisições de novos materiais.

18.6.3 Número de Kanbans

Decidir qual será o número de kanbans (e, conseqüentemente, de contêineres) em cada estágio do processo é algo muito sério, porque o número resultante vai colocar um limite superior no estoque de material em processo no estágio que se considera. Por exemplo, se cinco contêineres contendo dez unidades cada um são usados para mover materiais entre dois centros de trabalho, o máximo estoque possível é de 50 unidades, ocorrendo apenas quando os cinco contêineres estão cheios. Neste ponto, todos os kanbans estarão presos a contêineres cheios e nenhuma unidade adicional será produzida, porque não há cartões kanban que autorizem tal produção. Essa característica de um sistema kanban permite que melhorias sistemáticas da produtividade aconteçam, pois, por meio da remoção de um ou mais kanbans (e contêineres correspondentes) do sistema, pode-se também reduzir o nível máximo de estoque de material em processo. Essa redução pode ser feita até que ocorra uma falta de material. Essa falta é uma indicação de problemas (acidentes, quebra de máquinas, demoras na produção, produtos defeituosos) que estavam previamente escondidos por causa dos estoques excessivos. Uma vez que o problema é observado e uma solução é dada, uma ação corretiva é tomada de forma que o sistema possa funcionar ao mínimo nível de estoque de material em processo. Este meio simples e sistemático de diminuir estoque é o benefício-chave do sistema de dois cartões kanban.

Existem tantos cartões kanban quantos sejam os contêineres. O número de kanbans e o número de contêineres são decisões importantes. A fórmula para computar o número de kanbans necessários para controlar a produção de um produto particular é:

$$K = VT/C$$

onde

K = número total de kanbans ou contêineres, supondo um kanban por contêiner

V = volume de produção em uma estação de trabalho

T = tempo que leva para receber um pedido da estação prévia de trabalho (também chamado tempo de espera)

C = capacidade do contêiner

Assim, por exemplo, se uma estação de trabalho processa certa operação em 120 peças por hora, demora meia hora para receber um contêiner com peças a serem processadas, sendo que cada contêiner contém 10 peças, temos:

V = 120 peças por hora

T = ½ hora

C = 10 peças por contêiner

Logo:

$$K = \frac{(120)\,(1/2)}{10} = 6 \text{ kanbans ou contêineres}$$

18.7 O Papel da Gerência na Manufatura Just in Time

Não só o papel dos empregados é diferente na manufatura Just in Time, como também o papel dos gerentes é diferente em relação aos sistemas tradicionais. De fato, pode ser freqüentemente difícil para a gerência aceitar por completo o novo papel dos empregados da produção como sendo responsáveis por tarefas que tradicionalmente eram da alçada do gerente. No sistema Just in Time de sucesso, os gerentes percebem que todos os empregados estão no mesmo barco e que um nível mais alto de responsabilidade do trabalhador significa mais sucesso para a empresa como um todo. O papel da gerência é criar uma mudança cultural necessária para a filosofia Just in Time ter sucesso e essa é uma das mais difíceis tarefas na implantação desse sistema. É preciso criar uma cultura de organização que forneça a cooperação estreita e a confiança recíproca. No ambiente Just in Time, o papel dos gerentes torna-se mais uma função de apoio. Eles são vistos como facilitadores e não como chefes em um sentido rígido. Seu trabalho é ajudar a desenvolver as capacidades dos empregados, ensinar, corrigir, ajudar os indivíduos a desenvolver suas habilidades e servir como motivadores. Eles assistem no trabalho em equipe e na solução de problemas. É claro que esse papel dos gerentes, como facilitadores, não é exclusivo da filosofia Just in Time, mas aqui é particularmente importante.

18.8 Implementação da Filosofia Just in Time

A implementação de um verdadeiro sistema JIT requer uma completa mudança cultural na organização. Para implementar o JIT com sucesso, uma empresa não precisa de sistemas sofisticados, mas sim de atitudes corretas, envolvimento do trabalhador e melhoria contínua. Uma mudança de tal profunda magnitude necessita ser dirigida pela alta gerência. A implementação do JIT não pode ter sucesso se for feita apenas com a média ou baixa gerência.

Ao fazer mudanças específicas na manufatura JIT, certas mudanças precisam ser implementadas antes de outras. Reid e Sanders (2002) sugerem a seguinte seqüência de passos para um processo de implementação:

a) Faça melhorias na qualidade: usualmente é melhor começar a implementação do processo pela melhoria da qualidade, já que todos os objetivos do JIT dependem disso.

b) Reorganize o local de trabalho: isso significa melhorias no *layout*, na limpeza e na organização do local de trabalho *projetando* locais certos para tudo e removendo sujeira.

c) Reduza os *setups*: esse passo envolverá engenheiros de manufatura e engenheiros industriais. Requerirá análise dos procedimentos atuais de *setup*, eliminação de passos desnecessários, treinamento dos operários nos novos procedimentos de *setup*.

d) Reduza os tamanhos de lote e os tempos de espera: a idéia é reduzir os estoques entre as estações de trabalho e liberar espaço. O novo espaço vazio contribuirá para a visibilidade.

d) Implemente mudanças de *layout*, formando células de trabalho.

e) Mude para a produção puxada: mudar de um sistema de produção empurrada para produção puxada irá requerer treinamento do trabalhador e necessidades a serem planejadas com muito cuidado. As mudanças devem ser feitas de uma vez, pois não é possível usar ao mesmo tempo os dois sistemas, empurrado e puxado.

f) Desenvolva relacionamentos com os fornecedores: principalmente demandas por entregas em quantidades menores e mais freqüentes devem ser negociadas.

Para Reid e Sanders (2002), um sistema Just in Time é feito de muitas idéias que definem sua filosofia. Por causa disso, a implementação é complexa. Com freqüência, os executivos escutarão que, para o JIT ter sucesso, é preciso que os estoques sejam eliminados; assim, a tendência é começar eliminando estoques. Essa abordagem pode ter efeitos desastrosos, pois o estoque está lá para acobertar problemas. A menos que esses problemas sejam resolvidos primeiro, simplesmente reduzir o estoque pode parar a produção.

18.9 Os impactos Internos da Manufatura Just in Time

O Just in Time traz consigo grandes mudanças que irão exercer grande influência em diversas áreas funcionais da organização. Mesmo no sentido do Little Just in Time, ou seja, a típica manufatura Just in Time, os impactos irão irradiar-se por outras áreas. Sem pretender esgotar a análise dessas influências, vejamos alguns exemplos.

Comecemos pelo pessoal de Engenharia, que deve eventualmente rever projetos e especificações na busca de melhorias, aproveitando a capacidade existente. Elementos comuns nos métodos de processamento de diversos produtos devem ser explorados, pois poderão ajudar a reduzir os *setups* e permitir a tecnologia de grupo. A Engenharia deve disciplinar-se, subordinando novos projetos e processos ao que já existe, evitando ao máximo a introdução de partes ou rotinas específicas, que irão contra a simplicidade porventura já instalada.

Outra área que deverá procurar adaptar-se às novas formas de trabalho é a Gestão de Pessoas, já que, como vimos, a manufatura Just in Time altera significativamente o papel dos empregados. Dessa forma, a adoção da manufatura Just in Time terá fortes implicações no recrutamento, na seleção, no treinamento, na avaliação de desempenho e nas formas de pagamento dos trabalhadores. No que diz respeito ao recrutamento e à seleção, a manufatura Just in Time busca empregados mais autônomos, motivados, curiosos, com desejo de atuar sobre o que fazem e de progredir. Empregados passivos possivelmente não se adaptem bem ao ambiente Just in Time. Os trabalhadores devem saber como identificar e resolver problemas, trabalhar efetivamente com outros em equipes e aprender novas habilidades rapidamente. A manufatura Just in Time tende a ter empregados de nível superior acima da média de outros sistemas, exatamente pela provável maior facilidade de aprendizagem. A maioria, ou mesmo todos os empregados, devem passar por treinamento nas ferramentas e nos processos de solução de problemas, incluindo gráficos de controle estatístico do processo, diagramas de causa e efeito, análise de Freto e análise de fluxo do processo. Além disso, esse treinamento deve ser continuado, pelo menos até o ponto em que o empregado fique trabalhando no sistema.

A avaliação desse novo empregado não pode ser feita da forma tradicional, pois ele deve dominar diferentes habilidades e identificar e solucionar problemas que encontre no trabalho, o que foge ao tradicional. Para avaliar esse novo empregado, é preciso um conjunto novo e mais abrangente de medidas de desempenho. Dado que precisam recompensar o trabalho em equipe, os sistemas Just in Time tendem a substituir as medidas individuais de desempenho, como sistema de pagamento por peça, por recompensas para equipes completas.

Também a área de Marketing da empresa deve exercitar uma nova disciplina, dado que as exigências que a produção Just in Time pode atender são bem delimitadas. A nova ordem das coisas gira em torno de programações estáveis, que não admitem mudanças bruscas e nem pedidos de última hora. Do lado mais atraente, mudanças em confiabilidade de entrega, nos preços, na qualidade e na diversidade de produtos que agora podem estar disponíveis, certamente agradarão à área de Marketing.

Como último exemplo, citemos a contabilidade de custos, aparentemente tão distante da manufatura Just in Time. A contabilidade de custos deverá mudar para se acomodar à nova realidade do sistema Just in Time. Haverá certa dificuldade em distinguir entre mão-de-obra direta e mão-de-obra total por causa do novo papel dos trabalhadores, que irá confundir a distinção entre as duas. Muitos operadores de máquinas (mão-de-obra direta) farão agora a manutenção do local de trabalho, o que antes era da alçada da mão-de-obra indireta. No final das contas, a filosofia Just in Time acaba por reduzir a importância da mão-de-obra direta como componente do custo. Em muitas empresas (Melnick e Denzler, 1996), a mão-de-obra agora se responsabiliza por menos de 5% dos custos totais, criando um problema para os sistemas tradicionais de contabilidade de custos que alocam custos de *overhead* em proporção às necessidades de mão-de-obra. Os sistemas JIT têm empurrado as empresas para longe do custo padrão e na direção de outros métodos de custeio.

PONTOS-CHAVE

1. O Just in Time pode ser visto como uma filosofia ampla de trabalho, em que um dos objetivos centrais é a eliminação do desperdício, que produz sempre a peça ou o produto certos, no lugar certo e no momento certo. Fala-se tanto em Just in Time como em manufatura Just in Time, mostrando que há, desde o princípio, uma ligação direta da filosofia Just in Time com as atividades industriais.

2. O Sistema Toyota de Produção tem fortes raízes em dois elementos caracteristicamente norte-americanos: o sistema de produção em massa de Henry Ford e os supermercados. Ford vislumbrou táticas que seriam típicas dos sistemas Just in Time, tais como a preocupação com o desperdício, a ênfase no melhoramento contínuo, a redução no *setup*, a ênfase na ordem e no arranjo do local de trabalho, o nivelamento da produção e o respeito pelas pessoas.

3. O JIT usa um *sistema "puxado"* em vez de um *sistema "empurrado"* para mover os produtos por meio das instalações. No sistema puxado, a comunicação no JIT começa ou com a última estação de trabalho na linha de produção ou com o cliente – e depois trabalha para trás por meio do sistema.

4. A manufatura enxuta refere-se a um novo processo de produção, que cobre a empresa toda, englobando todos os aspectos das operações industriais (desenvolvimento de produtos, manufatura, organização e recursos humanos, apoio ao cliente), e inclui as redes de consumidores e fornecedores. Esse novo processo de produção é governado por um conjunto sistematizado de princípios, métodos e práticas. Alguns dos princípios-chave de produção enxuta são: qualidade

perfeita logo de início, minimização de desperdício pela eliminação de todas as atividades que não acrescentam valor, melhoria contínua, flexibilidade e relacionamentos de longo prazo.

5. A produção em lotes pequenos (no limite, a produção em lotes de uma só unidade) é sinônimo de flexibilidade, pois permite produzir diferentes composições ou grande diversidade de produtos rapidamente, sem sacrificar a eficiência em volumes menores de produção. A produção em lotes pequenos, feitos na hora certa em que são demandados pelos clientes, leva a estoques menores, quer sejam de matérias-primas, de materiais semiprocessados quer de produtos acabados.

6. Tempos menores de *setup* significam que pequenos lotes de produtos podem ser produzidos, e os benefícios não param por aí: *setups* mais rápidos aumentam as taxas de giro do capital, levando a um maior retorno do investimento da empresa em equipamento, por meio da maximização do seu tempo produtivo. Além disso, menores necessidades de estoque usam o espaço da planta mais eficazmente. Há mais: certas operações que não adicionam valor são reduzidas (exemplo: manuseio do estoque) e a produtividade melhora.

7. O conceito de qualidade na fonte diz respeito à descoberta da causa final de um problema de qualidade. O objetivo não é apenas identificar um problema de qualidade, mas também descobrir sua causa fundamental, pois se a causa do problema não for identificada, o problema vai continuar se repetindo. Qualidade na fonte indica que a qualidade de um produto deve ser determinada no instante em ele é feito, porque nenhuma quantidade de inspeção o fará melhor.

8. Elemento comum do Just in Time (mas não de forma exclusiva), a manutenção preventiva envolve inspeções regulares e manutenção desenhada para manter as máquinas operando, evitando dessa maneira paradas não esperadas de máquinas.

9. Na manufatura Just in Time procura-se construir relacionamentos de longo prazo, assumindo-se que os fornecedores são parceiros, uma espécie de "fábrica externa". O número de fornecedores é menor que nos sistemas tradicionais e o objetivo no limite é mudar para fornecedores únicos.

10. O envolvimento das pessoas é fundamental para o sucesso da filosofia Just in Time. Todos os funcionários devem ser ativos participantes na satisfação das necessidades dos consumidores. Na filosofia Just in Time, as pessoas são o recurso mais precioso e o respeito pelos trabalhadores é fundamental para o sucesso da filosofia.

11. Na produção Just in Time, procura-se obter a qualidade perfeita logo da primeira vez, sendo os empregados encorajados a identificar e corrigir problemas e a pesquisar cada problema até sua fonte última, de forma que não ocorra de novo.

12. O ambiente de trabalho é considerado um elemento importante na manufatura Just in Time, envolvendo principalmente ordem e simplicidade. Um ambiente organizado ajuda a desenvolver uma mente calma e clara, criando respeito pelo local de trabalho. A limpeza do local de trabalho é responsabilidade do trabalhador.

13. O kanban (sinal visível ou cartão) é um conceito relativo à manufatura Just in Time, constituindo-se uma ferramenta simples de controle por meio da qual o sistema puxado de produção (o eixo da produção Just in Time) é gerenciado.

QUESTÕES PARA DISCUSSÃO

1. Como se pode conceituar o desperdício na filosofia Just in Time?
2. O que significa Big Just in Time? E Little Just in Time?
3. O que significam "sistema puxado" e "sistema empurrado"?

4. O que se entende por nivelamento da programação da produção?
5. Comente sobre as funções do empregado na manufatura Just in Time.
6. O que é tecnologia de grupo? Qual o papel do conceito de famílias de peças?
7. O que é melhoria contínua e como esse conceito toma parte na filosofia Just in Time?
8. O que significa simplificação? E padronização?
9. Quais são os dois tipos básicos de cartão usados pelo Sistema Toyota?
10. Qual é o novo papel da gerência no Just in Time?

REFERÊNCIAS BIBLIOGRÁFICAS

BILLESBACH, T. J. A. Study of the Implementation of Just in Time in the United States. *Production and Inventory Management Journal*, v. 32, n. 3, p. 1-4, 1991.

GUPTA, M.; HOLLADAY, H.; MAHONEY, M. J. The Human Factor in JIT Implementation: A Case Study of Ambrake Corporation. *Production and Inventory Management Journal*, v. 41, n. 4, p. 29-33, 2001.

MARKHAN, I. S.; MCCART, C. D. The Road to Successful Implementation of Just in Time Systems. *Production and Inventory Management Journal*, v. 36, n. 3, p. 67-70, 1995.

MELNYK, S. A.; DENZLER, D. R. *Operations Management. A Value Driven Approach*. Illinois: McGraw Hill Irwin, 1996.

NISHIGUCHI, T.; BEAUDET, A. Case Study: The Toyota Group and the Aisin Fire. *Sloan Management Review*, v. 40, n. 1, p. 49-59, 1998.

REID, R. D.; SANDERS, N. R. *Operations Management*. Nova York: John Wiley and Sons, 2002.

SAKAKIBARA, S. et al. The Impact of Just in Time Manufacturing and its Infrastructure on Manufacturing Performance. *Management Science*, v. 43, n. 9, p. 1246-1257, 1997.

SCHONBERGER, R. J. Applications of Single Card and Dual Card Kanban. *Interfaces*, v. 13, n. 4, p. 56-67, 1983.

Capítulo 19

O Sistema MRP

19.1 O que é o MRP

No Capítulo 16, quando fizemos a introdução ao estudo da teoria elementar dos estoques, vimos também a distinção entre itens de demanda dependente e independente. Quando a demanda de um item *depende apenas e diretamente das forças do mercado*, diz-se que possui *demanda independente;* quando, por sua vez, a demanda de um item *depende diretamente da demanda de outro item*, diz-se que ele possui *demanda dependente*. Dependência e independência são definidas, pois, para um item em relação à outro. Um produto final, feito para estoque, é tipicamente um item de demanda independente. As quantidades necessárias de cada uma das partes que o compõem são função da quantidade do produto final – portanto, essas partes são itens de demanda dependente. Embora parte da demanda independente possa ser dada diretamente, por meio de pedidos firmes dos clientes (carteira de pedidos), é provável que uma parcela substancial deva ser obtida por meio de previsões. Por seu lado, a demanda dependente é sempre deduzida da demanda independente, uma vez que esta seja conhecida ou estimada.

O MRP (do inglês *Material Requirements Planning*, ou Planejamento das Necessidades de Material) é uma técnica para converter a previsão de demanda de um item de demanda independente em uma programação das necessidades das partes componentes do item. Conservaremos a sigla MRP devido à sua popularidade e pelo fato de não existir uma sigla equivalente em português.

A partir da data e da quantidade em que um produto final é necessário, *obtêm-se as datas e as quantidades em que suas partes componentes são necessárias*. A essa desagregação do produto em suas partes componentes dá-se o nome de "explosão".

Em primeiro lugar, o MRP pode ser visto como uma técnica para programar a produção de itens de demanda dependente, já que determina quanto deve ser adquirido de cada item e em que data o item deve estar disponível.

O MRP também pode ser considerado um sistema de controle de estoques de itens de demanda dependente. Nesse sentido, ele é um sistema proativo, que evita a manutenção de estoques, a não ser aqueles destinados a eventualidades (estoques de reserva). As quantidades dos itens, necessárias à produção são adquiridas (compradas, montadas ou fabricadas) apenas em uma data tal que estejam disponíveis para serem usadas na produção. Nos sistemas de controle de estoque para demanda independente, as ações são tomadas com base em uma data (Sistema de Reposição Periódica) ou em uma quantidade remanescente (Sistema de Revisão Contínua); esses sistemas são reativos, exigindo a manutenção permanente de estoques.

19.2 Operação do MRP: Insumos e Resultados Fundamentais

Na própria concepção do MRP, fica fácil distinguirmos os insumos fundamentais, sem os quais o sistema não pode operar. Como vimos, o MRP, a partir da programação da produção de produtos finais (de demanda independente, portanto), determina a programação da compra, fabricação ou montagem de suas partes componentes. As perguntas básicas que devemos habilitar o MRP a responder são, pois, as seguintes:

a) Que partes componentes serão necessárias para cumprir a demanda de produtos finais?
b) Em que quantidades são essas partes necessárias?
c) Quando essas partes são necessárias?

Para responder às três perguntas acima, os seguintes insumos são necessários:

- o Plano Mestre de Produção;
- a Lista de Materiais;
- os relatórios de controle de estoques.

Adiante, seguem alguns comentários mais detalhados às funções dos insumos citados. Por ora, basta dizer que o Plano Mestre de Produção estabelece quais produtos finais serão feitos, em que datas e em que quantidades; a Lista de Materiais fornece a composição de cada produto, ou seja, dá a base para a sua "explosão" e, por último, os Relatórios de Controle de Estoques dizem quais são as quantidades eventualmente remanescentes de cada um dos itens, sejam eles produtos finais sejam componentes.

Como resultados principais de sua operação, o sistema MRP fornece:

- o controle de estoques dos componentes;
- a programação da produção a curto prazo para esses componentes;
- o planejamento das necessidades de capacidade em um nível de detalhamento maior do que aquele dado pelo Planejamento Agregado.

A Figura 19.1 mostra os insumos e os resultados associados à operação do sistema MRP:

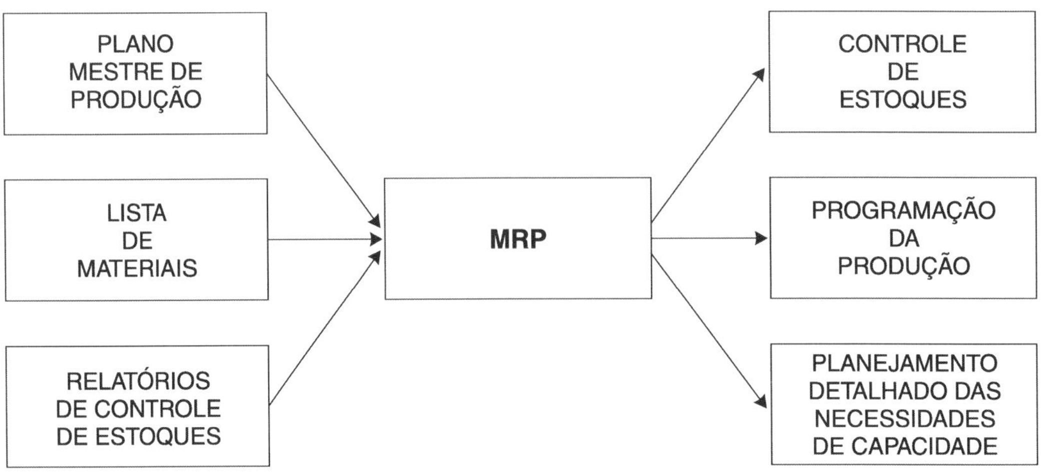

Figura 19.1 Operação do MRP: Insumos e Resultados Fundamentais.

Detalhemos um pouco mais o papel de cada insumo apresentado.

Plano Mestre de Produção

O Plano Mestre de Produção, ou simplesmente PMP, estabelece quais produtos serão feitos e em que datas (ver Capítulo 13). Além da demanda determinada por previsão, o PMP também incorpora demanda de outras fontes: carteira de pedidos de clientes, necessidades de estoques de segurança, demanda de armazéns de distribuição etc. Como comentado no Capítulo 13, o horizonte de tempo coberto por um PMP é variável, indo de poucas semanas até 6 meses ou mesmo um ano. Neste ponto, é bom frisar que o horizonte de tempo de um PMP deve cobrir todos os tempos de espera envolvidos na produção do item. Exemplificando, imaginemos um produto cuja produção abranja as fases seguintes:

	Tempo de espera
Compra de matérias-primas	2 semanas
Fabricação interna dos componentes	3 semanas
Submontagens	1 semana
Montagem final	1 semana
Total	7 semanas

Neste caso, o PMP deve cobrir, pelo menos, sete semanas, para que seja possível trabalhar com o sistema MRP; além disso, se não existirem estoques de matérias-primas, componentes e submontagens, a data mais próxima em que se poderá obter o produto final será daqui a sete semanas, fazendo-se hoje o pedido de compra das matérias-primas.

O Plano Mestre de Produção, portanto, é fundamental para que o MRP possa determinar quanto de cada parte ou componente deve ser adquirido e quando programar a produção. Dado um produto final, as suas partes constituintes são dadas pela Lista de Materiais.

Lista de Materiais

A Lista de Materiais de um produto final é uma lista estruturada de todos os componentes desse produto. Ela mostra a relação hierárquica entre o produto e os componentes – quanto de cada componente é preciso para se ter uma unidade do produto. Uma forma de visualizar essa relação hierárquica é por meio da *árvore de estrutura do produto*, que aparece na Figura 19.2:

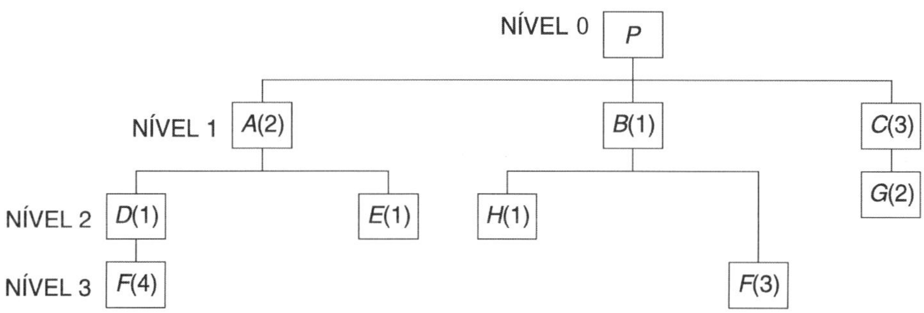

Figura 19.2 Árvore de Estrutura para um Produto *P*.

A árvore é dividida em níveis hierárquicos, numerados de forma crescente quanto maior for a desagregação. Assim, o nível 0 (zero) corresponde ao próprio produto final; o nível 1, aos agrupamentos primários de componentes que, combinados, fornecem diretamente o produto final; o nível 2, aos agrupamentos secundários de componentes que formam os agrupamentos primários, e assim por diante. Para cada um dos componentes ou agrupamentos de componentes, o número entre parênteses na Figura 19.2 representa quantas unidades são necessárias para formar uma unidade do agrupamento imediatamente superior. Vemos, então, que, para uma unidade de *P* (produto final), são necessárias duas unidades de *A*, uma de *B* e três de *C*; por sua vez, para uma unidade de *A*, são necessárias uma unidade de *D* e uma de *E*, e assim por diante.

Exemplo 19.1

Levando em conta a árvore de estrutura do produto da Figura 19.2, determinar quantas unidades de cada componente final são necessárias para se obter 200 unidades do produto final *P*.

Solução

Temos, para os subconjuntos *A*, *B* e *C*:

1 unidade de *P* corresponde a
- 2 unidades de *A*; logo, 200 unidades de *P* correspondem a
  200 × 2 = *400 unidades de A*
- 1 unidade de *B*; logo, 200 unidades de *P* correspondem a
  200 × 1 = *200 unidades de B*
- 3 unidades de *C*; logo, 200 unidades de *P* correspondem a
  200 × 3 = *600 unidades de C*

Para o subconjunto *D*:

1 unidade de *A* corresponde a 1 unidade de *D*; logo, 400 unidades de *A* correspondem a 400 × 1 = *400 unidades de D*.

Para os componentes *E*, *F*, *G* e *H*:

1 unidade de *A* corresponde a 1 unidade de *E*; logo, 400 unidades de *A* correspondem a 400 × 1 = *400 unidades de E*.
1 unidade de *D* corresponde a 4 unidades de *F*; logo, 400 unidades de *D* correspondem a 400 × 4 = *1.600 unidades de F*.
1 unidade de *B* corresponde a 1 unidade de *H*; logo, 200 unidades de *B* correspondem a 200 × 1 = *200 unidades de H*.
1 unidade de *B* corresponde a 3 unidades de *F*; logo, 200 unidades de *B* correspondem a 200 × 3 = *600 unidades de F*.
1 unidade de *C* corresponde a 2 unidades de *G*; logo, 600 unidades de *C* correspondem a 600 × 2 = *1.200 unidades de G*.

A consolidação dos resultados é imediata, pois apenas o componente *F* aparece em dois subconjuntos:

A: 400 unidades; *B*: 200 unidades; *C*: 600 unidades; *D*: 400 unidades; *E*: 400 unidades; *F*: 2.200 unidades; *G*: 1.200 unidades; *H*: 200 unidades.

Relatórios de controle de estoques

O último insumo básico de que se vale o sistema MRP são os relatórios de controle de estoques. Cada item ou componente da Lista de Materiais deve ter seu estoque rigorosamente controlado, de forma que, estabelecida a quantidade necessária, se saiba exatamente quanto é preciso adquirir desse item. Tipicamente, esse controle pode incluir, por exemplo:

- o código de identificação do componente;
- a quantidade atual em estoque;
- as quantidades eventualmente já encomendadas;
- o tempo de espera;
- o tamanho do lote de compra, fabricação ou montagem etc.

A cada nova transação, o sistema de controle deve ser hábil para se atualizar, qualidade essa importante para o bom funcionamento do MRP.

19.3 Dinâmica de Processamento do MRP

A dinâmica de processamento no MRP parte da quantidade desejada de um produto final em uma data especificada, informações essas fornecidas pelo Plano Mestre de Produção. A partir daí, faz-se a "explosão" do produto nas necessidades dos componentes, com a devida defasagem de tempo. Recordando a árvore de estrutura do produto, os subconjuntos e componentes do nível 1 devem estar disponíveis antes da data em que o produto deva estar pronto; para se saber *quanto* significa *antes*, é preciso conhecer o tempo que se leva para montar os subconjuntos e conjuntos do nível 1 para se chegar ao produto final. O que acabamos de dizer é ilustrado pelo diagrama de montagem no tempo da Figura 19.3, que é referente ao produto *P*, cuja árvore está na Figura 19.2:

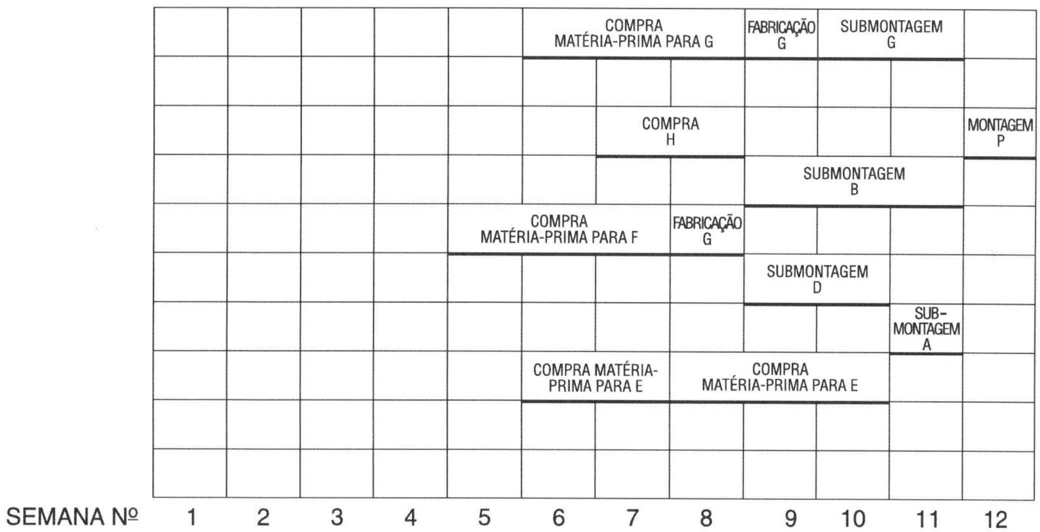

Figura 19.3 Diagrama de Montagem no Tempo para o Produto *P*.

No diagrama da Figura 19.3, fizemos várias suposições; a primeira delas refere-se à data em que o produto *P* deverá estar pronto, qual seja, ao final da semana 12. Supomos verdadeiros também todos os elementos da Figura 19.3 que especificam que componentes são fabricados ou comprados, bem como os tempos de espera para sua obtenção. Exemplificando, como a montagem final demora uma semana, ela deve começar ao início da semana 12 (ou final da semana 11). Nesta data, deverão estar disponíveis os subconjuntos *A*, *B* e *C*. Focalizando o subconjunto *B*, vemos que sua montagem deve começar ao início da semana 9 (ou final da semana 8), já que ela tomará três semanas. Ao final da semana 8, então, deverão estar disponíveis os componentes *H* e *F*. Como o componente *H*, após a compra, demora duas semanas para ser entregue, a Ordem de Compra deve ser colocada no fornecedor ao final da semana 6 (ou início da semana 7). Por sua vez, o componente *F* é fabricado internamente, com o tempo de espera de uma semana; a Ordem de Fabricação deverá ser emitida ao final da semana 7 (ou início da semana 8). Finalmente, a matéria-prima para fabricar o componente *F* demora três semanas para ser entregue, motivo pelo qual sua Ordem de Compra deve ser colocada ao final da semana 4 (ou início da semana 5). O mesmo raciocínio de caminhar "de frente para trás" vale para os outros subconjuntos (*A* e *C*).

Ao "explodir" o produto em seus componentes, usando as informações do Plano Mestre de Produção e da Lista de Materiais, o que se obtém são as *Necessidades Brutas* de cada componente. Eventualmente, poderá haver algum estoque remanescente ou mesmo algum pedido anteriormente encaminhado que gere algum recebimento programado de material. Após obter as Necessidades Brutas, o MRP calcula as *Necessidades Líquidas*, descontando o estoque já disponível em mãos e os recebimentos programados:

Necessidades Líquidas	=	Necessidades Brutas	—	Estoque Disponível	—	Recebimentos Programados

Embora a igualdade anterior não deixe provisão alguma para os estoques de segurança, se convenientes, é claro que eles podem somar-se originalmente às Necessidades Brutas.

Uma *Liberação de Ordem* (de compra, fabricação ou montagem) deve levar em conta a quantidade do componente e ser expedida em uma data tal que ele deverá estar disponível exatamente no momento em que seja necessário. Não há obrigatoriedade de que a quantidade do item constante da ordem de compra, fabricação ou montagem seja exatamente igual às Necessidades Líquidas. Evidentemente, esta é a solução mais simples e direta, mas existem outras opções, que serão discutidas no item 4 mais adiante. Apenas de passagem e como exemplo, é possível pedir em quantidades fixas, iguais ou não ao Lote Econômico do componente.

A programação fornecida pelo MRP geralmente traz as seguintes informações, item por item:

- uma escala de tempos, geralmente semanal;
- a identificação do item;
- as Necessidades Brutas e suas datas;
- o Estoque Disponível;
- os Recebimentos Programados e suas datas;
- as Necessidades Líquidas e suas datas;
- as datas e quantidades de cada Liberação de Ordem.

Para ajudar visualmente nos dois exemplos que se seguem, o leitor pode acostumar-se com as informações anteriores colocadas em uma tabela como a seguinte:

ITEM:

Semana	1	2	3	4	5	6	7	8	9	10	11	12
Necessidades Brutas												
Estoque Disponível												
Recebimentos Programados												
Necessidades Líquidas												
Liberação de Ordem												

Na tabela, comparecem todas as informações mais relevantes que foram apresentadas: o Estoque Disponível e os Recebimentos Programados são subtraídos das Necessidades Brutas, gerando então as Necessidades Líquidas; a linha Liberação de Ordem mostrará, ao mesmo tempo, a quantidade a pedir e a data em que a ordem deverá ser expedida.

Exemplo 19.2

Para certa mesa de cozinha, é conhecida a demanda (Necessidades Brutas) para as próximas 12 semanas, que é de 100 unidades, prevendo-se uma entrega de 40 unidades ao início da semana 5 e outra de 60 unidades ao início da semana 11, segundo a tabela a seguir:

ITEM: MESA DE COZINHA

Semana	1	2	3	4	5	6	7	8	9	10	11	12
Necessidades Brutas					40						60	

A mesa é composta por um tampo, um tronco e oito suportes idênticos; quatro dos suportes acoplam-se à parte superior do tronco para que o tampo se ajuste, enquanto os outros quatro se acoplam à parte inferior, para o apoio da mesa no solo:

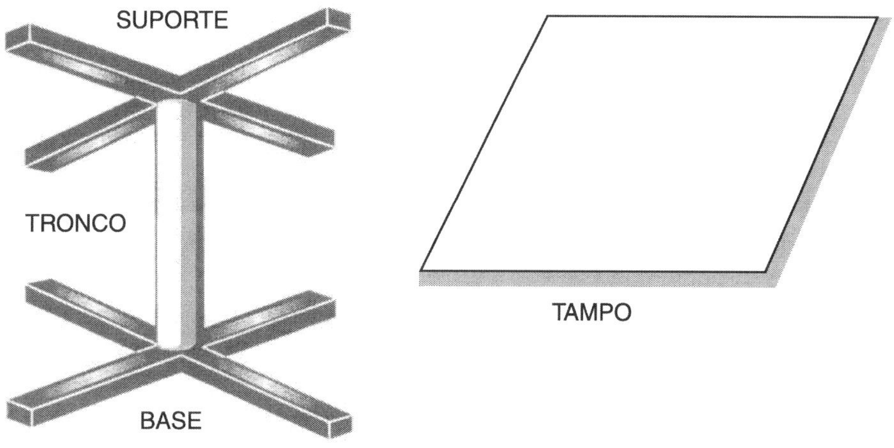

São conhecidos ainda os seguintes tempos de espera e estoques remanescentes:

Item	Operação	Tempo de espera	Estoque remanescente
Mesa	montagem	1 semana	5 unidades
Tampo	fabricação	1 semana	15 unidades
Tronco	fabricação	2 semanas	12 unidades
Suportes	fabricação	1 semana	90 unidades

Pede-se:

a) desenvolver um diagrama de montagem no tempo;

b) preencher uma tabela MRP para cada um dos itens: mesa, tampo, tronco e suportes, assumindo que as quantidades requisitadas são exatamente iguais às Necessidades Líquidas.

Solução

a) *Diagrama de montagem*:

O diagrama de montagem no tempo, mostrado a seguir, leva em conta as seqüências operacionais e os tempos de espera respectivos:

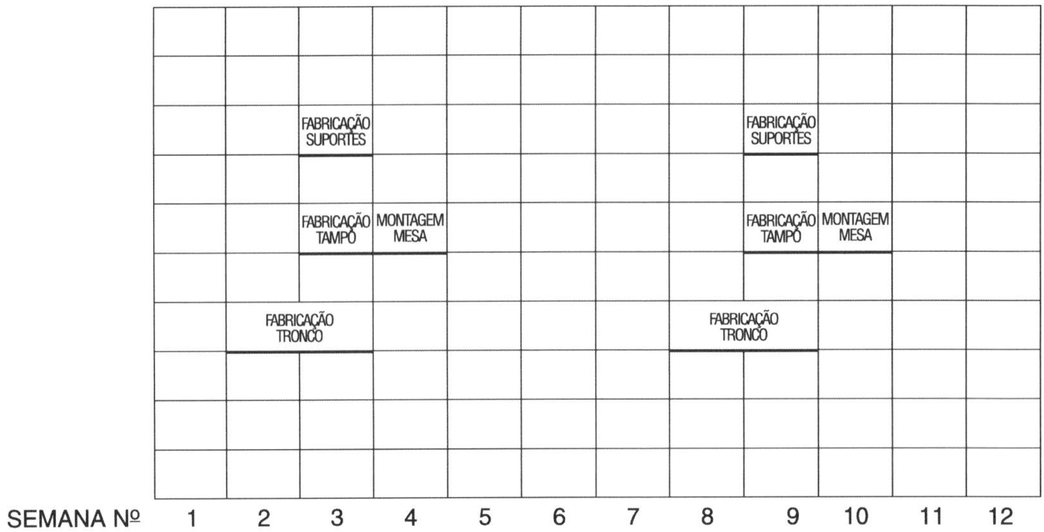

Tomando por base a semana 5, para que a mesa esteja então pronta ao início dessa semana, é necessário que comece a ser montada ao início da semana 4 (uma semana para a montagem). Como os suportes e o tampo têm prazo de espera de uma semana, sua fabricação deve ser iniciada ao início da semana 3; o tronco, porém, por ter tempo de espera de duas semanas, deve ter iniciada sua fabricação ao início da semana 2.

b) *Montagem da tabela MRP para a mesa e seus componentes*:

Na montagem das tabelas, começamos pelo produto final (mesa) e, de posse das Necessidades Líquidas de mesas montadas, calculamos as Necessidades Líquidas dos componentes. Cada mesa necessitará de um tampo, um tronco e oito suportes. Como a montagem das mesas requer uma semana, todos esses componentes deverão estar disponíveis uma semana antes da entrega das mesas. Adiante, apresentamos as tabelas para todos os itens:

ITEM: MESA

Semana	1	2	3	4	5	6	7	8	9	10	11	12
Necessidades Brutas					40						60	
Estoque Disponível					5						0	
Recebimentos Programados					0						0	
Necessidades Líquidas					35						60	
Liberação de Ordem				35						60		

ITEM: TAMPO

Semana	1	2	3	4	5	6	7	8	9	10	11	12
Necessidades Brutas				35						60		
Estoque Disponível				15						0		
Recebimentos Programados				0						0		
Necessidades Líquidas				20						60		
Liberação de Ordem			20						60			

ITEM: TRONCO

Semana	1	2	3	4	5	6	7	8	9	10	11	12
Necessidades Brutas				35						60		
Estoque Disponível				12						0		
Recebimentos Programados				0						0		
Necessidades Líquidas				23						60		
Liberação de Ordem		23						60				

ITEM: SUPORTES

Semana	1	2	3	4	5	6	7	8	9	10	11	12
Necessidades Brutas				280						480		
Estoque Disponível				90						0		
Recebimentos Programados				0						0		
Necessidades Líquidas				190						480		
Liberação de Ordem			190						480			

Levando em conta apenas a parte esquerda das tabelas, ou seja, os valores correspondentes às Necessidades Brutas de 40 mesas na semana 5, temos as seguintes explicações para a construção das tabelas:

Mesa: As Necessidades Brutas são de 40 mesas na Semana 5; no entanto, há um Estoque Disponível de 5 mesas, o que reduz as Necessidades Líquidas a 35 mesas. A Liberação de Ordem para a montagem dessas 35 mesas é feita na semana 4, por causa do tempo de espera de uma semana.

Tampo: Cada mesa corresponde a um tampo; sendo 35 as Necessidades Líquidas das mesas, isso corresponde também a 35 tampos (Necessidades Brutas) colocados na semana 4. Como existe um Estoque Disponível de 15 tampos, as Necessidades Líquidas reduzem-se a 20 tampos. A Liberação de Ordem para eles deve ser colocada na semana 2, devido ao tempo de espera para a fabricação, de uma semana.

Tronco: Cada mesa corresponde a um tronco, motivo pelo qual as Necessidades Brutas de troncos são 35. Existindo um Estoque Disponível de 12 troncos, as Necessidades Líquidas são de 23 troncos. A Liberação de Ordem deve ser feita na semana 2, devido ao tempo de espera para a fabricação, de duas semanas.

Suportes: Cada mesa corresponde a 8 suportes, levando às Necessidades Brutas de $8 \times 35 = 280$ suportes. Havendo um Estoque Disponível de 90 suportes, as Necessidades Líquidas reduzem-se a 190 suportes. A Liberação de Ordem é colocada na semana 3, devido ao tempo de espera de uma semana.

O leitor poderá facilmente explicar agora a parte direita das tabelas que corresponde às Necessidades Brutas de 60 mesas na semana 11; reparar que agora não existe Estoque Disponível para qualquer um dos itens.

Exemplo 19.3

Refazer o exemplo anterior, assumindo agora que a mesa e seus componentes têm os seguintes lotes de montagem e fabricação:

Mesa: 70 unidades; Tampo: 70 unidades; Tronco: 70 unidades; Suportes: 560 unidades.

Solução

No Exemplo 19.2 a quantidade que constava da Liberação de Ordem era exatamente a quantidade necessária de cada item para cumprir a demanda, abordagem essa chamada às vezes de "lote por lote". Independentemente das Necessidades Líquidas da mesa e de seus componentes, cada Liberação de Ordem envolverá as quantidades predefinidas, o que poderá acarretar a existência de estoques ao longo do tempo.

ITEM: MESA

Semana	1	2	3	4	5	6	7	8	9	10	11	12
Necessidades Brutas					40						60	
Estoque Disponível					5	35	35	35	35	35	35	45
Recebimentos Programados					0						0	
Necessidades Líquidas					35						25	
Liberação de Ordem				70						70		

ITEM: TAMPO

Semana	1	2	3	4	5	6	7	8	9	10	11	12
Necessidades Brutas				35						60		
Estoque Disponível				15	50	50	50	50	50	50	60	60
Recebimentos Programados				0						0		
Necessidades Líquidas				20						10		
Liberação de Ordem			70						70			

ITEM: TRONCO

Semana	1	2	3	4	5	6	7	8	9	10	11	12
Necessidades Brutas				35						60		
Estoque Disponível				12	47	47	47	47	47	47	57	57
Recebimentos Programados				0						0		
Necessidades Líquidas				23						13		
Liberação de Ordem		70						70				

ITEM: SUPORTES

Semana	1	2	3	4	5	6	7	8	9	10	11	12
Necessidades Brutas				280						480		
Estoque Disponível				90	370	370	370	370	370	370	450	450
Recebimentos Programados				0						0		
Necessidades Líquidas				190						110		
Liberação de Ordem			560						560			

Acreditamos que o leitor não tenha dificuldades em reconstituir as tabelas. Basta lembrar que, quaisquer que sejam as Necessidades Líquidas, a Liberação de Ordem é feita para quantidades fixas. Fora a linha de Liberação de Ordem, apenas a linha de Estoque Disponível é afetada; o Estoque Disponível será sempre a diferença entre a quantidade constante na Liberação de Ordem e as Necessidades Líquidas.

19.4 O Tamanho do Lote no MRP

Nos Exemplos 19.2 e 19.3, usamos dois diferentes critérios para definir a quantidade a pedir de tampos, troncos e suportes que compunham a mesa que era o produto final. No Exemplo 19.2, pedia-se exatamente a quantidade necessária de cada componente em função da demanda do produto final; essa sistemática é conhecida como pedido *lote por lote*. Já no Exemplo 19.3 as quantidades pedidas dos itens eram fixas, independentemente da demanda do produto final em um particular momento.

Essas foram apenas duas das formas possíveis de se resolver o problema da quantidade a pedir, existindo muitas outras opções. Por detrás do problema formal de se definir uma quantidade para determinado item, existe na verdade uma tentativa de minimização dos custos associados a essa quantidade.

As quantidades que se definem serão ou compradas ou fabricadas internamente. Para simplificar, pensemos apenas na fabricação interna; não haverá dificuldades posteriores em se transpor o raciocínio para itens comprados externamente. As idéias que se seguem constam detalhadamente do Capítulo 16, que introduz a teoria elementar dos estoques.

Pensando, pois, na fabricação interna, de um lado existem os custos associados à preparação das máquinas para a rodada de produção. Rodadas constantes de produção implicam diversas preparações, o que eleva os custos totais de preparação. Nesse sentido, rodadas maiores de produção (ou seja, quantidades fabricadas maiores) seriam preferíveis. Quanto maior a quantidade fabricada, menor o número de rodadas de produção e, conseqüentemente, menor o custo total das preparações de máquinas.

Há uma contrapartida, porém. A fabricação em grandes lotes irá fatalmente gerar estoques e ofuscar uma das grandes vantagens do MRP, que é justamente a possibilidade de diminuir estoques. Estoques maiores geram custo de manutenção progressivamente mais altos. A questão que se coloca é bem simples: as alterações na quantidade fabricada agem de duas formas diametralmente opostas sobre os dois tipos fundamentais de custos: custos de preparação de máquinas e custos de manutenção dos estoques gerados. Trata-se, portanto, de fabricar em quantidades tais que a *soma* dos custos de preparação e dos custos de manutenção seja a mínima possível dentro de dado período.

Tudo o que dissemos para a fabricação interna de itens aplica-se, *mutatis mutandis*, ao caso de itens comprados. Nenhuma observação adicional é necessária no tocante aos custos de manutenção, que são os mesmos, seja o item comprado ou fabricado internamente. Os custos de preparação das máquinas são substituídos no raciocínio acima pelos custos de pedir a mercadoria, que serão tanto maiores quanto mais pedidos (de menores quantidades) forem feitos.

Tendo em mente esse referencial de mínimo custo, vejamos algumas das soluções mais comuns ao problema de fixação da quantidade dos componentes no MRP.

I) *Pedido lote por lote*:

É o mais simples dos esquemas, porque a quantidade a pedir é imediata. Repare que, com a estratégia de pedir o item na quantidade exatamente necessária, em teoria o custo de manutenção é zero, já que não são deixados estoques. Na prática, a alternativa de pedir lote por lote deve incluir estoques de reserva, pelo menos para alguns componentes. Os custos de preparação (ou pedidos) podem ser altos quando o número de rodadas de produção (ou de pedidos de compra) for alto.

II) *Pedido em lotes econômicos*:

Para itens de demanda independente, como vimos no Capítulo 16, as quantidades podem ser compradas ou fabricadas em lotes econômicos. No entanto, o conceito de lote econômico obriga a que a taxa de consumo do item, ou seja, seu consumo na unidade de tempo, seja aproximadamente constante. Essa condição poderá eventualmente ser satisfeita por itens de níveis mais baixos na árvore de estrutura do produto, que sejam comuns a muitos produtos, de forma que estejam sendo constantemente usados.

Em um caso mais geral, porém, tratando-se de itens de demanda dependente, que são utilizados em épocas bem determinadas e praticamente desnecessários em outros momentos, claramente nos afastamos muito da hipótese de taxa de consumo constante. Conseqüentemente, o conceito de lote econômico é um tanto forçado quando se aplica a itens controlados pelo sistema MRP.

Por outro lado, sempre é possível definir um lote econômico para um item, considerando-se grosseiramente constante a sua taxa de consumo. Para tanto, esta pode ser fixada como o valor médio entre as quantidades consumidas ao longo de um período de tempo suficientemente longo. Lotes econômicos assim calculados, em que pese a crueza do procedimento, podem conduzir a menores custos que os obtidos no esquema de pedido lote por lote.

Exemplo 19.4

Dado o padrão de demanda de um componente, mostrado a seguir para oito semanas, determinar os custos totais de preparação e manutenção para esse período, adotando duas políticas diferentes:

a) fabricação em lotes econômicos;
b) fabricação lote a lote.

Supor que o item é fabricado na mesma semana em que vai ser usado.

Semana	1	2	3	4	5	6	7	8
Demanda	120		120		80	200		160

Dados:

Custo de preparação: R$ 800,00

Custo de manutenção: R$ 2,00 por unidade e por semana

Solução

a) *Política de fabricação em lotes econômicos*:

Adotemos como taxa de consumo semanal o consumo médio nas oito semanas:

$$\text{Taxa de consumo semanal} = \frac{120 + 120 + 80 + 200 + 160}{8} = 85 \text{ unidades}$$

O Lote Econômico de Fabricação (*LEF*) é dado pela Equação 16.7:

$$LEF = \sqrt{\frac{2\,C_{prep}D}{C_m}}$$

onde C_{prep} é o custo de preparação, D a demanda referida a um período qualquer e C_m o custo de manter uma unidade em estoque pelo mesmo período ao qual a demanda é referida (em nosso caso, adotamos a semana).

Temos, portanto:

$$LEF = \sqrt{\frac{2(85)\,(800)}{(2)}} = 261 \text{ unidades}$$

Vejamos os custos associados aos estoques quando se fabrica em lotes de 261 unidades. Para tanto, devemos construir um quadro da evolução do estoque, de forma a sabermos quando é necessária a fabricação e quanto de estoque é carregado de uma semana para outra. Esse quadro é mostrado a seguir, onde preenchemos com zeros as semanas sem demanda:

Semana	1	2	3	4	5	6	7	8
Demanda	120	0	120	0	80	200	0	160
Estoque inicial	0	141	141	21	21	202	2	2
Fabricação	261	0	0	0	261	0	0	261
Estoque final	141	141	21	21	202	2	2	103

Na semana 1, iniciamos sem estoque inicial e, para atender à demanda de 120 unidades, é fabricado um lote de 261 unidades. Ao final da semana, restarão, portanto, 141 unidades, que serão conservadas na semana 2, quando não há consumo. Na semana 3, onde existe a demanda de 120 unidades, não é preciso nova fabricação, pois o estoque de 141 unidades, carregado desde a semana 1, é suficiente. Descontada a demanda da semana 3, restarão ainda em estoque 21 unidades, carregadas até a semana 5. Nessa semana, como a demanda é de 80 unidades, é necessária uma segunda rodada de fabricação de 261 unidades, levando ao estoque final de 202 unidades, carregado até a Semana 6, quando então é usado para atender a demanda de 200 unidades. O estoque remanescente, de apenas 2 unidades, é carregado até a semana 8, onde acontece a terceira rodada de fabricação. Descontada a demanda dessa última semana, o estoque final é de 103 unidades.

O custo total das preparações de máquina é imediato; como existem ao longo das oito semanas apenas três rodadas, temos:

Custo total de preparação = 3 (800) = 2.400

Por outro lado, pode-se calcular o estoque médio mantido semanalmente pela média dos estoques finais em cada semana. Uma outra opção seria definir um estoque médio *durante* cada semana, pela média entre o estoque final e o inicial. Temos, adotando a primeira opção:

Estoque médio semanal = 1/8 (141 + 141 + 21 + 21 + 202 + 2 + 2 + 103) = 79 unidades

O custo total de manutenção, para as oito semanas, será de:

Custo total de manutenção = 8 semanas × 2/(unidades semana) × 79 unidades = 1.264

A soma dos custos será então de:

(2.400) + (1.264) = R$ 3.664

O valor de R$ 3.664 equivale aos custos de oito semanas, conduzindo, pois, a um custo médio semanal de

1/8 (3.664) = R$ 458

b) *Política de fabricação lote a lote*:

Neste caso, teremos cinco rodadas de fabricação, exatamente nas semanas em que existe demanda. Pode-se considerar que os custos de manutenção são nulos, já que o item é fabricado e usado na mesma semana, não havendo estoques ao final das semanas. O quadro de evolução dos estoques, mostrado a seguir, é de interpretação imediata:

Semana	1	2	3	4	5	6	7	8
Demanda	120	0	120	0	80	200	0	160
Estoque inicial	0	0	0	0	0	0	0	0
Fabricação	120	0	120	0	80	200	0	160
Estoque final	0	0	0	0	0	0	0	0

Os custos de preparação montam a:

Custo total de preparação = 5 (800) = R$ 4.000,00

ou, equivalentemente, a um custo médio semanal de

1/8 (4.000) = R$ 500,00

Conclusão

O lote econômico de fabricação, ainda que grosseiramente calculado, representa alguma economia de custos em relação à política do pedido lote por lote.

III) *Fabricação para um número fixo de períodos*:

Nesta alternativa, a quantidade pedida é suficiente para atender ao consumo de um certo número de períodos à frente. O número de períodos pode ser fixado arbitrariamente ou, utilizando a noção de lote econômico, por meio da seguinte relação:

$$\text{Número de períodos} = \frac{\text{Lote econômico (de compra ou fabricação)}}{\text{Taxa média de consumo}}$$

A taxa média de consumo é a mesma usada no cálculo do lote econômico.

Exemplo 19.5

Retomar os dados do Exemplo 19.4 e calcular os custos associados aos estoques sob a política de pedir o item para atender a um número fixo de períodos.

Solução

Temos:

LEF = 261 unidades; taxa média de consumo = 79 unidades

$$\text{Número de períodos} = \frac{261}{79} = 3{,}3$$

Tomando o inteiro mais próximo (ou seja, 3), vamos programar as quantidades de forma que atendam a três períodos de cada vez. Deverá haver uma primeira rodada de fabricação na semana 1, fabricando-se 240 unidades, para atender à demanda total das semanas 1, 2 e 3 (120 +

0 + 120); em seguida, nova rodada na semana 5 (280 unidades) para atender à demanda total das semanas 5, 6 e 7 (80 + 200 + 0). Deverá haver nova rodada na semana 8, mas não podemos saber quantas unidades serão fabricadas, por não possuirmos a demanda das semanas 9 e 10. O quadro a seguir resume a situação para as primeiras 7 semanas:

Semana	1	2	3	4	5	6	7	8
Demanda	120	0	120	0	80	200	0	160
Estoque inicial	0	120	120	0	0	200	0	0
Fabricação	240	0	0	0	280	0	0	?
Estoque final	120	120	0	0	200	0	0	?

Da semana 1 à semana 7, temos duas preparações e um estoque médio semanal de 1/7 (120 + 120 + 0 + 200 + 0 + 0) = 63 unidades. Os custos totais em estoque até a semana 7, inclusive, são os seguintes:

Custo total de preparação = 2 × 800 = 1.600

Custos totais de manutenção = 7 × 2 × 63 = 882

dando uma soma de 1.600 + 882 = R$ 2.482,00

que equivale a um custo médio semanal de

1/7 (2.482) = R$ 355,00

Esse novo custo semanal é menor que os correspondentes às políticas do pedido lote por lote ou em lotes econômicos, vistos no Exemplo 19.4.

Qual é a política de quantidade preferida pelas empresas? A julgar por um estudo de Wemmerlov (1979), para itens fabricados as companhias utilizam preferencialmente o pedido lote por lote, sendo também encontradas as políticas de pedir em quantidades fixas ou em quantidades necessárias para um número fixo de períodos (definido a partir do lote econômico, como apresentado anteriormente). Para itens comprados, a política de lotes econômicos foi a mais comum.

19.5 Uso e Benefícios do MRP: Evidências

A idéia de explodir um produto em seus componentes e controlar as necessidades destes em função das necessidades do produto final é bastante antiga, segundo Nahamias (1989), que relata o uso da técnica na General Motors, na década de 1920, quando se calculava a quantidade de itens necessários à fabricação de um certo número de carros. O uso sistemático da técnica deu-se nos Estados Unidos na década de 1970, com a popularização por meio dos trabalhos de Plossl e Wight (1971), New (1974) e Orlick (1975).

Nos Estados Unidos, o sistema MRP parece ser realmente muito usado, segundo revela uma pesquisa de Anderson et al. (1985). De um total de 1.700 questionários enviados a usuários potenciais do MRP, os autores receberam 679 respostas. Cerca de 64% das empresas respondentes afirmaram que usavam o MRP. A distribuição das empresas usuárias por setor industrial aparece na Tabela 19.1:

Tabela 19.1 Usuários do MRP por Setor Industrial

INDÚSTRIA	TOTAL DE RESPONDENTES	USUÁRIOS DO MRP	% DE USUÁRIO
Alimentos	16	8	50
Papel	12	4	33
Produtos Químicos	15	8	53
Petróleo e Carvão	5	1	20
Borracha e Plásticos	15	7	47
Metais	96	47	50
Máquinas	166	108	65
Material Eletro/Eletrônico	90	68	76
Instrumento de Transporte	34	24	71
Equipamento de Transporte	67	50	75
Utilidades Domésticas	5	2	40
Móveis	10	5	50
Editorial e Gráfica	6	3	50
Outras Indústrias	125	73	58

Fonte: Adaptado de Anderson et al. (1982).

A Tabela 19.1 sugere uma utilização de razoável para grande do MRP, principalmente entre as indústrias de Material Eletro/Eletrônico, Equipamentos de Transporte e Instrumentos. Feita a segmentação das empresas respondentes por meio do faturamento, verificou-se que 75% das empresas com faturamento acima de US$ 26 milhões usavam o MRP, mas aquele número caía a 43% para empresas com faturamento abaixo de US$ 11 milhões. Esses dados sugerem que empresas maiores tendem a adotar a técnica com maior freqüência, o que é compreensível em face dos custos envolvidos na implantação do MRP.

Para o Brasil, possuímos alguns dados, por meio do estudo de Fensterseifer e Bastos (1989). Os autores enviaram questionários às 500 maiores empresas dos setores metalúrgico, mecânico, de material eletro/eletrônico e de material de transporte, segundo a classificação da revista *Visão* (Quem é Quem na Economia Brasileira, 1985). Dos questionários enviados, 164 foram devolvidos devidamente preenchidos (32,8% do total enviado). As respostas mostram, em primeiro lugar, que a implantação do sistema MRP demora, em média, aproximadamente três anos.

Como um todo, os resultados foram relativamente decepcionantes: da amostra de 164 empresas, apenas 46 eram usuárias do MRP, ou seja, 28% do total – e isso uma década após a popularização do sistema nos Estados Unidos. Pior ainda, 32,3% dos responsáveis pelo setor de produção das empresas (que foram os respondentes diretos dos questionários) declararam não conhecer o MRP. Como dizem os autores: "Este fato surpreende, por tratar-se de grandes empresas industriais e, precisamente, daqueles setores que mais se beneficiariam com a utilização do MRP".

A Tabela 19.2 mostra a distribuição dos usuários segundo o setor ou subsetor industrial a que pertenciam:

Tabela 19.2 Distribuição dos Usuários por Setor e Subsetor Industrial

SETOR/SUBSETOR	TOTAL DE RESPONDENTES	USUÁRIOS DO MRP	% DE USUÁRIOS
Siderurgia	17	6	35,3
Metalurgia dos Não-Ferrosos	6	0	0
Produtos Metalúrgicos Diversos	30	5	16,7
Total Metalurgia	**53**	**11**	**20,8**
Máquinas, Motores e Equipamentos Industriais (inclusive Elétrico)	17	5	13,5
Máquinas, Aparelhos e Instrumentos para Escritório	9	6	66,7
Total Mecânica	**26**	**11**	**23,9**
Material Elétrico	15	1	6,7
Aparelhos Domésticos, Material de Comunicação, Lâmpadas, Acessórios e Utensílios	11	7	63,6
Total Material de Eletro/Eletrônico	**26**	**8**	**30,8**
Construção Naval	4	1	25,0
Material Ferroviário	4	2	50,0
Veículos Automotores	6	3	50,0
Autopeças e Carrocerias	13	5	38,5
Tratores, Máquinas de Terraplanagem e Implementos	9	3	33,3
Aviões e outros Veículos	3	2	66,7
Total Material de Transporte	**39**	**16**	**41,0**
Total Geral	**164**	**46**	**28,0**

Fonte: Fensterseifer e Bastos, 1989, Tabela 1, p. 13.

Há uma certa semelhança de resultados com a pesquisa de Anderson, Schroeder, Tupy e White, no que tange aos setores de Material Eletro/Eletrônico e Material de Transporte, que também no Brasil apresentam um grau de uso do MRP (relativamente) grande.

Outro resultado interessante pode ser visto na Tabela 19.3, que apresenta usuários e não usuários do MRP por tipo de atividade manufatureira.

Tabela 19.3 Usuários/Não-Usuários do MRP; Tipo de Atividade Manufatureira

ATIVIDADE	USUÁRIOS DO MRP	NÃO-USUÁRIOS DO MRP
Apenas montagem	18,2%	15,7%
Apenas fabricação	29,6%	51,9%
Fabricação e montagem	52,2%	32,4%

Fonte: Adaptado de Fensterseifer e Bastos (1989), Tabela 2, p. 14.

Nota-se que 70,4% dos usuários do MRP trabalhavam com montagens e apenas 29,6% exclusivamente com fabricação; para os não-usuários, a porcentagem dos que trabalhavam com montagens descia a 48,1% e a porcentagem dos que trabalhavam apenas com fabricação subia a 51,9%. Isso parece atestar o fato de que o MRP é particularmente apropriado (embora não exclusivamente) para atividades de montagem de componentes.

Quanto aos motivos que conduziram à implantação do MRP, a significativa maioria das empresas (80,6%) aponta a pressão exercida pela concorrência. Instala-se o MRP, portanto, com vistas a benefícios reais na gestão da produção. Pode-se ter uma idéia do grau em que esses benefícios são alcançados por meio das Tabelas 19.4, 19.5 e 19.6 seguintes.

A Tabela 19.4 lista alguns aspectos problemáticos da gestão da produção, supostamente beneficiados pelo MRP; as empresas usuárias avaliaram a importância (gravidade) desses problemas antes e depois da introdução do MRP, respondendo, adicionalmente, se as eventuais mudanças tinham acontecido em função do MRP, ou seja, avaliando a extensão de seus benefícios no tocante ao problema especificado.

Tabela 19.4 Aspectos Problemáticos da Gestão da Produção: Avaliação de sua Importância Antes e Depois do MRP

	Grau Médio de Importância: 0 = nada importante 4 = extremamente importante		
Problemas	Antes da implantação	Depois da implantação	Alteração em função do MRP? (% Sim)
Estoques excessivos			
– materiais	3,2	1,8	96,9
– produtos em processo	2,5	1,7	72,7
– produtos acabados	1,6	1,0	35,6
Atraso nos prazos de entrega aos clientes	2,6	1,8	68,7
Excesso de produtos defeituosos	1,1	1,0	27,6
Custos de produção demasiadamente altos	2,3	1,9	55,2
Ciclo de fabricação demasiadamente longo	2,4	2,0	81,3
Falta de materiais ou componentes	3,2	2,0	81,3
Insuficiente flexibilidade na utilização da capacidade	2,2	1,7	45,2

Fonte: Fensterseifer e Bastos, 1989, Tabela 14, p. 18.

Segundo as empresas, o maior benefício do MRP está na redução do estoque de materiais; o grau de importância do problema de estoques excessivos caiu bastante após a implantação do MRP, de 3,2 para 1,8. Além disso, 96,9% dos respondentes atribuíram a melhoria à implantação do MRP.

Na mesma linha de benefícios, o MRP contribuiu significativamente para a redução dos estoques dos produtos em processo. Finalmente, outros três benefícios importantes da atuação do MRP residiram em assegurar a disponibilidade de materiais no momento correto (contribuindo para a não interrupção do processo produtivo), a redução do ciclo de fabricação (período total para a fabricação do produto) e a diminuição dos atrasos das entregas aos clientes.

Todos os benefícios listados são mais bem visualizados nas Tabelas 19.5 e 19.6 (repare o leitor como as três tabelas se interligam). Na Tabela 19.5, temos uma estimativa da redução de estoques após a implantação do MRP: o nível de estoque de materiais reduziu-se em 35,3%, o de produtos semielaborados em 22,4% e o de produtos finais em 20,6%. Esses resultados são perfeitamente coerentes com os da Tabela 19.4.

Tabela 19.5 Percentual de Redução nos Níveis de Estoques

Estoque de	Percentual
Materiais	35,3
Semi-elaborados	22,4
Produtos acabados	20,4

Fonte: Fensterseifer e Bastos, 1989, Tabela 20, p. 21.

Finalmente, a mensuração de outros benefícios relevantes está na Tabela 19.6. Repare o leitor como a queda nos estoques leva a maior rotação destes, de 4,8 para 7,3 vezes ao ano. É sensível também a redução no prazo médio de entrega, de 127,3 dias para 91,4 dias, enquanto o percentual de ordens de fabricação não cumpridas caiu à metade: de 20,6 para 10,4.

Tabela 19.6 Medidas de Desempenho na Gestão da Produção

Medidas de desempenho	Antes	Atual
Rotação dos estoques (número de vezes por ano)	4,8	7,3
Prazos de entrega (dias)	127,3	91,4
Percentual do cumprimento dos prazos de entrega	62,1	82,8
Percentual de ordens de fabricação não cumpridas por falta de material	20,6	10,4

Fonte: Adaptado de Fensterseifer e Bastos, 1989, Tabela 19, p. 21.

A pesquisa de Fensterseifer e Bastos também aponta, ainda que de maneira indireta, alguns dos problemas com a implantação do MRP. Além dos recursos computacionais exigidos, acrescidos dos custos de aquisição de um pacote aplicativo e sua adaptação ou, alternativamente, do desenvolvimento interno desse pacote, a implantação exige grande envolvimento da alta administração e dos vários setores direta ou indiretamente ligados à produção. Além disso, o tempo médio de implantação de três anos é relativamente longo, retardando o aparecimento dos benefícios do sistema.

PONTOS-CHAVE

1. O MRP (sigla de *Material Requirements Planning*, ou Planejamento das Necessidades de Material) é uma técnica para converter a previsão de demanda de um item de demanda independente em uma programação das necessidades das partes componentes do item.

2. Chama-se "explosão" o procedimento segundo o qual o produto é desagregado em suas partes componentes; a partir da data e da quantidade em que um produto final é necessário, obtêm-se as datas e quantidades em que suas partes componentes são necessárias.

3. O MRP pode ser visto como uma técnica para programar a produção de itens de demanda dependente (já que determina quanto deve ser adquirido de cada item e em que data deve estar disponível) ou como um sistema de controle de estoques de itens de demanda dependente.

4. Na operação do MRP, são insumos necessários o Plano Mestre de Produção, a Lista de Materiais e os Relatórios de Controle de Estoques.

5. Como resultados principais, o MRP fornece o controle de estoques dos componentes e a sua programação, bem como subsídios ao planejamento das necessidades de capacidade.

6. Como um dos insumos básicos à operação do MRP, o Plano Mestre de Produção estabelece quais produtos devem ser feitos e em que datas. A partir dessas informações, o MRP irá determinar quanto de cada parte componente deve ser adquirido (comprado ou fabricado) e em que data.

7. A Lista de Materiais de um produto final é uma relação (estruturada por níveis) dos componentes desse produto. É a Lista de Materiais que estabelece quantas unidades de cada componente são necessárias para a produção de uma unidade do produto final.

8. Os Relatórios de Controle de Estoques são fundamentais à operação do MRP, pois informam as quantidades existentes ou já encomendadas de todos os itens que compõem o produto. Tais quantidades serão levadas em conta no momento em que se determinar quanto será necessário de cada item para atender a uma determinada demanda do produto final.

PROBLEMAS RESOLVIDOS

1. Um brinquedo consiste na montagem de quatro componentes, como mostrado na seguinte árvore do produto:

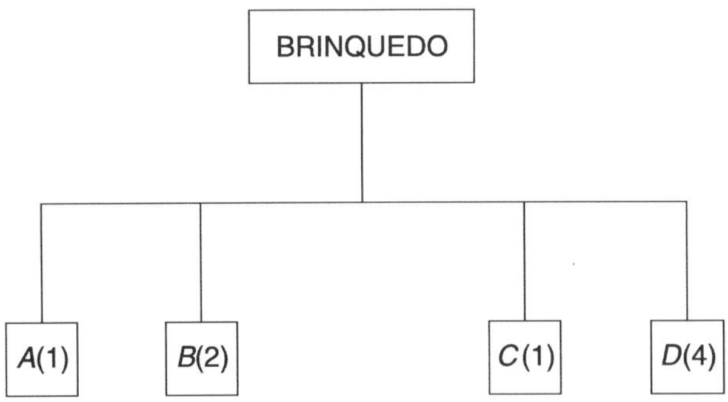

Sabe-se que, ao final da semana 8, serão necessárias 400 unidades do brinquedo. Uma vez disponíveis os componentes, a montagem final toma uma semana. Após a última montagem (que aconteceu na semana 3), permaneceram os seguintes estoques:

Brinquedo: 50 unidades;

Componente *A*: 60 unidades; Componente *B*: 100 unidades;

Componente *C*: 40 unidades; Componente *D*: 150 unidades.

Os tempos de espera para aquisição dos componentes *A*, *C* e *D* são de uma semana, enquanto para o componente *B*, esse tempo é de três semanas.

a) Elaborar o diagrama de montagem/aquisição no tempo, mostrando a programação necessária para que o brinquedo esteja disponível na semana 8.

b) Determinar quantas unidades do brinquedo e dos componentes devem ser programadas, sabendo que o fabricante adota a estratégia do pedido lote por lote.

Solução

a) *Diagrama de montagem/aquisição*:

Imaginando que o brinquedo deva estar pronto ao início da semana 8, sua montagem deverá começar ao início da semana 7, o que faz que os componentes devam estar disponíveis ao final da semana 6; o leitor não encontrará dificuldade para interpretar o diagrama a seguir:

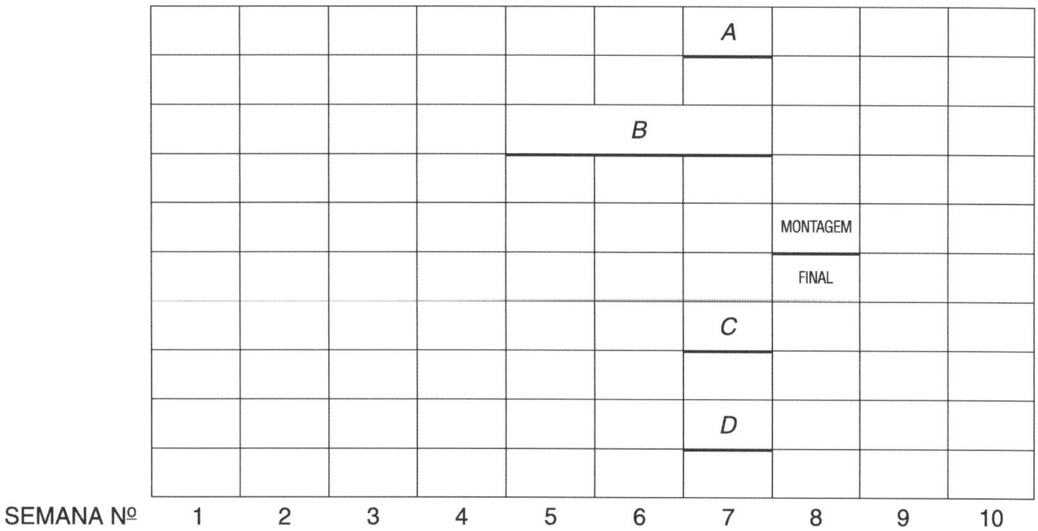

b) *Programação (brinquedo e componentes)*:

Na montagem das tabelas que mostram a programação (tabelas MRP), igualamos a demanda da semana 8 às Necessidades Brutas, para o caso do brinquedo já montado; as Necessidades Líquidas do brinquedo seguem pela subtração do Estoque Disponível (que vem sendo carregado desde o início da semana 4). Para cada um dos componentes, as Necessidades Brutas são uma função das Necessidades Líquidas do brinquedo, de acordo com a árvore de estrutura do produto. Assim, por exemplo, na montagem de 350 unidades do brinquedo são necessárias 700 unidades do componente *B*. As Necessidades Líquidas de cada componente seguem, então, por subtração do Estoque Disponível. Não há Recebimentos Programados. Finalmente, as Liberações de Ordem devem respeitar os tempos de espera fornecidos e conter quantidades idênticas às Necessidades Líquidas, já que a política adotada é a do pedido lote por lote.

BRINQUEDO

Semana	1	2	3	4	5	6	7	8
Necessidades Brutas								400
Estoque Disponível				50	50	50	50	50
Recebimentos Programados								0
Necessidades Líquidas								350
Liberação de Ordem							350	

COMPONENTE *A*

Semana	1	2	3	4	5	6	7	8
Necessidades Brutas							350	
Estoque Disponível				60	60	60	60	
Recebimentos Programados							0	
Necessidades Líquidas							290	
Liberação de Ordem						290		

COMPONENTE *B*

Semana	1	2	3	4	5	6	7	8
Necessidades Brutas							700	
Estoque Disponível				100	100	100	100	
Recebimentos Programados							0	
Necessidades Líquidas							600	
Liberação de Ordem				600				

COMPONENTE *C*

Semana	1	2	3	4	5	6	7	8
Necessidades Brutas							350	
Estoque Disponível				40	40	40	40	
Recebimentos Programados							0	
Necessidades Líquidas							310	
Liberação de Ordem						310		

COMPONENTE *D*

Semana	1	2	3	4	5	6	7	8
Necessidades Brutas							700	
Estoque Disponível				150	150	150	150	
Recebimentos Programados							0	
Necessidades Líquidas							550	
Liberação de Ordem						550		

2. Dados os valores da demanda de um item para as próximas 16 semanas, determinar os custos associados aos estoques (preparar máquinas e manter estoques) sob três diferentes políticas:

a) pedido (fabricação) lote por lote;
b) fabricação em lotes econômicos;
c) fabricação para um número fixo de períodos, com base no lote econômico.

Supor que a fabricação se dá na mesma semana em que o item é necessário.

Semana	1	2	3	4	5	6	7	8
Demanda	200	200	300	300	300	200	200	300

Semana	9	10	11	12	13	14	15	16
Demanda	300	300	200	200	300	300	300	200

Custo de preparação: R$ 500,00

Custo de manutenção: R$ 1,00 por unidade e por semana

Estoque inicial (Semana 1) = 0

Solução

a) *Política do pedido lote por lote*:

Esta política é a mais simples possível, dado que a fabricação se limita à quantidade exatamente necessária e, portanto, não são deixados estoques. A tabela seguinte ilustra essa situação. Notar que o Estoque Final, em uma semana, é igual ao Estoque Inicial na semana seguinte e que:

Estoque Final = Estoque Inicial + Fabricação – Demanda

Semana	1	2	3	4	5	6	7	8
Demanda	200	200	300	300	300	200	200	300
Estoque inicial	0	0	0	0	0	0	0	0
Fabricação	200	200	300	300	300	200	200	300
Estoque final	0	0	0	0	0	0	0	0

Semana	9	10	11	12	13	14	15	16
Demanda	300	300	200	200	300	300	300	200
Estoque inicial	0	0	0	0	0	0	0	0
Fabricação	300	300	200	200	300	300	300	200
Estoque final	0	0	0	0	0	0	0	0

Como não são deixados estoques de uma semana para outra, os custos totais de manutenção são nulos. Como são feitas 16 preparações, temos:

Custos totais de preparação = 16 × 500 = R$ 8.000,00

b) *Política de fabricação em lotes econômicos*:

Determinemos, inicialmente, qual é a taxa média de consumo semanal; como existem sete semanas em que a demanda é 200 unidades e nove semanas emque ela é 300 unidades, temos:

Taxa média de consumo = 1/16 (7 × 200 + 9 × 300) = 256 unidades

O Lote Econômico de Fabricação (*LEF*) será:

$$LEF = \sqrt{\frac{2(500)\,(256)}{1}} = 506 \text{ unidades}$$

Neste caso, haverá fabricação em dada semana apenas se o Estoque Inicial não for suficiente para atender a demanda. Os cálculos estão na tabela seguinte.

Semana	1	2	3	4	5	6	7	8
Demanda	200	200	300	300	300	200	200	300
Estoque inicial	0	306	106	312	12	218	18	324
Fabricação	506		506		506		506	
Estoque final	306	106	312	12	218	18	324	24

Semana	9	10	11	12	13	14	15	16
Demanda	300	300	200	200	300	300	300	200
Estoque inicial	24	230	436	236	36	242	448	148
Fabricação	506	506			506	506		506
Estoque final	230	436	236	36	242	448	148	454

Ao todo, existem nove preparações. Logo:

Custos totais de preparação = 9 × 500 = 4.500

Os custos totais de manutenção, por sua vez, são obtidos multiplicando o custo unitário de manutenção pela soma dos estoques finais:

Custos totais de manutenção = 1 (305 + 106 +...+ 454) = 3.550

Segue-se que:

Custos totais em estoque = 4.500 + 3.550 = R$ 8.050,00

A política de pedido lote por lote é, pois, ligeiramente mais vantajosa do que a política de fabricação segundo o lote econômico.

c) *Política de fabricação para um número fixo de períodos*:

O número de períodos para o qual se fabrica é dado pelo quociente entre o *LEF* e a taxa média de consumo semanal:

nº de períodos = 506/256 ≅ 2

A construção da tabela com os cálculos é muito parecida com o caso anterior. Agora, porém, as quantidades fabricadas são variáveis e o Estoque Final em cada semana ímpar é exatamente igual à demanda da semana par seguinte. Conseqüentemente, as semanas pares têm Estoque Final igual a zero.

Semana	1	2	3	4	5	6	7	8
Demanda	200	200	300	300	300	200	200	300
Estoque inicial	0	200	0	300	0	200	0	300
Fabricação	400		600		500		500	
Estoque final	200	0	300	0	200	0	300	0

Semana	9	10	11	12	13	14	15	16
Demanda	300	300	200	200	300	300	300	200
Estoque inicial	0	300	0	200	0	300	0	200
Fabricação	600		400		600		500	
Estoque final	300	0	200	0	300	0	200	0

Existem, agora, oito preparações. Logo:

Custos totais de preparação = 8 × 500 = 4.000

Por sua vez,

Custos totais de manutenção = 1 (200 + 0 +...+ 0) = 2.000

Finalmente,

Custos totais em estoque = 4.000 + 2.000 = R$ 6.000,00

A política de fabricação para um número fixo de períodos revela-se, pois, superior às duas políticas anteriores.

QUESTÕES PARA DISCUSSÃO

1. O que se entende por MRP?
2. O que significa "explodir" um produto em seus componentes?
3. Explicar por que o MRP pode ser visto como um sistema de controle de estoques de itens de demanda dependente ou como uma técnica para programar a produção desses itens.
4. De que forma o MRP evita (ou diminui) a manutenção de estoques?
5. Descrever o papel de cada um dos insumos fundamentais do MRP.
6. Quais são os resultados principais da operação do MRP?
7. Descrever com suas próprias palavras a dinâmica de operação do MRP.
8. Descrever algumas das políticas referentes ao tamanho do lote a ser comprado ou fabricado no sistema MRP.

PROBLEMAS PROPOSTOS

1. Dada a árvore de estrutura do produto *P*, determinar quantas unidades de cada subconjunto e de cada item são necessárias para atender a uma demanda de 600 unidades para o produto *P*.

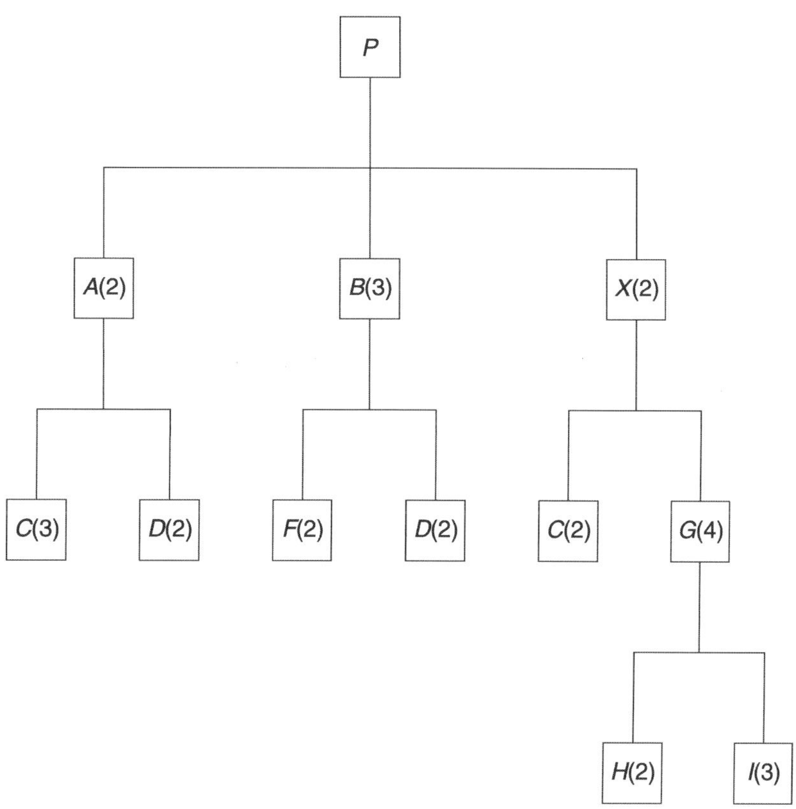

2. Dois produtos P_1 e P_2 possuem alguns subconjuntos e componentes em comum, segundo as Listas de Materiais dadas a seguir:

P_1	P_2
A (2) *B* (2) *F* (3)	*A* (3) *B* (3) *K* (2)

A	*B*
C (2) *D* (2)	*C* (2) *D* (2)

B	*B*
E (3)	*E* (3)

F	*K*
G (2) *H* (2)	*I* (2) *J* (2) *H* (3)

Determinar as quantidades de cada subconjunto e os componentes necessários para atender a uma demanda de 200 unidades de P_1 e 150 unidades de P_2.

3. Um certo subconjunto *A* é montado a partir de três componentes *B*, *C* e *D*, fabricados internamente. Sabe-se que o subconjunto *A* será necessário na semana 5 e, posteriormente, também na semana 10.

São conhecidos também os tempos de espera:

Montagem de *A*: 1 semana

Fabricação de *B*: 2 semanas

Fabricação de *C*: 1 semana

Fabricação de *D*: 3 semanas

Construir o diagrama de montagem/fabricação no tempo, mostrando a programação do subconjunto *A* e de cada um dos seus componentes.

4. A partir do Plano Mestre de Produção a seguir, e sabendo-se que o custo de preparação de máquinas é de R$ 600,00 e o custo de manutenção do estoque é de R$ 1,50 por unidade e por semana, determinar o custo médio semanal associado aos estoques (preparar máquinas + manter estoques):

a) usando a política do pedido lote por lote;
b) pedindo em lotes econômicos;
c) usando a política de pedir para um número fixo de períodos, com base no lote econômico.

Em todos os casos, assumir que a obtenção do material se dá na mesma semana em que ele é necessário.

Plano Mestre de Produção

Semana	1	2	3	4	5	6	7	8	9
Demanda	200	120	480	120	200	400	120	200	480

5. Complete a tabela MRP dada a seguir para um certo componente, sabendo-se que ele é pedido em quantidades fixas de 300 unidades e o tempo de espera é de uma semana.

Semana	1	2	3	4	5	6	7	8
Necessidades Brutas	150	250		150	250		150	300
Estoque Disponível	50							
Recebimentos Programados	300	0	0	0	0	0	0	0
Necessidades Líquidas								
Liberação de Ordem								

6. No problema anterior, calcular o estoque médio semanal com base no estoque remanescente ao final de cada semana.

7. A Fábrica de Móveis Furnituro possui o Plano Mestre de Produção mostrado a seguir, para sua carteira escolar de melhor aceitação no mercado:

Semana	1	2	3	4	5	6	7	8	9	10
Demanda			500	300		600		600	200	300

O assento e o encosto da carteira formam uma peça única, moldada em plástico. Essa peça é suportada por dois suportes metálicos de estrutura tubular, fixados com o auxílio de quatro travas metálicas. Cada carteira possui também uma tábua de madeira como apoio para a escrita e uma bandeja metálica sob o assento para a guarda de livros e cadernos. Todos os itens são fabricados internamente.

Conhecendo-se as informações a seguir sobre os vários itens, desenvolver a programação para cada um deles, mostrando as Necessidades Brutas e Líquidas, os Estoques Disponíveis ao início de cada semana e a Liberação de Ordens para as várias fabricações e a montagem final da carteira. (Não há Recebimentos Programados.)

Item	Lote de Montagem ou Fabricação	Tempo de Espera	Estoque Disponível (semana 1)
Carteira	600	1 semana	200
Assento/Encosto	600	1 semana	200
Suportes	1.500	1 semana	300
Travas	3.000	1 semana	600
Tábua	800	2 semanas	250
Bandeja	800	1 semana	250

REFERÊNCIAS BIBLIOGRÁFICAS

ANDERSON, J. C. et al. Material Requirements Planning Systems: The State of the Art. *Production and Inventory Management*, v. 23, p. 51-66, 1982.

FENSTERSEIFER, J. E.; BASTOS, R. M. A Implantação de Sistemas MRP de Gestão de Produção e Materiais nas Grandes Empresas Industriais do Brasil. *Revista de Administração (USP)*, v. 24, n. 1, jan./mar. p. 11/22, 1989.

GREENE, J. F. *Production and Inventory Control Handbook*. 3. ed. Nova York: McGraw Hill, 1997.

HEISIG, G. *Planning Stability in Material Requeriments Planning Systems*. Berlim: Springer, 2002.

NAHMIAS, S. *Production and Operations Analysis*. Nova York: McGraw Hill/Irwin, 2004.

NEW, C. *Requirements Planning*. Essex: Glover Press, 1974.

ORLICKY, J. *Material Requirement Planning*. Nova York: McGraw-Hill, 1975.

PETRONI, A. Critical Factors of MRP Implementation in Small and Medium-sized Firms. *International Journal of Operations and Production Management*, v. 22, n. 3, p. 329-348, 2002.

PLOSSL, G.; WIGHT, O. *Material Requirements Planning by Computer*. American Production and Inventory Control Society. Washington, D.C., 1971.

PLOSSL, George W. *Orlicky's Material Requirements Planning*. 2. ed. Nova York: McGraw Hill, 1994.

WEMMERLOV, U. Design Factors in MRP Systems: A Limited Survey. *Production and Inventory Management*, v. 22, p. 15-35, 1979.

Capítulo 20

Gerência da Qualidade Total

20.1 O Movimento pela Qualidade

A grande marca diferenciadora dos negócios hoje em dia é a globalização, ou seja, a progressiva derrubada de fronteiras políticas à ação das empresas e instituições. Muitos países, ou melhor, as empresas de muitos países, fabricam a maioria dos produtos que atendem à população, instalando assim um forte ambiente de concorrência, tanto entre nações como entre empresas de uma mesma nação.

O clima de concorrência leva a diversas conseqüências. A mais importante, talvez, é que as empresas precisam aprender a movimentar-se em ambientes cada vez mais complexos, bem como devem apresentar características distintivas de outras empresas. Dessa forma, aprendem a tornar-se competitivas, a sobreviver e a prosperar.

Como conseguir isso, ou seja, como pode uma empresa tornar-se competitiva e prosperar? Muitos estudiosos, executivos e consultores têm a sua própria resposta. Há muitas formas de analisar os problemas, isolar seus elementos principais e os relacionamentos entre eles. Conseqüentemente, também existem muitas abordagens e soluções diferentes, dando origem a novas técnicas para atacar velhos problemas, bem como a novas filosofias gerenciais, isto é, novas formas de enxergar a administração das organizações, novos preceitos sobre comando, coordenação de esforços etc.

Como exemplo de novas filosofias de gerência, poderíamos citar a manufatura Just in Time, objeto do Capítulo 18, que veio se contrapor à produção artesanal e principalmente à produção em massa, enfocando a produção e os estoques sob novos ângulos. Por nos interessar de perto, existe também a Gerência da Qualidade Total, conhecida usualmente por TQM (*Total Quality Management*).

É possível fazer um apanhado das pressões às quais estão sujeitas as nossas organizações, pressões que se tornaram muito fortes no final do século XX e neste início de século XXI; as principais pressões, em um apanhado adaptado de um conjunto mais abrangente oferecido por Moreira (1994), são as seguintes:

a) *A empresa moderna precisa ser flexível à mudança*

Flexibilidade quer dizer capacidade de mudança, tanto no sentido reativo como no proativo. No sentido reativo, a flexibilidade indica a capacidade da empresa de atuar rapidamente, tanto para aproveitar uma oportunidade como para neutralizar uma ameaça que surja. No sentido proativo, é a capacidade que manifesta a empresa de atuar sobre seus mercados, no sentido de continuamente criar oportunidades para si.

Uma das mais importantes características da empresa flexível é a sua competência em modificar ou desenvolver novos produtos ou serviços, de forma a manter-se sempre atenta à satisfação das necessidades dos clientes.

b) *A empresa deve manter uma orientação para as necessidades do cliente*

Essa pressão é uma conseqüência direta do acirramento da concorrência. Sem os clientes, não existe a empresa. Todas as novas filosofias de gerência, sem exceção, incorporam a preocupação com o cliente como um dos ingredientes fundamentais da gerência moderna. Essa é uma tendência estável, que só pode ser afrouxada em ambientes excepcionalmente favoráveis de nenhuma ou pouca concorrência, o que não parece ser o caso em um futuro visível, ao menos para a imensa maioria dos produtos e serviços.

c) *A empresa deve desenvolver a velocidade e a confiabilidade de entrega*

A velocidade de entrega é uma função do tempo de desenvolvimento do produto ou serviço e do tempo de ciclo, isto é, do tempo decorrido entre a decisão de fazer produto (ou prestar o serviço) e a efetiva entrega dele. Já a confiabilidade da entrega implica manter os prazos estabelecidos. Tanto a velocidade como a confiabilidade de entrega estão ligadas diretamente aos processos da empresa e à sua relativa eficácia, morosidade etc. O leitor percebe com facilidade que a filosofia gerencial que antes chamamos de Gerência Baseada no Tempo coloca nitidamente um grande peso sobre a importância da pressão da velocidade e da confiabilidade de entrega, tanto que faz da velocidade a sua preocupação fundamental.

d) *A empresa deve preocupar-se continuamente com a qualidade*

A qualidade dos produtos e serviços não é o único critério diferenciador entre as empresas, mas sem dúvida é um dos mais importantes. Se à preocupação com a qualidade aliarmos a preocupação com os custos, ou seja, se a companhia conseguir produzir produtos ou prestar serviços de alta qualidade a preços compatíveis, irá colocar-se em notáveis condições competitivas. A grande orientação para a qualidade é o que distingue a filosofia Gerência da Qualidade Total (TQM). A TQM coloca todo o peso do sucesso nos negócios sobre a qualidade, não apenas nos produtos e serviços, mas sim em tudo que a empresa faça.

20.2 O que É Qualidade

A qualidade é entendida normalmente como um atributo de produtos ou serviços, mas pode referir-se a tudo que é feito pelas pessoas; fala-se na qualidade de um aparelho elétrico, de um carro, do serviço prestado por um hospital, do ensino provido por uma escola, ou do trabalho de um dado funcionário ou departamento.

De alguma forma, todos sabem o que se quer dizer quando se fala que algo foi feito com qualidade. Entretanto, não é fácil definir com presteza o que seja essa qualidade. Tradicionalmente, é costume falar em *qualidade de conformação* e *qualidade de projeto*.

Vejamos uma conceituação simples, para fixarmos uma linguagem de trabalho:

- Qualidade de conformação é o maior ou menor grau em que um produto, serviço ou atividade é feito ou desempenhado de acordo com um padrão ou especificações estabelecidos; é a relativa ausência de defeitos em relação ao padrão ou à especificação.
- Qualidade de projeto diz respeito às características particulares do projeto de um produto, serviço ou atividade que lhe conferem um grau de desempenho mais ou menos abrangente, melhor ou pior, mais ou menos sofisticado etc.

A qualidade de projeto pode ser exemplificada se considerarmos dois aparelhos de vídeo: enquanto o aparelho A só reproduz gravações para a TV ("passa" os vídeos), o aparelho B permite, além disso, realizar gravações com a imagem vinda da TV ou de outro aparelho. Desde que ambos os aparelhos cumpram adequadamente suas funções, dizemos então que o aparelho B tem melhor qualidade de projeto que o aparelho A.

Outro exemplo – desta vez na área de serviços – pode ser dado, considerando as características de um restaurante *fast-food* tipo McDonald's e um restaurante cinco estrelas (Huge, 1990), segundo o resumo de características apresentado abaixo:

	Características de Restaurante	
Características de Qualidade	**McDonald's**	**Cinco Estrelas**
Variedade	Limitada	Grande
Acesso ao local	Muito importante	Sem importância
Preço	Baixo	Alto
Atmosfera	Pouca	Muita
Velocidade do serviço	Grande	Sem pressa
Atenção personalizada	Muito pouca	Grande

Não é correto dizermos que a "qualidade" do restaurante cinco estrelas é "maior" que a qualidade do McDonald's. O projeto do restaurante é dirigido a certo público, disposto a pagar por ele. Quanto ao McDonald's, é dirigido a um público diferente. Em termos de conformação ao projeto, evidentemente, muitas unidades do McDonald's têm maior qualidade que muitos restaurantes cinco estrelas.

20.3 A Ligação entre Qualidade, Custos e Rentabilidade

O Dr. William Edwards Deming – sobre quem falaremos mais adiante – foi e continua sendo um dos maiores gurus da moderna qualidade total. É dele o conceito de "reação em cadeia", ligando qualidade, custos e rentabilidade, tal como apresentado por Walton (1989):

a) *Melhorar a qualidade implica que* os custos baixem pela diminuição do trabalho refeito, dos erros, atrasos e empecilhos e pelo melhor uso dos materiais e do tempo das máquinas.
b) *O que por sua vez implica que* a produtividade aumente.
c) *O que leva a* conseguir o mercado com uma qualidade melhor e um preço mais baixo.
d) *Tornando, portanto, mais fácil à empresa* ficar no negócio.
e) *Tendo como benefícios* oferecer empregos e aumentar essa oferta.

É interessante sublinhar principalmente a relação entre qualidade e produtividade. Durante muito tempo, muita gente pensou que a busca por maior produtividade levasse fatalmente à qualidade inferior, ou seja, divulgou-se a tradicional luta entre qualidade e qualidade. Entretanto, não é verdade que isso aconteça necessariamente: se um produto, serviço ou atividade é feito de forma correta e com qualidade logo na primeira vez, evita-se refazer o trabalho ou tenta-se consertá-lo posteriormente. Refazer ou consertar implica jogar fora as horas de homens e máquinas que foram gastas para fazer as coisas malfeitas; implica, no final das contas, gastar muito mais tempo para fazer a mesma coisa e, conseqüentemente, implica produtividade menor. Ao contrário, um trabalho bem-feito logo no início economizará tempo e dinheiro e, portanto, aumentará a produtividade e a rentabilidade.

Por outro lado, uma importante pesquisa levada a efeito por Powell e divulgada em um trabalho que hoje é um grande clássico no estudo da TQM (Powell, 1995) chega à conclusão de que a TQM pode produzir uma grande vantagem competitiva, embora não haja evidência de que isso necessariamente aconteça. Embora a TQM possa produzir a vantagem competitiva, verifica-se que a adoção dos vocabulários, das ideologias e das ferramentas promovidas pela TQM talvez não importem tanto quanto o desenvolvimento dos recursos intangíveis que tornam a TQM um sucesso. De certa maneira, a "filosofia da TQM" é até mais importante que a adoção formal de um programa. Para Powell (1995), talvez a grande contribuição da TQM esteja em fornecer um quadro de referência que ajude as empresas a entender e adquirir estes recursos como parte de um programa integrado de mudança. Não obstante, a qualidade parece andar mesmo com os bons resultados de desempenho corporativo, é o que conclui um estudo recente que analisou os resultados de pesquisas sobre qualidade, publicadas nos primeiros 50 números da revista *Production and Operations Management* (Schroeder, Linderman e Zhang, 2005). Como objeto de pesquisa, o campo da qualidade está sempre se renovando, mas não resta dúvida de que a TQM se tornou uma força estratégica irreversível na economia das empresas modernas, inclusive no Brasil (Pinto, Carvalho e Ho, 2006). Vejamos mais um pouco dessas ferramentas, ideologias e recursos a que Powell (1995) se refere.

20.4 O que É TQM

Pretendemos estabelecer, de forma simples, o que se entende por gestão da qualidade total, de maneira que o leitor possa ir compondo mentalmente um quadro das suas características principais. Pouco a pouco, tentaremos estabelecer pontos comuns entre a gestão da qualidade total e os principais movimentos administrativos que ganharam lugar no quadro teórico da administração. Como já foi indicado anteriormente, para permanecermos de acordo com a maioria dos textos em português, usaremos, como eles, a sigla TQM para indicar a gestão da qualidade total. Relembre-se que esta sigla vem das palavras *Total Quality Management*, que em inglês querem dizer exatamente Gerência da Qualidade Total.

TQM é uma filosofia gerencial, isto é, uma forma particular de enxergar uma instituição, para que ela serve e como administrá-la. De uma forma mais completa, TQM é uma filosofia integrada de gerência e um conjunto de práticas que enfatiza a melhoria contínua, a busca pelo atendimento das necessidades do cliente, o pensamento de longo prazo, a eliminação de refugo e retrabalho, envolvimento do trabalhador, trabalho em equipe, novos projetos do processo, benchmarking (busca e adoção das melhores práticas conhecidas de trabalho), análise e solução de problemas pelos empregados, medida de resultados e relacionamento próximo com fornecedores. Os entusiastas da TQM alegam que a filosofia pode ser implantada em qualquer tipo de empresa – manufatura, serviços, empresas sem fins lucrativos, agências governamentais etc.

O próprio Powell, a que nos referimos ainda há pouco, lista um conjunto de 12 fatores que caracterizam a TQM (Powell, 1995, p. 19):

1. *Envolvimento da liderança*: um envolvimento de longo prazo, com um fervor quase religioso, com a filosofia da TQM, em geral sob um nome como Gerência da Qualidade Total, Melhoria Contínua ou Melhoria da Qualidade.
2. *Adoção e comunicação da TQM*: adoção de ferramentas como o estabelecimento da missão, dos temas e *slogans*.
3. *Relacionamento mais próximo com o cliente*: determinação das necessidades dos clientes (tanto internos como externos e busca pela satisfação dessas necessidades).
4. *Relacionamento mais próximo com os fornecedores*: trabalhar de forma mais próxima e cooperativa com os fornecedores (inclusive definindo poucos fornecedores-chave), assegurando que forneçam insumos que se conformem às necessidades finais dos consumidores.
5. *Benchmarking*: pesquisando e observando, eventualmente adotando as melhores práticas da competição.
6. *Aumento do treinamento*: usualmente inclui habilidades das equipes e solução de problemas (mas não se restringe a princípios da TQM).

7. *Organização aberta*: apenas o *staff* necessário, equipes de trabalho com autonomia, comunicações horizontais abertas e afrouxamento da hierarquia tradicional.

8. *Poder de decisão para o empregado*: aumento do envolvimento do empregado no projeto e no planejamento e maior autonomia na tomada de decisão.

9. *Mentalidade de zero defeito*: sistema para eliminar as causas dos defeitos para que não ocorram mais, em vez de inspeção e retrabalho.

10. *Manufatura flexível* (*aplicável apenas a manufaturas*): pode incluir produção Just in Time, manufatura celular, controle estatístico do processo e outras ferramentas.

11. *Melhoria do processo*: redução do desperdício e do tempo de ciclo em todas as áreas por meio de análise de processos interdepartamental.

12. *Medidas*: orientação e zelo pelas medidas, com constante medida do desempenho, geralmente usando métodos estatísticos.

Se, ao contrário de detalhar as características da TQM, procurarmos sintetizá-las em um pequeno conjunto, pode-se dizer que os grandes elementos constituintes da TQM são os seguintes:

a) *Uma ênfase no cliente*, que deve ter suas necessidades satisfeitas por meio de produtos ou serviços de alta qualidade; o cliente é o foco da TQM.

b) *Uma ênfase no uso de técnicas e ferramentas* para selecionar dados, agrupá-los, ordená-los, de forma a melhor analisá-los para tomar decisões; as decisões são tomadas sobre dados concretos, e não na mera base de opiniões.

c) *Uma cultura organizacional* adequada a promover a auto-estima das pessoas, a confiança dos funcionários na gerência e vice-versa, a criação e a manutenção de um ambiente de trabalho cooperativo, o poder de decisão mais ao alcance dos empregados e várias outras condições.

Não há uma distinção rigorosa quanto ao que seja técnica ou ferramenta. Apenas para fixar uma linguagem, vamos designar por ferramenta qualquer recurso ou instrumento gráfico ou analítico para coleta, ordenação e análise de dados numéricos. Assim, gráficos de qualquer tipo e cálculos estatísticos em geral recaem na categoria de ferramentas. Por outro lado, chamaremos de técnica qualquer recurso de discussão e análise de problemas que seja de natureza qualitativa. Caem nessa categoria recursos como Círculos de Controle de Qualidade, *brainstorming*, ciclo PDCA etc. Posteriormente, apresentaremos alguns detalhes tanto das principais técnicas como das ferramentas.

Por sua vez, a cultura organizacional nada mais é do que o conjunto de valores e normas que regula a vida da organização e o relacionamento entre seus membros e que é mantido e transmitido pela liderança da alta administração. Para que uma instituição possa engajar alguém na TQM, ela precisa ter um especial conjunto de valores, compartilhado por todos, empregados, gerentes de nível médio e alta administração.

Resumindo, a TQM é uma filosofia gerencial que tem como foco permanente o cliente (buscando a qualidade para atender suas necessidades), que se apóia em recursos de análise quantitativos e qualitativos (técnicas) e que atua dentro de uma cultura organizacional que estimule a cooperação de trabalho entre todos os níveis da organização.

O leitor atento, que já tomou contato com a manufatura Just in Time no Capítulo 18, sem dúvida terá notado diversos elementos comuns daquela filosofia com a TQM, agora sendo apresentada. Na verdade, além dos elementos comuns, existem facetas específicas que se complementam.

20.5 De onde Surgiu a TQM

Não é muito fácil traçar a origem da TQM, pois não temos uma data ou um evento específico para situá-la. O que parece certo é que a TQM, como filosofia gerencial, se consolidou na década de 1980, com várias outras filosofias de administração, em função do ambiente concorrencial e da globalização que então estavam sendo reconhecidos pelo mundo todo. É preciso dizer que a preocupação com a qualidade de produtos e serviços é mais antiga: há muito tempo já se sabe que a qualidade é um dos critérios mais importantes para ganhar e consolidar mercados. Não há, hoje em dia, qualquer filosofia gerencial que desconheça este importante papel da qualidade. A TQM, entretanto, vai mais além: trata-se de colocar sobre a qualidade – entendida como o total atendimento às necessidades do cliente (interno e externo) – o peso máximo possível.

Alguns estudiosos norte-americanos acreditam que a origem da TQM (pelo menos nos Estados Unidos) está nos Círculos de Controle da Qualidade (CCQ), movimento sem dúvida anterior ao tempo em que surgiu a filosofia TQM. Como uma primeira idéia, pode-se dizer que um CCQ constitui um grupo de funcionários, em princípio da mesma área ou setor, que se reúne ocasionalmente (uma vez por semana ou por quinzena, por exemplo) para discutir e analisar problemas de trabalho. Os CCQs começaram formalmente no Japão com a finalidade de treinamento de funcionários e supervisores nas técnicas de controle estatístico de qualidade.

As companhias norte-americanas começaram a usar os CCQs na década de 1970, muitas vezes com resultados insatisfatórios (Main, 1995). Pouco a pouco, começou-se a perceber que, embora os CCQs possam ser uma das técnicas úteis na implantação e manutenção de um ambiente de qualidade total na companhia, sozinhos não constituem a gerência da qualidade total. Esta é típica de uma mentalidade gerencial, a qual já existia no Japão antes dos CCQs. Com o tempo, porém, depois que passa o entusiasmo inicial, percebe-se que muito pouco mudou.

Powell (1995), a quem nos referimos anteriormente, argumenta que as origens da TQM podem ser datadas de 1949, quando a Juse (Japan Union of Scientists and Engineers – Sindicato dos Cientistas e Engenheiros do Japão) formou uma equipe de estudiosos, engenheiros e funcionários governamentais com o objetivo de melhorar a produtividade japonesa e a qualidade de vida pós-guerra. No Japão, a TQM acabou produzindo algumas inovações gerenciais como os CCQs, os relacionamentos com fornecedores, a manufatura celular etc. Para Powell (1995), as empresas norte-americanas só começaram a tomar conhecimento da TQM na década de 1980, quando se principiou a argumentar que a qualidade da manufatura japonesa tinha ultrapassado os padrões norte-americanos e que a produtividade japonesa iria ultrapassar, um dia, a produtividade norte-americana.

Em contraste com Powell, o famoso guru W. Edwards Deming alega que tudo começou com o grande trabalho de Walter Shewhart sobre controle estatístico de processo, na década de 1930 (Dow, Samson e Ford, 1999).

Retomando o que foi dito ao início, é muito difícil traçar as origens da TQM: trata-se de uma mentalidade, de um ponto de vista, de uma filosofia gerencial que foi se instalando pouco a pouco, baseada em certo corpo de idéias. Nem mesmo as fronteiras desse corpo de idéias são completamente definidas, embora algumas dessas idéias estejam sempre encontradas, sem qualquer esforço, para implantar a TQM. Para esse corpo de idéias, muitos estudiosos contribuíram, assim como a prática de muitas companhias. É impossível deixar de citar nomes como Juran, Crosby, Ishikawa e outros; acima de tudo, porém, não há como deixar de destacar uma pessoa em particular, talvez a mentalidade mais influente sobre a qualidade no século XX e ainda no presente. Trata-se de W. Edwards Deming, o grande estatístico e perito da qualidade norte-americana (1900-1993).

20.6 Quem Foi William Edwards Deming

O dr. Deming teve uma trajetória profissional das mais interessantes: tornou-se inicialmente mais conhecido no Japão que no seu país (Estados Unidos); mesmo no Japão, tornou-se conhecido com uma idade madura (50 anos) e como estatístico ligado à qualidade. Foi somente com quase 80 anos de idade, muitos anos depois, que se transformou em um dos principais nomes da qualidade nos Estados Unidos.

William Edwards Deming nasceu no dia 14 de outubro de 1900, em Sioux City, estado de Iowa, filho de Albert Deming e Pluma Irene Edwards Deming. Entrou na Universidade do Wyoming em 1917 e graduou-se em 1921. Nessa mesma universidade, ficou mais um ano para estudar Matemática e iniciar-se como professor. Em seguida, foi ensinar Física na Colorado School of Mines, quando então decidiu fazer o mestrado em Matemática e Física na Universidade do Colorado. Mais tarde, fez o doutorado em Física na Universidade de Yale, terminando em 1928, ano em que começou a trabalhar para o governo norte-americano. Naquela data ingressou como físico matemático no Laboratório de Pesquisas sobre Nitrogênio Fixo do Departamento de Agricultura (USDA), posto no qual permaneceu até 1939, trabalhando principalmente com as propriedades físicas da matéria, assunto sobre o qual lançou dezenas de artigos. Entre seus artigos, porém, já existiam alguns sobre metodologia estatística, marcando sua entrada nesse campo de atuação, no qual viria a tornar-se famoso. À parte seus artigos e ensaios, data de 1943 seu livro *Statistical Adjustment of Data*, sobre algumas aplicações do Método dos Mínimos Quadrados.

De 1930 a 1946, Deming foi conferencista especial sobre Matemática e Estatística na Escola de Graduação do Bureau Nacional de Padrões; de 1933 a 1954, foi diretor do Departamento de Matemática e Estatística da Escola de Pós-Graduação do USDA. Nesse último cargo teve freqüentes contatos com eminentes estatísticos, dos Estados Unidos e de outros países. Em 1936, foi a Londres estudar Teoria Estatística na Universidade de Londres com o célebre Ronald Fisher.

Em 1939, Deming foi trabalhar no Departamento do Censo como matemático e especialista em amostragem, onde ficou até 1946. Nesse ano, abriu seu escritório particular em Washington, como consultor independente em estudos estatísticos. Mais ou menos nessa mesma época, começou a lecionar na Escola de Pós-Graduação em Administração da Universidade de Nova York, de onde se aposentou em 1975 (mesmo assim, continuou dando aulas por muitos anos mais).

Foi pouco a pouco que Deming acabou se envolvendo com o controle de qualidade. Na década de 1920, enquanto fazia o doutorado e trabalhava durante o verão na fábrica da Western Electric em Chicago, tornou-se amigo de Walter Shewhart, conhecido hoje como o pai do controle estatístico do processo. Alguns anos antes, a Western Electric havia criado um departamento voltado para problemas de qualidade, do qual Shewhart era um dos colaboradores. Em seu livro de 1931, *Economic Control of Quality of Manufactured Products*, Shewhart estabeleceu a idéia básica de que as variações nas dimensões de um produto são devidas a duas categorias de causas: comuns e especiais. As causas comuns são as que dificilmente podem ser eliminadas e dizem respeito às próprias características do processo de produção, que sempre provocam alguma variabilidade. As causas especiais, no entanto, são atribuíveis a algum problema – projeto, falta de treinamento, política de compras, matérias-primas etc. – e devem ser eliminadas. Se um dado processo de produção se encontra apenas sob o efeito de causas comuns de variação, diz-se que esse processo está sob "controle estatístico". É possível empreender esforços e ações para trazer um processo a tal estado de controle estatístico. Embora Shewhart estivesse preocupado com a aplicação de suas idéias à produção industrial, posteriormente Deming mostrou que elas podiam ser igualmente aplicadas às indústrias de serviços em geral.

No início de 1938, Shewhart foi convidado por meio de Deming para proferir um conjunto de quatro palestras sobre métodos estatísticos e controle de qualidade na Escola de Pós-Graduação do USDA, palestras essas que foram publicadas pela escola no ano seguinte.

Em 1942, após a entrada dos Estados Unidos na Segunda Guerra Mundial, Deming deu à Faculdade de Estatística da Universidade de Stanford a idéia de manter cursos de controle estatístico de qualidade para ajudar no esforço de guerra. O primeiro desses cursos foi oferecido em julho de 1942. Logo depois, ao início de 1943, cursos de oito dias estavam sendo ministrados em diversas universidades norte-americanas, sob o patrocínio do Departamento de Educação. Esses cursos continuaram por todo o país até o fim da guerra, ajudando muito a diminuir refugos e a aumentar a produção de guerra. Não foi pouca também a sua influência na criação da ASQC (American Society for Quality Control – Sociedade Americana para o Controle de Qualidade) em 1946. Anos mais tarde, a ASQC viria a conceder a Deming a famosa medalha Shewhart por serviços prestados à qualidade.

Apesar do seu nascedouro nos Estados Unidos, o controle estatístico de qualidade acabou por impressionar mais os técnicos e os engenheiros que os gerentes. (Recomenda-se que o leitor visite o Capítulo 21, sobre Controle Estatístico de Qualidade.) A qualidade acabou sendo entendida como a função de algumas pessoas dentro da organização, mas não de todas (principalmente as da alta administração). A responsabilidade era deixada a um órgão especificamente criado para lidar com problemas de qualidade, e o prestígio desse órgão não era muito alto; por outro lado, a qualidade podia sempre ser garantida por uma inspeção por amostragem *depois* que o produto estivesse pronto.

O primeiro contato de Deming com o Japão deu-se em 1946, quando ele empreendeu uma viagem a vários países sob o patrocínio do Departamento de Guerra norte-americano. Permaneceu no Japão por dois meses, dando assistência às forças de ocupação norte-americanas. Nesse mesmo ano de 1946 foi formada a Juse, que viria a ser o mais influente e ativo órgão na divulgação do controle de qualidade no Japão. Daí para a frente, seriam freqüentes os contatos de Deming com o órgão japonês.

Em 1948, deu-se a segunda visita de Deming ao Japão, desta vez patrocinada pelo Ministério da Defesa. Mas foi apenas na terceira viagem, em 1950, que ele começou a ensinar métodos estatísticos para a indústria. Essa viagem foi realizada em junho, sob o patrocínio das forças aliadas. Além de palestras e seminários, Deming fez mais: com o auxílio de Ishiro Ishikawa, presidente da Kei-dan-ren, a associação japonesa de altos executivos, Deming levou a estes a mensagem de que o Japão poderia fabricar produtos de alta qualidade e ingressar no mercado internacional. Afinal, ele já tinha a experiência norte-americana (negativa) de que o apoio da alta administração era fundamental à implantação da qualidade.

Em 1951, a Juse criou os prêmios Deming de qualidade, que são oferecidos às pessoas que colaboram para o desenvolvimento da qualidade e às empresas que se destacam na melhoria da qualidade. Em 1960, Deming foi condecorado em nome do imperador do Japão com a Segunda Ordem do Grande Tesouro.

Embora Deming fosse muito bem conhecido dos japoneses e prestasse importantes consultorias a grandes firmas dos Estados Unidos, ele só se tornou conhecido do grande público norte-americano em 1980. Foi "descoberto" por Clare Crawford-Mason, uma produtora de televisão, que estava produzindo para a NBC o documentário "O que foi que aconteceu com a velha engenhosidade ianque?". Esse documentário tratava da posição desconfortável em que se encontrava a indústria norte-americana diante da indústria japonesa e da posição global dos Estados Unidos diante da ameaça econômica do Japão. Tendo ouvido falar de Deming, contatou-o e reservou os 15 minutos finais do programa a ele e à Nahua americana (a quem Deming estava prestando consultoria). O documentário, que acabou se chamando "Se o Japão pode... por que nós não podemos?", foi ao ar em 24 de junho de 1980. Ao final do programa, o dr. Deming estabeleceu que a grande diferença entre o Japão e os Estados Unidos estava no fato de que os japoneses utilizavam intensamente o controle estatístico de qualidade, algo que poderia também dar certo nos Estados Unidos.

Ao longo da década de 1980, quando se tornou mais e mais conhecido nos Estados Unidos, o dr. Deming foi ampliando suas idéias acerca do controle de qualidade. Nesse ponto, é bom lembrar que sua principal obra sobre qualidade, o livro *Out of the Crisis*, lançado em 1982 para acompanhar seus famosos seminários de quatro dias, foi lançado no Brasil pela Editora Marques Saraiva, do Rio de Janeiro, apenas em 1990 (com o título *Qualidade: A Revolução na Administração*).

Embora Deming não se tenha esquecido do controle estatístico, acabou por estender a idéia de qualidade a todas as atividades da instituição, mostrando como essa qualidade total acabará por refletir-se na qualidade final dos produtos e serviços que são apresentados ao consumidor. Elaborou também toda uma filosofia de gerência em torno da qualidade, filosofia essa expressa pelos seus famosos 14 pontos e doenças fatais, que apresentaremos mais adiante. De certa forma, ao criticar a forma ocidental de administrar e ao lançar um conjunto coerente de idéias (algumas das quais não desenvolvidas por ele próprio), o dr. Deming estava lutando por uma verdadeira revolução cultural dentro das organizações, como pré-requisito básico à implantação da gestão da qualidade total. Não só os japoneses foram influenciados fortemente por ele, mas também o influenciaram, fazendo-o sair de uma visão típica de um estatístico – que dava ênfase aos aspectos matemáticos e formais do controle de qualidade – para uma visão mais abrangente de administrador.

20.7 Os 14 Pontos do Dr. Deming

Com o tempo, portanto, Deming começou a acreditar que a gerência e a cultura em uma organização podiam ser tão ou mais importantes que as ferramentas estatísticas. Suas crenças a esse respeito estão sintetizadas nos seus famosos 14 pontos de mudança e nas doenças fatais da instituição. Concentremo-nos, por ora, nos 14 pontos (Deming, 1990):

Ponto nº 1

Estabeleça a constância de propósitos para a melhoria do produto e do serviço, com o objetivo de tornar-se competitivo, manter-se em atividade, bem como de gerar emprego.

Trata-se aqui de enfatizar a melhoria contínua dos produtos e dos serviços; a qualidade deve ser, em princípio, o objetivo fundamental, do qual o lucro será fatalmente uma conseqüência.

Ponto nº 2

Adote a nova filosofia. Estamos em uma nova era econômica. A administração ocidental deve acordar para o desafio, conscientizar-se de suas responsabilidades e assumir a liderança no processo de transformação.

É preciso constância e que todos estejam envolvidos com a nova filosofia.

Ponto nº 3

Deixe de depender da inspeção para atingir a qualidade. Elimine a necessidade da inspeção em massa, introduzindo a qualidade no produto desde o seu primeiro estágio.

Esse preceito pode ser traduzido como "Faça seu produto ou serviço certo logo na primeira vez". Obter a qualidade por meio da inspeção significa conformar-se com o fato de que os produtos serão inevitavelmente malfeitos. Erre agora e corrija depois é o lema vigente da inspeção. Se as coisas ocorrerem assim, você vai pagar os empregados mais de uma vez: para fazer o serviço errado e para fazer o serviço certo. Não obstante, o desejo de fazer as coisas certas está em cada empregado, se tiverem condições para tanto.

Ponto nº 4

Cesse a prática de aprovar orçamentos com base no preço. Em vez disso, minimize o custo total. Desenvolva um único fornecedor para cada item, em um relacionamento de longo prazo fundamentado na lealdade e na confiança.

É claro que o preço não deve ser ignorado quando a empresa trata com seus fornecedores. Acontece, porém, que não é o único fator de importância, podendo até ser pouco importante, quando se trata de obter materiais e serviços de qualidade, que atendam aos requisitos da empresa que deles precisa. Como nos recordam Sashkin e Kiser (1994), a Wal-Mart era uma companhia muito conhecida por seu duro estilo de negociar com os fornecedores, até que seu principal executivo, Sam Walton, percebeu que isso estava prejudicando a empresa. Mudou de estratégia, passando a trabalhar com os fornecedores, buscando formas de melhor atender os seus clientes finais e melhorar a qualidade dos produtos e da distribuição. Em 1990, a Wal-Mart tornou-se o maior varejista dos Estados Unidos, à frente da Sears.

Ponto nº 5

Melhore constantemente o sistema de produção e de prestação de serviços, de modo a melhorar a qualidade e a produtividade e, conseqüentemente, reduzir de forma sistemática os custos.

As melhorias devem ser uma preocupação constante e não eventual; a própria preocupação com as melhorias deve, por assim dizer, incorporar-se à rotina diária.

Ponto nº 6

Institua treinamento no local de trabalho.

Com muita freqüência, os trabalhadores não têm uma idéia perfeita de como fazer o seu trabalho, já que o aprenderam de outros funcionários (que também tinham problemas) ou por meio de instruções ininteligíveis. A maioria dos empregados não é adequadamente treinada.

Ponto nº 7

Institua liderança. O objetivo da chefia deve ser ajudar as pessoas, as máquinas e os dispositivos a executarem um trabalho melhor. A chefia administrativa está necessitando de uma revisão geral, tanto quanto a chefia dos trabalhadores de produção.

Líder é a pessoa que tem a capacidade de perceber quando o funcionário precisa de ajuda e também de prestar essa ajuda. A função do supervisor não é punir, é liderar.

Ponto nº 8

Elimine o medo, de forma que todos trabalhem eficazmente para a empresa.

Mesmo que o empregado não entenda corretamente qual é o seu trabalho ou como fazê-lo com qualidade, com freqüência nada pergunta ou se dispõe a assumir uma posição. Ele tem medo de aparecer demais, de importunar algum supervisor, de tornar-se conhecido como uma pessoa impertinente. O empregado cala-se e continua fazendo a coisa errada (ou não fazendo, simplesmente). Como costumava dizer o dr. Deming, "os prejuízos econômicos do medo são assustadores".

Ponto nº 9

Elimine as barreiras entre os departamentos. As pessoas engajadas em pesquisas, projetos, vendas e produção devem trabalhar em equipe, de modo a preverem problemas de produção e de utilização do produto ou serviço.

Repare como departamentos ou áreas de uma empresa muitas vezes têm objetivos conflitantes ou então competem entre si por reconhecimento. Claro está que essa atitude em nada ajudará a empresa; para que o trabalho seja bem-feito, todos devem procurar trabalhar em equipe, cuidando para que os objetivos parciais não atrapalhem os objetivos globais da companhia.

Ponto nº 10

Elimine lemas, exortações e metas para a mão-de-obra que exijam nível zero de falhas e estabeleça novos níveis de produtividade. Tais exortações apenas geram inimizades, visto que o grosso das causas da baixa qualidade e da baixa produtividade encontra-se no sistema, estando, portanto, fora do alcance dos trabalhadores.

De nada adiantará "chamar os empregados para a luta", se eles não têm culpa pelos maus resultados. É melhor deixar com que façam os próprios *slogans*, se acharem necessário.

Ponto nº 11

a) *Elimine padrões de trabalho (quotas) na linha de produção. Substitua-os pela liderança.*

b) *Elimine o processo de administração por objetivos. Elimine o processo de administração por cifras, por objetivos numéricos. Substitua-os pela administração por processos por meio do exemplo de líderes.*

As cotas numéricas não levam em conta a qualidade, apenas os números. Na ânsia de cumprir suas cotas, as pessoas passarão por cima da qualidade e os custos tenderão a aumentar. Os funcionários farão qualquer coisa para não perder o emprego, inclusive aumentar a produção a qualquer preço e a qualquer custo.

Ponto nº 12

a) *Remova as barreiras que privam o operário do direito de orgulhar-se de seu desempenho. A responsabilidade dos chefes deve ser mudada de números absolutos para a qualidade.*

b) *Remova as barreiras que privam as pessoas da administração e da engenharia do direito de orgulharem-se de seu desempenho. Isso significa, entre outras coisas, a abolição da avaliação anual de desempenho ou mérito, bem como da administração por objetivos.*

As pessoas, em geral, gostam de trabalhar direito e sentir orgulho de seu trabalho. Ficam infelizes e angustiadas quando não conseguem isso. Talvez os empregados estejam sendo impedidos de fazer um trabalho bem-feito – por culpa de supervisores mal informados ou de equipamentos defeituosos ou ainda de matérias-primas de má qualidade. Todas essas barreiras devem ser removidas.

Ponto nº 13

Institua um forte programa de educação e auto-aprimoramento.

Os novos métodos de trabalho e a nova mentalidade devem ser passados aos gerentes e funcionários por meio de treinamento.

Ponto nº 14

Engaje todos da empresa no processo de realizar a transformação. Ela é da competência de todo mundo.

De certa forma, este ponto corresponde à implantação das idéias anteriores do dr. Deming. Recomenda-se a formação de uma equipe especial na alta direção, provida com o devido plano de ação para empreender a mudança da qualidade. Lembrar que os trabalhadores não podem, por si sós, empreender essa mudança. Para isso, precisam da alta direção.

20.8 As Doenças Fatais

Deming alimentava certa descrença em relação à administração norte-americana. Ela sofre, segundo ele, de algumas doenças fatais e a cura exigirá uma mudança radical no estilo ocidental de administrar. Embora Deming revele sete doenças fatais, apenas cinco delas parecem aplicar-se ao Brasil. São as seguintes:

I) *Falta de constância de propósitos*

Trata-se aqui da negação do primeiro dos 14 pontos. Uma empresa sem constância de propósitos pensa apenas nos dividendos a curto prazo e não tem planos para operar a longo prazo. Começa e descontinua programas de melhoria com muita facilidade, desencantando e desestimulando os empregados. Chegará o tempo em que a companhia precisará mostrar muito empenho e medidas concretas para convencer os seus empregados de que as mudanças pretendidas são reais.

II) *Ênfase exagerada nos lucros a curto prazo*

A administração ocidental está impregnada da idéia de ganhar dinheiro a prazo curtíssimo, sem importar-se com a qualidade. Segundo o professor Robert Reich, da Universidade de Harvard, a administração norte-americana, por exemplo, é a "administração do papel", ao mesmo tempo é causa e conseqüência da economia incerta dos Estados Unidos. A administração do papel obtém "lucros no papel", os quais "são os únicos que podem ser facilmente obtidos por administradores profissionais que se isolam na cúpula das organizações".

III) *Avaliação do desempenho, avaliação do mérito ou revisão anual*

As avaliações de desempenho estimulam o desempenho a curto prazo, mas desestimulam o risco, promovem o medo e trazem desavenças entre os membros. No trabalho em equipe, é difícil saber quem fez o quê. A avaliação de desempenho cria algumas "estrelas" da empresa, que trabalharão mais para si do que para a companhia.

IV) *Mobilidade da direção*

Os administradores não se comprometem com a mudança profunda nas empresas, pois vivem "pulando de galho em galho". Trabalham poucos anos em uma companhia e já passam para outra, sempre em busca de resultados rápidos.

V) *Dirigir a empresa apenas com base em números visíveis*

Não há como negar a importância dos números e esse não é o caso aqui; trata-se apenas de reconhecer que alguns resultados são muito difíceis de se medir, mas nem por isso podem ser desprezados. É o caso, por exemplo, do efeito de um cliente satisfeito, sobre as vendas a longo prazo; ou, ainda, o caso do efeito, sobre a qualidade, da eliminação das doenças fatais.

20.9 Elementos da Cultura da Organização

Para Huge e Vasily (1990), embora um processo de melhoria da qualidade freqüentemente traga resultados significativos já no primeiro ano de implementação, a transição completa para uma empresa cuja cultura seja fortemente voltada para a qualidade pode levar de cinco a dez anos. Para esses autores, ainda, o envolvimento do empregado é, em geral, o componente mais crítico e mais difícil da mudança cultural. Como muitas empresas japonesas admitem, entretanto, vale a pena o envolvimento dos empregados; estes devem passar de elementos passivos dentro de um sistema imóvel a solucionadores de problemas e implementadores de soluções.

"Em vez de desenvolver uma série de comandos para dirigir as atividades dos empregados de níveis inferiores (da empresa), os gerentes enxergam os empregados como seus clientes e fazem um esforço genuíno para solucionar suas necessidades de entender sua situação. A filosofia de envolvimento do empregado transforma o gerente tradicional, de um oficial em comando para um mentor e facilitador" (Huge e Vasily, 1990, p. 54).

O que é a cultura organizacional? Para Sashkin e Kiser (1994), a cultura organizacional deriva de (e confunde-se com) certas crenças e valores básicos, definidos e expressos por meio da liderança e compartilhados pelos empregados da companhia. A cultura envolve afirmações do tipo "se eu fizer isso, então o resultado será esse". Esses autores apontam oito elementos de cultura que, em sua opinião, são cruciais para o envolvimento do empregado e a implementação bem-sucedida da qualidade total. Vejamos esses elementos separadamente.

I) *As informações sobre qualidade devem ser usadas para aperfeiçoar, e não para julgar ou controlar as pessoas*

Os empregados têm muito medo de que as informações sobre desempenho e qualidade sejam usadas para controlá-los e puni-los. Nestas condições, tentarão esconder essas informações, em vez de torná-las públicas e apontar problemas. É sempre bom lembrar do Ponto nº 8 de Deming: *Elimine o medo*, já que suas conseqüências econômicas são pesadas.

II) *A responsabilidade deve ser compatível com a autoridade*

Se esperamos que as pessoas possam modificar o processo no qual trabalham, tornando-se elementos ativos dentro da empresa, é preciso dar-lhes a autoridade para tanto; os funcionários devem ser liberados para tomar atitudes que ajudem a empresa a obter melhor qualidade e desempenho mais consistente.

.III) *Os bons resultados devem ser recompensados*

Recompensas simbólicas – como certificados, menções honrosas em quadros públicos, citações em jornais internos, placas de reconhecimento etc. – são importantes, mas não dispensam recompensas em dinheiro ou privilégios especiais aos quais os empregados dão valor. Assim, pode ser entendida a associação direta entre qualidade e melhoria e remuneração. Claro está que em circunstâncias especiais – serviço público, por exemplo – nem sempre se pode ou se deve usar as recompensas individuais, como é hábito arraigado nas empresas ocidentais de forma geral. Nesse ponto é bom lembrar da doença fatal III de Deming: *a avaliação de desempenho e suas más conseqüências.*

IV) *A base para o trabalho conjunto deve ser a cooperação, e não a competição*

As recompensas nas empresas ocidentais geralmente são individuais, estabelecendo a competição, e não a cooperação. A introdução de equipes de autogestão recoloca o planejamento do trabalho no nível operacional e estimula o trabalho em equipe. Mesmo que os valores ocidentais não permitam eliminar a competição, as empresas devem aprender a reconhecer as vantagens da colaboração e cooperação, tanto internamente entre os seus funcionários, como externamente, com seus clientes e fornecedores.

V) *Tanto quanto possível, os funcionários devem ter estabilidade no emprego*

Muitas firmas deixam claro aos funcionários que eles são perfeitamente descartáveis e substituíveis. Instala-se um clima do tipo "erre e seja mandado embora", que fará que os funcionários procurem esconder erros e desacertos, com o objetivo de conservar o emprego pelo maior tempo possível. Isso tende a ser mais grave nos dias atuais, quando tanto se fala em *downsizing* e outras técnicas que costumam conduzir a cortes de pessoal.

VI) *Deve-se instalar e cultivar um clima de justiça*

No dizer de Sashkin e Kiser, já citados, os gerentes criam climas organizacionais que podem, na opinião dos funcionários, ser justos ou injustos. Entretanto, justiça é algo muito mais complexo do que possa parecer, em parte porque "justiça" depende da perspectiva: duas pessoas podem chegar a conclusões opostas sobre a justiça ou a injustiça de uma particular situação. Não obstante, dentro de certos limites, é possível concordar aproximadamente com o julgamento sobre a justiça ou a injustiça de muitas atitudes dos gerentes. Estes devem, então, optar por agir de forma a criar um clima positivo de justiça, ao menos na opinião da maioria.

VII) *A remuneração deve ser justa*

A justiça da remuneração prende-se, sem dúvida, à necessidade de que todos na empresa recebam um salário digno, do mais alto executivo ao mais humilde funcionário. A empresa que quiser implantar a qualidade total deve cuidar para que isso aconteça, estando sempre atenta aos movimentos salariais do mercado, não permitindo defasagens em relação aos salários médios de suas áreas de atuação ou empresas congêneres.

Outro aspecto importante a ressaltar na questão da remuneração é o da relação entre o mais alto e o mais baixo salário da empresa. No Japão, o salário médio dos altos executivos é cerca de 17 vezes maior que o salário de um trabalhador comum. No Ocidente, particularmente nos Estados Unidos, os salários dos executivos são cerca de 50 a 100 vezes maior que o salário dos funcionários de nível mais baixo na organização. Alguns autores, entre os quais Peter Drucker, argumentam que não deve ultrapassar de 20 essa relação entre os maiores e os menores salários.

VIII) *Tanto quanto possível, os funcionários devem ter participação no capital da empresa*

Por trás desse conceito existe a crença (que tem sido comprovada por pesquisas) de que as empresas em que os empregados têm alguma participação são mais rentáveis. Claro está que, em muitas situações, isso não é possível ou é legalmente complicado – em companhias governamentais, por exemplo. Em grande número de casos, porém, é possível privilegiar os funcionários na compra de ações, ainda que de forma limitada, prática essa seguida já por muitas companhias.

20.10 Prêmios para a Qualidade

Há pelo menos dois prêmios para a promoção da qualidade que são famosos em nível mundial: o prêmio Deming, no Japão, e o prêmio Baldrige, nos Estados Unidos. No Brasil, há pouco mais de 15 anos, foi criado o Prêmio Nacional da Qualidade, semelhante ao Baldrige.

a) *Prêmio Deming*

Esse prêmio é anual. Foi criado em 1951 pela Juse, financiado originalmente com os direitos autorais do livro *Elementary Principles of the Statistical Control of Quality*, publicado pela instituição e que contém as palestras do dr. Deming proferidas no Japão em 1950. Gentilmente, ele cedeu os direitos autorais à Juse.

Há um prêmio Deming destinado a pessoas físicas que tenham feito grandes contribuições ao estudo e à disseminação da TQM ou ao uso de técnicas estatísticas em qualidade. O prêmio Deming de aplicação, destinado a empresas, ou a divisões de empresas, que tenham mostrado grande melhoria de desempenho por meio da aplicação de TQM em um dado ano, teve até 1994 as categorias de "divisões", "pequenas empresas" e "empresas de além-mar". Depois de 1995, o prêmio não tem mais essas categorias.

b) *Prêmio Malcolm Baldrige*

Foi criado em 1987 por uma lei do congresso norte-americano. O objetivo é divulgar nacional e internacionalmente as empresas norte-americanas que se destaquem na gestão da qualidade. A base original do prêmio Baldrige foi o prêmio Deming, mas ambos são razoavelmente diferentes.

O prêmio Baldrige determina que as empresas candidatas sejam submetidas à análise de sete categorias, subdivididas em um total de 28 itens. Cada item recebe de 15 a 75 pontos, enquanto a pontuação de cada categoria varia de 60 a 300 pontos, segundo dados a seguir:

Categoria	Máximo de pontos
1.0 Liderança	90
2.0 Informação e Análise	80
3.0 Planejamento Estratégico da Qualidade	60
4.0 Desenvolvimento e Gestão de Recursos Humanos	150
5.0 Gestão da Qualidade de Processos	140
6.0 Qualidade e Resultados Operacionais	180
7.0 Focalização no Cliente e sua Satisfação	300

O prêmio Baldrige também é anual e é concedido em três categorias, em um máximo de dois prêmios para cada uma delas: produção, serviços e pequenas empresas.

c) *Prêmio Nacional da Qualidade*

Foi criado em outubro de 1991 e é gerenciado pela Fundação Nacional da Qualidade, com sede em São Paulo. O prêmio de 1992 foi concedido à IBM de Sumaré e o de 1993 à Xerox do Brasil. Dos mais recentes, o de 2005 foi para a Companhia Paulista de Força e Luz e o de 2006 foi para a Belgo Siderurgia S.A. – Usina de Monlevade.

O Prêmio Nacional da Qualidade é inspirado no Prêmio Baldrige e, como ele, avalia as instituições em oito critérios de excelência, cujas pontuações somam mil pontos. Os critérios e suas subdivisões são os seguintes:

1. Liderança (110 pontos)
1.1 Sistema de liderança
1.2 Cultura da excelência
1.3 Análise do desempenho da organização

2. Estratégias e Planos (60 pontos)
2.1 Formulação das estratégias
2.2 Implementação das estratégias

3. Clientes (60 pontos)
3.1 Imagem e conhecimento de mercado
3.2 Relacionamento com clientes

4. Sociedade (60 pontos)
4.1 Responsabilidade socioambiental
4.2 Ética e desenvolvimento social

5. Informações e Conhecimento (60 pontos)
5.1 Informações da organização
5.2 Informações comparativas
5.3 Ativos intangíveis

6. Pessoas (90 pontos)
6.1 Sistemas de trabalho
6.2 Capacitação e desenvolvimento
6.3 Qualidade de vida

7. Processos (110 pontos)
7.1 Processos principais do negócio e processos de apoio
7.2 Processos de relacionamento com os fornecedores
7.3 Processos econômico-financeiros

8. Resultados (450 pontos)
8.1 Resultados econômico-financeiros
8.2 Resultados relativos aos clientes e ao mercado
8.3 Resultados relativos à sociedade
8.4 Resultados relativos às pessoas
8.5 Resultados dos processos principais do negócio e dos processos de apoio
8.6 Resultados relativos aos fornecedores

O número máximo de pontos em cada categoria está entre parênteses ao lado da categoria. O leitor pode notar que a soma é mil. Inclusive, as semelhanças com as categorias do Prêmio Baldrige são evidentes.

20.11 Obstáculos aos Programas de Qualidade Total

Infelizmente, a implantação de programas de qualidade total traz histórias de sucesso e também de fracasso. Tentar levantar os problemas que cercam esses programas é, pois, de fundamental importância.

Embora não se possa dizer que exista uma concordância absoluta entre todos os autores com relação às causas de insucesso na implementação da qualidade total, existem certos fatores que comparecem invariavelmente em toda listagem. É o caso do famosíssimo problema do não-envolvimento da alta direção. Vejamos a lista de fatores apresentados em trabalho de Tolovi Jr. (1994):[1]

I) *Não-envolvimento da alta direção*

Programas de qualidade são voltados a mudanças comportamentais que envolvem pessoas e exigem esforço e dedicação. Essas exigências acabam por demandar, invariavelmente, o apoio dos altos dirigentes. Muitos donos de empresas ou executivos se preocupam com a qualidade mais em nível de modismo e de discurso do que com as necessidades e conseqüências reais de tal programa.

II) *Ansiedade por resultados*

Os programas de qualidade total podem levar algum tempo antes de dar resultados animadores. Essa longa maturação é típica de programas que envolvem mudanças comportamentais. Tanto a ansiedade por resultados rápidos como por resultados de grande impacto imediato são fatores *inibidores de sucesso.*

III) *Desinteresse da gerência média*

Em que pese o envolvimento da alta administração, ainda assim é preciso envolver a média gerência no programa, já que ela tende a achar que a qualidade é óbvia e acontece naturalmente. Além disso, um programa de qualidade implica muitas vezes retirar certo poder da média gerência e transferi-lo aos empregados da linha de frente – o que pode melindrar os gerentes médios.

IV) *Planejamento inadequado*

Pode ocorrer que saia vencedora a tendência muito humana de passar à execução, antes de planejar convenientemente. Na implementação de programas de qualidade total, existem poucas

1. Artigo originalmente publicado na *RAE-Revista de Administração de Empresas*, v. 34, n. 6, p. 6-11, nov-dez. 1994.

regras fixas. Não há um breviário dizendo passo a passo o que fazer, ou receitas definitivas. Predominam sempre certa incerteza, indefinição e ambigüidade, que só podem ser combatidas de forma eficaz com o auxílio de um bom planejamento de todas as etapas de implantação.

V) *Treinamento malfeito*

Como dissemos, é comum que, em programas de qualidade total, os empregados tenham liberdade para tomar determinadas decisões, principalmente com relação a seu trabalho. É claro que devem ser treinados para que possam fazer isso. O treinamento – ou seja, quem será treinado, no que, como e quando – deve constar do planejamento. Técnicas de solução de problemas, técnicas estatísticas simples, domínio de técnicas de reuniões, relações humanas etc. são alguns dos temas corriqueiramente tratados nesses programas de treinamento.

VI) *Falta de apoio técnico*

Implantar programas de qualidade requer o uso de técnicas de análise de dados e situações nem sempre ao alcance dos funcionários envolvidos. Esta questão, de certa forma, remete-nos à anterior, sobre a necessidade de um programa de treinamento bem planejado.

VII) *Sistema de remuneração inconsistente*

Em outra ocasião, já comentamos a absoluta necessidade de uma remuneração satisfatória, sem a qual os esforços acabarão por se perder. Não há forma de instalar ou manter a qualidade total sem um justo sistema de remuneração.

VIII) *Escolha inadequada de multiplicadores*

Entendemos aqui por multiplicadores aqueles elementos que irão disseminar pela organização os conhecimentos tornados disponíveis por meio do treinamento. Os multiplicadores devem ser cuidadosamente escolhidos, apresentando não só a capacidade de comunicação necessária, mas também a motivação e o dinamismo adequados.

IX) *Descuido com a motivação*

Os programas de qualidade total são comportamentais, o que nos leva diretamente, sem necessidade de maiores explicações, ao importantíssimo papel da motivação e, em particular, ao reconhecimento pelo bom trabalho realizado.

PONTOS-CHAVE

1. Entre as pressões a que estão sujeitas as organizações neste início do século XXI, estão: a necessidade de flexibilidade à mudança, a manutenção de uma orientação para as necessidades do cliente, o desenvolvimento de velocidade e confiabilidade de entrega e a preocupação contínua com a qualidade.

2. Embora a qualidade de produtos e serviços não seja o único elemento que diferencie uma organização da outra, ainda assim está entre os mais importantes. A orientação para a qualidade caracteriza a filosofia da qualidade total ou TQM (*Total Quality Management* – Gerência da Qualidade Total). A TQM não se restringe a produtos e serviços, mas a tudo que se passa na empresa.

3. Qualidade de conformação é o maior ou menor grau em que um produto, serviço ou atividade é feito ou desempenhado de acordo com um padrão ou especificações estabelecidos; é a relativa ausência de defeitos em relação ao padrão ou à especificação.

4. Qualidade de projeto diz respeito às características particulares do projeto de um produto, serviço ou atividade, que lhe conferem um grau de desempenho mais abrangente ou menos abrangente, melhor ou pior, mais sofisticado ou menos sofisticado etc.

5. Para Deming, qualidade e produtividade estão ligadas por uma cadeia de efeitos. A melhoria da qualidade leva a menores custos, que implicam o aumento da produtividade que, por sua vez, ajuda a organização a conquistar mercados com qualidade melhor e menores preços, melhorando a sua capacidade de sobrevivência e a geração de empregos.

6. Conceitualmente, a TQM é uma filosofia gerencial – uma forma de visualizar a gerência e as finalidades de uma instituição. É uma filosofia integrada, que envolve gerência e práticas. A ênfase está principalmente na melhoria contínua, na busca do atendimento das necessidades do cliente, no envolvimento do trabalhador, na análise e solução de problemas pelos empregados e na medida de resultados e relacionamento próximo com fornecedores.

7. Sinteticamente, as grandes características da TQM são: ênfase no cliente (em termos de satisfazer suas necessidades); ênfase no uso de técnicas e ferramentas (para poder usar dados a fim de tomar decisões) e uma cultura organizacional orientada, entre outros aspectos, para a autoestima das pessoas, a criação e a manutenção de um ambiente de trabalho cooperativo e poder de decisão mais ao alcance dos empregados.

8. Cultura organizacional é o conjunto de valores e normas que regula a vida da organização e o relacionamento entre seus membros, mantido e transmitido pela liderança da alta administração. A implementação da TQM exige que a organização desenvolva um conjunto especial de valores que seja compartilhado por todos seus empregados, em todos os níveis.

9. É difícil, senão mesmo impossível, traçar com certeza as origens do movimento da qualidade total, que na verdade concentra-se em um ponto de vista, uma mentalidade, uma filosofia gerencial que foi sendo implantada lentamente em torno de algumas idéias básicas. Muitas organizações e muitos estudiosos contribuíram para o desenvolvimento desse corpo de idéias.

QUESTÕES PARA DISCUSSÃO

1. O que é velocidade e confiabilidade de entrega de um produto ou serviço?

2. Como você conceituaria flexibilidade?

3. O que é qualidade de projeto? No que difere da qualidade de conformação?

4. Qual era a visão tradicional de muitos sobre a relação entre qualidade e produtividade? Por meio de quais mecanismos a qualidade pode influir no aumento da produtividade?

5. Reveja com atenção os 12 fatores que caracterizam a TQM, segundo Powell. Certifique-se de que todos estejam bem entendidos. Em sua avaliação, quais são os mais importantes?

6. Que definição está sendo adotada para "ferramenta"? E para "técnica"?

7. O que são os Círculos de Controle da Qualidade?

8. Releia os 14 pontos de mudança de Deming e certifique-se de que estejam completamente entendidos.

9. Comente sobre as cinco doenças fatais da administração (segundo Deming) que se aplicam ao Brasil.

10. Quais são os elementos fundamentais da cultura organizacional importantes para a implantação da qualidade total, segundo os autores Sashkin e Kiser?

11. No que consiste o prêmio Deming? E o prêmio Malcolm Baldrige?

12. Qual é o principal prêmio da qualidade no Brasil? Como funciona?

REFERÊNCIAS BIBLIOGRÁFICAS

DEMING, W. Edwards. *Qualidade: A Revolução da Administração*. Rio de Janeiro: Marques Saraiva, 1990.

DOW, D.; SAMSON, D.; FORD, S. Exploding the Myth: Do All Quality Management Practices Contribute to Superior Quality Performance? *Production and Operations Management*, v. 8, n. 1, p. 1-27, 1999.

HUGE, E. C. Quality of Conformance to Design. In: HUGE, E. C. (ed.) *Total Quality. An Executive Guide for the 1990's*. Homewood, Ill.: Business One Irwin, 1990.

HUGE, E. C.; VASILY, G. Leading Cultural Change: Developing Vision and Change Strategy. In: HUGE, E. C. (ed.) *Total Quality. An Executive Guide for the 1990's*. Homewood, Ill.: Business One Irwin, 1990.

MAIN, J. *Guerras pela Qualidade*. Rio de Janeiro: Campus, 1995.

MOREIRA, D. A. *Reengenharia: Dinâmica para a Mudança*. São Paulo: Pioneira, 1994.

PINTO, S. H. B.; CARVALHO, M. M. de; HO, L. L. Implementação de Programas de Qualidade: Um Survey em Empresas de Grande Porte no Brasil. *Gestão e Produção*, v. 13, n. 2, p. 191-203, 2006.

POWELL, T. C. Total Quality Management as Competitive Advantage: A Review and Empirical Study. *Strategic Management Journal*, v. 16, 1, p. 15-37, 1995.

SASHKIN, M.; KISER, K. J. *Gestão da Qualidade Total na Prática*. Rio de Janeiro: Campus, 1994.

SCHROEDER, R. G.; LINDERMAN, K.; ZHANG, D. Evolution of Quality: First Fifty Issues of Production and Operations Management. *Production and Operations Management*, v. 14, n. 4, p. 468-481, 2005.

TOLOVI JR., J. Por que os Programas de Qualidade Falham? *Revista de Administração de Empresas*, v. 34, n. 6, p. 6-11, 1994.

WALTON, M. *O Método Deming de Administração*. Rio de Janeiro: Marques Saraiva, 1989.

Capítulo 21

Controle Estatístico de Qualidade

21.1 Introdução

A vida humana sobre a Terra seria inviável se o homem não pudesse contar com certas regularidades presentes no mundo natural. São essas regularidades que permitem a ele, por meio da observação e da análise dos fenômenos que se repetem, compreender e dominar a natureza.

Não existe, porém, a regularidade física absoluta, seja nos processos naturais, seja nos processos criados pelo homem, dos quais nos interessa, em particular, o processo industrial. Teoricamente, um processo de fabricação deveria permitir a obtenção de produtos perfeitos, com características e dimensões exatamente iguais onde isso fosse desejado. Durante muito tempo, a preocupação de engenheiros e técnicos ligou-se à crença na infalibilidade do mundo físico: a construção de máquinas mais perfeitas acabaria levando a produtos cada vez mais homogêneos.

Admitamos que um cliente solicite a seu fornecedor uma certa quantidade de esferas metálicas, cada qual pesando exatamente 20 gramas. Não há, por certo, quem concorde com essa exigência: algumas esferas de 20 gramas poderão ser retiradas de uma grande produção a um custo impraticável. Além disso, balanças de maior precisão poderão indicar que mesmo essas esferas especialmente escolhidas não têm exatamente 20 gramas. O que se obtém na realidade são esferas tendo um pouco mais ou um pouco menos de 20 gramas; dependendo de quanto seja esse "pouco mais" e esse "pouco menos", as esferas serão ou não aproveitáveis para a finalidade prevista.

Trata-se, então, de encarar o processo industrial não como algo perfeito, produzindo produtos absolutamente iguais, mas antes como um sistema aberto, onde inúmeras causas não detectadas produzem pequenas alterações de uma unidade do produto para outra. A ação dessas causas deve ser levada ao ponto em que a relativa falta de regularidade seja desprezível diante das finalidades do produto em questão. O problema não se resolve apenas com a tentativa de construir máquinas mais perfeitas, mas também com a adoção de uma metodologia de trabalho que permita controlar as irregularidades, de forma que não apresentem conseqüências danosas em relação ao uso futuro dos produtos. Essa metodologia, apoiada na Estatística, é chamada de *Controle Estatístico de Qualidade*.

21.1.1 Controle Estatístico de Qualidade

Podemos conceituar *controle* como um processo usado para manter certo fenômeno dentro de padrões preestabelecidos. Os produtos, resultantes de um processo industrial, possuem requisitos de *qualidade*, que serão cumpridos se certas características (ou *variáveis*) básicas estiverem de acordo com o que foi planejado. Dessa forma, o controle de qualidade industrial pode ser entendido como um processo que nos permita medir o nível atual de qualidade de um produto, compará-lo com um padrão desejado e agir para corrigir os desvios. O controle de qualidade é dito *estatístico* (CEQ = Controle Estatístico de Qualidade) se ele utiliza a Estatística para a análise das medidas de qualidade efetuadas. O CEQ tem se aplicado tradicionalmente à indústria, mas são encontradas aplicações em outras situações que, por analogia, possam ser comparadas com o processo industrial.

Dizemos que um processo industrial está *sob controle* se os produtos resultantes se mantêm dentro da qualidade desejável ou, melhor dizendo, dentro *da faixa desejável de qualidade*.

21.1.2 Variáveis, Atributos e Especificações

A qualidade de um produto pode ser definida por meio de variáveis, de atributos ou de uma combinação de ambos. Uma *variável* é aqui entendida como uma grandeza presente no produto, passível de assumir diversos valores. Assim, são exemplos de variáveis o comprimento, a área (superfície), a massa, a densidade, a resistência elétrica, a vida útil de uma lâmpada em horas e muitas outras. Cada produto pode conter em si muitas grandezas, mas não necessariamente todas serão objeto de controle – aliás, na prática, procura-se reduzir a um mínimo o número de variáveis a controlar, para não onerar demasiado o controle de qualidade. De uma forma geral, as variáveis tomadas para controle são contínuas, embora a precisão relativa dos instrumentos de medida acabe por transformá-las em descontínuas para efeitos práticos, com maior ou menor número de divisões possíveis. Quanto mais preciso o instrumento, maior será o número de valores diferentes atribuíveis à variável – a precisão requerida será função da importância da variável no desempenho posterior do produto.

Um *atributo* pode ser definido como um fator, não mensurável mas observável, que pode estar presente ou ausente no produto. O fator deve ser definido de forma tal que seja possível a sua identificação, bem como a sua comparação com padrões estabelecidos. Existem atributos de fácil análise como "acender" ou "não acender" no caso de uma lâmpada, por exemplo. O teste de verificação da existência do atributo é praticamente imune à subjetividade. Um atributo como "defeito na superfície de uma peça", entretanto, é de mais difícil manipulação e exige uma definição precisa do que seja considerado defeito, de forma a não deixar margem à imaginação de quem realiza a inspeção.

O controle de qualidade, portanto, será exercido sobre variáveis e atributos. No caso de variáveis, o que se procura é manter os seus valores dentro de limites considerados aceitáveis; no caso de atributos, o que se controla é o número de vezes em que o atributo aparece ou não em certa quantidade de produtos. Assim, por exemplo, controla-se a porcentagem de defeituosos em uma produção de peças, estabelecendo-se o número máximo de peças defeituosas que será permitido para cada 100 peças produzidas. Se esse número for, digamos, 2%, apenas 2 peças em cada 100 poderão apresentar o atributo que as define como defeituosas.

Os requisitos de qualidade de um produto são expressos por meio de *especificações*. As especificações são, pois, proposições que definem a qualidade pretendida de um produto sob vários aspectos, determinando os padrões a serem seguidos para análise das peças produzidas ou compradas de algum fornecedor. A especificação deverá estabelecer o valor numérico das variáveis ou da incidência de atributos que sejam julgados relevantes para a qualidade do produto. Tanto no caso de variáveis como de atributos, um mesmo produto pode ter associado a si um, dois ou mais números característicos. É o caso, por exemplo, de um cilindro de aço onde sejam relevantes o diâmetro e o comprimento, ou de uma caixa de televisor onde sejam considerados vários tipos de defeitos.

A dimensão desejável vem acompanhada de uma faixa admissível de variação, abrangendo normalmente valores acima e abaixo da dimensão base, a qual passa a ser considerada como uma média a ser obtida. A faixa admissível recebe o nome de *tolerância* da dimensão em questão. Digamos, para exemplificar, que desejamos que o peso de uma esfera deva estar entre 20,000 ± 0,010 g. Com isso, estamos querendo dizer que serão consideradas boas as esferas que apresentarem entre 19,990 e 20,010 g. Fica claro que o instrumento de medida deve permitir pesagens com essa precisão.

Fixar a tolerância de uma dimensão pode ser uma tarefa relativamente complexa, porque ela depende de como será produzido o produto. Há processos e materiais que permitem maior ou menor precisão. A utilização futura do produto também é determinante, tratando-se o problema geralmente de conciliar as exigências do uso com os recursos técnicos e os materiais disponíveis para a fabricação.

21.1.3 Como Atua o Controle Estatístico de Qualidade

A Estatística constitui-se em uma excelente ferramenta quando nos deparamos com problemas de variabilidade na produção industrial; não se trata de dizer que a Estatística acabará com essa variabilidade e nem mesmo que nos diga como corrigir desvios. É certo que um analista mais experimentado e com profundos conhecimentos do processo produtivo poderá tirar maior proveito das informações fornecidas pela Estatística; em princípio, porém, tais informações deverão funcionar como um indicador de ajuste do produto às necessidades previstas pelas especificações. O CEQ irá indicar se o produto obedece ou não às especificações, mas nada dirá sobre os meios de se corrigir eventuais desvios, pelo menos em princípio.

Como atua o Controle Estatístico de Qualidade? Para começar, sobre *amostras* dos produtos, retiradas de uma população maior. O universo de produtos a ser analisado é reduzido a um certo número de exemplares que, escolhidos sob certos critérios, nos levam a admitir que são representativos do universo, ou seja, que a sua conformação e características são as mesmas do universo que representam. Se a amostra é então representativa do universo, as conclusões tiradas da análise dessa amostra podem ser estendidas ao universo, ou seja, a todas as unidades produzidas. Se a amostra revelar inadequação do produto em relação às especificações, isso significará que o universo de produtos também sofre do mesmo mal.

Ocorre, porém, que por mais bem escolhida que seja uma amostra, ela jamais será a representação perfeita do universo. Em termos práticos, isso quer dizer que a análise da amostra pode nos levar a conclusões erradas sobre o universo. É também fácil de ver que podem acontecer dois tipos de erros:

a) Apesar de todos os cuidados, a amostra é anormalmente boa, embora derive de um universo insatisfatório; somos levados a aceitar esse universo como bom, quando deveríamos rejeitá-lo.

b) Nossa amostra é anormalmente má (também apesar de todos os cuidados), embora derive de um universo satisfatório; rejeitamos, pois, o universo, quando deveríamos aceitá-lo.

Nunca sabemos, no momento da decisão, se estamos ou não caindo em um desses dois enganos. A Estatística nos permite, porém, saber em média quantas vezes erraremos em um certo número de decisões tomadas. Podemos trabalhar de forma a assegurar que esses enganos ocorram raramente e, ao longo do tempo, não nos levem a maiores aborrecimentos.

21.1.4 Tipos Básicos de Controle Estatístico de Qualidade

Embora todo controle estatístico de qualidade possua a característica de trabalhar sobre amostras, inferindo-se daí sobre o universo, há duas formas principais de se levar isso a efeito, constituindo dois tipos básicos de controle:

a) *Controle do Processo* (ou Controle na Fabricação): é efetuado sobre amostras tiradas durante o processo de fabricação, de tempos em tempos. A análise das amostras revelará se o processo está permitindo a produção conforme as especificações.

b) *Inspeção por Amostragem* (ou Controle de Lotes): é efetuado sobre um lote de produtos recebidos ou fabricantes. A análise da amostra tem como objetivo aceitar o lote como bom ou rejeitá-lo como inadequado.

A maneira como são estruturados os dois tipos de controle faz com que tenham aspectos próprios e exijam ferramentas teóricas diferentes, tiradas da Estatística.

Quando estamos interessados no Controle do Processo, podemos ter em vista três casos diferentes:

- *Caso 1*: queremos que certa dimensão, mensurável em alguma unidade, mantenha-se em torno de uma média e não ultrapasse a tolerância estabelecida na especificação. Este controle recebe o nome particular de *Controle de Variáveis*. Para exemplificar, digamos que se deseje uma dimensão de 12,20 + 0,08 cm, o que equivale a dizer que o intervalo admissível para cada peça, em relação a essa dimensão, é de 12,12 cm até 12,28 cm. A peça cuja dimensão cair fora desses limites não obedece à especificação e indicará que o processo necessita de ajustes. Se trabalhássemos com peças isoladas, ou seja, amostras de uma só peça, tais números seriam os considerados diretamente na análise. Ocorre que trabalhamos com amostras maiores, sobre as quais definiremos um número base para análise: esse número é a média da dimensão nas unidades da amostra ou, mais simplesmente, a média da amostra. A tolerância original da especificação já não será utilizada para comparação; a Estatística nos dará outro intervalo, que guarda, porém, certo relacionamento com o original. Esta mudança ocorre porque trabalhamos sobre amostras e não sobre as unidades de produção.
- *Caso 2*: queremos que a produção de certa peça apresente determinada porcentagem aceitável de defeituosos. É necessário definir o que é uma peça defeituosa e estabelecer os critérios para assim catalogá-la. É evidente que o ideal seria ter uma produção com porcentagem zero de defeituosos, mas, em termos práticos, isso pode levar a custos muito altos. Também nesse caso operamos com amostras, como no Caso 1; apenas agora as amostras costumam ser maiores que antes, para permitir um bom cálculo de porcentagens. O fator a ser controlado é a porcentagem de defeituosos na produção em geral. Esse tipo de controle é chamado de *Controle da Porcentagem* (ou da *Fração*) *de Defeituosos*.
- *Caso 3*: queremos que cada unidade do produto apresente um certo número aceitável de defeitos: o que se controla, então, é o número de defeitos por unidade (ou peça). Valem algumas das considerações do Caso 2: embora seja desejável obter peças com zero defeitos, essa pretensão pode ser difícil de ser concretizada. Este tipo de controle recebe o nome de *Controle do Número de Defeitos por Peça*. A amostra, agora, será constituída por uma só unidade ou peça.

A Inspeção por Amostragem – o outro tipo básico de controle estatístico – costuma ser classificada segundo o número de amostras que são tomadas para a análise:

- *Inspeção simples*: toma-se apenas *uma* amostra do lote, segundo critérios que garantam a representatividade. Dependendo da qualidade desejada, a amostra poderá conter um número máximo de peças defeituosas. Ultrapassando esse número, o lote é rejeitado.
- *Inspeção dupla*: tomam-se duas amostras, mas não obrigatoriamente. A primeira amostra pode, dependendo do número de unidades defeituosas que contenha, conduzir a aceitação ou a rejeição imediatas do lote. Caso não se dê essa situação, a segunda amostra será necessária e decidirá se o lote deverá ser ou não aceito. A Inspeção Dupla é mais complexa do que a Inspeção Simples, mas torna-se vantajosa no caso de se estar na presença de lotes com qualidade excepcionalmente boa ou má, o que implica tomar a decisão já com a primeira amostra.

Existem ainda outros tipos de inspeção, como a Múltipla (mais de duas amostras podem ser tomadas) ou a Seqüencial. Tais tipos estão além do caráter introdutório do texto.

21.1.5 Custos Associados ao Controle de Qualidade

Uma idéia já consolidada na área industrial é a de calcular os custos em que a empresa incorre, para colocar seus produtos no mercado com uma qualidade especificada. Uma vez composto, esse custo pode ser objeto de análise semelhante às feitas sobre os outros custos da empresa, inclusive análises orientadoras dos principais problemas de qualidade, o que pode levar a reduções de despesas sem queda da qualidade. Alguns autores têm sugerido que o custo de qualidade, que gira em torno de 5% a 15% do valor das vendas, pode ser substancialmente reduzido a margens de 3% a 5% das vendas.

O custo de qualidade é a soma de duas categorias de custos:

a) *Custos de Controle*: são aqueles relacionados às atividades necessárias para prevenir inicialmente e controlar posteriormente os defeitos que a produção possa apresentar. Subdividem-se em:

– *Preventivos*: relativos às atividades que ocorrem antes da produção e cujo objetivo é evitar ao máximo que ocorram os defeitos.

– *Corretivos*: relativos às atividades necessárias, durante e após a produção (mas antes da expedição), para apontar se os produtos estão dentro dos padrões especificados.

b) *Custos de Falhas*: relacionam-se às atividades necessárias para corrigir falhas apresentadas pelos produtos, tanto durante a produção como após a expedição. Subdividem-se em:

– *Falhas Internas:* dizem respeito às atividades necessárias para corrigir falhas detectadas durante e após a produção, mas antes da expedição.

– *Falhas Externas*: relativos às atividades que a empresa se vê obrigada a desenvolver quando, após a expedição, as falhas nos produtos são detectadas pelos consumidores.

Embora os valores dos diversos custos variem de companhia a companhia, Juran e Gryna (1980) apontam que muitas empresas exibem (sem que isso signifique a melhor composição) a seguinte estrutura de custos de qualidade (em % do total):

Preventivos: 0,5% a 5% — Falhas Internas: 25% a 40%

Corretivos: 10% a 50% — Falhas Externas: 20% a 40%

Dentro do espírito de "fazer bem o produto logo na primeira vez", quanto maiores os cuidados tomados com medidas preventivas, menores serão os esforços (e conseqüentemente os custos) associados às outras atividades que se seguem na cadeia da qualidade.

21.2. Controle do Processo: Variáveis

Como tivemos oportunidade de ver, o Controle de Variáveis é um dos casos possíveis de controle de qualidade durante a fabricação do produto; o seu objetivo, em linhas gerais, é manter uma ou mais das características mensuráveis desse produto dentro de limites de variação aceitáveis. Um fato importante a ser ressaltado é que o controle é feito sobre amostras do produto, com 4 ou 5 unidades geralmente. Decide-se se a *amostra* está ou não obedecendo a certos parâmetros, inferindo-se daí se a população de produtos ou peças, ou seja, a produção suposta em princípio ilimitada, obedece também aos padrões fixados.

Seja uma característica a ser controlada, e cuja especificação indicamos por $a \pm b$; a característica deveria medir exatamente a, se não fosse o sistema de causas que dá ao processo produtivo o seu caráter de variabilidade. Em face disto, existe a tolerância b para a característica. Em termos práticos, estamos desejando que essa característica nunca meça mais que $(a + b)$ ou menos que $(a - b)$, sem perder de vista que a dimensão desejada é a, que deve ser obtida ao menos como uma média do processo. Não é difícil perceber que, mesmo abstraindo da forma como iremos exercer o controle, deve-se prestar atenção tanto para a *média* do valor da característica, como para a *variabilidade* imposta pelo processo em torno dessa média. Há, portanto, algumas idéias a serem ligadas. A primeira relação a considerar é a que existe entre as amostras e a população que queremos controlar.

21.2.1 Distribuição de Variáveis em Amostras

Admitamos que a produção de certo produto possa ser encarada como virtualmente infinita; nestas condições, a medida de uma característica qualquer da peça pode ser entendida como uma distribuição normal de média $\overline{X}$ e desvio padrão σ. A grandeza $\overline{X}$ é a média dessas medidas, supostas em número muito grande, e σ é o desvio padrão dessas medidas em relação à $\overline{X}$.

Digamos que, de nossa produção ilimitada, retiramos de tempos em tempos amostras com N elementos (unidades de produto) cada uma; sobre cada unidade de produto, podemos medir o valor X_{ij} da característica que nos interessa, como vemos a seguir, com $N = 3$:

$X_{11}\ X_{21}\ X_{31}$ ...	$X_{12}\ X_{22}\ X_{32}$	$X_{1k}\ X_{2k}\ X_{3k}$
Amostra 1	Amostra 2	Amostra k

O valor X_{ij} dá, portanto, a medida da característica no elemento i da amostra j.

Duas importantes distribuições de probabilidade são definidas sobre as medidas X_{ij} dentro do controle de qualidade; sobre elas, são construídas praticamente toda a teoria e toda a prática do controle de variáveis. Essas duas distribuições são:

a) *Distribuição das médias de amostras*: para cada amostra j, podemos calcular a média X_j:

$$X_1 = \frac{1}{N}\sum_{i=1}^{N} X_{ij} \qquad \text{(Equação 21.1)}$$

Cada amostra terá associado a si esse número X_j, o qual provavelmente variará entre uma e outra amostra. O conjunto de valores X_j forma uma distribuição, que tende à normal na medida em que aumenta o número de amostras retiradas. Como toda distribuição normal, ela será definida por sua média e seu desvio padrão, grandezas representadas $\overline{\overline{X}}$ por e $\sigma_{\overline{\overline{X}}}$ respectivamente. Se tomarmos k amostras, essas grandezas podem ser calculadas como:

$$\overline{\overline{X}} = \frac{1}{k}\sum_{j=1}^{k} X_j \qquad \text{(Equação 21.2)}$$

$$\sigma_{\overline{\overline{X}}} = \sqrt{\frac{\sum_{j=1}^{k}(X_j - \overline{\overline{X}})^2}{k}} \qquad \text{(Equação 21.3)}$$

Tais equações se constituem apenas uma adaptação daquelas que foram apresentadas no Capítulo 4.

b) *Distribuição das amplitudes de amostras*: por definição, a amplitude R_j de uma amostra é a diferença entre o maior e o menor valores da característica na amostra. Segue-se daí que a amplitude é sempre um número maior ou igual a zero. Dentro da amostra, a amplitude pode ser vista como uma *medida de dispersão*, dando uma idéia do afastamento entre os valores da característica na amostra. Também agora cada amostra terá associado a si o número R_j, o qual variará de uma amostra para outra; o conjunto de valores R_j forma uma distribuição que pode ser, em princípio, assumida como normal, embora truncada no ponto zero, por não comportar números negativos. Sobre k amostras, a média $\overline{R}$ e o desvio padrão $\sigma_{\overline{R}}$ podem ser calculados como:

$$\overline{R} = \frac{1}{k}\sum_{j=1}^{k} R_j \qquad \text{(Equação 21.4)}$$

$$\sigma_{\overline{R}} = \sqrt{\frac{\sum_{j=1}^{k}(R_j - \overline{R})^2}{k}} \qquad \text{(Equação 21.5)}$$

Mais uma vez, tal como no caso das equações da distribuição de médias de amostras, as Equações 21.4 e 21.5 são adaptações das fórmulas tradicionais para o cálculo da média e do desvio padrão.

Exemplo 21.1

A Tabela 21.1 mostra os valores de uma característica, medidos sobre 30 amostras com 4 elementos cada uma. Calcular uma estimativa dos parâmetros (média e desvio padrão) das distribuições de médias e amplitudes de amostra.

Tabela 21.1 Valores de uma Característica – Unidades não Especificadas

Amostra	Valores nas Amostras				Média da Amostra	Amplitude da Amostra
1	2,00	2,10	2,00	2,30	2,10	0,30
2	1,80	1,90	2,20	2,00	2,00	0,40
3	1,40	2,00	1,60	1,60	1,70	0,60
4	1,90	1,60	1,80	1,40	1,70	0,50
5	1,40	1,90	1,40	2,00	1,70	0,60
6	2,00	1,80	2,20	1,80	2,00	0,40
7	1,90	2,00	1,80	1,60	1,80	0,40
8	2,20	2,20	1,80	1,40	1,90	0,80
9	1,80	2,00	1,40	1,60	1,70	0,60
10	2,00	1,40	2,00	1,90	1,80	0,60
				Totais	18,40	5,20

Solução

Na própria tabela, já foram calculados os valores X_j e R_j, que são internos à cada amostra. Para a distribuição das médias de amostras, temos:

$$\bar{\bar{X}} = \frac{18{,}40}{10} = 1{,}84$$

$$\sigma_{\bar{\bar{X}}} = \sqrt{\frac{(2{,}10 - 1{,}84)^2 + \ldots + (1{,}80 - 1{,}84)^2}{10}} = 0{,}14$$

Para a distribuição de amplitudes:

$$\bar{R} = \frac{5{,}20}{10} = 0{,}52$$

$$\sigma_{\bar{R}} = \sqrt{\frac{(0{,}30 - 0{,}52)^2 + \ldots + (0{,}60 - 0{,}52)^2}{10}} = 0{,}14$$

(Os valores de $\sigma_{\bar{\bar{X}}}$ e $\sigma_{\bar{R}}$ são iguais entre si apenas por coincidência.)

21.2.2 Relações entre Distribuições: Populações e Amostras

Conforme acabamos de ver, é possível definir duas distribuições de variáveis, a partir de amostras retiradas de uma população supostamente normal de produtos, com média $\bar{X}$ desvio padrão σ. Não devemos perder de vista que a apresentação dessas distribuições é feita porque a partir delas iremos montar o Controle de Variáveis, dando atenção tanto à média do processo como à sua variabilidade. A partir da análise de amostras, infere-se sobre a população.

Nosso presente problema é verificar quais as relações existentes entre a população e as variáveis definidas sobre as amostras; de posse destas relações, será possível então controlar, como desejamos, a população por meio das amostras. Ao todo, definimos quatro grandezas sobre as amostras, quais sejam, as médias e os desvios padrão das duas distribuições, supostas normais. Cada uma dessas grandezas irá se relacionar com a média ou o desvio padrão da população original, como garante a Estatística.

Distribuição de Médias de Amostras e População

As relações existentes são as seguintes:

$\bar{\bar{X}} = \bar{X}$ (Equação 21.6) $\sigma_{\bar{\bar{X}}} = \dfrac{\sigma}{\sqrt{N}}$ (Equação 21.7)

À medida que aumenta o número k de amostras, a média da distribuição de médias de amostras ($\bar{\bar{X}}$) tenderá a igualar a média da população original ($\bar{X}$). O desvio padrão da distribuição de médias de amostras, entretanto, tenderá a diminuir conforme aumente o número N de elementos na amostra, ou seja, a distribuição de médias de amostras é mais "apertada" em torno da média $\bar{X}$ do que a distribuição original (população) em torno de $\bar{\bar{X}}$ (Figura 21.1).

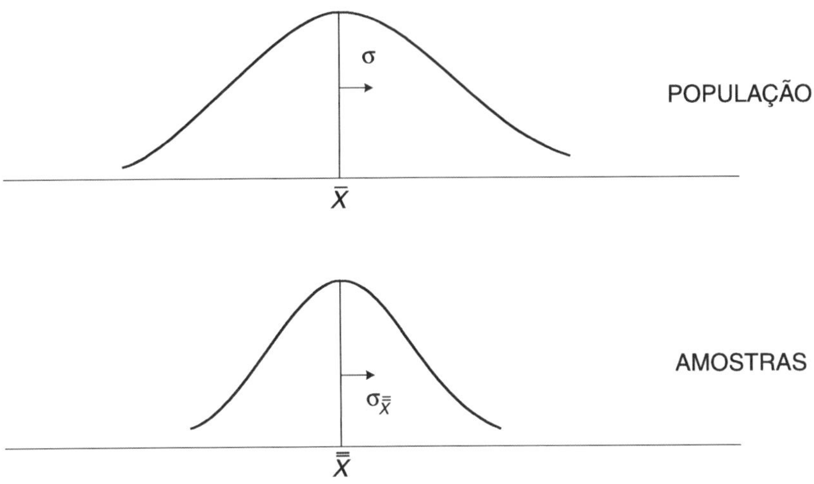

Figura 21.1 Distribuição de Médias de Amostras e População Original.

Distribuição de Amplitudes e População

Tanto a amplitude média como o desvio padrão da distribuição de amplitudes se relacionam com o desvio padrão da população original:

$\bar{R} = d_2\sigma$ (Equação 21.8) $\sigma_{\bar{R}} = d_3\sigma$ (Equação 21.9)

Os fatores d_2 e d_3 variam em função do tamanho N da amostra e estão tabelados na Tabela 21.2; esta contém outros fatores que irão progressivamente aparecendo no texto.

Tabela 21.2 Fatores Utilizados no Controle Estatístico de Qualidade

Tamanho da Amostra	Gráfico X			Gráfico R					
	Limites 3 $\sigma_{\bar{\bar{X}}}$			$\bar{R}$	Limites 3 $\sigma_{\bar{R}}$				
N	A	A_1	A_2	d_2	d_3	D_1	D_2	D_3	D_4
2	2,12	3,76	1,88	1,128	0,853	0	3,69	0	3,27
3	1,73	2,39	1,02	1,693	0,888	0	4,36	0	2,57
4	1,50	1,88	0,73	2,059	0,880	0	4,70	0	2,28
5	1,34	1,60	0,58	2,326	0,864	0	4,92	0	2,11
6	1,22	1,41	0,48	2,534	0,848	0	5,08	0	2,00
7	1,13	1,28	0,42	2,704	0,833	0,20	5,20	0,08	1,92
8	1,06	1,17	0,37	2,847	0,820	0,39	5,31	0,14	1,86
9	1,00	1,09	0,34	2,970	0,808	0,55	5,39	0,18	1,82
10	0,95	1,03	0,31	3,078	0,797	0,69	5,47	0,22	1,78
11	0,90	0,97	0,29	3,173	0,787	0,81	5,53	0,26	1,74
12	0,87	0,93	0,27	3,258	0,778	0,92	5,59	0,28	1,72
13	0,83	0,88	0,25	3,336	0,770	1,03	5,65	0,31	1,69
14	0,80	0,85	0,24	3,407	0,762	1,12	5,69	0,33	1,67
15	0,77	0,82	0,22	3,472	0,755	1,21	5,74	0,35	1,65
16	0,75	0,79	0,21	3,532	0,749	1,28	5,78	0,36	1,64
17	0,73	0,76	0,20	3,588	0,743	1,36	5,82	0,38	1,62
18	0,71	0,74	0,19	3,640	0,738	1,43	5,85	0,39	1,61
19	0,69	0,72	0,19	3,689	0,733	1,49	5,89	0,40	1,60
20	0,67	0,70	0,18	3,735	0,729	1,55	5,92	0,41	1,59

Exemplo 21.2

Utilizando os parâmetros das distribuições das médias e amplitudes de amostras, obtidos no Exemplo 21.1, determinar estimativas para os parâmetros (média e desvio padrão) da população original.

Solução

A média $\bar{X}$ da população original só pode ser estimada por meio da Equação 21.6:

$$\bar{X} = \bar{\bar{X}} = 1{,}84$$

Quanto ao desvio padrão σ, podemos estimá-lo de três formas diferentes, a partir de $\sigma_{\bar{\bar{X}}}$ (Equação 21.7), $\bar{R}$ (Equação 21.8) e $\sigma_{\bar{R}}$ (Equação 21.9):

$$\sigma_{\bar{\bar{X}}} = \frac{\sigma}{\sqrt{N}} \quad \text{ou} \quad 0{,}14 = \frac{\sigma}{\sqrt{4}}$$

Logo, $\sigma = 2\ (0{,}14) = 0{,}28$

$$\bar{R} = d_2\sigma = 2{,}059\sigma \quad \text{ou} \quad 0{,}52 = 2{,}059\sigma$$

Logo, $\sigma = 0{,}52/2{,}059 = 0{,}25$

$$\sigma_{\bar{R}} = d_3\sigma = 0{,}880\sigma \quad \text{ou} \quad 0{,}14 = 0{,}880\sigma$$

Logo, $\sigma = 0{,}14/0{,}880 = 0{,}16$

Vemos, portanto, que as duas primeiras estimativas de σ são consistentes entre si, sendo a terceira bem afastada delas. Isso não necessariamente indica que as duas primeiras produzem um valor de σ mais próximo do real.

21.2.3 Controle da Média e do Desvio Padrão de uma Variável

Tomemos um processo que resulte em peças nas quais uma certa dimensão se distribui normalmente com média $\overline{X}$ e desvio padrão σ. Para controlar essas grandezas, são utilizados os chamados *Gráficos de Controle*. Para o controle de $\overline{X}$, temos particularmente o *Gráfico* X e, para o controle de σ, o *Gráfico R*. Uma forma possível de fazer o controle seria retirar, de tempos em tempos, uma única unidade da produção e medir a característica que é de interesse; por várias razões, o usual é retirar amostras de N elementos para esse controle. As variáveis definidas sobre a amostra mantêm relações com a média $\overline{X}$ e o desvio padrão σ da população original, o que permite, analisando a amostra, inferir sobre a população.

21.2.3.1 *Controle da Média: O Gráfico* X

Vimos que, retirando amostras de N elementos de uma população normal de média $\overline{X}$ e desvio padrão σ, as médias de amostras serão distribuídas também normalmente com média $\overline{\overline{X}}$ e desvio padrão $\sigma_{\overline{X}}$. Dada a relação de igualdade entre $\overline{X}$ e $\overline{\overline{X}}$, se esta última variar, então $\overline{X}$ também terá variado; este é o princípio de controle de $\overline{X}$.

Ao retirarmos amostras da produção, a média X_j da amostra j somente será igual a $\overline{\overline{X}}$ por mero acaso; em geral, difere desta última para mais ou para menos, o que é de esperar tratando-se $\overline{\overline{X}}$ de um valor médio. A questão que se tem é: qual é o valor que deve ter X_j que nos permita supor que $\overline{\overline{X}}$ mudou de valor? A resposta é algum critério que nos diga que, se X_j estiver acima de certo valor ou abaixo de outro, é lícito supor que a média $\overline{\overline{X}}$ variou. É necessário fixar um *intervalo admissível de variação* para a média, ou seja, um *limite superior* e um *limite inferior* para $\overline{\overline{X}}$.

As normas americanas adotam, em ambas as direções, os chamados *limites* $3\sigma_{\overline{X}}$: se ao medir X_j da amostra estiver abaixo de $\overline{\overline{X}} + 3\sigma_{\overline{X}}$ ou acima de $\overline{\overline{X}} - 3\sigma_{\overline{X}}$, supõe-se a constância de $\overline{\overline{X}}$ e, por conseguinte, da média $\overline{X}$ da população original. Os limites $3\sigma_{\overline{X}}$ indicam que, se a média das médias de amostras for realmente $\overline{\overline{X}}$, haverá apenas 3 chances em 1.000 de que a média de uma amostra qualquer caia fora do intervalo $\overline{\overline{X}} \pm 3\sigma_{\overline{X}}$. Se isto ocorrer, portanto, supõe-se haver uma ou mais causas anormais que fizeram variar $\overline{\overline{X}}$. Tais causas devem ser identificadas e eliminadas. Enquanto X_j estiver dentro dos limites $3\sigma_{\overline{X}}$, a variação será considerada rotineira, devido apenas a um sistema de causas de difícil eliminação.

Para uso prático, os limites $\overline{\overline{X}} + 3\sigma_{\overline{X}}$ costumam ser colocados no chamado Gráfico X mostrado na Figura 21.2.

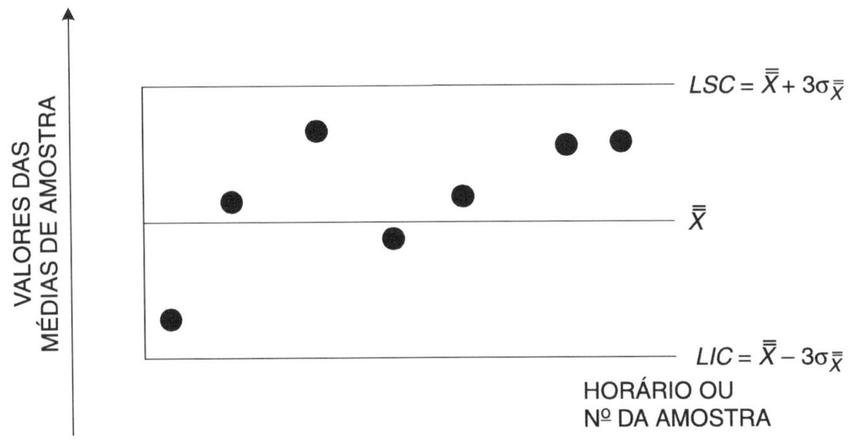

Figura 21.2 O Gráfico *X*.

O Gráfico X é obtido marcando-se uma linha média, correspondente à média esperada $\bar{\bar{X}}$ das médias de amostras. Acima da linha média, marca-se o Limite Superior de Controle (*LSC*), correspondendo a $\bar{\bar{X}} + 3\sigma_{\bar{\bar{X}}}$, abaixo da linha média marca-se o Limite Inferior de Controle (*LIC*), para $\bar{\bar{X}} - 3\sigma_{\bar{\bar{X}}}$. De cada amostra retirada, calcula-se a média X_j, que vai pontuada no gráfico segundo a escala de valores na vertical. Para individualização da amostra, usa-se um número seqüencial ou o horário da retirada.

21.2.3.2 *Determinação de* $\bar{\bar{X}}$ *e* $\sigma_{\bar{\bar{X}}}$ *Conhecidos* $\bar{X}$ *e* σ

Neste caso, estamos supondo conhecidos de antemão a média $\bar{X}$ e o desvio padrão σ, característicos do processo de fabricação. A função do Gráfico X será controlar essa média por meio da retirada de amostras.

Retomando as Equações 21.6 e 21.7:

$$\bar{\bar{X}} = \bar{X}$$

$$\sigma_{\bar{\bar{X}}} = \frac{\sigma}{\sqrt{N}}$$

Os limites serão:

$$LSC = \bar{\bar{X}} + 3\sigma_{\bar{\bar{X}}} = \bar{\bar{X}} + \frac{3\sigma}{\sqrt{N}} = \bar{\bar{X}} + A\sigma$$

$$LIC = \bar{\bar{X}} - 3\sigma_{\bar{\bar{X}}} = \bar{\bar{X}} - \frac{3\sigma}{\sqrt{N}} = \bar{\bar{X}} - A\sigma$$

Os valores de A encontram-se na Tabela 21.2, para diversos valores do tamanho da amostra N.

Exemplo 21.3

Suponha que a população da qual foram tiradas as amostras da Tabela 21.1 seja uma normal com $\bar{X} = 1{,}90$ e $\sigma = 0{,}15$. Determinar se as amostras indicam que o processo se mantém sob controle no tocante à média $\bar{X}$.

Solução

Temos:

$$\bar{\bar{X}} = \bar{X} = 1{,}90$$

$$3\sigma_{\bar{\bar{X}}} = A\sigma = \frac{3}{\sqrt{4}}\,(0{,}15) = 0{,}23$$

$$LSC = 1{,}90 + 0{,}23 = 2{,}13$$

$$LIC = 1{,}90 - 0{,}23 = 1{,}67$$

Todas as médias de amostra caem dentro dos limites: o processo está sob controle no tocante à média. Como os pontos (veja gráfico) se distribuem distantes da média, próximos aos limites, talvez o processo esteja fora de controle no tocante à variabilidade em torno da média; retomaremos o exemplo mais tarde para testar essa hipótese.

21.2.3.3 *Controle da Dispersão: O Gráfico* R

Para manter sob controle o desvio padrão σ do processo, pode-se partir da análise das amplitudes R_j de amostras, por meio do Gráfico R. Como já foi visto, a amplitude média $\bar{R}$ das amostras mantém uma relação com o desvio padrão da população:

$$\bar{R} = d_2\sigma \qquad \text{(Equação 21.8)}$$

Segue-se da Equação 21.8 que, se a amplitude R_j da amostra indicar que a amplitude média continua sendo $\bar{R}$, então o desvio padrão continua sendo σ. Existe aqui, como existia no caso do controle da média, o problema de se determinar a variação admissível no valor R_j. Mais uma vez, as normas americanas adotam os limites $3\sigma_{\bar{R}}$, o que indica que $\bar{R}$ estará inalterado se uma amostra qualquer tiver amplitude R_j entre $\bar{R} \pm 3\sigma_{\bar{R}}$.

O Gráfico *R* é, em construção e utilização, bastante semelhante ao Gráfico *X* (Figura 21.3):

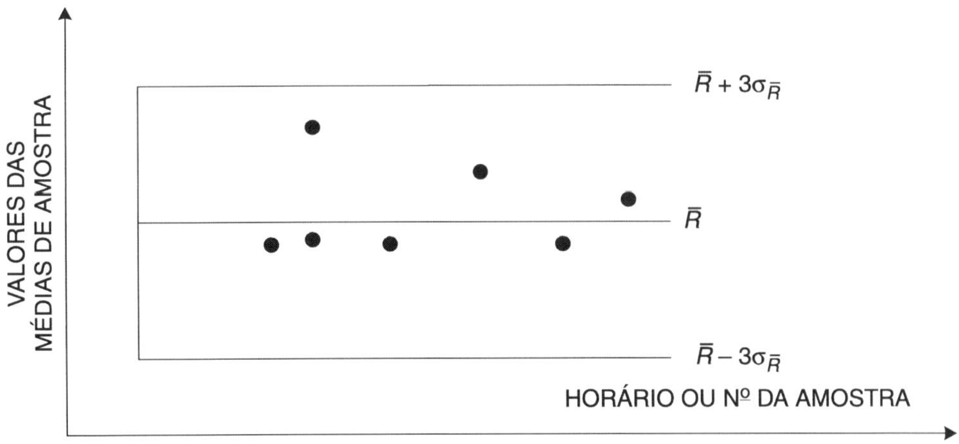

Figura 21.3 O Gráfico *R*.

21.2.3.4 *Determinação de* $\bar{R}$ *e* $\sigma_{\bar{R}}$ *Conhecido* σ

Lembrando que:

$\bar{R} = d_2\sigma$ (Equação 21.8)

$\sigma_{\bar{R}} = d_3\sigma$ (Equação 21.9)

os limites de controle serão:

$$LSC = \bar{R} + 3\sigma_{\bar{R}} = d_2\sigma + 3d_3\sigma = (d_2 + 3d_3)\sigma = D_2\sigma$$

$$LIC = R - 3\sigma_{\bar{R}} = d_2\sigma - 3d_3\sigma = (d_2 - 3d_3)\sigma = D_1\sigma$$

Os fatores D_1 e D_2 são fornecidos na Tabela 21.2, para vários valores do tamanho da amostra *N*.

Exemplo 21.4

Retomar os dados do Exemplo 21.3, ou seja, supor $\bar{X} = 1{,}90$ e $\sigma = 0{,}15$ para o universo do qual foi construída a Tabela 21.1. Determinar se as amostras indicam que o processo está sob controle no tocante ao desvio padrão σ da população original.

Solução

Temos, com os valores D_1 e D_2 tomados na Tabela 21.2:

$$LSC = D_2\sigma = 4{,}698\ (0{,}15) = 0{,}70$$

$$LIC = D_1\sigma = 0\ (0{,}15) = 0$$

Nenhuma amplitude de amostra pode estar acima de 0,70; verificando a Tabela 21.1, nota-se que a amostra de nº 8 tem amplitude de 0,80, o que confirma a suspeita de que o processo está fora de controle no tocante à dispersão.

21.2.3.5 *Construção dos Gráficos* X *e* R, *Sendo* $\overline{X}$ *e* σ *Desconhecidos*

Acabamos de ver como os Gráficos X e R são construídos a partir do conhecimento prévio da média $\overline{X}$ e do desvio padrão σ do processo de fabricação; resta considerar o caso em que $\overline{X}$ e σ são desconhecidos e desejamos construir os gráficos diretamente por meio de medidas sobre amostras retiradas da produção. Para este caso, a construção dos gráficos costuma ser feita a partir da retirada de pelo menos 20 amostras, geralmente com $N = 5$. Tanto o Gráfico X como o Gráfico R dependerão da amplitude média $\overline{R}$ estimada a partir das amostras.

Os passos a serem seguidos são os seguintes:

- *Passo 1*: calcula-se a amplitude média $\overline{R}$ das amostras.
- *Passo 2*: tendo $\overline{R}$, calculam-se os limites de controle do Gráfico R:

$$LSC = \overline{R} + 3\sigma_{\overline{R}} = \overline{R} + 3d_3\sigma = \overline{R} + 3d_3 \frac{\overline{R}}{d_2} =$$

$$LSC = \left(1 + 3 \frac{d_3}{d_2}\right) \overline{R} = D_4\overline{R}$$

$$LIC = \overline{R} - 3\sigma_{\overline{R}} = \overline{R} - 3d_3\sigma = \overline{R} - 3d_3 \frac{\overline{R}}{d_2} =$$

$$LIC = \left(1 - 3 \frac{d_3}{d_2}\right) \overline{R} = D_3\overline{R}$$

Os valores de D_3 e D_4 dependem do tamanho da amostra N e são fornecidos na Tabela 21.2.

- *Passo 3*: caso alguma amplitude R_j de amostra caia fora dos limites determinados, abandonar a amostra e efetuar novamente os cálculos de $\overline{R}$ e dos limites com as amostras restantes, até que nenhuma amplitude caia fora dos limites definidos.
- *Passo 4*: cumprido o passo 3, calcula-se agora, com as amostras restantes, a média X_j de cada amostra, bem como a média das médias $\overline{\overline{X}}$.
- *Passo 5*: calcular os limites de controle para a média:

$$LSC = \overline{\overline{X}} + 3\sigma_{\overline{\overline{X}}} = \overline{\overline{X}} + 3 \frac{\sigma}{\sqrt{N}} = \overline{\overline{X}} + \frac{3}{\sqrt{N}} \frac{\overline{R}}{d_2} = \overline{\overline{X}} + A_2\overline{R}$$

$$LIC = \overline{\overline{X}} - 3\sigma_{\overline{\overline{X}}} = \overline{\overline{X}} - 3 \frac{\sigma}{\sqrt{N}} = \overline{\overline{X}} - \frac{3}{\sqrt{N}} \frac{\overline{R}}{d_2} = \overline{\overline{X}} - A_2\overline{R}$$

O fator $A_2 = \dfrac{3}{d_2\sqrt{N}}$ encontra-se na Tabela 21.2, para diversos valores de N.

- *Passo 6*: verifica-se se nenhuma média X_j de amostra cai fora dos limites; caso isso aconteça, ela deve ser abandonada e $\overline{\overline{X}}$ (e os novos limites, conseqüentemente), calculado novamente com as amostras restantes até que todas as médias X_j estejam dentro dos limites determinados.

Exemplo 21.5

Foram tomadas 20 amostras de 5 elementos cada uma, com a finalidade de se determinar os Gráficos X e R de certa característica. Para cada amostra, mediu-se a média X_j e a amplitude R_j das medidas da característica. A partir desses valores, dados a seguir, construir os gráficos desejados.

Número da Amostra	X_j	R_j	Número da Amostra	X_j	R_j
1	12,42	0,62	11	12,35	0,70
2	11,81	1,55	12	12,20	0,59
3	12,16	0,43	13	12,04	0,69
4	11,90	0,60	14	11,83	0,65
5	12,35	0,84	15	12,13	0,62
6	10,71	1,32	16	14,20	0,52
7	12,04	0,60	17	12,22	0,64
8	11,81	0,58	18	11,94	0,82
9	12,22	0,62	19	12,03	0,30
10	12,15	0,61	20	11,81	0,61
			Totais	242,32	14,01

Solução

Passo 1: $\bar{R} = \dfrac{14,01}{20} = 0,70$

Passo 2:

$LSC = D_4\bar{R} = 2,115\ (0,70) = 1,48$

$LIC = D_3\bar{R} = 0\ (0,70) = 0$

- *Passo 3*: verifica-se que a amostra nº 2 tem amplitude acima do *LSC*; essa amostra deve ser abandonada.

Retorno ao Passo 1:

$$\bar{R} = \frac{14,01 - 1,55}{19} = 0,66$$

Retorno ao Passo 2:

$LSC = D_4\bar{R} = 2,115\ (0,66) = 1,40$

$LIC = D_3\bar{R} = 0\ (0,66) = 0$

Retorno ao Passo 3: verifica-se que todas as amostras restantes têm amplitude dentro do intervalo permitido; o cálculo de $\bar{R}$ está encerrado.

Passo 4:

$$\bar{\bar{X}} = \frac{242,32 - 11,81}{19} = 12,13$$

Passo 5:

$LSC = \bar{\bar{X}} + A_2\bar{R} = 12,13 + 0,577\ (0,66) = 12,51$

$LIC = \bar{\bar{X}} - A_2\bar{R} = 12,13 - 0,577\ (0,66) = 11,75$

Passo 6: verifica-se que a amostra nº 6 cai abaixo do *LIC* e a amostra nº 16 cai acima do *LSC* e devem ser abandonadas.

Retorno ao Passo 4:

$$\bar{\bar{X}} = \frac{242,32 - 11,81 - 10,71 - 14,20}{17} = 12,09$$

Retorno ao Passo 5:

$LSC = \bar{\bar{X}} + A_2\bar{R} = 12,09 + 0,577\ (0,66) = 12,47$

$LIC = \bar{\bar{X}} - A_2\bar{R} = 12,09 - 0,577\ (0,66) = 11,71$

Retorno ao Passo 6: verifica-se que todas as amostras restantes têm médias dentro do intervalo permitido; os cálculos estão encerrados e os Gráficos X e R têm o aspecto a seguir:

Gráfico X	Gráfico R
12,47	1,40
12,09	0,66
11,71	0

Observação: o fato de que houve a necessidade de se rejeitar algumas amostras, tanto por ultrapassar os limites do Gráfico X quanto do Gráfico R, indica que o processo está ainda fora de controle tanto no que diz respeito à média como à dispersão.

21.2.4 Mudanças nas Características do Processo

Se um processo está resultando em certa dimensão, distribuindo-se normalmente com média $\bar{X}$ e desvio padrão σ, uma mudança no processo poderá afetar qualquer uma dessas duas grandezas isoladamente ou ambas ao mesmo tempo. Uma mudança apenas na média está ilustrada na Figura 21.4:

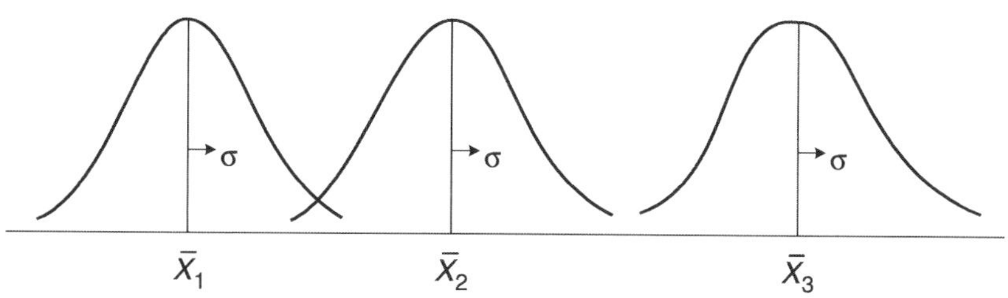

Figura 21.4 Mudança na Média da População.

O Gráfico X deverá captar a mudança, a menos que seja muito pequena a variação em $\bar{X}$, isto porque os limites $3\sigma_{\bar{\bar{X}}}$ são relativamente afastados da linha central; assim, com pequenas variações, ainda há possibilidades de que muitos pontos caiam dentro dos limites. Como o desvio padrão da distribuição de médias de amostras é $\sigma/\sqrt{N}$, quanto maior for N, mais sensível será o gráfico para acusar pequenas variações na média. Mesmo que os pontos não caiam fora do gráfico, há algumas configurações, sugeridas por Grant e Leavenworth (1980) que nos permitem suspeitar de alguma variação na média:

- 7 pontos sucessivos do gráfico de controle situam-se do mesmo lado da linha média.
- 10 de 11 pontos sucessivos estão do mesmo lado da linha média.
- pelo menos 12 de 14 pontos, ou 14 de 17 pontos, ou 16 de 20 pontos sucessivos estão do mesmo lado da linha média.

A Figura 21.5 mostra o segundo tipo de ocorrência, ou seja, a mudança na dispersão sem que haja mudança na média:

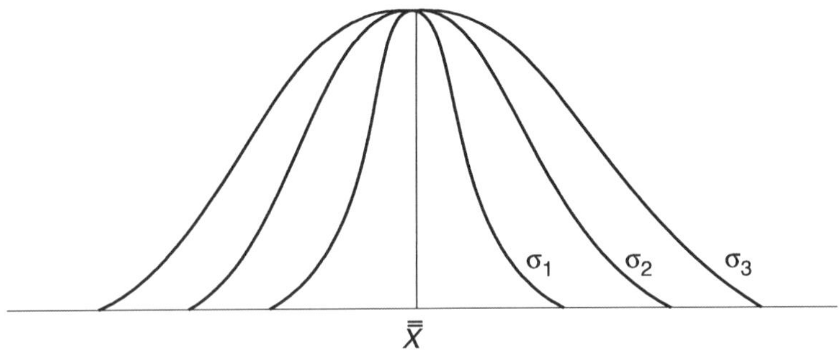

Figura 21.5 Mudança na Dispersão da População.

Neste caso, o Gráfico R será diretamente afetado, aparecendo pontos fora dos limites de controle. Sendo $\bar{R}$ afetado, os limites do Gráfico X também o serão: a anormalidade é registrada pelos dois gráficos de controle.

O terceiro caso é ilustrado pela Figura 21.6, que mostra tanto a variação da média quanto da dispersão. Tais variações deverão ser assinaladas pelos dois tipos de gráficos, X e R.

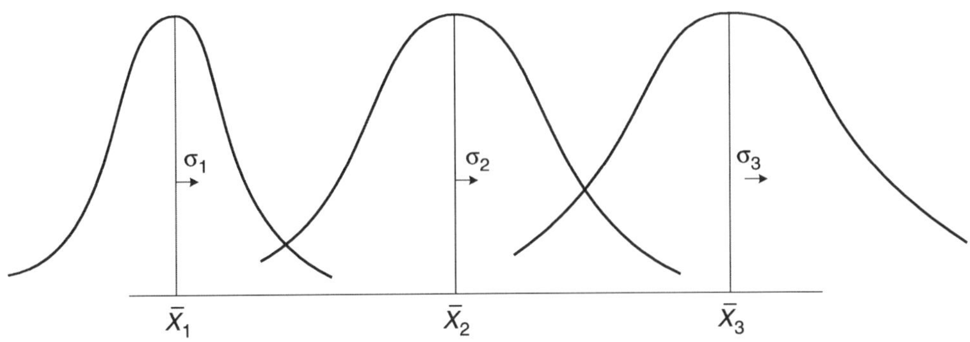

Figura 21.6 Variação na Média e na Dispersão da População.

21.2.5 Considerações sobre as Amostras

As amostras merecem nossa atenção sob dois aspectos: a freqüência com que são retiradas da produção e o número de elementos contidos em cada amostra.

No tocante à freqüência, não há regras estabelecidas, exceto que devemos aumentar a freqüência nos processos que se estejam colocando sob controle inicial, ou naqueles onde se suspeita haver alguma variação. Após a estabilização do processo, as amostras poderão ser retiradas com freqüência diária ou mesmo semanal. Convém também que a amostra seja homogênea, com os elementos retirados em seqüência da produção: estaremos mais interessados na variação de uma amostra para outra.

Para amostras de 4 elementos, a distribuição de $\bar{\bar{X}}$ é aproximadamente normal, mesmo que a população original não o seja. Essa é uma vantagem que descarta amostras de 2 ou 3 elementos, exceto quando os custos elevados recomendarem o contrário. O usual parece ser a tomada de amostras de 4 ou 5 elementos; amostras maiores podem ser usadas quando se deseja um gráfico capaz de detectar pequenas variações na população.

21.3 Controle da Proporção de Defeituosos

Os Gráficos X e R, embora sejam um valioso auxílio na detecção de problemas de qualidade, podem levar a um trabalho exagerado (e, conseqüentemente, a altos custos) se forem muitas as características de qualidade a serem controladas, pelo fato de exigirem medidas junto à produção. Sempre que possível, é interessante classificar o produto simplesmente como *defeituoso* ou *não defeituoso*, na dependência de apresentar ou não determinado atributo ou conjunto de atributos. Nesses casos, em que não precisamos medir a característica, mas apenas classificar o produto como defeituoso ou não defeituoso, costuma-se usar o *Gráfico da Fração Defeituosa p* ou o *Gráfico da Porcentagem de Defeituosos 100 p*, os quais, na verdade, são um só instrumento, diferindo na forma de apresentação.

Dada uma amostra de tamanho N, contendo Y peças defeituosas, a fração de defeituosos na amostra será $Y/N = p$; logo p é um número variando entre zero e um. Se tomarmos $100\ p$, teremos a porcentagem de defeituosos no lote, ou seja, o número de defeituosos a cada 100 peças do lote.

Tais gráficos possuem a vantagem de dar o resumo das características de qualidade do produto; mesmo que haja várias características, elas não serão medidas, mas simplesmente analisadas para definir o produto como defeituoso ou não defeituoso. Essas análises são, em geral, muito mais simples do que medições para os Gráficos X e R, constituindo-se no mais das vezes em inspeções visuais ou com o auxílio de medidores do tipo "passa/não passa" (*go/no go*).

A distribuição estatística por detrás dos Gráficos p e $100\ p$ é chamada *distribuição binomial*, já apresentada no Capítulo 4. Faremos agora uma pequena adaptação ao Controle de Qualidade.

21.3.1 A Distribuição Binomial Adaptada ao Controle de Qualidade

Imaginemos que a produção de certo produto apresente constantemente uma proporção p de defeituosos. Retirando uma amostra de N elementos, no entanto, a amostra não necessariamente apresentará Np defeituosos. Na verdade, o número de defeituosos poderá ser 0, 1, 2, ... N. Para fixar idéias, imaginemos que um processo produtivo que resulte em uma proporção de defeituosos de 0,3 (ou uma porcentagem de defeituosos de 30%). Se for retirada uma amostra de, por exemplo, 10 elementos, não necessariamente ela apresentará 3 defeituosos. Embora seja esse o número mais provável de defeituosos, é possível encontrar 0, 1, 2, 3, ... 10 elementos com defeito.

O número de defeituosos que pode ser encontrado em uma amostra de tamanho N, provinda de uma população com fração defeituosa p, é uma variável aleatória discreta Y, que pode tomar valores 0, 1, 2, ... N, segundo certa distribuição de probabilidades. Essa distribuição coincide, aproximadamente, com a *distribuição binomial* da Estatística. A coincidência será tanto melhor quanto maior for a população da qual se retira a amostra; a coincidência seria perfeita se a amostragem fosse feita com reposição. A probabilidade de encontrarmos Y defeituosos na amostra de tamanho N, quando a fração defeituosa na população p é dada por:

$$P(Y) = \frac{N!}{Y!\,(N-Y)!}\, p^{Y}\,(1-p)^{(N-Y)} \qquad \text{(Equação 21.10)}$$

O leitor pode verificar que a Equação 21.10 é idêntica à Equação 4.11, que apresentamos no Capítulo 4 para a distribuição binomial. Mudamos apenas alguns símbolos para caracterizar a aplicação ao controle de qualidade.

Aplicando a Equação 21.10 ao caso de $N = 10$ e $p = 0{,}3$, obtêm-se os seguintes resultados:

Y	$P(Y)$
0	0,028
1	0,121
2	0,233
3	0,267
4	0,200
5	0,103

Y	$P(Y)$
6	0,037
7	0,009
8	0,001
9	desprezível
10	desprezível

A Figura 21.7 mostra o gráfico de barras para a distribuição obtida.

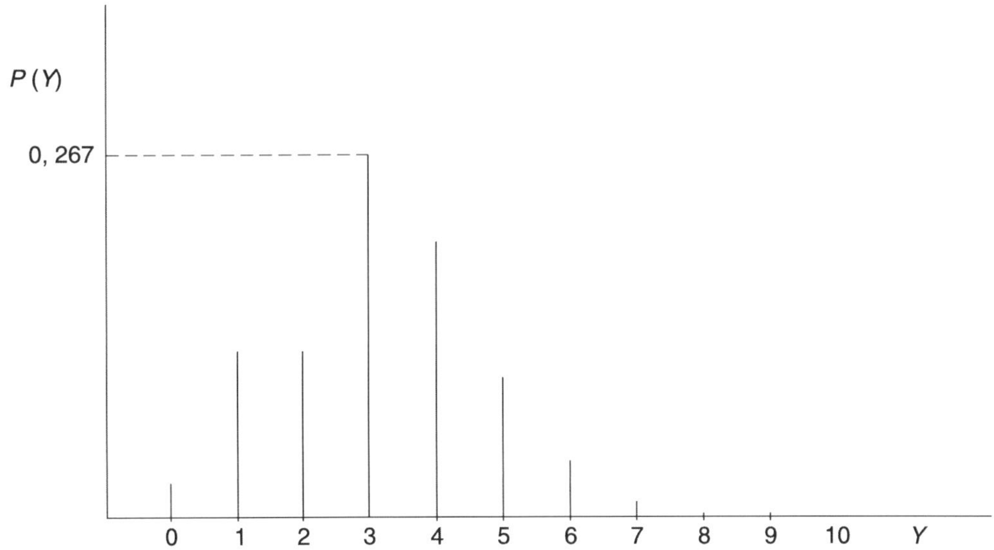

Figura 21.7 Gráfico de Barras para uma Binomial (N = 10; p = 0,3).

Vejamos agora como podemos estimar, a partir de amostras, a média e o desvio padrão da fração de defeituosos em uma população. Dadas k amostras, com o mesmo número N de elementos, seja p_j a proporção defeituosa na amostra j. A média das proporções defeituosas nas k amostras será:

$$\bar{p} = \frac{\sum_{j=1}^{k} p_j}{k}$$

Na medida em que o número k de amostras vai tendendo ao infinito, a média $\bar{p}$ acabará por igualar-se à proporção defeituosa do universo:

$\bar{p} = p$ (Equação 21.11)

O desvio padrão da distribuição binomial, por sua vez, é dado por:

$$\sigma_{\bar{p}} = \sqrt{\frac{\bar{p}\,(1-\bar{p})}{N}} \qquad \text{(Equação 21.12)}$$

que é um limite do cálculo

$$\sigma_{\bar{p}} = \sqrt{\frac{\sum_{j=1}^{k} (p_j - \bar{p})^2}{k}}$$ quando k tende ao infinito.

À parte a simbologia ligeiramente diferente, as Equações 21.11 e 21.12 constituem-se meramente em uma adaptação das Equações 4.12 e 4.13 respectivamente, para o caso em que desejamos a média e o desvio padrão da fração de defeituosos e não do número de defeituosos, como nas Equações 4.12 e 4.13. Para se chegar às Equações 21.11 e 21.12, basta dividir as Equações 4.12 e 4.13 pelo tamanho da amostra.

É fácil perceber que, à medida que o tamanho da amostra N aumenta, o desvio padrão $\sigma_{\bar{p}}$ diminui, mostrando que há uma tendência ao agrupamento em torno da proporção defeituosa p da população.

Podemos expressar-nos em termos do número de defeituosos na amostra, caso em que as Equações 21.11 e 21.12 transformam-se em:

$$N_{\bar{p}} = N_p \qquad \text{(Equação 21.13)}$$

$$\sigma_{N_{\bar{p}}} = \sqrt{N_{\bar{p}}\,(1 - \bar{p})} \qquad \text{(Equação 21.14)}$$

Exemplo 21.6

Consideremos um processo industrial que esteja produzindo 10% de peças defeituosas e do qual retiramos, de tempos em tempos, amostras de 100 elementos. Determinar a média e o desvio padrão:

a) da proporção de defeituosos nas amostras;

b) do número de defeituosos nas amostras.

Solução

Temos, se o número de amostras é muito grande:

a) *Parâmetros da proporção de defeituosos*:

$$\bar{p} = p = 0{,}10$$

$$\sigma_{\bar{p}} = \sqrt{\frac{0{,}10\,(1 - 0{,}10)}{100}} = 0{,}03$$

b) *Parâmetros do número de defeituosos*:

$$N_{\bar{p}} = N_p = 100\,(0{,}1) = 10 \text{ defeituosos/amostra}$$

$$\sigma_{N_{\bar{p}}} = \sqrt{100\,(0{,}10)\,(1 - 0{,}10)} = 3 \text{ defeituosos}$$

21.3.2 Considerações sobre a Construção dos Gráficos p e $100p$

Na construção dos Gráficos p e 100 p iremos supor que o tamanho da amostra N é constante e, além disso, tomaremos mais uma vez os limites 3σ, o que implica supor que a curva normal é uma boa aproximação para a binomial. Na verdade, há casos em que a aproximação é boa e casos em que não é. Os livros de Estatística costumam citar como critério que a aproximação será boa quando $N_{\bar{p}}$ e $N\,(1 - \bar{p})$, simultaneamente, forem maiores que 15. Tal condição equivale, por exemplo, a tomar amostras de pelo menos 300 elementos quando p for 0,05 ou 5%. Um critério menos rigoroso baixa o número 15 para 5 o que, no caso anterior ($\bar{p} = 0{,}05$), exigiria uma amostra de tamanho mais razoável, com 100 elementos.

Quando se constrói o Gráfico p (ou 100 p), podem-se ter vários objetivos em vista:

a) Deseja-se saber até que ponto o processo é capaz de satisfazer a uma dada especificação, que estabelece que a produção deva fornecer em média uma fração p de defeituosos.

b) Embora não haja uma especificação, deseja-se conhecer o desempenho do processo, já que, normalmente, possui alguma idéia da fração de defeituosos a esperar.

c) Deseja-se saber se o processo está ou se mantém sob controle.

Nada impede, é claro, que os três objetivos sejam buscados ao mesmo tempo; em todos os casos, o Gráfico da Fração de Defeituosos é de grande utilidade.

Na construção dos gráficos, são obedecidos os limites 3 sigma, com as mesmas considerações que foram feitas quando se estudou o Controle de Variáveis. A principal consideração a fazer é a de que, sendo muito pequena a probabilidade de que um ponto caia fora dos limites de controle, se o fato ocorrer, é razoável supor alguma variação nos parâmetros da peça produzida. Onde está, porém, essa variação, na media ou na dispersão? Por que se usa apenas um gráfico, diferentemente do Controle de Variáveis, onde havia um gráfico para a média e outro para a dispersão?

As respostas às duas perguntas estão ligadas. No Controle de Variáveis, em que usamos a distribuição normal, é possível haver uma variação na média sem que a dispersão varie e vice-versa, porque não há ligação *a priori* entre as duas. Dessa forma, há a necessidade de construir dois gráficos independentes, um para a média e outro para a dispersão.

No caso do Controle da Fração de Defeituosos, onde trabalhamos com a distribuição binomial, nota-se que o desvio padrão e a média estão interligados pela Equação 21.12:

$$\sigma_{\bar{p}} = \sqrt{\frac{\bar{p}\,(1-\bar{p})}{N}}$$

Sendo o tamanho da amostra constante, a média e o desvio padrão variarão em conjunto – não é necessário, pois, ter dois gráficos de controle.

Na construção do Gráfico p, os limites serão:

$$LSC = \bar{p} + 3\sigma_{\bar{p}} = \bar{p} + 3\sqrt{\frac{\bar{p}\,(1-\bar{p})}{N}}$$

$$LIC = \bar{p} - 3\sigma_{\bar{p}} = \bar{p} - 3\sqrt{\frac{\bar{p}\,(1-\bar{p})}{N}}$$

21.3.3 Rotina de Construção dos Gráficos *p* e 100*p*

Se a fração defeituosa p gerada pelo processo for conhecida, os limites são facilmente determinados, dado que são definidos apenas por p e pelo tamanho da amostra N. Conhecido o Gráfico p, o Gráfico 100 p é imediato.

Partindo, porém, do princípio de que a fração p é desconhecida ou então de que temos motivos para supor que tenha variado, os passos do cálculo são os seguintes:

- *Passo 1*: tomam-se ao longo do tempo k amostras de tamanho N.
- *Passo 2*: determina-se para cada amostra a fração defeituosa p_j, pela divisão do número de defeituosos na amostra por N.
- *Passo 3*: determina-se a fração defeituosa média $\bar{p}$ para as k amostras.
- *Passo 4*: constroem-se os limites $3\sigma_{\bar{p}}$.
- *Passo 5*: se alguma das amostras possuir fração defeituosa fora dos limites determinados, é abandonada, retomando-se os Passos 3 e 4 para as amostras restantes até que todas as amostras tenham p_j internas aos limites estabelecidos.

Exemplo 21.7

Foram tomadas 15 amostras de 100 peças cada uma, determinando-se quantos defeituosos havia em cada amostra e as conseqüentes frações de defeituosos. Construir os Gráficos p e 100 p.

Número da Amostra	Número de Defeituosos	p_j
1	5	0,05
2	1	0,01
3	7	0,07
4	0	0
5	5	0,05
6	7	0,07
7	5	0,05
8	12	0,12

Número da Amostra	Número de Defeituosos	p_j
9	5	0,05
10	8	0,08
11	7	0,07
12	2	0,02
13	3	0,03
14	5	0,05
15	0	0
	Total	0,75

Solução

Como na própria tabela já foram calculadas as frações defeituosas de cada amostra, podemos partir para o Passo 3:

$$\bar{p} = \frac{\sum_{j=1}^{15} p_j}{15} = \frac{0{,}75}{15} = 0{,}05$$

Para o Passo 4:

$$\sigma_{\bar{p}} = \sqrt{\frac{\bar{p}\,(1-\bar{p})}{100}} = \sqrt{\frac{0{,}05\,(1-0{,}05)}{100}} = 0{,}02$$

$$LSC = \bar{p} + 3\sigma_{\bar{p}} = 0{,}05 + 3\,(0{,}02) = 0{,}11$$

$$LIC = \bar{p} - 3\sigma_{\bar{p}} = 0{,}05 - 3\,(0{,}02) = -0{,}01 \sim 0$$

Não há sentido em um *LIC* negativo, que ocorre devido ao fato de estarmos tomando limites $3\sigma_{\bar{p}}$, ou seja, devido à aproximação da binomial pela normal.

Verifica-se que a amostra de nº 8 cai fora dos limites ($p_8 = 0{,}12$) e, portanto, é abandonada. Refazendo-se os cálculos sem essa amostra, temos:

$$\bar{p} = \frac{\sum_{j=1}^{14} p_j}{14} = \frac{0{,}75 - 0{,}12}{14} = 0{,}05$$

Os limites serão, portanto, os mesmos; dessa vez, nenhuma amostra cairá fora desses limites e os cálculos estão encerrados.

Para o Gráfico 100 p, os limites serão:

$LSC = 100\,(0{,}11) = 11\%$

Linha média = 100 (0,5) = 5%

$LIC = 100\,(0) = 0\%$

21.4 Controle do Número de Defeitos por Unidade

O último tipo de Controle do Processo, não coberto pelos Gráficos X, R e p é o chamado *Controle do Número de Defeitos por Unidade* ou *por Peça*. A preocupação básica, neste tipo de controle, é evitar que peças apresentem defeitos em número muito elevado e/ou muito graves.

Os defeitos costumam ser classificados em letras, geralmente em três ou quatro classes: a Classe *A* é a dos *defeitos muito graves*, que inutilizam a peça no tocante às suas funções principais;

a Classe B é a dos *defeitos sérios* que, embora não inutilizem a peça, provavelmente comprometerão o seu desempenho; a Classe C é a dos *defeitos leves*, que não interferem no desempenho da peça e, em geral, são defeitos de aparência ou acabamento. Quando se faz a contagem dos defeitos em uma peça, os defeitos das diferentes classes podem ser ponderados diferentemente. Não há, no entanto, regras precisas no tocante ao número de classes de defeitos a adotar, nem sobre o peso relativo de cada tipo de defeito. Em cada caso, os responsáveis devem estabelecer os padrões que forem julgados razoáveis. Ainda no que diz respeito à ponderação, ela pode ser feita de tal forma que, apresentando um só defeito grave, a peça seja completamente rejeitada. O Gráfico utilizado para o controle é o *Gráfico do Número de Defeitos por Peça ou Gráfico c*. A distribuição estatística por detrás do Gráfico c é a distribuição de Poisson, que nada mais é do que um caso especial da distribuição binomial. A distribuição de Poisson está também no Capítulo 4, destinado às noções introdutórias de Estatística, de forma que será feita apenas uma adaptação de simbologia ao Controle de Qualidade.

21.4.1 A Distribuição de Poisson Adaptada ao Controle de Qualidade

Consideremos uma população de elementos, grande o suficiente para que possamos considerá-la ilimitada; consideremos também que a proporção de ocorrências de um certo tipo seja muito pequena. Esse é exatamente o caso de um defeito que, embora possa aparecer em um determinado ponto de uma peça, o fará com probabilidade muito pequena. Tirando-se como amostra apenas uma peça, é claro que o número de pontos em sua superfície é muito grande; nessas condições, mesmo sendo pequena (próxima de zero) a chance de haver um defeito em um determinado ponto, havendo muitos desses pontos, será grande a chance da peça apresentar alguns defeitos.

Dada, pois, uma peça, ela poderá apresentar defeitos que, em número, variam teoricamente de zero a infinito; haverá, no entanto, um número médio de defeitos e, à medida em que nos afastamos dessa média, as probabilidades tenderão rapidamente a zero.

Chamemos de c o número médio de ocorrências por amostra, ou seja, em nosso caso particular, o número de defeitos por peça. Da Estatística, demonstra-se que o desvio padrão do número de defeitos por peça é um caso limite da distribuição binomial e é dado por:

$$\sigma_c = \sqrt{c} \qquad \text{(Equação 21.15)}$$

Por sua vez, também como um caso limite da binomial a probabilidade da amostra (peça) conter exatamente Y defeitos é dada por:

$$P(Y) = \frac{c^Y}{Y!} e^{-c} \qquad \text{(Equação 21.16)}$$

onde e é a base dos logaritmos neperianos.

As Equações 21.15 e 21.16 coincidem, respectivamente, com as Equações 4.15 e 4.14, com a simbologia ligeiramente modificada.

Exemplo 21.8

Para certa peça, a média de defeitos por unidade é 4. Determinar o desvio padrão da distribuição do número de defeitos por peça. Determinar também a probabilidade de que uma peça apresente apenas um defeito.

Solução

Temos:

$$\sigma_c = \sqrt{c} = \sqrt{4} = 2 \qquad p_{(1)} = \frac{4^1}{1!} e^{-4} = 0{,}07326$$

21.4.2 Limites de Controle do Gráfico *c*

Como nos casos vistos até agora no Controle do Processo, os limites de controle adotado são os limites 3 σ_c, na suposição de que a distribuição de Poisson possa ser aproximada pela normal.

Assim, pois, temos:

$LSC = c + 3\,\sigma_c = c + 3\sqrt{c}$

$LIC = c - 3\,\sigma_c = c - 3\sqrt{c}$

(linha central = c)

Sempre que o limite inferior de controle for menor do que zero, é aproximado até zero. Notar que, como no caso do Gráfico p, também aqui não há necessidade de se controlar separadamente a dispersão, já que média e desvio padrão estão interligados.

21.4.3 Construção do Gráfico *c*

A construção do Gráfico c quando é dada a especificação do número médio de defeitos por peça (c) é imediata. Quando a especificação for dada em termos do número máximo de defeitos por peça, este pode ser considerado como o limite superior do gráfico e, mediante um cálculo algébrico simples, pode-se calcular tanto a linha média como o limite inferior.

Suponhamos, porém, que não dispomos de especificação, mas desejamos construir o Gráfico c para que se possa avaliar, e eventualmente melhor, o nível de qualidade. Para tanto, os passos são os seguintes:

- *Passo 1*: tomam-se k amostras (peças).
- *Passo 2*: determina-se para cada peça o número de defeitos (c_j).
- *Passo 3*: determina-se o número médio de defeitos por peça (c).

$$\bar{c} = \frac{\sum_{j=1}^{k} c_j}{k}$$

- *Passo 4*: determinam-se os limites 3 $\sigma_{\bar{c}}$.
- *Passo 5*: abandonam-se as amostras cujo número de defeitos ultrapasse os limites de controle.
- *Passo 6*: os Passos 3, 4 e 5 são repetidos até que todas as amostras tenham um número de defeitos dentro dos limites de controle.

Os limites obtidos dessa forma podem ser usados como um padrão para partidas ou épocas futuras, com o objetivo de acompanhar eventuais mudanças de qualidade.

Exemplo 21.9

Para certo artigo, em 25 amostras (de uma peça cada) foram observados os números de defeitos a seguir. Construir o Gráfico c.

Peça nº	Defeitos	Peça nº	Defeitos	Peça nº	Defeitos
1	2	9	5	17	10
2	12	10	3	18	5
3	4	11	2	19	8
4	0	12	4	20	1
5	3	13	0	21	4
6	8	14	4	22	0
7	1	15	1	23	3
8	7	16	4	24	5
				25	6
				Total	102

Solução

Temos:

$$\bar{c} = \frac{102}{25} = 4{,}08$$

$$LSC = \bar{c} + 3\,\sigma_{\bar{c}} = 4{,}08 + 3\sqrt{4{,}08} = 10{,}14$$

$$LIC = \bar{c} - 3\,\sigma_{\bar{c}} = 4{,}08 - 3\sqrt{4{,}08} = -1{,}98 \sim 0$$

Observa-se que apenas a peça nº 2 cai fora dos limites; eliminando-a e refazendo os cálculos, temos:

$$c = \frac{102 - 12}{24} = 3{,}75$$

$$LSC = \bar{c} + 3\,\sigma_{\bar{c}} = 3{,}75 + 3\sqrt{3{,}75} = 9{,}56$$

$$LIC = \bar{c} - 3\,\sigma_{\bar{c}} = 3{,}75 - 3\sqrt{3{,}75} = -2{,}06 \sim 0$$

Dessa vez, a peça nº 17 é abandonada. Temos:

$$c = \frac{102 - 12 - 10}{23} = 3{,}48$$

$$LSC = \bar{c} + 3\,\sigma_{\bar{c}} = 3{,}48 + 3\sqrt{3{,}48} = 9{,}08$$

$$LIC = \bar{c} - 3\,\sigma_{\bar{c}} = 3{,}48 - 3\sqrt{3{,}48} = -2{,}17 \sim 0$$

Nenhuma amostra cai fora dos limites e o cálculo está encerrado; os limites de controle serão (arredondando):

LSC = 9 defeitos/peça

linha central = 3 defeitos/peça

$LIC = 0$

21.5 Inspeção por Amostragem

Como vimos, o Controle Estatístico de Qualidade subdivide-se em duas grandes categorias; a primeira delas, que estudamos até aqui, era o Controle do Processo. A Inspeção por Amostragem, que passamos a analisar, é a segunda grande categoria de Controle Estatístico.

A Inspeção por Amostragem é feita sobre um lote de produto ou matéria-prima (produto fabricado internamente ou recebido de fornecedores), com o objetivo de aceitar ou rejeitar esse lote. Ela pode ser aplicada tanto à análise de variáveis como de atributos nos produtos, mas limitar-nos-emos a considerar este segundo caso, provavelmente o mais comum.

Para fazer a inspeção de um lote, retira-se uma ou mais amostras; por meio da análise da amostra (ou amostras), infere-se sobre a qualidade do lote. Chamam-se de *plano de inspeção* os procedimentos para se fazer a inspeção. O plano de inspeção deve obrigatoriamente informar: o tamanho N da amostra, o número de amostras a serem tomadas e os critérios de aceitação ou rejeição do lote. Nos planos de *inspeção simples*, apenas uma amostra é tomada aleatoriamente do lote. Todos os itens da amostra são examinados e classificados como "bons" ou "defeituosos". Se o número de itens defeituosos for menor ou igual que um certo número de aceitação (A_c), o lote inteiro é aceito como adequado; se o número de defeituosos for maior do que A_c, o lote é rejeitado.

Nos planos de inspeção dupla, uma amostra é tomada inicialmente e examinada; dependendo do número de defeituosos, aceita-se ou rejeita-se o lote ou, ainda, toma-se uma segunda amostra, com a qual tomar-se-á a decisão final. Existem também outros planos, com a possível retirada de mais de duas amostras, mas não os consideraremos aqui.

Existem algumas circunstâncias que recomendam o uso da inspeção por amostragem. Uma delas, a mais óbvia, dá-se quando os testes destroem o produto, impedindo uma inspeção total; quanto maior o número de itens a serem inspecionados (tamanho do lote), evidentemente mais recomendável a inspeção por amostragem. Finalmente, a inspeção por amostragem, por conduzir a certos riscos, que detalharemos mais adiante, é particularmente adequada a casos onde os defeitos não detectados levam a conseqüências não muito graves. Do ponto de vista dos custos e da rapidez na produção, o ideal é *não fazer* a inspeção, o que se torna possível *assegurando-se a qualidade no fornecedor*, ou seja, cuidando para que o fornecedor controle o seu processo de produção para liberar apenas itens de boa qualidade.

21.5.1 A Curva Característica Operacional (*CCO*)

Na inspeção simples, um particular plano de inspeção é definido por duas variáveis: o tamanho da amostra N e o número de aceitação A_c.

Dado um plano de amostragem, até que ponto ele consegue discriminar entre itens considerados "bons" ou "maus"? A resposta é dada pela chamada Curva Característica Operacional, ou simplesmente *CCO*. A Figura 21.8 mostra uma *CCO* típica para um plano de amostragem simples:

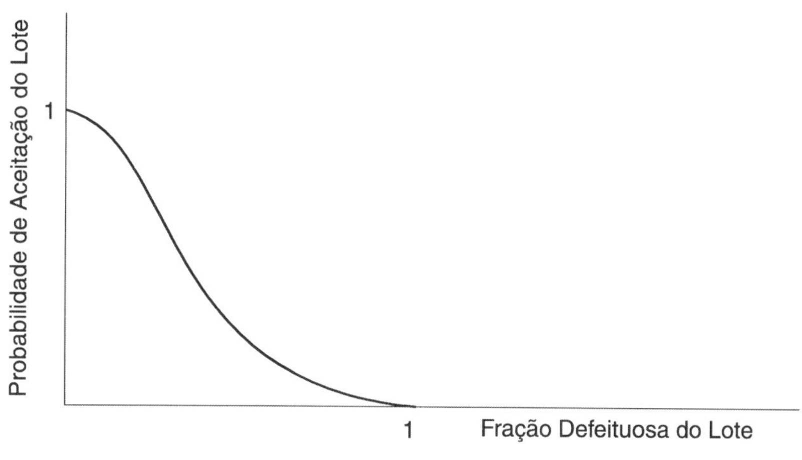

Figura 21.8 A Curva Característica Operacional (*CCO*).

A *CCO* mostra, em abscissas, as trações (ou porcentagens) defeituosas que um lote pode apresentar e, em ordenadas, a probabilidade de aceitação do lote, supondo-se que retiramos uma amostra de tamanho N e aceitamos o lote se o número de defeituosos encontrado for menor que A_c. A fração defeituosa do lote varia entre os limites teóricos de zero e um. Por outro lado, assumindo sempre um lote cujo tamanho seja relativamente grande em relação ao tamanho da amostra, cada tamanho de amostra N e cada número de aceitação A_c definem uma particular curva. Quanto menor for o número de aceitação A_c, mais severa será a inspeção para um lote com uma fração de defeituosos p; dizemos que, quanto menor A_c, mais discriminante é o plano. Por outro lado, quanto maior N, também mais discriminante será o plano (Figura 21.9):

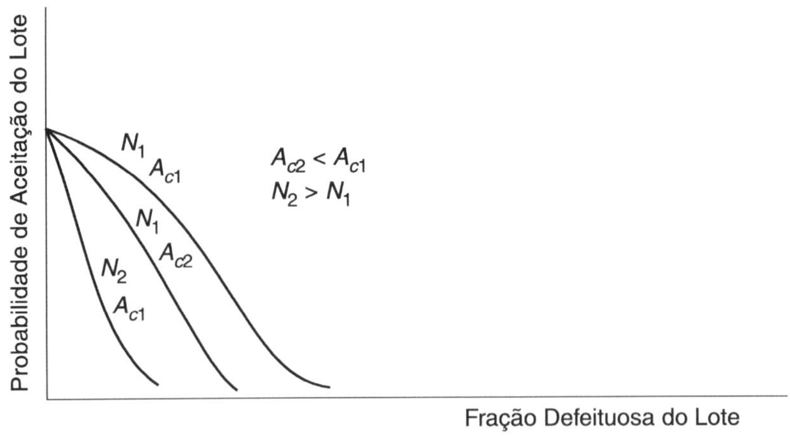

Figura 21.9 Poder Discriminatório de um Plano em Função de N e A_c.

Como se constrói uma Curva Característica Operacional? A situação básica é a seguinte: há um lote de tamanho supostamente grande, que apresenta uma fração p de defeituosos, do qual retiramos uma amostra de tamanho N (N é um número pequeno diante do tamanho do lote). A amostra é totalmente examinada e o lote é aceito se a amostra tiver um número de itens defeituosos menor ou igual a um certo A_c. Trata-se, portanto, de calcular a probabilidade de encontrar A_c ou menos defeituosos, na amostra de tamanho N, retirada de uma população com fração de defeituosos p. Essa probabilidade é, na verdade, uma soma de probabilidades. Chamemos de n o número de defeituosos na amostra. Assim, por exemplo, se $A_c = 3$, trata-se de calcular $P\ (n \leq A_c)$, que pode ser escrita como:

$$P\ (n \leq A_c) = P\ (n \leq 3) =$$
$$= P\ (n = 0) + P\ (n = 1) + P\ (n = 2) + P\ (n = 3)$$

As probabilidades individuais podem ser calculadas pela distribuição binomial, desde que o tamanho da amostra seja inferior a 5% do tamanho do lote; de outra forma, é mais conveniente fazer o cálculo pela distribuição de Poisson ou pela distribuição chamada de hipergeométrica. Consideraremos apenas o cálculo por meio da binomial.

Exemplo 21.10

Esboçar a *CCO* para um plano de amostragem simples, aplicável a lotes de 500 unidades, dos quais são retiradas amostras de 10 unidades, aceitando-se o lote se a amostra contiver 1 defeituoso ou menos (ou seja, nenhum defeituoso).

Solução

As probabilidades individuais são dadas pela Equação 21.10:

$$P\ (Y) = \frac{N\,!}{Y\,!\,(N - Y)\,!}\ p^Y\ (1 - p)^{(N-Y)} \qquad \text{(Equação 21.10)}$$

onde Y em nosso caso assume os valores 0 e 1 e $N = 10$; fazendo variar p, podemos obter diversos pontos da *CCO*. Por exemplo, se o lote tiver uma fração 0,05 de defeituosos:

$$P(0) = \frac{10\,!}{0\,!\,(10 - 0)\,!}\ 0{,}05^0\ (1 - 0{,}05)^{10-0} = 0{,}598737$$

$$P(1) = \frac{10\,!}{1\,!\,(10 - 1)\,!}\ 0{,}05^1\ (1 - 0{,}05)^{10-1} = 0{,}315125$$

Logo, $P\ (n \leq 1) = P\ (0) + P\ (1) = 0{,}598737 + 0{,}315125 = 0{,}913862 \cong 0{,}9139$

Se a fração de defeituosos no lote for de 0,1:

$$P(0) = \frac{10\,!}{0\,!\,(10-0)\,!}\,0{,}1^0\,(1-0{,}1)^{10-0} = 0{,}348678$$

$$P(1) = \frac{10\,!}{1\,!\,(10-1)\,!}\,0{,}1^1\,(1-0{,}1)^{10-1} = 0{,}387420$$

Logo, $P\ (n \leq 1) = P\ (0) + P\ (1) = 0{,}348678 + 0{,}387420 = 0{,}736098 \cong 0{,}7361$

De maneira semelhante, calculamos $P\ (n \leq 1)$ para diversos valores de p:

p	$p\ (n \leq 1)$	p	$p\ (n \leq 1)$
0,05	0,9139	0,35	0,0860
0,10	0,7361	0,40	0,0464
0,15	0,5443	0,45	0,0233
0,20	0,3758	0,50	0,0107
0,25	0,2440	0,55	0,0045
0,30	0,1493	0,60	0,0017

A CCO resultante terá o aspecto da figura a seguir:

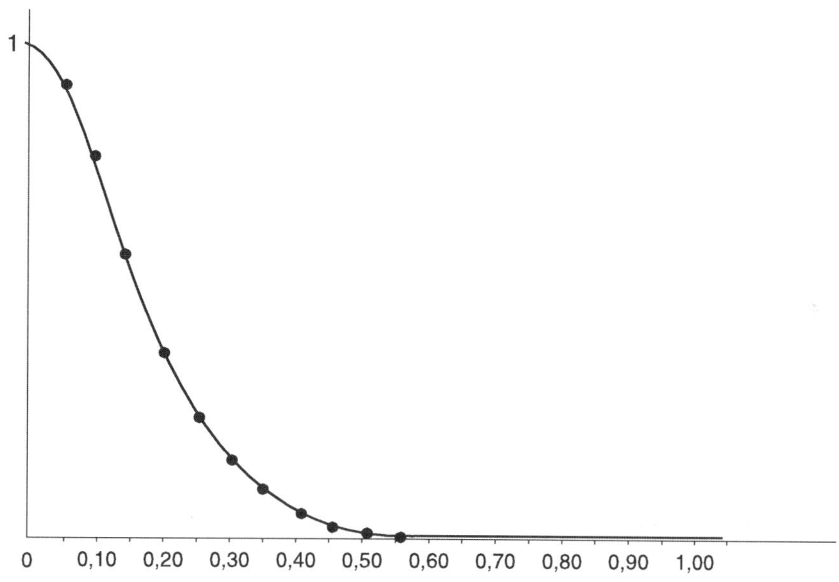

Todo o trabalho de cálculo do exemplo que acabamos de ver pode ser evitado usando-se *tabelas de probabilidades acumuladas* para a distribuição binomial. Tais tabelas fornecem diretamente a probabilidade de aceitação do lote, dada a sua fração p de defeituosos, o tamanho N da amostra e o número de aceitação A_c. A Figura 21.10 mostra uma pequena porção de uma tabela de probabilidades acumuladas para seis valores de N: 7, 8, 9, 10, 15 e 20 e para valores de A_c de 0, 1, 2, 3, 4 e 5. Dado um tamanho de amostra e um número de aceitação, as probabilidades de aceitação de um lote com fração p de defeituosos são tomadas diretamente na linha horizontal Assim, por exemplo, se $N = 7$ e $A_c = 3$, o leitor pode verificar que obteríamos os seguintes pares:

p	0,05	0,10	0,15	0,20	0,30	0,40	0,50	0,60
$P(n \leq 3)$	0,9998	0,9973	0,9879	0,9667	0,8740	0,7102	0,5000	0,2898

Tabela 21.3 Probabilidades acumuladas: distribuição binomial

N	A_c	p 0,05	0,10	0,15	0,20	0,30	0,40	0,50	0,60
7	0	0,6983	0,4783	0,3206	0,2097	0,0824	0,0280	0,0078	0,0016
	1	0,9556	0,8503	0,7166	0,5767	0,3294	0,1586	0,0625	0,0188
	2	0,9962	0,9743	0,9262	0,8520	0,6471	0,4199	0,2266	0,0963
	3	0,9998	0,9973	0,9879	0,9667	0,8740	0,7102	0,5000	0,2898
	4	1,0000	0,9998	0,9988	0,9953	0,9712	0,9037	0,7734	0,5801
	5	1,0000	1,0000	0,9999	0,9996	0,9962	0,9812	0,9375	0,8414
8	0	0,6634	0,4305	0,2725	0,1678	0,0576	0,0168	0,0039	0,0007
	1	0,9428	0,8131	0,6572	0,5033	0,2553	0,1064	0,0352	0,0085
	2	0,9942	0,9619	0,8948	0,7969	0,5518	0,3154	0,1445	0,0498
	3	0,9996	0,9950	0,9786	0,9437	0,8059	0,5941	0,3633	0,1737
	4	1,0000	0,9996	0,9971	0,9896	0,9420	0,8263	0,6367	0,4059
	5	1,0000	1,0000	0,9998	0,9988	0,9887	0,9502	0,8555	0,6848
9	0	0,6302	0,3874	0,2316	0,1342	0,0404	0,0101	0,0020	0,0003
	1	0,9288	0,7748	0,5995	0,4362	0,1960	0,0705	0,0195	0,0038
	2	0,9916	0,9470	0,8591	0,7382	0,4628	0,2318	0,0898	0,0250
	3	0,9994	0,9917	0,9661	0,9144	0,7297	0,4826	0,2539	0,0994
	4	1,0000	0,9991	0,9944	0,9804	0,9012	0,7334	0,5000	0,2666
	5	1,0000	0,9999	0,9994	0,9969	0,9747	0,9006	0,7461	0,5174
10	0	0,5987	0,3487	0,1969	0,1074	0,0282	0,0060	0,0010	0,0001
	1	0,9139	0,7361	0,5443	0,3758	0,1493	0,0464	0,0107	0,0017
	2	0,9885	0,9298	0,8202	0,6778	0,3828	0,1673	0,0547	0,0123
	3	0,9990	0,9872	0,9500	0,8791	0,6496	0,3823	0,1719	0,0548
	4	0,9099	0,9984	0,9901	0,9672	0,8497	0,6331	0,3770	0,1662
	5	1,0000	0,9999	0,9986	0,9936	0,9527	0,8338	0,6230	0,3669
15	0	0,4633	0,2059	0,0874	0,0352	0,0047	0,0005	0,0000	0,0000
	1	0,8290	0,5490	0,3186	0,1671	0,0353	0,0052	0,0005	0,0000
	2	0,9638	0,8159	0,6042	0,3980	0,1268	0,0271	0,0037	0,0003
	3	0,9945	0,9444	0,8227	0,6482	0,2969	0,0905	0,0176	0,0019
	4	0,9994	0,9873	0,9383	0,8358	0,5155	0,2173	0,0592	0,0093
	5	0,9999	0,9978	0,9832	0,9389	0,7216	0,4032	0,1509	0,0338
20	0	0,3585	0,1216	0,0388	0,0115	0,0008	0,0000	0,0000	0,0000
	1	0,7358	0,3917	0,1756	0,0692	0,0076	0,0005	0,0000	0,0000
	2	0,9245	0,6769	0,4049	0,2061	0,0355	0,0036	0,0002	0,0000
	3	0,9841	0,8670	0,6477	0,4114	0,1071	0,0160	0,0013	0,0000
	4	0,9974	0,9568	0,8298	0,6296	0,2375	0,0510	0,0059	0,0003
	5	0,9997	0,9887	0,9327	0,8042	0,4164	0,1256	0,0207	0,0016

21.5.2 Montagem de um Plano de Inspeção Simples

Qualquer inspeção por amostragem envolve dois tipos básicos de riscos; de um lado, o risco de se rejeitar um lote considerado "bom" e, de outro, um risco de aceitar um lote considerado "inaceitável". Admitamos que o consumidor de certo produto, consciente e tolerante com a variabilidade dos processos industriais, esteja disposto a aceitar lotes que contenham uma pequena porcentagem de defeituosos, geralmente em torno de 2% ou 3%. Chamemos essa porcentagem de *Nível de Qualidade Aceitável* (*NQA*). Tolerante, porém, o consumidor fixa ainda um teto máximo para a porcentagem de defeituosos, acima do Nível de Qualidade Aceitável. A partir desse teto máximo, o consumidor não está disposto a aceitar os lotes. Chamemos esse teto máximo de *Nível de Qualidade Inaceitável* (*NQI*), o qual gira em torno de 10%. O consumidor, portanto, gostaria de aceitar lotes com porcentagens de defeituosos até o *NQA*, mas aceitará lotes até o *NQI*. Como a inspeção não fornece segurança absoluta, porém, existe uma chance de rejeitar lotes com o *NQA*; essa chance é chamada de *risco do produtor* (que veria lotes aceitáveis sendo recusados). De forma semelhante, existe uma chance de que lotes com porcentagem de defeituosos igual ao *NQI* sejam aceitos; essa chance é chamada de *risco do consumidor* (que veria lotes recusáveis sendo aceitos). A Figura 21.10 mostra uma *CCO* com destaque para os dois tipos de riscos.

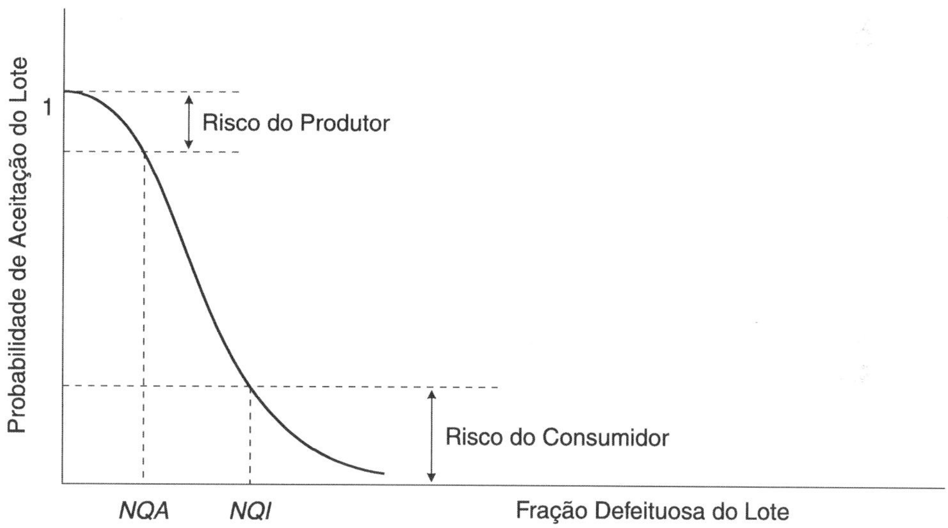

Figura 21.10 Riscos do Produtor e do Consumidor.

Qualquer plano de inspeção simples gira em torno de seis variáveis, algumas das quais devem obrigatoriamente ser fixadas para que as outras sejam determinadas. As variáveis são:

- o tamanho da amostra N
- o número de aceitação A_c
- o Nível de Qualidade Aceitável (*NQA*)
- o risco do produtor
- o Nível de Qualidade Inaceitável (*NQI*)
- o risco do consumidor

São duas as combinações usuais:

a) Fixar o *NQA*, o risco do produtor, o *NQI* e o risco do consumidor; neste caso, o tamanho da amostra N e o número de aceitação A_c ficam definidos e podem ser determinados por tentativas.

b) Fixar *N* e *A*, e um dos dois pontos (*NQA*, risco do produtor), ou (*NQI* risco do consumidor); o ponto não fixado fica automaticamente determinado.

Na verdade, não existe, na prática, a necessidade de se construir a *CCO*, pois existem normas onde o trabalho já foi feito; de tais normas, uma das mais usadas é a *MIL – STD*, que trabalha com a primeira opção, ou seja, fixando *NQA*, *NQI* e os riscos correspondentes e fornecendo por meio de tabelas o tamanho da amostra e o número de aceitação.

PONTOS-CHAVE

1. Os processos industriais não produzem peças perfeitas, devido a um sistema de causas subjacentes a todo fenômeno. O Controle Estatístico de Qualidade (*CEQ*), ao mesmo tempo que permite controlar a qualidade sob custos suportáveis, assegura, com riscos mínimos, os requisitos essenciais de qualidade da produção.

2. Há dois tipos básicos de *CEQ*: o Controle do Processo e a Inspeção por Amostragem. O Controle do Processo divide-se, por sua vez, em Controle de Variáveis, Controle da Porcentagem de Defeituosos e Controle do Número de Defeitos por Unidade. Por sua vez, a Inspeção divide-se em Simples, Dupla ou Múltipla em geral, conforme se baseie na retirada de uma, duas ou mais amostras respectivamente.

3. O Controle do Processo é efetuado por meio dos Gráficos *X* e *R*; o Gráfico *X* controla a média do processo e o Gráfico *R* controla a dispersão.

4. Se o universo (no caso, a produção suposta ilimitada) tiver parâmetros $\bar{X}$ (média) e σ (desvio padrão) conhecidos, os gráficos podem ser construídos por meio desses parâmetros. Se, por outro lado, tais parâmetros são desconhecidos, os gráficos são construídos por meio da retirada de amostras, sendo o Gráfico *X* construído a partir da amplitude média das amostras $\bar{R}$.

5. Os gráficos de controle são derivados de duas distribuições associadas às amostras retiradas da produção: o Gráfico *X* deriva da distribuição de médias de amostras e o Gráfico *R* deriva da distribuição de amplitudes de amostras.

6. Quando há mudança na média $\bar{X}$ da população, apenas o Gráfico *X* é afetado; havendo entretanto mudança na dispersão da população, os limites dos Gráficos *X* e *R* são afetados.

7. Em muitos casos, os Gráficos *X* e *R* podem ser substituídos pelo Gráfico *p*, referente à fração defeituosa, ou pelo Gráfico 100 *p*, referente à porcentagem de defeituosos. O que se deseja, nesse caso, é controlar a proporção de unidades defeituosas na produção. Embora o volume de inspeção seja maior que no caso do Controle de Variáveis, a inspeção é feita geralmente sobre atributos, não implicando em medidas de grandezas.

8. Os Gráficos *p* e 100 *p* são baseados na distribuição binomial; na construção desses gráficos, são também usados limites de três desvios padrão, na suposição de que a binomial seja aproximada pela normal.

9. No Controle do Número de Defeitos por Unidade, a preocupação fundamental é evitar que peças isoladas apresentem muitos defeitos, por um lado, ou poucos defeitos, porém graves, por outro.

10. Para o Controle do Número de Defeitos por Unidade, usa-se o Gráfico *c*, baseado na distribuição de Poisson. Também são utilizados os limites de três desvios padrão, aproximando-se a distribuição de Poisson pela normal.

11. A Curva Característica Operacional apresenta as probabilidades de aceitação de um lote, em função de sua fração de defeituosos, por meio da retirada de uma amostra de tamanho N e aceitando-se o lote se ele tiver A_c ou menos defeituosos.

12. A Curva Característica Operacional, dependendo dos tamanhos relativos da amostra e do lote, pode ser determinada por meio das distribuições binomial, Poisson ou hipergeométrica.

PROBLEMAS RESOLVIDOS

1. Sabe-se que na produção de um artigo, a média e o desvio padrão de uma característica na população devem ser respectivamente de 50, 20 e 0,30. Para verificar se o processo está conseguindo obter essa média e essa dispersão, foram tomadas 20 amostras de 4 elementos, determinando-se a média (X_j) e a amplitude (R_j) da característica em cada amostra, como mostrado na tabela a seguir. Construir os Gráficos X e R e verificar como o processo está se comportando.

Amostra nº	X_j	R_j	Amostra nº	X_j	R_j
1	50,22	0,45	11	50,27	0,75
2	50,07	0,93	12	49,92	0,65
3	49,85	0,40	13	51,30	0,42
4	48,75	0,68	14	50,22	0,50
5	50,15	0,65	15	50,07	0,48
6	51,02	0,60	16	48,95	0,65
7	50,15	0,44	17	50,12	0,73
8	49,92	0,55	18	49,90	0,43
9	50,08	0,82	19	50,00	0,45
10	51,10	0,60	20	50,15	0,60

Solução

Verifiquemos inicialmente como as amostras se comportam em relação à média. Conhecidos a média e o desvio padrão da população, é fácil construir o Gráfico X a ser usado no controle:

$$\bar{\bar{X}} = \bar{X} = 50{,}20$$

$$\sigma_{\bar{\bar{X}}} = \frac{\sigma}{\sqrt{N}} = \frac{30}{\sqrt{4}} = 0{,}15$$

$$LSC = \bar{\bar{X}} + 3\,\sigma_{\bar{\bar{X}}} = 50{,}20 + 3\,(0{,}15) = 50{,}65$$

$$LIC = \bar{\bar{X}} - 3\,\sigma_{\bar{\bar{X}}} = 50{,}20 - 3\,(0{,}15) = 49{,}75$$

Observa-se na tabela fornecida que várias amostras caem fora dos limites teóricos de controle; assim, as amostras de números 4 e 16 estão abaixo do *LIC*, enquanto as amostras de números 6, 10 e 13 estão acima do *LSC*, indicando que o processo não está sob controle em relação à média da população.

Por outro lado, o Gráfico R é também construído a partir dos parâmetros teóricos da população:

$$\bar{R} = d_2\sigma = 2{,}059\,(0{,}15) = 0{,}31$$

$$\sigma_{\bar{R}} = d_3\sigma = 0{,}880\,(0{,}15) = 0{,}13$$

$$LSC = \bar{R} + 3\,\sigma_{\bar{R}} = 0{,}31 + 3\,(0{,}13) = 0{,}70$$

$$LIC = \bar{R} - 3\,\sigma_{\bar{R}} = 0{,}31 - 3\,(0{,}13) = -0{,}08 \sim 0$$

Observa-se que as amostras de números 2, 9, 11 e 17 caem acima do *LSC*; também em relação à dispersão da população, o processo ainda é inábil. O leitor poderá facilmente estimar a média geral que está sendo obtida, por meio das médias de amostras; poderá também determinar uma estimativa do desvio padrão que se consegue obter, bastando utilizar a relação $\sigma = \bar{R}/d_2$, sendo $\bar{R}$ a média real das amplitudes, calculada a partir das amplitudes de amostra.

2. Foram retiradas 16 amostras de uma peça, com 120 elementos cada uma, sendo então montada a tabela a seguir. Construir a linha central e os limites de controle para os Gráficos p e 100 p.

Amostra nº	Fração Defeituosa	Amostra nº	Fração Defeituosa
1	0,04	9	0,08
2	0,03	10	0,04
3	0,03	11	0,03
4	0,05	12	0,02
5	0,02	13	0,03
6	0,05	14	0,03
7	0,04	15	0,04
8	0,03	16	0,08

Solução

$$\bar{p} = \frac{(0{,}04 + 0{,}03 + \ldots + 0{,}08)}{16} = 0{,}04$$

$$\sigma_{\bar{p}} = \sqrt{\frac{\bar{p}\,(1 - \bar{p})}{N}} = \sqrt{\frac{0{,}04\,(1 - 0{,}04)}{120}} = 0{,}02$$

$$LSC = \bar{p} + 3\,\sigma_{\bar{p}} = 0{,}04 + 3\,(0{,}02) = 0{,}10$$

$$LIC = \bar{p} - 3\,\sigma_{\bar{p}} = 0{,}04 - 3\,(0{,}02) = -0{,}02 \sim 0$$

Verifica-se, pois, que não há amostra alguma com fração defeituosa fora do *LSC*; os cálculos estão encerrados.

3. Comentar sobre o poder discriminatório (rejeição de lotes) das seguintes combinações:

a) amostras de 7, 10, 15 e 20 elementos, com número de aceitação 3, retiradas de um lote com 5% de defeituosos;

b) amostra de 20 elementos, com números de aceitação de 0, 1, 2, 3, 4 e 5, retiradas de um lote com 10% de defeituosos.

Solução

a) Da Tabela 21.3, retiramos as probabilidades de aceitação do lote com 5% de defeituosos com os vários tamanhos de amostra:

N	*P* (aceitação)
7	0,9998
10	0,9990
15	0,9945
20	0,9841

Aumentando-se, pois, o tamanho da amostra, a probabilidade de aceitação do lote diminui, ou seja, aumenta o poder discriminatório do plano.

b) Também da Tabela 21.3, temos:

A_c	P (aceitação)
0	0,1216
1	0,3917
2	0,6769
3	0,8670
4	0,9568
5	0,9887

Aumentando-se o número de aceitação, os planos tornam-se menos discriminantes, ou seja, aumenta a probabilidade de aceitação de um dado lote.

4. Em um determinado plano de inspeção simples, são tomadas amostras de 15 elementos e o lote é aceito se o número de defeituosos não ultrapassar 2. Sendo o Nível de Qualidade Aceitável de 0,05 e o Nível de Qualidade Inaceitável de 0,20, determinar os riscos do produtor e do consumidor.

Solução

O risco do produtor será a probabilidade de rejeição de um lote com fração defeituosa de 0,05 ou menor. Da Tabela 21.3, verifica-se que a probabilidade de aceitação do lote com essa fração de defeituosos é de 0,9638. A probabilidade de rejeição será, portanto, de (1 – 0,9638) = 0,0362.

Por outro lado, o risco do consumidor será a probabilidade de se aceitar um lote que tenha Nível de Qualidade Inaceitável, ou seja, que tenha uma fração defeituosa de 0,20. Pela Tabela 21.3, verifica-se que essa probabilidade é de 0,3980.

Repare o leitor que esses riscos, de acordo com as conclusões do problema anterior, poderiam ser diminuídos ou aumentados caso aumentássemos o tamanho da amostra e/ou reduzíssemos o número de aceitação. Exemplificando, ao aumentar o tamanho da amostra, deixando constante o número de aceitação, aumentaríamos o risco do produtor, mas diminuiríamos o do consumidor; inversamente, diminuindo o tamanho da amostra, cai o risco do produtor e aumenta o do consumidor. Pode-se ver aí a lógica de se construir planos onde sejam fixados o *NQA*, o *NQI* e os riscos do produtor e do consumidor: automaticamente, define-se assim o tamanho da amostra e o número de aceitação.

QUESTÕES PARA DISCUSSÃO

1. O que se pretende com o Controle Estatístico de Qualidade?

2. Conceituar variável e atributo.

3. Para que servem as especificações de um produto?

4. Qual a diferença entre Qualidade de Projeto e Qualidade de Conformação?

5. Explique brevemente o mecanismo de atuação do Controle Estatístico de Qualidade.

6. Quais são os tipos básicos de Controle Estatístico de Qualidade?

7. Enuncie os custos associados ao Controle de Qualidade.

8. Como se obtêm os Gráficos X e R quando se conhecem a média e o desvio padrão da população?

9. Descrever os procedimentos para se obter os Gráficos X e R a partir da retirada de amostras do produto a controlar.

10. Para que servem os Gráficos p e 100 p?

11. Como obter os Gráficos p e 100 p por meio da retirada de amostras do produto a controlar?

12. Explique para que serve o Gráfico c e como obtê-lo por meio da retirada de amostras do produto a controlar.

13. O que é a Curva Característica Operacional (*CCO*)? Para que serve?

14. Explicar, com o auxílio de uma *CCO*, o que se entende por Nível de Qualidade Aceitável, risco do produtor, Nível de Qualidade Inaceitável e risco do consumidor.

15. Como são elaborados os planos de inspeção por amostragem simples?

PROBLEMAS PROPOSTOS

1. Em certa população de peças, sabe-se que uma característica tem média 8,5 cm e desvio padrão de 0,2 cm. São retiradas amostras de 5 unidades dessa população. Determinar, para a característica em questão:

a) a média e o desvio padrão das médias de amostras;

b) a amplitude média e o desvio padrão da distribuição de amplitudes de amostras.

2. Um produto é fabricado em quantidades tais que se pode considerar a produção como ilimitada. Foram retiradas amostras de 4 elementos cada uma e, em cada amostra, medidas a média e a amplitude da amostra em uma dada característica. Os valores encontrados foram os seguintes:

$\bar{\bar{X}} = 12{,}34 \qquad \sigma_{\bar{\bar{X}}} = 0{,}24$

$\bar{R} = 0{,}54 \qquad \sigma_{\bar{R}} = 0{,}20$

Estimar os parâmetros da população (média e desvio padrão) a partir das estimativas anteriores. Existe boa coincidência no cálculo do desvio padrão da característica na população, a partir de estimativas diferentes sobre as amostras?

Determinar a linha central e os limites de controle para o Gráfico X de certa característica cuja média e desvio padrão na população original são, respectivamente, 20,5 e 1,4. Serão retiradas amostras de 5 elementos cada uma.

4. Construir os Gráficos X e R a partir das medidas a seguir. Cada amostra tinha 10 elementos.

Número da Amostra	X_j	R_j	Número da Amostra	X_j	R_j
1	12,34	0,57	11	12,14	0,60
2	12,15	0,54	12	12,48	0,66
3	12,38	0,66	13	12,20	0,57
4	12,20	0,57	14	12,44	0,54
5	12,18	0,60	15	12,42	0,60
6	12,35	0,54	16	12,48	0,60
7	12,18	0,54	17	12,52	0,54
8	12,42	0,66	18	12,50	0,66
9	12,12	0,60	19	12,16	0,63
10	12,51	0,63	20	12,31	0,66

5. Para certo artigo, a rotina de inspeção estabelece tomar de tempos em tempos amostras de 80 elementos de uma população produzida suposta muito grande. Qual a probabilidade da amostra conter exatamente zero defeituosos se a porcentagem de defeituosos na produção é de 5%?

6. Determinar a linha central e os limites de controle para os Gráficos p e 100 p para o caso em que amostras de 200 elementos são retiradas de uma produção com 10% de defeituosos.

7. Durante 20 dias de produção, foi retirada uma amostra diária de 80 peças e contando o número de defeituosos que ela continha. Os resultados foram os seguinte:

Dia	Número de defeituosos	Dia	Número de defeituosos
1	4	11	6
2	4	12	3
3	0	13	4
4	2	14	2
5	2	15	2
6	4	16	5
7	3	17	4
8	6	18	1
9	4	19	2
10	2	20	2

a) O processo está sob controle em relação à proporção de defeituosos?

b) Assumindo que quaisquer pontos fora dos limites do Gráfico p original possam ser abandonados, determinar o Gráfico p para uso futuro.

8. Um produto está sendo produzido de forma tal que apresenta uma média de 4 defeitos por unidade. Qual o desvio padrão da distribuição envolvida? Qual a probabilidade de que uma unidade do produto não apresente defeito? E a probabilidade de que apresente 3 ou menos defeitos?

9. Uma cadeia de lojas aceita um certo produto com até um máximo de 2 defeitos por unidade. Na recepção, todas as unidades recebidas são inspecionadas e os produtos com número de defeitos acima de 2 são devolvidos. Supondo que haja toda semana uma entrega desses produtos, os quais saem de fábrica com 4 defeitos em média por unidade, qual a porcentagem que será aceita?

10. Em relação a um certo tipo de tapeçaria, o fabricante sabe que os concorrentes apresentam seus produtos com um número médio de 6 defeitos por peça e também adota esse número para sua produção. Quais são os limites de controle do Gráfico c para controlar essa produção?

11. Construir um Gráfico c utilizando as informações a seguir:

Peça nº	Número de defeitos	Peça nº	Número de defeitos
1	5	11	1
2	2	12	2
3	6	13	1
4	0	14	5
5	1	15	0
6	0	16	0
7	4	17	0
8	4	18	3
9	2	19	3
10	2	20	4

12. Esboçar uma Curva Característica Operacional para o caso em que amostras de 20 elementos são retiradas de lotes supostamente muito grandes, aceitando-se o lote se a amostra contiver 4 ou menos defeituosos. Se o Nível de Qualidade Aceitável for de 4%, qual é aproximadamente o risco do produtor? Se o Nível de Qualidade Inaceitável for de 10%, qual é aproximadamente o risco do consumidor?

REFERÊNCIAS BIBLIOGRÁFICAS

ABBOT, J. C. *SPC: Practical Understanding of Capability by Implementing Statistical Process Control*. 3. ed. Greenville, SC: Robert Houston Smith Publishers, 1999.

ALLEN, T. T. *Introduction to Engineering Statistics and Six Sigma: Statistical Quality Control and Design of Experiments and Systems*. Berlim: Springer, 2006.

DUNCAN, A. J. *Quality Control and Industrial Statistics*. 5. ed. Homewood, Ill.: Richard D. Irwin, 1986.

GRANT, E. L.; LEAVENWORTH, R. S. *Statistical Quality Control*. Tóquio: McGraw-Hill Kogakusha, 1980.

GUPTA, M.; CAMPBELL, V. S. The Cost of Quality. *Production and Inventory Management Journal*, v. 36, n. 3, p. 43-49, 1995.

JURAN, J. M.; GRYNA JR., F. M. *Quality Planning and Analysis*. Nova York: McGraw-Hill Book Company, 1980.

LEDOLTER, J.; BURILL, C. W. *Statistical Quality Control: Strategies and Tools for Continual Improvement*. Nova York: Wiley, 1998.

MONTGOMERY, D. C. *Introduction to Statistical Quality Control*. 5. ed. Nova York: John Wiley and Sons, 2004.

Capítulo 22

Medida da Produtividade

22.1 Introdução

Nos últimos anos, a palavra produtividade tem aparecido com freqüência cada vez maior não só em revistas especializadas, mas na mídia em geral. Empresas preparam programas de melhoria da produtividade, simpósios e encontros são realizados, consultores especialistas são contratados. Produtividade tornou-se a palavra de ordem, espécie de "Abre-te Sésamo" para um sem-número de problemas da empresa, particularmente lucro e sobrevivência.

Entretanto, poucas palavras têm provocado tanta diversidade de conceito como "produtividade". É provável que, na maior parte das vezes, administradores e gerentes tenham pouco mais que noções vagas e imperfeitas do que seja a produtividade. Isso acontece não exatamente porque a produtividade seja uma temática nova, mas sim porque seu conceito encerra complexidades que não são distinguíveis em uma abordagem muito superficial.

As primeiras medidas divulgadas de produtividade (no caso da indústria) datam da última década do século XIX, preparadas pelo Bureau of Labor (hoje Bureau of Labor Statistics), agência do governo norte-americano. Após a Segunda Guerra Mundial, a preocupação de diversos países com o desenvolvimento econômico e a produtividade fez com que as medidas se tornassem cada vez mais comuns, fazendo com que na década de 1950 os fundamentos teóricos da produtividade fossem lançados por vários profissionais economistas, notadamente norte-americanos. Para atestar o crescimento do interesse de governos e empresas na produtividade, basta dizer que em 1985 havia quase uma centena de centros de estudo da produtividade espalhados por vários continentes, como mostra o Quadro 22.1 (Johnston et al., 1985):

Quadro 22.1 Centros de Estudo da Produtividade

Região	Número de centros	Idade média dos centros
África	6	18 anos
Ásia	6	20
Europa	22	18
América Latina	9	22
Canadá	5	06
Estados Unidos	44	14

Dentre todas as idéias possíveis que possam nos ocorrer quando falamos em produtividade, interessa tão-somente aquilo que pode ser considerado como o conceito principal. Dado um sistema de produção, em que insumos são combinados para fornecer uma saída, a produtividade refere-se ao maior ou menor aproveitamento dos recursos nesse processo de produção, ou seja, diz respeito a quanto se pode produzir partindo de uma certa quantidade de recursos. Neste sentido, um crescimento da produtividade implica um melhor aproveitamento de funcionários, máquinas, da energia e dos combustíveis consumidos, da matéria-prima, e assim por diante. Pensando em nível de uma empresa isolada, o senso comum acaba por ligar a produtividade a uma melhoria de competitividade e aumento nos lucros, como mostra a Figura 22.1. Aumentando a produtividade, diminuem os custos de produção ou dos serviços prestados. Isso acontece exatamente porque cada unidade de produto ou de serviço terá sido conseguida com menor quantidade de insumos, o que afeta diretamente o custo. Se produtos iguais ou semelhantes são oferecidos no mercado a um preço menor (por causa do custo menor), a empresa verá melhorada a sua condição de competitividade, aumentará sua participação nesse mercado e, conseqüentemente, seus lucros. Com esse aumento de lucros, a empresa terá mais condições de investir no seu próprio crescimento, melhorando ainda mais sua competitividade e assim por diante, a não ser que ocorrências externas quebrem essa cadeia, como uma grande recessão, por exemplo.

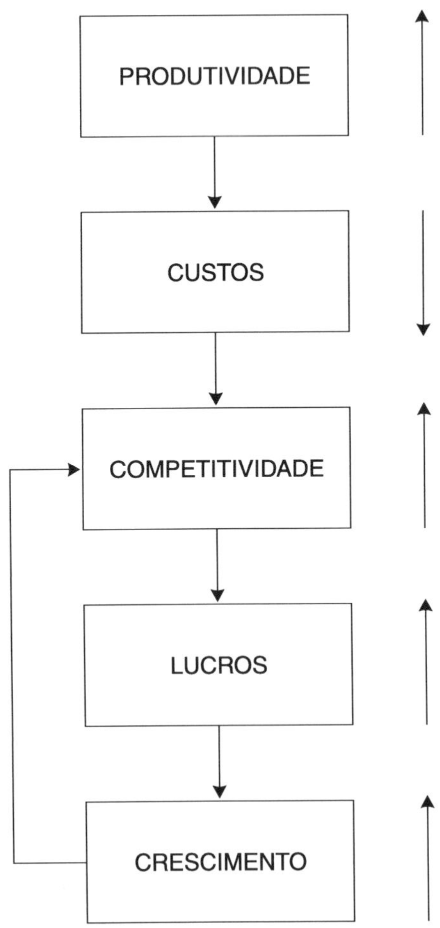

Figura 22.1 Mecanismo de Influência da Produtividade.

A Figura 22.1 mostra apenas um dos benefícios possíveis da produtividade. Indiretamente, ela nos mostra que a empresa acaba por se beneficiar de lucros maiores, que lhe garantam a capacidade de sobrevivência e crescimento. Existem, ainda, dois outros beneficiários clássicos: a sociedade em geral e os trabalhadores em particular. No caso da sociedade, os benefícios estão na oferta de novos produtos e novos serviços, mantendo-se constante ou mesmo decrescendo os preços de venda. Nesse sentido, aumentos de produtividade fariam o papel de verdadeiras barreiras contra movimentos inflacionários. Essa crença pode ser discutível em casos isolados, principalmente em países como o Brasil, onde se convive há longo tempo com a inflação; no entanto, é inegável que os países mais produtivos apresentam, na maior parte do tempo, taxas inflacionárias entre as mais baixas do planeta.

No que toca aos trabalhadores, houve no último século uma redução substancial na jornada de trabalho; pode-se considerar que o benefício fundamental da produtividade vem também na forma de melhores condições de trabalho, mais assistência ao trabalhador e, acima de tudo, na manutenção ou melhoria de níveis salariais. Entre 1960 e 1983, os salários de operários norte-americanos e canadenses cresceram na mesma proporção em que crescia a produção individual, ou seja, a produtividade; para a França e o Reino Unido, no mesmo período, os salários de operários cresceram cerca de 30% acima do crescimento da produtividade. Para os campeões modernos da produtividade – a Alemanha e o Japão –, os salários (ainda no mesmo período) cresceram 83% e 73% acima da produtividade, respectivamente (Moreira, 1991a).

22.2 Formulação Geral da Produtividade

Já vimos que a produtividade está relacionada ao melhor ou pior aproveitamento de recursos. De maneira mais formal, a produtividade em um dado período t define-se como:

$$Prod_t = \frac{Q_t}{I_t} \qquad \text{(Equação 22.1)}$$

onde:

$Prod_t$ = produtividade absoluta no período t

Q_t = produção obtida no período t

I_t = insumos utilizados no período t, na obtenção da produção Q_t; os insumos são chamados também de *fatores de produção*.

Há algumas particularidades com a Equação 22.1 que devem ser ressaltadas. Em primeiro lugar, a produtividade dada pela Equação 22.1 é dita absoluta e suas unidades de medida derivam diretamente das unidades de medida da produção e dos insumos. Toneladas de cereal por hectare (em uma fazenda), carros produzidos por funcionário/ano (em uma montadora de veículos), toneladas de aço por homem/ano (em uma siderúrgica) etc. seriam alguns exemplos de produtividade absoluta. Em muitos casos, porém, é mais útil apresentar-se a produtividade por meio de índices, tomados com valor inicial 100 em um dado *período base*. Dada a produtividade absoluta $Prod_t$ de um período qualquer, o índice correspondente é obtido dividindo-se $Prod_t$ pela produtividade absoluta do período base e multiplicando-se o resultado por 100. Uma das grandes vantagens dos índices é tornar mais claras as comparações da produtividade ao longo do tempo.

Um segundo comentário acerca da Equação 22.1 diz respeito à sua abrangência: ela é, na verdade, uma fórmula que representa uma *família de relações* entre a produção e os insumos.

Haverá tantas medidas diferentes de produtividade quantas sejam as combinações possíveis entre medidas de produção e de insumos. Em particular, reveste-se de interesse a seguinte classificação dos índices de produtividade:

a) *Índices parciais*: são aqueles que levam em conta apenas um insumo, tais como a mão-de-obra, as matérias-primas, o capital ou a energia.

b) *Índices globais*: levam em conta dois ou mais insumos no denominador da Equação 22.1. São definidos dois índices globais:

– Produtividade Total dos Fatores (*PTF*), quando os insumos considerados são a mão-de-obra e o capital.

– Produtividade Múltipla dos Fatores (*PMF*), quando outros fatores (particularmente matérias-primas e energia), além da mão-de-obra e do capital, são considerados.

Exemplo 22.1

A tabela a seguir apresenta a produção de uma unidade operacional, medida em milhares de reais, para o ano de 2006, mês a mês. Apresenta também o número médio de funcionários alocados à unidade.

Calcular:

a) a produtividade absoluta, mês a mês;

b) os índices de produtividade, com base 100 em janeiro.

Dados para o Cálculo de Índices de Produtividade

Mês	Produção (R$ mil)	Pessoal empregado	Mês	Produção (R$ mil)	Pessoal empregado
Janeiro	7.520	230	Julho	9.099	212
Fevereiro	7.821	233	Agosto	9.250	200
Março	8.422	189	Setembro	8.874	215
Abril	7.294	201	Outubro	8.949	220
Maio	8.122	206	Novembro	8.723	222
Junho	8.648	210	Dezembro	8.573	235

Solução

a) *Produtividades absolutas*:

O cálculo é imediato, bastando dividir a produção pelo pessoal empregado; a unidade da produtividade absoluta será milhares de reais por funcionário. Para janeiro, por exemplo, teremos:

$$Prod_{janeiro} = \frac{7.520}{230} = 32{,}7 \text{ milhares de reais/funcionário}$$

Para os demais meses, os resultados são os seguintes, sempre em milhares de reais por funcionário:

Fevereiro	33,6	Julho	42.9
Março	44,6	Agosto	46,3
Abril	36,3	Setembro	41,3
Maio	39,4	Outubro	40,7
Junho	41,2	Novembro	39,3
		Dezembro	36,5

b) *Índices de produtividade* (*base 100 em janeiro*):

Para se encontrar o índice de produtividade de um dado mês, basta dividir a produtividade absoluta correspondente por 32,7 (produtividade absoluta de janeiro), multiplicando o resultado por 100. Exemplificando com o índice de outubro:

$$\text{Índice (outubro)} = \frac{40{,}7}{32{,}7} \times 100 = 124{,}5$$

A seguir estão todos os índices resultantes:

Janeiro	100,0	Julho	131,2
Fevereiro	102,8	Agosto	141,6
Março	136,4	Setembro	126,3
Abril	111,0	Outubro	124,5
Maio	120,5	Novembro	120,2
Junho	126,0	Dezembro	111,6

Não existe dúvida de que, dentre todas as medidas possíveis da produtividade, a mais simples de ser obtida é a produtividade da mão-de-obra, ou seja, o quociente de alguma medida de produção pela mão-de-obra, geralmente medida em número de funcionários ou horas trabalhadas. Quando se mede a produtividade em nível nacional, do país como um todo, ou ainda em nível setorial ou sub-setorial (indústria, agropecuária, serviços etc.), a produtividade da mão-de-obra é o indicador mais usado.

No tocante às empresas, industriais ou não, a produtividade da mão-de-obra também é a mais conhecida e utilizada. Entretanto, uma pesquisa levada a efeito junto a uma centena de grandes corporações norte-americanas (Sumanth e Einspruch, 1980) revelou que aproximadamente 80% das empresas adotavam medidas não convencionais de produtividade em todos os principais departamentos, sendo que muitas dessas medidas representavam indicadores de custos e não de produtividade.

Apesar de toda sua popularidade, o uso da produtividade da mão-de-obra deve ser feito com cuidado, porque ela nem sempre mede a eficácia na utilização dos recursos, como de resto nenhum índice parcial o faz. Esse fato pode ser claramente entendido com o auxílio da relação seguinte, onde eliminamos o subscrito t (período) por simplificação:

$$\frac{Q}{L} = \frac{Q}{I} \times \frac{I}{L}$$

onde Q é a produção, L a mão-de-obra e I o conjunto de todos os insumos utilizados (inclusive a mão-de-obra). Uma verdadeira medida de eficácia no uso dos recursos seria dada pela relação Q/I, referindo a produção ao conjunto dos insumos utilizados (ou, pelo menos, àqueles mais importantes). O que se pode concluir é que, aumentando os insumos em uma razão maior que a mão-de-obra (ou seja, aumentando continuamente a relação I/L), a eficácia no uso dos recursos fica superestimada pela produtividade da mão-de-obra. Na indústria moderna, esse fato é particularmente agudo, dado o uso intensivo de capital: quanto maior a quantidade de capital disponível por funcionário (particularmente investido em máquinas mais modernas), maior tenderá a ser a produtividade da mão-de-obra. Não obstante essa restrição, é provável que a produtividade da mão-de-obra continue sendo muito popular, principalmente porque, como veremos mais adiante, a medida da mão-de-obra é quase imediata, ao passo que os índices globais encerram inúmeros problemas de composição de insumos de natureza diferente, como mão-de-obra e capital, por exemplo.

22.3 Por que Monitorar a Produtividade na Empresa?

Vimos que o aumento continuado da produtividade acaba por gerar uma série de benefícios, que atingem a empresa, os trabalhadores e a sociedade como um todo. Desejamos discutir agora sobre os usos potenciais da produtividade em nível de empresa, departamentos ou funções particulares; estamos interessados na utilidade operacional do acompanhamento da evolução da produtividade, naquilo que esse acompanhamento pode influir na rotina de trabalho e de planejamento. Em princípio, essa utilidade do dia-a-dia manifesta-se de muitas formas. Algumas das mais importantes são as seguintes:

I) As medidas de produtividade são usadas como ferramenta gerencial: de certa maneira, esta utilidade potencial engloba todas as outras. Pode-se medir a produtividade ao mesmo tempo em que se conservam outros indicadores de eficácia, um conjunto de medidas complementando o outro. Mede-se a produtividade tanto para se detectar problemas como para se verificar o acerto de decisões tomadas no passado sobre mudanças na organização, nos processos de produção, no arranjo físico etc.; mede-se a produtividade também para se atestar a utilidade de programas de treinamento em setores ou atividades específicas, o acerto na introdução de novos produtos, de políticas de investimentos, e assim por diante. Em suma, as medidas de produtividade podem e devem funcionar como um termômetro, tanto para auxiliar no diagnóstico de uma situação atual como para acompanhar os efeitos de mudanças nas práticas gerenciais e na rotina de trabalho.

II) As medidas de produtividade podem ser usadas como instrumento de motivação: nesse sentido, a simples existência de programas de medida faz com que as pessoas passem a incorporar a produtividade nas suas preocupações rotineiras de trabalho. Podem estimular uma competição sadia entre departamentos e outras unidades operacionais de uma mesma empresa. Para tanto, os programas de medida devem se fazer conhecidos de todos, por meio de uma divulgação extensiva a todos os níveis da companhia, adequando-se a linguagem a cada categoria de funcionários envolvida. Por melhores que sejam as condições de trabalho, a produtividade somente aumentará se, no final das contas, os funcionários estiverem habituados com as medidas, convencidos de sua utilidade e adequadamente motivados para o trabalho.

III) As medidas de produtividade servem para comparar o desempenho de unidades de uma mesma empresa, com diferentes localizações geográficas: é este o caso típico da organização que possui lojas ou fábricas em cidades ou estados diferentes ou, ainda, em países diferentes e deseja ter uma idéia global de desempenhos comparados. Essa utilidade é uma das mais atrativas, e também uma das mais perigosas, no sentido de que, às vezes, pode-se estar comparando situações muito diferentes. Em princípio, só podem ser comparadas diretamente unidades que estejam em igualdade de condições no tocante a tamanho das instalações, mercados, idade do equipamento, semelhança de processos de produção, idêntica composição de produtos etc.

Por fim, da mesma forma que citamos algumas utilidades das medidas da produtividade, é conveniente frisar alguns dos cuidados que devem cercar a análise das medidas efetuadas. Em primeiro lugar, já alertamos para o fato de que os índices parciais, que são os mais simples de se obter e conseqüentemente os mais encontrados, não indicam necessariamente a maior ou menor eficácia no uso dos recursos.

Em seguida, não se deve esquecer de que quaisquer medidas de produtividade são imprecisas, não só porque algumas das grandezas envolvidas são de medição difícil, mas também porque vários conceitos envolvidos na definição são cercados de controvérsia. A mesma grandeza pode ser estimada de formas diferentes e nem sempre os resultados são comparáveis. Se combinarmos as duas primeiras restrições, a melhor advertência a se fazer é de que se evite a tomada de decisões precipitadas sobre variações bruscas nos índices, procurando-se antes por explicações que talvez apontem para causas isoladas.

Um último cuidado a tomar: nem sempre a relação entre produtividade e lucros é direta, ou seja, aumentos ou quedas na produtividade não necessariamente implicam movimentos de mesmo sentido nos lucros. Aumentos de produtividade, principalmente em departamentos ou processos isolados, podem acarretar altos custos e influir negativamente nos lucros; da mesma forma, mesmo com a produtividade em queda uma empresa pode auferir grandes lucros, bastando para isso que ocupe uma posição favorável no mercado, de forma que possa simplesmente aumentar seus preços para compensar qualquer acréscimo nos custos.

22.4 Medida da Produção

As dificuldades que porventura existam para se medir produtividade podem ser divididas em dois grandes blocos: dificuldades do numerador e do denominador. No numerador da equação básica (Equação 22.1), temos a produção e, no denominador, um ou mais insumos. Em alguns casos a medida da produção (ou dos insumos) é direta e relativamente simples, porém em outros somos conduzidos a problemas práticos e de ordem conceitual. Os problemas de ordem prática, nos casos da produção, estão ligados à diversidade de produtos existentes, cujas unidades não podem ser simplesmente somadas; os problemas de ordem conceitual aparecem quando existem dificuldades até mesmo para se definir o que seja a produção – problema esse comum quando se tratar de companhias prestadoras de serviços. Estaremos no momento mais interessados na medida da produção nos casos em que não exista dificuldade em se definir a produção: é o caso de indústrias em geral, da agricultura e de algumas empresas onde a unidade de serviço é facilmente identificável. Mais tarde, trataremos dos casos onde as dificuldades conceituais de definição da produção são corriqueiras. Além disso, no que diz respeito ao tamanho da unidade operacional, estaremos inicialmente pensando em nível de empresa, mas faremos comentários para os casos em que a produção se refira a partições menores, como uma divisão, departamento, processo, atividade etc.

Além do fato de que as medidas de produção se tornam operacionalmente mais complexas à medida que aumenta o número de produtos (ou serviços) envolvidos, há outra observação inicial importante quando se cogita medir a produção: na Equação 22.1, o que entra no numerador e o que entra no denominador devem se corresponder, ou seja, no cálculo da produtividade, a produção e os insumos devem se corresponder. Dito de outra forma, não se deve levar em conta insumos que não contribuíram para a produção ou deixar de lado insumos que contribuíram; inversamente, vale a mesma observação para a produção. É o desrespeito a essa observação que existe exatamente com a produtividade da mão-de-obra, ou com qualquer outro índice parcial. Conta-se a produção, mas deixa-se de lado uma série de insumos que contribuíram para essa produção.

Há duas formas básicas de medida da produção:

a) produção física
b) produção monetária

Uma ou outra forma de medida possui seus problemas particulares. Em princípio, as medidas físicas são as preferidas, dado que a produtividade se relaciona a fenômenos físicos e mede melhor o esforço produtivo. Na prática, porém, a medida monetária é largamente usada, em que pesem problemas para se deixar a produção em valores monetários constantes, sem os quais comparações seriam impossíveis. Trataremos separadamente de cada uma das modalidades de medida, acentuando as dificuldades típicas e as soluções usuais.

22.4.1 Medida Física da Produção

Podemos distinguir dois casos:

I) A empresa produz um produto único ou alguns poucos produtos assemelhados:

Sem dúvida, este é o caso mais simples de medida. Havendo um produto único, a produção será expressa em unidades desse produto; havendo dois ou mais produtos assemelhados – tipos diferentes da mesma mercadoria – que impliquem necessidades diferentes de recursos (horas de máquina, homens-hora, consumo de energia etc.), é necessário definir uma base de comparação entre eles. Dito de outra forma, é necessário um *critério de agregação*. Dada a semelhança entre os produtos, que se reflete freqüentemente nos processos de produção, geralmente não há grandes dificuldades em se escolher um critério adequado, que reflita a diferença de esforços produtivos na obtenção de cada um dos produtos. Entre os critérios mais comuns, contam-se: as horas de máquina ou o número de homens-hora por unidade, o preço de venda, o custo de produção etc.

Exemplo 22.2

Uma companhia produz três produtos de uma mesma linha: Standard, Luxo e Super Luxo. A relação entre os custos de produção é a seguinte: 1, 1,2 e 1,7 para o Standard, o Luxo e o Super Luxo, respectivamente. Dada a tabela a seguir, contendo os seis últimos registros de produção, calcular os índices de produtividade para toda a produção, com base 100 no período 1.

	Período	1	2	3	4	5	6
Produção (unidades)	Standard	1.200	1.300	1.200	1.100	800	950
	Luxo	670	720	600	700	640	550
	Super Luxo	230	240	200	195	320	245
	Homens-hora	1.600	1.810	1.730	1.650	1.780	1.590

Solução

A primeira providência consiste em calcular a produção unificada, utilizando os custos relativos como pesos de ponderação; a produção resultante pode ser interpretada como "equivalente em unidades Standard". Assim, por exemplo, a produção do Período 1 será:

Produção (1) = 1.200 (1) + 670 (1,2) + 230 (1,7)

Para o Período 2:

Produção (2) = 1.300 (1) + 720 (1,2) + 240 (1,7)

Os resultados, para todos os períodos, estão dados a seguir:

Período	1	2	3	4	5	6
Produção	2.395	2.572	2.260	2.272	2.112	2.027

Possuindo as produções em cada período, podem-se calcular diretamente os índices de produtividade com base 100 no Período 1; designando por *i* um período qualquer ($i = 1, 2, ... 6$), basta fazer:

$$\text{Índice } (i) = \frac{\text{Produção } (i)}{\text{Homens-hora } (i)} \times \frac{\text{Homens-hora } (1)}{\text{Produção } (1)} \times 100$$

o que equivale a dividir a produtividade absoluta do Período *i* pela produtividade absoluta do Período 1. Para o Período 3, por exemplo:

$$\text{Índice } (3) = \frac{2.260}{1.730} \times \frac{1.600}{2.395} \times 100 = 87{,}3$$

Todos os resultados estão dados a seguir:

Período	1	2	3	4	5	6
Índice	100,0	94,9	87,3	92,0	79,3	85,2

II) A empresa produz uma grande variedade de produtos, com marcadas diferenciações de custo, processo produtivo, uso de recursos etc.

Este caso é mais complexo que o anterior, em parte porque o número de produtos pode chegar a centenas ou mesmo a milhares e em parte pela dificuldade de se encontrar um critério de agregação. A grande diversidade de produtos impede, com freqüência, que todos eles sejam levados em conta nos cálculos de produção. O que se faz é escolher os produtos mais importantes para compor a produção, escolha essa que, geralmente, é feita com base na contribuição de cada produto ao lucro ou ao faturamento da companhia.

Escolhidos os produtos, deve-se adotar um critério de agregação. A escolha aqui também é aberta, mas a prática tem girado em torno da escolha dos preços de venda ou dos custos de produção em determinado período. Como a agregação se faz entre produtos diferentes (agulhas e locomotivas, por exemplo), não faz sentido atribuir qualquer unidade de medida ao número final resultante, que mede a produção. No mais das vezes, o que se faz é calcular diretamente um índice de produção física, com base 100 em um período escolhido. Não existe uma só maneira de se compor esses índices físicos. Para uma introdução elementar aos dois tipos mais comuns de índices físicos (chamados de índice de Laspeyres e índice de Paasche), o leitor pode consultar nosso trabalho citado na bibliografia (Moreira, 1991b).

22.4.2 Medida Monetária da Produção

A medida da produção em unidades monetárias é feita de três formas preferenciais:

- pelo valor das vendas
- pelo valor da produção propriamente dita
- pelo valor adicionado

Vejamos alguns breves comentários sobre cada opção.

Produção medida pelo valor das vendas

Como o que interessa ao cálculo da produtividade é a produção real de um dado período, o valor das vendas é freqüentemente inadequado e deveria ser usado apenas como última opção; pela facilidade de obtenção de um número final, entretanto, seu uso é corriqueiro. Existem alguns fatores que normalmente tornam o valor das vendas distante dos esforços produtivos em um dado momento:

– *o efeito dos impostos indiretos*, que já vêm incorporados ao valor das vendas, na forma de um percentual. Se esse percentual variar ao longo do tempo, torna-se complicado comparar diretamente os valores das vendas.

– *o efeito dos descontos por quantidade*, que são dados a título promocional ou a clientes especiais, tendem a subestimar o valor das vendas em um certo período, novamente prejudicando as comparações.

– *o efeito da variação nos estoques*, que pode enviesar o valor das vendas para cima (no caso de consumo de estoques de períodos anteriores) ou para baixo (no caso de se deixar algum estoque, devido à demanda insuficiente) em relação à produção efetiva do período.

As distorções no valor das vendas, como representativo da produção, podem ser atenuadas por meio de correções; embora seja difícil levar em conta o efeito dos descontos por quantidade, os impostos indiretos podem ser subtraídos do valor das vendas, enquanto um balanço da variação dos estoques pode tornar o valor das vendas mais realista.

Medida da produção propriamente dita

Dado um conjunto de n produtos fabricados em certo período, o valor da produção propriamente dita, neste período, segundo uma convenção corrente, é obtido fazendo-se:

$$VP = \sum_{i=1}^{n} (c_i + m_i)\, Q_i \qquad \text{(Equação 22.2)}$$

onde VP é o valor da produção, Q_i, é o número de unidade do produto i, c_i é o custo unitário de produção e m_i é o lucro unitário. A soma $(c_i + m_i)$ não é o preço final de venda, por excluir os impostos indiretos. Abstraindo dos descontos por quantidade, supondo um balanceamento dos estoques e considerando que os impostos indiretos sejam um percentual constante sobre o valor da produção, segue-se que há uma relação constante entre o valor das vendas e o valor da produção.

Produção medida pelo valor adicionado

Por definição, o valor adicionado é o valor acrescentado aos insumos fornecidos externamente à empresa. É obtido subtraindo-se do valor da produção (como dado pela Equação 22.2) o valor das matérias-primas utilizadas, da energia e dos combustíveis consumidos, e quaisquer outras despesas que não se enquadrem como "despesas de pessoal" (que são consideradas despesas internas). O valor adicionado acaba, assim, reduzindo-se à soma das despesas de pessoal com o lucro auferido.

A Figura 22.2 mostra a relação entre as três opções para a medida da produção em valores monetários:

VENDAS	PRODUÇÃO	VALOR ADICIONADO
Impostos indiretos		
Variação nos estoques		
Matéria-prima	Matéria-prima	
Energia	Energia	
Despesas gerais	Despesas gerais	
Despesas de pessoal	Despesas de pessoal	Despesas de pessoal
Lucro bruto	Lucro bruto	Lucro bruto

Fonte: Moreira, 1991b, Figura III.1, p. 72.

Figura 22.2 Relação entre Vendas, Produção e Valor Adicionado.

Na Figura 22.2, o título de "Despesas Gerais" foi acrescentado para representar quaisquer despesas que não se enquadrem nos outros títulos.

Exemplo 22.3

Com as informações a seguir, referentes a um certo período, calcular:

a) valor da produção propriamente dita
b) valor adicionado

(Valores em R$ 1.000,00)

1. Vendas	1.683
2. Impostos indiretos	213
3. Estoques (início do período)	345
4. Estoques (final do período)	404
5. Matérias-primas	704
6. Energia e combustíveis	29
7. Despesas gerais	126
8. Despesas de pessoal	268
9. Lucro bruto	402

Solução

O valor da produção é obtido subtraindo das Vendas os Impostos Indiretos e balanceando-se os Estoques:

Produção = 1.683 – 213 – 345 + 404 = 1.529 milhares de reais

Por sua vez, subtraindo do valor da produção os valores de Matérias-primas, Energia e combustíveis e Despesas Gerais, chegamos ao Valor Adicionado:

Valor Adicionado = 1.529 – 704 – 29 – 126 = 670 milhares de reais

O Valor Adicionado, por sua vez, será também a soma das Despesas de pessoal com o Lucro bruto, como o leitor pode verificar.

Antes de encerrarmos os comentários sobre a medida monetária da produção, é preciso mencionar o problema da deflação. Quando os preços (ou os custos) dos produtos variam (no Brasil, geralmente aumentam), em função da inflação ou de outros motivos quaisquer, torna-se impraticável comparar diferentes valores monetários ao longo do tempo. Os valores, tomados como são, são chamados de *valores correntes*; para efeito de comparação, esses valores correntes devem ser expurgados de quaisquer variações nos preços, o que se conhece por *deflação*. O processo de *deflação* é levado a efeito aplicando-se um *índice de preços* aos valores correntes. Existem diversos índices de preços, aplicáveis a situações diversas: preços industriais, custo de vida, custo da construção civil. Esses índices são preparados por entidades especializadas e publicados regularmente, como o faz, por exemplo, a revista *Conjuntura Econômica*, da Fundação Getulio Vargas. Índices de preços são referidos a um período base, geralmente na base 100. Se representarmos por Y o valor nominal da produção em um dado período e por P o índice de preços que se irá usar, tomado no mesmo período, temos:

$$Q = 100 \frac{Y}{P} \qquad \text{(Equação 22.3)}$$

onde Q é o valor da produção em moeda (ou valor) constante, referido à data em que $P = 100$ (período base). Apenas como exemplo, a Tabela 22.1 traz os valores anuais correntes e constantes da produção da indústria metalúrgica brasileira de 1970 a 1984. A moeda, na época, era o cruzeiro, e os valores são dados em milhões de cruzeiros. O índice de preços é o publicado para a indústria metalúrgica pela revista *Conjuntura Econômica*. Os valores constantes são referidos a 1977, ano tomado como base para P – 100.

Tabela 22.1 Produção da Indústria Metalúrgica, 1970/1984 (milhões de cruzeiros de 1977)

Ano	Valores correntes (Y)	Índice de preços (P)	Valores de 1977	Ano	Valores correntes (V)	Índice de preços (P)	Valores de 1977
1969	7,6	17,0	44,7	1977	234,0	100,0	234,0
1970	14,4	21,3	67,6	1978	347,6	129,0	269,5
1971	15,2	24,3	62,6	1979	590,3	193,8	304,6
1972	23,4	27,5	85,1	1980	1.310,0	355,5	368,5
1973	41,1	32,1	128,0	1981	2.198,7	671,9	327,2
1974	74,6	44,7	166,4	1982	4.637,5	1.239,5	374,1
1975	103,9	57,4	181,0	1983	9.830,5	2.565,4	383,2
1976	153,3	76,0	201,7	1984	35.335,9	7.855,5	449,8

Fonte: Moreira, 1990, Tabela III e Tabela XLI.

Um procedimento para a deflação de valores, que vem se tornando rotineiro em muitas grandes empresas brasileiras, consiste em transformar os valores na nossa moeda em dólares norte-americanos. Esse procedimento admite pequenas variações de uma companhia para outra, mas a idéia básica é, para cada período, transformar nossa moeda em dólares médios do período. No final das contas, a taxa cambial é usada como deflator. Essa rotina de mudança apresenta diversas imperfeições, sendo a principal o fato de que os aumentos nos preços dos produtos não necessariamente ocorrem na mesma proporção da variação da taxa cambial. Entretanto, devido à inadequação dos índices de preços publicados, que se referem a grandes segmentos econômicos, devido também à dificuldade de elaboração de índices internos, o procedimento de deflacionar pela taxa cambial, pela sua extrema simplicidade, tem sido cada vez mais usado.

22.5 Medida dos Insumos

Em função do percentual que representam no valor da produção, são quatro os insumos mais importantes: a mão-de-obra, o capital, a energia (inclusive combustíveis) e as matérias-primas e materiais auxiliares da produção. Pelo interesse prático que desperta, discutiremos apenas a medida da mão-de-obra; o leitor pode, acerca dos outros insumos, consultar Moreira (1991a).

A medida da mão-de-obra apresenta três grandes classes de problemas: o que incluir na medida, que unidade de medida usar e diferenciar ou não a qualidade de categorias diferentes de mão-de-obra.

22.5.1 O que Incluir na Medida

O primeiro problema a se resolver na medida da mão-de-obra diz respeito ao universo de funcionários a incluir na medida. Devem os gerentes e/ou proprietários ser incluídos? Funcionários administrativos devem ser incluídos no cálculo da produtividade de uma companhia industrial?

Não há respostas definitivas a essas perguntas, mas apenas sugestões. Cada caso deve ser analisado e ter sua decisão específica. Em princípio, vale a regra principal de que produção e insumos devem se corresponder. Se a produção se refere a uma partição específica da empresa (uma particular unidade produtiva, um departamento, por exemplo), então devem-se contabilizar apenas os funcionários pertencentes a essa unidade ou departamento. Por outro lado, podemos acrescentar um complemento à regra básica: quem quer que tenha contribuído para a produção, ainda que indiretamente, deve ser levado em conta. No espírito dessa complementação, funcionários administrativos devem ser levados em conta, ainda que a produção tenha sido originada em uma fábrica: a suposição é a de que, para que o esforço produtivo da fábrica possa acontecer, os escritórios são necessários. Em um caso como esse, entretanto, nada impede – e talvez seja até mesmo desejável – que sejam calculados dois índices: um levando em conta apenas o pessoal de fábrica e outro contabilizando todo o pessoal. Até mesmo um terceiro índice poderia ser computado, relacionando-se a produção com os funcionários administrativos. De uma forma geral, podemos relacionar a produtividade de uma companhia a quaisquer partições de seu corpo de funcionários. Embora esse procedimento rompa a regra fundamental de correspondência entre produção e insumos, é não obstante muito útil para se verificar se algum setor específico está ao longo do tempo se tornando mais ou menos eficaz, em termos relativos.

22.5.2 Que Unidade de Medida Usar

Há, em princípio, duas unidades de medida que podem ser usadas: o número médio de funcionários ou o número de homens-hora disponíveis no período. Das duas, não resta dúvida que o número de homens-hora é a melhor, por refletir mais adequadamente o esforço produtivo. O número médio de funcionários não leva em conta nem as horas extras nem o trabalho em tempo parcial. Pode-se, portanto, ter o mesmo número de funcionários em dois períodos determinados, associados porém a um esforço de produção diferente; a extensão dessa diferença dependerá do uso mais ou menos intensivo de mão-de-obra em turno parcial e/ou em horas extras. Fica claro que, se a proporção de horas extras e de trabalho parcial em relação ao total de horas trabalhadas, não variar ou variar de forma pouco acentuada ao longo do tempo, pouca diferença fará trabalhar com o número de funcionários ou de homens-hora. Como regra de ouro, entretanto, sempre que possível deve-se tomar o número de homens-hora trabalhados de menor risco e mais representativo do insumo.

22.5.3 Diferenciar Categorias de Mão-de-Obra pela Qualidade

Pelo menos do ponto de vista teórico, as pessoas aceitam com aparente facilidade a idéia de que nem todos os funcionários dentro de uma mesma empresa contribuem igualmente para os resultados. Alguns são mais produtivos que outros. Esse diferencial de produtividade acontece devido ao tempo de experiência no serviço, às habilidades pessoais, à escolaridade etc.

Medir as diferenças de produtividade individuais não é uma tarefa fácil, entretanto. Antes de mais nada, é necessário listar os fatores que influenciam essas diferenças, dos quais demos alguns exemplos. É muito provável, devido à ausência de comprovações científicas, que existam polêmicas em torno desses fatores ou, pelo menos, em torno da sua importância relativa. Para ter uma idéia dessas polêmicas, basta pensar, por um momento, no que o conceito "habilidade pessoal" pode significar para diferentes pessoas. Feita a escolha de um ou mais fatores, existem ainda as dificuldades inerentes à sua medida. Talvez por esses motivos, a ponderação da mão-de-obra pela qualidade tenha se restringido mais aos trabalhos de pesquisa. Nas medidas utilizadas na prática pelas empresas, na esmagadora maioria das vezes a mão-de-obra é simplesmente somada, independentemente de quaisquer outras considerações.

22.6 Produtividade na Área de Serviços

Ao início do capítulo, lembramos que as primeiras medidas de produtividade divulgadas remontam ao final do século XIX, nos Estados Unidos. A primeira publicação importante, medindo e analisando a evolução da produtividade na área de serviços, apareceu muito mais tarde, em 1964. É uma monografia de Victor Fuchs, patrocinada pelo National Bureau of Economic Research, e se refere ao período 1929-1961 (Fuchs, 1964). No trabalho, Fuchs mostra-se preocupado com as diferenças entre as taxas de crescimento da produtividade no setor de bens (indústria mais agricultura) e no setor de serviços. No período pesquisado (1929-1961), o crescimento anual da produtividade fora de 2,7% para o setor de bens e apenas de 0,7% para o setor de serviços. Fuchs apontava que essa diferença agia como um fator inibidor ao crescimento da produtividade para a nação considerada na sua totalidade, além de provocar movimentos inflacionários, já que as demandas salariais levam em conta o crescimento da produtividade nos setores mais progressistas. Por outro lado, Fuchs destacava a função social do setor de serviços, como agente de estabilização do emprego: à medida que aumentava a produtividade na indústria e na agricultura, a tendência de deslocamento de pessoal e a perda de empregos nessas áreas eram absorvidas pelo setor de serviços. Em 1940, a porcentagem de pessoas empregadas em serviços era de 40,4%, passando a 54,0% em 1961 (em 1987 era de 76%).

Para o Brasil, a situação comparada entre agropecuária, indústria e serviços é mostrada na Tabela 22.2:

Tabela 22.2 Variações na Produtividade: Anos Selecionados

	1950	1960	1970	1980	Variação anual
Agropecuária	100	120,4	137,1	281,8	3,51%
Indústria	100	217,5	257,1	328,4	4,04
Serviços	100	116,6	153,5	195,7	2,26

Fonte: Moreira. 1992.

Em que pese a variação anual até razoável de 2,26% (talvez devido à própria juventude do setor de serviços no Brasil), ainda assim a produtividade do setor de serviços manteve-se aquém das produtividades nos outros setores. No período 1980-1988, o problema agravou-se: enquanto a produtividade na agropecuária cresceu a 2,8% ao ano, a produtividade industrial manteve o mesmo nível (crescimento zero) – mas a produtividade do setor de serviços parece ter apresentado crescimento negativo: aproximadamente –0,6% ao ano; quanto ao percentual do emprego em serviços, oscilou em torno de 50% para o período 1950-1980, mas cresceu a 59% em média para o período 1980-1988 (Moreira, 1992).

Tem-se observado que, quanto maior a renda *per capita* de um país (que pode ser considerada uma medida algo grosseira do seu nível de desenvolvimento econômico), maior é a porcentagem do emprego no setor de serviços. O principal motivo apontado para explicar este fenômeno tem sido o diferencial de crescimento da produtividade nos três setores básicos: agropecuária, indústria e serviços. Este último, o setor menos produtivo, ocupará proporcionalmente um maior contingente de mão-de-obra. Por outro lado, valeria a pena perguntar: porque cresce mais lentamente a produtividade no setor de serviços? É claro que não se pode argumentar com a maior utilização da mão-de-obra, ou seja, lançar mão do nível de emprego para explicar a baixa produtividade. Embora o problema da baixa produtividade em serviços seja ainda um tema em aberto, essa característica parece estar ligada à maior dificuldade (em comparação à agropecuária e à indústria) do uso intensivo de capital em atividades de serviços, pela própria natureza destas – que de modo geral forçariam a um uso intensivo não de capital, mas sim de mão-de-obra.

Quanto à medida da produtividade, ela é proporcionalmente mais complexa em atividades de serviços que na indústria ou na agricultura, exatamente porque é mais difícil a medida da produção. Consideremos brevemente os dois casos fundamentais: medida monetária e medida física da produção.

No caso de se querer a medida monetária da produção, as dificuldades são semelhantes às que enunciamos anteriormente. O grande problema está na escolha do deflator adequado para transformar valores monetários correntes em valores constantes. Há um complicador adicional com aquelas atividades de serviços, principalmente mantidas pelos poderes governamentais, que não têm preço de mercado: serviços de polícia, bombeiros, bibliotecas públicas, postos de atendimento médico, assistência social etc. Nestes casos, a única solução está na medida física da produção.

A medida física da produção em serviços apresenta dois aspectos a analisar. Em primeiro lugar, pela natureza dos serviços, que envolvem uma ação e não um bem físico, é difícil às vezes definir o que seja a produção física. Isso obriga a que se faça uma contagem do que poderíamos chamar de "unidades de serviço": deve-se encontrar um indicador físico que seja mensurável, como, por exemplo: número de pessoas atendidas, número de formulários preenchidos, número de cursos ministrados etc. Fatalmente esse tipo de contagem não levará em conta o problema da *qualidade* do serviço prestado. Basta um exemplo para explicar a idéia. Em hospitais, uma das medidas mais comuns da produção em um dado período é o *número de leitos ocupados*. Dentro de certos limites e pelo menos como uma possibilidade teórica, pode-se aumentar a produção (e conseqüentemente a produtividade) simplesmente piorando a qualidade do serviço médico, retendo assim os pacientes por um tempo maior.

O segundo aspecto a abordar sobre as medidas físicas liga-se à sua *relevância*. Até que ponto a medida física da produção é representativa do serviço? Até que ponto uma única medida consegue refletir a complexidade do conjunto de tarefas que se deve cumprir para realizar o serviço? Um dos bons exemplos é encontrado na medida de produtividade de bibliotecas. Enquanto a medida mais encontrada de produção é o número de empréstimos efetuados no período, dentro de uma biblioteca existem muitos outros serviços prestados e, inclusive, muitas atividades internas fundamentais, que não aparecem para o público, como aquisição, classificação, manutenção etc. A medida da produção meramente pelo número de empréstimos é claramente inadequada.

PONTOS-CHAVE

1. Apesar do interesse provocado pela produtividade como fator de desenvolvimento econômico após a Segunda Guerra Mundial, e apesar de se medir a produtividade há cerca de um século, ainda subsistem, por parte de gerentes e administradores, muitas dúvidas quanto ao seu significado preciso.

2. Dado um sistema de produção, onde recursos (insumos) são combinados para fornecer saídas (produtos e serviços), a produtividade refere-se ao melhor ou pior aproveitamento desses recursos, ou seja, ao melhor ou pior "rendimento" que se possa obter a partir deles.

3. Os benefícios do aumento continuado da produtividade recaem sobre as empresas, que assim têm, por meio de aumentos de lucro, melhores condições de investir e aumentar a competitividade; recaem também sobre os trabalhadores, principalmente por meio de aumentos salariais reais e, finalmente, sobre a sociedade em geral, por meio de uma oferta maior e mais variada de produtos e serviços, ao lado de uma estabilização ou mesmo queda dos preços.

4. Formalmente, a produtividade absoluta em um dado período é definida como o quociente entre uma medida de produção e uma medida de um ou mais insumos utilizados no período; a produtividade é chamada de parcial, quando se considera um só insumo, e de global, quando dois ou mais insumos entram no denominador.

5. Índices de produtividade são medidas relativas, onde a produtividade é tomada com valor 100 em um período de referência. O mais utilizado dos índices é a produtividade da mão-de-obra, provavelmente pela facilidade de medida desse insumo.

6. Embora corriqueiro, o uso da produtividade da mão-de-obra deve ser cauteloso, porque esse índice não mede (como também não o fazem os outros índices parciais) a eficácia no uso dos recursos. À medida que o conjunto dos insumos cresce proporcionalmente mais que a mão-de-obra, a produtividade da mão-de-obra tende a aumentar de forma enganosa.

7. Existem poucos problemas para se medir a produção física de um ou poucos produtos assemelhados, mas a existência de uma gama variada de produtos complica os cálculos. Nestes casos, pode-se medir a produção física por meio da construção de índices físicos da produção ou, alternativamente, medir a produção via monetária. Nesse último caso, o grande problema diz respeito ao deflator que se irá adotar para transformar valores correntes em valores constantes, sem o que as comparações são impraticáveis.

8. Medir o insumo mão-de-obra comporta, em primeiro lugar, a decisão sobre quais funcionários incluir na medida; em seguida, deve-se optar por uma unidade de medida (número de funcionários ou número de homens-hora) e, finalmente, deve-se decidir sobre ponderar ou não a mão-de-obra pela qualidade.

9. Medir a produtividade em atividades de serviços revela-se geralmente uma tarefa mais complexa do que medi-la em atividades agrícolas ou industriais, devido à inexistência ou à dificuldade de reconhecimento de unidades físicas de serviço.

PROBLEMAS RESOLVIDOS

1. Uma empresa produz uma linha de produtos assemelhados cuja produção pode ser expressa em função de um dos produtos da linha. Foram anotados os dados da tabela seguinte, durante quatro meses consecutivos. Calcular os índices de produtividade da mão-de-obra, considerando tanto o número de funcionários como o de horas trabalhadas, com base 100 em março. Há coincidência entre os dois índices? Em caso negativo, qual seria uma possível explicação?

Mês	Produção (unidades)	Nº de funcionários	Horas trabalhadas
Março	35.500	30	4.800
Abril	42.600	35	5.880
Maio	47.700	40	6.880
Junho	46.750	38	6.650

Solução

Podemos, inicialmente, calcular as produtividades absolutas, tanto com base no número de funcionários como com base no número de horas trabalhadas. Para tanto, basta dividir a produção pelo insumo correspondente. As produtividades absolutas serão expressas em unidades por funcionário e unidades por homem-hora, respectivamente. A tabela a seguir fornece os resultados:

	Produtividades absolutas	
Mês	Unidades por funcionário	Unidades por homem-hora
Março	1.183,3	7,4
Abril	1.217,1	7,2
Maio	1.192,5	6,9
Junho	1.230,3	7,0

Em seguida, devem-se calcular os índices de produtividade com base 100 em março. Para o cálculo do índice, basta dividir todos os valores da produtividade absoluta pelo valor de março (1.183,3 ou 7,4 conforme se trate de uma medida ou outra), multiplicando o resultado por 100. Os cálculos estão resumidos a seguir, onde o índice 1 corresponde à produtividade expressa em unidades por funcionário:

Mês	Índice 1	Índice 2
Março	100,0	100,0
Abril	102,9	97,3
Maio	100,8	93,2
Junho	104,0	94,6

Como se observa, para todos os meses (exceto março, que é o mês base), o índice com base no número de horas trabalhadas é menor do que aquele com base no número de funcionários. Isso indica que está havendo um crescimento do número de horas trabalhadas por funcionário, como o leitor pode verificar por si mesmo. A explicação mais razoável é de que esteja aumentando a utilização de horas extras.

2. A partir das informações fornecidas a seguir, calcular:

a) valores da produção em moeda constante, com auxílio do índice de preços dado;
b) os índices de produtividade da mão-de-obra com base 100 no Ano 1;
c) a taxa média de variação anual da produtividade da mão-de-obra.

Ano	1	2	3	4	5
Produção (R$ milhões)	3,4	4,3	6,5	7,6	8,9
Nº funcionários	130	150	165	160	164
Índice de preços	100	120	160	179	193

Solução

a) *Valores da produção em moeda constante*:

Para obtê-los, basta dividir, a cada ano, o valor corrente da produção pelo índice de preços, multiplicando o resultado por 100. Os valores em moeda constante serão então os seguintes, em milhões de reais:

Ano	1	2	3	4	5
Produção	3,4	3,6	4,1	4,2	4,6

b) *Índices de produtividade da mão-de-obra (base 100 no Ano 1)*:

Todas as produtividades absolutas (que serão dadas em milhões de reais por funcionário) devem ser divididas pela produtividade absoluta do Ano 1, multiplicando-se o número resultante por 100. Para o Ano 2, por exemplo, temos:

$$\text{Índice (2)} = \frac{3{,}6}{150} \times \frac{130}{3{,}4} \times 100 = 91{,}8$$

Resultados finais:

Ano	1	2	3	4	5
Índice	100,0	91,8	95,0	100,4	107,2

c) *Taxa média de variação anual*:

Existem duas formas de cálculo mais comuns da taxa média:

- pela média aritmética das taxas anuais
- pela média geométrica das taxas anuais

Essas formas conduzem a valores médios diferentes, sendo a extensão dessa diferença dependente da estrutura dos próprios dados. A título de exemplo, passemos a calcular a taxa média das duas maneiras. A primeira providência é calcular as taxas anuais de variação. Se chamarmos de índice (i) a produtividade de um certo ano i, a taxa de variação da produtividade entre os anos i e ($i + 1$) é dada por:

$$\text{taxa} = \frac{\text{Índice } (i+1) - \text{Índice } (i)}{\text{Índice } (i)}$$

Assim, por exemplo, a taxa de variação entre os anos 3 e 4 será:

$$\frac{100{,}4 - 95{,}0}{95{,}0} = 0{,}057 \text{ (ou 5,7\%)}$$

Os cálculos fornecem as seguintes taxas de variação, sempre em relação ao ano anterior:

Ano	1	2	3	4	5
Taxa	—	–0,082	0,035	0,057	0,068

Pela média aritmética, a taxa média será:

$$\text{taxa média (aritmética)} = \frac{-0{,}082 + 0{,}035 + 0{,}057 + 0{,}068}{4} = 0{,}020 \text{ (ou 2,0\%)}$$

Pela média geométrica, devemos somar antes o número 1 a todas as taxas, multiplicar os resultados e extrair a raiz de ordem 4 (ou, genericamente, a raiz de ordem k, onde k é o número de taxas):

$$\text{taxa média (geométrica)} = (0{,}918 \times 1{,}035 \times 1{,}057 \times 1{,}068)^{1/4} = 1{,}018$$

Subtraindo o número 1, a taxa média será agora de 0,018 ou 1,8%. A semelhança de valores de taxas médias, neste particular caso, é bastante razoável. Em princípio, pela própria definição de taxa de variação, é preferível o cálculo através da taxa média geométrica.

QUESTÕES PARA DISCUSSÃO

1. Quais são os beneficiários potenciais da produtividade e de que forma os benefícios se concretizam?

2. Tendo como referência a formulação geral da produtividade (Equação 22.1), defina: produtividade parcial, produtividade total dos fatores e produtividade múltipla dos fatores.

3. Por que se recomenda cautela no uso da produtividade da mão-de-obra?

4. Comente sobre as principais vantagens associadas ao acompanhamento da produtividade em uma empresa.

5. Quais as principais dificuldades para se medir a produção física?

6. Como se relacionam o valor das vendas, o valor da produção e o valor adicionado?

7. Qual é a principal dificuldade na medida da produção monetária?

8. Quais são as principais decisões a tomar quando da medida da mão-de-obra?

9. Por que em geral é mais difícil medir a produtividade em atividades de serviços que em atividades agrícolas ou industriais?

PROBLEMAS PROPOSTOS

1. Transformar as produtividades absolutas dadas a seguir, em milhares de reais constantes (de janeiro de 1992) por funcionário, em índices relativos, com base 100 em junho de 2005.

Mês	Produtividade (R$ mil/func.)	Mês	Produtividade (R$ mil/func.)
Janeiro 2005	35,2	Julho	42,6
Fevereiro	36,9	Agosto	37,9
Março	37,3	Setembro	46,2
Abril	35,5	Outubro	46,7
Maio	36,5	Novembro	43,0
Junho	38,7	Dezembro	45,1

2. A partir dos valores fornecidos a seguir, calcular o valor da produção e o valor adicionado em abril de 2005.

(Valores em R$ mil para abril de 2005)

Vendas	355,7
Impostos indiretos	42,1
Estoque inicial	52,9
Estoque final	11,8
Matérias-primas	179,8
Energia	15,5
Despesas gerais	37,2